JN426587

WONDER C

놀랄 만큼 재미있는 C언어 기초

조성호

중학교 때 아버지에게 선물 받은 컴퓨터가 계기가 되어, 한국외국어대학교 전산학과에 진학했다. 고려대학교 컴퓨터학과에서 석사와 박사 과정을 마쳤으며 현재 한신대학교 소프트웨어융합학부에서 교수로 재직 중이다. 컴퓨터를 포함하여 카메라, 자동차, 오디오와 같은 기계들에 관심이 많고, 프로그램으로 무언가 만드는 것도 좋아한다. 저서로 '쉽게 배우는 운영체제(한빛아카데미)', '초연결 사회를 위한 컴퓨터 개론(한빛아카데미)', '스크래치로 배우는 컴퓨팅 사고(한빛아카데미)'가 있다.

WONDER C
놀랄 만큼 재미있는 C언어 기초

인쇄 2022년 1월 19일 초판 2쇄
발행 2022년 1월 26일 초판 2쇄

저자 조성호
발행인 성희령
발행처 INFINITYBOOKS | **주소** 경기도 고양시 일산동구 하늘마을로 158, 대방트리플라온 C동 209호
대표전화 02)302-8441 | **팩스** 02)6085-0777
출판기획 안성일, 한혜인, 임민정 | **영업마케팅** 채희만, 한석범, 유효진, 이호준 | **총무회계** 이승희

도서문의 및 A/S지원
홈페이지 www.infinitybooks.co.kr | **이메일** helloworld@infinitybooks.co.kr

ISBN 979-11-85578-90-3 | **등록번호** 제 2021-000018호 | **판매정가** 32,000원

이 책의 특징

세상에 없던 재미있는 코드

재미없는 코드는 가라!
실생활에 사용 가능한 코드와
흥미를 유발할 수 있는 게임 코드,
움직이는 코드 포함
200여 개 새로운 코드가 있습니다.

너무나 쉬운 문법 설명!

만수르 용돈 코드, 소개팅 코드,
통닭 튀기기 코드와 같이 주변에서
흔히 접할 수 있는 이야기로
C문법을 쉽게 설명합니다.

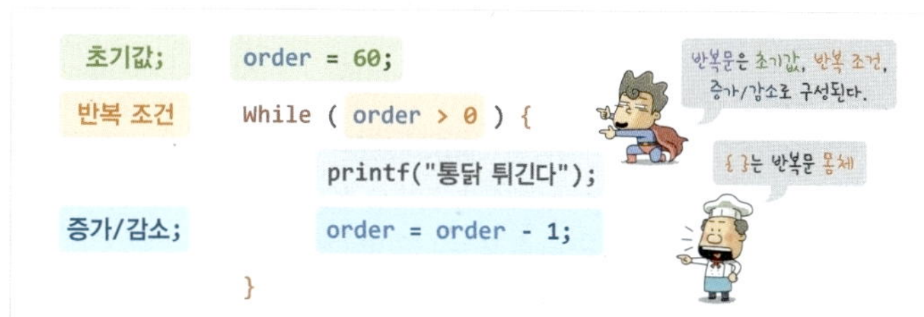

그림으로 재미있게 배우자!

주요 개념을 그림으로 표현하고
캐릭터들의 말풍선을 통해
쉽고 재미있게 설명했습니다.

간결하고 깔끔한 소스코드

30줄 수준의 간결한 코드로 누구나 쉽게 읽을 수 있습니다. 또한 비주얼 스튜디오와 유닉스에서 실행 가능한 코드를 모두 담았습니다.

[예제 7-8]
UFO 날리기 코드
708_UFO.c
VS only

```
#include <stdio.h>
#include <stdlib.h>                          // system()이 있는 라이브러리

int main() {
   int k, sp;

   for (k = 0; k < 70; k++) {                // for k : 70번 UFO 출력
      system("cls");
      for (sp = 0; sp <= k; sp++)               // sp < k 까지 반복
         printf(" ");                             // 빈칸을 만든다
      printf("<#=#>");                          // UFO 모양 출력
   }                                         // End of for k
   return 0;
}
```

실행 화면

```
<#=#> ◀———— 이동 후 끝남
```

[예제 7-18]
UFO 코드 유닉스 버전
718_UFO_UNIX.c
UNIX only

```
#include <stdio.h>
#include <stdlib.h>                          // system()이 있는 라이브러리

int main() {
   int k, m;

   for (k = 0; k < 70; k++) {
      system("clear");                        // 윈도우즈 cls
      for (m = 0; m < k; m++) printf(" ");
      printf("<#=#>\n");                      // 유닉스의 경우 \n 필요
      system("sleep 0.5");                    // 윈도우즈 timeout 1 > NULL
   }
   return 0;
}
```

다양한 LAB과 프로젝트

앞에서 배운 내용들을 활용해서 만들 수 있는 다양한 LAB을 준비했습니다. 도전해 보세요.

LAB 4 간단한 포커 게임 만들기

컴퓨터와 대결하는 간단한 포커 게임을 만들어 보자. 7장 스탠드(stand) 게임을 응용하면 딱 31줄 코드로 간단한 포커 게임을 만들 수 있다.

포커 게임에서 높은 순서, 족보는 다음과 같다. 카드는 1에서 13까지의 숫자로 한다. J는 11, Q는 12, K는 13이다. 원래 1이 가장 높은 카드이지만, 이 게임에서는 가장 낮은 카드이다.

연습문제 1004개!

객관식, 주관식, 코드 문제를 통해 학습한 내용을 점검할 수 있습니다.

연습문제

[객관식]

01 다음 중 5개의 변수를 가지는 정수형 배열을 바르게 선언한 코드를 고르시오.

❶ `arr[5]` ❷ `arr(5)`
❸ `arr{5}` ❹ `arr<5>`

02 다음 중 `int arr[10]`에서 앞에서 첫 번째 변수의 인덱스가 바르게 적힌 코드를 고르시오.

❶ `arr[2]` ❷ `arr[-1]`
❸ `arr[1]` ❹ `arr[0]`

문법 설명을 위한 코드

문법 설명을 위한 재미있는 코드를 새로 만들었습니다.
용돈 받고, 소개팅하고 통닭 튀기고 사은품 받으면서 문법을 배우자.
설마 섭씨-화씨 변환, 윤년 계산과 같은 코드로 C문법을 배우는 건 아니지?
이 책엔 그런 재미없는 코드 없다!

재미있는 게임 코드

01	홀짝 게임 코드	6장 예제 6-6
02	가위바위보 게임 코드	6장 예제 6-10
03	스무고개 게임 코드	7장 예제 7-10
04	스탠드 게임 코드	7장 예제 7-15
05	오늘의 운세 코드	8장 예제 8-14
06	경마 게임 코드	9장 예제 9-8
07	내 팔자 어찌하오 게임 코드	9장 예제 9-9
08	간단한 포커 게임 코드	9장 예제 9-19
09	지뢰 피하기 게임 코드	10장 예제 10-8
10	리얼 포커 게임 코드	10장 예제 10-10
11	원반 사격 게임 코드	11장 예제 11-2
12	빨라지는 원반 사격 게임 코드	11장 예제 11-9
13	사다리 타기 코드	11장 예제 11-23

환상적으로 움직이는 코드

학습 로드맵

각 소제목 옆에 학습 유도선 태그가 있어요!
필수 필수 일반 심화 심화
원하는 코스를 선택해서 이렇게 유도선을 따라가세요!
필수 코스 기본 코스 숙련자 코스
START
01 C언어 기본
02 C프로그래밍 준비
03 C프로그램 구성요소
04 자료형과 특징
05 연산자
06 조건문
07 반복문
08 함수
09 배열
10 포인터
11 문자와 문자열
12 구조체
13 파일 입출력
14 전처리와 다중 소스 파일
15 이중&함수 포인터
16 동적 메모리 할당
GOAL

강의 계획

이 책을 강의 교재로 사용하는 교수님을 위해서 강의 계획을 다음과 같이 제시합니다.
한 학기를 16주로 가정하여 한 학기용, 두 학기용으로 나누었습니다.

[한 학기용]

주	계획	주	계획
1주	1장 C언어 기본, 2장 C프로그래밍 준비	9주	10장 포인터
2주	3장 C프로그램 구성요소, 4장 자료형과 특징	10주	11장 문자와 문자열
3주	5장 연산자	11주	12장 구조체
4주	6장 조건문	12주	13장 파일 입출력
5주	7장 반복문	13주	14장 전처리와 다중 소스 파일
6주	8장 함수	14주	15장 이중&함수 포인터
7주	9장 배열	15주	16장 동적 메모리 할당
8주	중간고사	16주	기말고사

[두 학기용]

학기	주	계획	주	계획
1학기	1주	1장 C언어 기본	9주	6장 조건문
	2주	2장 C프로그래밍 준비	10주	7장 반복문(1)
	3주	3장 C프로그램 구성요소	11주	7장 반복문(2)
	4주	4장 자료형과 특징(1)	12주	8장 함수(1)
	5주	4장 자료형과 특징(2)	13주	8장 함수(2)
	6주	5장 연산자(1)	14주	9장 배열(1)
	7주	5장 연산자(2)	15주	9장 배열(2)
	8주	중간고사	16주	기말고사
2학기	1주	[복습] C언어 기본 & 자료형	9주	12장 구조체(1)
	2주	[복습] 조건문 & 반복문	10주	12장 구조체(2)
	3주	[복습] 함수 & 배열	11주	13장 파일 입출력
	4주	10장 포인터(1)	12주	14장 전처리와 다중 소스 파일
	5주	10장 포인터(2)	13주	15장 이중&함수 포인터(1)
	6주	11장 문자와 문자열(1)	14주	15장 이중&함수 포인터(2)
	7주	11장 문자와 문자열(2)	15주	16장 동적 메모리 할당
	8주	중간고사	16주	기말고사

머리말

C언어가 만들어진지 50년이 넘었고, 서점에는 C언어 관련 책들이 넘쳐납니다. 저와 인피니티북스는 C언어 책을 왜 또 만들었을까요? 대부분의 C언어 책에는 섭씨-화씨 변환 코드와 윤년 계산 코드가 있습니다. 수십 년 전 C언어 원서를 번역할 때 국내에 소개되었던 코드입니다. 한국에서는 화씨를 사용할 일이 없고, 평생 윤년을 계산할 일이 없는데 수십 년 전에 만들어진 코드를 지금도 계속 사용하고 있습니다.

C언어에서 제일 어려운 문법이 포인터입니다. 다들 포인터는 주소를 다루는 자료형이라고만 합니다. 이유도 모른 체 그저 외워서 사용하는게 전부입니다. 다른 문법 설명도 불친절하기는 마찬가지입니다. 수십 년 전의 번역서와 비교하여 지금의 C언어 책은 코드도, 문법 설명도, 용어조차 크게 바뀐 것이 없습니다. 그러니 어렵고 재미없는게 당연합니다. 그 당연함을 넘어서 새로운 코드와 쉬운 설명으로 세상에 없던 책, WONDER C를 만들었습니다.

유튜브가 일상화된 지금 세대의 사람들에게는 글자보다 동영상이 정보 전달의 좋은 매체입니다. 이런 시대에 C언어 책은 어떤 모습이어야 하나 고민해 보았습니다. 문법을 설명하는데 있어서 여러분들의 호기심을 자극할 수 있는 코드들 - 만수르 용돈 코드, 별다방 쿠폰 코드, 소개팅 코드, 통닭 튀기기 코드와 같이 현실에 맞닿아 있는 코드들을 새로 만들었습니다.

더 나아가 30개의 다양한 프로젝트 코드도 만들었습니다. 경마 게임, 스탠드 게임, 내 팔자 어찌하오 게임, 지뢰 피하기 게임, 포커 게임과 같은 13개의 게임 코드가 이 책에 있습니다. 특히 33줄이면 진짜 포커 게임을 만들 수 있습니다. 꽃이 피고, 비가 내리고, 구름이 흘러가고, 눈이 내리는 코드와 사운드 미터, 추억은 방울방울, 찬란하神 도깨비와 같은 17개의 움직이는 코드도 준비했습니다. 특히 찬란하神 도깨비 코드는 키보드를 누르면 내리던 비가 눈으로 바뀌는 코드입니다. C언어로 이렇게 화려한 모습을 볼 수 있다는 것에 놀라게 되실 겁니다.

요새 고속도로를 운전하다보면 유도선을 자주 보게 됩니다. 분홍색, 녹색, 파란색의 유도선이 진출로나 진입로를 쉽게 구분해줍니다. 책을 쓰면서 어떤 이야기는 너무 어려워 빼고 싶지만, 이야기의 흐름 상 다른 곳으로 옮기기에 어색한 주제들이 있습니다. 반대로 이 부분만큼은 꼭 알고 넘어갔으면 하는 주제들도 있습니다. 여러 난이도의 주제들에 대하여 유도선을 만들었으며, 각 소제목 옆에 색깔로 필수, 일반, 심화의 유도색을 표시하였습니다. C언어를 처음 접하거나 속성으로 배우시는 분들은 #필수 태그를 따라 가면 됩니다. C언어를 어느 정도 익혀서 어려운 내용도 자신 있다는 분들은 #심화 태그도 같이 보시기 바랍니다.

좋은 책이란 책을 읽으시는 분들이나 강의하시는 분들이 진정으로 원하는 것을 살필 줄 알아야 합니다. 이 책은 3번에 걸쳐서 쓰였습니다. 초고는 전체의 C언어 문법 설명을 만들고 그에 어울리는 다양한 코드들을 새로 만들었습니다. 두 번째에는 프로젝트 코드를 만들고, 유도선을 비롯한 다양한 태그들과 여기서 잠깐, 하이퍼 링크와 같은 참고할 내용을 추가했습니다. 세 번째에는 연습문제를 만들고, 내용을 고려하여 캐릭터와 삽화를 그렸습니다. 이 책의 캐릭터와 그 안에 담긴 유머는 단순히 즐거움을 위해서가 아닙니다. 강조해야 될 내용, 이해시켜야 할 문법들을 쉽게 전달하기 위한 도구입니다. 3번에 걸쳐 용어 하나, 코드 하나, 그림 하나, 색상 하나까지 세심하게 서술하였습니다. 연습문제도 본문의 연장이라 생각하여 본문과 똑같은 수준으로 작업을 하였습니다. 그렇게 작업하다 보니 200개가 넘는 새로운 코드와 1000개가 넘는 연습문제가 이 책 안에 담겼습니다.

3번을 다시 쓰고 난 뒤, 이 책을 편집하는 데에만 9개월의 시간이 흘렀습니다. 새로 만들어진 코드들을 비주얼 스튜디오뿐 아니라 유닉스에서 점검하고, 본문에 어울리도록 삽화를 수정하고, 유도선을 비롯한 각종 색들의 일관성을 맞추는 작업들에 많은 시간을 보냈습니다. 과도한 저자의 요구를 묵묵히 처리해주신 인피니티북스의 관계자 여러분들에게 감사의 마음을 전합니다. 더 나아가, 이 책의 마지막 검수는 둘째 딸 민진이에게 맡겼습니다. 사실, 자신의 책을 딸과 같이 만들 수 있다는 것은 커다란 축복입니다. 기쁨 마음으로 이 책을 만들었으며, 다 열거할 수 없지만, 가족과 지인분들에게도 고마운 마음을 전하며 글을 마칩니다.

저자 조성호

차례

CHAPTER

01

C언어 기본

학습목차

1.1 소프트웨어와 하드웨어

1 소프트웨어란?

필수

소프트웨어 개발 도구, C언어

컴퓨터에 설치된 소프트웨어를 이용하여 메시지를 주고받고, mp3 음악을 들으며, 동영상을 감상한다. C언어를 배운다는 것은 다양한 소프트웨어를 만들기 위한 첫걸음을 시작하는 것이다.

C언어 C language 는 소프트웨어를 만드는 도구이며, 컴퓨터 위에서 동작한다. 따라서 C언어를 배우기 위해서는 컴퓨터에 대한 기초지식이 필요하다. C언어를 배우기 전에 알아야 할 컴퓨터 관련 용어들을 간략하게 설명한다.

컴퓨터 관련 용어

컴퓨터는 **데이터** data 를 사용한다. 사진 데이터 jpg, 음악 데이터 mp3, 동영상 데이터 mp4와 같은 많은 종류의 데이터가 있다. 컴퓨터는 데이터를 **처리** process 하고, 결과를 출력하거나 저장한다. 컴퓨터가 데이터를 처리하면 의미 있는 자료가 되는데, 이를 **정보** information 라 부른다. **IT** Information Technology: 정보기술 는 데이터를 가공하여 가치 있는 정보로 만드는 모든 기술을 의미한다. 여기에 통신 기술이 빠질 수 없기 때문에 '정보통신기술'이라고도 부른다.

컴퓨터의 구성요소

컴퓨터는 크게 하드웨어 hardware 와 소프트웨어 software 로 구성된다. 소프트웨어는 하드웨어를 제어하여 기능을 수행하도록 하는 명령을 모아 놓은 것으로 하드웨어에게 명령을 내려 필요한 작업을 수행하도록 한다.

컴퓨터와 관련된 개념들을 이해하기 위하여 요리를 생각해 보자. 요리에서 냄비, 프라이팬, 가스레인지와 같은 기구들이 하드웨어이다. 요리 기구와 재료가 있다고 해서 요리가 만들어지지 않는다. 재료가 요리가 되기 위해서는 레시피에 따라 조리하는 과정이 필요하다. 특정 요리에 대하여 재료 손질, 조리 방법, 조리 절차를 담고 있는 것이 레시피이다.

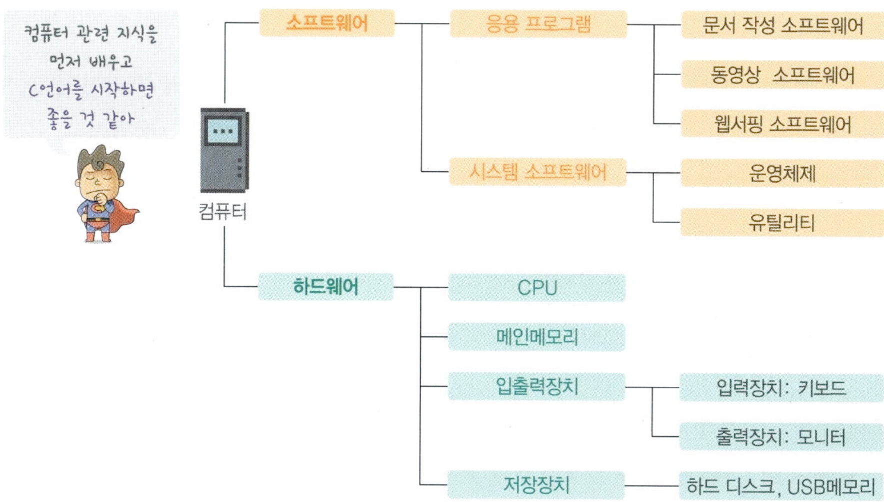

그림 1-1
컴퓨터 구성요소

요리로 이해하는 하드웨어와 소프트웨어

같은 재료라 할지라도, 어떻게 조리하느냐에 따라 결과는 달라진다. 밀가루를 어떻게 조리하느냐에 따라 식빵, 짜장면, 스파게티, 칼국수가 된다. 레시피는 요리의 핵심이다.

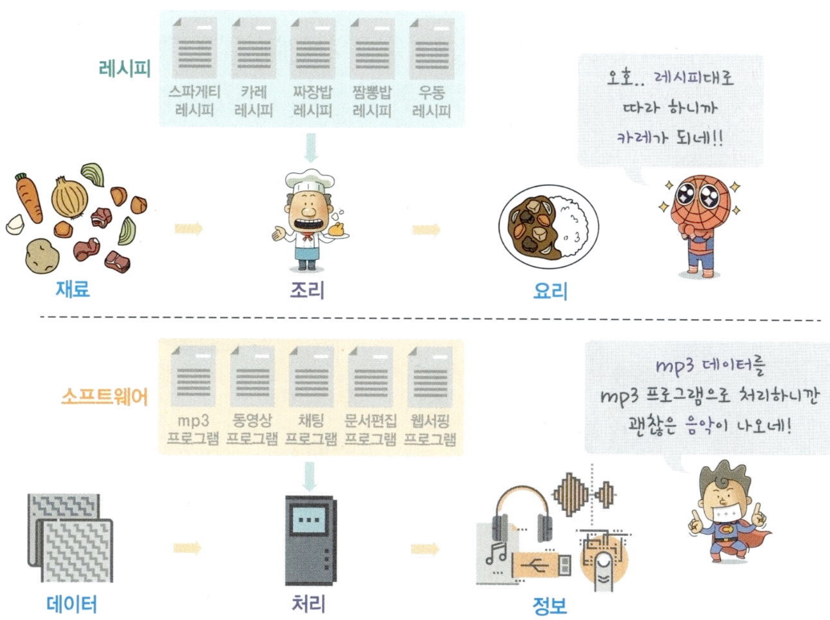

그림 1-2
레시피와 소프트웨어

소프트웨어는 정해진 절차에 따라 하드웨어를 사용하여 데이터를 처리한다. mp3 데이터를 mp3 프로그램이 처리하면 음악이 되고, 동영상 데이터를 동영상 프로그램이 처리하면 화면에 움직이는 영상이 나타난다. 문서 작성 소프트웨어는 키보드에서 들어오는 데이터를 문서로 만든다. 요리의 레시피에 해당하는 것이 소프트웨어이며 컴퓨터 작업의 핵심이다.

프로그램이란?

프로그램 program 이란 특정 목적에 도달하기 위해 필요한 명령과 데이터 처리 방법을 모아 놓은 것이다. 아래아 한글이나 MS 워드는 문서 작성을 도와주는 프로그램들이고, 곰 플레이어나 팟 플레이어는 동영상 데이터를 모니터 화면에 보여주는 동영상 프로그램들이다. 이렇게 특정한 작업을 위해 사용하는 프로그램들을 통칭하여 **응용프로그램** application program 이라 부른다. 여러 종류의 프로그램을 통칭하는 단어가 소프트웨어이다.

소프트웨어의 종류

소프트웨어는 응용프로그램과 **시스템 소프트웨어** system software 로 나뉜다. 시스템 소프트웨어는 컴퓨터 하드웨어와 응용프로그램을 관리하기 위해 만들어진 소프트웨어를 의미한다. 대표적인 시스템 소프트웨어로 운영체제가 있다.

컴퓨터에는 다양한 응용프로그램들이 설치되어 있다. 모든 응용프로그램들은 키보드, 마우스, 모니터, 메모리와 같은 하드웨어를 필요로 한다. 만약 프로그램들이 하드웨어를 먼저 차지하기 위해 싸운다면 컴퓨터는 엉망이 될 것이다. 또는 특정 프로그램이 하드웨어를 고의로 망가뜨리려 한다면, 컴퓨터는 작동을 멈추게 된다. 이러한 혼란을 막기 위하여 컴퓨터 전체를 관리하고 운영하는 소프트웨어를 **운영체제** Operating System 라 부르며 약자로 **OS**라 쓴다.

그림 1-3
운영체제와 응용소프트웨어와의 관계

운영체제는 컴퓨터를 관리하기 위한 기본적인 규칙과 절차를 규정한 소프트웨어이다. 그래서 컴퓨터 내의 모든 하드웨어와 응용프로그램은 운영체제가 관리한다. 모든 응용프로그램은 운영체제에게 허락을 받은 후에만 하드웨어를 사용할 수 있기 때문에 컴퓨터나 스마트폰에 전원을 켜면 가장 먼저 만나는 소프트웨어가 운영체제이다.

개인 컴퓨터용 운영체제로 윈도우즈가 있으며, 애플이 만든 매킨토시 컴퓨터에는 맥 OS Mac OS 가 설치된다. 스마트폰용 운영체제로서 안드로이드 android 와 아이오에스 iOS 가 있다.

그림 1-4
다양한 운영체제 로고

운영체제만으로는 컴퓨터의 모든 작업을 관리하기가 힘들다. 그래서 컴퓨터 관리의 일부를 다른 소프트웨어에게 맡긴다. 이렇게 운영체제의 작업을 도와주는 소프트웨어를 **유틸리티** utility 라 부른다. 대표적인 유틸리티로 바이러스를 막아주는 백신 프로그램이 있다.

2 하드웨어란? 필수

하드웨어의 발전

최초의 컴퓨터인 에니악 ENIAC 은 미사일 탄도 계산을 위해 만들어졌다. 미사일을 발사할 때 계산이 부정확하면 큰 인명 피해를 입을 수 있다. 그래서 빠르고 정확한 계산을 위해 만든 것이 에니악이다. 건물 4층 크기의 에니악은 지금의 공학 계산기 수준의 성능이었다. 그 후, 기술의 발달로 컴퓨터의 크기는 작아지고, 성능은 높아지면서 다양한 곳에 컴퓨터가 사용되기 시작했다.

초기 컴퓨터에는 CPU와 주기억장치 Main Memory (이하 메모리)뿐이었다. 이후, 현재의 OMR 카드와 유사한 천공카드를 사용하여 데이터를 입력하였다. 한 줄씩 출력하는 라인 프린터가 유일한 출력장치였다. 키보드, 모니터, 마우스와 같은 장치들은 컴퓨터가 탄생한 후 한참이 지나서야 개발되었다. 그래서 CPU와 메모리는 컴퓨터를 구성하는 '필수장치'라 부르고, 그 외의 장치들은 '주변장치'라 부른다.

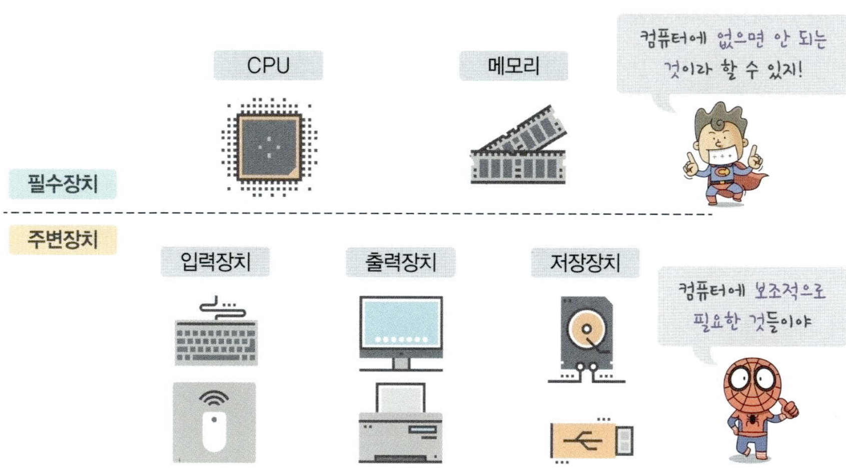

그림 1-5
컴퓨터 구성요소

주변장치를 다시 분류하면 입출력장치와 저장장치로 나뉜다. 입력장치에는 키보드, 마우스, 터치스크린 등이 있고, 출력장치로는 모니터, 스피커, 프린터 등이 있다. 저장장치로는 하드 디스크 외에도 USB, CD, DVD, 블루레이가 있다.

하드웨어별 역할

컴퓨터 구성 기기들이 어떤 역할을 하는지 이해하기 위해 레스토랑의 주방을 상상해 보자. 주방의 모든 관리와 책임은 '주방장'이 맡는다. 주방에는 주방장 외에도 조리를 도와주는 보조 요리사와 재료의 손질과 관리를 맡는 주방 보조가 있다. 주방장의 주요 업무는 요리와 주방 관리이고, 보조 요리사에게 조리 작업을 나눠주거나, 주방 보조에게 재료 정리를 지시하기도 한다.

그림 1-6
컴퓨터는 요리와 닮았다

컴퓨터에서 주방장 역할을 담당하는 부분이 **CPU** Central Processing Unit: 중앙처리장치 이다. 주방장의 주 업무가 요리이듯이, CPU의 가장 중요한 일은 메모리에 있는 프로그램을 실행하는 것이다. 프로그램의 실행 이외에도 그래픽 카드에게 작업을 나눠주거나, 입출력장치로부터 데이터를 가져오거나 내보내라고 지시한다.

메모리 main memory 는 컴퓨터에서 유일한 작업 공간이다. 요리에 필요한 재료들은 창고에 보관되지만, 재료의 손질과 조리 작업은 작업대에서 이루어진다. 창고에서 조리를 하거나, 작업대에 재료를 보관하는 일은 없다. 마찬가지로 CPU가 하는 모든 작업은 메모리에서 이루어진다. 그래서 CPU와 메모리를 필수장치, 그 외의 장치를 주변장치라 부른다.

정전이 되어 작업하던 내용이 전부 사라진 경험이 있을 것이다. 메모리에 있는 프로그램과 데이터는 전원이 꺼지면 사라진다. 전원이 꺼진 이후에도 프로그램과 데이터를 보관하기 위해 하드 디스크나 USB와 같은 '보조 저장장치'를 사용한다.

폰 노이만 구조

프로그램을 사용하는 컴퓨터를 가장 먼저 설계한 사람이 폰 노이만 Von Neumann 이며, 현대의 모든 컴퓨터는 폰 노이만 구조를 따른다. 폰 노이만 구조의 가장 큰 특징은 **프로그램과 데이터는 메모리에 올라와야지만 실행된다**는 것이다. 우리가 사용하는 프로그램과 데이터는 하드 디스크나 USB와 같은 보조 저장장치에 있다. 그러나 이를 실행하기 위해서는 메모리로 가지고 와야만 한다. 이러한 특징 때문에 C언어를 비롯한 모든 프로그래밍 언어는 메모리와 깊은 연관 관계를 가진다.

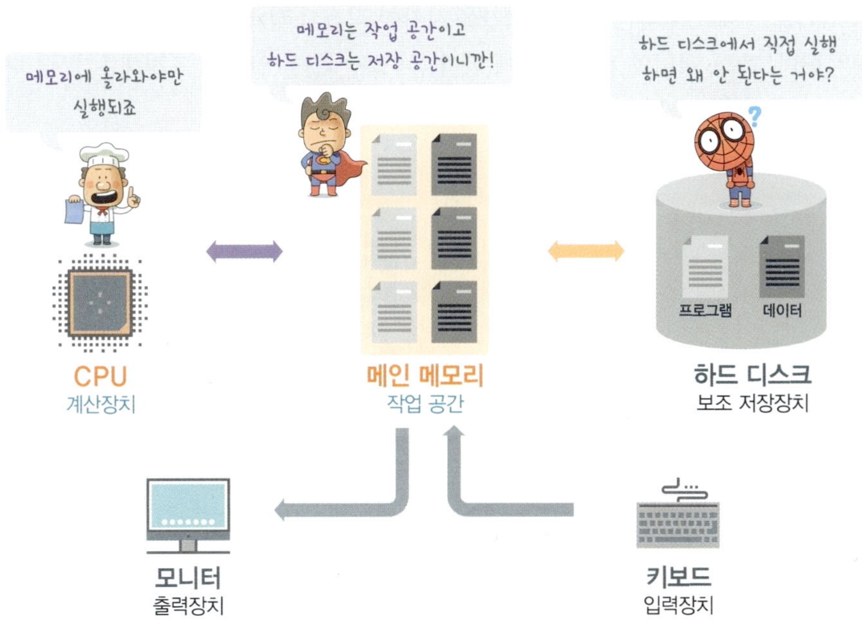

그림 1-7
폰 노이만 구조의 특징

3 컴퓨터란?

프로그래밍이 가능한 기계

컴퓨터는 미사일 탄도를 계산하기 위해 개발되었다고 설명했다. 그런데 계산기라 부르지 않고 컴퓨터라 부르는 이유는 프로그래밍이 가능하기 때문이다. **컴퓨터란 프로그래밍이 가능한 기계**를 의미한다.

일반적인 기계는 만들어질 당시의 기능들만 수행한다. 기계의 성능을 높이거나 새로운 기능을 추가하기 위해서는 새로 제작해야만 한다. 그러나 컴퓨터는 프로그램을 변경하거나 업그레이드하여 성능을 높이거나 새로운 기능을 추가하는 것이 가능하다.

프로그래밍이 가능한 기계의 예로 스마트폰이 있다. 과거 핸드폰은 전화를 거는 일 이외에는 다른 기능이 거의 없었다. 지금의 스마트폰은 앱 app 을 설치함으로써 게임도 할 수 있고, 은행 업무도 볼 수 있고, 채팅도 가능하다. 프로그램을 설치할 때마다 새로운 기능이 추가된다. 사실 스마트폰은 전화를 걸 수 있는 컴퓨터이다. 이렇게 기계가 기능을 무한하게 확장할 수 있는 이유는 프로그램 때문이다.

컴퓨터가 탑재된 기계, 임베디드 시스템

프로그래밍이 가능한 컴퓨터가 기계들에 탑재되면 기능이 향상된다. 밥 짓는 일을 생각해 보자. 과거에는 재료에 맞는 온도와 시간을 사람이 직접 조절했었다. 컴퓨터가 탑재된 전기 밥솥은 백미, 잡곡, 현미와 같은 재료에 따라 온도와 시간을 알맞게 조절해준다. 더 나아가 삼계탕, 맛탕, 갈비 요리도 가능하다.

그림 1-8
임베디드 시스템의 예

시계에 컴퓨터가 탑재되면, 시간 이외에도 메시지 보내기, 혈압 측정, 길 찾기 등이 가능해진다. 컴퓨터가 탑재된 자동차는 자동으로 시동을 걸고, 차선을 따라 자동으로 움직이며, 장애물이 나타나면 알아서 멈춘다. 내비게이션, 전자사전, 스마트 시계, 스마트 TV 등에 탑재된 컴퓨터를 **임베디드 시스템** embedded system 이라 부른다. 임베디드 시스템은 CPU 성능이 낮고, 메모리 크기가 작은 기계에 설치되기 때문에 일반 컴퓨터에 비하여 몇 가지 기능이 빠져있다.

4 프로그래밍이란? 필수

프로그램이 필요한 이유

컴퓨터는 단순한 기계이다. 컴퓨터가 달린 로봇 청소기에게 작업을 시킨다고 가정해 보자. 사람에게는 "저쪽에 더러운 게 있다"라는 말 한마디면 된다. 그러나 컴퓨터에게는 "앞으로 1m 직진하고 오른쪽으로 90도 회전한 후, 다시 앞으로 30cm 직진해! 거기서 청소기 켜고 먼지 흡입해!"라고 해야 한다.

그림 1-9
컴퓨터와 프로그램

컴퓨터에게 작업을 시키려면 위의 [그림 1-9]처럼 구체적으로 설명해야 한다. 컴퓨터에게 알려줄 작업을 하나로 모으면 컴퓨터 프로그램이 된다. **프로그램** program 에는 컴퓨터에게 지시할 명령들과 명령의 결과를 받는 방법들이 모여 있다. **프로그래밍** programming 이란 프로그램을 만드는 작업이다.

프로그래밍 언어와 소스코드

머릿속에 있는 생각을 문장으로 만들 때 한국어를 사용한다. 마찬가지로 컴퓨터 프로그램을 만들 때 사용하는 언어가 프로그래밍 언어 programming language 이다. C언어도 프로그래밍 언어 중 하나이다.

프로그래밍 언어를 사용하여 프로그램을 만든 결과물을 **소스코드** source code 라 부른다. 간단하게 **코드**라고도 한다. 소스코드란 컴퓨터에게 시킬 작업을 적어 놓은 것으로, 일종의 '작업 지시서'이다. C언어를 사용하여 프로그램을 만들면 C소스코드가 만들어진다.

세미콜론(;)이 중요한 이유

영어를 배우기 위해서는 영어 문법을 알아야 하듯이, C언어 코드를 만들기 위해서는 C언어 문법을 배워야 한다. 이 책은 C언어 코드를 만드는 데 필요한 문법들과 활용법을 설명하는 책이다. C언어 문법에서 가장 먼저 기억해야 할 것은 컴퓨터는 단순하기 때문에 문법에 벗어나는 코드는 전혀 이해하지 못한다는 것이다.

그림 1-10
C언어 코드에서 문장 끝은 세미콜론(;)

사람들이 작업 지시서를 쓸 때, 문장 끝에 마침표(.)를 찍는다. 마침표가 빠졌다고 해서 작업 지시를 거부하지는 않는다. C언어의 경우, **문장 끝에는 언제나 세미콜론(;)을 붙여야 한다.** 만약 세미콜론을 붙이지 않았다면, 컴퓨터는 작동하지 않는다. 겨우 세미콜론 하나 때문에 컴퓨터가 작동하지 않는다는 것이 황당하겠지만, 컴퓨터는 매우 단순한 기계라는 것을 명심하기 바란다.

중요

C언어 코드는 문장 끝에 무조건 세미콜론(;)을 붙여야 한다.

C언어와 컴파일러 1.2

1 C언어의 특징

프로그래밍 언어의 종류

프로그래밍 언어란 컴퓨터에게 작업을 지시하기 위한 프로그램을 만들 때 사용하는 언어이다. 한국어, 영어, 불어, 독일어가 있듯이, 컴퓨터 언어도 기계어, 어셈블리어, C, C++, 자바 JAVA, 파이썬 Python 등 다양하다.

그림 1-11
저급 언어와 고급 언어

컴퓨터가 이해할 수 있는 언어는 **기계어** machine language 뿐이다. 0과 1의 이진수로 이루어진 기계어는 일반인들이 이해하기 힘들다. 그래서 기계어를 사람들이 이해할 수 있는 문자 형태로 바꾼 것이 어셈블리어 assembly language 이다. 어셈블리어는 0과 1의 이진수를 문자 형태로 바꿔 놓았을 뿐이기 때문에 전문가만이 사용할 수 있는 언어이다. 이처럼 기계어에 가까우나 일반인들이 사용하기 어려운 프로그래밍 언어를 저급 언어 low level language 라 부른다.

저급 언어와 달리 `if`나 `for`와 같이 일반인들이 이해할 수 있는 단어를 사용하여 만든 언어를 고급 언어 high level language 라 부른다. 기계이와 어셈블리어를 제외한 대부분의 언어가 고급 언어이다. 고급 언어로 만든 프로그램은 기계어로 바뀌야지만 컴퓨터에서 실행할 수 있다.

고급 언어 중 가장 많이 알려진 언어가 C언어이다. 티오베(Tiobe)의 자료에 따르면 2021년도에 가장 많이 사용되는 프로그래밍 언어가 C이다.

Mar 2021	Mar 2020	Change	Programming Language	Ratings	Change
1	2	▲	C	15.33%	-1.00%
2	1	▼	Java	10.45%	-7.33%
3	3		Python	10.31%	+0.20%
4	4		C++	6.52%	-0.27%
5	5		C#	4.97%	-0.35%
6	6		Visual Basic	4.85%	-0.40%
7	7		JavaScript	2.11%	+0.06%
8	8		PHP	2.07%	+0.05%
9	12	▲	Assembly language	1.97%	+0.72%
10	9	▼	SQL	1.87%	+0.03%

[자료출처: https://tiobe.com/tiobe-index/]

그림 1-12
티오베(Tiobe)의 자료

C언어가 만들어지기까지

운영체제 중 가장 오래되고 많이 사용되는 운영체제가 유닉스 UNIX 이다. 개인용 컴퓨터에서 사용하는 윈도우즈 운영체제를 제외하면 대부분의 운영체제는 유닉스를 기반으로 한다. 스마트폰에 탑재되어 있는 안드로이드나 iOS와 같은 운영체제도 유닉스를 기반으로 만들어졌다.

그림 1-13
C언어 및 유닉스 개발자 켄 톰슨과 데니스 리치

유닉스도 소프트웨어이기 때문에 이를 만들 수 있는 프로그래밍 언어가 필요했다. 1969년 켄 톰슨 Kenneth Lane Thompson 은 어셈블리어를 사용하여 유닉스를 만들었다. 유닉스는 매우 훌륭한 운영체제였다. 그러나 어셈블리어로 제작되어 있어 성능을 높이거나, 기능을 변경하거나, 관련 응용프로그램을 만들기 불편했다.

유닉스 개발에 뒤늦게 참가한 데니스 리치 Dennis Ritchie 는 어셈블리어를 대신하기 위해 C언어를 개발했다. 기존의 'B언어'를 개선하여 만든 언어가 C언어인데, 유닉스 시스템과 관련 프로그램들이 모두 C언어로 변경되었다.

유닉스의 소스코드가 공개되고, 수많은 운영체제들과 관련 소프트웨어들이 유닉스를 기반으로 만들어짐에 따라 C언어는 대표적인 프로그래밍 언어로 자리를 잡았다. 50년이 넘는 기간 동안 C언어는 개선되고 표준화되었으며, C++나 자바와 같은 현대 프로그래밍 언어의 기반이 되었다. C언어의 장점과 단점을 정리하면 다음과 같다.

C언어의 장점

› 효율적인 언어

C언어는 어셈블리어를 기반으로 만들어졌기 때문에 저급 언어의 특징과 고급 언어의 특징을 동시에 가지고 있다. C언어는 기계어로 간단하게 번역할 수 있는 수준이기 때문에 매우 빠르게 작동한다.

› 강력한 언어

C언어가 개발될 당시의 메모리는 10킬로바이트 수준이었다. 이렇게 적은 메모리를 가진 컴퓨터에서도 동작이 가능할 만큼의 강력함을 가지고 있다.

› 확장성이 좋은 언어

C언어는 개발 이후 50년 동안 많은 시스템에서 사용되고 표준화되었다. 또한 C언어는 작은 메모리를 가진 컴퓨터에서도 작동할 수 있다. 그래서 사물인터넷과 관련된 임베디드 시스템 개발에 C언어가 많이 이용되어 현재 제일 많이 사용되는 언어가 되었다.

› 간결한 문법 구조

C언어는 다른 언어에 비하여 간결한 문법 구조를 가진다. 따라서 적은 양의 코드로도 많은 작업을 수행할 수 있다. 또한 저급 언어와 고급 언어의 특징을 모두 가지고 있기 때문에 유연한 코드를 개발할 수 있다.

C언어의 단점

› 난이도가 있는 코드

C언어는 저급 언어와 고급 언어의 특징을 모두 가지고 있기 때문에 저급 언어와 연관된 부분은 이해하기 어려울 수 있다.

› 숙련이 필요한 코드

C언어가 간결한 문법 구조를 가진다는 것은 프로그래머에게 많은 자유를 주는 것이지만, 반대로 프로그래머가 알아서 처리해야 하는 부분이 많다는 의미이기도 하다. 따라서 C언어는 경험과 숙련이 필요한 언어이다.

› 객체 개념의 부재

C++나 자바와 같은 프로그래밍 언어들은 객체의 개념을 도입하여 코드를 재사용하고 확장한다. C언어에는 객체의 개념이 없어 코드의 재사용이 제한적이다.

2 C언어의 영향

심화

객체지향 언어의 특징

C언어는 계속적으로 발전하여 C++, C#, Objective-C, 자바와 같은 언어로 발전했다. 이러한 언어들의 특징은 객체지향Object Oriented의 도입이다. C언어와 객체지향 언어의 차이점을 아래 그림에 나타냈다. C언어에서 데이터를 담는 통을 변수라 부른다. 변수에 간장이 담겨있다고 상상해 보자. 이 간장을 3cc 덜어서 국에 넣으려 한다면, 계량 순가락을 사용하여 3cc를 맞춘 후 국그릇에 넣는 것이 C언어 방식이다.

그림 1-14
C언어와 객체지향 언어의 차이

객체지향 언어의 경우 변수를 담는 통에 펌프가 달려 있으며 펌프를 누르면 1cc 간장이 나온다. 3cc 간장이 필요하면 계량 순가락을 사용할 필요 없이 펌프를 3번만 눌러주면 된다.

객체지향 언어는 데이터를 담는 통과 통에 담긴 데이터를 처리할 수 있는 함수(더 정확하게는 메소드라 부른다)를 하나로 묶어 놓은 것이다. 변수와 함수를 하나로 묶어 객체로 처리하면 데이터를 편리하게 처리할 수 있는 장점이 생긴다. 또한 실수로 간장을 엎지르는 것을 막을 수도 있다.

객체의 가장 큰 장점은 상속에 의한 객체의 재사용이다. 미리 만들어 놓은 객체가 있다면 이를 상속하여 다양한 변형 코드를 만들 수 있다. 그러나 객체를 자유자재로 사용하기 위해서는 기본적인 문법에 익숙해지고 난 이후에 가능하다. C++나 자바의 경우 C언어를 기본으로 하고 있기 때문에 C언어를 어느 정도 사용할 수 있게 된 후에 객체의 개념을 이해할 수 있다. 그래서 많은 프로그래밍 관련 커리큘럼들은 C++나 자바를 배우기 이전에 C언어를 먼저 배울 것을 권장하고 있다. 따라서 C언어를 잘 다루게 된다면, 다른 언어에도 쉽게 적응할 수 있다.

문법이 쉬워진 언어, 파이썬

위에서 언급한 언어 이외에 문법을 단순화하여 일반인도 쉽게 이해할 수 있도록 만든 언어가 파이썬이다. C언어와 비교하여 파이썬은 문법이 완화되어 있다. 예를 들어 C언어의 경우 변수에 특정한 종류의 데이터만 담아야 하지만(문법적으로 엄격하지만) 파이썬은 데이터의 종류에 상관없이 알아서 처리해 준다. 이러한 특징으로 파이썬은 많은 문법을 배우지 않고서도 다양한 프로그래밍을 경험할 수 있다는 장점이 있다.

문법적으로 더 엄격한 C언어를 배운 사람이라면 파이썬에 쉽게 적응할 수 있다. 반대로 파이썬을 배운 사람이 C언어를 사용하려고 하면 엄격해진 문법으로 인해 새로 배워야 할 내용이 많아진다.

3 컴파일러란?

기계어로 번역해주는 프로그램

컴퓨터는 기계어만 인식하기 때문에 C언어를 사용하여 만든 코드는 컴퓨터가 이해할 수 없다. 따라서 소스코드를 기계어로 번역하는 작업이 필요하다. 고급 언어를 기계어로 번역하는 과정을 **컴파일** compile 이라 부른다. 또한 컴파일을 담당하는 프로그램을 **컴파일러** compiler 라 부른다. 컴파일러는 소스코드를 번역하여 기계어로 이루어진 실행파일을 만든다. 이 실행파일을 실행함으로써 컴퓨터가 작업을 시작한다. C언어, C++, 자바와 같은 대부분의 고급 언어가 컴파일러 방식을 사용한다.

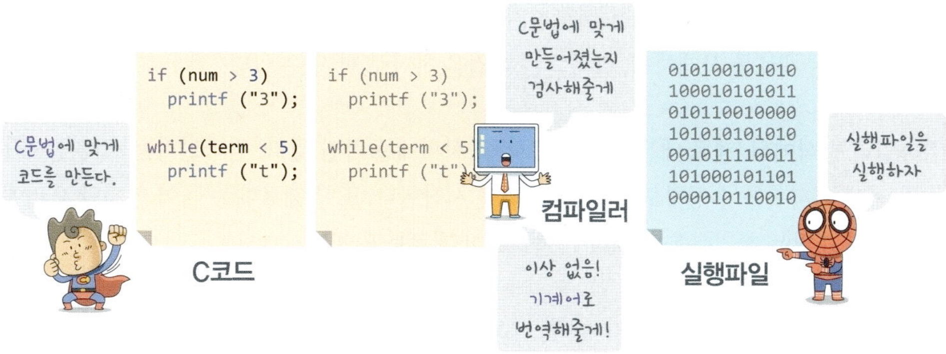

그림 1-15
컴파일 과정

인터프리터와 컴파일러의 차이

컴파일러와 달리 **인터프리터** interpreter 도 있다. 인터프리터 방식은 소스코드를 한 번에 한 문장씩 번역하여 실행한다. 자바 스크립트, 파이썬 등이 이 방식을 사용한다. 컴파일러와 달리 실행파일을 따로 만들지 않기 때문에 인터프리터가 편해 보일 수 있다. 그러나 여러 가지 이유로 컴파일러 방식이 많이 사용된다.

[그림 1-16]은 인터프리터 방식과 컴파일러 방식의 차이점을 레시피로 설명한 것이다. 왼쪽의 인터프리터 방식에서는 레시피에 적힌 대로 위에서 아래로 한 줄씩 조리를 한다. 오른쪽의 컴파일러 방식에서는 요리를 시작하기 전에 레시피를 위에서 아래로 훑으면서 오류를 찾거나 불필요한 내용이 있는지 확인한 후 조리를 시작한다.

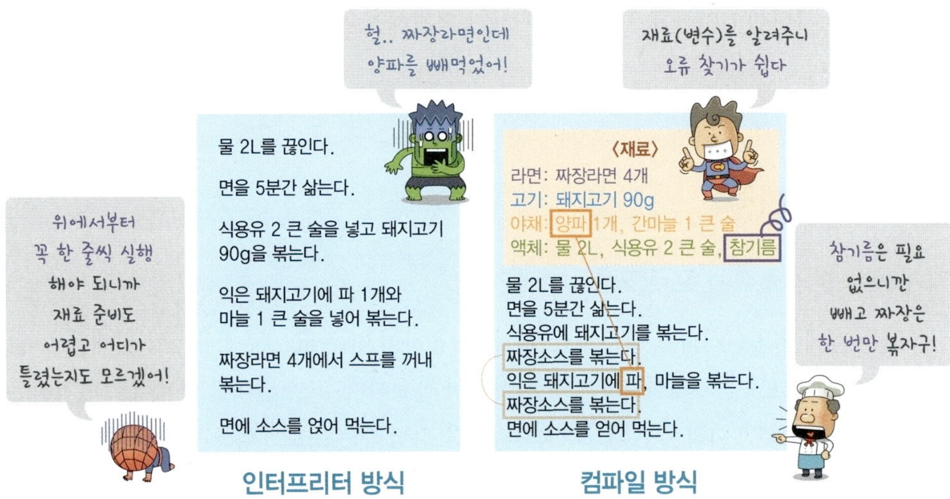

그림 1-16
인터프리터와 컴파일러의 차이

인터프리터 방식은 위에서부터 한 줄씩 실행하기 때문에 전체 재료를 파악하기 어렵다. 또한 레시피에서 잘못된 부분이 있는지 파악하기 어렵고, 반복되는 작업을 하나로 합치기도 힘들다. 컴파일러 방식은 조리를 시작하기 전에 전체 레시피를 살펴보기 때문에 오류를 찾고, 필요 없는 재료를 삭제하며, 반복되는 작업을 하나로 합칠 수 있다.

컴파일러 방식에서 '재료'에 양파가 있으나, 레시피에는 파만 있다. 컴파일러는 조리를 시작하기 전에 레시피를 수정하도록 한 후 요리를 시작한다. 또한 재료에는 들어 있지만 요리에는 사용하지 않는 참기름을 삭제하여 불필요한 재료를 없앤다.

레시피에 '짜장소스를 볶는다.'가 두 번 나오는데 이를 하나로 합쳐 작업을 줄인다. 이와 같이 컴파일러는 오류를 찾고, 사용하지 않는 재료를 삭제하고, 겹치는 작업을 하나로 합쳐서 최적화된 레시피를 만든다. 이것이 컴파일러 방식을 사용하는 이유이다.

컴파일러 방식의 특징은 사용할 재료(변수)를 미리 선언한다는 것이다. 돼지고기, 양파, 마늘과 같은 재료를 사용하겠다고 선언해야만 잘못 표기된 재료는 없는지, 사용하지 않는 재료는 없는지를 찾을 수 있다. 이러한 특징은 C언어를 포함한 모든 컴파일 언어에 적용된다.

인터프리터는 오류를 찾기 힘들고 최적화하기 어렵다. 그래서 인터프리터 방식의 언어는 컴파일러보다 느리게 작동한다. C언어는 현존하는 언어 중 가장 빠른 언어이며, 자바보다는 3배 이상, 파이썬보다는 10배 이상 빠르게 작동한다.

1.3 알고리즘

1 알고리즘이란?

필수

문제해결을 위한 방법과 절차의 모음

알파고가 이세돌을 이겨 세상이 떠들썩했다. 알파고가 사용한 것이 인공지능 알고리즘이다. 인공지능 알고리즘이란 사람처럼 생각하는 알고리즘을 의미한다. 그러면 알고리즘은 무엇일까? **알고리즘** algorithm 이란 문제해결을 위한 방법과 절차를 모아 놓은 것이다.

알고리즘은 요리에서 레시피에 해당된다. 라면 끓이기를 생각해 보자. '물을 끓인다. → 스프를 넣는다. → 면을 넣는다. → 4분 뒤 먹는다.'이다. 여기서 라면을 끓이는 절차와 방법이 라면 끓이기 알고리즘이다.

그림 1-17
프로그래밍의 전체 과정

알고리즘이 중요한 이유

앞에서 설명한 소스코드와 알고리즘은 어떤 관계일까? 알고리즘을 프로그래밍 언어로 만든 결과물이 소스코드이다. 따라서 프로그래밍의 전체 과정은 '알고리즘 - 소스코드 만들기 - 컴파일 - 실행'이다.

짜장라면 알고리즘은 '물을 끓인다. - 면을 넣는다. - 4분 뒤 짜장스프를 비벼 먹는다.'이다. 짜장라면을 끓일 때 일반 라면처럼 끓는 물에 스프를 넣으면 '짜장국'이 된다. 이렇게 알고리즘이 잘못되면, 원하는 결과물을 얻을 수 없다. 따라서 프로그래밍 전체 과정에서 가장 중요한 것은 알고리즘이다.

2 알고리즘 표현 방법

4가지 방법

사람들은 알고리즘을 표현하기 위해 자연어를 사용하거나, 순서도를 사용하거나, 유사코드를 사용하거나, 프로그래밍 언어를 사용한다.

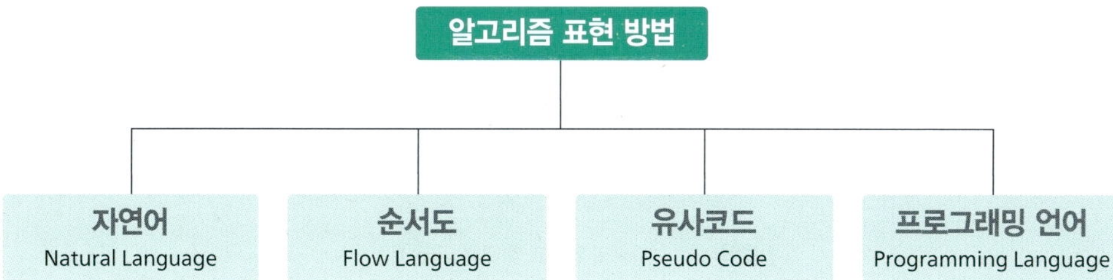

그림 1-18
알고리즘 표현 방법

자연어

자연어란 사람들이 일상생활에서 사용하는 언어를 지칭한다. 사실 자연어로 알고리즘을 표현하기 어렵다. 같은 내용이라도 사람마다 표현 방식이 달라 오해의 소지가 있다. 또한, 전체 알고리즘 구조를 파악하기 위해 모든 문장을 읽어야 하는 불편함이 있다.

```
시작
    A에 7, B에 9를 대입한다.
    A의 값을 C에 대입한다.
    B의 값을 A에 대입한다.
    C의 값을 B에 대입한다.
    A와 B의 값을 출력한다.
끝
```

그림 1-19
자연어 사용 예시

[그림 1-19]는 두 수를 바꾸는 알고리즘을 자연어로 쓴 것이다. A에는 7, B에는 9를 넣은 다음에 A와 B의 값을 바꾼다. 두 수를 바꾸기 위해서 중간값을 보관할 수 있는 C를 사용했다.

순서도

알고리즘을 자연어로 기술하면 전체 구조를 파악하기 어렵다. 작업의 흐름을 파악하기 위해 많이 사용하는 것이 순서도이다. **순서도** flow chart 란 약속된 기호와 선을 사용하여 문제해결 과정을 표현하는 방법이다. 순서도는 [표 1-1]과 같은 기호를 사용하여 작업의 흐름을 표현한다.

표 1-1 순서도의 기호

기호	명칭	의미
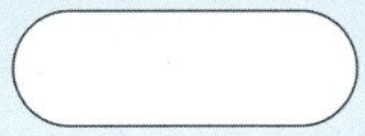	**단말**	순서도의 시작과 끝을 나타낸다.
	**흐름선**	각 기호를 연결하며, 순서도의 흐름을 나타낸다.
	**처리**	계산 등 자료의 연산 또는 처리를 나타낸다.
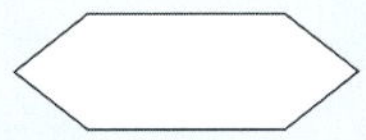	**준비**	변수의 초기값, 기억 장소의 설정 등 작업의 준비 과정을 나타낸다.
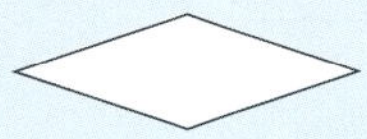	**판단**	조건을 판단하여 '예' 또는 '아니오'로 이동한다.
	**입출력**	자료의 입력과 출력을 나타낸다.
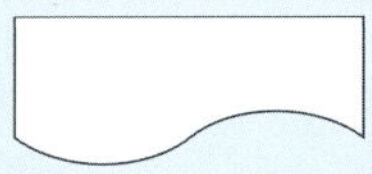	**출력**	출력장치를 통한 출력을 나타낸다.

[그림 1-20]은 앞에서 자연어로 표현한 두 수 바꾸기를 순서도로 표현한 것이다. 순서도는 알고리즘의 흐름을 빠르게 파악할 수 있다는 장점이 있다. 그러나 복잡한 프로그램은 순서도로 작성하기 까다롭다는 단점이 있다. 10000줄이 넘어가는 코드의 순서도를 그린다고 생각해 보라. 끔찍할 것이다.

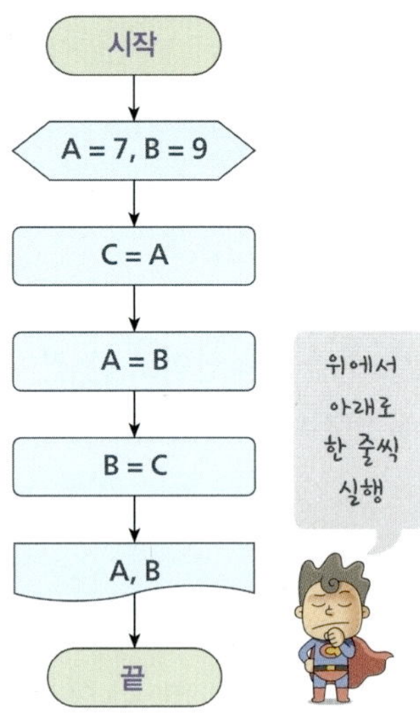

그림 1-20
순서도

유사코드

알고리즘을 표현하는 가장 간단한 방법은 유사코드를 사용하는 것이다. **유사코드** pseudo code란 프로그래밍 언어를 흉내 낸 것으로 특정 프로그래밍에 사용되는 언어와 유사하게 알고리즘을 표현한 것이다. 프로그래밍 언어와 유사한 구조를 가졌지만, 특정한 프로그래밍 언어의 문법을 따르지 않기 때문에 가짜 코드란 의미로 유사코드라 부른다. [그림 1-21]은 앞의 순서도를 유사코드로 표현한 예이다.

```
START
   A = 7, B = 9
   C = A
   A = B
   B = C
   PRINT A, B
END
```

그림 1-21
유사코드 사용 예시

프로그래밍에서 제일 중요한 것은 문제를 해결하는 알고리즘이다. 순서도로 되어 있건 유사코드로 되어 있건 간에 알고리즘만 있다면 C코드는 쉽게 만들 수 있다. 그러나 알고리즘이 없는 상태에서 C코드를 만들기 어렵다.

프로그래밍을 처음 접하는 분들은 유사코드를 사용하여 알고리즘을 작성하기를 권장한다. 유사코드 작성에 익숙해지고 어느 정도 C언어 문법을 배우면, 유사코드 대신 C언어를 사용하여 알고리즘을 만들 수 있다.

1.4 컴퓨팅 사고

1 컴퓨팅 사고란?

문제해결을 위한 컴퓨터식 사고

영어를 잘 하고 싶다면 영국인처럼 생각해야 한다. 알고리즘을 잘 만들고 싶다면 컴퓨터처럼 생각해야 한다. 문제를 해결하기 위해 논리적이고 창의적으로 생각하는 것을 **컴퓨팅 사고** Computational Thinking 라 부른다. 컴퓨팅 사고는 컴퓨터가 효과적으로 수행할 수 있도록 문제를 정의하고 그에 대한 답을 찾는 것이다.

컴퓨팅 사고는 자넷 윙 Jeannette Wing 박사가 기고한 논문에서 언급되었으며, 이후 많은 곳에서 컴퓨팅 사고의 개념을 도입하기 시작했다. 컴퓨팅 사고는 거창해 보이지만 실생활에서 많은 예를 찾을 수 있다.

그림 1-22
컴퓨팅 사고의 정의

예1) 구내식당에서 줄서기

구내식당에서 한식과 분식을 팔고 있다고 가정해 보자. 한식은 이미 만들어진 재료를 담아 주기 때문에 음식이 빨리 나오는 반면에, 분식은 라면을 끓이거나 만두를 튀겨야 하기 때문에 시간이 오래 걸린다. 이러한 상황에서 사람들을 한 줄로 세우는 것은 불편하다. 한식을 기다리는 줄과 분식을 기다리는 줄을 분리하면 분식 때문에 한식을 기다리는 사람이 시간을 낭비하는 것을 줄일 수 있다.

그림 1-23
데이터 통로의 분리

컴퓨터의 주변기기가 연결되어 있는 형태도 이와 같다. 1초에 4기가바이트 이상의 데이터가 오고 가는 그래픽 카드와 1초에 수 킬로바이트의 데이터가 오고 가는 키보드를 같이 묶으면 느린 키보드 때문에 그래픽 카드의 데이터도 같이 느려진다. 그래서 그래픽 카드의 데이터 통로와 키보드의 데이터 통로는 분리되어 있다.

예2) 사과 잼 공장

사과 잼 공장에서 사과 잼을 만들기 위해 사과를 가는 기계가 있다고 생각해 보자. 모터를 돌려서 사과를 잘게 부수는 작업은 매우 빠른 속도로 이루어진다. 이런 기계에 사과를 하나씩 옮겨서 집어넣는 것은 매우 비효율적이다. 기계의 속도를 맞추려면 사과를 큰 바구니에 담아서 통째로 옮겨야 한다.

그림 1-24
버퍼의 사용

[그림 1-24]에서 바구니를 버퍼 buffer 라 부른다. 버퍼란 속도가 서로 다른 장치 사이에서 속도 차이를 완화시켜주는 장치이다. 컴퓨터 주변기기 중 하드 디스크는 CPU나 메모리에 비하여 매우 느린 장치이다. 이런 느린 장치에서 데이터를 한 개씩 옮기는 것은 비효율적이다. 그래서 키보드나 하드 디스크와 같은 주변장치에는 버퍼가 달려 있다.

예3) 대박난 맛집

어느 중국집이 맛집으로 소문이 나서 이른 아침부터 손님들이 줄을 서기 시작했다. 주문이 밀려들다 보니 음식을 주문하고 30분이 지나야지만 음식을 맛볼 수 있다. 이 중국집 주인은 주방장을 더 채용하고 요리를 할 수 있는 주방을 하나 더 만들었다. 그러고 나니 15분 정도만 기다리면 음식을 맛볼 수 있게 되었다.

그림 1-25
병렬 처리를 하면 처리 속도가 빨라진다

이것이 바로 병렬 처리 parallel processing 이다. 병렬 처리란 여러 개의 작업을 동시에 처리하는 기법이다. 요즘 CPU는 작업을 담당하는 코어 core 를 2개 이상 가지고 있다. 듀얼-코어 dual core CPU란 코어를 2개 가진 CPU를 의미한다. 식당에 주방과 주방장이 2개 있는 것과 같다. 따라서 듀얼-코어 CPU는 한 번에 작업을 2개 처리할 수 있다.

2 컴퓨팅 사고의 구성

심화

4가지 구성요소

컴퓨터를 이용하여 문제를 해결하기 위해서는 문제에 어떻게 접근하여 풀어 나갈 것인가의 문제가 남아 있다. 우리가 문제를 해결하는 방식이 여러 개 있을 수 있듯이, 컴퓨팅 사고 또한 여러 방향으로 고려될 수 있다. 보통의 경우 컴퓨팅 사고는 추상화 abstraction , 분해 decomposition , 패턴 인식 pattern recognition , 알고리즘 algorithm 으로 구성된다.

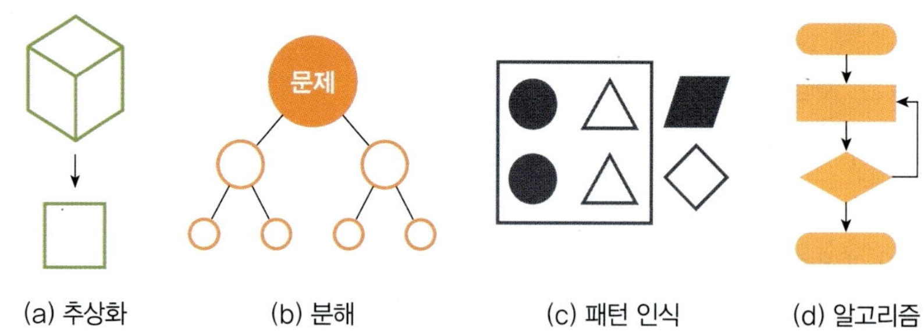

그림 1-26
컴퓨팅 사고의 4가지 구성요소

우리가 해결해야 할 문제들은 매우 복잡하다. 문제에서 중요하지 않은 부분을 제거하고 중요한 특징만으로 문제를 구성함으로써 문제해결을 좀 더 쉽게 하는 과정이 추상화이다. 또 다른 문제를 해결하는 방법으로 분해가 있다. 문제들을 해결하기 쉬운 작은 단위의 문제들로 나누는 과정이 분해이다.

문제들을 추상화하거나 작은 문제들로 분해한 후, 데이터들을 특징별로 나누어 유사한 문제 해결 방식이 있는지 찾아보는 과정이 패턴 인식이다. 우리가 해결하려는 문제 혹은 데이터에서 의미 있는 패턴을 찾아내는 과정이다. 이러한 과정을 통하여 문제해결의 방법이 찾아지면 알고리즘을 만든다. 알고리즘이란 어떠한 문제를 해결하기 위해 정해진 일련의 절차나 방법을 공식화한 형태로 표현한 것을 말한다.

추상화

추상화란 세부사항을 제거하여 간결하게 만드는 것이다. [그림 1-27]은 다각형으로 표현된 슈퍼맨이다. 다각형만으로 특징을 잘 묘사함으로써 우리는 슈퍼맨이라는 것을 알게 된다. 추상화는 문제에서 불필요한 세부사항을 제거함으로써 문제의 본질을 쉽게 파악하게 하는 작업이다.

그림 1-27
다각형으로 추상화된 슈퍼맨과 음식 네온사인

추상화의 또 다른 예로 네온사인이나 간판이 있다. 햄버거, 커피, 피자, 아이스크림과 같은 글자는 멀리에서 알아보기 어렵다. 그러나 이러한 음식을 추상화해 놓은 간판은 멀리에서도 무엇을 팔고 있는 가게인지 쉽게 인지될 수 있다. 이와 같이 추상화는 불필요한 것을 제거함으로써 문제의 본질을 보다 정확하게 파악할 수 있게 해준다.

분해

분해는 복잡한 문제를 풀기 쉬운 간단한 문제로 나누는 것이다. 분해는 우리가 일생생활에서 많이 사용하는 방법이다. 예를 들어 짜장면을 만든다고 생각해 보자. 그러면 짜장면을 만드는 문제는 '짜장 만들기'와 '면 삶기'의 두 개의 문제로 나눌 수 있다. 짜장을 만드는 것은 다시 고기 볶기, 양파 볶기, 짜장 넣기로 나눌 수 있고, 면 삶기는 물 끓이기, 면 삶기, 찬물에 면 헹구기로 나눌 수 있다. 이렇게 큰 문제를 여러 개의 작은 문제로 나누는 작업이 분해이다.

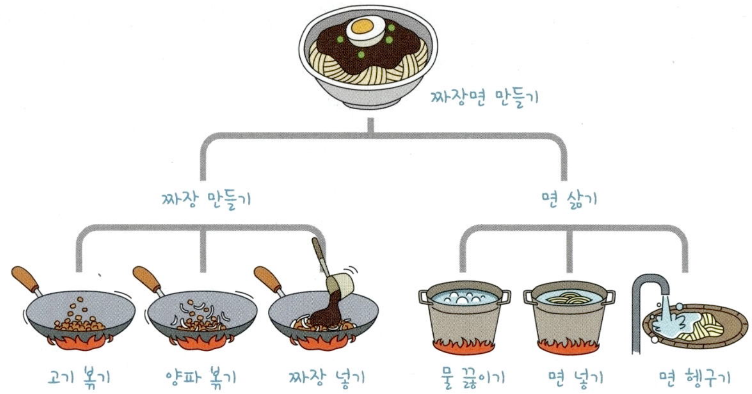

그림 1-28
짜장면 만들기의 문제 분해

문제를 작은 문제로 분해하면 어떤 작업을 먼저 해야 하는지, 어떤 작업을 나중에 해야 하는지를 결정할 수 있다. 따라서 작업의 순서를 정할 수 있게 되어 문제가 해결된다.

패턴 인식

패턴이란 동일한 것이 반복되는 것이다. 복잡한 문제를 분해하는 과정에서 유사한 특성을 발견할 수 있다. 컴퓨팅 사고에서 패턴 인식은 문제들에 적용 가능한 패턴을 찾아내는 과정이다. 패턴을 찾을 수 있다면 문제를 해결하기가 매우 쉬워진다.

아래 그림은 어느 식당의 하루 방문자 수를 표시한 것이다. 보통의 경우 테이블이 모자라는 경우가 없는데, 어떤 날에는 테이블이 모자라 손님을 받지 못하는 날이 있다. 손님이 많이 몰리는 날을 위해서 보조 테이블을 놓아 보지만, 평상시에는 보조 테이블이 자리만 차지하고 쓸모가 없다.

17 14 19 26 22 16 55 16 15 20 21 21 18 60

12 24 20 19 23 19 61 12 18 19 17 12 18 49

그림 1-29
어느 식당의 하루 방문자 수

위의 데이터만으로는 패턴을 찾기가 어렵다. 그러나 아래와 같이 위의 데이터에 요일을 집어넣어 보니, 사람이 많이 몰리는 날은 일요일이라는 것을 알게 되었다. 다시 말해 패턴을 찾게 된 것이다. 이렇게 패턴을 찾게 되면, 일요일에만 보조 테이블을 놓으면 되므로 식당의 문제가 해결된다.

월	화	수	목	금	토	일	월	화	수	목	금	토	일
17	14	19	26	22	16	55	16	15	20	21	21	18	60
12	24	20	19	23	19	61	12	18	19	17	12	18	49

그림 1-30
요일에 따른 방문자 수

3 알고리즘 작성

3가지 제어 구조

알고리즘은 위에서부터 아래로 한 개씩 작업이 진행된다. 추가로 조건이 맞으면 선택적으로 실행되는 작업이 있으며, 반복적으로 실행되는 작업도 있다. 따라서 알고리즘의 명령이 실행되는 순서를 결정하는 구조는 순차 구조, 조건선택 구조, 반복 구조로 나뉜다.

순차 구조

어떤 일을 처리하는데 필요한 과정을 시간적인 순서에 따라 순차적으로 나타낸 구조이다. 기본적으로 작업은 위에서 아래로 한 줄씩 실행된다. 따라서 **모든 알고리즘의 기본 구조는 순차 구조**이다.

조건선택 구조

특정 조건을 만족하는지, 안 하는지에 따라 다음 명령을 선택적으로 실행하는 구조이다.

반복 구조

어떤 문제를 해결하기 위해 동일한 동작을 반복적으로 실행하는 구조이다.

아래 그림은 순서도를 사용하여 순차 구조, 조건선택 구조, 반복 구조를 표현한 것이다.

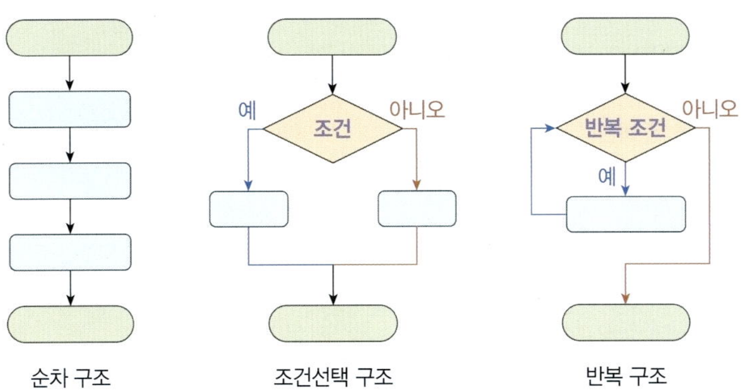

그림 1-31
제어 구조의 종류

예1) 어느 식당의 문제

앞서 컴퓨팅 사고 - 패턴 인식에서 보았던 어느 식당의 문제를 다시 살펴보자. 하루 방문자 수를 살펴보았더니, 평상시에는 약 30명의 손님이 방문하고, 일요일에는 약 60명의 손님이 방문하는 패턴을 찾았다. 이에 따라 아침마다 음식을 준비하는 알고리즘을 순서도로 만들면 다음과 같다.

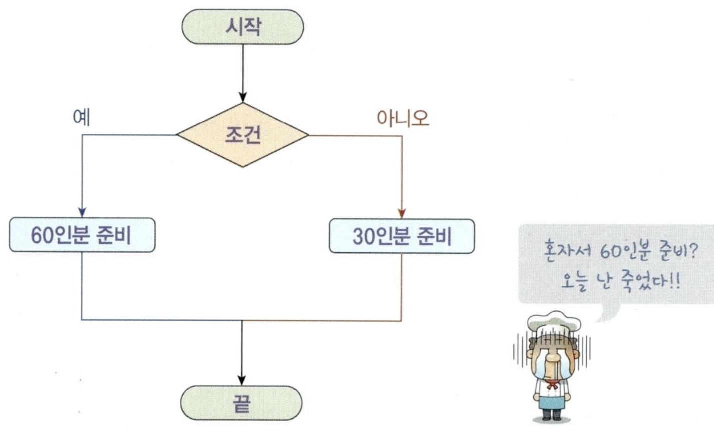

그림 1-32
음식 준비 알고리즘

순서도를 살펴보면, 알고리즘은 '시작'에서 시작하여 하나씩 실행되는 순차 구조를 가진다. 시작 이후에 조건선택 구조가 나타난다. 조건 '일요일인가?'에서 일요일인 경우와 아닌 경우로 나뉘게 된다. 일요일인 경우에는 60인분을 준비하고, 아닌 경우에는 30인분을 준비한다. 조건이 참인가 아닌가에 따라 선택적으로 작업이 이루어진다.

위의 순서도를 유사코드로 만들면 다음과 같다. 유사코드에서 중괄호 {}는 함께 이루어지는 작업을 의미한다. 따라서 만약(if) 일요일이면 중괄호 안의 60인분을 준비한다가 실행되고, 아니면(else) 30인분을 준비한다가 실행된다.

```
START
   if (일요일이면)                      만약 ( 조건 )
   {
      60인분을 준비한다.                   선택 1 - 일요일인 경우
   }
      else
   {
      30인분을 준비한다.                   선택 2 - 일요일이 아닌 경우
   }
END
```

그림 1-33
음식 준비 알고리즘의 유사코드

또 다른 예를 살펴보자. 못을 박는 과정을 순차 구조와 반복 구조를 이용하여 순서도를 만들면 [그림 1-34]와 같다.

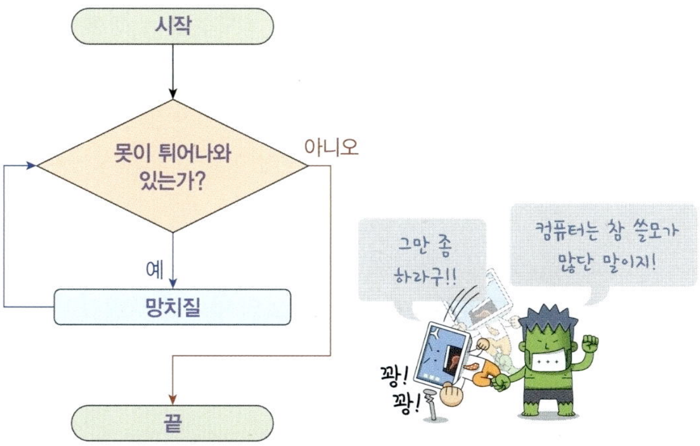

그림 1-34
못질 알고리즘

이 순서도도 '시작'에서 출발하여 하나씩 실행되는 순차 구조를 가진다. 시작 이후에 '못이 튀어나와 있는가?'에서는 못이 튀어나와 있는 경우와 아닌 경우의 반복 구조로 나뉘게 된다. 못이 튀어나와 있는 경우 '망치질'이 반복적으로 수행된다. 만약 더 이상 못이 튀어나와 있지 않다면, 알고리즘은 종료하게 된다. 못질 알고리즘을 유사코드로 만들면 다음과 같다.

```
START
   while (못이 튀어나와 있으면)          반복 ( 조건 )
   {
      망치질한다.                          조건이 참인 동안 반복
   }
END
```

그림 1-35
못질 알고리즘의 유사코드

순서도와 유사코드를 비교해보면, 유사코드가 좀 더 C코드에 가까운 구조를 가지고 있다. 유사코드에 C언어 문법을 적용하면 C코드가 완성된다. 따라서 프로그래밍을 배우는 초기에는 유사코드를 만드는 연습을 많이 해보기 바란다.

요약

- 컴퓨터는 크게 하드웨어와 소프트웨어로 나뉘며, 프로그램의 정해진 절차에 따라 데이터를 처리하면 정보가 만들어진다. 소프트웨어는 응용프로그램과 시스템 소프트웨어로 나뉜다. 특정한 작업을 위해 사용하는 프로그램들을 통칭하여 응용프로그램이라 부르며, 시스템 소프트웨어 중 컴퓨터 전체를 관리하고 운영하는 소프트웨어를 운영체제라 부른다.
- 컴퓨터에서 주방장의 역할을 담당하는 것이 CPU이며, 메모리는 컴퓨터에서 유일한 작업 공간이다. 그래서 CPU와 메모리를 필수장치, 그 외의 장치를 주변장치라 부른다. 현대 컴퓨터는 폰 노이만 구조를 따르는데, 폰 노이만 구조에서 프로그램과 데이터는 메모리에 올라와야지만 실행된다.
- 프로그램이란 특정 목적에 도달하기까지 필요한 명령과 데이터의 처리 방법을 모아 놓은 것이다. 컴퓨터가 이해할 수 있는 언어를 프로그래밍 언어라 부른다. 프로그래밍을 하면 그 결과로 소스코드가 만들어진다. 컴퓨터는 매우 단순한 기계이기 때문에 문장 끝에 세미콜론(;)이 없으면 오류가 발생한다.
- 컴퓨터는 저급 언어인 기계어만 이해한다. 저급 언어와 달리 일반인들이 이해할 수 있는 단어를 사용하여 프로그램을 개발할 수 있도록 만든 언어를 고급 언어라 부른다. C언어는 고급 언어로 C코드를 기계어로 번역하는 과정을 '컴파일 한다'라고 표현한다. 컴파일러는 소스코드에서 에러를 찾고, 최적화하여 실행파일을 만든다. 컴파일러 방식의 특징은 사용할 재료(변수)를 미리 선언하는 것이다.
- 문제를 해결하기 위해 논리적이고 창의적으로 생각하는 것을 컴퓨팅 사고라 부른다. 컴퓨팅 사고는 추상화, 분해, 패턴 인식, 알고리즘으로 구성된다.
- 문제에서 중요하지 않은 부분을 제거하고 중요한 특징만으로 문제를 구성함으로써 문제 해결을 좀 더 쉽게 하는 과정이 추상화이다. 문제들을 해결하기 쉬운 작은 단위의 문제들로 나누는 과정이 분해이다. 문제들을 추상화하거나 작은 문제들로 분해한 후, 데이터들을 특징별로 나누어 유사한 문제해결 방식이 있는지 찾아보는 과정이 패턴 인식이다.
- 알고리즘이란 주어진 문제를 해결하는 방법과 절차를 모은 것이다. 문제를 해결하는 알고리즘을 프로그래밍 언어를 사용하여 작성하면 프로그램이 된다. 알고리즘을 표현하기 위해 자연어를 사용하거나, 순서도를 사용하거나, 유사코드를 사용하거나, 프로그래밍 언어를 사용한다. 알고리즘의 명령이 실행되는 순서를 결정하는 구조는 순차 구조, 조건선택 구조, 반복 구조로 나뉜다. 모든 알고리즘의 기본 구조는 순차 구조이다.

연습문제

83문제

[객관식]

01 다음 중 나머지 3개와 종류가 다른 소프트웨어는 무엇인가?

❶ 문서 작성 소프트웨어 ❷ 유틸리티
❸ 동영상 소프트웨어 ❹ 웹서핑 소프트웨어

02 다음 중 나머지 3개와 종류가 다른 하드웨어는 무엇인가?

❶ 모니터 ❷ 프린터
❸ 키보드 ❹ 메모리

03 다음 중 주변장치가 아닌 것은 무엇인가?

❶ CPU ❷ 저장장치
❸ 입력장치 ❹ 출력장치

04 명령어를 해석하여 실행하는 장치로, 인간으로 치면 두뇌에 해당하는 장치는 무엇인가?

❶ 저장장치 ❷ 메모리
❸ CPU ❹ 출력장치

05 키보드, 마우스, 터치스크린은 어떤 장치에 해당하는가?

❶ 저장장치 ❷ 메모리
❸ 입력장치 ❹ 출력장치

06 폰 노이만 구조에서 가장 중요한 특징인 '모든 프로그램은 (   )로 올라와야 실행할 수 있다'에서 괄호에 들어갈 적당한 단어는 무엇인가?

❶ 저장장치 ❷ 메모리
❸ 입력장치 ❹ 출력장치

07 소프트웨어는 (   )과 시스템 소프트웨어로 나뉜다. 괄호에 들어갈 적당한 단어는 무엇인가?

❶ 응용프로그램 ❷ 운영체제
❸ 유틸리티 ❹ 문서 작성 소프트웨어

08 C언어에서 문장 끝에 붙이는 문자는 무엇인가?

❶ 마침표(.) ❷ 콜론(:)
❸ 느낌표(!) ❹ 세미콜론(;)

09 다음 중 나머지 셋과 다른 프로그래밍 언어는 무엇인가?

❶ 자바 ❷ 어셈블리어
❸ 파이썬 ❹ C언어

10 다음 중 나머지 셋과 다른 프로그래밍 언어는 무엇인가?

❶ 자바 ❷ C언어
❸ 자바 스크립트 ❹ C++

11 컴퓨터(사람이나 기계)가 효과적으로 수행할 수 있도록 문제를 정의하고 그에 대한 답을 기술하는 것이 포함된 사고 과정 일체를 의미하는 단어는 무엇인가?

❶ 프로그래밍 ❷ 컴퓨팅 사고
❸ 알고리즘 ❹ 유틸리티

12 다음 중 순서도에 없는 구조는 무엇인가?

❶ 순차 구조 ❷ 반복 구조
❸ 조건선택 구조 ❹ 상향 구조

13 컴퓨터를 이용하여 문제를 해결하기 위한 논리적이고 창의적인 생각 방식을 의미하는 단어는 무엇인가?

❶ 컴퓨팅 사고 ❷ 알고리즘
❸ 프로그래밍 ❹ 임베디드

14 다음 중 컴퓨팅 사고의 구성요소와 거리가 먼 것은 무엇인가?

❶ 분해 ❷ 알고리즘
❸ 패턴 인식 ❹ 프로그래밍

15 컴퓨팅 사고의 구성요소 중 문제를 해결하기 쉬운 작은 단위로 나누는 것을 무엇이라 부르는가?

❶ 분해 ❷ 알고리즘
❸ 패턴 인식 ❹ 추상화

16 컴퓨팅 사고의 구성요소 중 문제에서 중요하지 않은 부분을 제거하고 중요한 특징만으로 문제를 구성함으로써 문제해결을 좀 더 쉽게 하는 것을 무엇이라 부르는가?

❶ 분해 ❷ 알고리즘
❸ 패턴 인식 ❹ 추상화

17 컴퓨팅 사고의 구성요소 중 데이터들의 특징별로 나누어 유사한 문제해결 방식이 있는지 찾아보는 과정을 무엇이라 부르는가?

❶ 분해 ❷ 알고리즘
❸ 패턴 인식 ❹ 추상화

18 컴퓨팅 사고의 구성요소 중 어떠한 문제를 해결하기 위해 정해진 일련의 절차나 방법을 공식화한 형태로 표현한 것을 무엇이라 부르는가?

❶ 분해 ❷ 알고리즘
❸ 패턴 인식 ❹ 추상화

19 짬뽕을 만들기 위해 면을 삶는 과정과 재료를 볶는 과정으로 세분화하여 문제를 해결했다. 컴퓨팅 사고 중 어떤 구성요소로 문제를 해결한 것인가?

❶ 분해 ❷ 알고리즘
❸ 패턴 인식 ❹ 추상화

20 이진 탐색(binary search)을 통해 원하는 숫자를 찾았다. 컴퓨팅 사고 중 어떤 구성요소로 문제를 해결한 것인가?

❶ 분해 ❷ 알고리즘
❸ 패턴 인식 ❹ 추상화

21 사람의 걷는 모습을 반복적으로 사용하여 동영상을 만들었다. 컴퓨팅 사고 중 어떤 구성요소로 문제를 해결한 것인가?

❶ 분해 ❷ 알고리즘
❸ 패턴 인식 ❹ 추상화

22 요일별로 판매량을 조사해보니 일요일에 많이 팔린다는 것을 알게 되었다. 컴퓨팅 사고 중 어떤 구성요소로 문제를 해결한 것인가?

❶ 분해 ❷ 알고리즘
❸ 패턴 인식 ❹ 추상화

23 삼각형과 사각형만 사용하여 사자를 그렸다. 컴퓨팅 사고 중 어떤 구성요소로 문제를 해결한 것인가?

❶ 분해 ❷ 알고리즘
❸ 패턴 인식 ❹ 추상화

24 지하철 노선도는 컴퓨팅 사고 중 어떤 구성요소로 문제를 해결한 것인가?

❶ 분해 ❷ 알고리즘
❸ 패턴 인식 ❹ 추상화

25 햄버거 글씨 대신에 네온사인을 만들어 간판의 가독성을 높였다. 컴퓨팅 사고 중 어떤 구성요소로 문제를 해결한 것인가?

❶ 분해 ❷ 알고리즘
❸ 패턴 인식 ❹ 추상화

26 설명서를 따라서 비행기 프라모델을 만들었다. 컴퓨팅 사고 중 어떤 구성요소로 문제를 해결한 것인가?

❶ 분해 ❷ 알고리즘
❸ 패턴 인식 ❹ 추상화

27 다음 중 알고리즘을 표현하는 방법이 아닌 것은?

❶ 자연어 ❷ 순서도
❸ 분해 ❹ 유사코드

28 다음 중 알고리즘을 표현하는 방법에 있어서 기호를 사용하여 작업의 흐름을 나타낸 것은 무엇인가?

❶ 자연어 ❷ 순서도
❸ 프로그래밍 언어 ❹ 유사코드

29 다음 중 알고리즘을 표현하는 방법에 있어서 일반적인 언어로 프로그래밍 언어를 흉내 낸 것을 무엇이라 부르는가?

❶ 자연어 ❷ 순서도
❸ 분해 ❹ 유사코드

30 다음 중 저급 언어에 속하는 프로그래밍 언어는 무엇인가?

❶ 어셈블리어 ❷ C언어
❸ 자바 ❹ 파이썬

31 다음 중 기계어를 사람이 이해할 수 있는 문자 형태로 바꿔놓은 프로그래밍 언어는 무엇인가?

❶ 어셈블리어 ❷ C언어
❸ 자바 ❹ 파이썬

32 다음 중 객체지향 언어는 무엇인가?

❶ 어셈블리어 ❷ C언어
❸ 자바 ❹ 파이썬

33 다음 중 소스코드를 컴퓨터가 실행할 수 있는 기계어로 번역하여 실행파일을 만든 후 한꺼번에 실행하는 형태를 가리키는 단어는 무엇인가?

❶ 객체지향 ❷ 컴파일러
❸ 임베디드 ❹ 인터프리터

34 다음 중 소스코드를 한 번에 한 문장씩 실행하는 형태를 가리키는 단어는 무엇인가?

❶ 객체지향 ❷ 컴파일러
❸ 임베디드 ❹ 인터프리터

35 다음 중 자바 언어와 관련이 없는 단어는 무엇인가?

❶ 객체지향 ❷ 컴파일러
❸ 임베디드 ❹ 인터프리터

36 다음 중 소스코드의 오류를 발견하고 최적화된 코드를 만들 수 있는 장점을 가진 것은 무엇인가?

❶ 객체지향 ❷ 컴파일러
❸ 임베디드 ❹ 인터프리터

37 다음 중 변수 선언이 필요 없고 실행이 간편하다는 장점을 가진 것은 무엇인가?

❶ 객체지향 ❷ 컴파일러
❸ 임베디드 ❹ 인터프리터

38 다음 중 컴퓨팅 사고의 예로 적절하지 않은 것은 무엇인가?

❶ 빠른 계산기를 만들기 위해 2진법으로 계산하고 그 결과를 10진법으로 보여주게 했다.

❷ 구내식당에서 오는 순서대로 줄을 서게 했다.

❸ 사과 주스 공장에서 사과를 나를 때 큰 바구니를 사용했다.
❹ 커다란 조미료를 조금씩 덜어서 조미료 통을 가스레인지 근처에 두었다.

39 다음 중 올바르지 않은 것은 무엇인가?

❶ 컴퓨터를 이용하여 문제를 해결하기 위한 논리적이고 창의적인 생각 방식을 컴퓨팅 사고라 부른다.
❷ 컴퓨팅 사고의 4가지 구성 요소로는 분해, 패턴 인식, 추상화, 객체지향이다.
❸ 컴퓨팅 사고는 Jeannette Wing 박사가 기고한 논문에서 언급되었다.
❹ 컴퓨팅 사고는 컴퓨터(사람이나 기계)가 효과적으로 수행할 수 있도록 문제를 정의하고 그에 대한 답을 기술하는 것이 포함된 사고 과정 일체를 가리킨다.

40 컴퓨팅 사고의 4가지 구성요소를 설명한 것 중 올바르지 않은 것은 무엇인가?

❶ 컴퓨팅 사고의 4가지 구성요소 중 문제를 해결하기 쉬운 작은 단위로 나누는 것을 분해라 부른다.
❷ 문제에서 중요하지 않은 부분을 제거하고 중요한 특징만으로 문제를 구성함으로써 문제해결을 좀 더 쉽게 하는 것이 추상화이다.
❸ 데이터들의 특징별로 나누어 유사한 문제해결 방식이 있는지 찾아보는 과정을 패턴 인식이라 부른다.
❹ 어떠한 문제를 해결하기 위해 정해진 일련의 절차나 방법을 공식화한 형태로 표현한 것이 프로그램이다.

41 다음 중 올바르지 않은 것은 무엇인가?

❶ 프로그램이 만들어지는 과정은 코드 작성, 기계어 번역, 컴파일 순서로 이루어진다.
❷ 알고리즘을 표현하는 방식에는 자연어, 순서도, 유사코드, 프로그래밍 언어가 있다.
❸ 기호를 사용하여 작업의 흐름을 나타낸 것이 순서도이다.
❹ 일반적인 언어로 프로그래밍 언어를 흉내 낸 것을 유사코드라 부른다.

42 다음 중 올바르지 않은 것은 무엇인가?

❶ 컴퓨터가 이해할 수 있는 언어로 숫자로만 이루어진 언어를 기계어라 부른다.
❷ 기계어를 사람이 이해할 수 있는 문자 형태로 바꿔놓은 프로그래밍 언어를 어셈블리어라 부른다.
❸ 숫자로 된 기계어와 달리 어셈블리어와 같이 문자로 표현된 언어를 고급 언어라 부른다.

④ 변수와 함수를 하나로 묶어서 편리하게 처리할 수 있게 해주는 언어를 객체지향 언어라 부른다.

43 다음 중 올바르지 않은 것은 무엇인가?

① 소스코드를 컴퓨터가 실행할 수 있는 기계어로 번역하여 실행파일을 만든 후 한꺼번에 실행하는 형태를 컴파일러라 부른다.
② 한 번에 한 행씩 실행하는 형태를 인터프리터라 부른다.
③ 인터프리터의 장점은 커다란 프로그램을 만들 수 있다는 것이다.
④ 컴파일러의 장점은 소스코드의 오류를 발견하는 것과 최적화된 코드를 만드는 것이다.

44 다음 중 C언어의 특징으로 올바르지 않는 것은 무엇인가?

① 저급 언어와 고급 언어의 특징을 모두 가지고 있다.
② 컴파일러 방식을 사용하여 실행파일을 만드는 언어이다.
③ 작고 빠르고 강력한 언어이다.
④ 객체지향 방식을 도입했다.

[주관식]

45 컴퓨터가 데이터를 처리하면 의미 있는 자료가 되는데, 이를 (   )라 부른다.

46 특정한 작업을 위해 사용하는 프로그램들을 통칭하여 (   )이라 부른다.

47 컴퓨터 전체를 관리하고 운영하는 소프트웨어를 (   )라 부른다.

48 (   )의 가장 중요한 일은 메모리에 있는 프로그램을 실행하는 것이다.

49 (   )는 컴퓨터에서 유일한 작업 공간이다.

50 폰 노이만 구조에서 가장 큰 특징은 프로그램과 데이터는 (   )에 올라와야지만 실행된다는 것이다.

51 모니터, 그래픽카드, 사운드 카드는 (   ) 중 하나이다.

52 컴퓨터란 (   )이 가능한 기계이다.

53 CPU 성능이 낮고, 메모리 크기가 작은 기계에 탑재된 컴퓨터를 (   )이라 부른다.

54 C언어의 경우, 문장 끝에 언제나 ( )을 붙여야 한다.

55 재료(변수)를 미리 선언해야 하는 방식의 언어는 ( ) 언어이다.

56 컴퓨터와 일반적인 기계의 차이점은 ( ) 할 수 있다는 것이다.

57 컴퓨터에게 작업을 지시할 때 사용하는 것을 ( ) 언어라 한다.

58 ( )란 컴퓨터가 효과적으로 수행할 수 있도록 문제를 정의하고 그에 대한 답을 기술하는 것이 포함된 사고 과정 일체이다.

59 컴퓨터를 이용하여 문제를 해결하기 위한 논리적이고 창의적인 생각방식을 ( )라 부른다.

60 컴퓨팅 사고의 4가지 구성 요소로는 분해, ( ), ( ), 알고리즘이 있다.

61 컴퓨팅 사고의 4가지 구성요소 중 문제를 해결하기 쉬운 작은 단위로 나누는 것을 ( )라 부른다.

62 컴퓨팅 사고의 4가지 구성요소 중 문제에서 중요하지 않은 부분을 제거하고 중요한 특징만으로 문제를 구성함으로써 문제해결을 좀 더 쉽게 하는 것을 ( )라 부른다.

63 컴퓨팅 사고의 4가지 구성요소 중 데이터들의 특징별로 나누어 유사한 문제해결 방식이 있는지 찾아보는 과정을 ( )이라 부른다.

64 컴퓨팅 사고의 4가지 구성요소 중 어떠한 문제를 해결하기 위해 정해진 일련의 절차나 방법을 공식화한 형태로 표현한 것을 ( )이라 부른다.

65 짬뽕을 만들기 위해 면을 삶는 과정과 재료를 볶는 과정으로 세분화하여 문제를 해결했다면 컴퓨팅 사고의 4가지 구성 요소 중 ( )를 사용한 것이다.

66 벽에 타일을 붙여야 하는데 타일 한 장에 필요한 접착제의 양으로부터 전체 작업에 필요한 접착제의 양을 구했다면 컴퓨팅 사고의 4가지 구성요소 중 ( )를 사용한 것이다.

67 이진 탐색(binary search)을 통해 원하는 숫자를 찾았다면 컴퓨팅 사고의 4가지 구성요소 중 ( )를 사용한 것이다.

68 사진을 표현할 때 반복되는 RGB의 값을 변화시켜 표현했다면 컴퓨팅 사고의 4가지 구성요소 중 (   )을 사용한 것이다.

69 사람의 걷는 모습을 반복적으로 사용하여 동영상을 만들었다면 컴퓨팅 사고의 4가지 구성요소 중 (   )을 사용한 것이다.

70 요일별로 판매량을 조사해보니 일요일에 많이 팔린다는 것을 알게 되었다면 컴퓨팅 사고의 4가지 구성요소 중 (   )을 사용한 것이다.

71 삼각형과 사각형만 사용하여 사자를 그렸다면 컴퓨팅 사고의 4가지 구성요소 중 (   )를 사용한 것이다.

72 지하철 노선도는 컴퓨팅 사고의 4가지 구성요소 중 (   )를 사용한 것이다.

73 햄버거 글씨 대신에 네온사인을 만들어 간판의 가독성을 높였다면 컴퓨팅 사고의 4가지 구성요소 중 (   )를 사용한 것이다.

74 설명서를 따라서 비행기 프라모델을 만들었다면 컴퓨팅 사고의 4가지 구성요소 중 (   )을 사용한 것이다.

75 로봇 청소기가 청소할 경로를 찾는 전체의 과정을 (   )이라 부른다.

76 알고리즘을 표현하는 방식에 있어서 기호를 사용하여 작업의 흐름을 나타낸 것을 (   )라 부른다.

77 알고리즘을 표현하는 방법에 있어서 일반적인 언어로 프로그래밍 언어를 흉내 낸 것을 (   )라 부른다.

78 컴퓨터가 이해할 수 있는 언어로 숫자로만 이루어진 언어를 (   )라 부른다.

79 기계어를 사람이 이해할 수 있는 문자 형태로 바꿔놓은 프로그래밍 언어를 (   )라 부른다.

80 프로그래밍 언어 중 변수와 함수를 하나로 묶어서 편리하게 처리할 수 있게 해주는 언어를 (   ) 언어라 부른다.

81 프로그램 언어 중 소스코드를 컴퓨터가 실행할 수 있는 기계어로 번역하여 실행파일을 만든 후 한꺼번에 실행하는 형태를 (   )라 부른다.

82 프로그래밍 언어 중 소스코드를 한 번에 한 행씩 실행하는 형태를 (   )라 부른다.

83 (   )의 장점은 소스코드의 오류를 발견하는 것과 최적화된 코드를 만드는 것이다.

CHAPTER

02

C프로그래밍 준비

학습목차

2.1 컴파일과 디버깅

1 프로그래밍 과정

필수

예시로 이해하는 프로그래밍 과정

레고의 마인드스톰 mindstorms 은 다양한 부품과 센서를 결합하여 로봇, 자동차, 강아지와 같이 움직이는 물체를 만들 수 있는 모듈형 키트 kit 이다. 모터, 터치 센서, 거리 센서, 컬러 센서들을 결합하여, 벽을 만나면 자동으로 돌아서는 2발 달린 보행 로봇, 강아지처럼 움직이는 로봇 강아지, 선을 따라 이동하는 자동차 등을 만들 수 있다.

그림 2-1
레고의 마인드스톰

마인드스톰을 사용하여 로봇을 만들려고 한다면 어떤 과정을 거쳐야 할지 생각해 보자. 우선 어떤 로봇을 만들지에 대한 **요구분석**이 필요하다. 4발 달린 로봇인지, 2발 달린 로봇인지, 장애물을 만나면 어떻게 동작하는지와 같이 만들려는 로봇의 특징을 정의하는 단계가 요구분석이다.

요구분석 단계에서 정해진 기능을 어떻게 구현할지를 결정하는 단계가 **설계**이다. 로봇을 두 발로 걷게 하기 위해서 몸통에 설치해야 하는 모터의 위치를 결정하고, 장애물을 인식하기 위해서 머리에 거리 센서를 부착하는 것을 결정하는 단계가 설계이다.

그림 2-2
로봇을 만드는 과정

설계가 끝나면 설계에 따라 조립을 시작한다. 조립의 중간 단계에서는 손이나 발과 같은 주요 부품이 잘 움직이는지에 대한 중간 점검이 이루어진다. 각 부품이 제대로 움직이고, 설계도에 따라 모든 부품이 결합되면 로봇이 완성된다. 이러한 여러 단계 중 가장 중요한 단계는 설계이다. 설계가 엉망이면 좋은 로봇이 만들어지지 않는다.

프로그램을 만드는 과정은 로봇을 만드는 것과 유사하다. 요구분석은 문제를 분석하고 만들려는 프로그램의 특징을 정의하는 단계이다. 컴퓨팅 사고를 이용하여 문제를 추상화하고 분해하여 패턴을 찾아서 만들려는 프로그램의 특징을 정의한다. 예를 들어 컴퓨터와 사용자가 대결하는 게임을 만들려 한다면, 기존 게임을 분석하고, 인기 있는 게임의 패턴을 찾아서 만들려는 게임의 대결 방법, 점수 획득 방법, 승자 결정 방법 등을 결정한다.

그림 2-3
프로그래밍 과정

요구분석이 끝나면, 알고리즘을 작성한다. 알고리즘 작성 단계에서는 요구분석에서 결정한 기능을 구현한다. 1장에서 설명한 순차 구조, 조건선택 구조, 반복 구조가 사용된다. 초보자의 경우, 유사코드를 사용하여 알고리즘을 작성하기를 권장한다. 유사코드는 특정 문법을 따르지 않기 때문에 편하게 작성할 수 있다. 숙련된 프로그래머라면 유사코드 대신 C코드로 알고리즘을 작성해도 된다.

알고리즘이 완성되면, C코드 에디터 editor를 이용하여 C코드를 만든다. C코드 에디터란 아래아 한글 문서 편집기와 유사한 모양의 응용 프로그램이다. C코드를 쉽게 작성할 수 있도록 도와주는 것이 C코드 에디터이다. C코드가 완성되면 컴파일하여 실행파일을 만들어 실행하면 된다.

가장 중요한 요구분석과 알고리즘

프로그래밍에서 가장 중요한 과정은 요구를 분석하고 그에 알맞은 알고리즘을 만드는 단계이다. 로봇 제작에서의 설계가 프로그래밍에서는 알고리즘이다. 설계가 잘못되면 좋은 로봇을 만들 수 없듯이, 알고리즘이 엉망이면 좋은 프로그램을 만들 수 없다. C코드를 만들고 컴파일하고 실행하는 단계들은 알고리즘이 올바르게 작성되었는지를 확인할 뿐이다. 알고리즘이 정확하다면 C코드로 만들건 자바코드로 만들건 간에 정확하게 작동될 것이다. 그러나 알고리즘이 부정확하면 어떤 코드로 변환하여도 결과는 나오지 않는다.

그림 2-4
알고리즘을 만드는 연습이 실력을 향상시킨다

C코드를 처음 만들 때에는 이 책에서 제공하는 코드를 무작정 컴파일하고 실행해도 된다. 그러나 이것이 버릇이 되어 매번 코드를 무작정 실행하는 것은 나쁜 버릇이다. 이는 수학 문제를 풀 때 답안지를 먼저 보고 수학 문제를 푸는 것과 같다. C언어에 어느 정도 익숙해지면 빈 종이에 유사코드나 C코드로 알고리즘을 먼저 만든 후, 이것을 C코드로 바꾸는 연습을 꾸준히 하길 바란다.

2 디버깅이란?

필수

버그를 찾아 고치는 작업

컴퓨터 파일에는 종류를 나타내는 확장자가 있다. 예를 들어 .jpg나 .gif는 사진이나 그림 데이터의 확장자이고, .avi나 .mp4는 동영상 데이터의 확장자이며, .exe나 .com은 실행파일 확장자이다. C코드가 담겨있는 파일의 확장자는 .c이다. 따라서 test라는 C코드를 만들려면 파일 이름은 test.c여야 한다. test.c를 컴파일하면 test.exe라는 실행파일이 만들어진다.

> **중요**
>
> C코드가 담긴 파일의 확장자는 .c이며 컴파일하면 확장자 .exe 파일이 만들어진다.

C코드를 만들어 컴파일하고 실행을 하는 과정에서 많은 종류의 **오류** error: 에러 를 만나게 된다. 코드에서 발생하는 오류를 **버그** bug 라 부른다. 버그라고 부르는 이유는 벌레가 컴퓨터에 들어가 고장이 난 것에서 유래되었다.

오류가 있으면 이를 찾아 수정해야 한다. 버그를 없애는 작업을 **디버깅** debugging 이라 부른다. 코드 속의 벌레를 없애는 작업이라는 뜻이다. 디버깅은 C코드에 오류가 없도록 수정하는 작업이다. 오류는 3가지 종류가 있다.

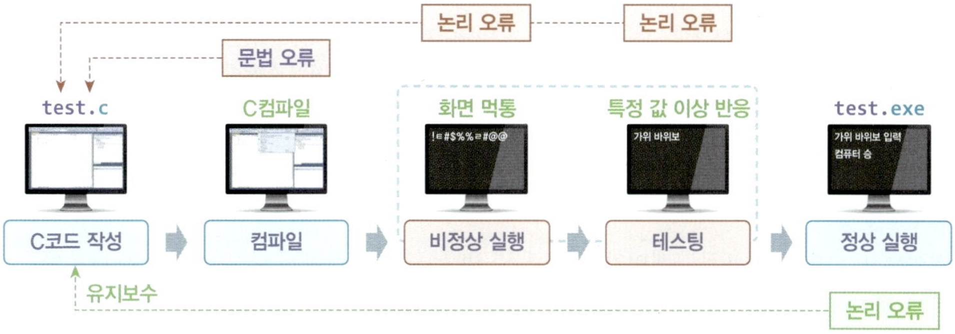

그림 2-5
오류와 디버깅

문법 오류

문법 오류 syntax error 는 컴파일 과정에서 발생한다. C언어 문법에 맞지 않는 코드를 사용할 때 발생하는 오류이다. 컴파일 오류라고도 부르며, 실행파일은 만들어지지 않는다. 코드의 끝에 세미콜론(;)이 없거나, 오타가 있거나, 문법에 맞지 않는 단어를 사용하는 경우 문법 오류가 발생한다.

문법 오류의 경우 컴파일러가 어떤 종류와 줄 번호를 알려준다. 따라서 문법 오류는 흔히 발생하지만 디버깅하기 쉬운 오류이다. 컴파일러가 알려주는 줄 번호 line number 근처에서 오류를 찾아서 C코드를 수정한 후, 다시 컴파일하면 된다.

실행시간 오류

실행시간 오류 run-time error: 런타임 에러 는 컴파일이 완료된 후, 실행파일을 실행할 때 나타난다. 화면이 먹통이 되거나, 이상한 문자들이 나타나거나, 아무 반응도 없는 경우이다. 실행시간 오류는 문법을 완벽하게 이해하지 못한 상태로 C코드를 만들 경우 발생한다. 예를 들어 숫자를 0으로 나누거나, 끝나지 않는 반복 구조를 사용하면 실행시간 오류를 만나게 된다.

논리 오류

문법 오류도 없고, 실행시간 오류도 없지만, 원하는 결과가 나오지 않는 오류가 **논리 오류** logical error 이다. 논리 오류는 알고리즘이 잘못 만들어졌을 경우 발생한다. 문법 오류나 실행시간 오류는 몇 개의 코드만 문법에 맞게 고치면 된다. 그러나 논리 오류는 알고리즘을 처음부터 다시 살펴보아야 하기 때문에 고치기가 어렵다.

테스팅 과정에서 논리 오류가 발견되기도 한다. 테스팅 testing 이란 다양한 입력값을 사용하여 원하는 결과가 나오는지를 확인하는 작업이다. 어떤 값에서는 정상적인 결과가 나타나지만 또 다른 입력값에서는 비정상적인 결과가 나타나면 논리 오류이다.

하이퍼 링크 test.c를 컴파일하면 test.exe가 만들어지기 전에 test.obj라는 목적 파일(object file)이 만들어진다. 목적 파일의 필요성과 사용 방법은 14장 전처리기와 다중 소스 파일을 참조하기 바란다.

코딩 실력을 향상시키는 방법

영화나 드라마에서 프로그래머가 키보드 몇 번 두드리면 결과가 나오는 장면이 나온다. 그러나 현실에서 그런 일은 없다. 숙달된 프로그래머라도 많은 종류의 오류를 만난다. 그러나 오류를 두려워할 필요가 없다. 숙련된 프로그래머가 되기 위해서는 많은 종류의 오류를 경험해야 한다. 디버깅 과정을 통하여 자신이 몰랐던 부분을 알게 되고 새로운 코드를 사용하는 것에도 익숙해진다.

코딩 실력을 늘리는 또 다른 방법은 코드를 최적화하는 것이다. 같은 문제를 풀더라도 초급자가 만든 코드는 불필요한 부분이 많은 반면, 숙련자의 코드는 깔끔하다. 코드를 단순화시키고 기능을 향상시키는 작업을 '유지 보수'라 부른다. 문제를 푸는데 만족하지 말고 코드를 단순화시키고 기능을 향상시키는 방법을 계속 고민한다면 숙련된 프로그래머가 될 것이다.

비주얼 스튜디오 사용 2.2

1 비주얼 스튜디오 설치

비주얼 스튜디오란?

과거에는 코딩, 디버깅, 컴파일을 위한 소프트웨어가 따로 있었다. 비주얼 스튜디오는 통합 개발 환경 Integrated Development Environment, IDE 이라 부르는데 코딩, 디버그, 컴파일과 같이 프로그램 개발에 관련된 작업을 하나의 프로그램으로 처리하는 소프트웨어이다.

비주얼 스튜디오에서 프로젝트 project 란 C코드와 관련된 파일을 하나로 모아 놓은 것이다. 여러 개의 프로젝트가 모여서 하나의 솔루션 solution 이 된다. 따로 지정하지 않으면, 프로젝트 이름과 솔루션 이름은 같다. hello.c 코드를 만들면 해당 C코드와 관련 파일은 hello 프로젝트 폴더 안에 존재한다. hello 프로젝트 폴더는 hello 솔루션 폴더 밑에 존재한다. 솔루션 폴더 안에는 hello 프로젝트 폴더 이외에 다른 프로젝트가 존재할 수도 있다.

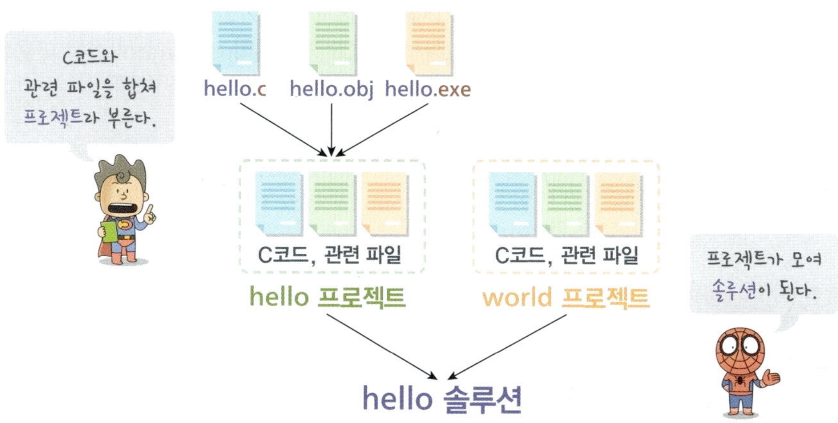

그림 2-6
C코드, 프로젝트, 솔루션 관계

비주얼 스튜디오 설치하기

비주얼 스튜디오를 설치하기 위해 검색 엔진에서 '비주얼 스튜디오'를 검색한 후 비주얼 스튜디오 홈페이지를 방문하자(http://visualstudio.microsoft.com).

1. 비주얼 스튜디오 홈페이지에 접속한다. 일반 개발자를 위한 무료 버전인 커뮤니티 (Community) 20xx를 다운로드하자.

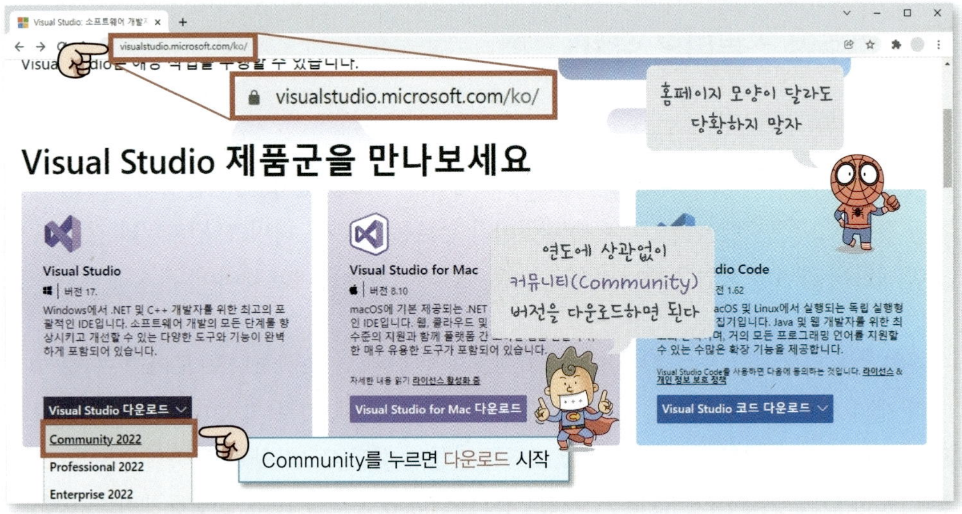

중요

비주얼 스튜디오는 몇 년에 한 번씩 개편되기 때문에 홈페이지 화면 모양과 연도는 조금씩 바뀔 수 있다. 홈페이지 화면이 다르더라도 당황하지 말고 커뮤니티(Community)를 다운로드하면 된다.

2. 다운로드가 완료되면 다운로드된 파일 vs_comm ... .exe 버튼을 눌러 서 실행시킨다.

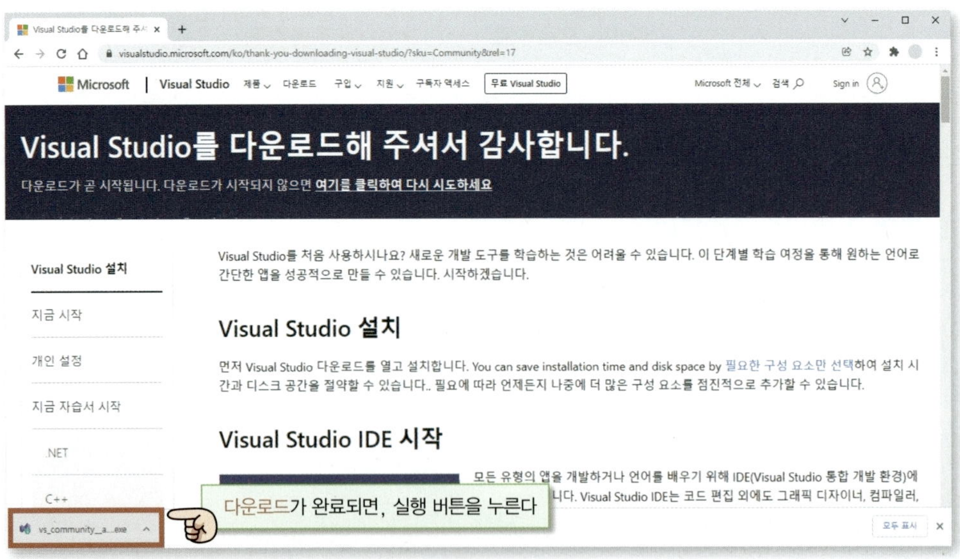

3. 다음과 같은 화면에서 [계속]을 눌러 설치를 진행한다.

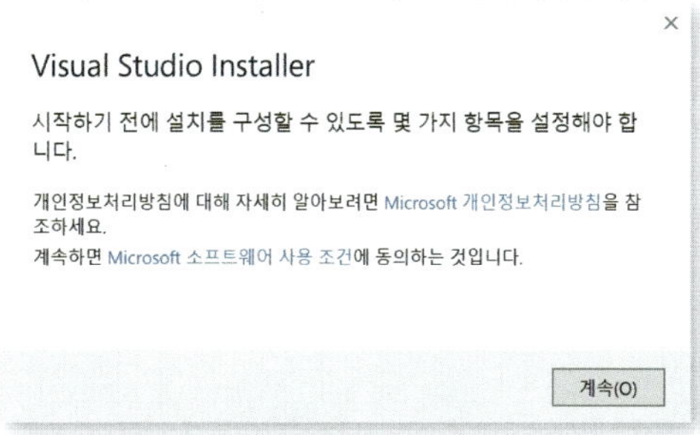

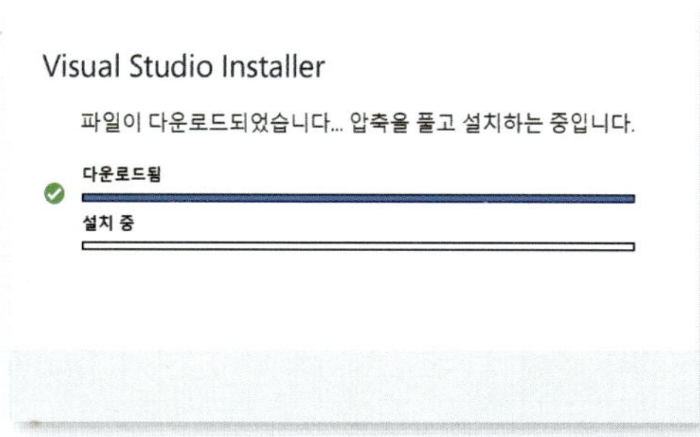

메모

설치 화면 중 마이크로소프트 클라우드에 로그인을 하는 화면이 나타난다. 아이디가 있으면 로그인을 하고, 아이디가 없으면 새로 만든 후 진행한다. 로그인을 하지 않고 계속 진행할 수도 있지만, 로그인을 안 하면 30일 동안만 사용할 수 있는 평가판으로 설치된다. 30일 평가판 설치 후라도 로그인을 하면 계속 사용할 수 있다.

4. [C++를 사용한 데스크톱 개발]을 선택하고 [설치] 버튼을 누른다.

비주얼 스튜디오는 C나 C++뿐 아니라 다양한 개발 도구를 지원한다. C코드 개발 환경은 따로 분리되어 있지 않고, C++ 개발 환경과 합쳐져 있다. 화면에서 [C++를 사용한 데스크톱 개발]을 찾는다. [C++를 사용한 데스크톱 개발]의 위치는 바뀔 수 있다.

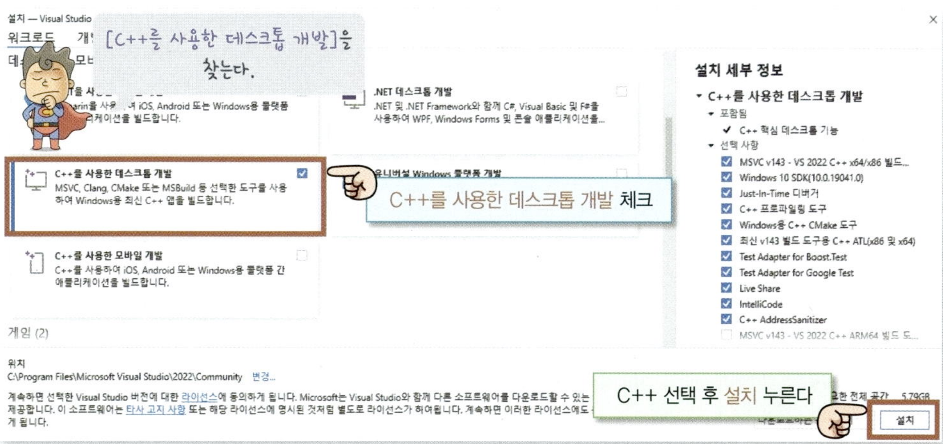

[**C++를 사용한 데스크톱 개발**]의 선택 상자를 클릭한 후, 화면 오른쪽 하단의 [**설치**]를 누르면 다음과 같은 화면이 나타나면서 설치가 시작된다.

5. 설치가 완료된 후 [실행] 버튼을 누르면 비주얼 스튜디오가 시작된다.

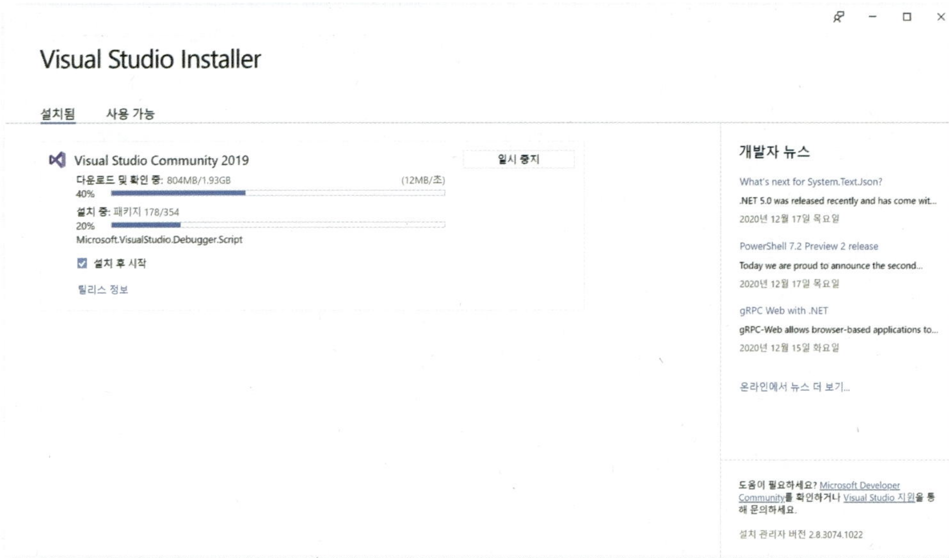

2 비주얼 스튜디오 시작하기

설치 완료 화면

비주얼 스튜디오가 정상적으로 설치되었다면 정상적으로 작동하는지 확인해 보자. 설치가 끝나면 다음과 같은 화면이 나타난다. 다음 화면은 비주얼 스튜디오를 실행시킬 때마다 맨 처음 나타나는 화면이기도 하다.

새 프로젝트 만들기

[새 프로젝트 만들기]를 누르면 다음 화면으로 넘어간다. 앞에서 설명했듯이, 프로젝트란 C코드를 포함한 여러 가지 파일을 하나로 묶어 놓은 것이다. 만약 최근에 사용한 프로젝트가 있다면, 왼쪽의 노란 박스 위치에 프로젝트 이름이 나타난다. 최근 사용한 프로젝트를 다시 열어서 작업하고 싶은 경우, 노란 박스에 나타나는 프로젝트 이름을 누르면 된다.

1. [빈 프로젝트]를 선택한 후 [다음]을 누른다.

[새 프로젝트 만들기]를 누르면 위와 같은 화면이 나타난다. 여기서 [빈 프로젝트]를 선택한 후, [다음]을 누르면 다음 그림과 같이 [새 프로젝트 구성]이 나타난다.

2. [프로젝트 이름(N)]에 새로 만들 프로젝트 이름을 적고 [위치(L)]에 원하는 폴더를 선택한다.

[프로젝트 이름(N)]에는 새로 만들 프로젝트 이름을 적는다. 기본 값은 Project 1이다. 프로젝트 이름을 hello로 바꾸자. 프로젝트 이름을 바꾸면 솔루션 이름도 hello로 변경된다. C:\Users\zoch\source\repos\ 폴더 밑에 hello 솔루션 폴더가 만들어진다. 새로운 프로젝트 파일은 C:\Users\zoch\source\repos\hello\hello 폴더에 있다. 앞의 hello는 솔루션 폴더이고, 뒤의 hello는 프로젝트 폴더이다. 여기서 zoch는 로그인 아이디이기 때문에 각 컴퓨터마다 다를 수 있다.

긴 이름의 폴더를 찾는 것이 번거로울 수 있다. 그래서 다음과 같이 적당한 위치에 폴더를 새로 만든 후 위치를 지정하면 편리하다. D:\C-code 폴더를 새로 만든 후 해당 위치를 지정하면 다음과 같은 모양이 된다. 이 경우 새로운 프로젝트 관련 파일은 D:\C-code\hello\hello 폴더에 만들어진다.

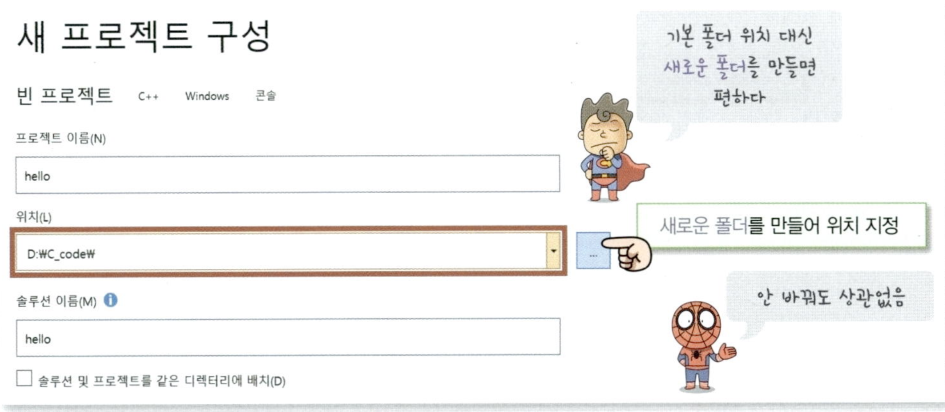

한글 윈도우즈에서는 Users 폴더가 사용자 폴더이다. 따라서 C:\Users\zoch\ 폴더는 C:\사용자\zoch\ 와 같은 의미이다.

여기서 잠깐

3. 선택한 폴더 위치를 찾아가면 생성된 솔루션 폴더와 프로젝트 폴더를 확인할 수 있다.

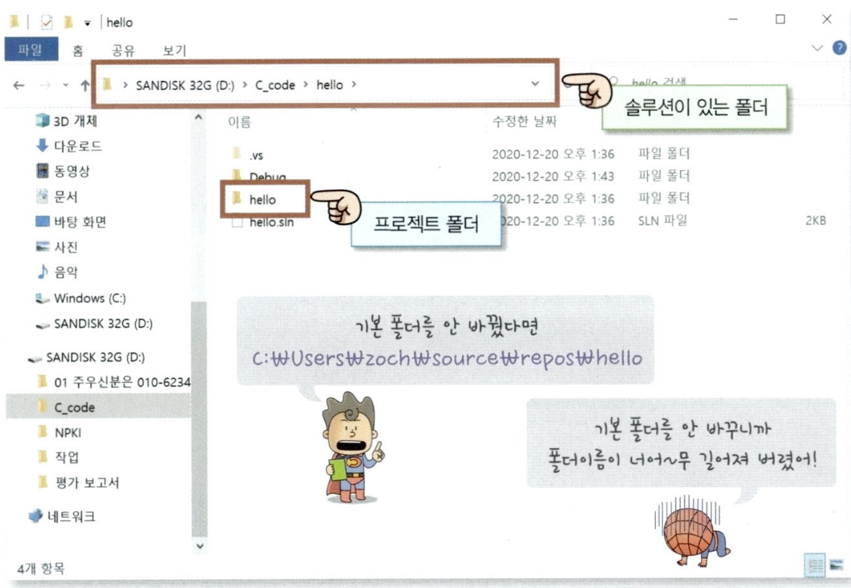

새로운 솔루션이 생성된 D:\C-code\hello 폴더를 찾아가면 위와 같은 파일들이 모여 있다. 새로 만든 C코드 파일인 hello.c는 프로젝트 폴더인 D:\C-code\hello\hello 폴더에 있다. 폴더 이름을 변경하지 않았다면 C:\Users\zoch\source\repos\hello\hello 폴더에서 C코드를 찾을 수 있다.

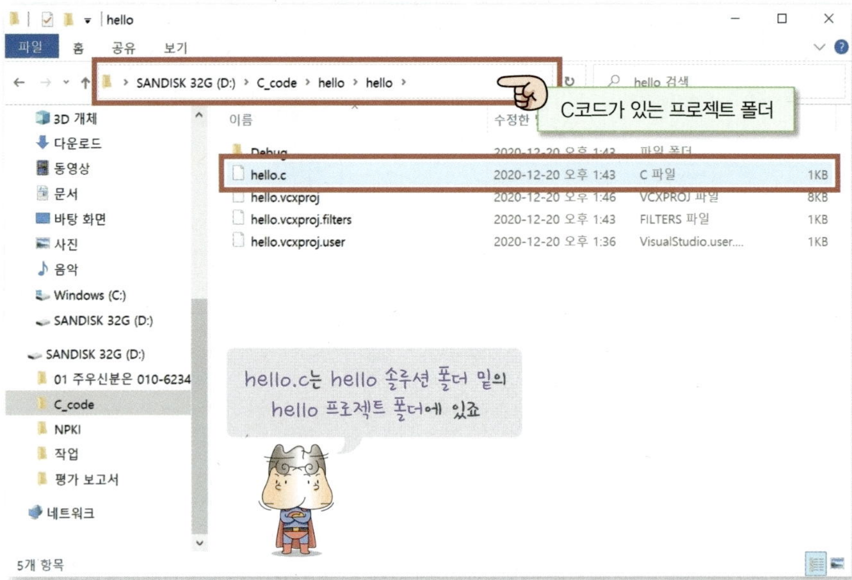

3 비주얼 스튜디오에서 컴파일하기

1. [hello 프로젝트 폴더] → [리소스 파일] → [추가] → [새 항목]을 누른다.

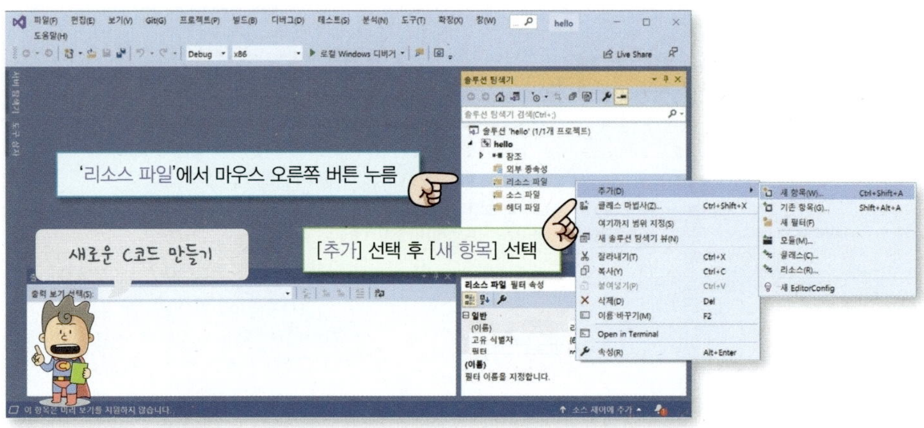

새 프로젝트가 만들어졌다면 위와 같은 화면이 나온다. 빈 프로젝트 상태에서 C코드를 추가하려면 다음과 같이 작업한다. 오른쪽 [솔루션 탐색기] 영역에서 [리소스 파일]에 마우스를 올려놓고 오른쪽 버튼을 누른다. 맨 위에 [추가] 항목을 누르면 메뉴가 확장되면서 [새 항목]이 나타난다. [새 항목]을 누른다.

2. [C++ 파일(.cpp)]을 선택한 후 확장자 .c로 바꾼 파일 이름을 입력하고 [추가] 버튼을 누른다.

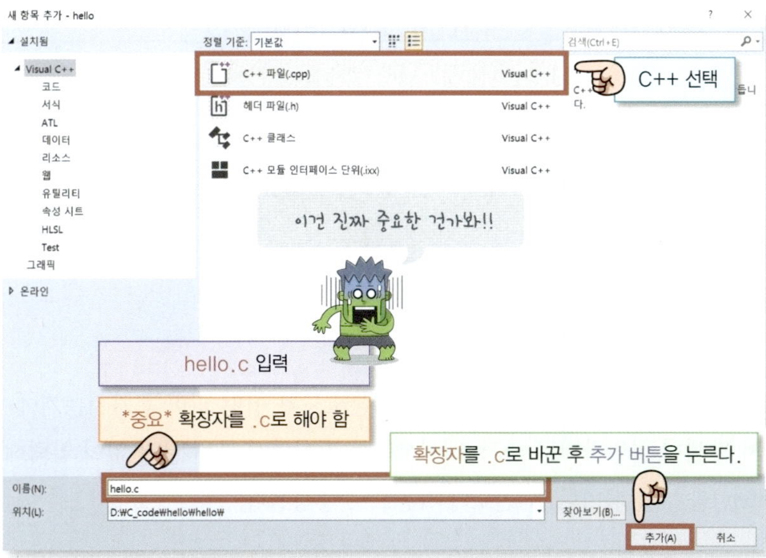

새 항목을 추가하는 화면에서 C++를 선택한다. 하단에는 파일의 이름이 소스.cpp라 적혀 있다. .cpp는 C++코드의 확장자이다. C코드를 사용하기 위해서는 **확장자를 .c로 해야 한다.** 새로 만드는 파일 이름을 hello.c로 바꾸자. 이름을 바꾼 후 추가 버튼을 누른다.

3. 왼쪽 빈 화면인 C코드 에디터에서 [그림 2-7] C기본코드를 입력한다.

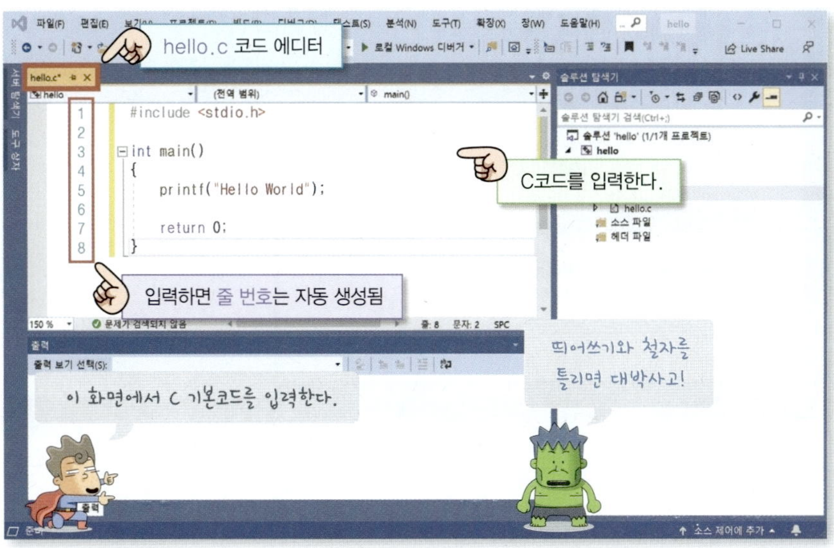

정상적으로 새 파일이 만들어졌다면 왼쪽 상단에 빈 화면이 나타난다. 왼쪽의 빈 화면이 C코드 에디터이다. 빈 화면에 다음의 C기본코드를 입력해 본다.

그림 2-7 C기본코드

```
#include <stdio.h>

int main()
{
    printf("Hello World");

    return 0;
}
```

처음 보는 단어들이 많아 낯설 것이다. C기본코드가 어떤 의미를 가지는지에 대해서는 3장에서 자세히 설명하기로 하고, 띄어쓰기를 지키면서 틀린 글자 없이 입력해 본다. 엔터(Enter)를 누를 때마다 줄 번호가 자동으로 생성된다.

하이퍼 링크 C기본코드에는 들여쓰기가 되어 있다. 들여쓰기는 C코드를 읽기 쉽게 만들기 위해 꼭 필요한 요소이다. 비주얼 스튜디오에서 입력을 하면 자동으로 들여쓰기를 해준다.

4. 상단 메뉴에서 [빌드] → [솔루션 다시 빌드]를 눌러 컴파일한다.

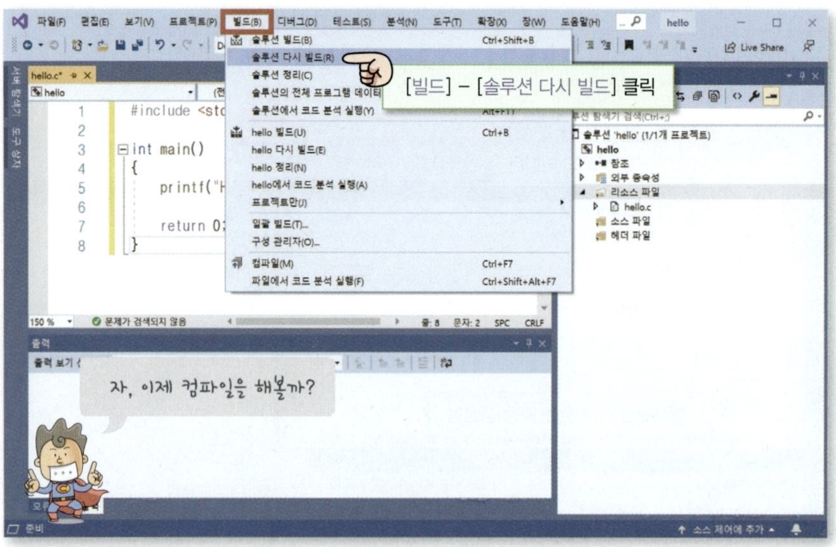

C기본코드의 입력이 끝나면 컴파일을 할 차례이다. 컴파일은 상단의 메뉴 중 [빌드]를 누른 후 [솔루션 다시 빌드]를 누르면 컴파일이 진행된다. 컴파일이 끝나면 아래 그림과 같이 하단의 [출력] 창에 컴파일을 한 결과가 나타난다. '모두 다시 빌드 : 성공 1, 실패 0, 생략 0'이라 나타나면 문법 오류 없이 성공적으로 컴파일이 된 것이다.

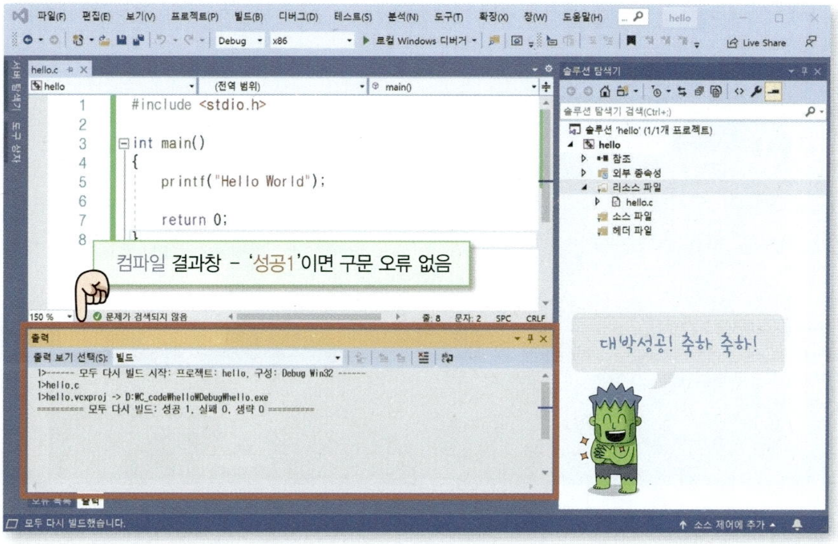

5. 상단 메뉴에서 [디버그] → [디버그하지 않고 시작]을 눌러 실행시킨다.

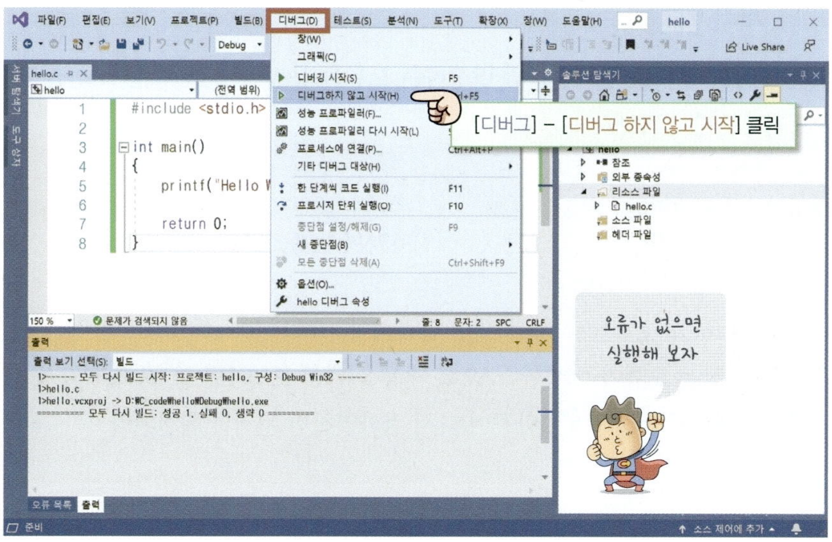

컴파일을 성공적으로 끝냈다면 이제 실행시켜 보자. 상단 메뉴 화면에서 [디버그]를 선택한 후, [디버그 하지 않고 시작]을 누른다. 화면에 다음과 같이 검은색의 [디버그

콘솔] 창이 나타나고 검은색 화면 맨 위에 Hello World라는 문자가 나타나면 성공적으로 실행된 것이다. 앞서 입력한 C기본코드는 화면에 Hello World를 출력하는 프로그램이다.

4 문법 오류 처리하기

문법 오류 처리 예1

문법에 맞지 않는 코드를 컴파일하면 발생하는 오류를 문법 오류라 부른다. 문법 오류들이 어떻게 표시되는지 살펴보자.

정상 코드	문법 오류 코드
`#include <stdio.h>`	`#include <stdi.h>`

만약 1번 줄의 `#include <stdio.h>`를 잘못 입력하여 `#include <stdi.h>`로 입력하고 컴파일한 경우 다음과 같은 오류가 발생한다. 오류 내용을 읽어 보면 1번 줄 'stdi.h'를 찾을 수 없다고 나온다. stdi.h를 stdio.h로 바꾸어 다시 컴파일하면 문제가 해결된다.

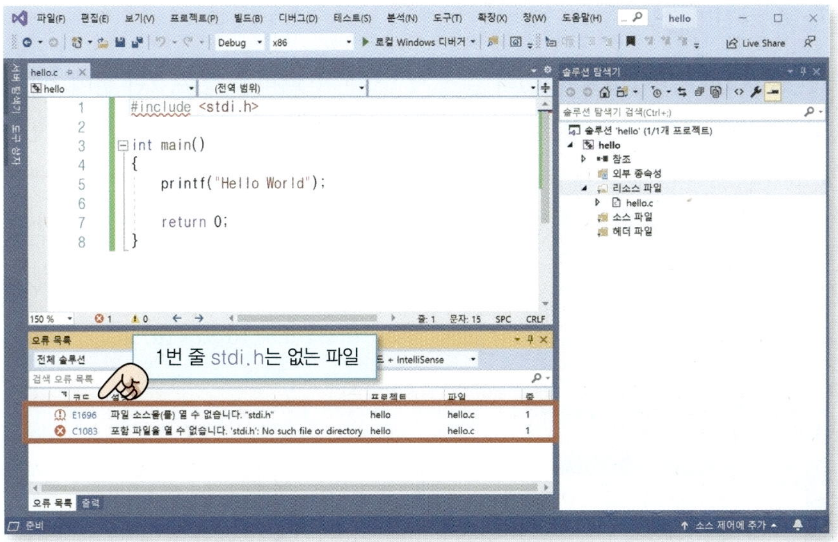

문법 오류 처리 예2

다음 문법 오류를 살펴보자. 만약 7번 줄의 `return 0;`에서 `return`의 `r`을 입력하지 않아 `retun 0;`이 된 경우를 살펴보자. 다음과 같은 오류가 발생한다. 오류 내용을 읽어 보면 7번 줄 `retun`은 정의되어 있지 않다고 나온다. 또한 7번 줄의 `retun` 아래에 빨간 줄이 그어져 있어, 틀린 곳을 확인할 수 있게 해준다. `retun`을 `return`으로 바꾸어 다시 컴파일하면 문제가 해결된다.

정상 코드	문법 오류 코드
`return 0;`	`retun 0;`

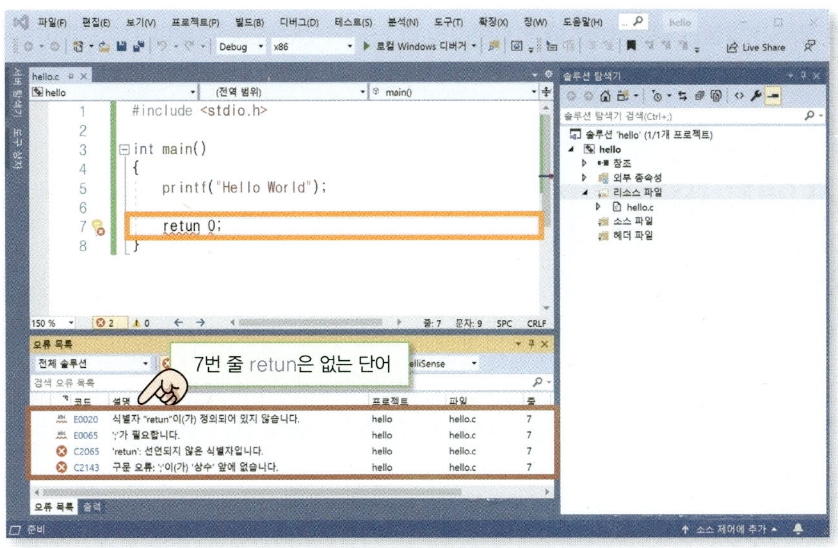

문법 오류 처리 예3

만약 5번 줄 `printf("Hello World")`의 끝에 세미콜론을 빼먹을 경우, 7번 줄에 세미콜론이 없다는 오류가 발생한다. 세미콜론이 없는 경우, 컴파일러는 5번 줄의 코드가 7번 줄까지 이어져 있다고 생각한다. 그래서 오류는 7번 줄에서 발생한다. 세미콜론이나 중괄호 {}가 빠진 경우에 발생하는 오류는 줄 번호가 부정확할 수도 있으니 근처에서 찾아야 한다.

정상 코드	문법 오류 코드
`printf("Hello World");`	`printf("Hello World")`

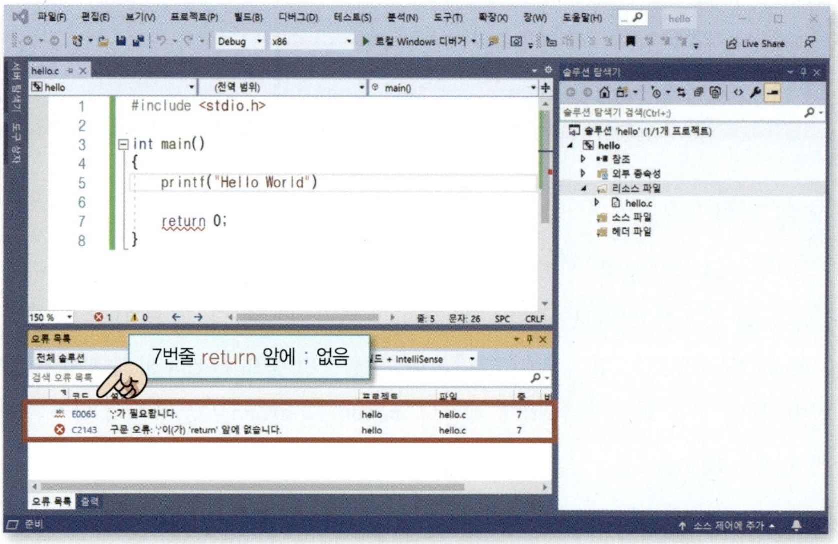

중요

문법 오류가 발생한 경우, 해당 줄 번호뿐 아니라 근처에 있는 줄들도 같이 살펴보아야 한다.

5 디버깅 사용하기

심화

줄 단위로 실행하기

컴파일러가 오류의 종류와 위치를 알려주기 때문에, 문법 오류는 찾기 쉬운 버그이다. 그러나 논리 오류가 발생한 경우에는 버그를 직접 찾아야 한다. 버그를 찾아 수정하는 작업을 디버깅이라 부르는데, 디버깅 방법 중 하나가 줄 단위로 실행해 보는 것이다.

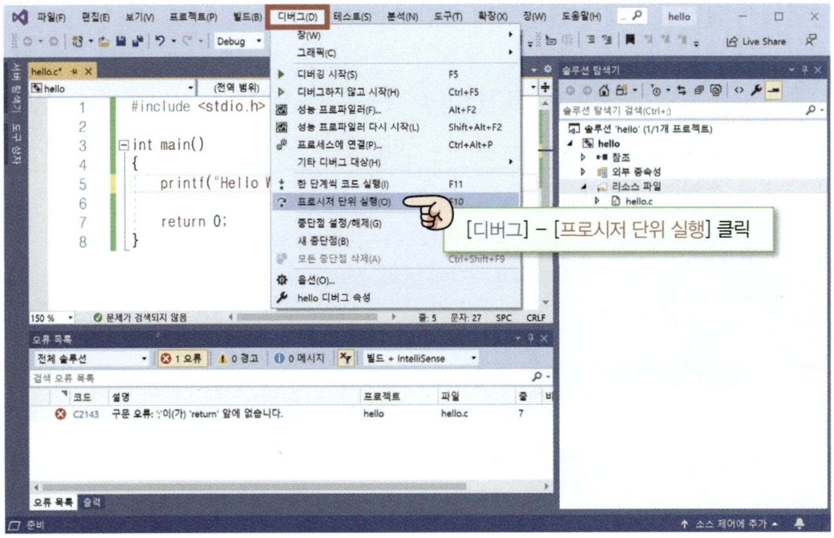

[디버그] 메뉴에서 [프로시저 단위 실행]을 누르면, 코드를 한 줄씩 실행한다. [F10]이 단축키이다. 논리 오류는 첫 줄부터 시작하여 한 줄씩 실행하면서 스스로 버그를 찾아야 한다. [F10]을 누를 때마다 다음 줄이 실행되고, 변화되는 값들을 볼 수 있다. 이러한 과정을 반복하면서 버그를 찾는다.

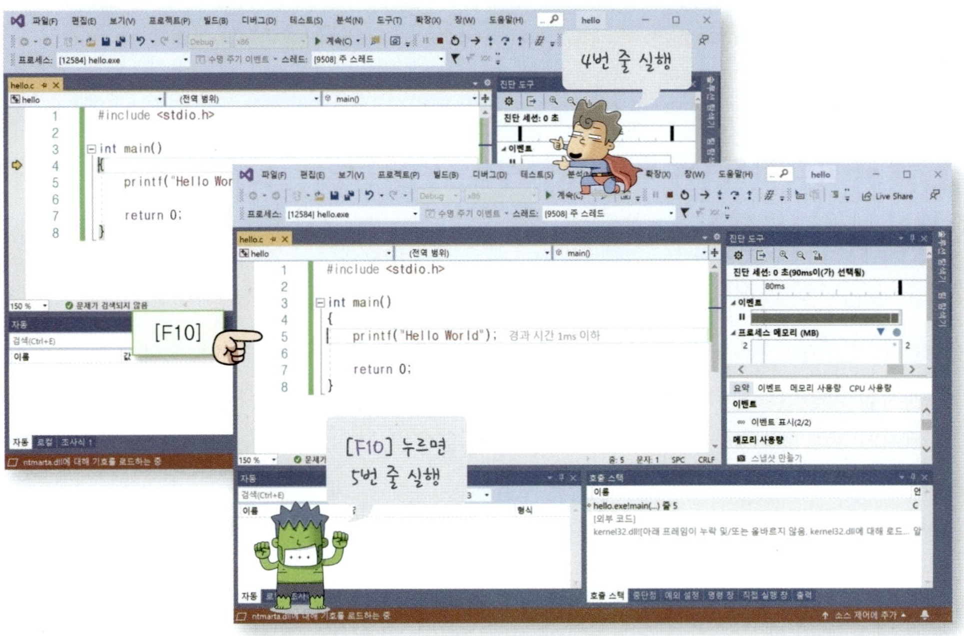

계속 코드를 실행하다가 특정 지점에서 멈추고 싶다면 멈추고 싶은 곳에 커서를 옮기고 [디버그] 메뉴에서 [중단점 설정/해제]를 사용하면 된다. [F9]를 눌러도 중단점 설정/해제가

된다. 중단점이 설정된 곳에는 빨간 원이 생긴다.

멈추고 싶은 곳에 중단점을 설정하고 [F10]을 계속 누르면 설정된 중단점에서 코드가 멈추면서 아래쪽 창에서 변화되는 값들을 볼 수 있다. 생각하지 못한 값의 변화가 있다면, 원인을 찾아 코드를 수정하면 된다.

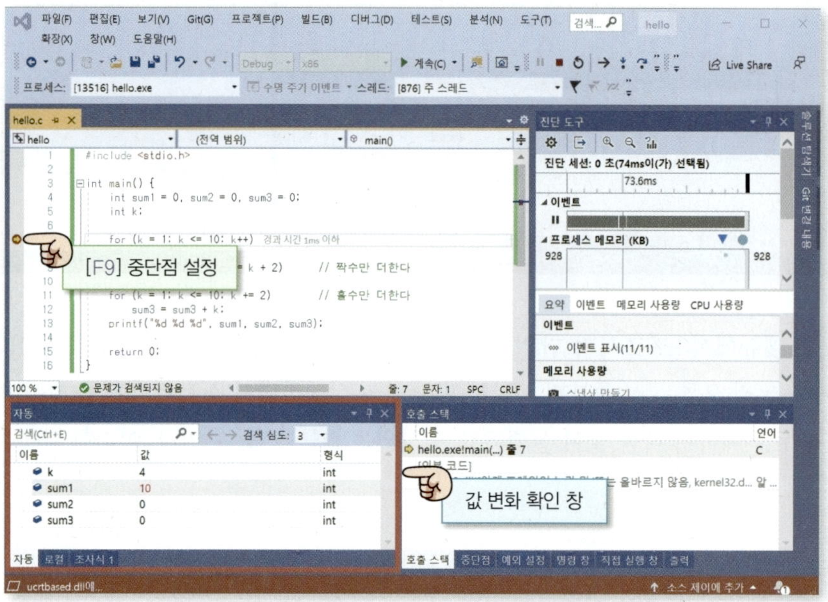

6 유닉스에서 C코드 실행하기

심화

유닉스용 코드 실행 방법 소개

이 책에 나오는 모든 코드는 비주얼 스튜디오(윈도우즈)뿐 아니라 유닉스에서도 테스트를 마쳤다. 윈도우즈와 유닉스의 내부 구조가 달라서 일부 코드의 경우 유닉스나 윈도우즈 한 쪽에서만 작동한다. 비주얼 스튜디오(윈도우즈)에서만 작동하는 코드에는 `VS Only`를, 유닉스에서만 작동하는 코드에는 `UNIX Only`를 붙여 놓았다.

유닉스에서 C코드를 실행시키고 싶은 분들도 있을 것이다. 유닉스에서 C코드를 컴파일하려면, 유닉스 운영체제를 깔고 유닉스용 C컴파일러를 설치해야 한다. 이러한 과정이 번거롭기 때문에, 유닉스용 코드를 간편하게 실행시킬 수 있는 방법을 소개한다.

1. 온라인 gdb 사이트에 접속하여 [Language]를 [C]로 선택한다.

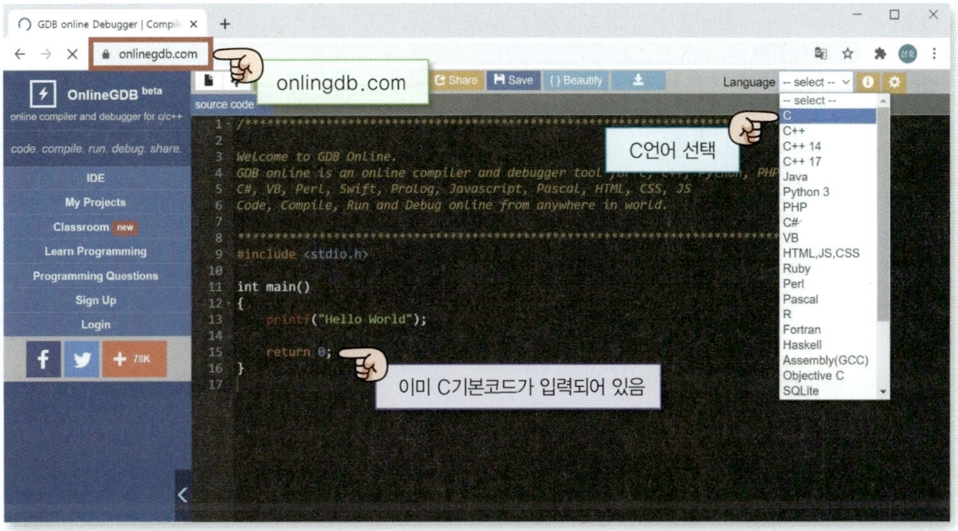

웹상에 다양한 온라인 코딩을 지원하는 사이트가 있는데 그중 대표적인 사이트가 온라인 gdb(https://www.onlinegdb.com/)이다. 온라인 gdb는 유닉스 운영체제를 기반으로 작동한다. 온라인 gdb는 C, C++, 자바, 파이썬뿐 아니라 어셈블리어까지 지원되기 때문에 프로그래밍을 처음 배우는 사람들에게 인기가 있는 사이트이다.

구글에서 'onlinegdb'를 검색하거나 'http://onlinegdb.com' 주소를 입력하여 온라인 gdb 사이트를 방문하면 위와 같은 화면이 나온다. 편하게도, 이미 C기본코드가 입력되어 있다. 오른쪽 상단의 [Language]를 누르면 C를 비롯하여, C++, 자바, 파이썬과 같은 다양한 언어를 선택하여 컴파일할 수 있다. 우리는 C를 선택한다.

2. [Run]을 누르면 컴파일이 시작되고 [통합창]에 오류 메시지나 출력 결과가 나타난다.

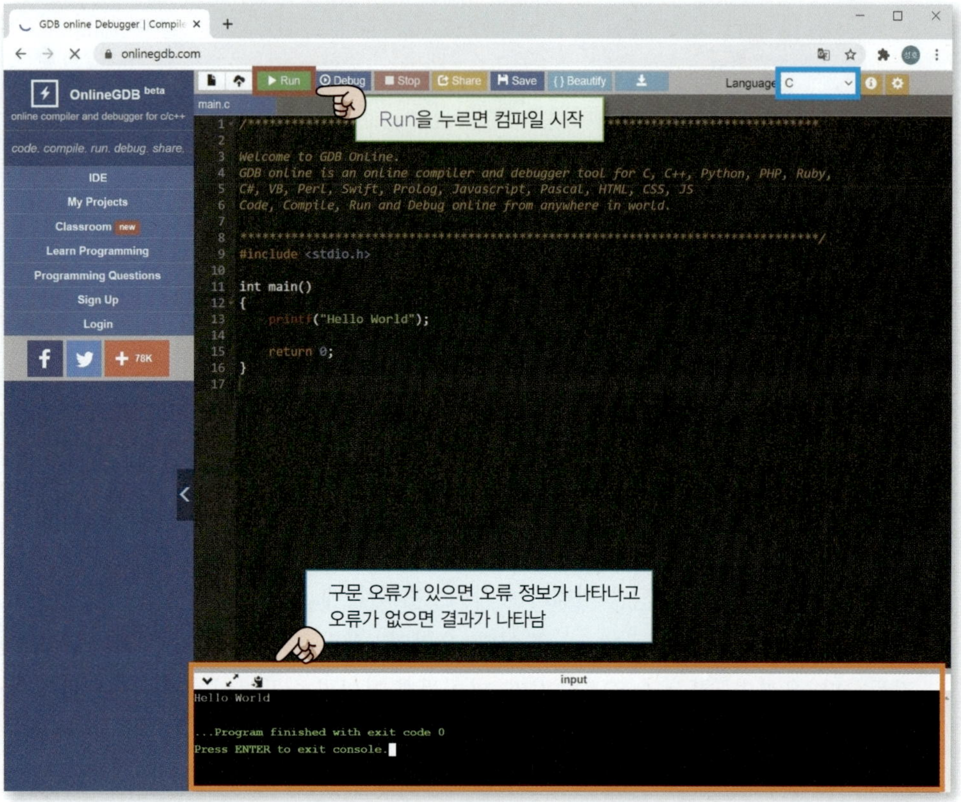

이미 C코드가 입력되어 있으니 상단의 [Run] 버튼을 누르면 바로 컴파일이 시작된다. 아래쪽 창은 오류 메시지와 출력 결과를 보여주는 [통합창]이다. 문법 오류가 있을 경우 [통합창]에 오류 메시지가 나타나고, 없을 경우 프로그램의 실행 결과를 보여준다. 오류가 없기 때문에 `hello world`가 출력되는 것을 확인할 수 있다.

전산 관련 용어 2.3

1 데이터 단위

필수

비트와 바이트

이 책에는 비트, 바이트, 2진법, 8진법과 같은 용어들이 나온다. 전산에 관심이 많은 분들에게는 쉬운 단어이겠지만, 전산 관련 용어를 처음 듣는 분들도 있을 것이다. 3절에서는 이 책에서 사용하는 주요 전산 관련 용어들을 정리한다.

그림 2-8
0과 1만 표현하는 2진법

컴퓨터가 사용하는 가장 작은 정보 표시 단위는 **비트** bit 이다. 컴퓨터가 비트를 사용하기 때문에 모든 숫자를 0과 1로 표현하게 된다. 이를 2진법이라 부른다. 인간은 10진법을 사용하는데 10진법이란 모든 숫자를 0, 1, 2, 3, 4, 5, 6, 7, 8, 9로 표현하는 것이다.

한 개의 비트로 표현할 수 있는 데이터가 너무 작기 때문에 보통의 경우 **바이트** byte 를 사용한다. 1바이트는 8개의 비트를 하나로 묶어 놓은 것이다.

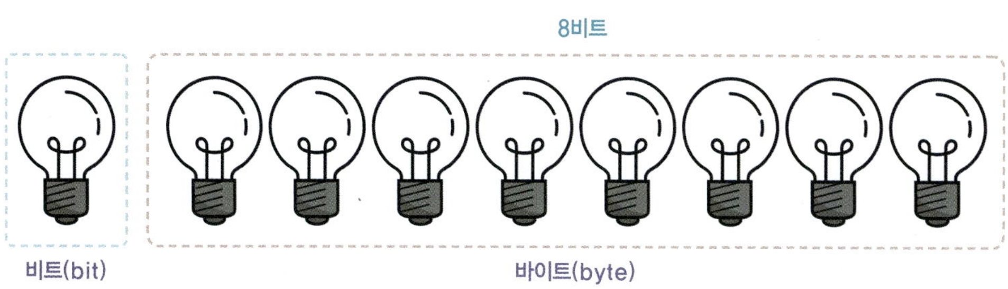

그림 2-9
비트와 바이트

32비트와 64비트의 차이

최초의 개인용 컴퓨터인 애플 컴퓨터는 8비트, 다시 말해 1바이트를 다루는 CPU를 사용했었다. 애플 컴퓨터의 CPU가 한 번 작업할 때 다룰 수 있는 데이터의 최대 크기는 8비트라는 의미이다. 그 이후, CPU의 속도가 빨라지고, 한 번에 처리할 수 있는 데이터의 크기가 커지면서 지금은 32비트 CPU를 지나 64비트 CPU가 대중화되었다. 32비트 CPU가 달린 컴퓨터는 한꺼번에 처리할 수 있는 데이터 크기가 32비트(4바이트)라는 의미이며, 64비트 CPU는 한꺼번에 처리할 수 있는 데이터 크기가 64비트(8바이트)라는 의미이다.

수조에 물을 채운다고 가정해 보자. 작은 컵으로 물을 채우는 것보다는 큰 컵으로 물을 채우는 게 훨씬 빠르다. 마찬가지로 64비트 CPU가 32비트 CPU보다 빠르다. 32비트 CPU가 달린 컴퓨터에서는 32비트용 운영체제를 깔아서 사용하며, 64비트 CPU가 달린 컴퓨터에서는 64비트용 운영체제를 깔아서 사용한다.

그림 2-10
32비트와 64비트의 차이

데이터 단위

메모리 가격이 저렴해지고, 하드 디스크와 같은 저장 장치의 가격도 저렴해짐에 따라 저장할 수 있는 데이터 용량이 급격히 커져서 바이트만으로 용량을 표시하는데 한계가 있다. 100만원 노트북을 현금으로 사러 갔다고 가정해 보자. 우리나라 돈의 가장 작은 단위인 10원으로 노트북을 사려면 엄청 무겁고 불편할 것이다. 그래서 우리는 만원이나 5만원 지폐를 사용한다. 마찬가지로 정보에서 사용하는 큰 단위 묶음으로 킬로바이트, 메가바이트, 기가바이트, 테라바이트, 페타바이트가 사용된다. 보통의 경우 바이트를 B로 표시하며, 킬로바이트는 KB, 메가바이트는 MB, 기가바이트는 GB, 테라바이트는 TB, 페타바이트는 PB라 표시한다.

표 2-1 데이터 단위별 크기

단위	표기	2진 크기	10진 크기	바이트 대비 크기	10진 단위
Byte(바이트)	B	1	1	1B	
Kilo Byte(킬로바이트)	KB	2^{10}	10^{3}	1,000B	천
Mega Byte(메가바이트)	MB	2^{20}	10^{6}	1,000,000B	백만
Giga Byte(기가바이트)	GB	2^{30}	10^{9}	1,000,000,000B	십억
Tera Byte(테라바이트)	TB	2^{40}	10^{12}	1,000,000,000,000B	조
Peta Byte(페타바이트)	PB	2^{50}	10^{15}	1,000,000,000,000,000B	천조

각각의 높은 단위는 바로 한 단계 낮은 단위보다 1024(=2^{10})만큼 더 크다. 컴퓨터는 2진법을 사용하기 때문에 2의 10승만큼 크다. 따라서 킬로바이트(KB)는 정확히 2^{10} 바이트(=1,024B)가 된다. 그러나 우리는 이진수보다 십진수에 더 익숙하다. 이해하기 쉽도록 킬로바이트는 약 10^3 바이트(=1,000B)라고 정한다. 따라서 어떤 카메라가 20메가 픽셀 Mega Pixel 의 해상도를 가지고 있다면, 약 2천만 화소의 해상도 카메라라는 의미가 된다.

클록(clock)

오케스트라같이 여러 개의 악기가 연주될 때 박자가 맞아야만 제대로 된 소리가 난다. 트럭에 쌓인 배추를 내릴 때도 배추를 던지는 사람과 받는 사람의 박자가 맞아야만 제대로 내릴 수 있다. 컴퓨터에서 CPU가 작업을 하거나 하드 디스크에서 데이터를 메모리로 옮기는 작업들은 아무렇게나 이루어지는 것이 아니라 일정한 박자에 맞추어 진행된다.

그림 2-11 클록 틱에 맞춰 작업이 이루어진다

컴퓨터에서 일정한 박자를 만들어 내는 것이 **클록** clock 이다. 클록에 의해 일정 간격으로 만들어지는 틱 tick 을 펄스 pulse 혹은 클록 틱 clock tick 이라 부른다. 클록이 일정 간격으로 틱을 만들면 거기에 맞추어 컴퓨터 안의 모든 구성 부품들이 작업을 한다. CPU가 작업을 할 때도 틱에 맞추어 작업이 이루어진다. CPU가 여러 번의 덧셈을 할 때에 틱 한 번에 한 번의 덧셈이 이루어진다. 메모리에서 데이터를 가져오거나 저장할 때도 마찬가지이다. 아무렇게나 데이터가 저장되는 것이 아니라 틱이 발생할 때마다 데이터를 저장한다.

헤르츠(Hertz)

자동차가 얼마나 빠른지를 나타낼 때에는 0km에서 100km까지 도달하는 시간을 사용한다. CPU도 제품에 따라 성능이 제각각이기 때문에 CPU의 성능을 나타낼 수 있는 단위가 필요하다. 이때 사용하는 것이 **헤르츠** Hertz 이다. 헤르츠의 표시 단위는 **Hz**이다.

그림 2-12
헤르츠(Hz)의 의미

헤르츠는 시간에 따라 변화가 일어날 때 사용하는 단위이다. 컴퓨터에서 헤르츠 단위를 사용한다는 것은 1초 동안 몇 번의 클록 틱이 발생했지를 의미한다. 다시 말해 몇 번의 작업이 이루어졌는지를 나타낸다. 1초에 클록 틱이 한 번 나타나면 1헤르츠, 1000번 나타나면 1킬로헤르츠(1KHz, 1,000Hz)이다.

예를 들어 3GHz의 CPU가 있다면 해당 CPU는 1초 동안에 약 $3x10^9$ (=3,000,000,000)번, 약 30억번의 작업이 가능한 CPU이다. 메모리가 1.6GHz의 속도를 가진다면 해당 메모리는 1초에 $1.6x10^9$ 의 속도로 데이터를 저장할 수 있다는 의미이다.

2 2진법

필수

컴퓨터가 2진법을 사용하는 이유

컴퓨터가 2진법을 사용하게 된 이유는 최초의 컴퓨터가 진공관을 사용했기 때문이다. 진공관은 켜지거나 꺼지거나 둘 중 하나만 할 수 있는 부품이다. 따라서 초기의 컴퓨터는 진공관이 꺼지면 0, 진공관이 켜지면 1이라 생각해서 만들어졌기 때문에 2진법을 사용하게 되었다.

물론, 10진법을 사용하는 컴퓨터를 만들 수도 있었다. 그러나 계산을 빠르게 하기 위해서는 10진법보다는 2진법이 훨씬 유리하다. 2가지 메뉴만 있는 식당과 10가지 메뉴가 있는 식당이 있다고 가정해 보자. 10가지 메뉴를 가진 식당보다는 2가지 메뉴만 가진 식당이 요리를 하고 손님을 접대하는 면에서 훨씬 유리하다. 당연히 2가지 메뉴만 가진 식당은 음식을 빨리 만들 수 있고, 손님 회전도 빨라진다.

1초에 수십억번의 계산을 하는 컴퓨터 입장에서 볼 때 2진법을 사용하는 것이 유리하다. 따라서 컴퓨터는 2진법을 사용하여 계산을 빨리하고 그 결과만 사용자들이 알아볼 수 있는 10진법으로 바꿔 전달해 준다. 이때 2진법과 10진법 사이에 변환이 일어나게 된다.

10진법과 2진법의 차이

10진법과 2진법이 어떤 차이를 가지는지 살펴보자. 우선 10진법 237은 $2 \times 10^2 + 3 \times 10^1 + 7 \times 10^0$이다. 다시 말해 각 자리의 숫자와 해당 위치의 단위 값을 곱하여 모두를 더하면 $2 \times 100 + 3 \times 10 + 7 \times 1 = 237$이 된다.

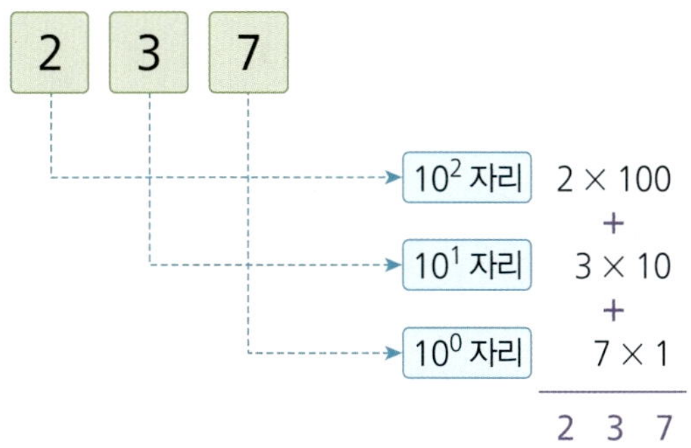

그림 2-13
10진수 237의 의미

마찬가지로 2진법도 각 자릿수를 곱한 후 모두를 더하면 된다. 그림의 2진수는 $1 \times 2^7 + 1 \times 2^6 + 1 \times 2^5 + 1 \times 2^3 + 1 \times 2^2 + 1 \times 2^0$이며 이를 풀어쓰면 $128 + 64 + 32 + 8 + 4 + 1 = 237$이 된다. 다시 말해 10진수 $(237)_{10}$은 2진수로 $(11101101)_2$이 된다. 여기서 괄호 () 다음의 아래첨자는 진법을 나타낸다.

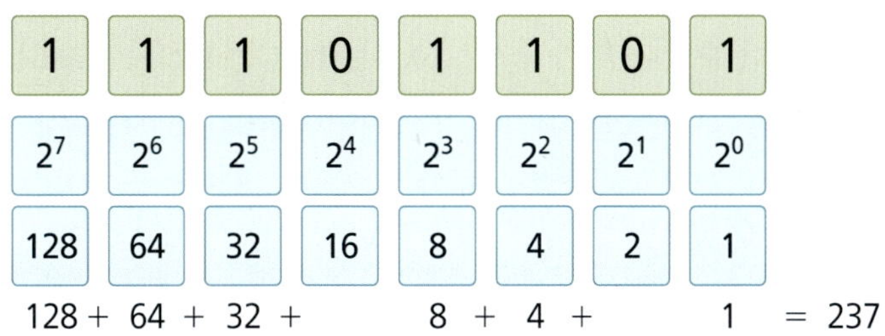

그림 2-14
2진수 11101101의 의미

10진수를 2진수로 변환하기

10진수를 어떻게 2진수로 바꿀 수 있는지 살펴보자. 10진수를 2진수로 변환하기 위해서는 10진수를 계속 2로 나누면서 나머지를 옆으로 기록하면 된다.

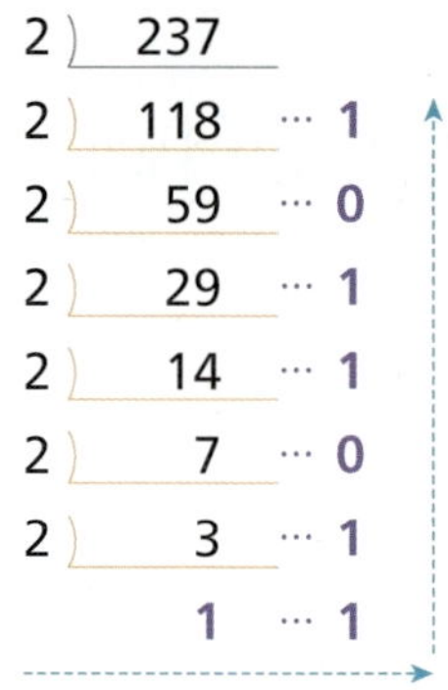

그림 2-15
10진수를 2진수로 변환하는 과정

위 그림처럼 10진수를 2로 계속 나눠가면서 나머지가 생기면 옆에 1을 쓰고 나머지가 없으면 0을 쓴다. 최종적으로 맨 마지막 숫자에서 오른쪽으로 그리고 위쪽으로 모아가면 2진수가 된다. 즉 237을 2로 나눠가면 11101101을 얻게 된다.

3 16진법

16진법이 나타내는 수

컴퓨터에서 사용되는 진법에는 2진법 이외에 8진법과 16진법도 있다. 그중에 16진법이 많이 쓰인다. 10진법이 0에서 9까지의 수로 표현된다면, 16진법은 0, 1, 2, 3, 4, 5, 6, 7, 8, 9, A, B, C, D, E, F로 표현되는 수이다. 여기서 A는 10, B는 11, C는 12, D는 13, E는 14, F는 15를 의미한다.

16진법을 사용하는 이유

2진법과 10진법 이외에 16진법을 사용하게 된 배경을 살펴보자. 컴퓨터에서 다루는 가장 작은 단위는 비트(bit)이다. 1비트는 진공관 한 개와 같다. 따라서 1비트로 표현할 수 있는 숫자는 0과 1 두 개뿐이다. 1비트가 표현할 수 있는 숫자가 너무 적기 때문에 컴퓨터는 바이트(byte)를 사용한다. 1바이트는 8비트를 하나로 묶은 것이다. 따라서 컴퓨터가 사용하는 최소 단위는 1바이트(8비트)가 된다.

앞에서 보았던 십진수 237은 2진수 $(11101101)_2$이며 이것이 비트 8개로 구성된 1바이트이다. 8비트가 하나의 바이트를 구성함에 따라 1바이트가 표현할 수 있는 수는 0에서 최대 255까지이다.

1바이트의 최댓값인 $(255)_{10}$를 2진수로 표현하면 $(11111111)_2$로 8자리가 필요하다. 255를 10진수로 표현해도 3자리가 필요하다. 255를 좀 더 적은 숫자로 표현하기 위해서 사용하는 진법이 16진법이다. 255를 16진수로 표현하면 $(FF)_{16}$가 된다. 다시 말해 1바이트를 16진수로 표현하면 2자리로 표현이 가능하기 때문에 16진수를 사용한다.

2진수	16진수	2진수	16진수
0 0 0 0	0	0 0 0 0	0
0 0 0 1	1	0 0 0 1	1
0 0 1 0	2	0 0 1 0	2
0 0 1 1	3	0 0 1 1	3
0 1 0 0	4	0 1 0 0	4
0 1 0 1	5	0 1 0 1	5
0 1 1 0	6	0 1 1 0	6
0 1 1 1	7	0 1 1 1	7
1 0 0 0	8	1 0 0 0	8
1 0 0 1	9	1 0 0 1	9
1 0 1 0	A	1 0 1 0	A
1 0 1 1	B	1 0 1 1	B
1 1 0 0	C	1 1 0 0	C
1 1 0 1	D	1 1 0 1	D
1 1 1 0	E	1 1 1 0	E
1 1 1 1	F	1 1 1 1	F

그림 2-16
두 자리 16진수 표

위 그림은 2진수와 16진수를 나타낸다. 이해를 돕기 위해 1바이트를 4비트씩 끊어서 표현했다. [그림 2-16]과 같이 4비트가 16진수의 한 자리로 표현되기 때문에 1바이트를 표현하기 위해서는 16진수 2자리면 충분하다. 앞에서 보았던 10진수 237의 2진수는 $(11101101)_2$이었다. 위의 그림에서 찾아보면 1110은 E이고 1101은 D이기 때문에 2진수 $(11101101)_2$은 16진수로 ED라는 것을 알 수 있다.

16진수 ↔ 10진수

$(ED)_{16}$를 10진수로 바꿔 보자. $E \times 16^1 + D \times 16^0$ 이며, 이는 $14 \times 16 + 13 \times 1 = 224 + 13 = 237$이 된다. 10진수를 16진수로 바꾸는 방식은 앞에서 2진수로 바꾸는 방식과 동일하다. 나누는 숫자를 16으로만 바꿔주면 된다.

16) 237
14 … 13

그림 2-17
10진수를 16진수로 변환하는 과정

그림에서와 같이 $(237)_{10}$을 16으로 나누면 14가 되고 나머지는 13이다. 이를 맨 밑에서 오른쪽으로 그리고 위쪽으로 모으면 14 13이 되고 $(ED)_{16}$가 된다. 이 책에서는 생략했지만 8진법도 같은 방식으로 변환하면 된다.

16진수로 표현하는 RGB

실제로 16진수를 어디에 사용하는지 살펴보자. 3원색이라는 것을 들어봤을 것이다. 모든 색상은 3가지 색상의 조합으로 만들어진다. 색의 3원색은 빨강, 노랑, 파랑이며 빛의 3원색은 빨강 Red, 녹색 Green, 파랑 Blue 이다. 컴퓨터도 빛의 3원색으로 색상을 표현하기 때문에 빛의 3원색의 앞 글자를 따서 **RGB**라 부른다.

그림 2-18
빛의 3원색 RGB

컴퓨터에서 색상을 표현할 때 빨강(R), 녹색(G), 파랑(B)에 1바이트씩을 사용한다. 따라서 빨간색의 농도는 0에서 255까지의 값을 가진다. 순수한 빨간색의 RGB는 (255, 0, 0)이며, 녹색은 (0, 255, 0), 파랑색은 (0, 0, 255)이다. 또한 검은색은 RGB가 (0, 0, 0)이며 (255, 255, 255)는 흰색이 된다. 그렇다면 RGB (255, 0, 255)는 어떤 색일까? 보라색이 된다.

[그림 2-19]는 파워포인트에서 색깔을 정할 수 있는 색상 조정 화면이다. 앞에서 설명한 바와 같이 0에서 255까지의 숫자가 색상을 표현한다. 또 다른 방법으로 16진수를 직접 넣어도 된다. 그림에 나타나있듯이 빨간색을 얻고 싶다면 RGB는 (255, 0, 0) 대신에 ff0000이라 적으면 된다. 같은 원리로 흰색은 ffffff, 검은색은 000000, 보라색은 ff00ff라 쓰면 된다.

빨강, 녹색, 파랑 각각의 색을 0에서 255까지 256단계로 조절하여 색깔을 만들 수 있다고 설명했다. 그렇다면 총 몇 가지의 색을 만들 수 있을까? RGB 각각의 값을 곱하면 256 × 256 × 256으로 총 16,777,216가지이다. 다시 말해 약 1천6백만가지의 색을 만들 수 있게 된다. 10진법 16,777,216은 매우 크고 복잡한 수이지만, 16진법으로 표현하면 ffffff가 되어 간결하게 표현이 가능해진다.

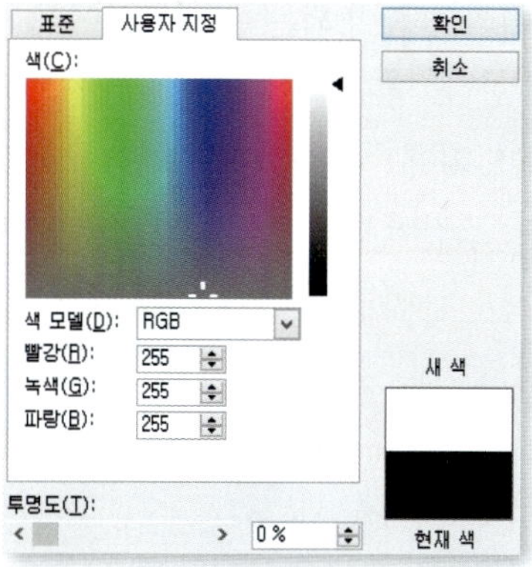

흰색

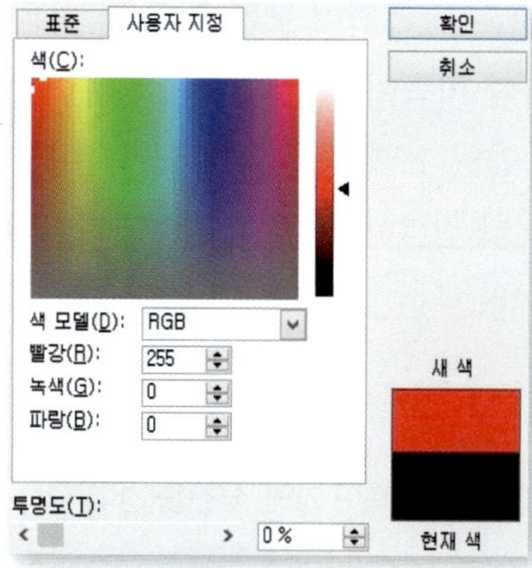

빨강

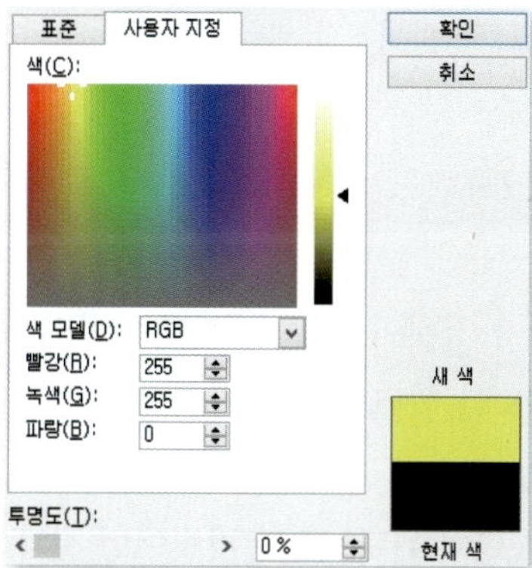

노랑

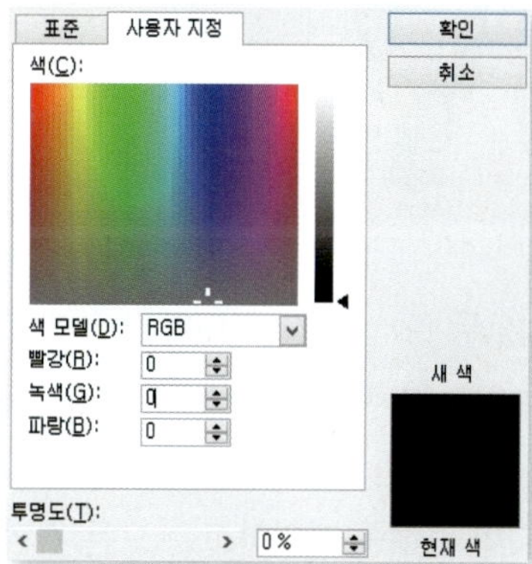

검정

그림 2-19
파워포인트의
색상 조정(color picker) 화면

4 논리 연산

논리 연산의 종류

논리 연산이란 참/거짓에 대한 연산을 나타낸다. 컴퓨터의 회로를 구성하거나 프로그래밍에서 조건에 따라 서로 다른 작업을 해야 하는 경우에 논리 연산이 필요하다. 주로 쓰이는 논리 연산으로는 AND(논리곱), OR(논리합), XOR(배타적 논리합), NOT(부정)이 있다. 그림에서 T는 참(True)이고, F는 거짓(False)이다.

AND 연산

영자 그리고(AND) 미숙이 가면, 부산을 간다.

영자	미숙	부산
OK	OK	간다
OK	NO	못 간다
NO	OK	못 간다
NO	NO	못 간다

AND 연산		
조건		결과
T	T	T
T	F	F
F	T	F
F	F	F

그림 2-20
AND 연산

AND 연산은 두 조건이 모두 참(T)일 경우에만 결과가 참이 되는 논리 연산이다. 예를 들어 친구 영자와 미숙이가 함께 부산에 놀러 가려고 한다. 영자는 미숙이와 부산을 꼭 같이 가기로 마음먹었다. 이 경우 영자와 미숙이 둘 다 'OK'해야만 부산을 갈 수 있다. AND 연산은 조건이 둘 다 참(T)인 경우에만 결과가 참이 된다. 조건이 단 한 개라도 거짓(F)이면 결과는 거짓이 된다.

OR 연산

영자 혹은(OR) 미숙이 가면, 부산을 간다.

영자	미숙	부산
OK	OK	간다
OK	NO	간다
NO	OK	간다
NO	NO	못 간다

OR 연산		
조건		결과
T	T	T
T	F	T
F	T	T
F	F	F

그림 2-21
OR 연산

OR 연산은 두 조건이 거짓(F)일 경우에만 결과가 거짓이 되는 논리 연산이다. 같은 상황에 대하여 영자와 미숙이 중에 한 사람이라도 'OK'를 하면 부산을 가기로 마음먹었다고 가정해 보자. 둘 다 안 가겠다는 상황을 빼고는 모두 부산을 가게 된다. OR 연산은 조건이 둘 다 거짓(F)인 경우를 제외하고는 모든 결과가 참(T)이 된다. 둘 다 거짓이면 결과는 거짓이 된다.

XOR 연산

영자나 미숙이 둘 중 한 명이랑만(XOR) 부산을 가던가 아니면 포기한다.

영자	미숙	부산
OK	OK	못 간다
OK	NO	간다
NO	OK	간다
NO	NO	못 간다

XOR 연산		
조건		결과
T	T	F
T	F	T
F	T	T
F	F	F

그림 2-22
XOR 연산

XOR 연산은 두 조건이 서로 다를 때에만 결과가 참(T)이 되는 논리 연산이다. 부산에 가는 공짜 티켓이 생겼는데 딱 두 장뿐이다. 혼자 가기는 싫고 영자와 미숙이 그리고 자신까지 3명이 같이 갈 수는 없다. 그래서 영자와 미숙이 둘 중 한 명만 같이 가던가 아니면 아예 부산에 가는 것을 포기하려 한다. 이 경우 영자와 미숙이 둘 중 한 명만 간다고 하면 부산에 간다. 그러나 둘 다 간다고 하거나 둘 다 안 간다고 하면 부산에 못 간다. XOR 연산은 조건 둘 다 참(T)이거나 거짓(F)이면 거짓(F)이 되고, 서로 다르면 참(T)이 된다.

NOT 연산

미숙이와 반대(NOT)로 한다.

미숙	부산
OK	못 간다
NO	간다

NOT 연산	
조건	결과
T	F
F	T

그림 2-23
NOT 연산

같은 학과에 다니는 영자와 미숙이가 심하게 싸웠다. 학과 MT를 부산으로 가기로 했는데, 영자는 미숙이가 안 가면 MT를 가고 미숙이가 MT를 가면 안 가기로 마음먹었다. 이 경우 영자는 미숙이와 반대로 행동한다. NOT 연산은 참과 거짓을 바꿔주는 연산이다.

논리 연산 정리

논리 연산을 정리해보면 AND 연산은 두 개의 값이 모두 참(T)일 경우에만 참이 되는 연산이다. OR 연산은 두 값 중 하나라도 참(T)이면 참이 되는 연산이다. XOR 연산은 두 값 중 하나라도 다르면 참(T)이 되고, 두 값이 같으면 거짓(F)이 되는 연산이다. NOT 연산은 결과가 반대가 된다.

요약

- C프로그램의 요구분석 단계에서는 문제를 분석하고 만들려는 프로그램의 특징을 정의한다. 요구분석이 끝나면, 알고리즘을 작성한다. 알고리즘 작성 단계는 요구분석에서 결정한 기능을 구현하는 단계이다. 알고리즘이 완성되면, 'C코드 에디터'를 이용하여 C코드를 만든다. C코드가 완성되면 컴파일을 하여 실행파일을 만들어 실행하면 된다. 프로그래밍에서 가장 중요한 과정은 요구를 분석하고 그에 알맞은 알고리즘을 만드는 단계이다.
- C코드가 담겨있는 파일의 확장자는 .c이다. 따라서 test라는 C코드를 만들려면 파일 이름은 test.c여야 한다. test.c를 컴파일하면 test.exe라는 실행파일이 만들어진다. 비주얼 스튜디오에서 C코드를 사용하기 위해서는 확장자를 .c로 해야 한다.
- 코드에서 발생하는 오류를 버그라 부르며 오류를 제거하는 작업을 디버깅이라 부른다. 문법 오류는 컴파일 과정에서 발생한다. C언어 문법에 맞지 않는 코드를 사용할 때 발생하는 오류이다. 컴파일 오류 혹은 문법 오류라고도 부르고 실행파일은 만들어지지 않는다. 문법 오류는 흔히 발생하지만 디버깅하기 쉬운 오류이다. 실행시간 오류는 컴파일이 완료된 후, 실행파일을 실행할 때 나타난다. 화면이 먹통이 되거나, 이상한 문자들이 나타나거나, 아무 반응도 없는 경우이다. 문법 오류도 없고, 실행시간 오류도 없지만, 원하는 결과가 나오지 않는 오류가 논리 오류이다. 논리 오류는 알고리즘이 잘못 만들어졌을 경우 발생한다. 논리 오류는 알고리즘을 처음부터 다시 살펴보아야 하기 때문에 고치기가 어렵다.
- 비주얼 스튜디오는 통합 개발 환경이라 부르는데 코딩, 디버그, 컴파일과 같이 프로그램 개발에 관련된 작업을 하나의 프로그램으로 처리하는 소프트웨어이다. 비주얼 스튜디오에서 C코드와 관련 파일을 모아서 프로젝트라 부른다. 여러 개의 프로젝트가 모여서 하나의 솔루션이 된다. 따로 지정하지 않으면, 프로젝트 이름과 솔루션 이름은 같다.
- 컴퓨터가 사용하는 가장 작은 정보 표시 단위는 비트(bit)이다. 컴퓨터가 비트를 사용하기 때문에 모든 숫자를 0과 1로 표현하게 된다. 이를 2진법이라 부른다. 16진법은 0, 1, 2, 3, 4, 5, 6, 7, 8, 9, A, B, C, D, E, F로 표현되는 수이다.
- 32비트 CPU가 달린 컴퓨터에서는 한꺼번에 처리할 수 있는 데이터 크기가 32비트라는 의미이며, 64비트 CPU는 한꺼번에 처리할 수 있는 데이터 크기가 64비트라는 의미이다.
- 논리 연산이란 참/거짓(T/F)에 대한 연산을 나타낸다. 주로 쓰이는 논리 연산으로는 AND, OR, XOR, NOT이 있다.

연습문제

61문제

[객관식]

01 다음 중 만들려는 대상이나 코드의 특징을 정의하는 단계는 무엇인가?

❶ 요구분석 단계　❷ 설계 단계
❸ 구현 단계　❹ 테스트 단계

02 알고리즘 작성 단계에서 사용되는 것이 아닌 것은?

❶ 순서도　❷ C코드
❸ 유사코드　❹ 컴파일러

03 C코드를 실행파일로 번역해 주는 것의 이름은 무엇인가?

❶ 디버깅　❷ 에디터
❸ 유사코드　❹ 컴파일러

04 코드에 있는 오류를 수정하는 작업을 가리키는 단어는 무엇인가?

❶ 디버깅　❷ 에디터
❸ 유사코드　❹ 컴파일러

05 다음 C프로그래밍 단계 중 가장 중요한 단계는 무엇인가?

❶ C코드 작성 단계　❷ 컴파일 단계
❸ 알고리즘 작성 단계　❹ 실행 단계

06 다음 C코드 파일의 확장자는 무엇인가?

❶ .exe　❷ .c
❸ .cpp　❹ .mp4

07 다음 C코드 파일이 컴파일 단계를 거쳐 실행파일이 되면 확장자는 무엇으로 바뀌는가?

❶ .exe　❷ .c
❸ .cpp　❹ .mp4

08 다음 오류 중 컴파일 단계에서 발견되는 오류의 이름은 무엇인가?

① 입출력 오류
② 문법 오류
③ 논리 오류
④ 메모리 오류

09 8바이트는 몇 비트인가?

① 16
② 32
③ 64
④ 128

10 CPU의 클럭 속도가 같다면 다음 중 가장 느린 컴퓨터는 무엇인가?

① 32비트 컴퓨터
② 16비트 컴퓨터
③ 64비트 컴퓨터
④ 8비트 컴퓨터

11 다음 중 가장 큰 단위는 무엇인가?

① TB
② MB
③ GB
④ KB

12 다음 중 1초 동안의 변화를 표시하는 단위는 무엇인가?

① Hz
② GB
③ rpm
④ bps

13 컴퓨터에서 일정한 박자를 만들어 작업이 동기화되어 이루어지게 하는 것을 가리키는 단어는 무엇인가?

① rpm
② 클록 틱
③ USB
④ 바이트

14 2진수 1101은 십진수로 얼마인가?

① 11
② 12
③ 13
④ 14

15 십진수 25는 이진수로 얼마인가?

① 11001
② 11011
③ 11000
④ 10001

16 16진수 A7은 10진수로 얼마인가?

① 157
② 167
③ 175
④ 177

17 10진수 17을 16진수로 변환하면 어떤 값이 되는가?

❶ 11_{16}　❷ 10_{16}

❸ 12_{16}　❹ 13_{16}

18 16진수 C는 2진수로 얼마인가?

❶ 1100　❷ 1101

❸ 1110　❹ 1111

19 RGB (255, 0, 255)는 무슨 색인가?

❶ 빨간색　❷ 보라색

❸ 녹색　❹ 파란색

20 RGB (0, 0, 255)는 무슨 색인가?

❶ 빨간색　❷ 보라색

❸ 녹색　❹ 파란색

21 노란색의 RGB 값은 무엇인가?

❶ (255, 0, 255)　❷ (255, 255, 0)

❸ (0, 255, 255)　❹ (0, 0, 255)

22 다음 중 빨간색은 무엇인가?

❶ ff0000　❷ 00ff00

❸ 0000ff　❹ 00ffff

23 다음 중 입력값이 모두 다를 경우에만 결과값이 참이 되는 연산은 무엇인가?

❶ XOR　❷ AND

❸ NOT　❹ OR

24 다음 중 입력값이 하나라도 참이면 결과값이 참이 되는 연산은 무엇인가?

❶ XOR　❷ AND

❸ NOT　❹ OR

25 다음 중 입력값이 모두 참인 경우에만 결과값이 참이 되는 연산은 무엇인가?

❶ XOR　❷ AND

❸ NOT　❹ OR

26 다음 중 틀린 문장을 고르시오.

❶ 컴퓨터의 속도를 나타내는 단위는 1초 동안 몇 번의 변화가 발생했는지를 나타내는 단위인 헤르츠이다.
❷ 빨간색 RGB 값은 00ff00이다.
❸ 크기를 나타내는 단위로는 B, KB, MB, GB, TB 등이 있다.
❹ C코드를 실행파일로 번역해 주는 것이 컴파일러다.

27 다음 중 틀린 문장을 고르시오.

❶ 만들려는 대상이나 코드의 특징을 정의하는 단계는 요구분석 단계이다.
❷ 순서도나 유사코드가 알고리즘 작성 단계에서 사용된다.
❸ C코드를 실행파일로 번역해 주는 것이 컴파일러다.
❹ C프로그래밍 단계 중 가장 중요한 단계는 실행 단계이다.

28 다음 중 틀린 문장을 고르시오.

❶ 노란색 RGB 값은 (255, 255, 0)이다.
❷ 빨간색 RGB 값은 ff0000이다.
❸ 파란색 RGB 값은 (0, 0, 255)이다.
❹ 보라색 RGB 값은 0000ff이다.

[주관식]

29 만들려는 대상이나 코드의 특징을 정의하는 단계를 (   ) 단계라 부른다.

30 유사코드나 순서도가 사용되는 단계가 (   ) 작성 단계이다.

31 (   )는 C코드를 실행파일로 변환해 준다.

32 (   )이란 코드에 있는 오류를 찾아 수정하는 작업이다.

33 C프로그래밍 단계에서 가장 중요한 단계는 (   ) 단계이다.

34 C코드 파일의 확장자는 (   )이다.

35 C코드 파일이 컴파일 단계를 거쳐 실행파일이 되면 확장자는 (   )가 된다.

36 오류 중 컴파일 단계에서 발견되는 오류는 (   )이다.

37 오류 중 실행 단계에서 특정한 값에 대하여 비정상적인 값이 출력되는 오류를 (   )라 부른다.

38 컴퓨터는 ( )에서 일정한 박자를 만들어 작업이 동기화되도록 한다.

39 1바이트는 ( )비트이다.

40 컴퓨터가 작업을 할 때 일정한 박자에 맞추어 작업을 진행하기 위해 클럭이 ( )을 발생시킨다.

41 1초 동안 몇 번의 변화가 발생했는지를 나타내는 단위가 ( )이다.

42 헤르츠의 표시 단위는 ( )이다.

43 킬로바이트(KB)보다 약 1000배 큰 것이 ( )바이트이다.

44 테라바이트(TB)보다 약 1000배 작은 것이 ( )바이트이다.

45 11은 16진수로 ( )이다.

46 9는 2진수로 ( )이다.

47 2진수 1110은 10진수 ( )이다.

48 2진수 1101은 16진수 ( )이다.

49 모니터나 이미지 파일에 사용되는 색상 값을 영어로 ( )라 부른다.

50 RGB (0, 255, 0)은 ( )이다.

51 RGB ffff00은 ( )색이다.

52 입력값이 모두 다를 경우에만 결과값이 참이 되는 연산은 ( )이다.

53 입력값이 모두 참인 경우에만 결과값이 참이 되는 연산은 ( )이다.

54 입력값 중 하나라도 참이면 결과값이 참이 되는 연산은 ( )이다.

55 입력값을 반대의 값으로 바꿔주는 연산은 ( )이다.

[코드 문제]

문법 오류 찾기

56 다음 C기본코드에서 오류가 발생했다. 어디서 발생했는지를 찾고 해결 방법을 제시하시오.

```
#include <stdio.h>

int main()
{
   printf(Hello World);

   return 0;
}
```

비주얼 스튜디오 설치

57 다음 [새 프로젝트 만들기] 창에서 test라는 C코드를 생성하고자 한다. 어떤 작업을 해야 하는지 쓰시오.

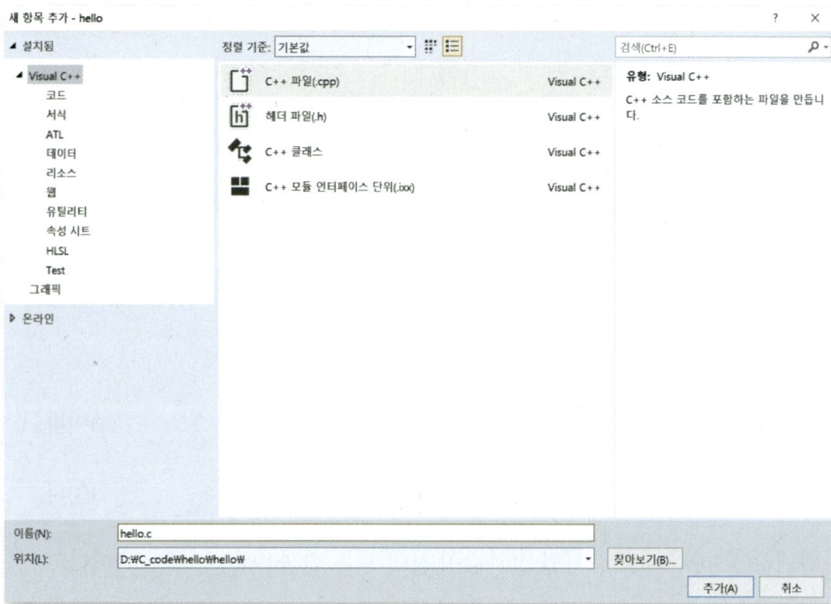

58 다음 C기본코드에서 오류가 발생했다. 어디서 발생했는지를 찾고 해결 방법을 제시하시오.

문법 오류 찾기

```
#include <stdio.h>

int main()

   printf("Hello World");

   return 0;
}
```

59 다음과 같은 오류 화면이 있다. 몇 번 줄에서 어떤 오류가 발생한 것인지 설명하시오.

오류 이해하기

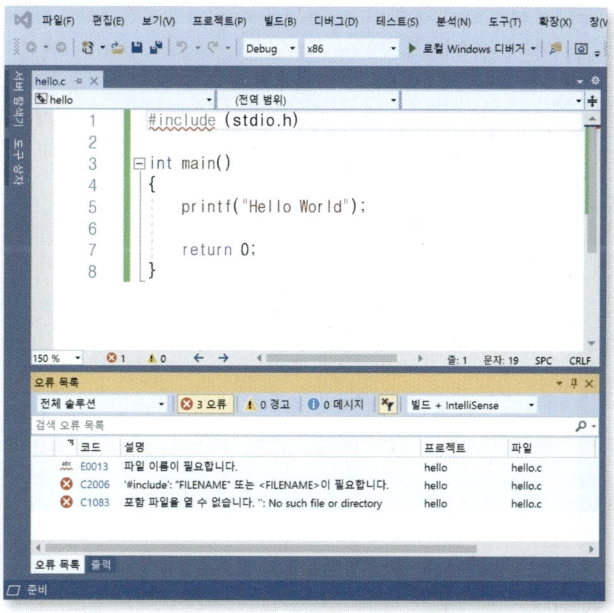

문법 오류 찾기

60 다음 C기본코드에서 오류가 발생했다. 어디서 발생했는지를 찾고 해결방법을 제시하시오.

```
#include (stdio.h)

int main()
{
    printf("Hello World");

    return 0;
}
```

오류 이해하기

61 다음과 같은 오류 화면이 있다. 몇 번 줄에서 어떤 오류가 발생한 것인지 설명하시오.

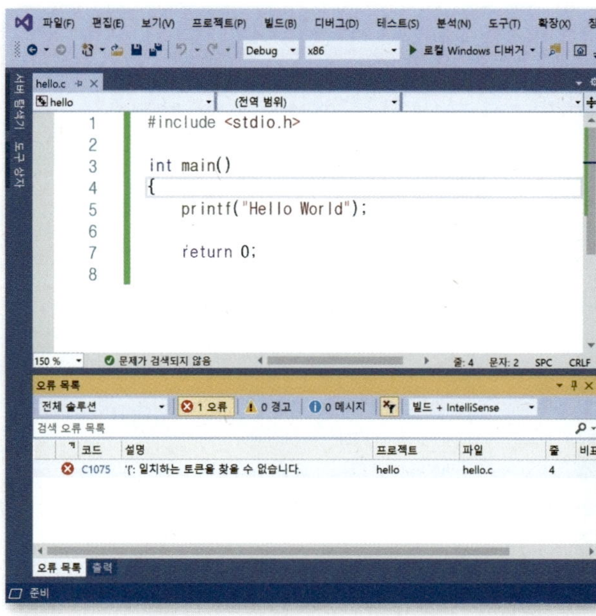

CHAPTER

03

C프로그램 구성요소

학습목차

3.1 C프로그램 구조

1 C코드 구조

필수

예시로 이해하는 C코드 구조

하나의 구조를 만드는 구성요소 component 들이 있다. '책 제목 → 목차 → 본문 → 찾아보기'가 모여 하나의 책이 만들어진다. 이메일은 '받는 사람 주소 → 보내는 사람 주소 → 제목 → 본문 → 첨부파일'과 같은 구성요소를 가진다. 구성요소의 일부는 생략할 수 있다. 찾아보기가 없는 책도 있으며, 첨부파일이 없는 이메일도 있다. 반대로 생략하면 안 되는 구성요소도 있다. 제목이 없는 책은 없으며, 받는 사람 주소가 없는 이메일은 없다.

이메일을 사용하여 C언어 과제를 제출한다고 가정해 보자. 받는 사람의 이메일 주소만 쓰고 메일을 발송할 수도 있다. 그러나 제목이나 본문 내용도 없이 과제 결과물만 보낸다면 좋은 점수를 받을 수 없다. 기본이 안 된 이메일은 받는 사람의 기분만 상하게 할 뿐이다.

그림 3-1
이메일 구조

조금만 신경 쓰면 좋은 이메일이 된다. 적절한 띄어쓰기와 맞춤법 검사는 기본이다. 이메일 주소만으로는 보내는 사람을 알기 힘들기 때문에 학번과 이름을 써야 한다. 과제를 받는 분은 수십 통의 이메일을 받을 것이다. 따라서 어떤 과목에 대한 과제 제출인지를 제목에 쓴다면 좋은 인상을 남길 수 있다. 이렇게 받는 분을 고려하여 이메일을 작성한다면 좋은 이메일이 될 것이다.

C코드도 이메일과 유사하다. C코드를 구성하는데 꼭 필요한 부분이 있고, 없어도 되는 부분도 있다. 유사한 C코드라 할지라도 잘 만들어진 코드가 있고, 읽기 어려운 코드도 있다. 이러한 차이점을 이해하기 위해서는 기본 구조부터 차근차근 배워야 한다. 2장에서 보았던 C기본코드를 통하여 C코드의 구조를 살펴보자.

```
1  #include<stdio.h>
2
3  int main()
4  {
5      printf("Hello World");
6      return 0;
7  }
```

라이브러리 / main() 함수 / 작업 시작, 끝 / 종료, 0 반환

그림 3-2
C기본코드

main() 함수 함수 function 란 작업이 이루어지는 기본 단위이다. main() 함수는 이메일의 "본문"에 해당한다. **C코드에는 main() 함수가 꼭 있어야 한다.** main() 앞에 int는 나중에 자세히 설명하기로 하고, 지금은 그냥 사용한다.

함수와 다른 단어를 구별하는 것은 괄호 ()이다. 이름 옆에 괄호가 있으면 함수이고, 없으면 함수가 아니다. 그래서 main()과 printf()는 함수인 반면에 return과 #include는 함수가 아니다.

작업 시작, 끝 C코드에서 **작업의 시작과 끝을 알리는 것은 중괄호 {}이다.** 중괄호는 여러 개의 작업을 하나로 묶어주는 역할을 한다. 위의 예에서 main() 함수의 작업은 4번 줄의 중괄호 {에서 시작되고, 7번 줄의 중괄호 }에서 끝난다. 함수뿐 아니라 특정 작업의 시작과 끝을 나타낼 때도 중괄호 {}를 사용한다.

라이브러리 5번 줄의 printf("Hello World")는 Hello World 글자를 화면에 출력하는 함수이다. 출력 print 과 함수 function 가 결합하여 이름이 printf가 되었다. 1번 줄의 stdio.h를 라이브러리 library 라 부르는데, 필요한 책이 있을 때 도서관에서 대출해오듯이 필요한 함수를 마음대로 가져다 쓸 수 있다는 의미이다.

stdio.h에는 printf()를 비롯한 다양한 함수가 모여 있다. 5번 줄의 printf() 함수를 사용하기 위해서는 stdio.h를 사용하겠다는 의미로 #include <stdio.h>라고 쓴다. #include는

함수가 아니기 때문에 괄호 ()가 아닌 꺾쇠괄호 <>를 사용한다.

`종료, 0 반환` 함수에서 `return`을 만나면 작업이 끝난다. `return`의 사전적인 뜻은 '돌아가다'이며, 태어난 곳으로 돌아간다. 컴퓨터의 하드웨어와 소프트웨어를 관리하는 것은 운영체제이며, 모든 응용프로그램의 어머니이다. 따라서 `main()` 함수의 작업이 끝나면 어머니(운영체제)에게 돌아간다.

C코드는 정상적으로 종료되는 경우도 있지만, 비정상적으로 종료되는 경우도 있다. `return` 다음의 숫자 `0`은 정상적으로 종료한다는 의미이다. 6번 줄의 `return 0;`은 생략해도 문제는 없지만, 전통적으로 `main()` 함수의 끝에는 `return 0;`을 써왔다.

키워드(keyword)

C코드를 만들 때 사용되는 단어를 키워드(keyword)라 부른다. **키워드** keyword 란 C언어 문법에서 중요 key 하게 사용되는 단어 word 라는 뜻이다. C기본코드에서 `int`와 `return`이 키워드이다. C언어의 키워드는 많을 것 같지만, [표 3-1]에 나와 있는 32개가 전부이다. 특히 보라색으로 표시한 10개의 키워드만으로도 다양한 C코드를 만들 수 있다. 32개 키워드를 전부 이해하게 된다면 C언어를 다 배운 것이다.

표 3-1 C코드 키워드

auto	break	case	char	const	continue	default	do
double	else	enum	extern	float	for	goto	if
int	long	register	return	short	signed	sizeof	static
struct	switch	typedef	union	unsigned	void	volatile	while

여기서 잠깐 C언어에서 괄호 ()는 여러 가지 의미로 쓰이며 `for`, `if`, `sizeof`, `switch`, `while`은 키워드 다음에 괄호를 사용한다. 함수의 괄호와는 다른 의미이다. 혼동하지 않길 바란다.

2 C코드 기본 규칙

필수

세미콜론(;) 사용 규칙

이메일을 사용할 때 지켜야 할 것들이 있듯이, C코드 작성에도 기본적인 규칙이 있다. 우리는 문장의 끝에 마침표를 찍는다. C언어에서 문장의 끝에는 코드가 끝났음을 알리는 세미콜론(;)을 붙인다. 우리는 마침표가 없어도 문장을 이해하는데 큰 문제가 없다. 그러나 컴퓨터는 세미콜론이 없으면 코드를 이해하지 못한다. 따라서 규칙에 맞게 세미콜론을 사용해야 한다.

일반적으로 코드의 맨 끝에는 세미콜론(;)을 붙인다. [그림 3-4]에서 5번 줄 `printf()`와 6번 줄 `return 0`의 끝에 세미콜론(;)이 붙어있다. 세미콜론이 안 붙는 경우도 있다. 중괄호 {}는 시작과 끝을 표시하기 때문에 세미콜론이 필요 없다. 그래서 3번 줄 `main()` 함수 다음과 7번 줄 중괄호 다음에는 세미콜론이 없다.

샾(#)으로 시작하는 코드에는 세미콜론(;)을 붙이지 않는다. 1번 줄 `#include <stdio.h>` 끝에는 세미콜론이 없다. 세미콜론이 없으면 문장의 끝을 알 수 없다. 따라서 샾(#)으로 시작하는 문장은 한 줄에 한 문장만 써야 한다. 이 경우를 제외한 일반적인 코드에는 세미콜론을 붙여야 하며, 세미콜론이 필요한 곳에 누락되는 것이 가장 흔한 문법 오류이다.

띄어쓰기로 단어 구분

세미콜론(;)이 문장의 끝을 알려주기 때문에 여러 줄의 코드를 한 줄로 길게 써도 오류가 발생하지 않는다. 그렇다고 해서 코드를 한 줄로 쓰는 것은 바람직하지 않다. 이메일을 보낼 때 띄어쓰기를 안 하고 보내면, 읽는 사람은 불쾌하다.

그림 3-3
띄어쓰기가 안 된 코드는 읽기 어렵다

띄어쓰기와 들여쓰기가 없는 코드는 읽기도 어려울 뿐 아니라 오류가 발생했을 때 수정하기도 힘들다. 따라서 C코드를 작성할 때, 띄어쓰기와 들여쓰기를 꼭 해야 한다.

띄어쓰기는 의외로 간단하다. 단어와 단어, 단어와 숫자는 띄어쓰기를 해야 한다. C기본코드에서 `int`와 `main`, `return`과 `0` 사이에는 띄어쓰기가 있다. 만약 붙여 쓸 경우 문법 오류가 발생한다. 이 책에서는 숫자, 문자, 함수들을 각각 다른 색깔로 표시함으로써 단어와 숫자들을 명확하게 구분할 수 있도록 편집했다.

띄어쓰기 올바른 예

```
int main()
return 0;
```

띄어쓰기 오류

```
intmain()
return0;
```

문자와 기호들 사이에는 띄어쓰기를 해도 되고, 안 해도 된다. 괄호 (), 중괄호 {}, 꺾쇠괄호 <>, 세미콜론(;)과 같은 대부분의 기호들은 띄어쓰기를 해도 되고, 안 해도 된다. 아래 오른쪽과 왼쪽 둘 다 띄어쓰기에 문제가 없는 코드들이다.

띄어쓰기 예

```
#include<stdio.h>

int main()
{
   printf("Hello World");
   return 0;
}
```

띄어쓰기 다른 예

```
#include < stdio.h >

int main () {
   printf ( "Hello World" ) ;
   return 0 ;
}
```

#include<stdio.h>나 #include < stdio.h >도 허용되고, printf()나 printf ()도 허용되며, main()이나 main ()도 허용된다.

들여쓰기로 구조 파악

띄어쓰기와 더불어 들여쓰기도 중요하다. 들여쓰기를 하지 않는다고 해서 오류가 발생하지는 않는다. 그러나 코드의 구조를 쉽게 파악하기 위해서는 들여쓰기를 해야 한다. C기본코드에서 들여쓰기를 한 것과 안 한 것의 차이를 비교해 보자. 다음 코드의 5번과 6번 줄을 자세히 보자.

들여쓰기 함

```
01  #include <stdio.h>
02
03  int main()
04  {
05     printf("Hello World");
06     return 0;
07  }
```

들여쓰기 안 함

```
01  #include <stdio.h>
02
03  int main()
04  {
05  printf("Hello World");
06  return 0;
07  }
```

그림 3-4
들여쓰기를 한 코드와 안 한 코드 비교

왼쪽의 들여쓰기를 한 코드는 printf()와 return이 main() 함수에 포함되어 있는 코드라는 것을 한눈에 알 수 있다. 반대로 오른쪽의 들여쓰기를 안 한 코드는 main() 함수와

printf(), return이 모두 같은 위치에 있어, main()에 포함되어 있는 코드인지 알기 어렵다. 들여쓰기가 안 된 경우, 전체 코드의 구조를 파악하기 어렵다. 따라서 **들여쓰기는 C코드 작성의 기본 중의 기본이다.**

비주얼 스튜디오에서 C코드를 입력하면, 자동으로 들여쓰기를 해준다. 아무 이유 없이 들여쓰기를 하는 것이 아니다. printf()와 return은 main() 함수에 속한 명령어라는 의미에서 들여쓰기를 해준다. **어떤 코드가 다른 코드에 속해 있는 경우, 들여쓰기를 한다.** 대체적으로 중괄호 {}를 사용하는 경우, 중괄호 안쪽의 코드는 들여쓰기를 해야 한다. C언어를 설명하면서 필요할 때마다 들여쓰기에 대해 설명할 것이다.

3 주석이란?

코드에 남기는 메모

주석 comment 은 일종의 메모이다. 과제 제출할 때, 코드에 만든 사람의 이름이나 만든 날짜를 넣어야 한다. 수천 라인 이상의 코드를 만들 경우, 특정 코드의 의미를 파악하기 어려울 때가 있다. 또한 오랜 시간이 지난 후 코드를 다시 보았을 때 어떤 작업을 하는 코드인지 기억하기 힘들 수도 있다. 이러한 문제를 해결하기 위해 적절한 곳에 메모를 달 수 있도록 배려한 것이 주석이다.

// 주석과 /* */ 주석

주석의 사용 예를 보자. [예제 3-1]의 1번 줄과 2번 줄이 주석이며, 전산과 284154 김영웅이 만든 C프로그래밍 과제물이라는 것을 알 수 있다. 8번 줄 printf() 다음에 //로 시작하는 부분도 주석이다. printf() 옆에 화면에 Hello World 출력하는 함수라는 주석을 달았다.

예제에서 보았듯이 2종류의 주석이 있다. 첫 번째는 /*로 시작하고 */로 끝나는 주석이다. /* */ 주석은 시작과 끝을 알 수 있기 때문에 한 줄 혹은 여러 줄에 걸쳐서 내용을 넣을 수 있다. 두 번째는 //로 시작하는 주석이다. // 주석은 끝을 알 수 없기 때문에 해당 줄의 끝까지만 주석으로 처리한다.

[예제 3-1]
주석을 사용한 코드

301_comment.c

```c
/* 전산과 284154 김영웅 */
/* C프로그래밍 과제물     */

#include <stdio.h>

int main()
{
    printf("Hello World");                    // 화면에 Hello World 출력하는 함수
    return 0;
}
```

실행 화면

```
Hello World
```

다음은 주석의 올바른 사용의 예이다. 1번과 2번 줄의 주석은 /*와 */를 사용하여 두 줄에 걸쳐 내용을 넣었다. 4번과 7번 줄의 주석도 /*와 */를 사용한 주석인데, 좀 더 보기 좋게 작성한 것이다. //를 사용한 한 줄 주석은 12번과 13번 줄 끝부분에 있다.

```c
01  /* 전산과 284154 김영웅
02     C프로그래밍 과제물    */
03
04  /***********************
05       2021. 6. 7.
06     처음으로 만든 과제물
07  ************************/
08  #include <stdio.h>
09
10  int main()
11  {
12     printf("Hello World");                    // 화면에 Hello World 출력하는 함수
13     return 0;                                 // 어머니(운영체제)에게로 돌아간다.
14  }
```

주석은 코드에 어떤 영향도 미치지 않으며, 컴파일도 되지 않는다. 그래서 주석의 끝에는 세미콜론(;)을 붙이지 않는다. 주석을 사용하면 읽기 편한 코드가 되니 적극 활용해보기 바란다.

중간 실습

/* */ 안에 /* */ 주석 삽입이 가능한지 실습해 보시오.
또한, /* */ 안에 // 주석 삽입이 가능한지 실습해 보시오.

3.2 함수와 라이브러리

1 함수란?

필수

C코드에서의 모듈 역할

자동차는 수많은 부품으로 이루어져 있다. 많은 양의 부품을 일일이 조립해야 한다면 만들기도 어려울 뿐 아니라 부품이 사라지거나 파손될 수도 있다. 좀 더 쉽게 만드는 방법은 주요 부품을 모듈 module 형태로 구성하는 것이다. 메인 모듈에 앞바퀴 모듈과 뒷바퀴 모듈을 연결하고, 차체 모듈을 씌우면 차를 쉽게 만들 수 있다.

그림 3-5
모듈의 장점

모듈이란 일정한 기능을 수행하도록 조립된 부품 덩어리이다. 부품을 조립하여 일정 크기의 모듈로 만들면 작업이 단순화될 뿐 아니라 여러 곳에 사용할 수 있다. 예를 들어 엔진 모듈은 승용차뿐 아니라 버스, 트럭, 스포츠카와 같이 바퀴로 움직이는 모든 장치에 '재사용'이 가능하다.

C코드에서 모듈에 해당하는 것이 함수이다. **함수** function 란 정해진 절차에 따라 데이터를 처리하는 모듈이다. `printf()` 함수의 경우, 괄호 안의 문자들을 화면에 출력한다. `printf()` 함수의 내부를 몰라도 상관없다. 필요할 때마다 `printf()`를 불러서 사용하면 된다.

그림 3-6
함수는 규칙에 맞게 사용해야 한다

모든 모듈은 정해진 방법으로 연결된다. 예를 들어 뒷바퀴 모듈의 모터는 5V 전기를 사용한다고 가정해 보자. 만약 메인 모듈이 100V 전기를 공급하면 뒷바퀴 모듈은 고장 날 것이다. 모듈을 사용하기 위해서는 모듈이 정해 놓은 규칙에 맞추어 연결해야 한다.

함수를 사용할 때도 마찬가지이다. 함수를 사용할 때, 정해진 규칙을 무시하면 함수는 제대로 작동하지 않는다. 예를 들어 printf()를 사용할 때, 큰따옴표("")를 생략하면 오류가 발생한다. 함수가 정한 규칙에 맞추어 함수를 사용해야지만 결과를 얻을 수 있다.

```
printf(Hello World);
```
큰따옴표를 생략하면 문법 오류

main() 함수의 중요성

C코드에서 main() 함수는 꼭 있어야 하며, main() 함수에서 작업이 시작되고 main() 함수에서 끝난다. C기본코드를 보면 main() 함수에서 작업을 시작하여 printf() 함수를 사용한 후, return에서 끝난다. C언어를 배운다는 것은 main() 함수를 어떻게 구성하는지를 배우는 것과 printf()와 같이 미리 만들어 놓은 함수를 어떻게 사용해야 하는지를 배우는 것이다.

미리 만들어 놓은 printf()와 같은 함수와 달리, 함수를 만들어서 사용할 수 있다. 이를 사용자 정의 함수 user defined function 라 부르며 8장 함수에서 자세히 설명한다.

하이퍼 링크

2 라이브러리와 헤더파일

라이브러리란?

바퀴 모듈의 경우 자동차 바퀴 모듈, 버스 바퀴 모듈, 비행기 바퀴 모듈이 다 다르다. 이 많은 모듈을 한군데 모아 놓으면 관리하기도 힘들고 찾기도 어렵다. 서로 관련 있는 모듈들끼리 모아 놓으면 관리가 편해진다. 그래서 자동차와 관련된 모듈은 자동차 라이브러리에, 버스와 관련된 모듈은 버스 라이브러리에 모아서 관리한다. 필요한 자동차 모듈이 있다면 자동차 라이브러리에서 찾아다 쓰면 된다.

그림 3-7
라이브러리와 헤더파일

C언어에는 마음대로 사용할 수 있는 수천개의 함수가 있다. 이렇게 미리 만들어 놓은 함수를 라이브러리 혹은 라이브러리 함수라 부른다. **라이브러리** library 란 도서관에서 책을 빌리듯, 필요할 때 찾아 쓸 수 있도록 만든 함수이다. 라이브러리의 장점은 함수의 재사용이다.

헤더파일이란?

도서관에 많은 책들이 찾기 쉽도록 분류되어 있다. 기술과학, 철학, 예술, 종교, 언어, 사회과학, 문화, 자연과학, 역사 분야의 책들끼리 모여 있다. C코드 라이브러리도 서로 관련 있는 함수들을 파일에 모아 놓았다. 관련 있는 함수들을 모아 놓은 파일을 **헤더파일** header file 이라 부르며, 확장자는 **.h**이다. 특정 헤더파일에 있는 함수를 사용하고 싶다면 C코드의 상단부에 `#include <헤더파일_이름>`을 쓰면 된다.

그림 3-8
표준 입출력과 수학 관련 헤더파일

C코드에서 가장 많이 사용하는 헤더파일은 **stdio.h**이다. stdio는 **st**andar**d** **i**nput/**o**utput(표준 입력/출력)의 약자이다. standard의 std에 input/out의 io를 붙인 것이다. printf()와 같이 입출력에 관련 있는 함수를 모아 놓은 헤더파일이 stdio.h이다.

C코드에서 결과를 출력하려면 printf()를 사용해야 한다. 따라서 printf()가 없는 C코드는 거의 없다. 그래서 거의 모든 C코드는 stdio.h 헤더파일을 포함하고 있다.

중요

재사용하기 위해 미리 만들어 놓은 함수를 라이브러리라 부르며, 관련 있는 함수를 모아 놓은 파일을 헤더파일이라 부른다. 헤더파일을 사용하기 위해서는 `#include <헤더파일_이름>`을 C코드 상단에 쓴다.

헤더파일의 이름을 보면 어떤 라이브러리 함수들이 모여 있는지 알 수 있다. 예를 들어 수학 관련 라이브러리 함수들이 모여 있는 헤더파일의 이름은 `math.h`이다. `math.h`에는 제곱근과 같이 수학에 사용되는 함수들이 모여 있다.

하이퍼 링크

`#include`와 같이 샵(#)으로 시작하는 코드를 전처리라 부른다. 전처리에 대한 의미와 사용 방법은 14장 전처리와 분할 파일에서 자세히 설명한다.

3 함수 구조

함수이름(입력) { 몸체 }

모듈은 입력에 대하여 정해진 출력을 가진다. 바퀴 모듈의 경우 '앞으로' 신호가 입력되면 바퀴가 회전을 한다. 만약 '뒤로' 신호가 입력되면 바퀴는 역회전을 한다. 입력 신호에 대하여 정방향 혹은 역방향의 바퀴 회전이 바퀴 모듈의 출력이다. 이와 같이 모듈은 입력, 출력, 몸체 body 로 구성된다. 몸체란 입력 신호에 대하여 출력을 만드는 모든 부품의 집합이다. 입력 신호가 몸체를 거쳐 출력이 된다.

그림 3-9
함수는 입력, 출력, 몸체로 구성된다

함수도 입력에 대하여 정해진 출력을 가진다. `printf()` 함수는 문자가 입력되면 해당 문자를 모니터 화면에 출력시킨다. 따라서 함수도 입력, 출력, 몸체로 구성된다. 여기서 몸체란 입력에 대하여 출력을 만들기 위해 구성된 코드의 집합이다. `printf()` 함수에 문자가 입력되면, `printf()` 함수의 몸체에 있는 코드들은 화면에 문자를 출력시킨다.

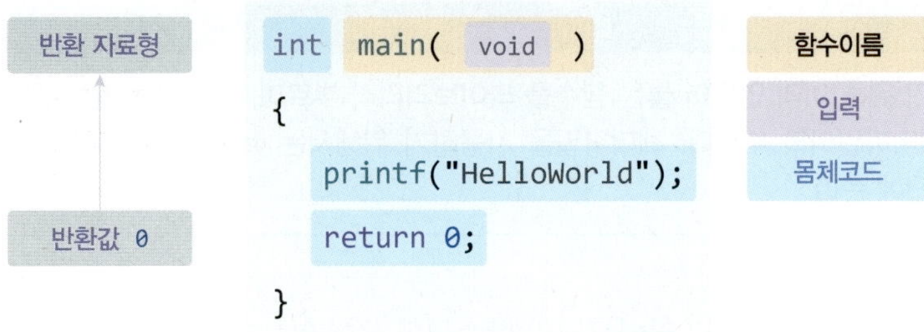

그림 3-10
함수 구조

[그림 3-10]은 함수의 일반 구조를 나타낸다. 모든 함수에는 이름이 있다. 그림에서 함수이름은 main이다. 함수와 일반 단어를 구분하는 것은 괄호 ()라 했다. 함수가 괄호를 사용하는 이유는 괄호 () 안에 입력이 들어오기 때문이다. 따라서 함수는 **함수이름(입력) { 몸체 }**의 구조를 가진다.

> **여기서 잠깐** 함수 옆의 괄호 ()는 입력을 받는 곳이며, 키워드 옆의 괄호는 괄호 연산자이다. 이 책에서는 함수와 괄호는 붙여 쓰고, 키워드와 괄호 연산자는 띄어쓰기를 하여 구분한다.

main() 함수의 구조

main() 함수도 입력이 있지만, 이를 생략한다. 입력이나 출력이 없거나 생략하는 경우 void라고 쓴다. **void**는 없음을 의미하는 키워드이다. 원래는 main(void)가 정확한 문법이다. main() 함수의 입력을 거의 사용하지 않기 때문에 일반적으로 void를 생략하고 main()만 쓴다.

> **하이퍼 링크** main() 함수도 입력을 가진다. main() 함수의 입력에 대한 설명은 15장 이중&함수 포인터에서 자세히 설명한다.

중괄호 {}는 여러 개의 작업을 하나로 묶어주는 역할을 한다. 따라서 함수이름 다음에 중괄호 {는 함수 몸체의 시작을 의미한다. 몸체는 한 개 이상의 코드로 구성된다. 중괄호 다음에 printf()와 return 0;이 몸체코드이다. 몸체코드는 중괄호 }에서 끝난다. 몸체코드는 함수에 속한 코드이기 때문에 들여쓰기를 한다.

main() 함수에서 출력은 Hello world이다. main() 함수의 몸체에 있는 printf()가 작동을 하여 화면에 Hello world를 출력한다.

main() 함수가 자신의 작업을 마치고 나면, 무사히 작업이 끝났음을 운영체제에게 알린다. 알리지 않아도 되지만, 알리는 게 기본적인 예의다. 작업이 무사히 끝났음을 알리는 코드가 return 0;이다. main() 함수가 0을 반환 return 하면, 운영체제가 0을 받음으로써 정상적으로 main() 함수가 종료되었음을 알게 된다.

함수가 0과 같이 반환하는 값이 있는 경우, 함수 앞에는 반환 자료형을 붙인다. 반환 자료형이란 어떤 자료형이 반환되는지를 나타내는 것이다. int main()의 의미는 반환되는 값의 자료형이 int라는 의미이다. 입력이 없는 함수도 있고, 반환값이 없는 함수도 있다.

아직 C문법을 자세히 설명하지 않았기 때문에 함수의 입력과 출력에 대하여 자세히 설명하기 어렵다. 함수의 자세한 구조는 8장 함수에서 설명하기로 한다. 여기서는 함수의 대략적인 구조와 int main() { 몸체 } 정도만 이해하면 된다.

여기서 잠깐

```
#include <stdio.h>

void main()
{
   printf("Hello World");
}
```

C코드에서 위와 같이 return 0;을 생략할 수 있으며, 생략하는 경우에는 main() 함수 앞에 int 대신, 반환값이 없음을 의미하는 void를 써야 한다.

4 제어문자

printf() 함수와 제어문자

printf() 함수의 특징을 간단히 살펴보자. [예제 3-2]는 C기본코드에 6번 줄 printf("I am a C programmer");가 추가되었다. Hello World와 I am a C programmer가 두 줄에 걸쳐서 나타날 것 같지만, 실행 결과는 Hello WorldI am a C programmer가 한 줄에 출력된다.

printf()를 여러 번 쓴다고, 여러 줄로 출력되는 것이 아니다. 여러 줄에 걸쳐 출력을 하고 싶을 때에는 줄 바꿈을 해주는 '제어문자'를 사용해야 한다. **제어문자** control character 란 화면에는 출력되지 않지만, 화면의 상황을 제어하는 문자이다.

[예제 3-2]
간단한 출력 코드
302_print1.c
수정 필요

```c
#include <stdio.h>

int main()
{
    printf("Hello World");
    printf("I am a C programmer");         // C기본코드에 추가된 printf()

    return 0;
}
```

실행 화면

```
Hello WorldI am a C programmer
```

제어문자라고 하면 낯설게 느껴질 수도 있지만 지금까지 다른 프로그램에서 제어문자를 사용했었다. 아래아 한글에서 키보드의 엔터(Enter, Enter)와 탭(Tab, Tab)을 사용하여 Love Enter me Enter Tab Tab이라 입력해 보자. 화면에 엔터(Enter)는 나타나지 않지만, 줄 바꿈이 되어 있다. 또한 화면에 탭(Tab)도 나타나지 않지만 7칸 정도 띄고 난 후 Tab이라는 글자가 나타난다. 이렇게 화면에는 나타나지 않지만 글자의 출력을 조절하는 문자가 제어문자이다.

그림 3-11
아래아 한글과 제어문자

아래아 한글에서는 제어문자를 조판 부호라고 부르는데, 상단 메뉴에서 [보기]를 누른 후 [조판 부호]를 누르면 조판 부호들이 나타난다. 글자 중간에 조판 부호(제어문자)가 들어가면 줄 바꿈이 일어나거나 7칸 들여쓰기가 일어난다는 것을 확인할 수 있다. 결론적으로 제어문자는 글자들 사이에서 삽입되어 화면에 출력되는 문자들을 제어한다.

C언어에서 줄 바꿈에 사용되는 제어문자는 \n이다. \n은 아래아 한글에서 엔터(Enter) 역할을 한다. [예제 3-3]은 제어문자를 사용하여 두 줄에 걸쳐 출력하는 코드이다. 5번 줄 printf() 함수에 \n을 사용하면 줄 바꿈이 되어 두 줄로 출력된다.

> **여기서 잠깐**
> 제어문자는 역슬래시(\)로 시작하는데, 역슬래시로 시작하는 문자를 이스케이프(escape) 문자라 부른다. 그래서 \n은 '이스케이프 n'이라 읽는다.

[예제 3-3]
제어문자 사용 코드
303_print2.c

```
01 #include <stdio.h>
02
03 int main()
04 {
05    printf("Hello World\n");                    // 줄 바꿈 제어문자 \n
06    printf("I am a C programmer");
07
08    return 0;
09 }
```

실행 화면

```
Hello World
I am a C programmer
```

제어문자를 사용하면 printf()를 한 번만 사용해도 여러 줄에 걸쳐 출력할 수 있다. 위의 코드는 다음과 같이 바꿔도 같은 결과가 출력된다.

```
05 printf("Hello World\nI am a C programmer");
```

참고로 탭(Tab)에 해당하는 제어문자는 \t이다. \n을 \t로 바꾸면 줄 바꿈 대신 7칸 정도 띄어쓰기가 되니 직접 확인해 보기 바란다. 다양한 제어문자에 대해서는 4장에서 다룬다.

역슬래시(\) = 원화(₩)

비주얼 스튜디오에서는 \n이 ₩n으로 보인다. 영문 자판의 역슬래시(\)는 한글 표준 자판에서 원화(₩)로 변경됐기 때문이다. 따라서 \n을 입력할 때, 역슬래시(\) 대신 원화(₩)를 사용해야 한다. 애플 컴퓨터의 자판에는 ₩가 없는 대신 \가 있으니 그대로 사용하면 된다. 이 책에서는 ₩를 \로 표시한다.

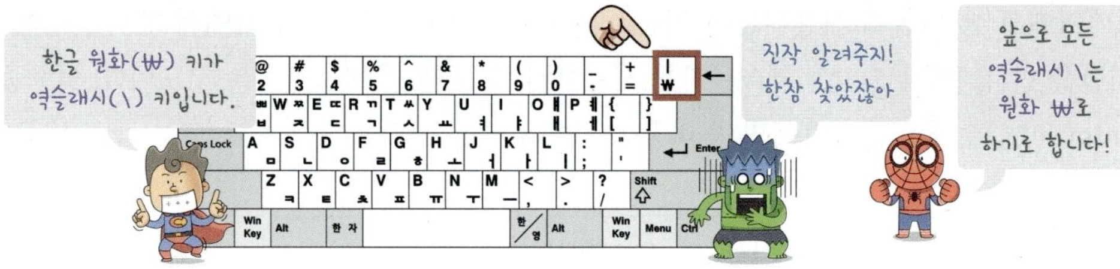

그림 3-12
한글 표준 자판에서 역슬래시(\)가 원화(₩)이다

여기서 잠깐 폴더 이름의 원화(₩)도 원래는 역슬래시(\)이다. 따라서 D:₩c_code는 영문 버전에서는 D:\c_code이다.

변수의 선언과 활용 3.3

1 변수란? 필수

데이터를 담는 그릇

프로그래밍은 요리와 같다. 요리는 레시피에 따라 재료를 준비하고, 조리하여 요리를 완성한다. 프로그래밍은 알고리즘에 따라 데이터를 준비하고, 처리하여 결과물이 만들어진다.

그림 3-13
짜장라면 만들기

레시피가 준비되었다면, 요리를 만들 재료를 준비해야 한다. 돼지고기, 양파, 물, 식용유를 적당한 그릇에 담아 준비한다. 재료가 준비 되면, 레시피에 적혀 있는 순서대로 '조리'를 하여 짜장라면을 완성한다.

재료에 따라 적당한 그릇이 따로 있다. 고기류는 접시에 담아 준비하고, 물과 같은 액체류는 병에 담는다. 물을 접시에 담거나 고기를 병에 담는 사람은 없다. 물을 접시에 담으면 쏟아지고, 고기를 병에 담으면 뭉개지기 때문이다. 잘못된 그릇을 사용하면 문제가 발생하기 때문에 재료는 항상 맞는 그릇에 담아야 한다.

그림 3-14
재료에 맞는 그릇을 사용해야 한다

프로그래밍에서 요리의 재료에 해당하는 것이 데이터이다. 알고리즘에 따라 데이터를 처리하기 위해서는 데이터를 담을 그릇이 필요하다. C코드에서 데이터를 담는 그릇을 **변수** variable 라 부른다.

변수의 3가지 자료형

C코드에서 사용되는 자료형 data type: 데이터 종류 은 정수, 실수, 문자 3개뿐이다. 1, 2, 3, 4와 같이 셀 수 있는 숫자 데이터인 **정수형** integer type 과 3.1, 23.56과 같이 소수점 이하 자릿수를 포함하는 **실수형** float type , A, B, C와 같은 문자 데이터인 **문자형** character type 이 있다.

그림 3-15
정수형, 실수형, 문자형

자료형이 3개이기 때문에, 데이터를 담는 변수도 3가지 형 type 이 있다. **int**는 정수형 변수, **float**는 실수형 변수, **char**는 문자형 변수를 의미한다. 따라서 1, 2, 3, 4와 같은 정수는 int형 변수에, 3.1, 23.56과 같은 실수는 float형 변수에, A, B, C와 같은 문자는 char형 변수에 넣어야 한다. 재료를 잘못된 그릇에 담으면 문제가 생기듯이, 데이터를 잘못된 자료형에 넣으면 문제가 생긴다. 예를 들어 float를 int형 변수에 넣으면 소수점 이하는 없어져 버린다.

> **중요**
>
> 변수는 데이터를 담는 그릇으로 int는 정수형 변수, float는 실수형 변수, char는 문자형 변수이다.

변수에 데이터를 넣은 이후

변수에 데이터를 넣었으면, '조리'를 해야 한다. 1장에서 알고리즘은 순차, 조건선택, 반복 구조를 가진다고 설명했다. C코드에서 '조리'는 기본적으로 순차 구조이다. C코드는 위에서 아래로 한 줄씩 실행된다. 추가적으로 조건선택 구조에 사용되는 if와 반복 구조에 사용되는 for가 있다.

정리하면 정수(int), 실수(float), 문자(char)의 3가지 종류의 변수를 만들어 알맞은 데이터를 넣고 순차 구조, 조건선택 구조(if), 반복 구조(for)를 사용하여 데이터를 처리하고 결과를 printf()로 출력하면 된다. 앞으로 만들게 될 대부분의 C코드는 이러한 과정을 거쳐 데이터를 처리하여 결과물을 얻는다.

2 변수 만들기

필수

변수 선언하기

변수 선언이란 어떤 변수를 만들지 정하는 것이다. 겉으로 보기에 변수는 다 똑같이 생겼다. 그래서 변수를 여러 개 만들면, 어떤 변수에 무엇이 들었는지 헷갈릴 수 있다. 변수에 이름을 붙이면 기억하기 쉽고 사용하기 편해진다.

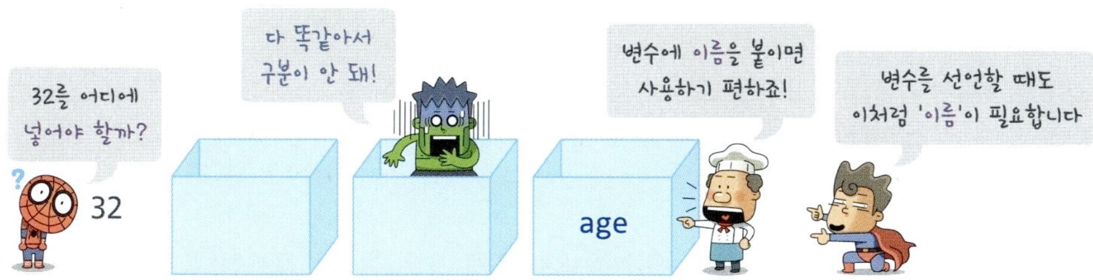

그림 3-16
변수에는 이름이 필요하다

앞에서 설명했듯이, 변수마다 담을 수 있는 자료형이 정해져 있다. 따라서 변수를 만들 때에 정수, 실수, 문자 중 어떤 종류의 데이터를 담을지 정해야 한다.

변수를 만들 때에 어떤 자료형을 담을지와 변수이름을 동시에 만드는데, **변수형 변수_이름**의 형태로 선언된다. 여기서 **변수 선언**이란 A라는 이름을 가진 변수에 특정 자료형을 담겠다고 컴파일러에게 통보하는 것이다.

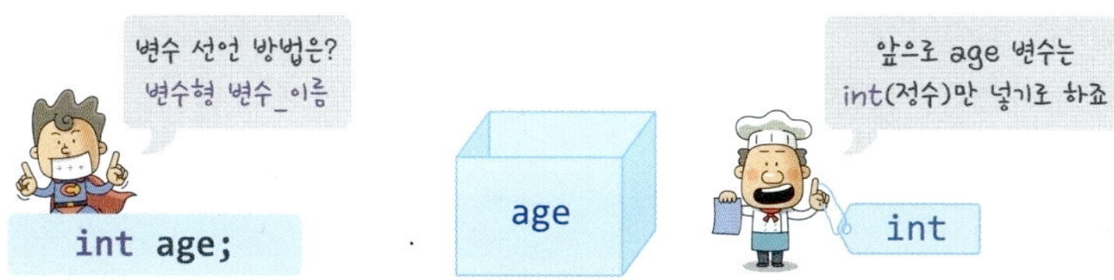

그림 3-17
변수 선언 방법

다음은 변수 선언의 예이다. 1번 줄에서 age라는 이름을 가진 변수를 선언했다. age 변수에는 정수만 담을 예정이기 때문에 int age;라 선언한다. 2번 줄의 power라는 이름을 가진 변수를 float형으로 선언한다. 3번 줄에는 char형 변수 name을 선언한다. 변수 선언도 하나의 코드이기 때문에 끝에 세미콜론(;)을 써야 한다.

```
01  int age;          정수형 변수 age
02  float power;      실수형 변수 power
03  char name;        문자형 변수 name
```

앞서 폰 노이만 구조를 설명하면서 모든 데이터와 프로그램은 메모리에 저장된다고 했다. 따라서 변수를 선언한다는 것은 메모리의 특정 공간을 사용하겠다고 선언하는 것이다. 변수를 선언하면 메모리의 일정 공간에 이름을 붙여준다. 또한 어떤 자료형을 담을 수 있는지를 표시해 놓는다.

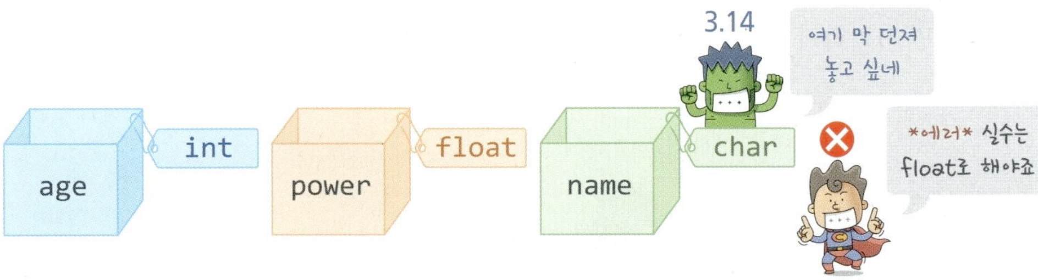

그림 3-18
변수 선언 후 메모리의 모습

컴파일러는 변수 선언을 참고하여 변수를 올바르게 사용하는지 검사한다. 따라서 변수는 사용하기 전에 선언되어야 한다. 보통의 경우, 함수 시작과 동시에 변수를 선언한다.

변수를 선언해야 하는 이유

변수 선언을 하는 중요한 이유는 잘못된 데이터의 사용을 막기 위해서이다. 재료에 맞는 그릇을 사용해야 하듯이, 데이터의 종류에 따라 그에 맞는 자료형 변수를 사용해야 한다. 만약 int 변수로 선언된 age에 float를 담으면 소수점 이하가 없어진다. 또한 char 변수 name에 실수를 담으면 오류가 발생한다. 자료형과 다른 종류의 데이터를 변수에 넣으려 할 경우, 컴파일러는 경고를 주거나 문법 오류를 발생시킨다. **선언된 변수형과 같은 종류의 데이터를 변수에 담는다**는 것이 데이터 처리의 기본 원칙이다.

> **중요**
>
> 사용 전에 '변수형 변수_이름'의 형태로 변수를 선언한다. 선언된 변수형과 같은 종류의 데이터를 담아야 하며, 그렇지 않을 경우 데이터 일부가 사라지거나 오류가 발생한다.

변수이름 생성 규칙

변수이름을 만들 때에는 규칙이 있다. 영문자, 숫자, 밑줄을 사용할 수 있으나 공백문자나 특수문자는 사용할 수 없다. age p1이라 쓰면 두 개의 변수로 인식한다. 따라서 변수이름에 공백이 필요한 경우 age_p1과 같이 밑줄(_)을 사용한다.

영문자, 숫자, 밑줄의 순서는 상관없지만, 숫자로 시작하는 변수이름은 만들 수 없다. 그러나 밑줄로 시작하는 변수이름은 허용된다.

표 3-2 변수이름 규칙

규칙	사용 가능	사용 불가능	사용 불가한 이유
영문자, 숫자, 밑줄 가능	`int age_p1;`	`int age p1;`	공백 대신 밑줄 사용
숫자부터 시작하면 안 됨	`int num3;`	`int 3num;`	숫자를 뒤에 쓸 것
키워드 사용 불가	`int int_sum;`	`int int;`	키워드를 포함한 단어 가능
밑줄부터 시작 가능	`int _num3;`	`int num!;`	특수문자 사용 불가능

키워드는 C언어 문법에서 중요하게 사용되는 단어이다. 따라서 키워드는 변수이름으로 사용할 수 없다. 즉 int라는 변수명은 사용할 수 없다. 대신 int_sum과 같이 키워드를 포함한 단어는 사용할 수 있다.

여기서 잠깐!

비주얼 스튜디오의 경우, `int 나이;`와 같이 한글로 된 변수이름을 사용할 수 있다. 그러나 유닉스의 경우 한글로 된 변수이름을 허용하지 않는다. 그러므로 변수이름에 영문자만 사용한다.

a, b, c와 같이 의미 없는 이름보다는 age, power, num과 같이 용도에 맞는 변수이름을 사용하는 것이 좋다. 또한 변수이름은 대/소문자를 구분한다. 따라서 age와 Age는 서로 다른 변수이다. 변수이름은 소문자를 권장한다.

참고로 윈도우즈의 경우, 폴더명과 파일이름에 대/소문자를 구분하지 않는다. 따라서 age 폴더가 있는 곳에 Age 폴더를 새로 만들 수 없다. 유닉스는 폴더명과 파일이름에 대/소문자를 구분한다.

3 대입 연산자

이퀄(=)의 의미

변수를 선언하고 데이터를 집어넣어 보자. 우선 age라는 정수형 변수를 선언하는 코드는 int age;이다. age라는 변수에 24를 집어넣는 코드는 age = 24;이다.

```
int age;        정수형 변수 age 선언
age = 24;       변수 age에 24 대입
```

age = 24를 처음 접한 사람이라면 매우 어색할 것이다. 수학에서 age = 24는 age와 24가 서로 같다는 의미이다. 그러나 C언어에서 이퀄(=)은 오른쪽의 데이터를 왼쪽에 넣으라는 의미이다. 따라서 age = 24는 오른쪽에 있는 24를 왼쪽에 있는 변수 age에 넣으라는 의미이다.

연산자 operator 란 연산에 사용하는 기호를 의미한다. 예를 들어 덧셈 연산자는 +, 빼셈 연산자는 -, 곱셈 연산자는 *, 나눗셈 연산자는 /이다. 이퀄(=)은 왼쪽의 값을 오른쪽에 대입해주기 때문에 **대입 연산자** assignment operator 라 부른다. 참고로 수학에서 같다는 의미의 연산자는 C언어에서 ==이다.

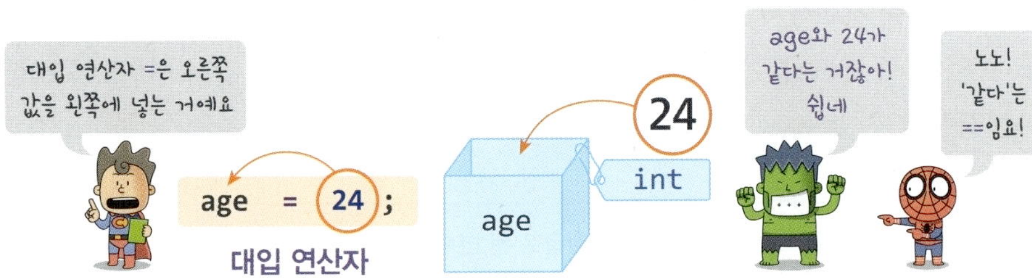

그림 3-19
이퀄(=)은 대입 연산자

변수 초기화하기

변수를 여러 개 만들 경우도 있다. 같은 종류의 변수를 여러 개 만들어 사용하는 경우에는 쉼표(,)를 사용하면 편리하다. 정수형 변수 age1과 age2를 만들어 각각 24와 32를 넣는 경우, 오른쪽과 같이 쉼표를 사용하면 간단하게 선언할 수 있다. 쉼표(,)는 **나열 연산자**라 부르는데 같은 종류를 나열할 때 사용한다.

```
01  int age1;
02  int age2;
03
04  age1 = 24;
05  age2 = 32;
06
07  age1 = age2;
```

```
int age1, age2;


age1 = 24;
age2 = 32;

age1 = age2;
```

변수에 값을 대입하는 것을 초기화라 부른다. **초기화**란 변수에 특정 값을 미리 넣어 놓는 것이다. 4번 줄에서 age1은 24로 초기화를 했으며, 5번 줄에서 age2는 32로 초기화를 했다.

7번 줄 age1 = age2를 주의 깊게 보자. 대입 연산자는 오른쪽 변수에 들어 있는 값을 왼쪽 변수에 대입한다. 7번 줄에서 age2에 있던 32는 age1에 대입된다. 따라서 변수 age1의 값은 32가 된다.

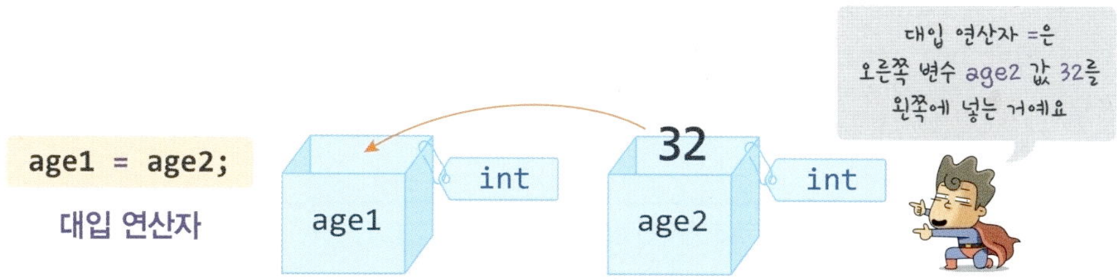

그림 3-20
대입 연산자는 오른쪽 변수 값을 왼쪽에 대입한다

변수 선언과 동시에 초기화하기

변수를 선언함과 동시에 초기화를 할 수도 있다. 다음 코드들은 변수 선언과 동시에 초기화하는 코드이다.

정수 초기화 예	실수 초기화 예
`int age1 = 24, age2 = 32;`	`float power1 = 24.0, power2 = 32.0;`

왼쪽은 정수형 변수를 선언하고 초기화하는 코드이다. 여러 개의 변수를 초기화할 때에도 나열 연산자(,)를 사용할 수 있다. 선언과 동시에 초기화함으로써 앞의 코드 1번에서 5번 줄을 한 줄로 줄였다.

오른쪽은 실수형 변수를 선언하고 초기화하는 코드로 정수 초기화와 같다. 주의할 것은 변수에 특정 값을 대입할 때, 정수와 실수를 확실하게 구분해야 한다. 소수점이 없는 수는 정수이고, 소수점이 있는 수는 실수이다. 따라서 같은 값이라도 정수형 변수 age1은 24로 초기화하고, 실수형 변수 power1은 24.0으로 초기화한다.

4 변수 값 출력하기

서식문자란?

printf()에서 출력되는 문자 중간에 데이터나 변수의 값을 출력하기 위해서는 서식문자를 사용한다. **서식문자** format specifier 란 출력되는 데이터의 위치와 종류를 나타내는 문자이며 **퍼센트(%)로 시작**한다.

[예제 3-4]
서식문자 코드
304_format.c

```
01  #include <stdio.h>
02
03  int main()
04  {
05      printf("내 나이 = %d 친구 나이 = %d", 29, 31);      // 쉼표는 나열 연산자
06
07      return 0;
08  }
```

실행 화면

```
내 나이 = 29 친구 나이 = 31
```

[예제 3-4]는 내 나이와 친구 나이를 출력하는 코드이다. 5번 줄 printf("내 나이 = %d 친구 나이 = %d", 29, 31);을 보자. 나이를 출력하는 자리에 정수 서식문자 %d를 사용한다. %d는 정수 digit 를 %d의 위치에 출력하라는 의미이다. 큰따옴표("") 안에 %d가 2개 있음으로 첫 번째 %d 위치에는 29가, 두 번째 %d 위치에는 31이 출력된다.

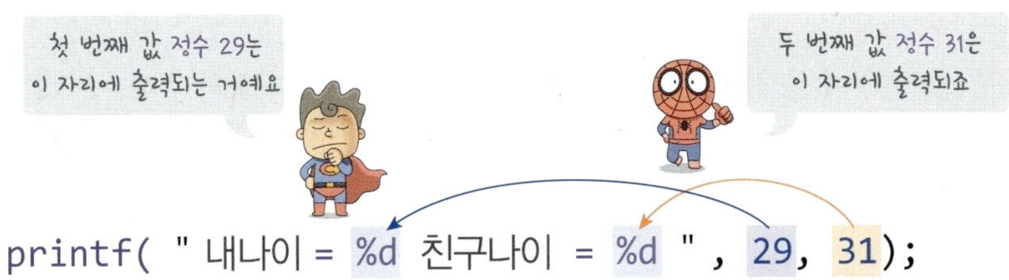

그림 3-21
서식문자의 사용

자료형별 서식문자

앞서 데이터는 정수, 실수, 문자 3가지의 자료형이 있다고 설명했다. 서식문자도 자료형에 맞게 사용해야 한다. 정수(int)를 출력하고 싶을 때에는 %d, 실수(float)는 %f, 문자(char)는 %c를 사용한다.

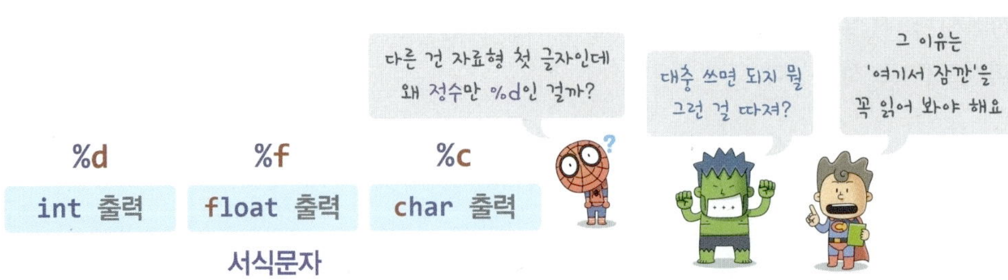

그림 3-22
자료형별 서식문자

여기서 잠깐

정수 출력의 서식문자를 %d로 표기하는 이유는 %d가 정수(int) 이외에도 다양한 자료형을 숫자(digit)로 출력할 때 사용되기 때문이다. 예를 들어 문자(char)를 정수로 출력하고 싶다면 %d를 사용하면 된다.

서식문자 사용하기

큰따옴표("")와 뒤에 오는 데이터는 콤마(,)로 나열한다. 서식문자를 사용하면 변수의 값이나 숫자, 문자를 출력할 수 있고, 연산의 결과도 출력할 수 있다. 주의할 것은 큰따옴표("") 안의 서식문자의 개수와 뒤에 오는 데이터의 개수는 일치해야 한다.

다음은 서식문자를 잘못 사용한 예이다. 아래 코드의 1번 줄에는 서식문자 %d에 대응하는 데이터가 없다. 반대로 2번 줄에서는 서식문자가 1개인데 데이터는 2개여서 31에 대응하는 %d가 없다. 3번 줄에서는 두 번째 %d에 대응하는 데이터가 없다. 다양한 서식문자와 사용 방법은 4장에서 설명한다.

```
01  printf("내 나이 = %d");                   %d에 대응하는 데이터 없음
02  printf("내 나이 = %d", 29, 31);           31에 대응하는 %d 없음
03  printf("내 나이 = %d 친구 나이 = %d", 29);  두 번째 %d에 대응하는 데이터 없음
```

[예제 3-5]는 변수를 선언하고 값을 대입한 후, 서식문자를 사용하여 출력하는 코드이다. 5번 줄에서 정수형(int) 변수 num1과 num2를 선언한다. 동시에 선언하기 위해 쉼표(,)를 사용한다. 7번 줄에서 num1에 21을 넣고, 8번 줄에서 num2에 17을 넣는다.

[예제 3-5]
여러 변수 출력 코드
305_print2.c

```
01  #include <stdio.h>
02
03  int main()
04  {
05      int num1, num2;                    // 같은 종류의 변수는 쉼표로 연결
06
07      num1 = 21;
08      num2 = 17;
09
10      printf("num1 = %d, num2 = %d\n", num1, num2);
11      num1 = num2;                       // num2 값 num1에 대입
12      printf("num1 = %d, num2 = %d\n", num1, num2);
13
14      return 0;
15  }
```

실행 화면

```
num1 = 21, num2 = 17
num1 = 17, num2 = 17
```

10번 줄에서 서식문자 %d를 사용하여, num1에 들어 있는 값 21과 num2에 들어 있는 값 17을 출력한다. 출력 결과는 num1 = 21, num2 = 17이 된다. 10번 줄 출력에서 제어문자 \n으로 인하여 줄 바꿈이 일어난다.

11번 줄 num1 = num2는 num2 변수의 값 17을 num1에 대입한다. 따라서 정수형 변수 num1의 값은 17이 된다. 12번 줄에서 서식문자 %d를 사용하여 num1과 num2를 출력하면 둘 다 17이 출력된다.

참고로 [예제 3-5]에서 5번에서 8번 줄은 변수 선언과 동시에 초기화함으로써 코드를 다음과 같이 줄일 수 있다.

```
05    int num1 = 21, num2 = 17;
```

5 대입 연산자 활용

필수

왼쪽은 변수, 오른쪽은 값

대입 연산자 오른쪽에 어떤 값들이 올 수 있는지 [예제 3-6]을 통해 확인해 보자. 5번 줄에서 정수형 변수 num1, num2, num3를 선언과 동시에 num1은 21로 num2는 17로 num3은 0으로 초기화한다.

7번 줄에서 num3에 9 + 5를 한 결과값을 대입한다. 오른쪽 계산의 결과 14가 num3에 대입된다. 따라서 8번 줄에서 %d를 사용하여 num3 값을 출력하면 14가 출력된다.

[예제 3-6]
대입 연산자 활용 코드

306_assign.c

```c
01 #include <stdio.h>
02
03 int main()
04 {
05     int num1 = 21, num2 = 17, num3 = 0;
06
07     num3 = 9 + 5;
08     printf("num3 = %d\n", num3);
09     num3 = num2 + 5;           // num2 값에 5 더하여 num3에 대입
10     printf("num3 = %d, num2 = %d\n", num3, num2);
11     num3 = num1 + num2;        // num1 값에 num2 값 더하여 num3에 대입
12     printf("num3 = %d\n", num3);
13
14     return 0;
15 }
```

실행 화면

```
num3 = 14
num3 = 22, num2 = 17
num3 = 38
```

9번 줄의 num3 = num2 + 5는 num2의 값에 5를 더하여 num3에 대입하라는 의미이다. 정수형 변수 num2가 가지고 있던 17에 5가 더해져 22가 num3에 대입된다. 10번 줄에서 %d를 이용하여 num3와 num2의 값을 출력하면 22와 17이 출력된다.

11번 줄 num3 = num1 + num2은 num1의 값과 num2의 값을 더하여 num3에 대입하라는 의미이다. num1의 값 21과 num2의 값 17이 더해져서 38이 num3에 대입된다. 12번 줄에서 num3의 값을 출력하면 38이 된다.

대입 연산자에서 오른쪽 변수의 값이나 계산의 결과가 왼쪽에 대입되는 것을 코드를 통해 확인했다. 주의할 것은 **대입 연산자의 왼쪽은 변수**여야 한다는 것이다. 다음 코드와 같이 대입 연산자의 왼쪽에 변수가 아닌 것이 올 경우, num1의 값 17을 대입할 곳이 없다. 따라서 문법 오류가 발생한다.

```c
int num1 = 17;

21 = num1;
```

대입 연산자의 왼쪽은 항상 변수여야 한다.

LAB 1 사칙 연산 코드 만들기

덧셈, 뺄셈, 곱셈, 나눗셈의 사칙 연산을 하고 값을 얻는 코드를 만들어 보자. C언어에서 사칙 연산에 사용하는 연산자는 다음과 같다. [예제 3-7]은 변수를 선언하고 초기화한 후 사칙 연산 값을 출력하는 코드이다.

표 3-3 사칙 연산 관련 연산자

사칙 연산자			
덧셈	+	곱셈	*
뺄셈	-	나눗셈	/

5번 줄에서 정수형 변수 num1과 num2를 선언과 동시에 num1은 7로, num2는 4로 초기화한다. 6번 줄에서 실수형 변수 num3를 선언하고 동시에 7 나누기 4를 한 결과값으로 초기화한다.

데이터를 다루는 기본 원칙은 데이터를 맞는 자료형에 넣어야 한다는 것이다. 나눗셈을 제외한 나머지 연산의 결과는 정수이지만, 나눗셈의 결과는 실수이다. 따라서 6번 줄과 같이 num3를 실수형 변수로 선언한 후 사용해야 한다.

[예제 3-7]
사칙 연산 코드
307E_calc.c
수정 필요

```
01  #include <stdio.h>
02
03  int main()
04  {
05     int num1 = 7, num2 = 4;
06     float num3 = 7 / 4;                              // 나눗셈 결과는 실수
07
08     printf("num1 = %d, num2 = %d\n", num1, num2);
09     printf("덧셈 = %d\n", num1 + num2);
10     printf("뺄셈 = %d\n", num1 - num2);
11     printf("곱셈 = %d\n", num1 * num2);
12     printf("나눗셈 = %f\n", num3);
13
14     return 0;
15  }
```

실행 화면

```
num1 = 7, num2 = 4
덧셈 = 11
뺄셈 = 3
곱셈 = 28
나눗셈 = 1.000000
```

참고

학습자의 능동적인 참여를 위하여 일부러 수정이 필요한 코드를 만들었다. 문법 오류는 없지만 수정이 필요한 코드에는 코드이름 하단에 '수정 필요'라 표시한다.

8번 줄에서 num1과 num2의 값을 출력한다. 9번 줄에서는 num1 + num2의 값을, 10번 줄에서는 num1 - num2의 값을, 11번 줄에서는 num1 * num2의 값을 출력한다. 12번 줄에서 나눗셈의 결과값을 가지고 있는 num3를 출력한다. 앞의 덧셈, 뺄셈, 곱셈의 결과는 모두 정수이기 때문에 정수 서식문자 %d를 사용했다. 12번 줄의 num3은 실수이기 때문에 실수 서식문자 %f를 사용해야 한다.

여기서 잠깐

실수 서식문자 %f는 특별한 지정이 없는 경우, 소수점 아래 7번째 자리에서 반올림하여, 소수점 아래 6번째 자리까지 출력한다.

출력 결과를 살펴보면, 모두 정상적인 값이 출력되었지만, 나눗셈의 결과는 엉뚱하게 1.000000이 출력되었다. 데이터를 잘못된 자료형에 담았기 때문에 발생한 문제이다.

6번 줄의 num3 = 7 / 4에서 7과 4는 정수이다. 7과 4의 실수 형태는 7.0과 4.0이다. 따라서 num3 = 7 / 4는 오른쪽 정수 연산의 결과를 왼쪽 실수형 변수 num3에 넣은 것이다. C언어에서 **정수를 실수형 변수에 담으면 소수점 이하는 버려진다.** 따라서 7 / 4의 결과 1.75에 대하여 0.75를 버리고 1.0만 num3에 들어간다.

그림 3-23 C언어에서 자료형 구분은 엄격하다

정확한 값을 얻기 위해서는 다음과 같이 6번 줄의 정수 7과 4 대신 실수 7.0과 4.0을 사용하면 된다. 직접 수정한 후 결과를 확인해 보기 바란다.

```
06    float num3 = 7.0 / 4.0;
```

LAB 2 루트 값 구하기

[예제 3-8]은 루트 root 값을 구하는 코드이다. 루트 값은 수학 함수 sqrt()를 사용하면 얻을 수 있다. num1 = sqrt(16);이라 쓰면 16의 루트 값인 4가 num1에 대입된다. 루트 값은 실수이기 때문에 변수 num1을 선언할 때 실수형으로 선언해야 한다.

[예제 3-8]
루트 값 구하기 코드

308E_root.c

오류 발생

```
01  #include <stdio.h>
02  
03  
04  int main()
05  {
06      float num1;
07  
08      num1 = sqrt(7);
09      printf("루트 %d = %f\n", 7, num1);
10  
11      return 0;
12  }
```

실행 화면

```
루트 7 = 2.645751
```

6번 줄에 sqrt() 함수의 결과값을 받을 실수형 변수 num1을 선언했다. 8번 줄에서 num1 = sqrt(7);은 sqrt() 함수에게 7을 입력값으로 주어 그 결과값을 num1이 받는다. 9번 줄에서 숫자 7을 정수 서식문자 %d로, 루트의 결과값을 가진 num1을 실수 서식문자 %f로 출력한다. 결과값을 보면 루트 7의 값은 2.645751이라는 것을 알 수 있다.

> **참고**
>
> 학습자의 능동적인 참여를 위하여 일부러 오류가 있는 코드를 만들었다. 오류가 발생하는 코드의 코드이름 하단에 '오류 발생'이라 표시한다.

[예제 3-8]은 컴파일을 하면 문법 오류가 발생한다. 2번 줄에 들어가야 할 코드를 일부러 지웠다. 오류 없이 컴파일 하려면 2번 줄에 어떤 코드가 들어가야 하는지 생각해 보자. 힌트는 sqrt() 함수는 수학(math) 관련 함수이다. 잘 안 보이게 하기 위하여 아래 정답은 일부러 흐린 글자로 썼다.

```
02  #include <math.h>
```

요약

```
#include<stdio.h>

int main()
{
    printf("Hello World");
    return 0;
}
```

라이브러리 / main() 함수 / 작업 시작, 끝 / 종료, 0 반환

- C코드에서 모듈에 해당하는 것이 함수이다. 함수는 함수이름(입력) { 몸체 }의 구조를 가진다. 입력이나 출력이 없거나 생략하는 경우 void라고 쓴다. C코드에는 main() 함수가 꼭 있어야 한다. C코드에서 여러 코드를 하나로 묶어주는 기호가 중괄호 {}이다.
- 라이브러리란 필요한 책이 있을 때 도서관에서 대출해오듯이 필요한 함수를 마음대로 가져다 쓸 수 있다는 의미이다. 관련 있는 함수들을 모아놓은 파일을 헤더파일이라 부르며, 확장자는 .h이다. 헤더파일을 사용하기 위해서는 #include <헤더파일_이름>을 쓴다.
- C코드를 만들 때 사용되는 단어를 키워드라 부르는데 int와 return이 키워드이다. 주석은 일종의 메모이다. 주석은 코드에 어떤 영향도 미치지 않는다. 일반적으로 코드의 맨 끝에는 세미콜론(;)을 붙인다. 샵(#)으로 시작하는 코드에는 세미콜론을 붙이지 않는다. 단어와 단어, 단어와 숫자는 띄어쓰기를 해야 한다. 문자와 기호들 사이에는 띄어쓰기를 해도 되고, 안 해도 된다. 들여쓰기는 C코드 작성의 기본 중의 기본이다. 어떤 코드가 다른 코드에 속해 있는 경우, 들여쓰기를 한다. 이퀄(=)은 왼쪽의 값을 오른쪽에 대입해 주기 때문에 대입 연산자라 부른다. 쉼표(,) 연산자는 같은 종류를 나열할 때 사용한다.
- 데이터를 담는 그릇을 변수라 부른다. int는 정수형 변수, float는 실수형 변수, char는 문자형 변수를 의미한다. 변수 선언이란 A라는 이름을 가진 변수에 특정 자료형을 담겠다고 컴파일러에게 통보하는 것이다. 선언된 변수형과 같은 종류의 데이터를 변수에 담는다는 것이 데이터 처리의 기본 원칙이다. 정수를 실수형 변수에 담으면 소수점 이하는 버려진다.
- 제어문자란 화면에는 출력되지 않지만, 화면의 상황을 제어하는 문자이다. \n은 엔터(Enter) 역할을 한다. 서식문자란 출력에서 데이터의 위치와 종류를 나타내는 문자이며 퍼센트(%)로 시작한다. 정수를 출력하고 싶을 때에는 %d, 실수는 %f, 문자는 %c를 사용한다.

연습문제

[객관식]

01 다음 중 C언어에서 여러 개의 작업을 하나로 묶는데 사용하는 기호는 무엇인가?

❶ 괄호 () ❷ 꺾쇠괄호 <>
❸ 중괄호 {} ❹ 큰따옴표("")

02 다음 중 main() 함수의 맨 끝에 return 0;이 있을 경우, main() 함수 앞에 들어갈 단어로 적당한 것은?

❶ float ❷ char
❸ int ❹ printf

03 다음 중 C언어에서 printf와 같은 함수이름 다음에 바로 나오는 기호는 무엇인가?

❶ 괄호 () ❷ 꺾쇠괄호 <>
❸ 중괄호 {} ❹ 큰따옴표("")

04 다음 중 키워드가 아닌 것은?

❶ sizeof ❷ char
❸ void ❹ printf

05 다음 중 띄어쓰기를 잘못한 코드는 무엇인가?

❶ #include<stdio.h> ❷ int main()
❸ return0 ❹ printf("hi")

06 C언어에서 메모 역할을 하는 것은 무엇인가?

❶ 자료형 ❷ 함수
❸ 라이브러리 ❹ 주석

07 다음 중 한 줄만 사용 가능한 주석은 어떤 기호로 시작하는가?

❶ { ❷ /*
❸ // ❹ <

08 재사용하도록 미리 만들어진 함수를 모아 놓은 것을 무엇이라 부르는가?

❶ 자료형 ❷ 함수
❸ 라이브러리 ❹ 주석

09 서로 관련 있는 라이브러리를 하나의 파일에 모아 놓은 것을 무엇이라 부르는가?

❶ 키워드 ❷ 헤더파일
❸ 라이브러리 ❹ 주석

10 다음 중 헤더파일의 확장자는 무엇인가?

❶ .c ❷ .exe
❸ .h ❹ .cpp

11 다음 중 printf()와 같이 입출력에 관련된 라이브러리를 모아 놓은 헤더파일의 이름은 무엇인가?

❶ stdio.h ❷ math.h
❸ stdlib.h ❹ sio.h

12 다음 중 제곱근과 같이 수학 관련 라이브러리를 모아 놓은 헤더파일의 이름은 무엇인가?

❶ stdio.h ❷ math.h
❸ stdlib.h ❹ sio.h

13 다음 중 입력이나 출력이 없음을 나타내는 키워드는 무엇인가?

❶ sizeof ❷ char
❸ void ❹ int

14 함수의 구조에서 함수이름() { }의 괄호 () 안에는 무엇이 오는가?

❶ 출력 ❷ 몸체
❸ 입력 ❹ 주석

15 printf()에서 화면에 출력되지는 않지만 출력문자를 조절하는데 사용하는 것은 무엇인가?

❶ 제어문자 ❷ 헤더파일
❸ 서식문자 ❹ 라이브러리

16 printf()에서 엔터(Enter)에 해당하는 것은 무엇인가?

❶ \t ❷ \0
❸ \a ❹ \n

17 printf()에서 탭(Tab)에 해당하는 것은 무엇인가?

❶ \t ❷ \0
❸ \a ❹ \n

18 역슬래시(\)는 한글 표준 자판에서 무엇으로 변경되었는가?

❶ w ❷ /
❸ \ ❹ m

19 1, 2, 3과 같이 셀 수 있는 데이터를 담는 변수형은 무엇인가?

❶ float ❷ char
❸ int ❹ void

20 1.4, 2.89와 같이 실수를 담는 변수형은 무엇인가?

❶ float ❷ char
❸ int ❹ void

21 a, b와 같이 문자를 담는 변수형은 무엇인가?

❶ float ❷ char
❸ int ❹ void

22 다음 중 변수이름으로 사용할 수 없는 것을 찾으시오.

❶ age_1p ❷ _age_p1
❸ p1_age ❹ 1p_age

23 다음 중 변수이름으로 사용할 수 없는 것을 찾으시오.

❶ char_p ❷ _float_p
❸ float ❹ _int_p1

24 다음 중 대입 연산자는 무엇인가?

❶ = ❷ ==
❸ , ❹ *

25 다음 중 나열 연산자는 무엇인가?

❶ `=` ❷ `==`
❸ `,` ❹ `*`

26 다음 중 수학의 같다는 의미를 가진 연산자는 무엇인가?

❶ `=` ❷ `==`
❸ `,` ❹ `*`

27 다음 중 실수형 변수를 정확하게 선언한 코드를 찾으시오.

❶ `int num = 1;` ❷ `float num = 3.0;`
❸ `float num = 3;` ❹ `int num = 3.0;`

28 다음 중 정수의 서식문자는 무엇인가?

❶ `%f` ❷ `%c`
❸ `%d` ❹ `%s`

29 다음 중 실수의 서식문자는 무엇인가?

❶ `%f` ❷ `%c`
❸ `%d` ❹ `%s`

30 다음 중 문자 한 개의 서식문자는 무엇인가?

❶ `%f` ❷ `%c`
❸ `%d` ❹ `%s`

31 다음 중 곱셈 연산자는 무엇인가?

❶ `*` ❷ `/`
❸ `x` ❹ `%`

32 다음 중 나눗셈 연산자는 무엇인가?

❶ `*` ❷ `/`
❸ `x` ❹ `%`

33 다음 중 맞는 것을 고르시오.

❶ 단어와 단어 사이에는 띄어쓰기를 안 해도 된다.
❷ 단어와 숫자 사이에는 띄어쓰기를 안 해도 된다.

③ 문자와 괄호 사이에는 띄어쓰기를 안 해도 된다.

④ 키워드와 키워드 사이에는 띄어쓰기를 안 해도 된다.

34 다음 중 틀린 것을 고르시오.

① main() 함수에서 작업의 시작과 끝을 알리는 것은 중괄호 {}이다.

② C코드의 맨 끝을 알리는 것은 세미콜론(;)이다.

③ 샵(#)으로 시작하는 코드는 세미콜론(;)에서 끝난다.

④ 중괄호 시작과 끝에는 세미콜론(;)이 붙지 않는다.

35 다음 중 틀린 것을 고르시오.

① 여러 작업을 하나로 묶을 경우 시작은 중괄호 {이다.

② #include 다음에는 꺾쇠괄호 <>가 온다.

③ 여러 줄로 사용 가능한 주석은 //로 시작한다.

④ 함수와 다른 단어를 구분하는 것은 괄호 ()이다.

36 다음 중 틀린 것을 고르시오.

① 변수이름은 영문자, 숫자, 밑줄을 사용할 수 있다.

② 변수이름은 밑줄부터 시작 가능하다.

③ 변수이름에는 키워드를 쓸 수 없다.

④ 변수이름은 숫자부터 시작 가능하다.

37 다음 중 틀린 것을 고르시오.

① printf()와 같이 입출력 관련 라이브러리를 모아 놓은 헤더파일의 이름은 stdio.h이다.

② 제곱근과 같이 수학 관련 라이브러리를 모아 놓은 헤더파일의 이름은 math.h이다.

③ printf()에서 화면에 출력되지는 않지만 출력문자를 조절하는데 사용하는 것은 서식문자이다.

④ 입력이나 출력이 없음을 나타내는 키워드는 void이다.

38 다음 중 틀린 것을 고르시오.

① 덧셈 연산자는 +이다.

② 뺄셈 연산자는 -이다.

③ 곱셈 연산자는 x이다.

④ 나눗셈 연산자는 /이다.

39 다음 중 틀린 것을 고르시오.

① printf()에서 엔터에 해당하는 것은 \m이다.

② 정수의 서식문자는 %d이다.

③ printf()에서 탭에 해당하는 것은 \t이다.

④ 실수의 서식문자는 %f이다.

[주관식]

40 C언어에서 여러 개의 작업을 하나로 묶는데 사용하는 기호는 (   )이다.

41 main() 함수의 맨 끝에 return 0;이 있을 경우 main() 함수 앞에는 (   )가 있어야 한다.

42 printf()와 같은 함수이름 다음에는 (   )를 붙인다.

43 int와 같이 C언어에서 중요하게 사용되는 단어를 (   )라 부른다.

44 C언어에서 메모의 역할을 하는 것은 (   )이다.

45 C언어에서 여러 줄에 걸쳐 사용 가능한 주석은 (   )이다.

46 C언어에서 한 줄만 사용 가능한 주석은 (   )으로 시작한다.

47 재사용하도록 미리 만든 함수를 모아 놓은 것을 (   )라 부른다.

48 라이브러리에서 서로 관련 있는 함수를 파일에 모아 놓은 것을 (   )이라 부른다.

49 헤더파일의 확장자는 (   )이다.

50 printf()와 같이 입출력 관련 라이브러리를 모아 놓은 헤더파일의 이름은 (   )이다.

51 제곱근과 같이 수학 관련 라이브러리를 모아 놓은 헤더파일의 이름은 (   )이다.

52 입력이나 출력이 없음을 나타내는 키워드는 (   )이다.

53 printf()에서 화면에 출력되지 않지만 출력의 문자를 조절하는 문자를 (   )라 부른다.

54 printf()에서 엔터(Enter)에 해당하는 문자는 (   )이다.

55 printf()에서 탭(Tab)에 해당하는 문자는 (   )이다.

56 역슬래시(\)는 한글 표준 자판에서 (   )로 변경되었다.

57 1, 2, 3과 같이 셀 수 있는 자료형을 담는 변수형의 키워드는 (   )이다.

58 1.4, 2.89와 같이 실수를 담는 변수형의 키워드는 (   )이다

59 a, b와 같이 문자를 담는 변수형의 키워드는 (   )이다.

60 C언어에서 대입 연산자는 (   )이다.

61 C언어에서 수학의 같다는 의미의 연산자는 (   )이다.

62 C언어에서 나열 연산자는 (   )이다.

63 printf()에서 정수의 서식문자는 (   )이다.

64 printf()에서 실수의 서식문자는 (   )이다.

65 printf()에서 문자 한 개의 서식문자는 (   )이다.

66 곱셈 연산자는 (   )이다.

67 나눗셈 연산자는 (   )이다.

[코드 문제]

라이브러리

68 다음 C기본코드에서 1번 줄에 들어가야 할 코드를 정확히 쓰시오.

```
01
02
03 int main()
04 {
05    printf("Hello World");
06
07    return 0;
08 }
```

69 다음과 같이 출력되도록 코드를 만드시오.(단, printf()는 한 번만 사용해야 한다.)

제어문자 \n

```
****
*  *
*  *
****
```

70 다음과 같이 출력되도록 코드를 만드시오.(단, printf()는 한 번만 사용해야 하며 탭(Tab)에 해당하는 제어문자를 사용해야 한다.)

제어문자 \t

```
        12
48
        32
```

71 다음과 같이 출력되도록 5번 줄 printf()의 큰따옴표("") 안을 채우시오.

서식문자

```
01  #include <stdio.h>
02
03  int main()
04  {
05      printf("                    ", 14, 3.14);
06
07      return 0;
08  }
```

실행 화면

```
14 3.140000
```

72 다음과 같이 출력되도록 5번 줄을 문법에 맞게 채우시오.

변수 선언과 초기화

```
01  #include <stdio.h>
02
03  int main()
04  {
05
06
07      printf("%d", age + 3);
08
09      return 0;
10  }
```

실행 화면

```
13
```

정수형 변수 선언

73 다음은 7을 4로 나눈 값을 출력하는 코드이다. 실행 화면과 같이 출력되도록 5번 줄을 문법에 맞게 채우시오.

```
01  #include <stdio.h>
02
03  int main()
04  {
05      
06
07      printf("나눗셈 = %f\n", num3);
08
09      return 0;
10  }
```

실행 화면

```
나눗셈 = 1.750000
```

라이브러리 선언

74 다음과 같이 출력되도록 2번 줄을 문법에 맞게 채우시오.

```
01  #include <stdio.h>
01  
02
03  int main()
04  {
05      float num1;
06
07      num1 = sqrt(7);
08      printf("루트 %d = %f\n", 7, num1);
09
10      return 0;
11  }
```

실행 화면

```
루트 7 = 2.645751
```

CHAPTER

04

자료형과 특징

학습목차

4.1 자료형별 특징

1 정수형의 특징

필수

자료형마다 다른 크기

정수(int), 실수(float), 문자(char) 3종류의 자료형은 각각 데이터를 보관하고 처리하는 방식 다르기 때문에 특징을 이해한 후 사용해야 한다. 정수형 변수의 특징부터 살펴보자.

그림 4-1
만수르가 용돈 300억을 천수르에게 주다

세계적인 부자 만수르가 아들 천수르에게 용돈 300억을 주는 코드를 만들어 보자. 정수형(int) 변수 money에 300억을 넣은 후, 화면에 출력하는 코드가 [예제 4-1]이다.

[예제 4-1]
만수르 용돈 코드(정수형)
401E_mansur.c
오류 발생

```c
#include <stdio.h>

int main()
{
    int money = 30000000000;                    // 300억, 0이 10개

    printf("chunsur = %d\n", money);            // %d는 int 서식문자

    return 0;
}
```

실행 화면

```
chunsur = -64771072
```

실행 결과 300억은 사라지고, -64771072가 화면에 출력된다. 결과만 본다면, 천수르는 약 6천4백만을 빚지고 있는 셈이다.

변수는 데이터를 저장하는 상자이다. 천수르가 빚지게 된 이유는 정수(int)가 저장할 수

있는 데이터보다 더 큰 데이터를 넣었기 때문에 상자가 넘친 것이다. 이를 오버플로우 overflow 라 부른다.

그림 4-2
정수형마다 저장할 수 있는 숫자의 크기가 다르다

int의 경우, 저장할 수 있는 데이터의 크기가 정해져 있다. 만약 더 큰 수를 사용하고 싶다면, long이나 long long을 사용해야 한다.

[예제 4-2]는 앞의 [예제 4-1]에서 int를 가장 큰 상자인 long long으로 바꾼 것이다. 7번 줄의 서식문자에 주의하자. printf()에서 int의 서식문자는 **%d**이다. long의 경우, 서식문자 **%ld**를, long long의 경우, **%lld**를 사용한다.

[예제 4-2]
만수르 용돈 코드
402N_mansur.c
오류 수정

```
01 #include <stdio.h>
02 
03 int main()
04 {
05     long long money = 30000000000;
06 
07     printf("chunsur = %lld\n", money);
08 
09     return 0;
10 }
```

실행 화면

```
chunsur = 30000000000
```

long long을 사용하면 300억이 제대로 출력되는 것을 확인할 수 있다. 반대로 작은 상자를 사용하고 싶다면 int 대신 short 혹은 short int를 사용하면 된다. **정수(int)는 상자의 크기에 따라 저장할 수 있는 숫자의 크기가 제한된다.**

2 실수형의 특징

필수

자료형마다 다른 정밀도

정수(int)와 실수(float)의 차이점을 생각해 보자. 정수는 1, 2, 3과 같이 정확한 수이지만, 실수는 근접한 수이다. 예를 들어 원주율은 3.14159265358979323846264338327 9...로 무한히 반복하는 수이다. 원의 지름이나 둘레를 계산할 때에는 원주율 근삿값인 3.14를 사용한다. 3.14를 사용하여 계산된 값은 정확한 값이 아니라 근삿값이다. 원주율을 3.14로 사용하느냐 혹은 3.14159265358979323846264338327 9로 사용하느냐에 따라 결과의 정밀도가 달라진다.

실수의 특징을 살펴보기 위해 다음 [예제 4-3]을 실행해 보자. 이 코드는 실수 0.123456789를 출력하는 코드이다. 5번 줄에서 float 변수 fnum을 선언하고, 0.123456789로 초기화한다.

[예제 4-3]
실수형 변수 출력 코드

403E_float1.c

오류 발생

```
01  #include <stdio.h>
02
03  int main()
04  {
05      float fnum = 0.123456789;
06
07      printf("float = %f\n", fnum);          // %f 소수점 이하 6자리 출력
08      printf("float = %.9f\n", fnum);        // .9 소수점 이하 9자리 출력
09
10      return 0;
11  }
```

실행 화면

```
float = 0.123457
float = 0.123456791
```

7번 줄에서 실수형 변수 fnum을 출력할 때, 실수 서식문자 %f를 사용하였다. %f는 기본적으로 소수점 이하 6자리까지 출력한다. 그래서 소수점 이하 7번째 자리에서 반올림되기 때문에 실행 결과는 0.123457이 된다.

8번 줄에서는 fnum을 소수점 이하 9자리까지 출력한다. 소수점 이하 9자리까지 출력하라는 의미로 %f에 .9가 추가되어 %.9f가 되었다. 출력 결과를 보면, 원래의 값 0.123456789가 아닌 0.123456791이 출력된다. 소수점 이하 8번째 자리부터 부정확한 값이 저장되어 있다.

float는 소수점 이하 7자리까지만 정확하게 저장할 수 있는 정밀도를 가진다. 실수를 사용할 때, 더 높은 정밀도가 필요하다면 큰 상자를 사용해야 한다. float보다 높은 정밀도를 가진 실수형이 double이다. 서식문자는 %f와 %lf(long float) 둘 다 사용할 수 있다. 더블이라는 이름 그대로 2배 정밀도 실수라 불린다.

그림 4-3
실수형은 크기에 따라 정밀도가 다르다

[예제 4-4]는 double을 사용하여 fnum 값을 출력하는 코드이다. 5번 줄에서 실수형 변수 fnum을 선언하고 초기화한 후, 7번 줄에서 출력한다. 소수점 이하 9자리를 출력하기 위하여 %.9lf를 사용한다.

[예제 4-4]
실수형 변수 출력 코드
404N_float1.c
오류 수정

```
01  #include <stdio.h>
02
03  int main()
04  {
05      double fnum = 0.123456789;
06
07      printf("double = %.9lf\n", fnum);        // %.9lf 소수점 이하 9자리 출력
08
09      return 0;
10  }
```

실행 화면

```
double = 0.123456789
```

실행 결과를 보면, 0.123456789가 그대로 출력되는 것을 확인할 수 있다. 따라서 **float보다 더 큰 실수형인 double을 사용하면 정밀도를 높일 수 있다.**

3 문자형의 특징

필수

아스키 코드의 정수 값으로 저장

컴퓨터는 기본적으로 숫자만 다룬다. 따라서 문자형(char) 변수에 문자를 저장하면 숫자로 바꾸어 저장한다. 출력할 때에는 char 변수에 저장된 숫자를 문자로 바꾸어 화면에 출력한다.

숫자와 문자의 변환을 위해서 숫자와 문자가 하나씩 대응되는 표를 가지고 있다. 이것이 **아스키** ASCII: American Standard Code for Information Interchange 코드이다. 아스키 코드는 0에서 126까지의 정수마다 대응하는 문자를 가진 코드이다. 예를 들어 아스키 코드 65는 대문자 A, 아스키 코드 97은 소문자 a이다. 따라서 문자 A가 char 변수에 저장될 때, A의 아스키 코드 값인 65가 저장된다. 사용할 때에는 숫자 65를 문자 A로 바꾸어 사용한다.

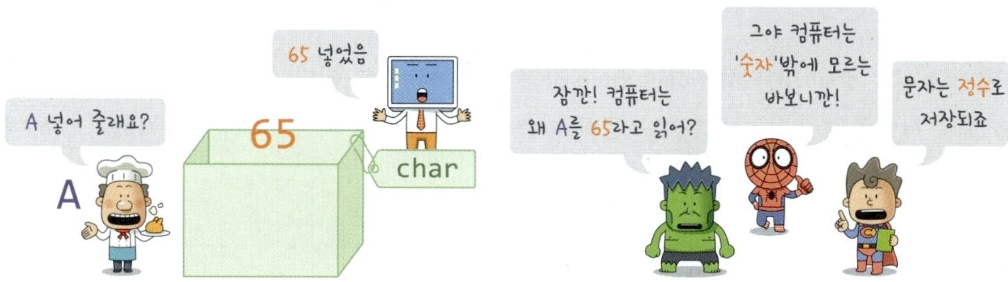

그림 4-4
문자는 정수로 저장된다

[예제 4-5]는 char 변수에 문자가 어떤 형태로 저장되는지를 확인하는 코드이다. 5번 줄에서 문자형 변수 alp를 선언하고 문자 A로 초기화했다. C언어에서 **문자 한 개는 작은따옴표('')를 사용**해야 한다.

[예제 4-5]
문자형 아스키 코드 값 보기 코드
405_char1.c

```c
01  #include <stdio.h>
02
03  int main()
04  {
05      char alp = 'A';                       // 문자 한 개 작은따옴표 '' 사용
06
07      printf("char = %c\n", alp);           // A 문자 출력
08      printf("ASCII = %d\n", alp);          // A의 아스키 코드 값 출력
09
10      return 0;
11  }
```

실행 화면

```
char = A
ASCII = 65
```

7번 줄에서 문자형 서식문자는 %c를 사용하여, char 변수 alp에 들어 있는 문자를 출력한다. 실행 결과 A가 출력된다. 8번 줄에서 alp에 들어 있는 문자의 아스키 코드 값을 출력한다. 아스키 코드는 정수이기 때문에 서식문자 %d를 사용한다. 실행 결과를 보면, A의 아스키 코드 값인 65가 출력된다. 따라서 char 변수에는 문자의 아스키 코드 값이 저장된다는 것을 확인할 수 있다.

정수형(int)뿐 아니라 char 변수에 들어 있는 값을 정수 decimal 형태로 출력할 때에도 %d가 사용된다. 그래서 정수(int)의 서식문자는 %i가 아닌 %d이다.

중요

정수형(int)은 크기에 따라 저장할 수 있는 수의 크기가 제한되며, 실수형(float)은 크기에 따라 정밀도가 달라진다. 문자형(char)은 아스키 코드의 정수 값 형태로 저장된다.

4 변수 초기화

변수 초기화가 필요한 이유

선언된 변수에 값을 대입하는 것을 초기화라 했다. 초기화를 하는 이유가 있다. 변수를 선언하면 변수 안에는 쓰레기 값이 들어 있기 때문이다. 쓰레기 garbage 값이란 메모리에 남아 있는 찌꺼기이다. 변수를 선언한 후, 변수에 남아 있는 찌꺼기를 알아서 처리해야 한다.

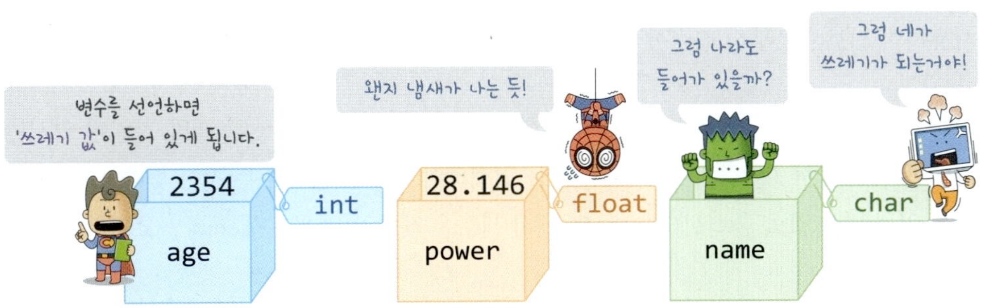

그림 4-5
변수를 선언하면 쓰레기 값이 들어 있다

[예제 4-6]은 변수를 선언한 후, 초기화하지 않고 출력하는 코드이다. [예제 4-6]을 컴파일하면, "초기화되지 않은 변수를 사용했습니다."라는 오류가 발생하면서 실행되지 않는다.

[예제 4-6]
초기화하지 않고 출력하는 코드

406E_init.c

오류 발생

```
#include <stdio.h>

int main()
{
   int inum;

   printf("%d", inum);                    // 오류-초기화되지 않은 inum 사용

   return 0;
}
```

오류 목록

	코드	설명	프로젝트 ▲	파일	줄
⊗	C4700	초기화되지 않은 'inum' 지역 변수를 사용했습니다.	chap_4	406_error.c	7

변수를 초기화하는 방법은 간단하다. 변수를 선언할 때 값을 대입하거나, 변수를 선언한 후 사용하기 직전까지 값을 대입하면 된다.

5 입력 함수 scanf() 필수

scanf()로 하나의 값 입력 받기

printf()는 화면에 문자를 출력하는 함수이고, scanf()는 키보드로부터 입력을 받는 함수이다. 둘 다 stdio.h 헤더파일에 있다.

printf()에서 정수는 %d, 실수는 %f, 문자는 %c와 같은 서식문자를 사용하여 출력한다. scanf()도 같은 서식문자를 사용하여 키보드로부터 입력을 받는다. [예제 4-7]은 scanf()를 사용하여 키보드로부터 정수를 입력 받아 출력하는 코드이다.

7번 줄은 화면에 "정수 입력: "을 출력을 한다. scanf()만 사용할 경우, 까만 화면에 커서만 깜박인다. 그래서 7번 줄과 같이 어떤 값을 입력해야 하는지 알려주는 것이 좋다. 10번 줄에서는 입력 받은 값을 출력한다. scanf()에서 새로운 값을 받기 때문에, num을 초기화하지 않고 사용해도 된다.

[예제 4-7]
간단한 입력 코드
407_scanf1.c

```
01  #include <stdio.h>
02
03  int main()
04  {
05     int num;
06
07     printf("정수 입력: ");
08     scanf("%d", &num);            // scanf()에서는 변수 앞에 열쇠(&)를 붙임
09
10     printf("결과: %d\n", num);
11
12     return 0;
13  }
```

실행 화면

```
정수 입력: 7  ←── 키보드에서 7 입력
결과: 7
```

8번 줄에서 scanf()를 사용하여 키보드로부터 입력 받은 값을 정수형 변수 num에 넣는다. printf()와 비교하여 scanf()는 큰 차이점이 있다. scanf()를 사용할 때에는 변수 앞에 &를 붙여야 한다.

그림 4-6
scanf() 사용 시, 변수 앞에 열쇠(&)를 붙인다.

변수의 값을 출력하는 printf()는 변수의 값을 변경하지 않는다. 그러나 scanf()는 키보드로부터 입력 받은 값을 변수에 집어넣기 때문에 변수에 어떤 값이 들어있든 새로운 값으로 변경된다. 따라서 scanf()를 사용할 때, 변수의 값을 변경해도 좋다는 권리를 함께 주어야 한다. 다시 말해, scanf()에게 변수를 변경해도 좋다는 뜻으로 열쇠(&)를 같이 주어야 한다. 그래서 **scanf()를 사용할 때에는 변수 앞에 열쇠(&)를 붙인다.**

하이퍼 링크 &는 주소 변환 연산자라는 지금은 설명하기 힘든 이름이 있으며, 의미와 사용 방법은 10장 포인터에서 자세히 설명한다. 열쇠든 돌쇠든 이름은 중요하지 않다. 10장 전까지는 변수의 값을 변경할 수 있는 열쇠(&) 정도로만 이해하면 된다.

scanf()로 여러 개의 값 입력 받기

scanf()에서 여러 개의 값을 입력 받을 때에는 각각을 공백(Spacebar) 혹은 엔터(Enter)로 구분한다. scanf()에서는 공백 혹은 엔터가 입력값들을 구분하기 때문에 \n과 같은 제어 문자를 사용하지 않는다.

[예제 4-8]
복수 입력 코드
408_scanf2.c

```
01 #include <stdio.h>
02
03 int main()
04 {
05     int inum;
06     float fnum;
07
08     printf("정수와 실수 입력: ");
09     scanf("%d %f", &inum, &fnum);  // scanf()에서는 변수 앞에 열쇠(&)를 붙임
10
11     printf("결과: %d %f\n", inum, fnum);
12     return 0;
13 }
```

실행 화면

```
정수와 실수 입력: 12 20.4 ◀──── 공백 Spacebar 으로 두 개 숫자 구분
결과: 12 20.400000
```

또 다른 실행 화면

```
정수와 실수 입력: 12 ◀──── 12 입력 후 엔터 Enter
20.4 ◀──── 20.4 입력 후 엔터 Enter
결과: 12 20.400000
```

[예제 4-8]은 scanf() 함수를 이용하여 정수와 실수를 입력 받는 코드이다. 5번 줄에서 정수형 변수 inum을 선언하고, 6번 줄에서 실수형 변수 fnum을 선언한다. 9번 줄 scanf()에서 &inum과 &fnum의 값을 입력 받는다. 이때, 변수의 값을 바꿀 수 있도록 변수 앞에 열쇠(&)를 붙여야 한다. 정수형 변수 inum은 서식문자 %d를 사용하여 입력 받고, 실수형 변수 fnum은 서식문자 %f를 사용하여 입력 받는다.

중요

scanf() 함수를 사용할 때에는 변수 앞에 열쇠(&)를 붙여야 하며, 서식문자를 사용하여 입력 받는다. 제어문자는 사용하지 않으며 공백과 엔터로 입력값을 구분한다.

실행 화면에서 입력할 때 12와 20.4 사이에 공백을 넣어 구분하였다. 또 다른 실행 화면에서 12를 입력한 후 엔터를 입력하고 20.4를 입력한 후 엔터를 입력해도 같은 결과를 얻는다. 9번 줄에서 %d와 %f 사이를 한 칸 띄었으나 다음과 같이 붙여서 사용해도 결과는 같다.

```
09    scanf("%d%f", &inum, &fnum);
```

6 비주얼 스튜디오에서 scanf() 사용

오류 해결하기

유닉스에서는 scanf()를 사용하는데 문제가 없다. 그러나 비주얼 스튜디오에서 scanf()를 사용하면, 다음과 같은 오류가 발생한다. 오류의 내용은 scanf()가 안전하지 않기 때문에 scanf_s()를 사용하라는 의미이다.

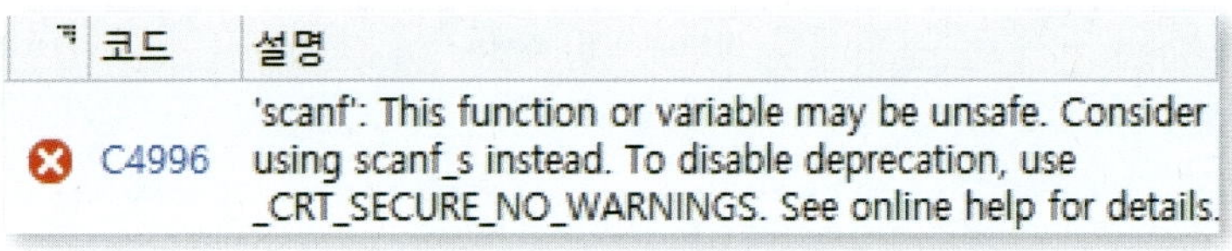

그림 4-7
비주얼 스튜디오에서 scanf() 사용 시 발생하는 오류 메시지

이를 해결하는 방법은 여러 가지가 있다. 우선 scanf_s()를 사용하는 것이다. 그러나 scanf_s()는 유닉스에서 사용할 수 없기 때문에 권장하지 않는다.

두 번째 해결 방법은 코드의 첫 줄에 다음과 같은 코드를 삽입하는 것이다. scanf() 오류는 무시하겠다는 의미의 코드이다.

```
#define _CRT_SECURE_NO_WARNINGS
```

마지막 방법은 해당 오류를 무시하도록 속성을 바꾸는 것이다. 비주얼 스튜디오의 오른편 [솔루션 탐색기]에서 C코드 이름에 마우스를 올려놓고, 오른쪽 버튼을 누르면 그림과 같은 창이 나타난다. 맨 하단의 [속성]을 누르면 [속성 페이지]가 나타난다.

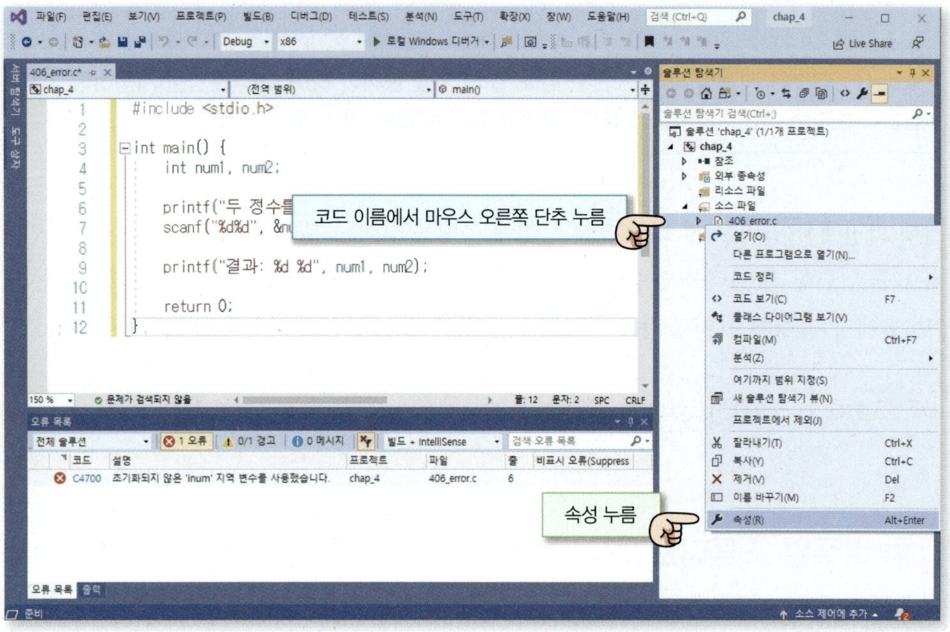

그림 4-8
코드의 속성 화면

속성 페이지에서 [C/C++]를 누르면 그림과 같은 화면을 볼 수 있다. [SDL 검사]를 '예 / SDL'에서 '아니요(/sdl-)'로 바꾼다. 이 책에서는 'SDL 검사 - 아니요' 방식을 권장한다.

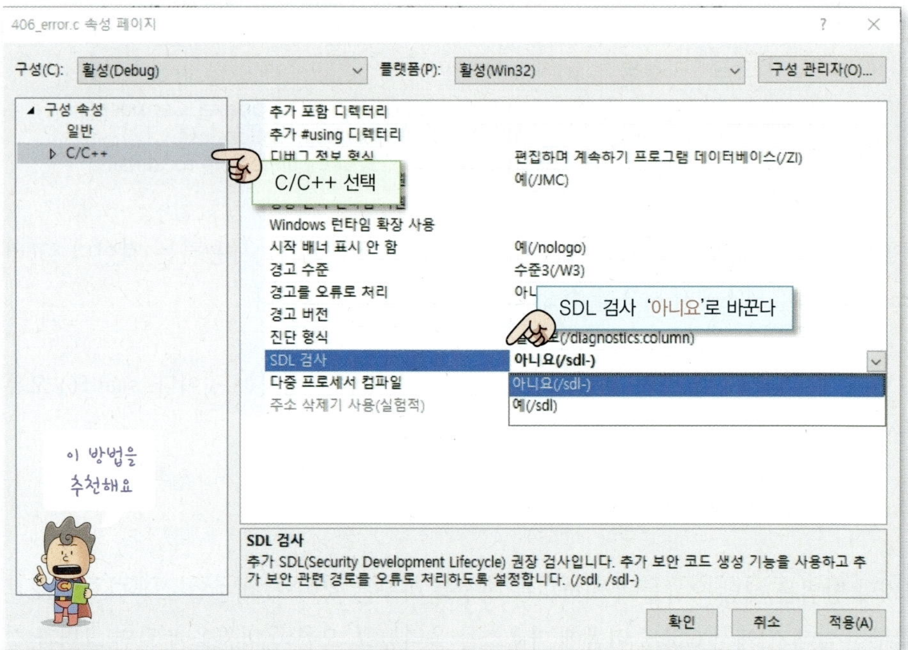

그림 4-9
SDL 검사-아니요로 변경

4.2 정수형

1 다양한 정수형 변수

양수와 음수 저장, 양수만 저장

정수형 변수는 상자의 크기에 따라 저장할 수 있는 최대 숫자가 제한된다. 여기서 상자의 크기란 정수형 변수가 사용하는 메모리의 크기를 의미한다.

2장에서 32비트 운영체제(OS)는 다룰 수 있는 최대 데이터의 크기가 32비트(4바이트)이고 64비트(8바이트) 운영체제는 다룰 수 있는 최대 데이터의 크기가 64비트라고 설명했다. 따라서 32비트 운영체제에서는 사용할 수 있는 정수의 최대 크기는 32비트이고, 64비트 운영체제에서는 사용할 수 있는 정수의 최대 크기는 64비트가 된다.

그림 4-10
32비트와 64비트 정수의 최대 크기

8비트(1바이트)가 표현할 수 있는 수는 2^8 임으로 256이다. 8비트에 정수를 저장하면 0부터 시작하기 때문에 최대 255까지 가능하다. 16비트(2^{16})는 0부터 65,535까지, 32비트(2^{32})는 0부터 4,294,967,295까지, 64비트(2^{64})는 0부터 18,446,744,073,709,551,615까지 저장할 수 있다. 숫자가 너무 크기 때문에 32비트는 42억, 64비트는 1844경이라 부르겠다.

양수와 음수를 같이 사용해야 하는 경우, 저장 가능한 정수의 최대 크기는 절반으로 줄어든다. 저장 공간의 반은 양수에 사용하고 반은 음수에 사용해야 하기 때문이다. 32비트의 경우, 양수만 저장할 때는 0에서 42억이지만, 양수와 음수를 모두 저장해야 하는 경우, -21억에서 +21억까지 저장할 수 있다.

그림 4-11
32비트에서 양수와 음수의 크기

정수형에서 short, int, long은 양수와 음수를 모두 사용할 수 있다. long보다 더 큰 정수형으로 long long이 있다.

양수만 사용하는 경우, 정수형 앞에 unsigned를 붙이면 된다. 따라서 unsigned short, unsigned int, unsigned long, unsigned long long은 양수만 사용할 수 있는 정수형이며, 일반 정수형보다 2배 더 큰 수를 저장할 수 있다.

여기서 잠깐 참고로 short은 short int, long은 long int, long long은 long long int의 줄임말이다. 둘 다 사용할 수 있다.

정수형의 크기 확인하기

[예제 4-9]는 변수의 메모리 크기를 확인하는 코드이다. 자료형의 크기를 알고 싶을 때에는 sizeof를 사용한다. sizeof는 괄호 () 안에 자료형을 넣으면 크기를 알려준다. 괄호 ()가 있어 함수처럼 보이지만, sizeof는 키워드이다. sizeof의 결과값은 long으로 받기 때문에 서식문자는 %ld이다.

[예제 4-9]
정수 크기 확인 코드
409_int_size.c

```
#include <stdio.h>

int main()
{
    printf("short: %ld\n", sizeof(short));        // sizeof 서식문자 %ld
    printf("int: %ld\n", sizeof(int));
    printf("long: %ld\n", sizeof(long));
    printf("long long: %ld\n", sizeof(long long));

    return 0;
}
```

비주얼 스튜디오 실행 화면

```
short: 2
int: 4
long: 4
long long: 8
```

← 비주얼 스튜디오의 경우 int와 long의 크기가 같다

유닉스 실행 화면

```
short: 2
int: 4
long: 8
long long: 8
```

← 유닉스의 경우 long의 더 크다

5번 줄에서 short의 크기를, 6번 줄에서 int의 크기를, 7번 줄에서 long의 크기를, 8번 줄에서 long long의 크기를 출력한다. 비주얼 스튜디오의 결과는 보면 short는 2바이트, int는 4바이트, long은 4바이트, long long은 8바이트 크기를 사용한다는 것을 알 수 있다. unsigned가 붙어도 변수의 크기는 변함이 없다.

int와 long의 크기

비주얼 스튜디오의 경우 int와 long의 크기가 같다. 과거 32비트 운영체제에서 돌아가는 프로그램의 호환성을 유지하기 위해 long의 크기를 32비트로 고정시켰다. 그러나 같은 코드를 유닉스에서 실행하면 long의 크기는 64비트(8바이트)인 것을 알 수 있다. 지금까지 설명한 내용을 정리하면 [그림 4-12]와 같다.

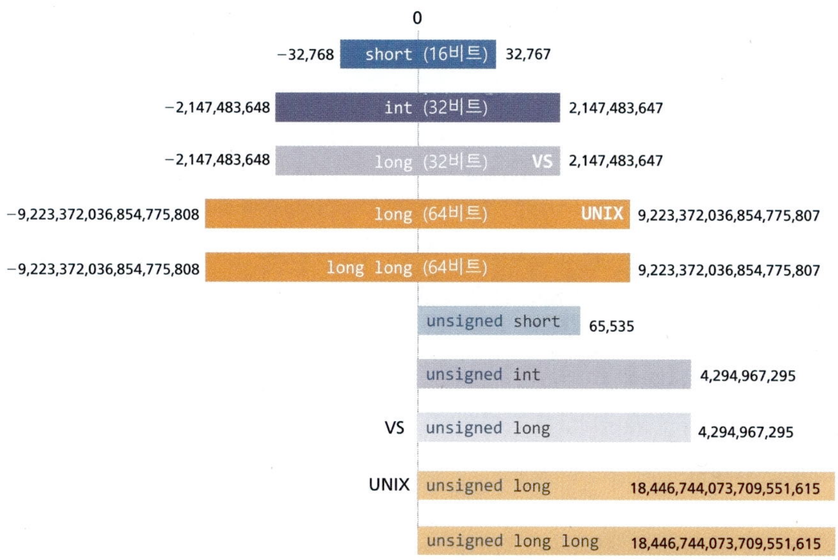

그림 4-12
정수형 자료형의 종류와 크기

크기가 ±32,767보다 작은 수를 사용하는 경우 short을 사용하고, 약 ±21억보다 작은 수를 사용하는 경우 int를 사용하면 된다. ±21억보다 더 큰 수를 사용하는 경우에는 윈도우즈에서는 long long을 사용하고, 유닉스에서는 long을 사용하면 된다. 양수만 사용하는 경우에는 자료형 앞에 unsigned를 붙이면 2배 더 큰 정수를 사용할 수 있다.

참고

C언어가 만들어질 초장기에는 8비트 CPU가 대부분이었으며, 그 때에는 int의 크기가 8비트였다. 16비트, 32비트, 64비트 CPU가 개발되면서, 정수형 변수의 크기도 같이 커졌다. 윈도우즈의 경우, long의 크기를 크게 만들면 과거 32비트 CPU에서 작동하는 프로그램에 문제가 생기기 때문에 long의 크기를 32비트로 고정시켰다. 대신 32비트 정수는 _int32, 64비트 정수는 _int64 자료형을 새로 만들었다.

2 정수형의 서식문자

정수형의 서식문자와 크기

정수형 변수는 int 외에도 short, long, long long이 있다. 앞에 unsigned를 붙이면 정수형 변수는 8종류이다. 정수형마다 서식문자가 다르다. 다음 표는 정수형의 서식문자를 요약한 것이다.

표 4-1 정수 자료형의 서식문자와 크기

자료형		서식문자	크기
양수와 음수	short	%d	16비트
	int	%d	32비트
	long	%ld	32비트(VS), 64비트(UNIX)
	long long	%lld	64비트
양수만 (unsigned)	unsigned short	%u	16비트
	unsigned int	%u	32비트
	unsigned long	%lu	32비트
	unsigned long long	%llu	64비트

양수와 음수를 모두 사용할 수 있는 int의 경우 서식문자는 %d이다. short도 %d를 쓴다. 여기에 long이 하나 붙을 때마다 l을 하나씩 추가하면 된다. long은 %ld, long long은 %lld이다.

양수만 사용하는 unsigned int의 경우 서식문자는 %u이다. unsigned short도 %u를 쓴다. 여기에 long이 하나 붙을 때마다 l을 하나씩 추가하면 된다. unsigned long은 %lu, unsigned long long은 %llu이다.

앞서 sizeof를 사용할 때 서식문자 %ld를 사용했었다. 음수 크기는 없기 때문에 sizeof의 결과값을 받을 때 unsigned long을 사용할 수도 있다. 따라서 서식문자 %lu도 가능하다.

메모 unsigned 정수형 변수에 음수를 넣은 후 출력하는 코드를 만들어 실행시켜 보고 어떤 결과가 나오는지 확인해 보자.

오른쪽 정렬로 출력하기

정수를 출력할 때에는 기본적으로 왼쪽 정렬이다. 크기가 다른 정수를 왼쪽으로 정렬하면 읽기 어렵다. printf()에서 오른쪽 정렬을 할 수 있는 방법이 있다. %와 서식문자 사이에 길이를 지정하면, 지정한 만큼의 공간을 확보한 후 오른쪽 정렬이 된다. 예를 들어 %10d의 경우, 10칸을 만들고 10칸 안에서 숫자를 오른쪽으로 정렬시킨다. 서식문자에서 출력 길이는 아래와 같이 사용한다.

printf() 출력 길이

```
printf(" %10d ", var);
           ↑
       (출력 길이)
```

스마트폰을 사러 매장에 들렀다. 한 달에 55,000원을 2년간 내면 최신 폰이 공짜라고 한다. [예제 4-10]은 2년 동안 지불해야 하는 총 금액이 얼마인지 계산하는 코드이다. 5번 줄에서 매달 내는 돈 pay와 기간을 나타내는 period를 선언하고 각각 55000과 24로 초기화했다. 6번 줄에서 전체 금액을 저장할 total 변수를 long으로 선언했다. 8번 줄에서 pay와 period를 곱하여 total에 대입시켰다.

[예제 4-10]
정수 우측 정렬 코드
410_int2.c

```
01  #include <stdio.h>
02
03  int main()
04  {
05     int pay = 55000, period = 24;         // 변수 선언과 동시에 값 입력
06     long total;
07
08     total = pay * period;                 // *는 곱셈 연산자
09
10     printf("기간 = %d\n", period);         // 기본 왼쪽 정렬
11     printf("매달 = %10d\n", pay);          // %10d는 10칸 출력, 오른쪽 정렬
12     printf("총합 = %10ld\n", total);       // %ld는 long decimal
13
14     return 0;
15  }
```

실행 화면

```
기간 = 24
매달 =      55000
총합 =    1320000
```

10번 줄에서 period를 서식문자 %d를 사용하여 출력하면 화면에 24가 출력된다. 기본적으로 왼쪽 정렬이다. 11번과 12번 줄에서는 서식문자에 출력 길이 10을 추가하여 오른쪽 정렬로 출력한다. 11번 줄에서 int 변수 pay를 %10d로 출력하고, 12번 줄에서 long 변수 total을 %10ld로 출력한다. 55000과 1320000이 10칸 안에서 오른쪽 정렬로 출력되는 것을 확인할 수 있다. 출력 길이를 사용하면 오른쪽 정렬이 되어 숫자를 읽기가 편해진다.

메모 출력되는 숫자의 전체 길이보다 작은 출력 길이를 지정하는 경우 어떻게 되는지 직접 확인해 보자.

3 정수의 저장 방식

심화

1의 보수와 2의 보수

컴퓨터가 10진수를 2진수로 어떻게 변환하여 저장하는지 살펴보자. [그림 4-13]의 왼쪽은 10진수 `0`에서 `7`까지를 2진수로 변환한 것이다.

정수에는 양수뿐 아니라 음수도 있다. `4`와 `-4`는 `0`을 기준으로 서로 반대편에 있는 값이다. 따라서 이진수를 음수로 만들 때에는 반대로 해주면 된다. 다시 말해 모든 2진수의 `0`과 `1`을 바꿔주면 음수 값이 된다. `2`의 이진수인 0010_2의 `0`을 `1`로, `1`을 `0`으로 바꾸면 1101_2이 되고 이것이 `-2`이다.

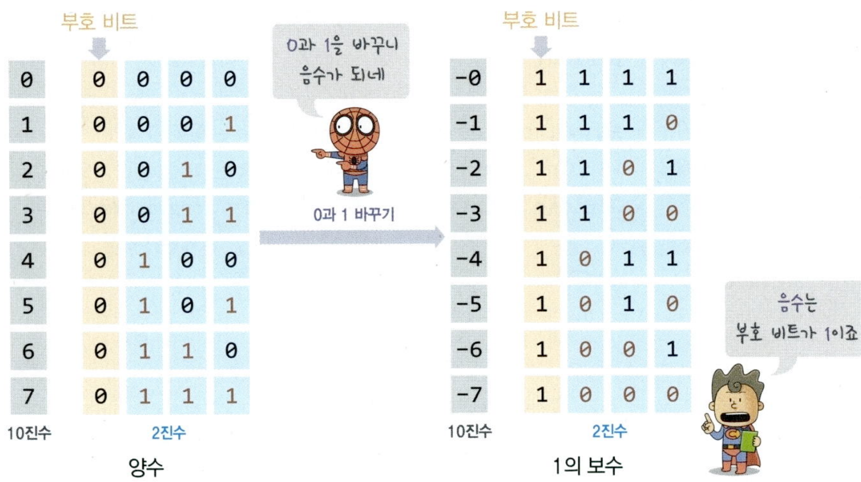

그림 4-13
1의 보수

10진수 양수를 음수로 바꾼 것이 오른쪽 그림이며, 이를 1의 보수 one's complement 라 부른다. 양수와 음수를 비교해보면 2진수 맨 앞의 비트가 부호를 나타낸다. 맨 앞의 비트가 `0`이면 양수, 맨 앞의 비트가 `1`이면 음수를 의미한다.

1의 보수는 `0`이 `+0`과 `-0`으로 두 개가 되는 문제가 있다. `0`의 2진수 `0000`을 `1111`로 바꾼 것이 `-0`으로 표시되어 있는데, `-0`은 필요 없는 수이다.

그림 4-14
2의 보수

필요 없는 -0을 없애기 위해 1의 보수에 1을 더하여 음수를 만드는데 이를 **2의 보수** two's complement 라 부른다. 1의 보수와 2의 보수를 비교해 보면, -0을 없애고 그 밑의 음수가 한 칸씩 올라오면 2의 보수가 된다. 예를 들어 1의 보수에서 -1은 1110_2이지만 2의 보수에서는 여기에 1을 더한 1111_2이 -1이 된다.

-0을 없애고 음수를 한 칸씩 밀어 올렸기 때문에, 2의 보수 방식에서는 음수가 양수보다 한 개 더 많다. 4비트가 표현할 수 있는 정수 값은 −8에서 7까지이다. 그래서 32비트 int가 가질 수 있는 정수 값의 범위는 −2,147,485,648에서 2,147,485,647까지가 된다.

그림 4-15
unsigned 정수

2의 보수에서는 맨 앞의 비트가 부호를 의미한다. 음수를 사용하지 않으면 양수를 두 배 더 사용할 수 있다. 이러한 목적으로 만들어진 것이 unsigned이다. unsigned는 모든 숫자가 양수라고 생각하고 만든 변수이다. 위 그림은 unsigned 정수의 2진 표현 방식을 나타낸다.

오버플로우와 언더플로우

앞의 만수르 용돈 코드에서 int에 300억을 넣었으나 −6천4백만이 출력되었다. 이를 오버플로우라 부른다. **오버플로우** overflow 란 변수가 저장할 수 있는 값보다 더 큰 수를 저장할 때 발생한다.

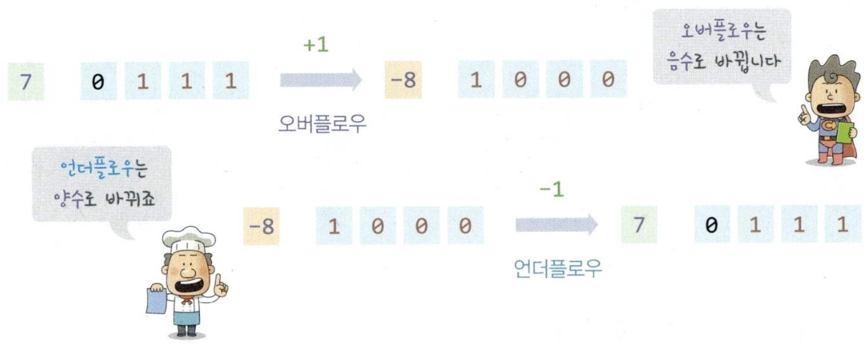

그림 4-16
오버플로우와 언더플로우

4비트 2진수가 저장할 수 있는 가장 큰 값은 7이다. 8을 넣으면 어떻게 될까? 10진수 8은 7(0111_2)에 1을 더하면 된다. 0111_2에 1을 더해 1000_2이 되며, 이 값은 2의 보수에서 -8이다. 따라서 오버플로우가 발생하면 음수가 된다.

반대로 -9를 넣으면(언더플로우), -8의 2진수 1000_2에서 −1을 하면 되고, 그 값은 0111_2이다. 0111_2는 10진수로 7이 된다. 따라서 언더플로우가 발생하면 양수가 된다.

[예제 4-11]은 short을 사용하여 오버플로우와 언더플로우가 어떤 값으로 바뀌는지 확인하는 코드이다. 5번 줄에서 over 변수를 short이 가질 수 있는 최댓값인 32767보다 하나 큰 32768로 초기화한다. under 변수는 최솟값보다 하나 작은 -32769로 초기화한다.

[예제 4-11]
오버플로우와 언더플로우 코드
411_overflow.c

```
#include <stdio.h>

int main()
{
   short over = 32768, under = -32769;      // 변수 선언과 동시에 값 입력

   printf(" 32768 => %8d\n", over);         // 기본 왼쪽 정렬
   printf("-32769 => %8d\n", under);        // %8d: 8칸 출력, 오른쪽 정렬

   return 0;
}
```

실행 화면

```
 32768 =>   -32768
-32769 =>    32767
```

실행 결과를 보면, 32768은 음수 -32768로 바뀐다. 또한 -32769는 양수 32767로 바뀐다. 오버플로우는 양수로, 언더플로우는 음수로 바뀌는 것을 알 수 있다.

4.3 실수형

1 다양한 실수형 변수

실수형 변수 사용 시 주의할 점

실수형 변수는 사용하는 메모리의 크기에 따라 정밀도가 달라진다. 실수는 정밀도에 따라 float, double, long double로 나뉜다.

실수를 사용할 때 주의해야 할 것이 있다. 실수 10진수를 실수 2진수로 변환할 때 오차가 발생한다. 실수형의 오차는 C언어뿐 아니라 모든 언어에서 발생하는 문제이다. 이 오차를 줄이기 위해서는 정밀도가 높은 실수형을 사용해야 한다.

[예제 4-12]는 만수르 용돈 코드를 실수 형태로 바꾼 것이다. 5번 줄에서 float 변수 money1을 선언하고 300억으로 초기화한다. 6번 줄에서 double 변수 money2를 선언하고 300억으로 초기화한다.

[예제 4-12]
만수르 용돈 코드(실수형)
412_mansur2.c

```
01  #include <stdio.h>
02
03  int main()
04  {
05      float money1 = 30000000000;
06      double money2 = 30000000000;
07
08      printf("float = %.1f\n", money1);        // %f는 float
09      printf("double = %.1lf\n", money2);      // %lf는 double(long float)
10      printf("지수형 = %.1e\n", money2);        // %le는 지수형
11
12      return 0;
13  }
```

실행 화면

```
float = 30000001024.0
double = 30000000000.0
지수형 = 3.0e+10
```

8번 줄에서 money1을 출력하고, 9번 줄에서 money2를 출력한다. money2는 double이기 때문에 서식문자 %lf를 사용한다. 실수는 출력 형식을 지정하지 않으면 소수점 6자리까지 출력

된다. 소수점 이하 1자리만 출력하기 위해서 서식문자 중간에 .1을 사용한다. .1은 소수점 이하 자릿수의 출력 길이가 1이라는 의미이다. 10번 줄의 %e는 조금 뒤에 설명한다.

그림 4-17
float는 정밀도가 낮아 오차 발생

실행 결과를 보면 `float`는 300억에 1024가 더해진 `30000001024`가 출력된다. `float`는 300억을 2진수로 변환할 때 1024의 오차가 발생하기 때문이다. 이 오차를 줄이고 싶다면 `double`을 사용하면 된다. 초기에 만들어진 `float`는 정밀도가 낮아 300억도 제대로 저장하지 못하여 **실수의 기본 자료형으로 double이 사용된다.** 그래서 `double`은 서식문자 **%lf** 뿐 아니라 **%f**도 사용할 수 있다.

실수형은 저장 방식이 정수형과 다르다. 그래서 아주 큰 수와 아주 작은 수를 다루는데 유리하다. `float`의 경우 -10^{38}에서 10^{38}까지 저장할 수 있다. 10^{38}은 0이 38개 달려 있는 수라는 의미이다. `double`의 경우 -10^{308}에서 10^{308}까지, 다시 말해 0이 308개 달려 있는 숫자까지 저장할 수 있다.

실수 정규화와 지수형

크기가 큰 숫자나 작은 숫자를 다룰 때에는 보통 **정규화** normalization 를 한다. 정규화란 숫자를 일정한 단위로 맞추는 작업이다. 예를 들어 2,800,000,000, 390,000,000, 90,000,000의 3개의 숫자가 있다면 이를 각각 28억, 3.9억, 0.9억으로 바꾸면 읽기도 쉽고 저장하는 것도 간단해진다. 이렇게 일정 단위로 숫자를 맞추는 것이 정규화이다.

그림 4-18
정규화

정규화는 자릿수를 옮겨 1의 자리에 0이 아닌 수가 오도록 한다. 예를 들어 2,800,000,000은 2.8×10^9이 된다. 같은 방법으로 390,000,000은 3.9×10^8으로 90,000,000은 9.0×10^7으로 정규화된다. 90,000,000의 경우 1의 자리에 0이 아닌 수가 와야 하기 때문에 0.9×10^8이 아닌

9.0×10^7이다.

실수를 정규화된 방식으로 출력하는 것을 지수형이라 부르며 서식문자는 `%e`이다. [예제 4-12]의 10번 줄이 300억을 지수형으로 출력하는 코드이다. 300억의 정규화 식인 3.0×10^{10}을 출력할 때 10의 지수인 10은 e 다음에 `10`으로 출력된다. 3.9억인 3.9×10^8을 지수형으로 출력하면 `3.9e+8`이 되고, 9천만인 9.0×10^7은 `9.0e+7`이 된다.

2 실수형의 서식문자

실수형의 크기 확인하기

실수형 변수는 `float`, `double`, `long double`이 있으며 사용하는 메모리 크기가 다르다. [예제 4-13]은 `sizeof`를 사용하여 실수의 크기를 확인하는 코드이다. `float`는 32비트 크기이며, `double`은 64비트 크기이다.

비주얼 스튜디오에서는 `long double`이 `double`과 같이 64비트 크기인 반면에 유닉스의 경우 `long double`이 128비트(16바이트) 크기이다. 따라서 비주얼 스튜디오에서는 `double`과 `long double`의 크기가 같다.

[예제 4-13]
실수 크기 확인 코드
413_float.c

```c
#include <stdio.h>

int main()
{
   printf("float: %ld\n", sizeof(float));
   printf("double: %ld\n", sizeof(double));
   printf("long double: %ld\n", sizeof(long double));

   return 0;
}
```

비주얼 스튜디오 실행 화면

```
float: 4
double: 8
long double: 8
```

유닉스 실행 화면

```
float: 4
double: 8
long double: 16
```

32비트 크기인 float는 단일 정밀도 실수라 부른다. float는 숫자 앞자리부터 7번째 자리까지 오차 없이 저장할 수 있다. 그래서 만수르 용돈 코드에서 300억을 float에 넣었을 때 8번째 자리부터 오차가 발생한 것이다. double은 2배 정밀도 실수 혹은 배정도 실수라 부른다. 약 16자리를 오차 없이 표시할 수 있다. 유닉스의 경우, 128비트 크기의 long double은 30자리까지 오차 없이 표시할 수 있으며 4배 정밀도 실수라 부른다. 이 책에서는 단일 정밀도 실수와 2배 정밀도 실수를 구분하지 않고 **float와 double 모두 실수라 부른다.**

실수형의 서식문자와 범위

실수형 변수의 서식문자는 float는 %f, double은 %lf와 %f, long double은 %Lf이다. long double은 %llf가 아닌 대문자 L을 사용한 %Lf인 것에 주의하기 바란다. 또한 모든 실수의 지수형 서식문자는 %e이다. [표 4-2]는 실수 자료형, 서식, 범위, 전체 크기를 나타낸다.

표 4-2 실수 자료형의 서식문자와 범위

자료형	서식문자	범위	정밀도
float	%f	$\pm1.18 \times 10^{-38} \sim \pm3.4 \times 10^{38}$	7자리
double	%lf	$\pm2.23 \times 10^{-308} \sim \pm1.80 \times 10^{308}$	16자리
long double	%Lf	$\pm3.36 \times 10^{-4832} \sim \pm1.18 \times 10^{104932}$	30자리
지수형	%e		

소수점 이하 출력 자릿수 정하기

printf() 서식문자 구조

```
printf(" %10.2f ", var);
             ↑
     (소수점 이하 출력 길이)
```

정수형 서식문자에서 %와 d사이에 출력 길이를 사용하면 숫자만큼의 공간에 오른쪽 정렬을 한다고 했다. 출력 길이와 오른쪽 정렬은 실수에도 똑같이 적용된다. 추가적으로 소수점 이하 자릿수를 정할 수 있다. 예를 들어 %10.2f의 경우 전체 10자리에 오른쪽 정렬을 하는데, 소수점 이하 2자리를 출력하라는 의미이다.

3 실수의 저장 방식

심화

정규화 후 가수와 지수 저장

실수의 저장 방식을 살펴보자. 실수를 저장하기 위해서는 먼저 정규화를 해야 한다. 72,300,000을 정규화하면 7.23×10^7이 된다. 같은 방법으로 -32.4는 -3.24×10^1이 되고,

0.0000085는 8.5×10^{-6}이 된다. 정규화된 표현에서 숫자 부분을 가수 mentisa, 멘티사 라 부르며, 10의 지수 부분을 지수라 부른다. 이렇게 정규화 된 실수에서 가수와 지수만 메모리에 저장한다.

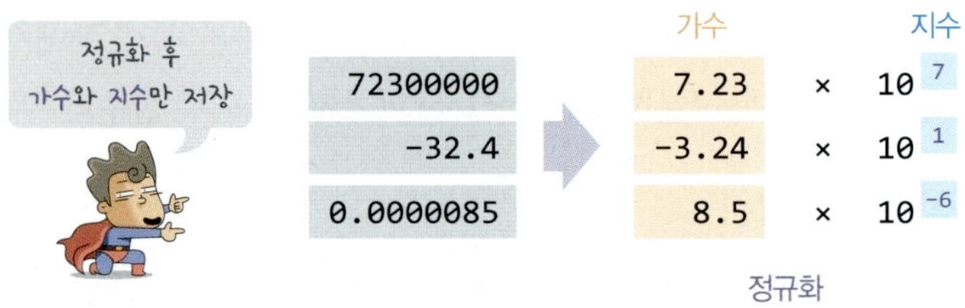

그림 4-19
정규화에서 가수와 지수

실수가 실제로 저장된 형태는 다음과 같다. 72,300,000의 경우, 정규화 식 7.23×10^7에서 가수 723과 지수 7을 저장한다. 실수의 맨 앞은 양수인지 음수인지를 표시하므로 +와 +7 723 형태로 저장된다.

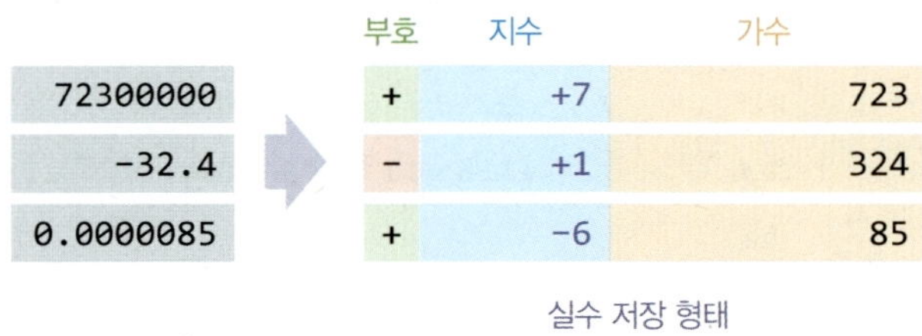

그림 4-20
실수 저장 형태

음수 −32.4의 정규화 식 -3.24×10^1은 맨 앞에 음수를 나타내는 -와 +1 324로 저장된다. 0.0000085는 정규화 식 8.5×10^{-6}이고 +와 -6 85가 저장된다. 복잡한 실수를 지수와 가수 형태로 간단하게 보관한다.

그림에서는 이해를 돕기 위해 10진수로 표현했다. 그러나 실제 실수가 저장될 때에는 2진수로 저장된다. 앞에서 설명한 실수형 변수의 정밀도는 10진수를 2진수로 변환할 때 가수의 어느 부분까지가 정확한 값인가를 의미한다. `float`의 경우 가수의 앞에서부터 7자리까지만 정확하고 그 이하의 값은 부정확할 수 있다는 의미이다. `double`의 경우 약 16자리까지만 정확한 값이다.

여기서 잠깐

원래의 소수점을 유지하는 것을 고정 소수점 fixed point 이라 부르고 정규화로 인해 소수점이 이동하는 것을 유동 소수점 floating point 혹은 부동 소수점이라 부른다. IEEE 754 표준에 정의된 실수 저장 방식은 10진수를 2의 보수 형태로 변환한 후, 소수점 왼쪽에 1이 오도록 정규화한다. 또한 지수에 바이어스를 더한 후, 정규화 된 지수와 가수를 저장한다. 이러한 과정이 복잡하기 때문에 실수 저장 방식을 지수형(%e) 서식으로 간단히 설명했다.

LAB 1 시급 계산 코드

지금까지 배운 정수형과 실수형 변수를 사용하여 시급 계산 코드를 만들어 보자. 편의점에서 42.5시간 동안 아르바이트를 했다. 시급 10,850원씩 받기로 했다면, 받게 되는 금액이 얼마인지 계산하는 코드가 [예제 4-14]이다.

5번 줄에서 시급을 의미하는 정수형 변수 pay를 선언하고 10850으로 초기화한다. 6번 줄에서 아르바이트 시간을 나타내는 실수 hour를 선언하고 42.5로 초기화한다. 전체 금액을 저장할 실수형 변수 total도 선언한다. 8번 줄에서 pay와 hour를 곱하여 total에 대입한다.

[예제 4-14]
시급 계산 코드
414_calc_pay1.c

```
01  #include <stdio.h>
02
03  int main()
04  {
05      int pay = 10850;                              // 시급 10850
06      double hour = 42.5, total;
07
08      total = pay * hour;                           // 주급 계산
09
10      printf("시급 %d, %.1lf시간 일함\n", pay, hour);
11      printf("총합 = %12.1lf\n", total);            // %lf는 double
12
13      return 0;
14  }
```

실행 화면

```
시급 10850, 42.5시간 일함
총합 =     461125.0
```

10번 줄에서 시급 pay와 일한 시간 hour를 출력한다. 형식 길이를 지정하지 않으면, %f나 %lf는 소수점 7자리에서 반올림하여 소수점 6자리까지 표시한다. 일한 시간은 소수점 이하 1자리 정도면 충분함으로 double 서식문자 %lf 사이에 .1을 넣어 %.1lf를 사용한다.

11번 줄에서 받게 되는 총합 total을 출력한다. 전체 길이 12자리에 오른쪽 정렬을 하고, 소수점 이하 1자리를 출력하기 위해 서식문자 %12.1lf를 사용한다.

중간 실습

%12.1f의 경우 소수점을 포함하여 12자리인지 직접 확인해 보자.

4.4 문자형

1 문자형의 저장 방식

필수

숫자와 문자 대응표, 아스키 코드

1바이트 크기를 가지는 문자형(char)은 문자를 숫자로 바꾸어 저장했다가 사용할 때에 다시 문자로 바꾼다. 이러한 변환을 위해, 숫자와 문자를 하나씩 대응하는 표를 가지고 있는데 이것이 **아스키 코드**이다.

표 4-3 아스키 코드표

<table>
<tr><th>10진수</th><th>16진수</th><th>부호</th><th>10진수</th><th>16진수</th><th>부호</th><th>10진수</th><th>16진수</th><th>부호</th><th>10진수</th><th>16진수</th><th>부호</th></tr>
<tr><td colspan="3">제어문자</td><td colspan="9">출력 가능 문자</td></tr>
<tr><td>000</td><td>00</td><td>NULL</td><td>032</td><td>20</td><td>SP</td><td>064</td><td>40</td><td>@</td><td>096</td><td>60</td><td>`</td></tr>
<tr><td>001</td><td>01</td><td>SOH</td><td>033</td><td>21</td><td>!</td><td>065</td><td>41</td><td>A</td><td>097</td><td>61</td><td>a</td></tr>
<tr><td>002</td><td>02</td><td>STX</td><td>034</td><td>22</td><td>“</td><td>066</td><td>42</td><td>B</td><td>098</td><td>62</td><td>b</td></tr>
<tr><td>003</td><td>03</td><td>ETX</td><td>035</td><td>23</td><td>#</td><td>067</td><td>43</td><td>C</td><td>099</td><td>63</td><td>c</td></tr>
<tr><td>004</td><td>04</td><td>EOL</td><td>036</td><td>24</td><td>$</td><td>068</td><td>44</td><td>D</td><td>100</td><td>64</td><td>d</td></tr>
<tr><td>005</td><td>05</td><td>ENQ</td><td>037</td><td>25</td><td>%</td><td>069</td><td>45</td><td>E</td><td>101</td><td>65</td><td>e</td></tr>
<tr><td>006</td><td>06</td><td>ACK</td><td>038</td><td>26</td><td>&</td><td>070</td><td>46</td><td>F</td><td>102</td><td>66</td><td>f</td></tr>
<tr><td>007</td><td>07</td><td>BEL</td><td>039</td><td>27</td><td>‘</td><td>071</td><td>47</td><td>G</td><td>103</td><td>67</td><td>g</td></tr>
<tr><td>008</td><td>08</td><td>BS</td><td>040</td><td>28</td><td>(</td><td>072</td><td>48</td><td>H</td><td>104</td><td>68</td><td>h</td></tr>
<tr><td>009</td><td>09</td><td>HT</td><td>041</td><td>29</td><td>)</td><td>073</td><td>49</td><td>I</td><td>105</td><td>69</td><td>i</td></tr>
<tr><td>010</td><td>0A</td><td>LF</td><td>042</td><td>2A</td><td>*</td><td>074</td><td>4A</td><td>J</td><td>106</td><td>6A</td><td>j</td></tr>
<tr><td>011</td><td>0B</td><td>VT</td><td>043</td><td>2B</td><td>+</td><td>075</td><td>4B</td><td>K</td><td>107</td><td>6B</td><td>k</td></tr>
<tr><td>012</td><td>0C</td><td>FF</td><td>044</td><td>2C</td><td>,</td><td>076</td><td>4C</td><td>L</td><td>108</td><td>6C</td><td>l</td></tr>
<tr><td>013</td><td>0D</td><td>CR</td><td>045</td><td>2D</td><td>-</td><td>077</td><td>4D</td><td>M</td><td>109</td><td>6D</td><td>m</td></tr>
<tr><td>014</td><td>0E</td><td>SO</td><td>046</td><td>2E</td><td>.</td><td>078</td><td>4E</td><td>N</td><td>110</td><td>6E</td><td>n</td></tr>
<tr><td>015</td><td>0F</td><td>SI</td><td>047</td><td>2F</td><td>/</td><td>079</td><td>4F</td><td>O</td><td>111</td><td>6F</td><td>o</td></tr>
<tr><td>016</td><td>10</td><td>DLE</td><td>048</td><td>30</td><td>0</td><td>080</td><td>50</td><td>P</td><td>112</td><td>70</td><td>p</td></tr>
<tr><td>017</td><td>11</td><td>DC1</td><td>049</td><td>31</td><td>1</td><td>081</td><td>51</td><td>Q</td><td>113</td><td>71</td><td>q</td></tr>
<tr><td>018</td><td>12</td><td>DC2</td><td>050</td><td>32</td><td>2</td><td>082</td><td>52</td><td>R</td><td>114</td><td>72</td><td>r</td></tr>
<tr><td>019</td><td>13</td><td>DC3</td><td>051</td><td>33</td><td>3</td><td>083</td><td>53</td><td>S</td><td>115</td><td>73</td><td>s</td></tr>
<tr><td>020</td><td>14</td><td>DC4</td><td>052</td><td>34</td><td>4</td><td>084</td><td>54</td><td>T</td><td>116</td><td>74</td><td>t</td></tr>
<tr><td>021</td><td>15</td><td>NAK</td><td>053</td><td>35</td><td>5</td><td>085</td><td>55</td><td>U</td><td>117</td><td>75</td><td>u</td></tr>
<tr><td>022</td><td>16</td><td>SYN</td><td>054</td><td>36</td><td>6</td><td>086</td><td>56</td><td>V</td><td>118</td><td>76</td><td>v</td></tr>
<tr><td>023</td><td>17</td><td>ETB</td><td>055</td><td>37</td><td>7</td><td>087</td><td>57</td><td>W</td><td>119</td><td>77</td><td>w</td></tr>
<tr><td>024</td><td>18</td><td>CAN</td><td>056</td><td>38</td><td>8</td><td>088</td><td>58</td><td>X</td><td>120</td><td>78</td><td>x</td></tr>
<tr><td>025</td><td>19</td><td>EM</td><td>057</td><td>39</td><td>9</td><td>089</td><td>59</td><td>Y</td><td>121</td><td>79</td><td>y</td></tr>
<tr><td>026</td><td>1A</td><td>SUB</td><td>058</td><td>3A</td><td>:</td><td>090</td><td>5A</td><td>Z</td><td>122</td><td>7A</td><td>z</td></tr>
<tr><td>027</td><td>1B</td><td>ESC</td><td>059</td><td>3B</td><td>;</td><td>091</td><td>5B</td><td>[</td><td>123</td><td>7B</td><td>{</td></tr>
<tr><td>028</td><td>1C</td><td>FS</td><td>060</td><td>3C</td><td><</td><td>092</td><td>5C</td><td>\</td><td>124</td><td>7C</td><td>|</td></tr>
<tr><td>029</td><td>1D</td><td>GS</td><td>061</td><td>3D</td><td>=</td><td>093</td><td>5D</td><td>]</td><td>125</td><td>7D</td><td>}</td></tr>
<tr><td>030</td><td>1E</td><td>RS</td><td>062</td><td>3E</td><td>></td><td>094</td><td>5E</td><td>^</td><td>126</td><td>7E</td><td>~</td></tr>
<tr><td>031</td><td>1F</td><td>US</td><td>063</td><td>3F</td><td>?</td><td>095</td><td>5F</td><td>_</td><td></td><td></td><td></td></tr>
</table>

아스키 코드는 7비트를 사용하기 때문에 0에서 126까지 총 127개로 이루어져 있다. 아스키 코드 중 0번부터 31번까지는 제어문자에 사용되는 코드이며, 32번부터 126번까지는 출력 가능한 문자로 구성되어 있다.

여기서 잠깐

컴퓨터가 영어 문화권에서 처음 생겨났을 때에는 127개의 문자로 충분했다. 그러나 한국, 중국, 일본, 태국과 같은 나라들은 문자 체계가 달라 아스키ASCII 코드만으로 문자를 다 표현할 수 없다. 세계의 모든 문자를 컴퓨터에서 일관되게 표현하고 다룰 수 있도록 설계된 산업 표준이 유니코드unicode이다. 2바이트로 구성된 유니코드는 10만 개가 넘는 문자를 표현할 수 있기 때문에 대부분의 언어를 처리할 수 있다. 그러나 1바이트 크기의 char형은 아스키 코드만 사용 가능하다. 문자형 변수에 2바이트의 유니코드를 넣으려면 추가 작업이 필요하다.

[예제 4-15]는 문자형 변수에 문자를 넣고 출력하는 코드이다. 5번 줄에는 정수형 변수 dec에 숫자 7을 넣는다. 6번 줄에서는 문자형 변수 alp에 문자 7을 넣는다. 7이라도 숫자 7과 문자 7은 다르다. 7을 문자로 인식시키기 위해서는 작은따옴표('')를 사용한다.

[예제 4-15]
간단한 문자형 변수 출력 코드
415_char1.c

```
01  #include <stdio.h>
02
03  int main()
04  {
05     int dec = 7;                        // 정수형 변수 dec에 숫자 7 들어 있음
06     char alp = '7';                     // 문자형 변수 alp에 문자 '7' 들어 있음
07
08     printf("dec = %d, alp = %c\n", dec, alp); // 문자는 %c (character)
09     printf("ASCII = %d\n", alp);              // %d는 문자의 아스키 값 출력
10
11     return 0;
12  }
```

실행 화면

```
dec = 7, alp = 7
ASCII = 55
```

출력도 마찬가지이다. 정수형 변수의 출력에는 %d를 사용하는 반면에 문자형 변수의 출력에는 %c를 사용한다. %c는 character의 약자이다. 9번 줄에서 문자 '7'을 정수형 서식문자 %d를 사용하여 출력하면 7의 아스키 코드 값인 55가 출력된다.

작은따옴표('')와 큰따옴표("")의 차이

여러 개의 문자는 **문자열** string 이라 부른다. C 문법에서 **문자 한 개는 작은따옴표('')로, 문자열은 큰따옴표("")로 묶는다.** printf() 안에는 여러 개의 문자가 들어가기 때문에 큰따옴표("")를 사용하고, 5번 줄에서 7을 문자형 변수에 넣을 때 작은따옴표('')를 사용한다.

하이퍼 링크 문자열을 다루기 위해서는 배워야 할 내용들이 많이 있다. 문자열은 9장 배열에서 설명하고, 문자열 관련 라이브러리는 11장 문자와 문자열에서 다룬다.

2 제어문자란?

출력 조절을 위한 문자

제어문자란 화면에 보이지 않지만, 출력을 조절하기 위해서 사용하는 문자이다. 대표적인 제어문자로 줄 바꿈을 할 때 사용하는 \n이 있다. 역슬래시(\)는 이스케이프라 부르는 특수 문자이며 \n은 이스케이프-n이라 읽는다. \n은 두 개의 문자처럼 보이지만, 아스키 코드 13번에 등록된 한 개의 문자이다.

아스키 코드의 0번부터 31번까지에는 제어문자들이 등록되어 있다. [표 4-4]는 아스키 코드에 등록된 대표적인 제어문자와 의미를 나타낸다.

표 4-4 대표적인 아스키 코드 제어문자

10진수	16진수	문자	부호	의미
0	0	\0	NULL	널 문자
8	8	\b	BS	한 칸 왼쪽으로 이동 (**B**ack Space)
9	9	\t	HT	수평 탭, 일정 간격으로 띄움 (Horizontal **T**ab)
10	A	\n	LF	한 줄을 끝내고 다음 줄로 이동 (Line Feed)
13	D	\r	CR	줄의 맨 앞으로 이동 (Carriage **R**eturn)

\b는 현재 커서가 있는 위치를 한 칸 왼쪽으로 옮긴다. 키보드의 백스페이스(←)와 같다. \t는 키보드의 탭(Tab)과 같은 역할로 일정 간격을 띄운다. \r은 줄 바꿈 없이 커서를 맨 앞으로 이동시킨다. \n은 다음 줄의 처음으로 이동하는 반면에, \r은 줄 바꿈 없이 현재 줄의 맨 앞으로 이동하는 것이 다르다.

여기서 잠깐 아스키 코드 0번인 \0은 NULL 문자라 부르는데 9장 배열에서 자주 보게 될 제어문자이다. 자세한 설명은 9장에서 한다.

[예제 4-16]은 제어문자를 사용하는 예제 코드이다. 5번 줄에서 문자형 변수 mo를 선언하고 '\n'으로 초기화했다. 두 문자처럼 보이지만, \n은 한 문자이기 때문에 작은따옴표('')를 사용한다.

7번 줄 printf()에 문자형 서식문자 %c를 사용하여 변수 mo의 값(\n)을 출력하는 것과 8번 줄에 \n을 사용한 결과는 같다. 실행 결과를 보면, L1 28 10과 L2 28 10 다음에 줄 바꿈 된 것을 확인할 수 있다.

[예제 4-16]
제어문자 사용 예제 코드
416_escape1.c

```
01  #include <stdio.h>
02
03  int main()
04  {
05     char mo = '\n';                          // \n은 한 글자, 아스키 코드 10번
06
07     printf("L1 %d %d %c", 28, 10, mo);
08     printf("L2 %d %d\n", 28, 10);
09     printf("L3 %d \t%d\n", 28, 10);          // \t는 일정 간격 띄우기 tab
10     printf("L4 %d \b%d\n", 28, 10);          // \b은 한 칸 왼쪽으로 옮기기
11     printf("L5 %d \r%d\n", 28, 10);          // \r은 줄의 맨 앞으로 이동
12
13     return 0;
14  }
```

실행 화면

```
L1 28 10 ←——— 문자형 변수 mo 값 출력
L2 28 10
L3 28    10 ←——— tab만큼 밀려서 10 출력
L4 2810 ←——— 커서가 한 칸 왼쪽으로 움직여 10 출력
10 28 ←——— 28 출력 후, 커서가 맨 앞으로 이동하여 10 출력
```

9번 줄의 \t는 여러 개의 숫자를 출력할 때, 줄 맞춤을 위해 사용한다. L3로 시작하는 출력 화면을 보면 28과 10 사이가 조금 더 멀어져서 출력되는 것을 볼 수 있다.

10번 줄의 \b는 한 칸 왼쪽으로 이동할 때 사용한다. 공백 space 과 반대로 작동한다. 처음 L4 28까지 화면에 출력되고 난 후, \b를 만나면 커서가 한 칸 왼쪽으로 움직인다. 28과 10 사이에 빈 공간이 한 칸 있었다. 그러나 L4로 시작하는 출력 화면을 보면 28과 10이 붙어서 출력된다.

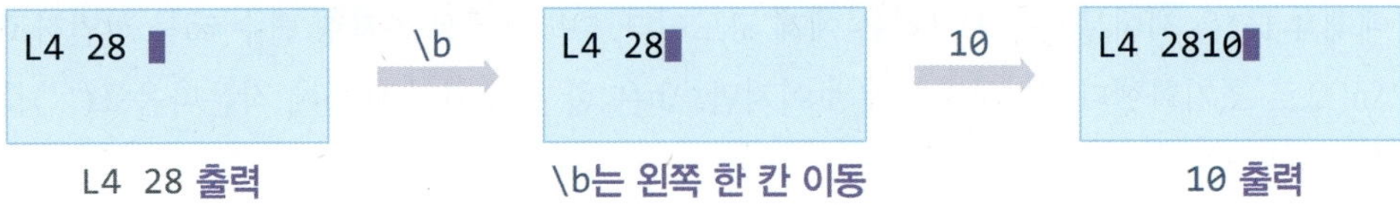

그림 4-21
\b는 왼쪽으로 커서 이동

11번 줄의 \r은 커서를 맨 앞으로 옮기는 제어문자이다. 그래서 L5 28을 출력하고 난 뒤 커서는 맨 앞으로 이동한다. 그 이후 L5 글자 위에 다시 10을 출력한다. 따라서 10 28이 출력된다.

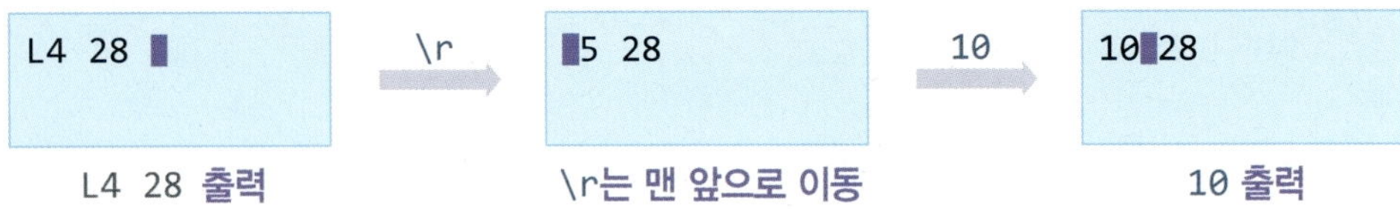

그림 4-22
\r은 맨 앞으로 커서 이동

3 특수문자 출력

특수문자 앞에 역슬래시 붙이기

printf()나 scanf()에 사용되는 특수문자들이 있다. 문자열을 나타내는 큰따옴표(""), 제어문자에 사용되는 역슬래시(\), 서식문자에 사용되는 퍼센트(%)가 특수문자이다. 추가적으로 한 개의 문자를 나타내는 작은따옴표('')도 특수문자이다. 이런 문자들은 화면에 출력하려면 역슬래시(\: 이스케이프)를 앞에 붙인다. 퍼센트의 경우 퍼센트를 한 번 더 쓴다.

표 4-5 특수문자 출력

표기법	역할
\"	화면에 큰따옴표(") 출력
\'	화면에 작은따옴표(') 출력
\\	화면에 역슬래시(\) 출력
%%	화면에 퍼센트(%) 출력

[예제 4-17]은 특수문자를 화면에 출력하는 예제 코드이다. 5번 줄에서 작은따옴표('')를 화면에 출력하기 위해서는 \'A\'라 쓴다. 화면에 이스케이프는 없어지고 'A'만 출력된다. 6번 줄에서 큰따옴표("")도 마찬가지로 \"ABC\"라고 쓰면 화면에 "ABC"만 출력된다.

[예제 4-17] 특수문자 출력 코드

417_escape2.c

```c
01  #include <stdio.h>
02
03  int main()
04  {
05      printf(" \'A\' 문자 한 개\n");                // 작은따옴표 출력
06      printf(" \"ABC\" 문자열(string)\n");          // 큰따옴표 출력
07      printf(" \\ 역슬래시\n");                     // 역슬래시 출력
08      printf(" %% 퍼센트\n");                       // 퍼센트 출력
09
10      return 0;
11  }
```

실행 화면

```
'A' 문자 한 개
"ABC" 문자열(string)
\ 역슬래시
% 퍼센트
```

7번 줄에서 역슬래시를 연달아 두 번 \\ 쓰면 화면에는 한 개의 \만 출력된다. 8번 줄에서 퍼센트도 연달아 두 번 %% 쓰면 화면에 한 개의 %만 출력된다.

4.5 상수

1 상수형 변수

상수의 뜻과 선언 방법

상수 constant 란 변하지 않는 수를 가리킨다. 예를 들어 원의 둘레나 면적을 계산할 때 사용하는 원주율 3.14는 상수이다. 원주율이 변하는 경우는 없다. 변하지 않는 값을 가진 상수형 변수를 선언할 때는, 변수 앞에 `const`를 붙인다. 정수형 상수는 `const int`로, 실수형 상수는 `const double`로 선언한다.

상수는 선언 이후에 새로운 값을 대입하려고 하면 오류가 발생한다. 따라서 상수형 변수는 선언과 동시에 값을 대입해 주어야만 한다. 일반적인 변수와 구별하기 위하여, 전통적으로 상수를 저장하는 변수의 이름은 대문자로 쓴다.

여기서 잠깐 `int const`나 `double const`도 사용 가능하지만 일반적으로 `const`를 앞에 붙인다.

상수형 변수 사용하기

어느 인쇄 공장에서 원통 병에 붙이는 라벨을 만들려고 한다. 병의 높이는 10cm로 모두 같고, 지름은 각각 다르다. 지름이 9cm인 병의 라벨을 만들어야 한다면 라벨의 폭은 얼마로 해야 할까?

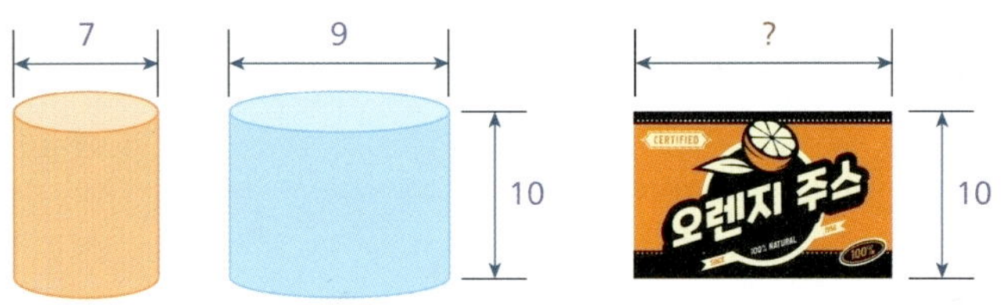

[예제 4-18]은 지름이 9cm인 원통에 붙이는 라벨의 길이를 구하는 프로그램이다. 라벨의 높이는 원통의 높이와 같은 10cm이다. 라벨의 폭은 원의 둘레와 같다. 지름에 원주율을 곱하면 원의 둘레를 구할 수 있다.

5번 줄에 원주율을 저장하는 상수형 변수 `PI`를 선언하고 `3.14`를 대입한다. 앞서 설명하였듯이 `double` 앞에 `const`만 붙이면 실수형 상수가 되며, 선언과 동시에 값을 대입해야 한다. 5번 줄 이후에 `PI`에게 새로운 값을 대입하려고 하면 오류가 발생한다.

[예제 4-18]
라벨 길이 구하는 코드
418_labe1.c

```
01 #include <stdio.h>
02
03 int main()
04 {
05     const double PI = 3.14;            // 상수는 const, 선언할 때 값을 대입
06     double height = 10.0, dia = 9.0;
07
08     printf("라벨 높이 = %.2lf\n", height);     // %.2lf 소수점 이하 2자리
09     printf("라벨 길이 = %.2lf\n", PI * dia);   // 원 둘레는 지름 * 원주율
10
11     return 0;
12 }
```

실행 화면

```
라벨 높이 = 10.00
라벨 길이 = 28.26
```

6번 줄에서 높이(height)에는 10.0을, 지름(dia)에는 9.0을 대입한다. 8번 줄에서는 높이를 출력한다. 실수형 변수 height의 값을 소수점 아래 2자리까지만 출력하기 위해서 %.2lf를 사용한다. 9번 줄에서 원주율(PI)에 지름(dia)을 곱하여 라벨의 폭을 출력한다.

2 매크로

매크로의 뜻과 선언 방법

상수는 아니지만 상수와 유사하게 사용할 수 있는 매크로가 있다. 매크로 프로그램을 사용하여 예매나 수강신청을 하는 사람들 때문에 일반인들이 피해를 봤다는 기사를 본적이 있을 것이다. 인기 있는 강좌를 수강할 때나 유명한 가수의 표를 예매할 때 반복적으로 마우스를 눌러야 한다. 이러한 단순 작업을 대신해주는 프로그램이 마우스 매크로 프로그램이다. 매크로 macro 란 단순하고 반복되는 작은 작업을 의미한다.

매크로는 #define으로 선언하며, 전통적으로 대문자로 쓴다. 매크로는 #include <>와 main()의 중간에 위치한다. [예제 4-19]는 앞의 라벨 길이 구하는 코드를 매크로를 사용하여 변형한 것이다.

[예제 4-19]
**매크로를 사용한
라벨 길이 구하는 코드**
419_macro.c

```
01  #include <stdio.h>
02
03  #define DIA 9                          // 매크로 DIA 9, 전통적으로 대문자를 사용
04
05  int main()
06  {
07     const double PI = 3.14;
08     double height = 10.0;
09
10     printf("라벨 높이 = %.2lf\n", height);
11     printf("라벨 길이 = %.2lf\n", PI * DIA);    // DIA를 9로 바꾼 후 컴파일됨
12
13     return 0;
14  }
```

실행 화면

```
라벨 높이 = 10.00
라벨 길이 = 28.26
```

3번 줄의 #define이 매크로이며 DIA는 9라는 의미로 정의된 것이다. 사실 매크로는 변수도 상수도 아니다. 매크로는 컴파일되기 직전에 DIA라는 문자를 찾아서 전부 9로 바꿔준다. 사람이 일일이 바꿔줘야 할 부분을 자동으로 바꿔주는 역할을 하기 때문에 매크로라 부른다. **매크로**는 변수가 아니기 때문에 **대입 연산자(=)를 사용하지 않는다.** 또한 #으로 시작하는 코드의 끝에는 **세미콜론(;)을 붙이지 않는다.**

DIA를 변수로 처리할 수 있음에도 #define을 사용하는 이유는 눈에 잘 띄기 때문이다. 복잡한 프로그램에서 매번 바꿔주어야 하는 값이 있다고 가정해 보자. 매번 코드를 읽어서 바꾸는 것을 매크로가 대신 해준다. 지름이 15cm인 원통 라벨을 만들어야 한다고 가정했을 때에 지름에 관련된 변수를 찾는 것보다 #define DIA 15로 변경하는 것이 훨씬 간단하다.

하이퍼 링크 매크로의 자세한 사용법은 14장 전처리와 다중소스 파일에서 자세히 다룬다.

3 리터럴

심화

리터럴의 의미

리터럴 literral 이란 글자 그대로 데이터를 의미한다. 갑자기 글자 그대로라는 표현에 의아할

것이다. 다음의 코드를 보자. 코드에서 num은 변수이다. 변수란 '변할 수 있는 수'라는 뜻이다. 변수 num의 값은 변할 수 있다. 지금은 num이 10을 가지고 있지만, num = 20;이라고 쓰면, num의 값은 20으로 변한다. 만약 num의 값을 못 변하게 하려면 const int num = 10;과 같이 상수로 선언해야 한다.

```
int num = 10;
```

그렇다면 위의 코드에서 10은 무엇인가? 리터럴 10이다. 글자 그대로 10진수 10을 의미한다. 10이라고 쓰고 이것을 20이라던가 30으로 해석하는 사람은 없다. 그래서 10은 리터럴이다.

너무도 당연한 이야기를 갑자기 꺼내는 이유가 있다. 10이라고 써진 종이를 보고 대부분 10진수 10이라 생각할 것이다. 그러나 누군가는 2진수 1과 0이라 생각하는 사람도 있을 것이다. 또 다른 예로 A라고 써져 있는 종이를 보고 대부분은 문자 A라 생각하겠지만, 누군가는 16진수 A이라고 생각하는 사람도 있을 수 있다. 참고로 16진수 A는 10진수로 10이다.

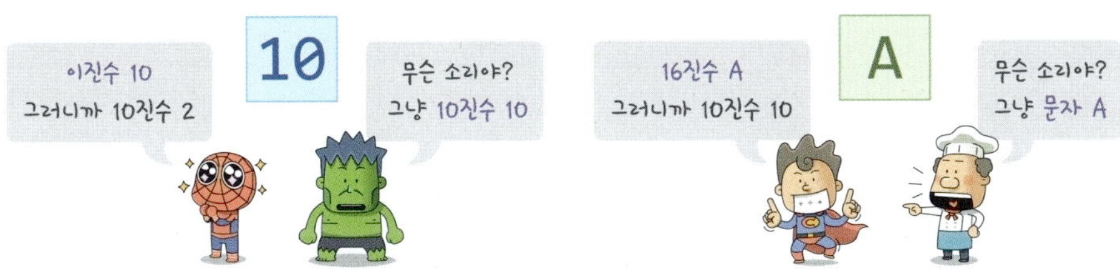

그림 4-23
리터럴의 의미

리터럴이란 본래의 의미를 정확하게 표시해야 한다는 뜻이다. 예를 들어 7의 경우, 10진수 7인지, 16진수 7인지, 8진수 7인지를 정확하게 표시해야 한다. 10진수를 사용할 때는 변하는 게 없다. 그러나 16진수를 사용할 때에는 숫자 앞에 0x를 붙이고, 8진수를 사용할 때에는 0을 붙인다. 출력의 경우 8진수 출력은 %o를 사용하고, 16진수 출력은 %x나 %X를 사용한다. %x는 16진수의 문자가 소문자로 출력되며, %X는 대문자로 출력된다.

표 4-6 16진수와 8진수의 표기 및 서식문자

	표기	서식문자
16진수	0x	%o
8진수	0	%x(소문자), %X(대문자)

16진수, 8진수 대입 및 출력하기

[예제 4-20]은 16진수와 8진수 값을 대입하고 출력하는 코드이다. 5번 줄의 0xB는 16진수 B를 의미한다. 6번 줄의 016은 8진수 16을 의미한다. 8진수 16이란 (8 * 1) + 6이라는 의미임으로 10진수로는 14가 된다.

[예제 4-20]
16진수와 8진수 변환 코드

420_convert.c

```
01 #include <stdio.h>
02
03 int main()
04 {
05     int num1 = 0xB;                        // 10진수 11, 0x는 16진수를 의미
06     int num2 = 016;                        // 10진수 14, 0은 8진수를 의미
07
08     printf("10진수 = %d\n", num1);
09     printf(" 8진수 = %o\n\n", num1);       // %o는 8진수 출력
10     printf("10진수 = %d\n", num2);
11     printf("16진수 = %X\n", num2);         // %X는 16진수 대문자 출력
12
13     return 0;
14 }
```

실행 화면

```
10진수 = 11
 8진수 = 13

10진수 = 14
16진수 = E
```

9번 줄에서 8진수를 출력할 때에는 %o를 사용한다. o는 8진수 Octal decimal 의 약자이다. 11번 줄에서 16진수를 출력할 때에는 %X를 사용한다. X는 16진수 heXa decimal 의 약자이다. 문자를 소문자로 출력하고자 할 때에는 대문자 %X 대신에 소문자 %x를 사용하면 된다.

여기서 잠깐 2진법의 서식문자는 없기 때문에 2진법을 출력하는 코드는 따로 만들어야 한다.

4 정수와 실수 리터럴

심화

정수 리터럴

정수와 실수를 정확하게 표현하는 방법을 알아보자. 10진수 123을 생각해 보자. 저장 형태에 따라 123은 다르게 저장된다. 123을 부호가 있는 일반적인 정수로 저장할 수 있고, 부호가 없는 정수(unsigned int)나 큰 정수(long int)로도 저장할 수 있다.

```
int num1 = 123;              정수 int
unsigned int num2 = 123U;    부호 없는 정수 unsigned int
long int num3 = 123L;        큰 정수 long int
```

정수 뒤에 아무것도 없이 그냥 쓰는 경우 정수(int)로 인식된다. 부호가 없는 정수는 숫자 뒤에 소문자 u나 대문자 U를 쓴다. 큰 정수를 표현하기 위해서는 소문자 l이나 대문자 L을 쓴다. 물론 부호 없는 정수나 큰 정수는 변수가 선언된 형태를 따르기 때문에, 숫자 뒤에 U나 L을 쓰지 않아도 알아서 저장된다. 그러나 사용자가 자신이 쓰는 숫자의 저장 형태를 정확하게 표현하기 위해 접미사가 사용된다.

실수 리터럴

실수는 조금 다르다. 정수는 기본이 int이지만, 실수는 기본이 float가 아닌 double이다. 그래서 **실수는 숫자 뒤에 아무것도 쓰지 않으면 double로 인식한다.** float로 인식시키기 위해서는 숫자 뒤에 소문자 f나 대문자 F를 붙이고, 고정밀도 정수 long double을 사용하기 위해서는 소문자 l이나 대문자 L을 붙인다.

```
double num1 = 1.23;            double - 실수 기본
float num2 = 1.23F;            실수 float
long double num3 = 1.23L;      실수 long double
```

실수는 지수승을 사용한 표기법을 쓸 수 있다. 예를 들어 1.23은 1.23×10^0 혹은 123×10^{-2}과 같이 쓸 수 있다. 이를 지수승 표기법으로 표현하면, 1.23e0 혹은 123e-2라 쓸 수 있다. 여기에 실수 접미사는 그대로 사용된다.

```
double num1 = 123e-2;          double - 실수 기본
float num2 = 123e-2F;          실수 float
long double num3 = 123e-2L;    실수 long double
```

지금까지 설명한 정수 및 실수의 리터럴 접미사(뒤에 붙이는 문자)를 정리하면 다음과 같다.

표 4-7 정수 및 실수의 리터럴 접미사

표기법		역할
정수	생략	int
	l 혹은 L	long int
	u 혹은 U	unsigned int
실수	f 혹은 F	flaot
	생략	double
	l 혹은 L	long double
	e	지수 표기법

LAB 2 세금을 포함한 주급 계산

지금까지 배운 정수형과 실수형 변수를 사용하여 주급 계산 코드를 만들어 보자. 시급과 일한 시간을 입력 받으면 자동으로 계산하는 코드가 [예제 4-21]이다. 세금률은 4.5%로 정한다.

3번 줄에서 매크로를 사용하여 세금률을 나타내는 TRATE를 0.045로 설정한다. 4.5%는 0.045이며, 세금률이 5%나 4%로 변경되는 경우, 4번 줄의 TRATE의 값만 변경하면 된다. 매크로는 대입 연산자(=)와 세미콜론(;)을 사용하지 않는다.

7번 줄에서 시급을 저장할 정수형 변수 pay를 선언한다. 8번 줄에서 일한 시간을 저장할 hour와 세금을 저장할 tax, 전체 금액을 저장할 total 변수를 선언한다. 실수의 경우, double이 기본이기 때문에 8번 줄 변수들은 double로 선언한다.

[예제 4-21]
주급 계산 코드
421_calc_pay2.c

```
01  #include <stdio.h>
02
03  #define TRATE 0.045                          // 세금률 4.5% => 0.045
04
05  int main()
06  {
07     int pay;
08     double hour, tax, total;
09
10     printf("시급과 일한 시간 입력: ");
11     scanf("%d %lf", &pay, &hour);
12
13     total = pay * hour;                       // 주급 계산
14     tax = total * TRATE;                      // 세금 계산
15
16     printf("시급 %d, %.1lf시간, 세금률 %.1lf%%\n", pay, hour, TRATE*100);
17     printf("총합 = %12.1lf\n", total);        // %lf 는 double
18     printf("세금 = %12.1lf\n", tax);          // 전체 12자리 소수점 이하 1자리
19     printf("수입 = %12.1lf\n", total - tax);
20
21     return 0;
22  }
```

실행 화면

```
시급과 일한 시간 입력: 10850 42
시급 10850, 42.0시간, 세금률 4.5%
총합 =    455700.0
세금 =     20506.5
수입 =    435193.5
```

11번 줄에서 시급 &pay와 일한 시간 &hour를 입력 받는다. scanf()를 사용할 때에는 값을 변경할 수 있도록 변수 앞에 열쇠(&)를 붙여야 한다. 13번 줄에서 주급을 계산하고, 14번 줄에서 세금을 계산한다.

16번 줄에서 시급, 일한 시간, 세금을 출력한다. 세금을 출력할 때, TRATE * 100을 출력하고 그 뒤에 퍼센트(%)를 붙인다. 퍼센트를 출력하기 위해서는 두 번 %%를 써야 한다.

17번에서 19번 줄까지 총합, 세금, 수입(총합 – 세금)이 출력된다. 오른쪽 정렬을 위하여 모두 %12.1lf를 사용한다. 12칸에 오른쪽 정렬이 되며, 소수점 1자리까지 출력된다.

요약

- 정수 자료형은 short, int, long, long long이 있으며, 메모리의 크기에 따라 저장할 수 있는 숫자의 크기가 제한된다. 양수만 사용하는 경우에는 unsigned를 붙인다. int와 short의 서식문자는 %d이며 long은 %ld, long long은 %lld이다. unsigned int와 unsigned short의 서식문자는 %u이며, unsigned long은 %lu, unsigned long long은 %llu이다. 10진수 정수가 저장될 때 2의 보수로 저장되며, 맨 앞의 비트가 0이면 양수, 맨 앞의 비트가 1이면 음수를 의미한다.
- 실수 자료형은 float, double, long double이 있으며 크기에 따라 정밀도가 달라진다. 실수 10진수를 2진수로 변환할 때 오차가 발생하기 때문에 정밀도가 낮은 float보다는 double을 사용한다. 실수형 변수의 서식문자는 float는 %f, double은 %lf, long double은 %Lf이며, 지수형 서식문자는 %e이다.
- 문자형(char)에 문자를 저장하면 아스키 코드로 바꾸어 저장한다. 문자형은 1바이트 크기로 문자 한 개만 저장할 경우 작은따옴표('')를 사용해야 한다. 참고로 여러 개의 문자는 문자열(string)이라 부르며 큰따옴표("")를 사용한다. 문자 한 개를 출력하거나 입력할 때 사용하는 서식문자는 %c이다.
- scanf()를 사용할 때에는 값을 변경할 수 있도록 변수 앞에 열쇠(&)를 붙여야 하며, 서식문자를 사용하여 입력을 받고, 공백과 엔터로 입력값을 구분한다.
- 자료형의 크기를 알고 싶을 때에는 키워드 중 하나인 sizeof를 사용한다. sizeof의 결과값은 서식문자 %ld나 %lu를 사용한다.
- 제어문자 중 \b는 현재 커서가 있는 위치를 한 칸 왼쪽으로 옮긴다. \t는 일정 간격을 띄운다. \r은 줄 바꿈 없이 커서를 맨 앞으로 이동시킨다. \n은 다음 줄의 처음으로 이동하는 반면에, \r은 줄 바꿈 없이 현재 줄의 맨 앞으로 이동하는 것이 다르다. 특수문자를 출력하기 위해서는 \', \", \\, %%를 사용한다.
- 상수란 변하지 않는 수를 가리키며 변수 앞에 const를 붙이면 상수형 변수가 된다. 상수형 변수는 선언과 동시에 값을 대입해 주어야만 한다. 상수와 유사하게 사용할 수 있는 것이 매크로인데, #define으로 선언하며, 대입 연산자(=)를 사용하지 않는다. 또한 #으로 시작하는 코드의 끝에는 세미콜론(;)을 붙이지 않는다.
- 16진수를 사용할 때에는 숫자 앞에 0x를 붙이고, 8진수를 사용할 때에는 0을 붙인다. 출력의 경우 8진수 출력은 %o를 사용하고, 16진수 출력은 %x나 %X를 사용한다. 부호가 없는 정수는 숫자 뒤에 u나 U를 쓰며, 큰 정수에는 l이나 L을 쓴다. 실수는 숫자 뒤에 아무것도 쓰지 않으면 double로 인식한다. float로 인식시키기 위해서는 숫자 뒤에 f나 F를 붙인다.

연습문제

80문제

[객관식]

01 다음 중 사용하는 메모리의 크기에 따라 저장할 수 있는 숫자의 크기가 제한되는 자료형은 무엇인가?

❶ 문자 ❷ 정수
❸ 문자열 ❹ 실수

02 다음 중 사용하는 메모리의 크기에 따라 정밀도가 달라지는 자료형은 무엇인가?

❶ 문자 ❷ 정수
❸ 문자열 ❹ 실수

03 다음 중 문자형(char) 변수에 문자 한 개를 대입할 때 사용하는 기호는 무엇인가?

❶ 괄호 () ❷ 큰따옴표("")
❸ 작은따옴표('') ❹ 중괄호 {}

04 다음 중 여러 개의 문자는 어떤 기호로 묶어야 하는가?

❶ 괄호 () ❷ 큰따옴표("")
❸ 작은따옴표('') ❹ 중괄호 {}

05 다음 중 문자 한 개를 출력하거나 입력할 때 사용하는 서식문자는 무엇인가?

❶ %c ❷ %f
❸ %d ❹ %u

06 다음 중 문법에 맞게 선언된 코드를 고르시오.

❶ `char alp = {X};` ❷ `char alp = "X";`
❸ `char alp = 'X';` ❹ `char alp = (X);`

07 다음 중 문법에 맞게 선언된 코드를 고르시오.

❶ `char alp = {\n};` ❷ `char alp = '\n';`
❸ `char alp = (\n);` ❹ `char alp = "\n";`

08 다음 중 문법에 맞지 않는 코드를 고르시오.

① `scanf("%d%f", &inum, &fnum);` ② `scanf("%d %f", &inum, &fnum);`

③ `scanf("%d %f", &inum, &fnum);` ④ `scanf("%d %f", inum, fnum);`

09 다음 정수형 중 가장 큰 값을 저장할 수 있는 것은 무엇인가?

① short ② unsigned long

③ long ④ int

10 다음 정수형 중 가장 큰 값을 저장할 수 있는 것은 무엇인가?

① short ② unsigned long

③ long ④ int

11 다음 중 short의 서식문자는 무엇인가?

① %s ② %u

③ %d ④ %c

12 다음 중 unsigned long의 서식문자는 무엇인가?

① %ld ② %u

③ %d ④ %lu

13 다음 중 unsigned int의 서식문자는 무엇인가?

① %ld ② %u

③ %d ④ %lu

14 다음 중 long의 서식문자는 무엇인가?

① %ld ② %u

③ %d ④ %lu

15 다음 중 변수형의 크기를 알고 싶을 때 사용하는 키워드는 무엇인가?

① #define ② const

③ sizeof ④ size

16 다음 중 sizeof로 크기를 구할 때 어떤 서식문자로 받아야 하는가?

① %ld ② %c

③ %d ④ %lf

17 다음 중 정수(int) 출력에서 10칸을 확보한 후 오른쪽 정렬을 할 수 있는 서식문자는 무엇인가?

❶ %d ❷ %10d
❸ %d10 ❹ 10%d

18 다음 중 실수(float)를 소수점 이하 6자리까지 출력하는 서식문자를 고르시오.

❶ %f ❷ %.1f
❸ %6f ❹ 6%f

19 다음 중 실수(double)를 10칸을 확보하고 오른쪽 정렬을 하며, 소수점 이하 1자리까지 출력하는 서식문자를 고르시오.

❶ %.1f ❷ %10.1f
❸ %10.1lf ❹ %10lf

20 다음 중 3.000000e+10과 같이 출력되는 서식문자는 무엇인가?

❶ %f ❷ %e
❸ %c ❹ %u

21 다음 중 문자형(char) 변수의 크기는?

❶ 1바이트 ❷ 2바이트
❸ 3바이트 ❹ 4바이트

22 다음 제어문자 중 줄 바꿈을 하고 난 뒤 다음 줄의 맨 앞으로 커서를 이동하는 문자는 무엇인가?

❶ \t ❷ \b
❸ \r ❹ \n

23 다음 제어문자 중 수평으로 일정 간격을 띄우는 문자는 무엇인가?

❶ \t ❷ \b
❸ \r ❹ \n

24 다음 제어문자 중 커서를 한 칸 왼쪽으로 이동시키는 문자는 무엇인가?

❶ \t ❷ \b
❸ \r ❹ \n

25 다음 제어문자 중 줄 바꿈 없이 줄의 맨 앞으로 커서를 이동시키는 문자는 무엇인가?

① \t
② \b
③ \r
④ \n

26 printf()에서 화면에 퍼센트(%)를 출력하려 한다. 다음 중 옳은 것을 고르시오.

① \%
② %%
③ %
④ \\%

27 printf(" \'A\' "); 코드의 화면 출력 결과로 옳은 것을 고르시오.

① A
② "A"
③ 'A'
④ \'A\'

28 다음 중 상수 변수형을 선언할 때 사용하는 키워드는 무엇인가?

① #define
② const
③ sizeof
④ size

29 다음 중 매크로를 선언할 때 사용하는 단어는 무엇인가?

① #define
② const
③ sizeof
④ size

30 1.23을 컴퓨터는 어떤 자료형으로 인식하는가?

① float
② double
③ long double
④ unsigned int

31 016는 10진수로 얼마인가?

① 16
② 14
③ 13
④ 15

32 0xB는 10진수로 얼마인가?

① 16
② 14
③ 11
④ 15

33 다음 중 1.23과 같은 실수를 float로 인식시키려면 숫자 뒤에 어떤 문자를 접미사로 사용해야 하는가?

① U
② e
③ F
④ L

34 다음 중 123과 같은 정수를 unsigned로 인식시키려면 숫자 뒤에 어떤 문자를 접미사로 사용해야 하는가?

① U ② e

③ F ④ L

[주관식]

35 정수, 실수, 문자 중 사용하는 메모리의 크기에 따라 저장할 수 있는 숫자의 크기가 제한되는 자료형은 ( )이다.

36 정수, 실수, 문자 중 사용하는 메모리의 크기에 따라 정밀도가 달라지는 자료형은 ( )이다.

37 정수, 실수, 문자 중 아스키 코드를 사용하는 자료형은 ( )이다.

38 문자형 변수에 문자 한 개를 대입하려면 ( )를 사용해야 한다.

39 여러 개의 문자는 ( )를 사용하여 묶어야 한다.

40 문자 한 개를 출력하거나 입력할 때 사용하는 서식문자는 ( )이다.

41 scanf() 사용 시, 입력 받는 변수 앞에는 ( )를 붙여야 한다.

42 양의 정수만 사용하는 경우 정수형 앞에 ( )를 붙인다.

43 unsigned long의 서식문자는 ( )이다.

44 long의 서식문자는 ( )이다.

45 short의 서식문자는 ( )이다.

46 unsigned int의 서식문자는 ( )이다.

47 double의 서식문자는 ( )이다.

48 변수형의 크기를 알고 싶을 때 사용하는 키워드는 ( )이다.

49 sizeof로 변수형의 크기를 받으면 서식문자 ( )를 사용해야 한다.

50 정수(int) 출력에서 10칸을 확보한 후 오른쪽 정렬을 하려는 경우 서식은 ( )이다.

51 실수(float) 출력에서 %f를 사용하면 소수점 이하 ( )자리까지 출력된다.

52 실수(double) 출력에서 소수점 이하 3자리까지 출력하려면 서식문자 (   )를 사용한다.

53 실수(double) 출력에서 10칸을 확보한 후 오른쪽 정렬을 하며, 소수점 이하 2자리까지 출력하려면 서식문자 (   )를 사용한다.

54 3.000000e+10과 같이 실수의 지수 출력 서식문자는 (   )이다.

55 문자형(char) 변수의 크기는 (   )바이트이다.

56 제어문자 중 줄 바꿈을 하고 난 뒤 다음 줄의 맨 앞으로 커서를 이동하는 문자는 (   )이다.

57 제어문자 중 수평으로 일정 간격을 띄우는 문자는 (   )이다.

58 제어문자 중 커서를 한 칸 왼쪽으로 이동하는 문자는 (   )이다.

59 제어문자 중 줄 바꿈 없이 줄의 맨 앞으로 커서를 이동시키는 문자는 (   )이다.

60 printf()에서 화면에 퍼센트(%)를 출력하려면 (   )라 써야 한다.

61 printf()에서 화면에 역슬래시(\)를 출력하려면 (   )라 써야 한다.

62 printf()에서 화면에 작은따옴표(')를 출력하려면 (   )라 써야 한다.

63 printf()에서 화면에 큰따옴표(")를 출력하려면 (   )라 써야 한다.

64 상수 변수형을 선언할 때 사용하는 키워드는 (   )이다.

65 매크로 선언에 사용되는 코드는 #(   )이다.

66 017는 (   )진수이며, 10진수로 15이다.

67 0xC는 (   )진수이며, 10진수로 14이다.

68 실수의 경우 1.23과 같이 접미사 없이 사용하면 (   )로 인식한다.

69 실수의 경우 1.23을 float로 인식시키려면 숫자 뒤에 접미사 (   )를 붙여야 한다.

70 123과 같은 정수를 unsigned로 인식시키려면 숫자 뒤에 접미사 (   )를 붙여야 한다.

71 123과 같은 정수를 long으로 인식시키려면 숫자 뒤에 접미사 (   )을 붙여야 한다.

[코드 문제]

72 다음 코드에서 300억이 정상적으로 출력되도록 2곳을 수정하시오.

정수형 변수 특징

```
#include <stdio.h>

int main()
{
    int money = 30000000000;

    printf("chunsur = %d\n", money);

    return 0;
}
```

실행 화면

```
chunsur = -64771072
```

73 다음 코드에서 0.123456789가 모두 출력되도록 5번 줄에 들어갈 단어와 7번 줄에 들어갈 서식을 쓰시오.

실수형 변수 특징

```
01  #include <stdio.h>
02
03  int main()
04  {
05                fnum = 0.123456789;
06
07      printf("double =         \n", fnum);
08
09      return 0;
10  }
```

문자형 변수 특징

74 실행 화면과 같이 출력되도록 5번 줄과 7번 줄의 빈칸을 채우시오.

```
01 #include <stdio.h>
02
03 int main()
04 {
05     char alp = ________;
06
07     printf("char = ________\n", alp);
08     return 0;
09 }
```

실행 화면

```
char = A
```

변수 초기화

75 다음 코드의 오류를 찾으시오.

```
#include <stdio.h>

int main()
{
    int inum;

    printf("%d", inum);

    return 0;
}
```

입력 함수

76 다음 코드의 오류를 찾으시오(SDL은 아니오로 설정 되어있음).

```
#include <stdio.h>

int main()
{
    int num;

    printf("정수 입력: ");
    scanf("%d", num);

    printf("결과: %d\n", num);

    return 0;
}
```

77 실행 화면과 같이 숫자가 10칸을 확보한 후, 오른쪽 정렬이 되도록 8번 줄과 9번 줄의 빈칸을 채우시오.

출력 길이

```
01  #include <stdio.h>
02
03  int main()
04  {
05      short pay1 = 15000;
06      long pay2 = pay1 * 10;
07
08      printf("pay1 =          \n", pay1);
09      printf("pay1 =          \n", pay2);
10
11      return 0;
12  }
```

실행 화면

```
pay1 =      15000
pay2 =     150000
```

78 실행 화면과 같이 숫자가 출력되도록 5번, 7번, 8번 줄의 빈칸을 채우시오.

실수 출력

```
01  #include <stdio.h>
02
03  int main()
04  {
05                money = 30000000000;
06
07      printf("double =          \n", money);
08      printf("지수형 =          \n", money);
09
10      return 0;
11  }
```

실행 화면

```
double = 30000000000.000
지수형 = 3.0e+10
```

상수 사용

79 다음 코드의 오류를 찾고 해결 방법을 적으시오.

```
#include <stdio.h>

int main()
{
    const double PAL;

    PAL = 24.56;

    printf("PAL = %.2lf\n", PAL);

    return 0;
}
```

매크로 사용

80 다음 코드의 오류를 찾고 해결 방법을 적으시오.

```
#include <stdio.h>

#define DIA = 7;

int main()
{
    double pla = 11.4;

    printf("dia = %.2lf\n", pla * DIA);

    return 0;
}
```

CHAPTER

05

연산자

학습목차

5.1 연산자에 대하여

1 연산자와 피연산자

필수

연산과 연산자

연산이란 일정한 규칙에 따라 계산하는 것이다. 더하고, 빼고, 곱하고 나누는 것이 기본적인 연산이다. 연산을 언어로 설명하면 다양한 표현 방법이 존재한다. 1000원에 산 주식이 2000원이 되었다면 2배, 따블, 곱하기 2, 수익률 100% 등으로 표현된다. 언어로 표시된 경우, 곱하기 2 연산에 대한 표현을 이해하기 어려울 수 있다. 수익률이란 원금에 대한 이익금의 비율인데, 이를 모르면 수익률 100%의 의미를 알 수 없다.

그림 5-1
곱하기 2에 대한 다양한 표현들

언어로 표시된 연산의 또 다른 문제점은 나라마다 사용하는 언어가 다르다는 것이다. 한국어를 모르는 사람은 '곱셈'의 의미를 알 수 없다. 연산의 언어 표시 문제를 해결하기 위해 기호를 사용한다. 전 세계 사람들이 + 기호는 덧셈, - 기호는 뺄셈, × 기호는 곱셈, ÷ 기호는 나눗셈으로 약속했다. 이렇게 연산에 사용되는 기호를 **연산자** operator 라 부른다.

모든 프로그래밍 언어는 연산자를 사용한다. 수학에서 사용하는 연산자와 프로그래밍 언어에서 사용하는 연산자는 차이가 있다. 덧셈과 뺄셈은 똑같지만, 곱셈은 * 기호를, 나눗셈은 / 기호를 사용한다. 따라서 5 곱하기 3은 5 * 3이라 쓰고, 5 나누기 3은 5 / 3이라 쓴다.

피연산자

5 * 3의 연산 결과는 15이다. 여기서 5와 3은 피연산자라 부른다. **피연산자** operand 란 연산의 대상이 되는 기호나 숫자를 의미한다. 일반적으로 연산은 왼쪽에서 오른쪽으로 이루어진다. 피연산자 5가 곱셈 연산자(*)를 만나고 피연산자 3을 만나면 15가 된다.

그림 5-2
연산자와 피연산자

대입 연산자

수학에서 = 기호는 같다(equal)는 의미로 사용한다. 그러나 프로그래밍에서 = 기호는 대입 연산자라 부른다. 대입 연산자(=)는 오른쪽에 있는 것을 왼쪽에 대입하라는 의미이다. A = 8의 의미는 오른쪽의 8을 왼쪽의 A에 대입하라는 뜻이며, 결과적으로 A에 8이 저장된다. 참고로 수학에서 같다의 의미를 가지는 C언어의 연산자는 = 기호를 연달아 2개 사용한 ==이다.

그림 5-3
대입 연산자

1항 연산자와 2항 연산자

연산자는 크게 1항 연산자와 2항 연산자로 나뉜다. **1항 연산자** unary operator 란 피연산자의 개수가 1개인 연산자이고 단항 연산자라고도 부른다. **2항 연산자** binary operator 란 피연산자의 개수가 2개인 연산자이다.

덧셈(+), 뺄셈(-), 곱셈(*), 나눗셈(/)은 2항 연산자이다. 뺄셈과 같은 – 기호를 사용하지만, 부호 연산자는 1항 연산자이다. 부호 연산자(-)는 음수는 양수로, 양수는 음수로 바꾼다. B = -A에서 부호 연산자(-)는 A의 값을 반대로 만든다. A에 8이 저장되어 있을 경우, 부호 연산자에 의해 -8이 되며, 대입 연산자(=)에 의해 B에는 -8이 저장된다.

그림 5-4
1항 연산자와 2항 연산자

부호 연산자(-)는 피연산자가 A뿐임으로 1항 연산자이고, 대입 연산자(=)는 피연산자 B와 -A를 가진 2항 연산자이다. 피연산자 3개를 가진 3항 연산자도 있다.

연산자의 분류 및 의미

[표 5-1]은 C언어에서 사용하는 다양한 연산자들의 분류 및 의미를 나타낸다. 표에 있는 연산자들은 C언어뿐 아니라, C++, 자바, 파이썬과 같은 다른 언어에서도 똑같은 의미로 사용된다. 따라서 한 번 배워두면 다른 언어에서도 똑같이 활용할 수 있다.

표 5-1 연산자의 분류 및 의미

연산자 분류	연산자	의미	비고
산술	+ - * / %	덧셈, 뺄셈, 곱셈, 나눗셈, 나머지	필수
비교	> < >= <= == !=	크기 비교, 같다, 같지 않다	필수
논리	&& || !	AND, OR, NOT	필수
대입	=	오른쪽을 왼쪽에 대입	필수
증감	++ --	1 증가, 1 감소	필수
나열	,	코드 및 데이터 나열	
크기계산	sizeof	크기 연산	
형 변환	(type)	자료형 변환	
비트	& | ^ ~ << >>	비트 단위 연산	심화
복합대입	+= -= *= /= %=	대입과 다른 연산자 결합	심화
조건	?	3항 조건 연산자	6장
포인터	* & {}	포인터 연산 관련	10장
구조체	. ->	구조체 연산 관련	12장

이번 장에서는 중요도와 사용빈도 순으로 연산자를 설명한다. 필수로 표시된 것들은 다음 장부터 자주 보게 될 연산자들이다. 심화로 표시된 연산자들은 C프로그래밍에 어느 정도 자신이 생긴 후에 살펴봐도 된다. 아직까지 개념을 설명하지 않은 3항 조건 연산자는 6장 조건문에서, 포인터 연산자는 10장 포인터에서, 구조체 연산자는 12장 구조체에서 따로 설명한다. 또한, 연산자를 학습하고 난 후에 '[LAB 3] T와 F 출력하기'는 꼭 도전해 보기 바란다.

2 연산자 우선순위

필수

예시로 이해하는 연산자 우선순위

A = 2 + 6 - 4 / 2에서 A의 값은 얼마인가? 대부분 2라고 대답할 것이다. 그러나 정답은 6이다. 기억을 되살려 보면, 곱셈과 나눗셈이 덧셈과 뺄셈보다 먼저 연산된다고 수학 시간에 배웠을 것이다. 따라서 4 / 2가 먼저 연산되어 2가 되고, 2 + 6 - 2의 결과로 A에는 6이 대입된다.

그림 5-5
연산자의 우선순위

연산자마다 우선순위가 있는데, 곱셈과 나눗셈의 우선순위가 덧셈과 뺄셈보다 높다. **우선순위가 높은 연산자가 먼저 연산된다.** 4 / 2가 먼저 연산되면, 2 + 6 - 2에서 덧셈과 뺄셈의 우선순위는 같다.

예시로 이해하는 연산자 결합방향

연산자의 우선순위가 같은 경우, 결합방향(연산방향)에 따라 연산된다. 보통의 경우 왼쪽에서 오른쪽이 결합방향이다. 책 읽는 방향과 같다. 결합방향에 따라 2 + 6 - 2를 연산하면 6이 된다.

대입 연산자(=)의 우선순위는 매우 낮다. 따라서 다른 연산자가 연산을 마치고, 결과가 만들어진 후에 대입된다. 또한 대입 연산자는 결합방향이 오른쪽에서 왼쪽이다. 2항 연산자의 결합방향이 왼쪽에서 오른쪽인 것과 달리 대입 연산자는 반대다. A = 2 + 6 - 2에서 오른쪽의 모든 연산이 끝난 결과로 6이 만들어진 이후에 왼쪽의 A에 대입된다. 대입된다는 것은 A에는 6이 저장된다는 의미이다.

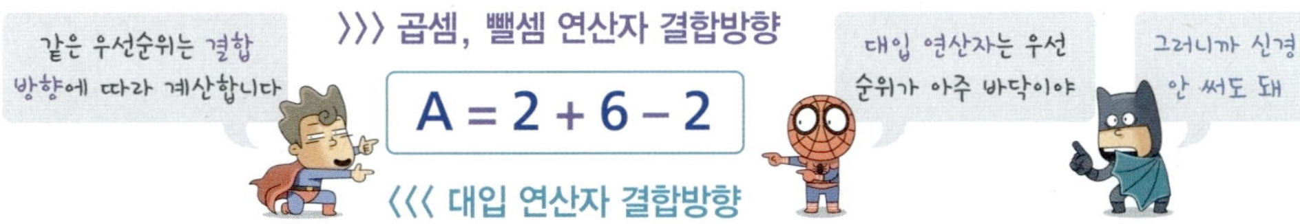

그림 5-6
연산자 결합방향

꼭 기억해야 할 우선순위

연산자의 우선순위에서 꼭 기억해야 할 것이 있다. **1항 연산자의 우선순위가 2항 연산자보다 높다.** A가 8일 경우, B = 9 + -A의 결과는 1이다. B = 9 + -A에는 대입, 덧셈, 부호의 3개의 연산자가 있다. 이 중 1항 연산자는 부호 연산자이다. 따라서 -A가 먼저 연산되어 -8이 되고, 덧셈 9 + (-8)의 결과 1이 된다. 대입 연산자는 우선순위가 낮아 맨 마지막에 연산되기 때문에 B에는 1이 저장된다.

그림 5-7
1항 연산자가 2항 연산자보다 먼저 연산된다

연산자 중 **가장 높은 우선순위를 가진 연산자는 괄호 연산자 ()**이며, 가장 먼저 연산된다. A = 2 + 6 - 4 / 2를 우선순위에 따라 다시 쓰면 A = 2 + 6 - (4 / 2)가 된다. 괄호를 사용하면 연산 순서가 분명해진다.

중요

- 우선순위가 높은 연산자가 먼저 계산되며 괄호 () 연산자의 우선순위가 가장 높다.
- 1항 연산자의 우선순위가 2항 연산자보다 높다.
- 같은 우선순위일 경우 결합방향(연산방향)에 따라 연산된다.
- 2항 연산자의 결합방향은 왼쪽에서 오른쪽이며 대입 연산자만 반대 방향이다.

연산자의 우선순위와 결합방향을 모르고 연산을 하면 잘못된 결과를 얻을 수 있다. 그렇다고 해서 연산자의 우선순위와 결합방향을 모두 외운 다음에 프로그래밍을 시작하는 것도 쉽지 않다. 중요한 연산자를 중심으로 특징과 우선순위를 학습하기 바란다. 모자라는 부분은 C문법을 배우면서 자연스럽게 터득하게 될 것이다.

여기서 잠깐 1항 연산자는 2항 연산자와는 반대로 결합방향이 오른쪽에서 왼쪽이다. 그러나 하나의 식에서 1항 연산자를 여러 개 사용하는 경우는 많지 않다.

주요 연산자 5.2

1 산술 연산자

필수

산술 연산자란?

산술 연산자란 덧셈(+), 빼셈(-), 곱셈(*), 나눗셈(/)과 같이 산술 연산에 사용되는 연산자이다. 4개의 기본 연산에 부호를 나타내는 부호 연산자(-)와 나머지 값을 나타내는 나머지 연산자(%)가 추가된다.

나머지 연산자(%)는 나눗셈 결과의 나머지를 알려주는 연산자이다. 예를 들어 `7 % 2`는 `1`이며, `8 % 2`는 `0`이다. 나머지 연산자를 사용하면 숫자가 짝수인지 홀수인지를 판단하기 쉬워진다.

표 5-2 산술 연산자

연산자	의미	비고	우선순위
-	부호	-A 음수를 양수로, 양수를 음수로	매우 높다
*	곱셈	A * B	높다
/	나눗셈	A / B	
%	나머지	A % B 나눗셈을 한 후 나머지 값	
+	덧셈	A + B	낮다
-	뺄셈	A - B	

> **여기서 잠깐**
> 수학 시간에 배웠다시피, A/B의 경우 B가 0이면 안 된다. 만약 B가 0이면 'division by zero' 오류가 발생한다.

부호 연산자(-)

뺄셈 연산자와 같은 - 기호를 사용하는 부호 연산자는 1항 연산자이다. 부호 연산자(-)는 원래 양수와 음수를 표시한다. 양수의 경우 + 기호를 사용하고, 음수의 경우 - 기호를 사용한다. 그러나 사용하는 것과 사용하지 않는 것이 똑같기 때문에 + 기호는 거의 사용하지 않는다. 그래서 부호 연산자는 - 기호를 의미한다.

부호 연산자(-)는 음수를 표시할 뿐 아니라 값을 바꾸는 특징이 있다. - 기호가 붙으면 음수는 양수로, 양수는 음수로 바뀐다. 또한 부호 연산자는 1항 연산자이기 때문에 다른 연산자보다 우선순위가 높아 먼저 연산된다.

산술 연산자의 우선순위

아래의 코드 B = 2 * -A에는 대입, 곱셈, 부호 연산자가 있다. 부호 연산자(-)가 먼저 연산되어, A의 값 7이 -7로 바뀌고 난 뒤에 곱하기 2를 하게 된다. 마지막으로 B에는 2 * -7의 결과인 -14가 대입된다.

```
A = 7;
B = 2 * -A;
```

1항 연산자인 부호 연산자(-)는 음수를 양수로, 양수를 음수로 바꿈

부호 연산자(-) 외의 산술 연산자의 경우, 곱셈(*), 나눗셈(/), 나머지 연산자(%)의 우선순위가 덧셈(+)과 뺄셈(-)보다 높다.

그림 5-8
산술 연산자의 우선순위

[예제 5-1]은 나머지 연산자(%)를 이용하여 두 수의 몫과 나머지를 구하는 코드이다. 5번 줄에서 나눗셈에 사용할 정수형 변수 num과 div를 선언한다. 또한, 나눗셈의 몫을 저장할 por와 나머지를 저장할 rem을 선언한다. 8번 줄에서 scanf()를 사용하여 &num과 &div 값을 입력 받는다. scanf()를 사용할 때, 열쇠(&)를 빼면 안 된다.

[예제 5-1]
몫과 나머지 구하기 코드

501X_remain.c

빈칸 있음

```
01  #include <stdio.h>
02
03  int main()
04  {
05      int num, div, por, rem;
06
07      printf("2개 숫자를 입력: ");
08      scanf("%d %d", &num, &div);          // scanf()는 변수 앞에 열쇠(&) 붙임
09
10      rem = num % div;                     // %는 나머지 연산자
11      por =                          ;     // 몫 계산, 빈칸을 채우시오.
12      printf("몫 = %d, 나머지 = %d", por, rem);
13
14      return 0;
15  }
```

실행 화면

```
2개 숫자를 입력: 7 2
몫 = 3, 나머지 = 1
```

10번 줄에서 나머지 연산자(%)를 사용하여 나머지를 정수형 변수 rem에 넣었다. 7과 2가 입력된 경우 나머지 1이 rem에 저장된다. 11번 줄에서 몫을 구하여 por에 넣는다. 몫을 구하는 코드를 직접 만들어 보기 바란다.

```
11    por = num / div;
```

80점

대부분 위와 같은 코드를 생각했을 것이다. 위 코드의 연산 결과는 맞지만, 100점이 아닌 80점짜리 답이다. 7과 2가 입력된 경우, 7 나누기(/) 2의 결과는 3.5로 실수이다. 실수가 정수형 변수에 대입될 때, 소수점 이하는 버린다. 그래서 por에 3이 저장된다.

4장에서 자료형에 맞는 데이터를 사용하는 것이 중요한 원칙이라고 설명했다. 따라서 실수를 정수형 변수에 대입한 것은 감점 요인이 된다. 몫을 구하는 100점짜리 답을 찾아보자.

참고

일부에서 슬래시(/)를 몫 연산자라 주장한다. 파이썬의 경우 / 기호를 나눗셈 연산자로, // 기호를 몫 연산자로 사용한다. 슬래시가 몫 연산자라면 굳이 몫 연산자를 따로 만들 이유가 없다. 따라서 슬래시(/)는 나눗셈 연산자이다.

다음 코드가 정답이다(정답부터 보지 못하도록 잘 안 보이게 처리했다). 나머지를 먼저 빼고 나누면 결과는 항상 정수가 된다.

```
11    por = (num - rem) / div;
```

100점

7과 2가 입력된 경우, 7에서 나머지 1을 먼저 빼고 2로 나누면 몫인 3을 구할 수 있다. 그래서 몫을 구하기 전에 10번 줄에서 나머지부터 구한 것이다. 우리가 프로그램을 배운다는 것은 문법 자체에 목적이 있는 게 아니라 논리적인 사고를 키우기 위함임을 잊지 말자.

여기서 잠깐

나머지 연산자(%)의 특성상 음수를 사용한 몫과 나머지는 부정확한 값이 나온다. 정확한 나머지 값을 얻고 싶다면 mod() 함수를 사용해야 한다.

2 비교 연산자

필수

비교 연산자의 종류와 우선순위

비교 연산자란 두 개의 자료를 비교하여 크다, 작다, 같다, 다르다 등을 판단할 때 사용하는 연산자이다. 비교 연산자는 2항 연산자이며 6장 조건문부터 자주 사용하게 될 연산자이다.

표 5-3 비교 연산자

우선순위	연산자	의미	비고
높다	>	크다	비교 연산자는 산술 연산자보다 우선순위가 낮다.
	<	작다	
	>=	크거나 같다	
	<=	작거나 같다	
낮다	==	같다	
	!=	다르다	

A > B는 A가 B보다 크다는 것을 의미하며, 반대로 A < B는 A가 B보다 작다는 것을 의미한다. 마찬가지로 A >= B는 A가 B보다 크거나 같다는 것을 의미하며, A <= B는 A가 B보다 작거나 같다는 것을 의미한다.

그림 5-9
비교 연산자의 우선순위

두 수가 같은지 혹은 다른지도 비교할 수 있다. A == B는 두 수가 같은지를 비교하는 것이고, A != B는 두 수가 다른지를 비교하는 것이다. 비교 연산자에서 >, <, >=, <= 연산자의 우선순위가 ==과 !=보다 높다.

여기서 잠깐 비슷해 보이지만, =<, =>, =! 기호들은 비교 연산자가 아니다. 혼돈스러울 경우, 비교 연산자에서 = 기호는 항상 오른쪽이라고 생각하면 된다.

비교 연산자의 결과값

비교 연산자의 결과는 참(true)이거나 거짓(false)이다. 그런데 C언어에는 참과 거짓을 나타내는 자료형이 없다. 대신 **거짓을 0, 참을 1**로 정했다. 따라서 비교 연산자의 결과는 언제나 0이거나 1이다.

그림 5-10
거짓은 0, 참은 1

여기서 잠깐

C언어에서 참과 거짓을 인식할 때에는 0을 거짓으로, 0이 아닌 모든 수를 참이라 인식한다. 따라서 -1, 2, 100도 참이라 인식한다.

[예제 5-2]는 두 개의 숫자를 입력 받아 두 수가 같은지를 비교하는 코드이다. 10번 줄에서 == 연산자를 사용하여 두 수가 같은지를 비교하고 결과를 출력한다. 11번 줄에서 > 연산자를 사용하여 num1의 값이 num2의 값보다 큰지를 비교하고 결과를 출력한다.

12번 줄에서 >= 연산자를 사용하여 num2가 양수인가(1보다 크거나 같은가)의 결과를 출력한다. 양수인지를 확인하는 경우, num2 > 0도 같은 결과를 출력한다.

[예제 5-2]
비교 연산자 코드
502_compare.c

```
01  #include <stdio.h>
02
03  int main()
04  {
05     int num1, num2;
06
07     printf("2개 숫자를 입력: ");
08     scanf("%d %d", &num1, &num2);        // scanf()는 변수 앞에 열쇠(&) 붙임
09
10     printf("두 수가 같은가? %d\n", num1 == num2);          // == 같다
11     printf("num1이 더 큰가? %d\n", num1 > num2);           // > 크다
12     printf("num2는 양수인가? %d\n", num2 >= 1);            // >= 크거나 같다
13
14     return 0;
15  }
```

실행 화면

```
2개 숫자를 입력: 4 2
두 수가 같은가? 0
num1이 더 큰가? 1
num2는 양수인가? 1
```

결과값을 보면, 거짓(false)인 경우에는 0을 출력하고, 참인 경우에는 1을 출력한다. 4와 2가 입력된 경우, 두 수가 같은가는 0(거짓), num1이 더 큰가는 1(참), num2는 양수인가는 1(참)이 출력된다.

```
num1 + 5 > num2 + 7
```

위의 코드와 같이 산술 연산을 하고 난 뒤, 그 결과를 비교하는 경우가 있을 수 있다. 비교 연산자는 산술 연산자보다 우선순위가 낮다. 따라서 산술 연산자가 비교 연산자보다 먼저 연산된다. 위의 코드 에서는 num1 + 5와 num2 + 7이 먼저 계산되고 난 뒤에 num1 + 5가 num2 + 7보다 큰 가를 비교한다. 괄호를 사용하여 연산 순서를 분명히 하면 다음과 같다.

```
(num1 + 5) > (num2 + 7)
```

LAB 1 생수 값 계산하기

단체로 MT를 가기 위해 모든 사람이 마실 생수를 구매하려 한다. 생수 15개를 묶어서 1팩으로 판매하는데, 가격은 10000원이다. 낱개로도 구입이 가능한데, 가격은 900원이다. MT를 가려는 전체 인원과 1인당 마실 생수의 개수를 입력 받아 생수 구매 비용을 계산하는 코드를 만들어 보자.

[예제 5-3]은 생수 구매 비용을 계산하는 코드이다. 8번 줄에서 scanf()를 사용하여 MT 전체 인원을 person으로 받고, 1인당 마실 생수 개수를 amount로 받는다.

10번 줄에서 낱개로 구매해야 하는 생수의 개수를 계산하여 bottle 변수에 저장한다. 나머지 연산자를 사용하여 전체 필요한 생수 개수를 % 15를 하면 낱개로 구매해야 하는 생수 개수가 나온다. 따라서 bottle = person * amount % 15이다.

11번 줄에서 15개 묶음인 1팩의 구매 개수를 계산하여 pack 변수에 저장한다. 전체 필요한 생수에서 bottle을 빼고 % 15하면 pack의 개수가 나온다. 따라서 pack = (person * amount - bottle) / 15이다.

[예제 5-3]
생수 구매 비용 계산 코드

503_water.c

```
01 #include <stdio.h>
02
03 int main()
04 {
05    int person, amount, pack, bottle;
06
07    printf("전체 인원과 1인당 생수 개수 입력: ");
08    scanf("%d %d", &person, &amount);
09
10    bottle = person * amount % 15;
11    pack = (person * amount - bottle) / 15;
12
13    printf("15팩 구매 비용 %d원\n", pack * 10000);
14    printf("낱개 구매 비용 %d원\n", bottle * 900);
15    printf("전체 구매 비용 %d원\n", pack * 10000 + bottle * 900);
16
17    return 0;
18 }
```

실행 화면

```
전체 인원과 1인당 생수 개수 입력: 57 3
15팩 구매 비용 110000원
낱개 구매 비용 5400원
전체 구매 비용 115400원
```

11번 줄에서 주의할 것이 2가지가 있다. pack = (person * amount - bottle) / 15에서 괄호를 빼면 연산자 우선순위 때문에 bottle / 15가 먼저 계산되어 틀린 답이 나온다. 또한, pack = person * amount / 15만 사용해도 같은 답이 나오지만, 실수를 정수에 대입할 때, 소수점 이하가 버려지기 때문이란 것을 기억하기 바란다.

3 논리 연산자

필수

논리 연산자의 종류

논리 연산자란 AND와 OR와 같은 논리 연산을 하는 연산자이다. NOT(부정), AND(논리곱), OR(논리합) 연산자가 있다. NOT은 참과 거짓을 반대로 바꾸는 연산자이며, AND는 양쪽이 모두 참(true)일 때 참인 결과를 내는 연산자이며, OR는 둘 다 거짓(false)일 때에만 거짓인 결과를 내는 연산자이다.

그림 5-11
논리 연산자

논리 연산자의 우선순위

AND 연산자는 &&로 & 기호를 연달아 두 번 쓴다. 앞서 scanf()에서 열쇠로 사용한 &와 혼돈하지 말기 바란다. OR 연산자는 ||으로 | 기호를 두 번 연달아 쓴다. NOT(부정) 연산자는 ! 기호를 사용한다. NOT 연산자는 1항 연산자이기 때문에 AND와 OR 연산자보다 우선순위가 높다.

표 5-4 논리 연산자의 의미와 우선순위

연산자	의미	비고		우선순위
!	부정	NOT A	참을 거짓으로, 거짓을 참으로	매우 높다
&&	논리곱	A AND B	양쪽이 다 참이어야 참	낮다
||	논리합	A OR B	한쪽만 참이면 참	

논리 연산자는 다양한 조건이 참인지 거짓인지를 판단할 때 사용되는 연산자이다. C언어에서 거짓은 0, 참은 1이다. 따라서 && 연산자는 양쪽이 1일 때만 1이 되고, || 연산자는 양쪽이 0일 때만 0이 되는 연산자이다. ! 연산자는 0을 1로 1을 0으로 바꾼다.

논리 연산자 사용하기

[예제 5-4]는 앞의 비교 연산자 코드를 응용하여 만든 논리 연산자 코드이다. 8번 줄에서 두 개의 수를 입력 받는다. 입력된 수는 2와 0이다.

10번 줄에서 두 개의 수 모두 0인가의 결과를 출력한다. num1과 num2가 모두가 0일 때만

1(참)의 결과가 나온다. 그래서 num1 == 0과 num2 == 0을 AND 연산자(&&)로 묶었다. num2는 0이지만 num1은 0이 아니기 때문에 결과는 0(거짓)이다.

[예제 5-4]
논리 연산자 코드
504_logic.c

```c
01 #include <stdio.h>
02
03 int main()
04 {
05    int num1, num2;
06
07    printf("2개 숫자를 입력: ");
08    scanf("%d %d", &num1, &num2);        // scanf()는 변수 앞에 열쇠(&) 붙임
09
10    printf("둘 다 0인가? %d\n", (num1 == 0) && (num2 == 0));
11    printf("양수가 있는가? %d\n", (num1 > 0) || (num2 > 0));
12    printf("참의 반대는 무엇인가? %d\n", !1);
13
14    return 0;
15 }
```

실행 화면

```
2개 숫자를 입력: 2 0
둘 다 0인가? 0
양수가 있는가? 1
참의 반대는 무엇인가? 0
```

11번 줄에서 두 수 중 0보다 큰 수가 있는지를 확인한다. 두 수 중 하나라도 0보다 큰 수가 있으면 되기 때문에 OR 연산자(||)로 묶는다. num1이 0보다 큰 수이기 때문에 결과는 1(참)이다. (num1 > 0) || (num2 > 0)는 (num1 >= 1) || (num2 >= 1)라고 써도 같은 결과를 얻는다.

12번 줄에서 참(1)의 반대를 물어본다. 참이나 거짓의 반대를 만들기 위해서는 NOT 연산자(!)를 앞에 붙이면 반대의 값이 출력된다. 1(참)의 반대인 0(거짓)이 출력된다.

비교 연산을 하여 참(1)과 거짓(0)이 결정되어야 논리 연산을 할 수 있다. 따라서 논리 연산자는 비교 연산자보다 우선순위가 낮다. 10번과 11번 줄의 코드는 괄호를 빼고 다음과 같이 써도 결과는 같다.

```c
10    printf("둘 다 0인가? %d\n", num1 == 0 && num2 == 0);
11    printf("양수가 있는가? %d\n", num1 > 0 || num2 > 0);
```

산술, 비교, 논리 연산자의 우선순위

앞서, 비교 연산자는 산술 연산자보다 우선순위가 낮다고 했다. 또한 논리 연산자는 비교 연산자보다 우선순위가 낮다. 결론적으로 산술, 비교, 논리 연산자만 놓고 보면, **우선순위는 산술 > 비교 > 논리 연산자 순이다.** 따라서 산술, 비교, 논리 연산자 순으로 연산이 이루어진다. 추가적으로 NOT(!)과 부호(-) 연산자는 1항 연산자임으로 모든 산술, 비교, 논리 연산자보다 우선순위가 높다.

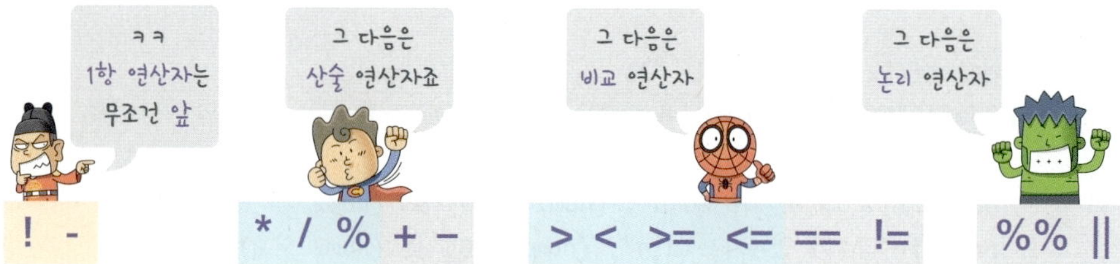

그림 5-12
산술, 비교, 논리 연산자의 우선순위

두 수 모두 짝수이면 참이 출력되고 한 개라도 짝수가 아니면 거짓이 출력되는 코드를 만들어 보자. 나머지 연산자(%)를 사용하여 num1을 2로 나눈 나머지가 0인가를 확인(num1 % 2 == 0)하고, num2도 2로 나눈 나머지가 0인지를 확인(num2 % 2 == 0)한다. 이 두 코드를 AND 연산자(&&)로 묶으면 두 수의 짝수 여부를 판단할 수 있다.

```
printf("둘 다 짝수? %d\n", num1 % 2 == 0 && num2 % 2 == 0);
```

위와 같이 산술, 비교, 논리 연산자가 함께 쓰이는 경우 산술, 비교, 논리 순으로 연산이 이루어진다. 따라서 나머지 연산 num1 % 2와 num2 % 2가 먼저 연산되어 나머지를 계산하고, num1 % 2 == 0과 num2 % 2 == 0이 연산되어 나머지가 0인지를 확인하고, 마지막에 AND 연산자(&&)가 연산된다.

```
printf("둘 다 짝수? %d\n", (num1 % 2 == 0) && (num2 % 2 == 0));
```

강조했지만, 연산자의 우선순위가 헷갈리는 경우 위와 같이 괄호를 사용하면 혼돈을 막을 수 있고, 코드도 읽기 편해진다.

중요

산술, 비교, 논리 연산자만 놓고 볼 때, 우선순위는 산술 > 비교 > 논리 연산자 순이다. 단, 1항 연산자인 NOT(!)과 부호(-) 연산자는 산술, 비교, 논리 연산자보다 우선순위가 높다.

4 대입 연산자

필수

대입 연산자의 우선순위

C언어에서 = 기호는 대입 연산자를 의미한다. 전체 연산자에서 가장 낮은 우선순위를 가진 연산자는 나열 연산자(,)이다. 나열 연산자를 제외하면 대입 연산자(=)의 우선순위가 최하위이다. 따라서 모든 연산자의 연산이 끝난 이후에 대입 연산자가 실행된다.

대입 연산자는 2항 연산자이다. 보통의 경우, 2항 연산자들은 결합방향이 왼쪽에서 오른쪽이다. 그러나 대입 연산자는 결합방향이 오른쪽에서 왼쪽이다.

표 5-5 대입 연산자

연산자	의미	비고
=	대입 연산자	나열(,) 연산자를 제외하면 모든 연산자 중 우선순위가 최하위이고 결합방향이 오른쪽에서 왼쪽이다.

대입 연산자의 결합방향 확인하기

[예제 5-5]는 대입 연산자의 결합방향을 확인하는 코드이다. 5번 줄에서 num1에는 3, num2에는 5, num3에는 7을 각각 대입했다. 7번 줄에서 num1 = num2 = num3로 대입을 하면 어떻게 되는지 상상해 보자.

[예제 5-5] 대입 연산자 코드

505_assign.c

```
01  #include <stdio.h>
02
03  int main()
04  {
05      int num1 = 3, num2 = 5, num3 = 7;
06
07      num1 = num2 = num3;              // 대입 연산자 결합방향 우에서 좌
08      printf("%d %d %d", num1, num2, num3);
09
10      return 0;
11  }
```

실행 화면

```
7 7 7
```

← 일부러 잘 안보이게 처리

왼쪽에서 오른쪽으로 결합된다면 num1의 값이 대입되어 모든 숫자가 3이 될 것이고, 오른쪽에서 왼쪽으로 결합된다면 num3의 값이 대입되어 모든 숫자는 7이 된다. 각자 실행 결과를 확인하기 바란다.

5 증감 연산자

필수

증감 연산자의 종류

증감 연산자란 어떤 값을 1 증가시키거나 1 감소시키는 연산자이다. 1을 증가시키는 증가 연산자는 ++이며, 1을 감소시키는 감소 연산자는 --이다.

증감 연산자는 전위(prefix) 증감 연산자와 후위(postfix) 증감 연산자로 나뉜다. 전위 증가 연산자는 ++A처럼 연산자를 변수 앞에 붙인다. 후위 증가 연산자는 A++처럼 연산자를 변수 뒤에 붙인다. ++ 대신 --를 붙이면 감소 연산자가 된다. 증감 연산자는 7장 반복문에서 자주 사용되는 연산자이다.

표 5-6 증감 연산자

연산자	의미	비고
++(전위)	전위 증가 연산자	++A 숫자를 1 증가시킨 후 다른 수식 계산
--(전위)	전위 감소 연산자	--A 숫자를 1 감소시킨 후 다른 수식 계산
(후위)++	후위 증가 연산자	A++ 다른 수식을 모두 계산한 후 1 증가
(후위)--	후위 감소 연산자	A-- 모든 다른 수식을 모두 계산한 후 1 감소

증가 연산자는 A = A + 1을, 감소 연산자는 A = A - 1을 짧게 줄여 놓은 것이다. **단독으로 사용할 때에는 전위나 후위 증감 연산자의 결과가 같다.** A에 0이 들어 있을 경우, 전위 증가 연산자 ++A와 후위 증가 연산자 A++의 결과는 모두 1이 된다. 단독으로 사용할 때 많은 프로그래머들이 후위 증감 연산자를 선호한다.

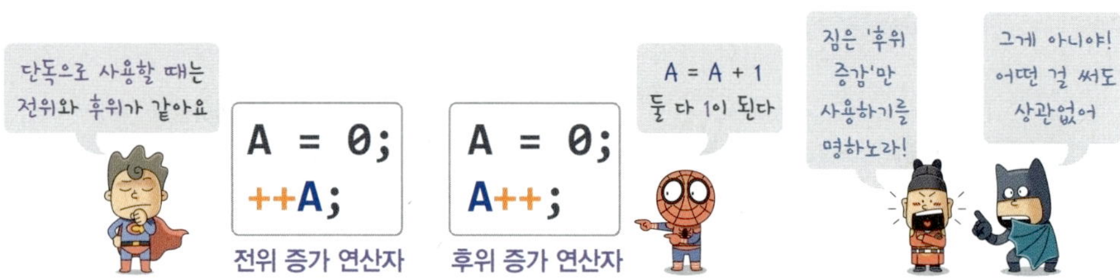

그림 5-13 단독으로 사용하면 전위와 후위 증감 연산자는 같다

증감 연산자는 1항 연산자이기 때문에 우선순위가 높다. 증감 연산자가 다른 연산자와 같이 사용될 때에는 전위 증감과 후위 증감의 연산 순서가 다르기 때문에 주의가 필요하다.

전위 증감 연산자

우선 전위 증감 연산자부터 살펴보자. **전위 증감 연산자는 다른 연산이 이루어지기 전에 먼저 증감된다.** 따라서 먼저 1이 증가하고 난 후에 다른 연산이 시작된다. [그림 5-14]의 왼쪽 전위 증가 연산자를 보자. A에는 0이 들어 있다. 다음 줄에서 전위 증가 연산자(++)로 인하여 A의 값이 1이 증가되어 1이 된다. 그 이후 B에 대입되기 때문에 B 값과 A 값 모두 1이 된다.

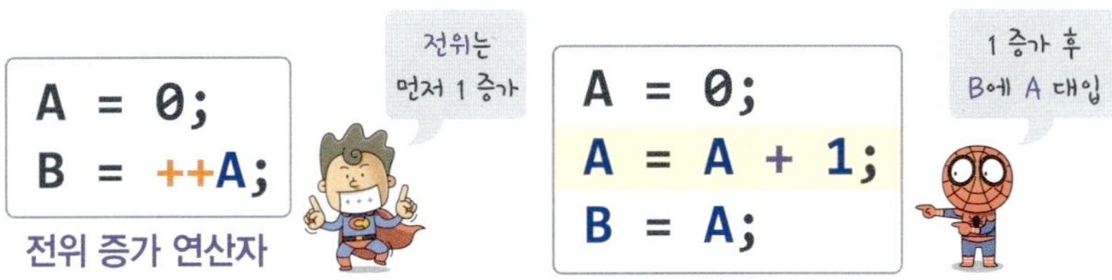

그림 5-14 전위 증가 연산자

전위 증가 연산자 코드를 다시 쓰면 오른쪽과 같다. 우선 A = A + 1을 하여 A 값을 1 증가시킨다. 그 후, B에 증가된 A를 대입(B = A)한다. 전위 감소 연산자(--)의 경우, 1을 먼저 감소시킨 후 대입한다. 전위 증감 연산자는 대입뿐 아니라 printf()와 같은 함수를 사용할 때에도 1을 증감시킨 후 함수에게 값을 전달한다.

후위 증감 연산자

후위 증감 연산자는 다른 모든 연산이 끝난 다음에 증감이 이루어진다. [그림 5-15]의 왼쪽 후위 증가 연산자를 보자. 후위 증가 연산자에서는 B에 0이 대입되고 난 후, A 값이 1이 된다.

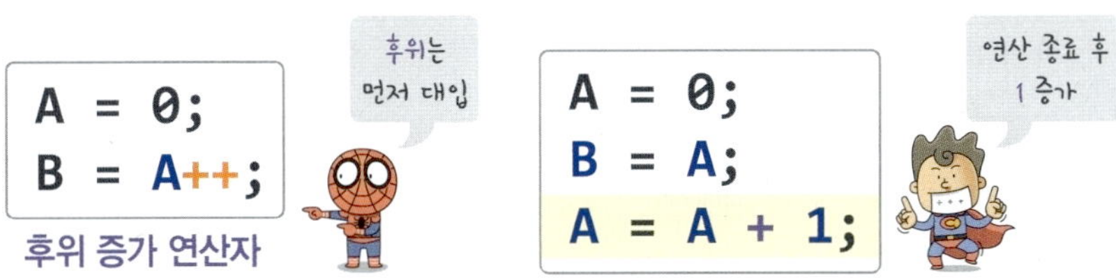

그림 5-15 후위 증가 연산자

후위 증가 연산자 코드를 다시 쓰면 오른쪽과 같은 코드가 된다. 우선 B = A가 먼저 실행된다. A가 0임으로 B에는 0이 들어간다. 모든 연산이 끝나고 난 후, A 값을 1 증가시켜 1이 된다. 후위 감소 연산자(--)는 모든 연산이 끝난 후 1을 감소시킨다. 후위 증감 연산자는 대입뿐 아니라 printf()와 같은 함수를 사용할 때에도 값을 먼저 전달한 후에 증감시킨다.

여기서 잠깐

증감 연산자는 산술 연산자로 분류되기도 하지만 마이크로소프트는 1항 대입 연산자로 분류한다. 마이크로소프트에서 제공하는 C언어 설명서(https://docs.microsoft.com/ko-kr/cpp/c-language)에 따르면 "1항 대입 연산자는 증가(++) 및 감소(--) 연산자이며, 2항 대입 연산자는 단순 대입 연산자(=) 및 복합 대입 연산자입니다."라고 설명하고 있다. 그래서 대입 연산자 이후에 증감 연산자를 설명한다.

전위, 후위 증감 연산자의 차이 확인하기

[예제 5-6]은 전위 증감 연산자와 후위 증감 연산자의 차이를 보여주는 코드이다. 5번 줄에서 정수형 변수 num1과 num2를 선언하고 둘 다 0으로 초기화한다.

[예제 5-6]
증감 연산자 코드
506_prefix_postfix.c

```
01  #include <stdio.h>
02
03  int main()
04  {
05      int num1 = 0, num2 = 0;
06
07      ++num1;                                        // 단독으로 사용되는 경우
08      num2++;                                        // 전위와 후위의 결과는 같다.
09      printf("단독: %d %d\n", num1, num2);
10      printf("전위: %d %d\n", ++num1, --num2);    // 전위 - 증가(감소) 후 연산
11      printf("후위: %d %d\n", num1++, num2--);    // 후위 - 연산 후 증가(감소)
12      printf("결과: %d %d\n", num1, num2);
13
14      return 0;
15  }
```

실행 화면

```
단독: 1 1
전위: 2 0  ←  전위 연산자 (먼저 연산 후 대입)
후위: 2 0  ←  후위 연산자 (대입 후 연산 - 아직까지 변화 없음)
결과: 3 -1
```

7번 줄에서 전위 증가 연산자를 사용하여 num1의 값을 1 증가시키고, 8번 줄에서 후위 증가 연산자를 사용하여 num2의 값을 1 증가시킨다. 9번 줄에서 num1과 num2의 값을 출력하면 똑같이 1과 1이 출력된다. 단독으로 사용할 경우 전위와 후위의 결과는 같다는 것을 확인할 수 있다.

10번 줄에서는 전위 증가 연산자로 num1은 1 증가시키고, 전위 감소 연산자로 num2를 1 감소시킨다. printf()가 출력하기 전에 증가와 감소가 이루어지기 때문에 결과는 2와 0이 된다.

11번 줄에서 후위 증감 연산자를 사용한다. 후위 증감 연산자는 printf()가 출력을 하고 난 이후에 증가나 감소가 이루어진다. 그래서 변화 없이 2와 0이 출력된다.

12번 줄에서 값의 변화를 확인하기 위해 num1과 num2를 다시 출력해본다. 출력의 결과로 3과 -1이 출력된다. 따라서 후위 증감 연산자는 모든 연산이 끝난 이후에 값을 증감시키는 것을 확인할 수 있다.

```
num1 = ++num2 + num2++ + ++num1;
```
X

위와 같이 하나의 연산에 여러 번의 증감 연산자를 사용할 수 있다. 이럴 경우, 코드의 결과를 이해하기 어렵게 된다. 읽기 쉽고 간결한 코드가 좋은 코드이다. 그런데 증감 연산자를 여러 개 사용하게 되면 읽기 어려운 코드가 된다. 따라서 증감 연산자는 한 줄에 한 번 정도 사용하는 것을 권장한다.

LAB 2 피자 값 계산하기

사무실에서 피자를 배달시켜 먹으려 한다. 피자 1판에 12000원이며, 2명이서 1판을 먹는다. 오늘은 1 + 1이라 피자 1판을 시키면 2판이 온다. 인원수를 입력 받아 몇 판을 시켜야 하는지와 피자 가격을 계산하는 코드를 만들어 보자. 단, 인원은 최소한 4명 이상이며, 피자가 남아도 되지만 모자라면 안 된다.

문제를 단순화시켜 보자. 2명이서 피자 1판, 4명이서 피자 2판이다. 12000원짜리 피자 1판을 시키면, 2판의 피자가 배달되기 때문에 4명이서 먹을 수 있다. 5명의 경우, 피자 1판을 더 주문해야 하기 때문에 피자 2판을 주문하면 4판이 배달된다. 따라서 5명에서 8명까지는 피자 2판을 주문해야 한다.

문제를 단순화시켜보니 4명당 1판의 피자를 주문해야 하는 것을 알 수 있다. 따라서 인원수를 4로 나누어 order 변수에 저장한다. 이때 소수점 이하는 버려진다. 소수점 이하 값이 있다면 1판을 더 주문해야 한다.

이 코드에서 나머지가 0이 아닌 경우 1을 추가하는 코드를 생각해 보자. 뒤에서 배울 조건문을 사용하면 쉽게 만들 수 있다. 그러나 조건문을 사용하지 않고서도 만들 수 있다. 힌트는 앞에서 배운 참은 1, 거짓은 0이라는 것을 응용하면 만들 수 있다. [예제 5-7]은 피자 가격을 계산하는 코드이다.

[예제 5-7]
피자 가격 계산 코드
507_pizza.c

```
01 #include <stdio.h>
02
03 int main()
04 {
05    int person, order;
06
07    printf("전체 인원: ");
08    scanf("%d", &person);
09
10    order = person / 4;                          // 소수점 이하는 버려짐
11    order = order + (person % 4 != 0);           // 소수점 이하 있으면 1판 추가
12    printf("주문 피자 수: %d판\n", order);
13    printf("피자 가격: %d원\n", order * 12000);
14
15    return 0;
16 }
```

실행 화면

```
전체 인원: 7
주문 피자 수: 2판
피자 가격: 24000원
```

10번 줄에서 order = person / 4를 하여 피자의 개수를 order에 저장한다. 이때 소수점 이하는 버려지기 때문에 사람 수에 딱 맞거나 1판 적은 값이 order에 저장된다.

11번 줄에서 person % 4의 결과가 0이면 피자를 딱 맞게 시킨 것이다. 그러나 0이 아닐 경우, 1판을 더 시켜야 한다. C언어에서 거짓은 0, 참은 1이다. 따라서 (person % 4 != 0)의 결과가 참이면 1이 추가된다. 다시 말해 나머지가 0이 아닌 경우 1이 추가된다.

그 외의 연산자 5.3

1 나열 연산자

나열 연산자란?

여러 개의 같은 종류의 변수를 선언할 때 쉼표(,)를 사용했다. 다음의 변수 선언의 예에서 왼쪽 코드와 오른쪽 코드는 같은 의미이다. 쉼표를 사용하는 나열 연산자는 한 줄에 2개 이상의 코드나 데이터를 나열할 때 사용하는 연산자이다. 나열 연산자(,)는 우선순위가 가장 낮은 연산자이다.

```
int num1;
int num2;
```

```
int num1, num2;
```

나열 연산자의 사용 예

예를 들어 a = 10; b = 5;와 같은 두 개의 문장을 하나의 문장에 쓰려 한다면, 쉼표(,)로 연결하여 a = 10, b = 5;라고 쓰면 된다.

```
a = 10;
b = 5;
```

```
a = 10, b = 5;
```

아직까지는 두 개의 문장을 쉼표로 연결하여 한 개의 문장으로 만들어야 할 특별한 이유는 없다. 그러나 나열 연산자는 나중에 배울 7장의 반복문에서 필요한 경우가 있다.

다음과 같은 수식의 경우 앞의 10 + 4는 무시되고 a에 7 + 5의 결과인 12가 들어간다. 쉼표로 묶인 수식은 왼쪽에서 오른쪽으로 연산되어 가장 오른쪽의 수식이 최종적으로 대입된다. 그러나 무시되고 없어질 값을 쓰는 것과 같이 의미 없는 코드는 사용하지 않는 것이 좋다.

```
a = 10 + 4, 7 + 5;
```

X

2 sizeof 연산자

sizeof 연산자란?

sizeof 연산자는 자료형의 크기를 알려주는 연산자이다. 괄호를 사용하기 때문에 가끔 함수와 혼동되지만, 키워드에 등록되어 있는 연산자이다. printf()와 같은 함수를 사용하기 위해서는 stdio.h와 같은 헤더파일을 등록한 후 사용해야 하지만, sizeof는 키워드이기 때문에 헤더파일이 필요 없다.

앞서 문자형 변수 char, 정수형 변수 int, 실수형 변수 float가 있다고 설명했다. 그런데 그릇의 크기 때문에 정수형 변수는 short, int, long, long long으로 확장되고, 정밀도 때문에 실수형 변수는 float, double, long double로 확장된다고 설명했다. 자료형의 크기가 얼마나 큰지를 확인할 수 있는 연산자가 sizeof 연산자이다.

sizeof 연산자 사용하기

sizeof의 사용 방법은 간단하다. int의 크기를 알고 싶다면 sizeof(int)라 쓰면 된다. 주의할 것은 sizeof의 출력 서식문자이다. 크기는 음수가 없기 때문에, 기본적으로 unsigned 값이며, 아주 큰 크기도 출력하기 때문에 long을 사용한다. 따라서 sizeof의 출력 서식문자는 %lu(unsigned long)이다. %ld(long decimal)도 사용 가능하다.

[예제 5-8]은 sizeof를 사용하여 각 자료형의 크기를 출력하는 코드이다. 5번 줄부터 12번 줄까지 각 자료형의 크기를 출력한다. 앞서 설명했다시피, sizedof의 서식문자는 %lu 혹은 %ld를 사용하면 된다. 줄 맞추어 출력하기 위해 제어문자 \t를 사용하여 출력했다.

[예제 5-8]
sizeof 코드

508_sizeof.c

```
01  #include <stdio.h>
02
03  int main()
04  {
05     printf("char \t%ld\n", sizeof(char));        // sizeof는 %ld 혹은 %lu
06     printf("short \t%ld\n", sizeof(short));      // \t는 tab(줄 맞춤)
07     printf("int \t%ld\n", sizeof(int));
08     printf("long \t%ld\n", sizeof(long));
09     printf("long long \t%ld\n", sizeof(long long));
10     printf("float \t%ld\n", sizeof(float));
11     printf("double \t%ld\n", sizeof(double));
12     printf("long double \t%ld\n", sizeof(long double));
13
14     return 0;
15  }
```

비주얼 스튜디오에서 실행 화면

```
char     1
short    2
int      4
long     4
long long       8
float    4
double   8
long double    8
```

유닉스에서 실행 화면

```
char     1
short    2
int      4
long     8
long long       8
float    4
double   8
long double    16
```

sizeof의 쓰임을 생각해 보자. 시스템마다 자료형의 크기가 다르다. 예를 들어 유닉스와 윈도우에서 long의 크기와 long double의 정밀도가 다르다. 같은 윈도우라 할지라도 32비트와 64비트의 자료형의 크기도 다르다. 또한 같은 유닉스 계열이라 할지라도 리눅스와 OS X의 자료형의 크기가 다르다. 그래서 큰 숫자를 다루거나 높은 정밀도의 숫자를 다룰 때에는 자신이 사용하는 운영체제의 변수의 크기를 확인한 후 프로그램을 만들 필요가 있다.

3 형 변환 연산자

형 변환이란?

문자, 정수, 실수의 자료형마다 크기가 다르다. char는 1바이트, int는 4바이트, float는 4바이트, double은 8바이트 크기를 갖는다. 서로 다른 자료 형태로 변환을 시키는 것을 **형 변환** type conversion 혹은 type casting 이라 부른다.

형 변환 시 생기는 문제

크기가 큰 쪽이나 표현 범위가 넓은 쪽으로 형 변환을 하는 경우에는 자동으로 변환해준다. 예를 들어 char를 int로 바꾼다던가, int를 double로 char를 double로 바꾸는 경우 자동으로 형 변환이 이루어진다.

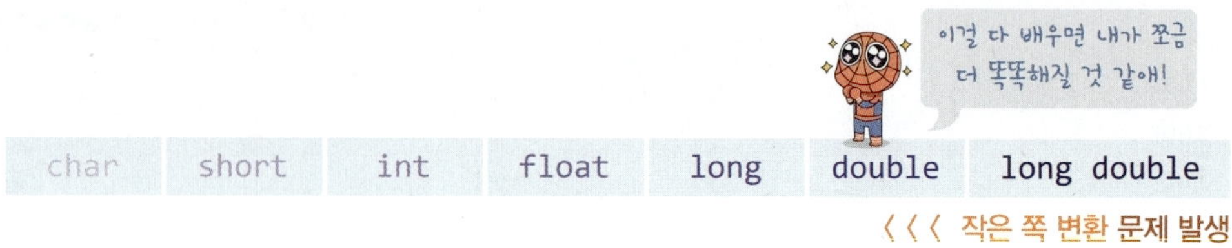

그림 5-16 작은 쪽으로 형 변환 시 문제 발생

반대로 큰 쪽에서 작은 쪽으로 변환을 하면 문제가 발생한다. 큰 데이터를 작은 데이터에 넣기 때문에 데이터의 일부가 사라지기도 하고, 표현 범위를 넘어가는 수의 경우 엉뚱한 숫자로 바뀌기도 한다. 작은 쪽으로 형 변환을 하면 데이터를 잃어버릴 수 있다는 경고 warning 가 발생한다.

여기서 잠깐

경고는 오류와 다르다. 오류는 컴파일이 안 된다. 경고는 컴파일을 해주는 대신, 문제가 발생할 수 있다는 것을 알려준다. 작은 쪽으로의 형 변환뿐 아니라 실수를 정수로 변환하는 경우, 비주얼 스튜디오에서는 데이터를 잃어버릴 수 있다는 경고 메시지가 발생한다. 컴파일러에 따라 경고 메시지를 주지 않는 경우도 있다.

크기가 작은 쪽으로 형 변환을 하면 어떤 문제가 발생하는지 생각해 보자. 다음과 같이 실수를 정수로 바꾸는 경우 소수점 이하는 버려진다. 따라서 a에는 3이 들어간다. 실제로 소수점 이하 숫자를 버리고 싶을 때에는 실수를 정수로 변환하는 방법을 사용하기도 한다. 이렇게 특별한 선언 없이 자료형을 변환하는 것을 암시적 형 변환 implicit type conversion 이라 부른다.

```
int a;
double b = 3.5;
a = b;
```

실수 → 정수 변환 시
소수점 이하 버림
a = 3이 들어감

암시적 형 변환은 자신의 의도와 상관없이 데이터가 소실될 수 있다. 반대로 특정 의도가 있어서 형 변환을 하고자 할 때에는 명시적 형 변환 explicit type conversion 을 사용한다. 명시적 형 변환이란 자료형을 변환시키겠다고 표시해주는 것이다. 명시적 형 변환에 사용되는 연산자가 형 변환 연산자이다. 위의 코드를 형 변환 연산자를 사용하여 바꾸면 아래와 같다.

```
int a;
double b = 3.5;
a = (int)b;
```

(int)는 형 변환 연산자

변환하고자 하는 변수나 숫자 앞에 변환하려는 자료형을 적어주면 된다. 형 변환 연산자를 사용하는 이유는 의도치 않은 형 변환을 막기 위해서이다. 코드가 길어지면 선언한 자료형을 헷갈릴 수 있다. 실수를 정수에 잘못 대입하는 경우, 소수점 이하 값이 없어져 버려 최종 값이 잘못될 수 있다.

그림 5-17
형 변환

[예제 5-9]는 형 변환의 문제점을 보여주고, 형 변환 연산자의 사용 방법을 알려주는 코드이다. 9번 줄에서 문자 'a'(아스키 값 97)를 정수로 형 변환하여 출력했다. 문제없이 97이라 출력된다. 11번 줄에서 문자형 변수에 2000을 넣었다. 문자형 변수는 1바이트의 부호 없는 정수(unsigned int)이기 때문에 0부터 255까지만 담을 수 있다. 여기에 2000을 넣으니 이상한 값이 출력된다.

[예제 5-9]
형 변환 코드
509_variable.c

```
01  #include <stdio.h>
02
03  int main()
04  {
05      char cnum = 'a';                    // a의 아스키 코드 값 97
06      int inum;
07      float fnum = 3.14;
08
09      inum = cnum;                        // 문자가 정수로 변환되어 저장
10      printf("int %d\n", inum);
11      cnum = 2000;                        // 문자 변수에 2000을 넣음
12      printf("int %d\n", cnum);
13      inum = fnum;                        // 정수를 실수로 암시적 변환
14      printf("int %d\n", inum);
15      inum = (int)fnum;                   // 정수를 실수로 명시적 변환
16      printf("int %d\n", inum);
17
18      return 0;
19  }
```

실행 화면

```
int 97
int -48
int 3
int 3
```

13번 줄에서 실수 3.14를 정수에 넣으면 소수점 이하가 버려지고 3이 들어간다. 이를 명시적으로 변환하기 위하여 15번 줄에서 형 변환 연산자 (int)를 사용했다.

형 변환 연산자 사용 시 주의할 점

형 변환 연산자는 1항 연산자이기 때문에 사용할 때 주의가 필요하다. 다음 코드에서 A에는 3이 들어간다. 그러나 B에는 2만 들어간다. B의 경우, (int)1.56으로 인하여 1이 되고 여기에 1.84가 더해져, 2.84가 된다. 이 값이 정수로 변환되면 2가 된다. A와 같은 결과를 얻기 위해서는 C와 같이 먼저 값을 더한 후, 더한 값 앞에 형 변환 연산자를 사용해야 한다.

```
A = 1.56 + 1.84;            A = 3
B = (int)1.56 + 1.84;       B = 2
C = (int)(1.56 + 1.84);     C = 3
```

LAB 3 T와 F 출력하기

참일 때 1, 거짓일 때 0이 출력되는 것을 참일 때는 T를 출력하고, 거짓일 때는 F를 출력하는 코드로 만들어 보자. 아직 조건문을 배우지 않은 상태에서 T와 F를 출력하는 코드를 만들기 쉽지 않을 것이다. 차분히 생각해보면 불가능한 일도 아니다.

그림 5-18
T와 F가 출력되는 코드

아스키 코드에서 T는 84번, F는 70번이다. 따라서 참일 때는 84가 되고, 거짓일 때는 70이 되도록 식을 만들면 된다. 84나 70을 문자형 서식문자 %c를 사용하여 출력하면 T나 F 문자가 출력된다. 참일 때는 84가 되고, 거짓일 때는 70이 되는 식도 간단히 만들 수 있다. 참일 때는 1, 거짓일 때는 0임으로 참 * 14 + 70은 84가 되고 거짓 * 14 + 70은 70이 된다. 따라서 num1과 num2가 같은지를 비교하여 T와 F를 출력하는 코드는 아래와 같이 쓸 수 있다.

```
printf("두 수가 같은가? %c\n", num1 == num2 * 14 + 70);      X
```

위의 코드는 오류를 발생시킨다. 왜 그럴까? 연산자의 우선순위 때문이다. 비교 연산자의 우선순위는 산술 연산자의 우선순위보다 낮다. 따라서 위의 코드에서 가장 먼저 연산되는 것은 num2 * 14이다. 괄호를 어디에 넣어야 하는지 생각해 보기 바란다.

[예제 5-10]은 앞에서 만든 비교 연산자 코드를 T와 F가 출력되도록 변형한 것이다. 이미 설명했으니 쉽게 이해할 수 있다. 짝수 even 가 입력되면 E를 출력하고 홀수 odd 가 입력되면 O를 출력하는 코드가 연습문제 84번에 있으니 풀어보기 바란다.

[예제 5-10]
T와 F 출력 코드

510_compare2.c

```
#include <stdio.h>

int main()
{
   int num1, num2;

   printf("2개 숫자를 입력: ");
   scanf("%d %d", &num1, &num2);

   printf("두 수가 같은가? %c\n", (num1 == num2) * 14 + 70);
   printf("num1이 더 큰가? %c\n", (num1 > num2) * 14 + 70);
   printf("num2는 양수인가? %c\n", (num2 >= 1) * 14 + 70);

   return 0;
}
```

실행 화면

```
2개 숫자를 입력: 4 2
두 수가 같은가? F
num1이 더 큰가? T
num2는 양수인가? T
```

4 비트 연산자

심화

비트 연산자란?

비트 연산자는 변수의 값을 비트 단위로 조정할 때 사용되는 연산자이다. 사실, 우리는 10진수에 익숙하기 때문에 비트 단위의 연산을 한다는 것이 낯설다. 그러나 임베디드 프로그램을 만든다든지, 운영체제와 관련된 프로그램을 만들 때에 필요한 경우가 있다. 따라서 시스템 프로그래밍에서 비트 연산자를 사용한다.

비트 연산자의 종류

표 5-7은 비트 연산자의 종류를 나타낸 것이다.

표 5-7 비트 연산자

연산자	의미	비고
&	비트 AND	C = A & B
|	비트 OR	C = A | B
^	비트 XOR	C = A ^ B
~	비트 NOT	C = ~A
<<	비트 왼쪽 이동	C = A << 2
>>	비트 오른쪽 이동	C = A >> 2

& 기호는 비트 AND 연산자이다. 두 개의 값을 비트 단위로 AND 연산을 하는 2항 연산자이다. scanf()에서 사용했던 열쇠(&)와 같은 기호를 사용한다. 그러나 열쇠(&)는 1항 연산자이기 때문에 우선순위가 매우 높은 반면에 비트 연산자는 논리 연산자와 비슷한 수준이다. 앞서 논리 AND 연산자는 &&이었다. 따라서 논리 AND 연산자는 &&, 비트 AND 연산자 &로 같이 외우는 게 좋다.

비트 AND 연산자(&)는 두 수의 비트가 둘 다 1인 경우에만 1이며, 나머지는 모두 0이 된다. [그림 5-19]에서 왼쪽이 2(0010_2)와 7(0111_2)을 비트 AND 연산을 한 결과이다. 각 비트 단위를 AND 연산을 하게 되면 둘 다 1인 비트만 1이 되고 나머지는 0이 된다.

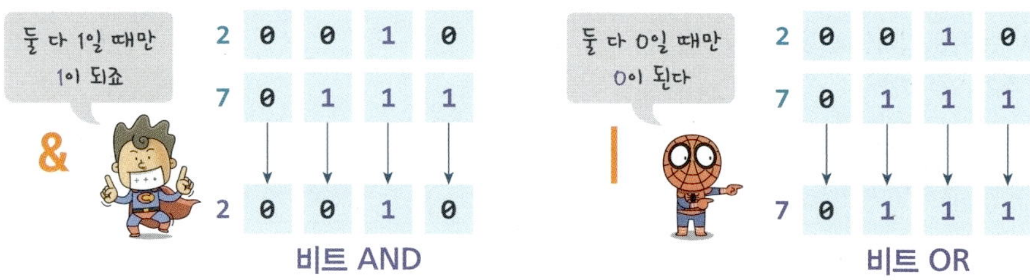

그림 5-19
비트 AND와 비트 OR 연산

| 기호는 비트 OR 연산자이다. ||는 논리 OR 연산자이기 때문에 쉽게 이해할 수 있을 것이다. [그림 5-19]의 오른쪽은 2와 7의 비트 OR 연산 결과를 보여준다. 각 비트를 비교하여 둘 다 0인 경우에만 0이고 나머지는 전부 1이 된다.

^ 기호는 비트 XOR 연산자이다. XOR는 두 개의 비트가 같으면 0, 두 개의 비트가 서로 다르면 1의 결과값을 만든다. [그림 5-20]의 왼쪽이 2와 7의 비트 XOR 연산 결과이다.

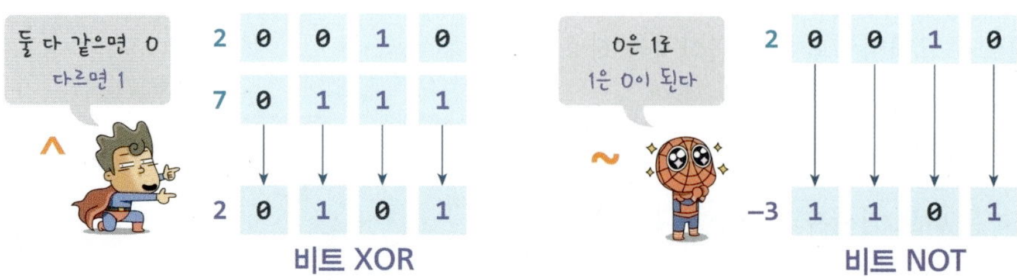

그림 5-20
비트 XOR와 비트 NOT 연산

~ 기호는 비트 NOT 연산자이다. 비트 NOT 연산자는 비트의 값을 반전시킨다. 다시 말해, 0을 1로 1을 0으로 만든다. 앞의 비트 연산자들은 2항 연산자였지만, 비트 NOT 연산자는 1항 연산자라 우선순위가 높다. 논리 NOT 연산자(!)는 참(1)을 거짓(0)으로, 거짓(0)을 참(1)으로 바꾸는 연산자였다. 비트 NOT 연산자도 비트 단위로 0과 1을 바꾼다.

[그림 5-20]의 오른쪽은 비트 NOT 연산자의 결과를 보여준다. 2(0010_2)를 비트 NOT 연산을 하면, -3(1101_2)이 된다. 비트 NOT 연산자는 정수를 2의 보수로 바꾸는 특징이 있다.

마지막으로 << 기호와 >> 기호는 비트 이동(shift) 연산자이다. << 기호는 모든 비트를 왼쪽으로 이동시키는 연산자이며, >> 기호는 모든 비트를 오른쪽으로 이동시키는 연산자이다. 연산자 오른쪽의 숫자는 몇 칸을 이동시킬지를 알려준다. 예를 들어 << 2는 왼쪽으로 2칸씩 이동하라는 의미이며, >> 3은 오른쪽으로 3칸씩 이동하라는 의미이다.

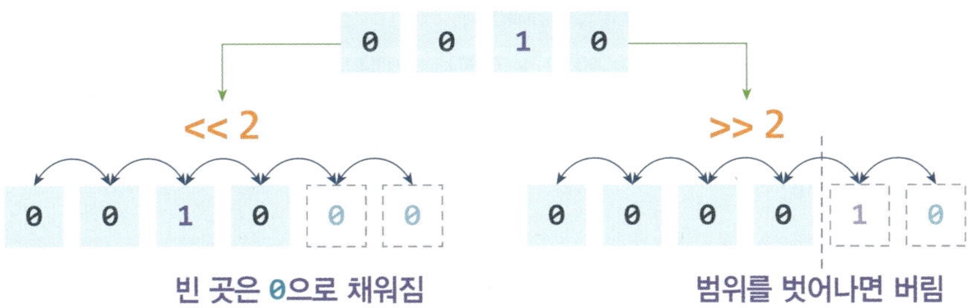

그림 5-21
비트 이동(shift) 연산자

정수 2(0010_2)를 왼쪽으로 2칸 이동(<< 2)시키면, 그림과 같이 빈칸이 두 개 생긴다. 비워진 부분은 모두 0으로 채워진다. 따라서 결과값은 $(001000)_2$이 된다. 반대로 정수 2를 오른쪽으로 2칸 이동(>> 2)시키면, 1과 0이 범위를 벗어나게 된다. 이렇게 범위를 벗어난 값은 사라지게 되어 결과값은 $(0000)_2$이 된다.

왼쪽 이동 연산자는 이동시키는 횟수만큼 2의 지수승으로 곱셈이 되는 특징이 있다. 예를 들어 4 << 2의 경우 4×2^2, 즉 $4 \times 4 = 16$이 된다. 반대로 오른쪽으로 이동하는 경우에는 2의 지수승만큼 나눗셈을 한 결과에서 소수점 이하 값을 버린 결과를 얻을 수 있다.

비트 연산자의 결과값 확인하기

[예제 5-11]은 지금까지 설명한 비트 연산자의 결과값을 보여주는 코드이다. 2개의 숫자를 입력 받아 비트 연산의 결과값을 확인할 수 있다. 입력값은 2와 7이다.

10번 줄에서 비트 AND 연산의 결과를 출력한다. 비트 AND 연산자는 둘 다 1인 경우에만 1이 된다. 따라서 2와 7의 2진수에서 1이 겹치는 부분만 1이 되어, 2(0010_2)가 출력된다. 11번 줄에서 비트 OR 연산의 결과를 출력한다. 비트 OR 연산자는 두 개의 비트 중 하나만 1이어도 1이 된다. 따라서 2와 7의 2진수에 비트 OR 연산을 하면 7(0111_2)이 된다.

[예제 5-11]
비트 연산자 코드
511_Bit_OP.c

```
01 #include <stdio.h>
02
03 int main()
04 {
05    int num1, num2;
06
07    printf("2개 숫자를 입력: ");
08    scanf("%d %d", &num1, &num2);
09
10    printf("Bit AND: %d\n", num1 & num2);          // 비트 AND
11    printf("Bit  OR: %d\n", num1 | num2);          // 비트 OR
12    printf("Bit XOR: %d\n", num1 ^ num2);          // 비트 XOR
13    printf("Bit NOT: %d\n", ~num1);                // 비트 NOT
14    printf("Bit %d << 2: %d\n", num1, num1 << 2); // 비트 왼쪽 2칸 이동
15    printf("Bit %d >> 2: %d\n", num2, num2 >> 2); // 비트 오른쪽 2칸 이동
16
17    return 0;
18 }
```

실행 화면

```
2개 숫자를 입력: 2 7
Bit AND: 2
Bit  OR: 7
Bit XOR: 5
Bit NOT: -3
Bit 2 << 2: 8
Bit 7 >> 2: 1
```

12번 줄에서 비트 XOR 연산의 결과를 출력한다. 둘의 비트가 다르면 1, 같으면 0이 되기 때문에 5(0101_2)가 출력된다. 13번 줄에서 비트 NOT 연산의 결과를 출력한다. 앞서 이야기 했지만, 비트 NOT 연산자는 1항 연산자이며, 2의 보수 값 -3(1101_2)이 출력된다.

14번 줄에서 비트 값을 왼쪽으로 2칸 이동(<< 2)시킨다. 왼쪽으로 2칸 이동한다는 것은 2^2, 즉 4를 곱한 것과 같다. 15번 줄에서 비트 값을 오른쪽으로 2칸 이동(>> 2)시킨 결과값을 출력한다. 오른쪽으로 2칸 이동시키게 되면, 4를 나눈 값에서 나머지를 버린 결과를 출력하게 된다.

5 복합 대입 연산자

심화

복합 대입 연산자란?

복합 대입 연산자는 각종 연산자와 대입 연산자를 단순한 형태로 만든 것이다. 예를 들어 `a = a + 10;`을 `a += 10;`이라 줄여서 쓴 것이다. 복합 대입 연산자는 대입 연산자(=)의 좌우로 같은 변수가 있을 경우 이를 줄여서 쓴다. 보통의 경우 자신의 값을 변화시킬 때 사용한다. 아래의 예에서 자신의 값을 10 증가시킬 때 `a += 10;`이라 쓴다.

```
a += 10;
```

```
a = a + 10;
```

복합 대입 연산자의 종류

[표 5-8]에 복합 대입 연산자를 나타냈다. 복합 대입 연산자는 연산자를 짧게 쓰기 때문에 코드를 단순하게 만들 수 있다는 장점이 있다.

표 5-8 복합 대입 연산자

산술 복합 대입 연산자	의미	비트 복합 대입 연산자	의미
a += b	a = a + b	a &= b	a = a & b
a -= b	a = a - b	a |= b	a = a | b
a *= b	a = a * b	a ^= b	a = a ^ b
a /= b	a = a / b	a <<= b	a = a << b
a %= b	a = a % b	a >>= b	a = a >> b

증감 연산자는 두 줄의 코드를 한 줄로 줄일 수 있는 장점이 있다. 그러나 복합 대입 연산자는 몇 글자 덜 쓰는 대신에 코드가 읽기 어려워진다. 그래서 이 책에서는 복합 대입 연산자를 사용하지 않을 예정이다. 선택은 여러분의 몫이다.

5.4 연산자 우선순위

1 연산자 우선순위

C언어의 연산자 우선순위

C언어에서 사용하는 연산자의 우선순위를 [표 5-9]에 나타냈다. 모든 연산자의 우선순위를 다 외워서 코딩하는 것은 쉬운 일이 아니다. 표를 다 외우기보다는 필요할 때마다 찾아보길 바란다.

코드를 작성하다가 연산자의 우선순위를 잘 모를 경우, 우선순위 1번인 괄호 ()를 사용하여 우선순위를 정확하게 표시해주는 것이 좋다. 또한, 의미를 알 수 없는 연산자를 복합적으로 사용하지 않아야 한다. 좋은 코드란 간결하고 읽기 쉬운 코드이다.

배워두면 코딩할 때 편리한 중요 사항들을 설명한다. 표에는 1부터 15까지의 우선순위가 있다. 가장 중요한 것은 하나의 수식에 여러 개의 연산이 있는 경우, 우선순위가 높은 연산이 먼저 계산된다는 것이다. 예를 들어 우선순위 3에 있는 곱셈, 나눗셈, 나머지 연산이 우선순위 4에 있는 덧셈과 뺄셈보다 먼저 계산된다.

크게 보면, **우선순위는 괄호 () > 1항 연산자 > 2항 연산자 > 3항 연산자 > 대입 연산자 > 나열 연산자 순이다.** 우선순위별로 특징을 설명하면 다음과 같다.

우선순위 1의 경우, 괄호와 후위 증감 연산자 이외에는 나중에 설명할 연산자이다. 나중에 배울 연산자의 경우 파란색으로 표시했다. 나중에 배우는 연산자들은 우선순위가 매우 높은 연산자들이라는 것만 기억하기 바란다.

우선순위 2는 1항 연산자이며, 우선순위 3부터 12까지는 2항 연산자이다. 강조했다시피, 1항 연산자는 2항 연산자보다 우선순위가 높아 먼저 계산된다. 논리 NOT(!), 비트 NOT(~), 양수(+), 음수(-). 전위 증가(++a), 전위 감소(--a), 형 변환, 주소(&), 크기(sizeof)가 있다. 이 중 형 변환 연산자는 (int)a;와 같이 자료형을 바꿀 때 사용하는 연산자를 의미한다. 우선순위 2의 맨 마지막 포인터 참조(*) 연산자는 10장 포인터에서 설명한다.

우선순위 3부터 12까지는 2항 연산자이다. 우리는 다양한 2항 연산자를 배웠다. 2항 연산자에서 주목해야 할 것은 비교 연산자 <, <=, >, >=가 ==이나 !=보다 우선순위가 높다는 것이다. 다음에 배울 조건문이나 반복문에서 비교 연산자와 논리 연산자를 많이 사용하게 될 것이다.

표 5-9 C언어 연산자 우선순위

순위	구분		연산자	설명	결합방향
1	구조체 참조 포인터		a++	후위 증가	좌 우 →
			a--	후위 감소	
			( )	괄호, 함수호출	
			[ ]	배열 인덱스	
			.	구조체	
			->	포인터 선택	
2	1항 연산자		!	논리 NOT	우 좌 ←
			~	비트 NOT	
			+	양수	
			-	음수	
			++a	전위 증가	
			--a	전위 감소	
			(자료형)	형 변환	
			&	주소 변환(열쇠)	
			sizeof	크기	
			*	포인터 참조 (*a)	
3	2항 연산자	산술	*	곱셈 (a * b)	좌 우 →
			/	나눗셈	
			%	나머지	
4		산술	+	덧셈	
			-	뺄셈	
5		비트 이동 (쉬프트)	<<	비트 왼쪽 이동	
			>>	비트 오른쪽 이동	
6		비교	>	크다	
			>=	크거나 같다	
			<	작다	
			<=	작거나 같다	
7		비교	==	같다	
			!=	다르다	
8		비트 AND	&	비트 AND	
9		비트 XOR	^	비트 XOR	
10		비트 OR	|	비트 OR	
11		논리 AND	&&	논리 AND	
12		논리 OR	||	논리 OR	
13	3항 연산자		? :	3항 조건	←
14	대입		=	대입(복합대입 포함)	←
15	나열		,	쉼표	→

비교 연산자들은 논리 AND(&&)와 논리 OR(||)보다 우선순위가 높다. 비교 연산자와 논리 연산자를 섞어서 사용할 때 비교 연산자의 우선순위가 논리 연산자보다 높다는 것을 기억해두면 코드를 만들기 편하다.

우선순위 13번의 조건 연산자는 연산자 중 유일하게 3개의 피연산자를 가진 3항 연산자이다. 조건 연산자는 조건문과 연관이 있기 때문에 6장 조건문에서 따로 설명한다.

마지막으로 대입 연산자의 우선순위는 14로 매우 낮다. 대입 연산자에는 *=, /=, %=, +=, -=와 같은 복합 대입 연산자도 포함된다.

참고

후위 증감 연산자는 다른 연산이 모두 종료되고 난 이후에 연산되는데, 연산자의 우선순위가 1번이라는 것에 놀랄 것이다. 하나의 코드에 증감 연산자를 여러 개 사용할 때 컴파일러가 처리하는 방식과 연관이 있으며, 지금은 이해하기 너무 어려운 문제이다. 단독으로 사용할 때는 상관없으니 설명 없이 넘어간다.

2 연산자 결합방향

C언어의 연산자 결합방향

하나의 연산에 같은 우선순위를 가진 연산자가 있는 경우에는 결합방향(연산방향)을 따른다. 결합방향은 같은 우선순위의 연산들이 어떤 방향으로 계산이 되는지를 알려준다. [표 5-9]의 맨 우측 열은 결합방향을 표시하고 있으며, 색깔로 서로 다른 결합방향을 구분했다.

대부분의 2항 연산자는 결합방향이 왼쪽에서에서 오른쪽 방향이다. 예를 들어 a * b * c와 같이 여러 개의 곱셈 연산인 경우, 좌측에서 우측으로 계산된다. 표의 우선순위 3번부터 12번까지의 모든 2항 연산자의 결합방향은 좌측에서 우측이다. 2항 연산자 중 대입 연산자(우선순위 14)의 결합방향만 예외적으로 우측에서 좌측이다.

1항 연산자의 결합방향은 우측에서 좌측이다. 2항 연산자와는 결합방향이 반대이다. 예외적으로 우선순위 1번의 후위 증가 연산자(a++)와 후위 감소 연산자(a--)만 결합방향이 좌측에서 우측이다.

중요

- 수식에서 우선순위가 높은 연산자가 먼저 계산된다.
- 1항 연산자의 우선순위는 2항 연산자의 우선순위보다 높다.
- 산술, 비교, 논리 연산자만 놓고 볼 때, 우선순위는 산술 > 비교 > 논리 연산자 순이다.
- 같은 우선순위일 경우 결합방향(연산방향)에 따라 계산된다.
- 같은 우선순위일 경우 2항 연산자의 결합방향은 좌측에서 우측으로 연산된다. 다만, 대입 연산자의 결합방향은 우측에서 좌측이다.
- 1항 연산자의 결합방향은 우측에서 좌측이다.

3 복잡한 연산자의 부작용

심화

읽기 어려운 코드가 된다.

연산자의 우선순위 표에서 후위 증감 연산자의 우선순위가 전위 증감 연산자보다 높다. 이는 `a = 10; b = a++ + ++a;`와 같은 식에서 컴파일러가 실행코드를 만들 때 어떤 값을 먼저 처리할지를 정해 놓은 것이다. 전위/후위 증감 연산자가 어떻게 처리되는지를 컴파일 과정을 통해 장황하게 설명할 수 있지만, 이 책에서는 그렇게 하지 않을 것이다. 그 이유는 `b = a++ + ++a;`와 같이 복잡하고 의미도 알 수 없는 코드를 만드는 것을 권장하지 않기 때문이다. 그래서 후위와 전위 증감 연산자의 우선순위를 따지지 않는 경우도 있다.

강조했다시피, 좋은 코드는 간결하고 읽기 쉬운 코드이다. 그럼에도 불구하고, C언어 책의 맨 구석에나 나올 법한 문법을 사용하여, 암호처럼 코드를 만드는 사람들이 있다. 이는 마치, 영어 공부를 처음 하는 사람이 미국인도 평생 한 번 써볼까 말까 한 단어의 뜻을 배워서 써먹으려 하는 것과 같다. 우리가 C언어를 공부하는 이유는 문법 자체가 목적이기 보다는 C언어를 통해 다양한 문제를 해결하는 것이다.

간결하고 읽기 좋게 만들라고 하는 이유는 어설프게 코드를 작성하면 생각지도 못한 부작용 side effect을 만나게 될 수 있기 때문이다.

복잡한 연산자의 부작용 확인하기

[예제 5-12]에서 `res`, `num1`, `num2`의 출력값이 어떻게 될지 상상해 보기 바란다. 4번 줄에서 `num1 = 0`, `num2 = 0`으로 초기화하고, 6번 줄에서 `res = num1++ && num2++;`를 실행했다. `num1++`와 `num2++`는 후위 증감 연산자이기 때문에 둘 다 `0`(false)이다. 그래서 `0`과 `0`을 AND 연산(&&)한 결과값은 `0`이기 때문에 `res`에는 `0`이 들어간다.

res에 0이 들어간 이후 후위 증감 연산자가 동작하여 num1과 num2는 1씩 증가한다고 배웠다. 과연 결과는 어떨지 아래를 확인해 보기 바란다.

[예제 5-12]
부작용 코드
512_side_effect.c

```
#include <stdio.h>

int main() {
   int num1 = 0, num2 = 0, res;

   res = num1++ && num2++;
   printf("res = %d, num1 = %d, num2 = %d\n", res, num1, num2);

   return 0;
}
```

실행 화면

```
res = 0, num1 = 1, num2 = 0
```

결과값을 보면, num1은 1이지만 num2는 0이다. 컴파일러가 AND 연산자를 사용할 때 앞의 값 num1이 0이면 num2의 값에 상관없이 결과는 0이다. 그래서 num2++를 실행시키지 않기 때문에 num2 값은 증가되지 않는다. 이것을 부작용(side effect)이라 부른다.

C문법을 설명하려는 것이 아니다. res = num1++ && num2++;와 같이 무분별하게 연산자를 섞어서 사용하면 문제가 발생할 수 있다는 이야기를 하고 싶은 것이다. 이러한 문제를 만나지 않으려면 어떻게 해야 하는가? 코드를 간결하고 읽기 좋게 만들면 된다.

요약

- 연산자란 연산에 사용되는 기호를 의미하며, 피연산자란 연산의 대상이 되는 기호나 숫자를 의미한다. = 기호는 대입 연산자를 의미하며 같다는 의미의 연산자는 ==이다. 연산자에서는 우선순위가 높은 연산자가 먼저 연산된다. 대입 연산자(=)는 우선순위가 매우 낮아 다른 연산 후 대입된다. 피연산자 개수가 1개인 경우 1항 연산자, 2개인 경우 2항 연산자라 부르는데 1항 연산자 우선순위가 2항 연산자보다 높다. 연산자의 우선순위가 같은 경우, 결합방향에 따라 연산된다. 2항 연산자의 결합방향은 왼쪽에서 오른쪽이며 대입 연산자만 반대 방향이다.
- 산술 연산자란 덧셈(+), 뺄셈(-), 곱셈(*), 나눗셈(/)과 같이 산술 연산에 사용되는 연산자이며, 부호 연산자(-)와 나머지 연산자(%)도 있다. 부호 연산자는 1항 연산자이기 때문에 우선순위가 매우 높고, 곱셈, 나눗셈, 나머지 연산자의 우선순위가 덧셈과 뺄셈보다 높다.
- 비교 연산자란 두 개의 자료를 비교하여 크다, 작다, 같다, 다르다 등을 판단할 때 사용하는 연산자이다. 비교 연산자의 결과는 참(true)이거나 거짓(false)이다. 0이 거짓, 1이 참이다. 비교 연산자에서는 >, <. >=, <= 연산자의 우선순위가 ==과 !=보다 높다.
- 논리 연산자란 두 개의 연산 결과에 대하여 한쪽 혹은 양쪽이 참인지를 확인하는 연산자이다. NOT(!)은 참과 거짓을 반대로 바꾸는 연산자이며, AND(&&)는 양쪽이 모두 참일 때 참인 결과를 나타내는 연산자이며, OR(||)는 한쪽만 참이어도 참의 결과를 나타내는 연산자이다.
- 산술, 비교, 논리 연산자의 우선순위는 산술 > 비교 > 논리 연산자 순이다. NOT(!)과 부호(-) 연산자는 1항 연산자임으로 모든 산술, 비교, 논리 연산자보다 우선순위가 높다.
- 증감 연산자는 1 증가시키거나 1 감소시키는 연산자이다. 전위 증가 연산자는 ++ 연산자를 변수 앞에 붙이며 후위 증가 연산자는 변수 뒤에 붙인다. ++ 대신 --를 붙이면 감소 연산자가 된다. 단독으로 사용할 때에는 전위나 후위 증감 연산자의 결과가 같다. 다른 연산자와 같이 사용될 때는 전위 증감은 다른 연산보다 먼저 증감되며, 후위 증감은 다른 연산이 모두 끝난 후에 증감시킨다.
- 서로 다른 자료 형태로 변환을 시키는 것을 형 변환이라 부른다. 변환하고자 하는 변수나 숫자 앞에 (자료형)이라 쓰면 형 변환이 이루어진다. 형 변환 시 데이터 소실에 주의해야 한다.
- 비트 연산자는 변수의 값을 비트 단위로 조정할 때 사용되는 연산자이다. & 기호는 비트 AND 연산자, | 기호는 비트 OR 연산자, ^ 기호는 비트 XOR 연산자, ~ 기호는 비트 NOT 연산자이다. << 기호와 >> 기호는 비트 이동(shift) 연산자이다.

연습문제

85문제

[객관식]

01 다음 중 연산에 사용되는 기호를 가리키는 단어는 무엇인가?

❶ 피연산자　❷ 결합방향
❸ 우선순위　❹ 연산자

02 다음 중 연산에 대상이 되는 기호나 숫자를 가리키는 단어는 무엇인가?

❶ 피연산자　❷ 결합방향
❸ 우선순위　❹ 연산자

03 다음 중 대입 연산자에 사용되는 기호는 무엇인가?

❶ <=　❷ !=
❸ =　❹ ==

04 다음 중 수학에서 같다는 의미를 가진 C언어의 기호는 무엇인가?

❶ <=　❷ !=
❸ =　❹ ==

05 다음 중 피연산자를 2개 가진 연산자를 무엇이라 부르는가?

❶ 단항 연산자　❷ 1항 연산자
❸ 2항 연산자　❹ 3항 연산자

06 다음 중 음수를 양수로, 양수를 음수로 바꿔주는 부호 연산자는 무엇인가?

❶ !　❷ &
❸ &&　❹ -

07 다음 중 1항 연산자는 무엇인가?

❶ =　❷ /
❸ %　❹ -

08 다음 괄호에 들어갈 적당한 단어를 고르시오.

> (　　　　)이(가) 높은 연산자가 먼저 연산된다.

① 피연산자　② 결합방향
③ 우선순위　④ 연산자

09 다음 괄호에 들어갈 적당한 단어를 고르시오.

> 우선순위가 같을 경우 (　　　　)에 따라 연산된다.

① 피연산자　② 결합방향
③ 우선순위　④ 연산자

10 다음 중 결합방향이 오른쪽에서 왼쪽인 연산자는 무엇인가?

① =　② +
③ %　④ /

11 다음 괄호에 들어갈 적당한 단어를 고르시오.

> (　　　　)의 우선순위가 2항 연산자보다 높다.

① 피연산자　② 1항 연산자
③ 연산방향　④ 3항 연산자

12 다음 중 가장 높은 우선순위를 가진 연산자를 고르시오.

① %　② =
③ ()　④ /

13 다음 괄호에 들어갈 적당한 단어를 고르시오.

> (　　　　)의 결합방향은 왼쪽에서 오른쪽이며 대입 연산자만 반대 방향이다.

① 우선순위　② 1항 연산자
③ 피연산자　④ 2항 연산자

14 다음 산술 연산자 중 가장 낮은 우선순위를 가진 연산자를 고르시오.

① +　② *
③ %　④ /

15 다음 중 다른 3개의 연산자보다 낮은 우선순위를 가진 연산자를 고르시오.

① >= ② <=

③ != ④ >

16 다음 중 문법적으로 허용되는 연산자를 고르시오.

① => ② >

③ =! ④ =<

17 다음 중 거짓(false)을 나타내는 값은 무엇인가?

① -1 ② 0

③ 1 ④ 2

18 다음 중 다른 3개의 연산자보다 높은 우선순위를 가진 연산자를 고르시오.

① ! ② &&

③ | ④ ||

19 다음 중 양쪽 모두가 참(true)일 때에만 참의 결과가 나오는 연산자는 무엇인가?

① ! ② &&

③ | ④ ||

20 다음 중 양쪽 모두가 거짓(false)일 때에만 거짓의 결과가 나오는 연산자는 무엇인가?

① ! ② &&

③ | ④ ||

21 1항 연산자를 제외하고 비교, 논리, 산술 연산자의 우선순위로 알맞게 나타낸 것을 고르시오.

① 비교 > 논리 > 산술 ② 논리 > 비교 > 산술

③ 산술 > 비교 > 논리 ④ 비교 > 산술 > 논리

22 다음 코드의 실행 결과 num1, num2, num3의 값으로 알맞게 나타낸 것을 고르시오.

```
int num1 = 3, num2 = 5, num3 = 7;
num1 = num2 = num3;
```

① 3 5 7 ② 3 3 3

③ 5 7 3 ④ 7 7 7

23 다음 2개의 괄호에 들어갈 단어로 알맞게 짝 지어진 것을 고르시오.

2항 연산자의 결합방향은 (   )이며 대입 연산자의 결합방향은 (   )이다.

① 좌에서 우, 우에서 좌
② 좌에서 우, 좌에서 우
③ 우에서 좌, 좌에서 우
④ 우에서 좌, 우에서 좌

24 A++ 연산자의 정확한 이름은 무엇인가?

① 전위 증가 연산자
② 후위 증가 연산자
③ 전위 감소 연산자
④ 후위 감소 연산자

25 --A 연산자의 정확한 이름은 무엇인가?

① 전위 증가 연산자
② 후위 증가 연산자
③ 전위 감소 연산자
④ 후위 감소 연산자

26 A의 초기값이 1일 경우 A++ 연산자의 결과는 얼마인가?

① -1
② 0
③ 1
④ 2

27 A의 초기값이 1일 경우 --A 연산자의 결과는 얼마인가?

① -1
② 0
③ 1
④ 2

28 다음 코드의 실행 결과 B의 값은 얼마인가?

```
A = 0;
B = ++A + 1;
```

① -1
② 0
③ 1
④ 2

29 다음 코드의 실행 결과 B의 값은 얼마인가?

```
A = 0;
B = A++ + 1;
```

① -1
② 0
③ 1
④ 2

30 다음 산술 연산자 중 가장 낮은 우선순위를 가진 연산자를 고르시오.

❶ ,
❷ +
❸ =
❹ /

31 다음 중 틀린 문장을 고르시오.

❶ 1항 연산자는 2항 연산자보다 우선순위가 높다.
❷ 우선순위가 같은 경우, 결합방향으로 연산된다.
❸ 우선순위는 산술 > 비교 > 논리 연산자 순이다.
❹ 2항 연산자의 결합방향은 오른쪽에서 왼쪽으로 연산된다.

32 다음 중 틀린 문장을 고르시오.

❶ 비교, 논리, 산술 연산자 중 우선순위가 가장 낮은 연산자는 논리 연산자이다.
❷ 양쪽 모두가 거짓(false)일 때만 거짓의 결과가 나오는 연산자는 && 연산자이다.
❸ C언어에서 거짓(false)을 나타내는 값은 0이다.
❹ 우선순위가 같을 경우 결합방향에 따라 연산된다.

33 다음 중 틀린 문장을 고르시오.

❶ C언어에서 참(true)을 나타내는 값은 1이다.
❷ 양쪽 모두가 참(true)이어야 참의 결과가 나오는 연산자는 && 연산자이다.
❸ 비교, 논리, 산술 연산자 중 우선순위가 가장 낮은 연산자는 비교 연산자이다.
❹ 연산자 중 가장 낮은 우선순위를 가진 연산자는 나열 연산자이다.

난이도 상

34 다음 중 비트 AND 연산자에 사용되는 기호는 무엇인가?

❶ ~
❷ &
❸ ^
❹ |

난이도 상

35 다음 중 비트 OR 연산자에 사용되는 기호는 무엇인가?

❶ ~
❷ &
❸ ^
❹ |

난이도 상

36 다음 중 비트 XOR 연산자에 사용되는 기호는 무엇인가?

❶ ~
❷ &
❸ ^
❹ |

37 다음 중 비트 NOT 연산자에 사용되는 기호는 무엇인가? 난이도 상

① ~ ② !

③ ^ ④ |

38 비트 연산자 `0010 & 0111`의 결과로 맞는 것을 고르시오. 난이도 상

① 0010 ② 1101

③ 0111 ④ 0101

39 비트 연산자 `0010 | 0111`의 결과로 맞는 것을 고르시오. 난이도 상

① 0010 ② 1101

③ 0111 ④ 0101

40 비트 연산자 `0010 ^ 0111`의 결과로 맞는 것을 고르시오. 난이도 상

① 0010 ② 1101

③ 0111 ④ 0101

41 비트 연산자 `~ 0010`의 결과로 맞는 것을 고르시오. 난이도 상

① 0010 ② 1101

③ 0111 ④ 0101

42 비트 이동 연산자 << 3을 사용하면 원래의 값에 얼마를 곱하게 되는가? 난이도 상

① 2 ② 8

③ 3 ④ 12

[주관식]

43 연산에 사용되는 기호를 (   )라 부른다.

44 연산에 대상이 되는 기호나 숫자를 (   )라 부른다.

45 대입 연산자에 사용되는 기호는 (   )이다.

46 수학에서 같다는 의미를 가진 C언어의 기호는 (   )이다.

47 피연산자를 1개 가진 연산자를 (   ) 연산자라 부른다.

48 피연산자를 2개 가진 연산자를 (   ) 연산자라 부른다.

49 음수를 양수로, 양수를 음수로 바꿔주는 부호 연산자의 기호는 (　　　　)이다.

50 (　　　　)가 높은 연산자가 먼저 연산된다.

51 우선순위가 같을 경우 (　　　　)에 따라 연산된다.

52 2항 연산자 중 결합방향이 오른쪽에서 왼쪽인 연산자는 (　　　　) 연산자이다.

53 (　　　　)의 우선순위가 2항 연산자보다 높다.

54 (　　　　)의 결합방향은 왼쪽에서 오른쪽이며 대입 연산자만 반대 방향이다.

55 산술 연산자 중 가장 높은 우선순위를 가진 연산자는 (　　　　) 연산자이다.

56 C언어에서 거짓(false)을 나타내는 값은 (　　　　)이다.

57 C언어에서 참(true)을 나타내는 값은 (　　　　)이다.

58 논리 연산자 중 가장 높은 우선순위를 가진 연산자는 (　　　　) 연산자이다.

59 양쪽 모두가 참(true)일 때에만 참의 결과가 나오는 연산자는 (　　　　) 연산자이다.

60 양쪽 모두가 거짓(false)일 때에만 거짓의 결과가 나오는 연산자는 (　　　　) 연산자이다.

61 1항 연산자를 제외하고 비교, 논리, 산술 연산자 중 우선순위가 가장 높은 연산자는 (　　　　) 연산자이다.

62 1항 연산자를 제외하고 비교, 논리, 산술 연산자 중 우선순위가 가장 낮은 연산자는 (　　　　) 연산자이다.

63 비교, 논리, 산술 연산자 중 우선순위가 높은 연산자는 (　　　　) 연산자이며 다음은 (　　　　) 연산자, 마지막이 (　　　　) 연산자이다.

64 A-- 연산자의 정확한 이름은 (　　　　) 연산자이다.

65 ++A 연산자의 정확한 이름은 (　　　　) 연산자이다.

66 A의 초기값이 1일 경우 A++ 연산자의 결과는 (　　　　)이다.

67 A의 초기값이 1일 경우 --A 연산자의 결과는 (　　　　)이다.

68 연산자 중 가장 낮은 우선순위를 가진 연산자는 (　　　　) 연산자이다.

69 자료형의 크기를 알려주는 연산자가 (　　　　) 연산자이다.

70 서로 다른 자료 형태로 변환시켜주는 연산자를 (　　　　) 연산자라 부른다.

71 비트 AND 연산자에 사용하는 기호는 (　　　　)이다. 난이도 상

72 비트 OR 연산자에 사용하는 기호는 (　　　　)이다. 난이도 상

73 비트 XOR 연산자에 사용하는 기호는 (　　　　)이다. 난이도 상

74 비트 NOT 연산자에 사용하는 기호는 (　　　　)이다. 난이도 상

75 비트 연산자 `0010 & 0111`의 결과는 (　　　　)이다. 난이도 상

76 비트 연산자 `0010 | 0111`의 결과는 (　　　　)이다. 난이도 상

77 비트 연산자 `0010 ^ 0111`의 결과는 (　　　　)이다. 난이도 상

78 비트 연산자 ~ `0010`의 결과는 (　　　　)이다. 난이도 상

79 비트 이동 연산자 << 3을 사용하면 원래의 값에 (　　　　　　)을 곱한 결과를 얻게 된다. 난이도 상

[코드 문제]

80 다음 코드는 몫과 나머지를 계산하는 코드이다. 7번 줄과 8번 줄의 빈칸을 채우시오. 산술 연산자

```
01  #include <stdio.h>
02
03  int main()
04  {
05      int num = 11, div = 2, por, rem;
06
07      rem =                          ;
08      por =                          ;
09      printf("몫 = %d, 나머지 = %d", por, rem);
10
11      return 0;
12  }
```

비교 연산자

81 다음 코드에서 출력되는 결과값을 순서대로 쓰시오.

```c
#include <stdio.h>

int main()
{
   int num1 = 1, num2 = -1;

   printf("%d\n", num1 != num2);
   printf("%d\n", num1 < num2);
   printf("%d\n", num1 - 2 >= num2);
   printf("%d\n", num1 - 4 > num2 * 2);

   return 0;
}
```

논리 연산자

82 다음 코드에서 출력되는 결과값을 순서대로 쓰시오.

```c
#include <stdio.h>

int main()
{
   int num1 = 1, num2 = -1;

   printf("%d\n", num1 == 0 && num2 == 0);
   printf("%d\n", num1 > 0 || num2 > 0);
   printf("%d\n", !(num1 > 0));

   return 0;
}
```

83 다음 코드에서 출력되는 결과값을 순서대로 쓰시오.

증감 연산자

```
#include <stdio.h>

int main()
{
    int num1 = 0, num2 = 0;

    printf("%d %d\n", ++num1, --num2);
    printf("%d %d\n", num1++, num2--);
    printf("%d %d\n", ++num1, num2);

    return 0;
}
```

84 다음 코드는 짝수(even)가 입력되면 E를 출력하고 홀수(odd)가 입력되면 O를 출력하는 코드이다. 아스키 코드 E는 69이고, O는 79이다. 빈칸을 채우시오.

연산자 우선순위

```
#include <stdio.h>

int main()
{
    int num1;

    printf("숫자를 입력: ");
    scanf("%d", &num1);

    printf("짝수E 홀수O: %c\n",                              );

    return 0;
}
```

비트 연산자

난이도 상

85 다음 코드에서 출력되는 결과값을 순서대로 쓰시오.

```c
#include <stdio.h>

int main()
{
    int num1 = 2, num2 = 7;

    printf("%d\n", num1 & num2);
    printf("%d\n", num1 | num2);
    printf("%d\n", num1 ^ num2);
    printf("%d\n", ~num1);
    printf("%d\n", num1 << 3);

    return 0;
}
```

CHAPTER

06

조건문

학습목차

6.1 제어문

1 제어문에 대하여

필수

3가지 제어 구조

지금까지 자료형(int, double, char)과 연산자의 특징을 배웠다. 요리로 치면 재료 준비 단계가 마무리된 것이다. 이제 준비된 재료를 가지고 조리를 해야 한다. 제어 구조에 따라 재료를 처리하는 것이 조리이다. 1장에서 제어 구조에는 순차 구조, 조건선택 구조, 반복 구조가 있다고 설명했다. 각 제어 구조에 사용되는 키워드를 제어문이라 부른다.

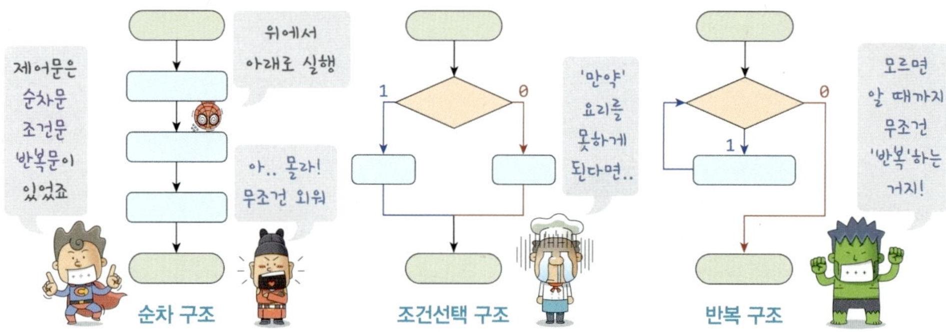

그림 6-1
순차 구조, 조건선택 구조, 반복 구조

제어 구조에서 **순차 구조란 코드가 순차적으로 실행되는 구조이다.** 코드의 실행 순서는 책을 읽는 것과 같다. 위에서 아래로 한 줄씩 순차적으로 실행된다. 지금까지 만들었던 변수를 선언하고 연산자를 사용하여 데이터를 처리하고 출력하는 모든 코드들이 순차 구조이다.

조건선택 구조란 조건에 따라 실행되는 코드가 달라지는 구조이다. 1장에서 평일이면 30인분, 일요일이면 60인분의 식사를 준비하는 조건선택 구조를 설명했다. 조건선택 구조에 사용되는 대표적인 조건문이 if-else 문이다. if 문과 같은 의미이지만, 복잡한 if 문을 단순하게 만들어 주는 switch 문도 조건문이다. switch 문과 if 문은 서로 호환되기 때문에 if 문만 확실하게 학습한다면 코드를 만드는데 문제가 없다. 이번 장에서 자세히 설명한다.

그림 6-2
if-else 문

반복 구조란 조건이 참인 동안 실행이 반복되는 구조이다. 조건이 거짓이 될 때, 반복 구조를 빠져 나온다. 반복 구조에 사용되는 대표적인 반복문이 for 문과 while 문이다. 7장에서 자세히 설명한다.

조건문과 반복문에는 조건식이 필요하다. 조건식에 따라 특정 코드를 실행할지 혹은 반복할지가 결정된다. 조건식이란 연산의 결과로 거짓(0)과 참(1)을 가지는 식이다. 예를 들어 조건문 if(다시 나오면) 끌고 간다에서 '다시 나오면'이 조건식이다. '다시 나오면'이 참이 될 때에 '끌고 간다'가 실행된다.

중요

- 순차 구조란 코드가 위에서 아래로 순차적으로 실행되는 구조로 대부분이 순차 구조이다.
- 조건선택 구조란 조건에 따라 선택되는 코드가 달라지는 구조로 if-else가 있다.
- 반복 구조란 조건이 참인 동안 계속 실행되는 구조로 for 문과 while 문이 있다.

조건식에는 산술, 비교, 논리 연산자가 주로 사용된다. 앞서 연산자에서 괄호 > 1항 연산자 > 산술 > 비교 > 논리 > 대입 연산자 순으로 연산이 된다고 설명했다. 연산자의 우선순위를 모를 경우, 괄호를 사용하면 된다.

참고

제어코드, 조건코드, 반복코드의 경우 한글과 영문을 동시에 사용하는 것이 어색하여 제어문, 조건문, 반복문이라 표시한다. 반대로 C코드를 C문장이라 표기하면 어색하다. 따라서 코드, 문장, -문은 같은 의미를 가진 단어이며, 문장에 맞게 혼용하여 표기한다.

함수 소개 rand() 함수 - 무작위 수 만들기

과거부터 C언어를 설명하기 위해 사용했던 윤년 계산하기, 피보나치 수열 만들기, 섭씨를 화씨로 바꾸기와 같은 코드들이 있다. 이렇게 평생 한번 볼까 말까 한 코드들은 최대한 빼려고 노력했다. 해당 코드가 궁금하면 인터넷을 검색하기 바란다. 대신 이 책에서는 홀짝 게임, 가위바위보 게임, 스무고개 게임, UFO 날리기와 같은 흥미로운 코드들을 만들 것이다.

홀짝 게임은 컴퓨터가 홀과 짝 중에 하나를 고르면 맞추는 게임이고, 가위바위보 게임도 가위바위보 중 컴퓨터가 하나를 고르면 사용자와 대결을 한다. 이런 게임의 경우, 컴퓨터가 어떤 값을 가지고 있는지 안다면 재미가 없을 것이다. 그래서 컴퓨터가 어떤 값을 가졌는지 모르게, 무작위 수를 만들어줘야 한다. 무작위 수(random number)를 만들어 주는 함수가

rand()이다. rand는 random의 약자이다.

```
com = rand();        rand() 함수가 무작위 수를 만들어 com에 대입
```

rand() 함수의 사용 방법은 간단하다. com = rand();라 쓰면 rand() 함수가 무작위로 숫자 하나를 만들어 com에 대입한다.

앞에서 배운 printf()와 scanf() 함수는 표준 입출력 헤더파일(stdio.h)에 포함되어 있기 때문에 #include <stdio.h>라고 선언했다. rand() 함수는 **표준 라이브러리 헤더파일(stdlib.h)**에 포함되어 있다. stdlib는 standard의 std에 library의 lib를 붙인 것이다. 따라서 rand()를 사용하기 위해서는 #include <stdlib.h>라고 선언해야 한다. stdlib.h도 표준 입출력 헤더파일(stdio.h)만큼 자주 사용하는 라이브러리이니 기억하기 바란다.

rand() 함수는 0에서 약 43억까지의 수 사이에서 무작위 수를 하나 만들어 준다. 0에서 100까지 혹은 1에서 10까지와 같은 범위를 제한할 필요가 있다. 만약 특정 범위에 있는 무작위 수를 만들고 싶다면 **나머지 연산자(%)**를 이용하면 된다.

0부터 9사이에 있는 무작위 수를 만들고 싶다면 rand() % 10을 사용한다. 만들어진 무작위 수를 10으로 나눈 나머지가 만들어지기 때문에 0에서 9 사이의 숫자 중 하나가 만들어진다. 만약 1부터 10 사이에 있는 무작위 수를 만들고 싶다면 rand() % 10 + 1을 하면 된다. + 1을 함으로써 0에서 9까지의 범위가 1에서 10까지로 이동하게 된다.

그림 6-3
무작위 수를 생성하는 rand() 함수

[예제 6-1]은 무작위 수를 만들어 출력하는 코드이다. 2번 줄에서 rand() 함수가 들어 있는 stdlib.h 헤더파일을 포함시킨다. 5번 줄에서 무작위 수를 저장할 com 변수를 선언한다.

[예제 6-1]
무작위 수 코드

601_rand1.c

```
01 #include <stdio.h>
02 #include <stdlib.h>                    // rand() 함수가 들어 있는 표준 라이브러리
03
04 int main() {
05    int com;
06
07    com = rand();                       // rand() 무작위 수 생성 후 com에 대입
08    printf("%d\n", com);
09    com = rand() % 10;                  // rand() 0에서 9까지 무작위 수 생성
10    printf("%d\n", com);
11    com = rand() % 10 + 1;              // rand() 1에서 10까지 무작위 수 생성
12    printf("%d\n", com);
13
14    return 0;
15 }
```

첫 번째 실행 화면

```
41
7
5
```

두 번째 실행 화면

```
41
7
5
```

7번 줄 com = rand()에서 무작위 수 하나가 생성되어 com 변수에 저장된다. 8번 줄에서 출력하면 41이 출력된다.

9번 줄에서 무작위 수 생성 범위를 0에서 9로 제한하기 위해 rand() % 10을 사용한다. 10번 줄에서 출력하면 7이 출력된다. 11번 줄에서 무작위 수 생성 범위를 1에서 10으로 제한하기 위해 rand() % 10 + 1을 사용하고 12번 줄에서 출력한다. 예제에서 보는 바와 같이 rand() 함수를 사용하면 무작위 수를 쉽게 만들 수 있다.

여기서 잠깐

비주얼 스튜디오의 rand() 범위는 0 ~ 32,767까지이며, 64비트 유닉스의 경우 0 ~ 4,294,967,295까지이다.

함수 소개 srand() 함수 - 무작위 수 패턴 변경하기

rand() 함수를 사용할 때 주의해야 할 것이 있다. [예제 6-1]의 첫 번째와 두 번째 실행 결과를 보면, 실행할 때마다 매번 똑같은 패턴의 무작위 수가 만들어진다. 첫 번째 실행 결과는 41, 7, 5이고 두 번째 실행 결과도 41, 7, 5이다. 만약 rand()를 사용하여 홀짝 게임을 만들면, 컴퓨터는 실행할 때마다 홀 혹은 짝만 계속 가지게 된다. 따라서 한 번 게임을 하고 나면, 컴퓨터가 홀과 짝 중 무엇을 가지고 있는지 알게 된다.

그림 6-4
rand()는 같은 패턴의 무작위 수를 만든다

실행할 때마다 서로 다른 무작위 수를 만들려면 srand() 함수를 사용해야 한다. srand()는 rand()가 생성하는 무작위 수의 패턴을 바꿔주는 함수이다. srand는 seed random의 약자이다.

printf()나 scanf()의 괄호 안에는 큰따옴표나("")나 변수가 들어갔다. srand()의 괄호 안에는 time(NULL)이라는 함수가 들어간다. srand(time(NULL))의 형태이다. 그런데 time()과 srand()가 사용하는 자료형이 서로 다르다. 그래서 time(NULL) 앞에 형 변환 연산자인 (unsigned)를 붙여야 한다. 따라서 srand((unsigned)time(NULL))이 된다.

그림 6-5
무작위 수 패턴을 바꾸는 srand() 함수

srand()를 사용한 이후부터 rand() 함수의 패턴이 변한다. 따라서 **srand()는 rand()를 사용하기 전에 한 번만 사용하면 된다.** 또한, time(NULL) 함수는 time.h 헤더파일에 속한 함수이기 때문에 #include <time.h>를 추가해야 한다. srand() 함수는 구조가 다소 복잡하지만, 이정도만 이해하고 지금은 그냥 사용해 본다.

[예제 6-2]는 실행할 때마다 무작위 수의 패턴이 변경되는 코드이다. 8번 줄에서 srand((unsigned)time(NULL));을 사용하여 rand()의 패턴을 변경한다. 무작위 수 함수 rand()를 사용 전에 한 번만 사용하면 된다. 또한, 3번 줄에 #include <time.h>가 추가되었다.

[예제 6-2]

무작위 수 코드

602_rand2.c

```
01 #include <stdio.h>
02 #include <stdlib.h>
03 #include <time.h>                    // time() 함수가 들어 있는 라이브러리
04 
05 int main() {
06     int com;
07 
08     srand( (unsigned)time(NULL) );  // 패턴 변경: rand() 사용 전 한 번만 실행
09 
10     com = rand();                   // rand() 무작위 수 생성
11     printf("%d\n", com);
12     com = rand() % 10;              // rand() 0에서 9까지 무작위 수 생성
13     printf("%d\n", com);
14 
15     return 0;
16 }
```

첫 번째 실행 화면

```
21448
0
```

두 번째 실행 화면

```
21553
4
```

[예제 6-2]에서 첫 번째 실행 화면의 무작위 수와 두 번째 실행 화면의 무작위 수가 다르다는 것을 확인할 수 있다. 앞으로 3번과 8번 줄의 코드를 삽입하고 rand()를 사용하면 된다.

하이퍼 링크

srand() 함수의 구조를 이해하기에는 알아야 할 내용이 너무 많기 때문에 지금은 그냥 사용한다. 함수의 일반적인 특징은 8장 함수에서 설명하고, time() 함수는 15장 이중&함수 포인터에서 설명한다.

6.2 if-else 문

1 if 문 구조

필수

if (조건) 참일 때 실행코드;

조건선택 구조란 조건에 따라 실행되는 코드가 달라지는 구조이다. 조건선택 구조에 사용되는 대표적인 조건문이 if 문이다. if 문은 **if (조건) 참일 때 실행코드;**의 구조를 가진다. 여기서 참일 때 실행코드는 if의 조건이 참(1)일 때만 실행되는 코드이다.

그림 6-6
if 문 구조

소개팅을 한다고 가정해 보자. 만약 비가 오면 우산을 챙겨서 약속 장소에 가고, 비가 안 오면 그냥 간다. 이를 if 문으로 바꾸면 "if (비 오면) 우산 가져간다"이다. if 문 다음의 일반코드는 if 문과 상관없이 무조건 실행되는 코드이다. if 문은 우산을 가져갈지 말지만 결정한다.

[예제 6-3]은 if 문을 사용한 소개팅 코드이다. 4번 줄에서 비가 오는지를 확인하는 변수 rain을 선언하고, 7번 줄에서 비가 오면 1, 안 오면 0을 입력 받는다.

[예제 6-3]
소개팅 코드
603_meet1.c

```
01  #include <stdio.h>
02
03  int main() {
04     int rain;
05
06     printf("비가 오나요? YES=1, NO=0: ");
07     scanf("%d", &rain);
08
09     if (rain == 1)
10         printf("우산 준비\n");                 // rain == 1인 경우에만 실행
11
12     printf("소개팅 간다\n");                   // 조건에 상관없이 실행
13
14     return 0;
15  }
```

실행 화면

```
비가 오나요? YES=1, NO=0: 1
우산 준비
소개팅 간다
```

9번 줄에서 만약 비가 오면(rain == 1이면), 10번 줄의 우산 준비가 출력된다. 비가 오건 안 오건 간에 12번 줄의 소개팅 간다는 무조건 출력된다. 10번의 우산 준비는 if 조건이 참일 경우에만 실행되는 코드이다.

if 문에서 자주 하는 실수

if 문을 사용할 때 다음과 같은 실수를 하지 않도록 조심해야 한다. if 문에서 세미콜론(;)은 참일 때 실행코드 다음에 붙여야 한다. if (rain == 1);과 같이 조건 다음에 세미콜론을 바로 붙이면 코드가 끝나버린다. 이 경우 10번 줄은 if 문에 속한 코드가 아닌 일반 코드가 되어 무조건 출력된다.

```
09    if (rain == 1);
10        printf("우산 준비\n");
```

세미콜론으로 조건문이 끝남
무조건 "우산 준비"가 출력됨

if 문에서 들여쓰기

다음 코드를 보자. printf("우산 준비\n");은 if 문에 포함되는 코드이다. 들여쓰기는 기본 중의 기본이며, 특정한 코드에 포함되는 코드들은 들여쓰기를 해야 한다. 들여쓰기를 하지 않는다고 해서 오류가 발생하지는 않지만, 기본을 지켜 10번 줄은 들여쓰기를 해야 한다.

```
09    if (rain == 1)
10    printf("우산 준비\n");
```

if 문에 포함된 코드는
들여쓰기를 해야 함

한 줄로 표현하는 if 문

참고로 if 문에 속한 코드가 1개일 경우, 다음과 같이 한 줄로 붙일 수 있다.

```
09    if (rain == 1) printf("우산 준비\n");
10
```

if 조건에 포함되는 코드가 1개인
경우, 붙여 쓸 수 있음

if 문을 배웠으니 또 다른 코드를 만들어 보자. 몰디브 레스토랑에서 이번 달에 생일인 손님에게 모히또 한 잔을 주는 이벤트를 한다. 모히또에는 알코올이 들어가기 때문에 19세 이상의 성인에게만 제공한다. [예제 6-4]는 모히또를 줄지 말지를 결정하는 코드이다.

4번 줄에서 생일인지 아닌지를 확인할 변수 `birth`와 나이를 저장할 변수 `age`를 선언한다. 7번 줄에서 이번 달이 생일인지를 입력 받고, 9번 줄에서 나이를 입력 받는다. 11번 줄에서 이번 달에 생일(`birth == 1`)이고, 나이가 19세 이상인지(`age >= 19`)를 확인한다. 결과가 참이면 12번 줄에서 모히또 당첨 메시지를 출력한다.

[예제 6-4]
모히또 가서 몰디브 한 잔 코드
604_mojito1.c

```
01  #include <stdio.h>
02
03  int main() {
04     int birth, age;
05
06     printf("이번 달에 생일입니까? Yes=1, No=0: ");
07     scanf("%d", &birth);
08     printf("나이를 입력하세요: ");
09     scanf("%d", &age);
10
11     if ( (birth == 1) && (age >= 19) )
12        printf("축하합니다! 모히또 한 잔 당첨!\n");    // 조건이 참(1)일 경우 실행
13
14     return 0;
15  }
```

실행 화면

```
이번 달에 생일입니까? Yes=1, No=0: 1
나이를 입력하세요: 19
축하합니다! 모히또 한 잔 당첨!
```

`if` 문 괄호 안의 조건에 주의하기 바란다. 이번 달이 생일(`birth == 1`)이고, 나이가 19세 이상(`age >= 19`)인 경우, 둘 다 만족해야지만 모히또를 줄 수 있다. 따라서 두 개의 조건은 AND 연산자(`&&`)로 연결된다.

만약 OR 연산자(`||`)로 연결할 경우 이번 달이 생일인 사람과 나이가 19세 이상인 사람 모두에게 모히또를 주게 된다. 레스토랑 주인이 싫어하는 코드가 된다.

```
11  if ( birth == 1 && age >= 19 )    비교 연산자가 논리 연산자보다 먼저 연산됨
```

11번 줄에서 조건문 안에 위와 같이 괄호를 생략해도 결과는 같다. 우선순위는 산술 > 비교 > 논리 순이기 때문에 비교 연산자가 논리 연산자(AND와 OR)보다 먼저 연산된다.

2 if-else 문 구조

필수

if (조건) 참 else 거짓

if 문은 조건이 참일 때에만 실행되는 코드를 가진다. 조건이 참인 경우 실행되는 코드와 조건이 거짓인 경우 실행되는 코드를 둘 다 가질 경우, if-else 문을 사용한다. if-else 문은 **if (조건) 참일 때 실행코드; else 거짓일 때 실행코드;**의 구조를 가진다. 여기서 거짓일 때 실행코드는 if의 조건이 거짓(0)일 때 실행되는 코드이다.

그림 6-7
if-else 문 구조

위의 경우를 보자. 조건이 참일 때와 거짓일 때 각각 실행하는 코드가 하나씩 있다. 조건이 참(이거를 마시면)이면, if 다음의 둘이 사귄다가 실행된다. 만약 조건이 거짓(이거를 마시지 않으면)이면, else 다음의 둘이 헤어진다가 실행된다. 조건에 따라 둘이 사귄다와 둘이 헤어진다 중 하나만 실행된다. 둘 다 실행되는 경우는 없다. 이거를 마시건 안 마시건 간에 if-else 조건문 다음의 일반코드는 언제나 실행된다.

[예제 6-5]는 지금까지 설명한 내용을 코드로 만든 것이다. 7번 줄에서 이거를 마시는 경우 1을 입력 받고, 안 마시는 경우 0을 입력 받는다.

[예제 6-5]
이거를 마시지 마오 코드
605_drink1.c

```c
01 #include <stdio.h>
02 
03 int main() {
04    int love;
05 
06    printf("이거를 마신다? YES=1, NO=0: ");
07    scanf("%d", &love);
08 
09    if (love == 1)
10        printf("둘이 사귄다\n");              // 조건이 참(1)일 경우 실행
11    else
12        printf("둘이 헤어진다\n");            // 조건이 거짓(0)일 경우 실행
13 
14    return 0;
15 }
```

실행 화면

```
이거를 마신다? YES=1, NO=0: 0
둘이 헤어진다
```

9번 줄에서 조건이 참(love == 1)이면 10번 줄 **둘이 사귄다**가 출력된다. 만약 조건이 거짓(love != 1)이면 else 다음 코드인 12번 줄, **둘이 헤어진다**가 출력된다. **if-else** 문은 조건에 따라 실행되는 코드가 달라지는 구조를 가진다.

if-else 문으로 바꿔보기

앞의 모히또 이벤트 코드를 다시 보자. 다 같은 손님인데 누구는 모히또를 주고, 누구는 아무것도 안 준다는 것은 기분 나쁜 일이다. 이번 달이 생일이고 19살 이상인 사람에게는 모히또를 주고, 나머지 손님들에게는 탄산음료를 주도록 코드를 바꿔 보자. 아래와 같이 **if-else** 문을 사용하면 간단하게 변경된다.

```c
11 if ( birth == 1 && age >= 19 )
12    printf("축하합니다! 모히또 한 잔 당첨!\n");
13 else
14    printf("탄산음료 한 잔 당첨!\n");
```

11번과 12번 줄의 모히또를 주는 경우는 앞의 코드와 같다. 13번과 14번 줄의 **else**가 추가된다. 13번 줄 **else**는 11번 줄의 조건이 거짓인 경우에만 실행된다. 11번 줄의 조건이 거짓인 경우 **else** 다음 코드가 실행되어 **탄산음료 한 잔 당첨!**이 출력된다.

중간 문제

출력 순서를 바꿨다. 모히또 - 탄산 코드와 같아지도록 if 안의 조건을 완성하시오.

```
if (                              )
    printf("탄산음료 한 잔 당첨!\n");
else
    printf("축하합니다! 모히또 한 잔 당첨!\n");
```

3 블록(block)의 사용

필수

중괄호 {}로 묶인 영역

지금까지는 if 조건이 참일 때나 if 조건이 거짓일 때(else) 실행되는 코드가 한 줄뿐이었다. 조건에 따라 **실행되는 코드가 여러 개일 때는 중괄호 {}를 사용하여 묶어 준다.** 중괄호는 여러 작업을 묶을 때 사용하며, 중괄호로 묶인 영역을 **블록** block 이라 부른다. 우리는 코드를 main() 블록 안에 만든다.

중괄호 {}로 묶인 if-else 문

다음은 중괄호로 묶인 if-else 문의 구조를 보여준다. 왼쪽의 경우, if에 속한 코드 1과 2가 중괄호로 묶이고, else에 속한 코드 3과 4도 중괄호로 묶인다. 오른쪽은 코드의 길이를 줄이기 위해 같은 중괄호의 위치를 조정한 것이다. 참고로 코드가 한 줄일 때도 중괄호를 사용해도 된다. 중괄호를 사용하든 안 하든 간에 들여쓰기는 매번 해주어야만 한다는 것을 명심하기 바란다.

```
if ( 조건 )
{
    코드 1;
    코드 2;
}
else
{
    코드 3;
    코드 4;
}
```

```
if ( 조건 ) {
    코드 1;
    코드 2;
}
else {
    코드 3;
    코드 4;
}
```

홀짝 게임 만들기

컴퓨터와 겨루는 홀짝 게임을 만들어 보자. 컴퓨터는 홀과 짝 중 하나를 무작위 수로 만들어서 가지고 있다. 컴퓨터가 홀을 가지고 있는지 짝을 가지고 있는지를 사용자가 맞추는 게임이 [예제 6-6]의 코드이다.

그림 6-8
홀짝 게임

2번, 3번, 8번 줄은 무작위 수를 만들기 위해 꼭 사용해야 하는 코드로 앞에서 설명했다. 6번 줄에서 컴퓨터와 사용자의 홀짝 값을 저장할 com과 user를 선언하고, 포인트를 담을 point 변수를 30으로 초기화했다.

9번 줄에서 rand()를 사용하여 무작위 수를 만들어서 com에 대입했다. 홀짝 게임은 0(홀)과 1(짝) 값이 필요하기 때문에 rand % 2를 사용한다.

[예제 6-6]
홀짝 게임 코드
606_game.c

```
01  #include <stdio.h>
02  #include <stdlib.h>                  // rand() 함수가 들어 있는 표준 라이브러리
03  #include <time.h>                    // time() 함수가 들어 있는 라이브러리
04
05  int main() {
06     int com, user, point = 30;
07
08     srand( (unsigned)time(NULL) );      // 실행할 때마다 rand() 패턴 변경
09     com = rand() % 2;                   // rand() 0과 1 중 무작위 수 생성
10
11     printf("홀(0), 짝(1) 선택: ");
12     scanf("%d", &user);
13
14     if (com == user) {
15        point = point + 30;                // 조건이 참(1)일 경우 실행
16        printf("맞췄음! 포인트는 %d억점\n", point);
17     }                                   // End of if
18     else {
19        point = point - 30;                // 조건이 거짓(0)일 경우 실행
20        printf("틀렸음! 포인트 날림\n");
21     }                                   // End of else
22     return 0;
23  }
```

실행 화면

```
홀(0), 짝(1) 선택: 0
틀렸음! 포인트 날림
```

12번 줄에서 사용자의 선택을 받아 변수 user에 넣는다. 14번 줄에서 사용자가 맞췄다면 (com == user), 15번과 16번 줄의 코드가 실행된다. if 조건이 참일 경우 실행되는 코드가 2개 이상이기 때문에 중괄호 {}로 묶었다. 맞췄을 경우 point에 30을 더하고, 맞췄음이 출력된다.

만약 틀렸을 경우(com != user)에는 18번 줄의 else가 실행된다. 19번 줄에서 point에서 30을 빼고, 20번 줄에서 포인트 날림!이 출력된다. 만약 else에 속하는 중괄호를 생략할 경우에는 전혀 다른 코드가 되니 주의하기 바란다.

중간 문제

만약 else 이후의 중괄호를 다음과 같이 생략한다면 사용자가 맞췄을 경우에는 어떻게 출력되는지 적으시오.

```
else
    money = money - 30;
    printf("틀렸음! 돈 날림\n");

return 0;
```

어렵게 만든 홀짝 게임을 겨우 한 번만 하는 것은 아깝다. 게임을 여러 번 반복할 수 있는 구조는 7장 반복문에서 다룬다.

LAB 1 아르바이트 시급 계산하기

통닭집에서 아르바이트를 모집한다. 아르바이트로 받게 되는 금액을 계산하는 코드를 만들어 보자. 근무 조건은 다음과 같다. 시급은 시간당 12,800원이고, 4시간 일할 때마다 식사비로 9천원을 준다. 40시간을 넘게 일할 경우, 식사비는 만원이고 보너스도 있다. 총 근무 시간이 40시간 이상이면 보너스는 전체 받는 금액의 10%이고, 40시간 미만이면 2%이다. 코드를 단순화시키기 위해, 일한 시간은 정수(int)이며 모든 계산의 소수점 이하는 버린다.

그림 6-9
아르바이트 근무 조건

[예제 6-7]의 코드를 보기 전에 유사코드나 C코드로 먼저 만들어 보기 바란다. 4번 줄의 `perh` 변수는 시급을 저장하며 `12800`으로 초기화한다. `wtime` 변수는 일한 시간을 저장하며, `meal` 변수는 식사비 지불 횟수를 저장한다. `sum` 변수는 전체 금액을 저장한다. 7번 줄에서 `scanf()`를 사용하여 사용자로부터 일한 시간을 `wtime` 변수에 받는다.

[예제 6-7]
아르바이트 시급 계산 코드
607_money1.c

```
01  #include <stdio.h>
02
03  int main() {
04     int perh = 12800, wtime, meal, sum;
05
06     printf("일한 시간: ");
07     scanf("%d", &wtime);
08
09     meal = wtime / 4;
10     if (wtime >= 40) {                              // 40시간 이상인 경우
11        sum = (wtime * perh) + (meal * 10000);
12        sum = sum + (sum * 0.1);
13     }                                               // End of else
14     else {                                          // 40시간 미만인 경우
15        sum = (wtime * perh) + (meal * 9000);
16        sum = sum + (sum * 0.02);
17     }                                               // End of if
18     printf("받는 금액 %d원\n", sum);
19
20     return 0;
21  }
```

실행 화면

```
일한 시간: 44
받는 금액 740520원
```

9번 줄에서 식사비 제공 횟수를 계산한다. 4시간마다 한 번씩 식사비가 제공되기 때문에 일한 시간을 4로 나누어 `meal`에 저장한다. 38시간 일한 경우 9가 저장되어야 한다. `38 / 4`는

9.5인데 실수가 정수에 저장될 때에는 소수점 이하 값이 버려지기 때문에 9가 저장된다.

10번 줄에서 if (wtime >= 40)을 사용하여 40시간 이상 일한 경우와 40시간 미만으로 일한 경우를 나눈다. 40시간 이상 일한 경우, 일한 시간에 시급을 곱(wtime * perh)한 값을 sum에 저장한다. 40시간 이상 일을 한 경우, 식사비는 만원임으로 meal * 10000의 결과를 더해 준다.

40시간 이상 일한 경우, 보너스는 전체 금액의 10%이다. 12번 줄에서 sum과 sum * 0.1 값을 더하여 다시 sum에 저장한다. sum = sum * 1.1도 같은 코드이다.

15번과 16번 줄은 40시간 미만으로 일한 경우이다. 따라서 sum = (wtime * perh) + (meal * 9000)이다. 보너스는 전체 금액의 2%임으로 sum = sum + sum * 0.02이다. sum = sum * 1.02도 같은 코드이다.

[예제 6-7]의 코드에서 연산자의 우선순위를 분명하게 표시하기 위해 괄호를 사용했다. 또한 실수의 값을 정수에 대입함으로써 소수점 이하를 버렸다. 다소 복잡한 조건이지만 차분히 따라가면 쉽게 이해할 수 있을 것이다.

4 다중 조건문

필수

예시로 이해하는 다중 조건문의 필요성

별다방에서 쿠폰 행사를 시작했다. 쿠폰이 없거나 10개 미만은 커피 한 잔, 20개 미만은 다이어리, 20개 이상은 여행 가방을 준다. 쿠폰 개수에 따라 사은품을 출력하는 코드를 만들어 보자.

그림 6-10
사은품 증정 코드

[예제 6-8]은 별다방 사은품 코드이다. 4번 줄에서 쿠폰의 개수를 저장할 coupon 변수를 선언하고, 7번 줄에서 쿠폰 개수를 입력 받는다. 9번 줄에서 쿠폰의 개수가 20개 이상이면, 여행 가방을 출력하고, 11번 줄에서 쿠폰의 개수가 10개 이상이면 다이어리를 출력한다. 13번 줄에서 쿠폰의 개수가 10개 미만이면 커피 한 잔을 출력한다.

[예제 6-8]
별다방 사은품 코드

608E_present1.c

오류 발생

```
01 #include <stdio.h>
02
03 int main() {
04     int coupon;
05
06     printf("쿠폰 개수 입력: ");
07     scanf("%d", &coupon);
08
09     if (coupon >= 20)
10         printf("여행 가방\n");                // 20개 이상인 경우
11     if (coupon >= 10)
12         printf("다이어리\n");                 // 10개 이상인 경우
13     if (coupon < 10)
14         printf("커피 한 잔\n");               // 10개 미만인 경우
15
16     return 0;
17 }
```

실행 화면

```
쿠폰 개수 입력: 21
여행 가방
다이어리
```

코드를 실행하여 21을 입력하면 여행 가방과 다이어리가 동시에 출력된다. 받은 사람은 횡재겠지만, 논리 오류이다. 문법에는 문제가 없지만 알고리즘이 잘못 만들어져 원하지 않은 결과가 나오는 오류가 논리 오류이다.

어디서 논리 오류가 발생했는지 찾아보자. 11번 줄의 조건 coupon >= 10은 10개보다 크거나 같은 모든 경우에 다이어리를 준다. 여기에는 20보다 크거나 같은 경우도 포함되어 있다. 따라서 20보다 작고 10보다 크거나 같도록 코드를 수정하면 정상적인 결과가 나온다.

```
11  if (coupon < 20 && score >= 10)        O
```

이러한 문제는 if 문이 서로 독립적이기 때문에 발생한다. 20개 이상으로 여행 가방을 받았다면, 다른 조건은 무시되어야 한다. 다시 말해, 3개의 조건 중 1개만 실행되어야 한다. **여러 조건 중 하나만 선택하는 구조가 다중 조건문이다.** 다중 조건문은 if 문을 여러 개를 연결하여 1개만 선택되도록 한다.

다중 조건문 구조

다중 조건문은 if-else if-else의 형태로 구성된다. 필요한 조건을 else if를 사용하여 계속 연결하는 구조이다.

그림 6-11
다중 조건문 구조

다중 조건문으로 바꿔보기

다중 조건문을 사용하게 되면, 조건에 따라 실행되는 코드가 한 개뿐이기 때문에 조건을 간단하게 만들 수 있다. [예제 6-8]을 다중 조건문을 사용하여 수정한 코드가 [예제 6-9]이다.

[예제 6-9]
별다방 사은품 코드
609N_present2.c
오류 수정

```c
#include <stdio.h>

int main() {
   int coupon;

   printf("쿠폰 개수 입력: ");
   scanf("%d", &coupon);

   if (coupon >= 20)
      printf("여행 가방\n");                // 20개 이상인 경우
   else if (coupon >= 10)
      printf("다이어리\n");                 // 10개 이상인 경우
   else
      printf("커피 한 잔\n");               // 10개 미만인 경우

   return 0;
}
```

첫 번째 실행 화면

```
쿠폰 개수 입력: 21
여행 가방
```

두 번째 실행 화면

```
쿠폰 개수 입력: 10
다이어리
```

첫 번째 실행 화면을 보자. 쿠폰 개수 21이 입력되는 경우, 9번 줄의 조건 coupon >= 20을 만족하기 때문에 여행 가방이 출력된다. 11번 줄 이후 else if 문은 쿠폰 개수가 20보다 적은 경우에만 실행된다. 따라서 11번부터 14번 줄의 코드가 무시된다.

두 번째 실행에서 10이 입력된 경우, 9번 줄의 if 조건은 거짓이기 때문에 11번 줄에서 조건 coupon >= 10을 확인한다. 조건이 참이기 때문에 다이어리가 출력된다. 다중 조건문도 여러 개의 코드를 하나로 묶을 경우 중괄호 {}를 사용해야 한다.

LAB 2 가위바위보 게임

심화

프로그래머 초급자에서 중급자로 올라가는 좋은 방법을 소개한다. 초급자들은 문제를 푸는데 급급하지만, 중급자들은 문제를 푸는 것뿐만 아니라 남들보다 멋진 코드를 만들고 싶어 한다. 같은 문제를 가지고 코드를 만들어 짧은 코드가 이기는 게임을 친구들과 하곤 했다. '코드 줄이기'는 코딩 실력을 늘리는데 많은 도움이 된다. 어떻게 코드를 줄일 수 있는지 알아보자.

다중 조건문을 사용하여 가위바위보 게임을 만들어 보자. 가위바위보 게임 코드를 [예제 6-10]에 나타냈다. 가위바위보 게임의 구조는 앞에서 만든 홀짝 게임과 유사하다. rand() 함수를 이용하여 컴퓨터가 가위, 바위, 보 중 하나를 선택한다. 편의상 가위는 0, 바위는 1, 보는 2로 정했다. 12번 줄에서 rand() % 3을 이용하여 무작위 수를 만든다. 컴퓨터는 0, 1, 2 중 하나의 값을 가지게 된다.

홀짝 게임은 맞추거나 못 맞추는 2가지의 결과뿐이다. 가위바위보 게임은 비기거나, 사용자가 이기거나, 컴퓨터가 이기는 3가지의 결과를 가지게 된다. 그래서 15번 줄에서 20번 줄까지 다중 조건문을 사용한다.

15번 줄은 컴퓨터와 사용자가 같은 값을 가지는 경우(com == user)로 비겼습니다!를 출력한다. 17번 줄은 사용자가 이기는 조건이며, 사용자 승!을 출력한다. 19번 줄은 비기는 것도 사용자가 이기는 것도 아닌 경우임으로 컴퓨터 승!이라고 출력한다.

[예제 6-10]
가위바위보 게임 코드

610X_RPSgame.c

입력 필요

```
01 #include <stdio.h>
02 #include <stdlib.h>          // rand() 함수가 들어 있는 표준 라이브러리 헤더
03 #include <time.h>
04
05 int main() {
06    int com, user;
07
08    srand( (unsigned)time(NULL) );      // 실행할 때마다 rand() 패턴 변경
09
10    printf("가위0 바위1 보2 선택: ");
11    scanf("%d", &user);
12    com = rand() % 3;                  // rand() 0, 1, 2 중 무작위 수 생성
13    printf("com = %d, user = %d ", com, user);
14
15    if (com == user)
16       printf("비겼습니다!\n");                    // 비긴 경우
17    else if (                          )          // 괄호 안을 채우시오.
18       printf("사용자 승!\n");                    // 사용자가 이긴 경우
19    else
20       printf("컴퓨터 승!\n");                    // 컴퓨터가 이긴 경우
21
22    return 0;
23 }
```

실행 화면

```
가위0 바위1 보2 선택: 1
com = 0, user = 1 사용자 승!
```

17번 줄에서 사용자가 이기는 경우의 조건은 빈칸이다. 어떤 경우가 사용자가 이기는 경우인지 직접 만들어 보기 바란다.

가장 단순한 방법은 사용자가 이기는 모든 경우의 수를 조건으로 만드는 것이다. 사용자가 이기는 경우의 수는 다음과 같다. 컴퓨터 == 가위(0)일 때 사용자 == 바위(1), 컴퓨터 == 바위(1)일 때 사용자 == 보(2), 컴퓨터 == 보(2)일 때 사용자 == 가위(0)의 3가지 경우이다. 이 3가지 경우를 OR 연산(||)으로 묶으면 사용자가 이기는 경우이며, 코드는 다음과 같다.

```
17 else if ((com == 0 && user == 1) ||
      (com == 1 && user == 2) || (com == 2 && user == 0))
```

80점

위의 코드는 결과는 맞지만, 조건이 매우 복잡하다. 그래서 80점짜리 정답이다. 위의 코드보다 짧은 조건으로도 같은 결과를 얻을 수 있도록 노력해 보자.

더 간단한 조건을 만들기 위해 다음과 같이 표를 만들었다. 표에서 가로는 컴퓨터가 가질 수 있는 경우의 수이며, 세로는 사용자의 경우의 수이다. 각 칸의 대괄호 [] 안에는 com의 값에서 user의 값을 뺀 값(com - user)을 적어 놓았다. 그리고 사용자가 이기는 경우에만 색칠을 했다.

대괄호 [] 안의 숫자는 (com - user)의 결과값

사용자 \ 컴퓨터	가위(0)	바위(1)	보(2)
가위(0)	비김 [0]	컴퓨터 승 [1]	사용자 승 [2]
바위(1)	사용자 승 [-1]	비김 [0]	컴퓨터 승 [1]
보(2)	컴퓨터 승 [-2]	사용자 승 [-1]	비김 [0]

위의 표에서 사용자가 이기는 패턴을 찾아보자. (com - user)를 한 결과가 -1이거나 2인 경우에 사용자가 이긴다. 이러한 결과를 바탕으로 다음과 같은 조건을 만들었다.

```
else if ( (com - user) == -1 || (com - user) == 2 )
```
90점

80점짜리 조건과 비교하여 두 번째 조건이 훨씬 단순해졌다. 그런데 100점이 아닌 90점이다. 조금 더 고민을 해보면, AND나 OR 같은 논리 연산자를 사용하지 않고도 조건을 만들 수 있다.

(com - user)의 결과값을 보면, 사용자가 이기는 경우의 결과값은 -1과 2이다. 여기에 1을 더하면 (com - user + 1) 결과는 0과 3이 나온다. 이를 3으로 나눠 나머지(% 3)를 구하면 언제나 0이 되는 값을 얻을 수 있다. 다시 말해, (com - user + 1) % 3의 경우, 사용자가 승리할 때 언제나 0이 된다. 따라서 다음과 같이 코드를 작성하면 같은 결과를 얻을 수 있다.

```
else if ( (com - user + 1) % 3) == 0 )
```
95점

C언어에서 0은 거짓(false), 1은 참(true)이다. 따라서 (com - user + 1) % 3은 항상 0(거짓)이 나오기 때문에 NOT 연산자(!)를 사용하여 else if (!(com - user + 1) % 3))이라 써도

같은 결과를 얻을 수 있다. 그런데 100점이 아닌 95점이다. 더 단순한 조건이 남아 있다는 뜻이다.

```
else if ( !(com - user + 1) % 3 )
```

95점

(!(com - user + 1) % 3))에서 NOT 연산자를 뺄 수 있는 방법이 있다. 뒤집어서 생각해 보자. 표에서 컴퓨터가 승리하는 경우, (com - user) 값은 -2와 1이다. 여기에 2를 더하면(com - user + 2), 0과 3만 나온다. 이를 3 나머지 연산자(% 3)를 사용하면 언제나 0이 나온다. 컴퓨터가 이기는 경우에만 0(거짓)이 나오므로 결국은 사용자가 이기는 것이다. 따라서 다음과 같은 코드로 같은 결과를 얻을 수 있다.

```
else if ( (com - user + 2) % 3 )
```

100점

(com == 0 && user == 1) || (com == 1 && user == 2) || (com == 2 && user == 0)는 문제의 답만 찾은 것이다. 코드 줄이기란 코드를 최적화시키는 것이다. (com - user + 2) % 3의 조건을 찾아가는 과정에서 코딩 실력이 늘어나게 된다. 문제의 답을 찾는 데만 만족하지 말고, 다양한 해결 방법을 찾으려고 노력해 보기 바란다.

6.3 switch 문

1 switch 문 개요

switch 문 구조

switch 문은 조건에 따라 실행되는 코드가 달라지는 조건문 중 하나이다. [그림 6-12]의 switch 문 구조를 자세히 살펴보기 바란다.

switch 문은 switch (조건)의 중괄호 {} 안에 여러 개의 경우의 수(case)가 모여 있다. 조건에 따라 case로 진입하여 실행문이 실행되고 break에서 실행이 멈춘다. **break는 여기까지만 실행하고 끝내라는 키워드이다.**

switch (조건) 중 어떤 case에도 속하지 않는 경우, 마지막의 default:로 진입한다. 다시 말해, default:는 앞의 case에 해당하지 않는 나머지 조건들이 실행되는 곳이다.

switch 문과 다중 조건문의 차이점은 switch 문에서는 조건을 하나만 사용할 수 있다는 것이다. 하나의 조건에 대하여 여러 개의 case가 적용된다. 주의할 점은 case 조건 다음에 콜론(:)이 사용된다는 것이다. C언어에서 세미콜론(;)은 한 문장이 끝나는 것을 의미한다. 하지만 case는 조건에 따라 진입하는 곳이지 코드가 끝나는 곳이 아니다. 따라서 case 다음에는 콜론(:)을 사용한다.

```
switch ( 조건 ) {
    case A :
            실행문 A;
            break;
    case B :
            실행문 B;
            break;
    default :
            실행문 C;
            break;
}
```

그림 6-12
switch 문 구조

switch 문 사용하기

4명이서 여행을 떠나려 하는데, 둘은 하와이를 가자고 하고, 나머지는 다른 곳을 가자고 한다. 무작위 수를 만들어 0이 나오면 제주도, 1이 나오면 사이판, 2와 3이 나오면 하와이를 가기로 했다.

그림 6-13 무작위 여행지 선택 코드

[예제 6-11]은 switch 문을 사용하여 여행지를 선택하는 코드이다. 9번 줄에서 rand()를 사용하여 0, 1, 2, 3 중 무작위 수를 만든 후 trip 변수에 저장한다.

[예제 6-11] 무작위 여행지 선택 코드

611_trip1.c

```
01 #include <stdio.h>
02 #include <stdlib.h>            // rand() 함수가 들어 있는 표준 라이브러리 헤더
03 #include <time.h>
04
05 int main() {
06    int trip;
07
08    srand( (unsigned)time(NULL) );   // 실행할 때마다 rand() 패턴 변경
09    trip = rand() % 4;               // rand() 0, 1, 2, 3 중 무작위 수 생성
10
11    switch (trip) {
12       case 0:                        // case 0: 조건코드 끝이 콜론(:)
13           printf("제주도로 출발\n");      // 0이 나오는 경우
14           break;
15       case 1:                        // case 1: 조건코드 끝이 콜론(:)
16           printf("사이판으로 출발\n");     // 1이 나오는 경우
17           break;
18       default :                      // default - 앞 조건을 제외한 나머지
19           printf("하와이로 출발\n");      // 2나 3이 나오는 경우
20           break;
21    }                                 // End of switch
22    return 0;
23 }
```

실행 화면

```
하와이로 출발
```

11번 줄에서 switch (trip) { 으로 switch 문이 시작된다. trip의 값에 따라 0과 1 그리고 defualt로 나뉜다. case 0:은 trip 값이 0인 경우이다. case 0이면 13번 줄이 실행되어 제주도로 출발이 출력되고 break에서 멈춘다. case 1이면 16번 줄이 실행되어 사이판으로 출발이 출력되고 break에서 멈춘다.

case 0도 1도 아닌 경우에는 모두 하와이로 출발이다. 따라서 trip 값이 2나 3인 경우 default :가 실행되어 하와이로 출발이 출력된다.

switch 문에서 주의할 것은 case에 해당하는 코드가 여러 개 있더라도 중괄호 {}로 묶지 않는다는 것이다. 예를 들어 12번 줄 case 0:에 해당하는 코드가 다음과 같이 여러 줄이어도 중괄호를 사용하지 않는다.

```
12  case 0:
13      printf("제주도로 출발\n");
14      printf("여행경비 반값\n");
15      break;
```

case 안에 코드가 여러 줄이라도 중괄호를 사용하지 않는다.

2 switch 문에서 case의 변형

다중 조건문을 switch 문으로 변환하기

다중 조건문에서는 if-else if를 사용하여 여러 개의 조건을 만들 수 있었다. 그러나 **switch 문에서는 하나의 조건을 가지고 여러 개의 경우의 수(case)를 만들어야 한다.** 다중 조건문을 switch 문으로 어떻게 변환하는지 살펴보자.

그림 6-14
여행 가방 품절 후 사은품 증정

인기 상품은 언제나 일찍 품절된다. 여행 가방이 품절되어 쿠폰이 20개 이상이어도 다이어리만 받을 수 있다. 변경된 조건을 적용한 사은품 증정 코드를 만들어 보자. 다중 조건문을 사용한 [예제 6-8]을 switch 문 형태로 변경하면 된다.

주의할 것은 switch 문에서는 한 개의 조건만을 사용할 수 있다는 것이다. 따라서 10 미만의 경우, 10 이상 20 미만의 경우, 20 이상의 경우를 하나의 조건으로 표현해야 한다. 이를 위해 쿠폰의 개수를 10으로 나누어 소수점 이하를 버리면 쿠폰의 개수에 대하여 0, 1, 2와 같은 경우의 수(case)를 만들 수 있다.

[예제 6-12]는 `switch` 문을 사용하여 여행 가방 품절 문제를 고려한 사은품 증정 코드이다. 8번 줄에서 `coupon`의 개수를 `10`으로 나누어 `con` 변수에 저장한다. 정수에 실수가 대입될 때 소수점 이하는 버려진다. 따라서 정수형 변수 `con`에는 쿠폰 개수가 10개 미만인 경우 `0`, 10개에서 19개까지는 `1`, 20개에서 29개까지는 `2`가 들어간다. 8번 줄에 `con = (int) (coupon) / 10`이라 쓰면 명시적 형 변환이 된다.

[예제 6-12]
사은품 출력 switch 버전

612E_present2.c

오류 발생

```
01  #include <stdio.h>
02
03  int main() {
04     int coupon, con;
05
06     printf("쿠폰 개수 입력: ");
07     scanf("%d", &coupon);
08     con = coupon / 10;                  // 명시적 형 변환 (int)(coupon / 10)
09
10     switch (con) {
11        case 2:                                // case 2:
12        case 1:                                // case 1:
13            printf("다이어리\n");                 // 10개에서 19개
14            break;
15        default :                              // default:
16            printf("커피 한 잔\n");               // 10개 미만인 경우
17     }                                  // End of switch
18     return 0;
19  }
```

실행 화면

```
쿠폰 개수 입력: 30
커피 한 잔
```

`case 1`인 경우와 `case 2`인 경우 둘 다 다이어리만 출력하도록 하고 싶다면, 11번과 12번 줄처럼 사용하면 된다. `case`는 코드를 실행하기 위한 진입로이다. 따라서 `break`를 생략하는 경우, `case 2`와 `case 1` 모두 13번 줄 다이어리를 출력하고 14번 줄의 `break`에서 멈춘다. 위와 같이 **`switch` 문에서 `break`를 생략하면 여러 개의 `case`가 코드를 공유할 수 있다.**

switch 문에서 조건과 case를 만들 때는 신중해야 한다. [예제 6-12]는 쿠폰 개수가 30개 이상인 경우 커피 한 잔이 출력되는 논리 오류가 있다. 이를 해결하기 위해서 case 3:, case 4:, case 5:를 계속 추가하는 것은 좋은 방법이 아니다. 사용자가 몇 개의 쿠폰을 가지고 있는지 알 수 없기 때문이다.

위의 논리 오류는 case의 위치만 바꾸면 쉽게 해결된다. case 0:은 커피 한 잔을 출력하고, default:는 다이어리를 출력하도록 변경하면 된다.

```
10  switch (con) {
11     case 0:
12        printf("커피한 잔\n");
13        break;
14     default :
15        printf("다이어리\n");
16  }
```

switch 문에서 조건과 case는 신중하게 정해야 한다.

switch 문에서 default:는 가장 마지막에 진입하는 통로이다. 따라서 default: 이후에는 실행할 코드가 없다. 이런 이유로 defualt:에는 break를 생략할 수 있다. 그래서 15번 다음 줄에 break를 생략했다.

앞서 설명한 가위바위보 게임을 switch 문을 사용해서 만들 수 있다. 연습문제 53번에 난이도 최상 문제로 가위바위보 switch 문 버전이 있으니 도전해 보기 바란다.

3 switch 문 활용

break의 유무에 따른 다양한 활용

구조가 복잡한 switch 문을 사용하는 이유는 여러 가지 용도로 활용이 가능하기 때문이다. break는 어디서 멈추는지를 나타내는 키워드이다. break가 있고 없음에 따라 다양하게 작동하는 코드를 만들 수 있다.

switch 문에서 [그림 6-15]와 같이 break가 없는 case A:의 경우에는 실행문 A, 실행문 B, 실행문 C가 실행된다. case B:의 경우에는 실행문 B와 실행문 C가 실행되고, default에서는 실행문 C만 실행된다.

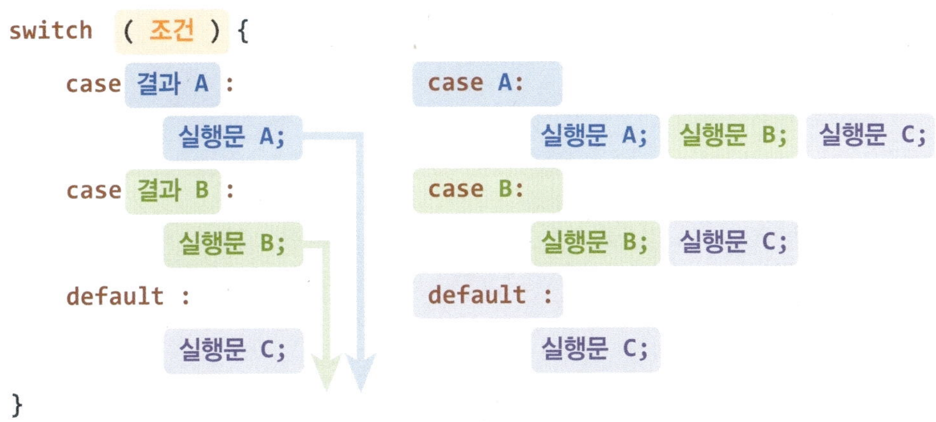

그림 6-15
break가 없는 switch 문 구조

if 문과 switch 문의 비교 선택

놀이동산에는 다양한 종류의 패키지가 있다. 1번 패키지는 입장권과 놀이기구 10종을 이용할 수 있고, 돌고래 쇼도 관람할 수 있다. 2번 패키지는 입장권과 놀이기구 10종을 이용할 수 있다. 마지막으로 3번 패키지는 입장만 할 수 있다.

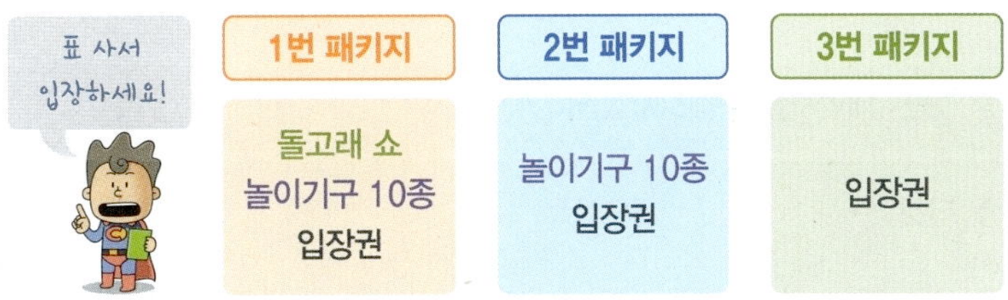

그림 6-16
놀이동산 입장권

if 문을 사용하여 패키지에 맞는 티켓을 출력하는 코드는 다음과 같다. 1번 줄에서 ticket == 1인 경우 돌고래 쇼 티켓을 출력한다. 3번 줄에서 ticket == 1이거나 ticket == 2인 경우, 놀이기구 10종 티켓을 출력한다. 모든 패키지에는 입장권이 있음으로 5번 줄에서 입장권 티켓을 출력한다.

```
01  if (ticket == 1)
02      printf("돌고래 쇼 티켓\n");
03  if (ticket == 1 || ticket == 2 )
04      printf("놀이기구 10종 티켓\n");
05      printf("입장권 티켓\n");
```

같은 코드를 switch 문을 이용하여 만든 코드가 [예제 6-13]이다. 1번 패키지의 경우, 10번 줄 case 1:로 진입한 후, 돌고래 쇼 티켓, 놀이기구 10종 티켓, 입장권 티켓이 출력된다. break가 없기 때문에, case 1:로 진입한 후 11번, 13번, 15번 줄의 printf()가 모두 실행된다.

[예제 6-13]
놀이동산 패키지 코드

613_park.c

```
01 #include <stdio.h>
02 
03 int main() {
04    int ticket;
05 
06    printf("1, 2, 3번 중 어떤 패키지를 구매하시겠습니까?: ");
07    scanf("%d", &ticket);
08 
09    switch (ticket) {
10       case 1:                                   // 3가지 티켓 모두 구매
11          printf("돌고래 쇼 티켓\n");
12       case 2:
13          printf("놀이기구 10종 티켓\n");          // 2가지 티켓 구매
14       default:
15          printf("입장권 티켓\n");                 // 입장권 구매
16    }
17    return 0;
18 }
```

첫 번째 실행 화면

```
1, 2, 3번 중 어떤 패키지를 구매하시겠습니까?: 1
돌고래 쇼 티켓
놀이기구 10종 티켓
입장권 티켓
```

두 번째 실행 화면

```
1, 2, 3번 중 어떤 패키지를 구매하시겠습니까?: 3
입장권 티켓
```

같은 방식으로 2번 패키지의 경우, 12번 줄 case 2:로 진입하여 13번 줄의 놀이기구 10종 티켓과 15번 줄의 입장권 티켓이 출력된다. 3번 패키지의 경우, default:로 진입하여 입장권 티켓만 출력된다.

switch 문은 if 문과 완전하게 호환되며 switch 문을 사용하면 만들기 편해지는 경우들이 있다. 반대로 여러 개의 조건을 연결해서 사용해야 하는 경우에는 switch 문이 불편하다. if 문을 사용할지 switch 문을 사용할지는 사용자의 선택이다.

4 3항 조건 연산자

심화

3항 조건 연산자 구조

5장 연산자에서 설명하지 않은 연산자 중 3항 조건 연산자가 있다. 3항 조건 연산자는 if-else 문을 한 줄로 표현한 것이다. 3항 조건 연산자의 구조는 (조건) ? 참인 경우 : 거짓인 경우이다.

(조건) ? 참인 경우 : 거짓인 경우

그림 6-17
3항 조건 연산자 구조

여러 줄의 조건문을 한 줄로 표현

모히또 이벤트 코드의 if-else 문을 3항 조건 연산자로 바꾸면 다음과 같다. 물음표(?) 앞에 조건이 들어가고 물음표 다음에는 참일 때의 코드를 쓴다. 그 후 콜론(:)을 쓴 다음에 거짓일 때 실행하는 코드를 쓰면 된다.

```
( birth == 1 && age >= 19 ) ? printf("축하합니다! 모히또 한 잔 당첨!") :
  printf("탄산음료 한 잔 당첨!");
```

3항 조건 연산자는 한 줄에 표현할 수 있어 코드의 길이를 줄이는 효과는 있지만, 줄이 길어지고 구조를 정확하게 파악하기 어렵다는 단점이 있다. 따라서 간단한 계산식을 사용할 때 3항 조건 연산자가 사용된다.

예를 들어 num1이 짝수인지 홀수인지를 출력하는 코드인 경우 다음과 같이 쓸 수 있다. C언어에서는 거짓은 0, 참은 1이다. 따라서 2번 줄과 같이 나머지 연산 값의 결과만으로도 짝수인지 홀수인지 알 수 있다.

```
01    (num1 % 2 == 0) ? printf("짝수") : printf("홀수");
02    (num1 % 2) ? printf("홀수") : printf("짝수");
```

1번과 2번 줄 둘 다 같은 코드

if 문의 특징 + 연산자의 특징

3항 조건 연산자는 if 문의 특징과 연산자의 특징을 같이 가지고 있다. 다음 두 수 중 큰 수를 찾는 3항 조건 연산자 코드이다. num1과 num2를 비교하여 num1이 클 경우, max에게 num1을 대입해주고, 아니면 num2를 대입해준다. 결과적으로 3항 조건 연산자는 오른쪽의 결과 값을 왼쪽 max에게 대입해준다. 그래서 연산자라 부른다.

```
max = (num1 > num2) ? num1 : num2;
```
결과값이 max에 대입된다.

3항 조건 연산자 사용하기

[예제 6-14]는 두 수를 입력 받아 3항 조건 연산자를 사용하여 다양한 출력을 하는 코드이다. 9번 줄에서는 조건 연산자를 사용하여 더 큰 수를 max에 넣고, 10번 줄에서 출력한다. 11번 줄은 절댓값을 출력하는 코드이다. num2가 0보다 작으면(음수이면) -num2를 출력하고 아니면 num2를 출력한다.

[예제 6-14]
3항 조건 연산자 코드
614_condition.c

```
01 #include <stdio.h>
02 
03 int main() {
04     int num1, num2, max;
05 
06     printf("두 수를 입력하시오: ");
07     scanf("%d %d", &num1, &num2);
08 
09     max = (num1 > num2) ? num1 : num2;          // 큰 수를 찾아 max에 넣는다
10     printf("큰 수는 %d입니다.\n", max);
11     printf("num2의 절댓값은 %d\n", (num2 < 0) ? -num2 : num2);  // 절댓값
12     printf("num1=%d은 ", num1);
13     (num1 % 2 == 0) ? printf("짝수") : printf("홀수");       // 홀짝 판단
14 
15     return 0;
16 }
```

실행 화면

```
두 수를 입력하시오: 3 -7
큰 수는 3입니다.
num2의 절댓값은 7
num1=3은 홀수
```

11번 줄에서는 (num2 < 0) ? -num2 : num2를 이용하여 절댓값을 출력한다. 음수일 경우 부호 연산자를 붙여 양수로 바꿔준다. 11번 줄의 3항 조건 연산자의 끝에 세미콜론(;)이 없음을 주의하기 바란다. 9번 줄 끝에 세미콜론(;)까지 3항 조건 연산자라 착각할 수 있으나, 9번 줄 끝의 세미콜론은 코드의 끝을 알리는 부호이다. 3항 조건 연산자는 (조건) ? 참 : 거짓의 구조이기 때문에 11번 줄의 num2 다음에 세미콜론을 붙이면 오류가 발생한다.

마지막으로 13번 줄에서 num1이 홀수인지 짝수인지를 출력한다. 3항 조건 연산자는 적은 줄로도 많은 작업을 할 수 있는 장점이 있으나, 코드 전체의 구조를 파악하기 어렵다. 따라서 자주 사용하지 않는 연산자이다.

5 goto 문

심화

실행 순서를 바꾸는 키워드

goto 문은 코드의 실행 순서를 바꾸는 키워드이다. 다음 코드에서 num에 0이 입력되는 경우, goto ZERO;가 실행된다. 그러면 11번 줄 ZERO:로 점프하여 12번 줄 printf()가 실행되고, 13번 줄 return 0;을 만나면 끝난다.

```
01 #include <stdio.h>
02
03 int main() {
04     int num;
05
06     scanf("%d", &num);
07
08     if (num == 0) goto ZERO;
09     else goto OTHER;
10
11 ZERO:
12     printf("0을 입력\n");
13     return 0;
14
15 OTHER:
16     printf("0이 아닌 수를 입력\n");
17     return 0;
18 }
```

goto 문에 대하여 성의 없이 설명하는 이유는 쓰지 말아야 할 코드이기 때문이다. goto 문은 지금까지 사용해 온 순차 구조를 망가뜨린다. 위에서 아래로 실행되다가 갑자기 이상한 곳으로 코드가 옮겨가 버린다. 코드가 읽기 어려워질 뿐 아니라 구조도 복잡해진다. goto 문을 사용하는 경우, 코드가 쓸데없이 복잡해지고 실행 속도도 느려진다. 이런 문제로 자바에서는 goto 문을 쓸 수 없게 막았다. 따라서 goto 문은 잊어버리기 바란다.

요약

- 순차 구조란 코드가 위에서 아래로 순차적으로 실행되는 구조로 대부분 순차 구조이다. 조건선택 구조란 조건에 따라 선택되는 코드가 달라지는 구조로 `if-else`가 있다. 반복 구조란 반복 조건이 참인 동안 계속 실행되는 구조로 `for` 문과 `while` 문이 있다.
- 조건선택 구조와 반복 구조의 조건에서 다양한 연산자가 사용된다. 괄호 > 1항 연산자 > 산술 > 비교 > 논리 > 대입 연산자의 우선순위를 기억하기 바라며 헷갈릴 경우 괄호를 사용한다.
- 무작위 수를 생성하는 함수는 `rand()`이며, 표준 라이브러리 헤더파일(`stdlib.h`)에 포함되어 있다. 특정 범위에 있는 무작위 수를 만들고 싶다면 나머지 연산자(%)를 사용한다. `srand()`는 `rand()`의 패턴을 바꿔주는 함수이며, `srand( (unsigned)time(NULL) )`로 사용하고 `rand()` 함수 사용 전에 한 번만 사용하면 된다.
- `if` 문은 `if (조건) 참일 때 실행코드;`의 구조를 가진다. `if-else` 문은 `if (조건) 참일 때 실행코드; else 거짓일 때 실행코드;`의 구조를 가진다. 조건에 따라 실행되는 코드가 여러 개일 때는 중괄호 `{}`를 사용하여 묶어 준다.
- 다중 조건문이란 `if` 문 여러 개를 연결하여 1개만 선택되도록 한다. 다중 조건문은 `if-else if-else`의 형태로 구성된다. 필요한 조건을 `else if`를 사용하여 계속 연결하는 구조이다.
- `switch` 문은 `switch (조건)`의 중괄호 `{}` 안에 여러 개의 경우의 수(case)가 모여 있다. 조건에 따라 `case`로 진입하여 실행문이 실행되고 `break`에서 실행이 멈춘다. `break`는 여기까지만 실행하고 끝내라는 키워드이다. `switch (조건)` 중 어떤 `case`에도 속하지 않는 경우, 마지막의 `default:`로 진입한다.
- 다중 조건문에서는 `if-else if`를 사용하여 여러 개의 조건을 만들 수 있었다. 그러나 `switch` 문에서는 하나의 조건을 가지고 여러 개의 경우의 수(case)를 만들어야 한다. `switch` 문에서 `break`를 생략하면 여러 개의 `case`가 코드를 공유할 수 있다.
- 3항 조건 연산자는 `if-else` 문을 한 줄로 표현한 것이다. 3항 조건 연산자의 구조는 `(조건) ? 참인 경우 : 거짓인 경우`이다. 3항 조건 연산자는 한 줄에 표현할 수 있어 코드의 길이를 줄이는 효과는 있지만, 줄이 길어지고 구조를 정확하게 파악하기 어렵다는 단점이 있다.

연습문제

53문제

[객관식]

01 다음 중 코드가 위에서 아래로 실행되는 구조를 무엇이라 부르는가?

❶ 순차 구조 ❷ 조건선택 구조
❸ 반복 구조 ❹ 상승 구조

02 다음 중 조건에 따라 선택되는 코드가 한 번만 실행되는 구조를 무엇이라 부르는가?

❶ 순차 구조 ❷ 조건선택 구조
❸ 반복 구조 ❹ 상승 구조

03 다음 중 반복 조건이 참인 동안 실행이 반복되는 구조를 무엇이라 부르는가?

❶ 순차 구조 ❷ 조건선택 구조
❸ 반복 구조 ❹ 상승 구조

04 다음 중 조건선택 구조의 키워드와 거리가 먼 것은 무엇인가?

❶ `else` ❷ `switch`
❸ `if` ❹ `for`

05 다음 중 연산자의 우선순위가 알맞은 순서로 나열된 것을 찾으시오.

❶ 산술 > 논리 > 괄호 ❷ 1항 연산자 > 비교 > 대입
❸ 비교 > 논리 > 산술 ❹ 괄호 > 비교 > 산술

06 다음 중 연산자의 우선순위가 틀린 순서로 나열된 것을 찾으시오.

❶ 괄호 > 논리 > 대입 ❷ 산술 > 비교 > 대입
❸ 1항 연산자 > 논리 > 비교 ❹ 비교 > 논리 > 대입

07 다음 중 `rand()` 함수를 사용하기 위해서 포함해야 하는 헤더파일의 이름은 무엇인가?

❶ `stdio.h` ❷ `stdlib.h`
❸ `math.h` ❹ `time.h`

08 다음 중 매번 실행할 때마다 rand()의 무작위 수 패턴을 바꿔주는 함수는 무엇인가?

① crand() ② stime()

③ srand() ④ time()

09 다음 중 매번 실행할 때마다 rand()의 무작위 수 패턴을 바꿔주는 srand() 함수를 정확하게 사용한 코드는 무엇인가?

① srand((float)time(NULL)); ② srand((unsigned)time(NULL));

③ srand((unsigned)time()); ④ srand((int)time(NULL));

10 다음 중 rand() 함수가 0에서 10의 값을 출력하도록 하는 코드는 무엇인가?

① rand() % 10 + 1; ② rand() % 10;

③ rand() % 11; ④ rand() % 10 - 1;

11 다음 중 rand() 함수가 2에서 8의 값을 출력하도록 하는 코드는 무엇인가?

① rand() % 7 + 2; ② rand() % 8;

③ rand() % 7; ④ rand() % 8 + 2;

12 다음 중 가장 정확하게 if 문을 사용한 코드를 고르시오.

①
```
if (rain == 1);
    printf("비"); printf("비");
```

②
```
if (rain == 1)
```

③
```
if (rain == 1)
    printf("비"); printf("비")
```

④
```
if (rain == 1)
```

13 다음 중 가장 정확하게 if-else 문을 사용한 코드를 고르시오.

①
```
if (rain == 1);
    printf("비"); printf("비");
else printf("해"); else; printf("해");
```

②
```
if (rain == 1)
```

③
```
if (rain == 1)
    printf("비"); printf("비");
else printf("해") else printf("해");
```

④
```
if (rain == 1)
```

14 다음 조건에 가장 근접한 조건식을 찾으시오.

```
age가 19 이상이고 25 미만이어야 한다.
```

① age > 18 && age < 25
② age > 19 && age < 25
③ age => 19 && age < 25
④ age >= 19 && age <= 25

15 다음 조건에 가장 근접한 조건식을 찾으시오.

```
age가 19 미만이거나 birth는 2000인 조건 중 하나
```

① age < 19 || birth = 2000
② age < 19 && birth = 2000
③ age <= 19 || birth = 2000
④ age < 19 || birth == 2000

16 다음 조건에 가장 근접한 조건식을 찾으시오.

```
birth는 2000이어야 하며 age는 19세 이하이면 안 된다.
```

① age >= 20 || birth == 2000
② age >= 20 && birth == 2000
③ age >= 19 && birth == 2000
④ age >= 19 || birth == 2000

17 다음 코드에서 생일이면 birth가 0이고, 아니면 birth는 1이다. age는 나이를 가진다. 생일이면서 19세 이상인 손님에게 모히또를 주고 그 외의 손님에게는 탄산음료를 주는 코드이다. 빈칸에 들어갈 적당한 코드를 고르시오.

```
if (                                    )
    printf("탄산음료 한 잔 당첨!");
else
    printf("축하합니다! 모히또 한 잔 당첨!");
```

① (birth == 1) && (age > 19)
② (birth == 1) && (age >= 19)
③ (birth != 1) || (age < 19)
④ (birth == 1) || (age < 19)

18 다음 코드에서 생일이면 birth가 0이고, 아니면 birth는 1이다. age는 나이를 가진다. 생일이면서 19세 이상인 손님에게 모히또를 주고 그 외의 손님에게는 탄산음료를 주는 코드이다. 빈칸에 들어갈 적당한 코드를 고르시오

```
if (                              )
   printf("축하합니다! 모히또 한 잔 당첨!");
else
   printf("탄산음료 한 잔 당첨!");
```

❶ (birth == 1) && (age > 19)
❷ (birth == 1) && (age >= 19)
❸ (birth != 1) || (age < 19)
❹ (birth == 1) || (age < 19)

19 다음 중 switch 문의 case 끝에 사용하는 기호는 무엇인가?

❶ ;
❷ :
❸ ,
❹ =

20 여러 개의 코드를 하나로 묶을 때 사용하는 기호는 무엇인가?

❶ {}
❷ []
❸ ()
❹ ""

21 다음 중 switch 문에서 경우의 수 2를 정확하게 표현한 코드는 무엇인가?

❶ case 2;
❷ case :2
❸ 2 case
❹ case 2:

22 다음 중 switch 문의 조건 중 어떤 경우의 수에도 속하지 않는 경우 진입하게 되는 곳을 정확하게 표시한 코드는 무엇인가?

❶ case 0:
❷ case default:
❸ defualt :
❹ case 1:

23 다중 조건의 if 문을 만들려고 한다. if () 이후에 조건을 새로 붙이려면 어떤 키워드를 사용해야 하는가?

❶ if
❷ else if
❸ else
❹ if else

24 다음 중 작업을 중단하라는 키워드는 무엇인가?

❶ default
❷ while
❸ switch
❹ break

25 다음은 3항 조건 연산자이다. 괄호에 들어갈 기호가 알맞게 짝지어진 것을 찾으시오. 난이도 상

```
(num1 % 2 == 0)          printf("짝수")          printf("홀수");
```

① ? ;
② ? :
③ ! :
④ ! ;

26 다음은 num1이 홀인지 짝인지를 출력하는 3항 조건 연산자이다. 괄호에 들어갈 적당한 코드를 찾으시오. 난이도 상

```
(              ) ? printf("홀수") : printf("짝수");
```

① num1 / 2 == 0
② num1 % 2 == 0
③ num1 % 2
④ num1 / 2

[주관식]

27 코드가 위에서 아래로 실행되는 구조를 (   ) 구조라 부른다.

28 조건에 따라 선택되는 코드가 한 번만 실행되는 구조를 (   ) 구조라 부른다.

29 반복 조건이 참인 동안 실행이 반복되는 구조를 (   ) 구조라 부른다.

30 rand() 함수를 사용하기 위해서 포함해야 하는 헤더파일의 이름은 (   )이다.

31 rand() 함수의 무작위 수 패턴을 변경하는 함수이름은 (   )이다.

32 rand()에서 발생하는 무작위 수 범위를 0에서 20까지로 만들려면 (   )이라 써야 한다.

33 rand()에서 발생하는 무작위 수 범위를 2에서 10까지로 만들려면 (   )이라 써야 한다.

34 switch 문의 case 끝에 사용하는 기호는 (   )이다.

35 다중 조건의 if 문을 만들려 할 때, if () 이후에 조건을 새로 붙이려면 키워드 (   )를 사용해야 한다.

36 switch 문의 조건 중 어떤 경우의 수에도 속하지 않는 경우 진입하게 되는 곳은 (   )이다.

37 작업을 중단하라는 키워드는 (   )이다.

38 여러 개의 코드를 하나로 묶을 때 사용하는 기호는 (   )이다.

39 "age가 19 이상이고 25 미만이어야 한다."를 조건식으로 만들면 (   )이다.

40 "age가 19 미만이거나 birth는 2000인 조건 중 하나"를 조건식으로 만들면 (   )이다.

41 "birth는 2000이어야 하며 age는 19세 이하이면 안 된다."를 조건식으로 만들면 (   )이다.

난이도 상

42 3항 조건 연산자에서 사용되는 기호는 (   )과 (   )이다.

[코드 문제]

if-else 문

43 다음은 홀짝 게임 코드의 일부이다. 코드의 오류를 찾아 어떻게 수정해야 하는지 쓰시오.

```
if (com == user)
   point = point + 30;
   printf("맞췄음! 포인트는 %d억점", point);
else
   point = point - 30;
   printf("틀렸음! 포인트는 %d억점", point);
```

swich 문

44 1이 입력됐을 경우, 2가 입력됐을 경우, 3이 입력됐을 경우를 나누어 출력 결과를 쓰시오.

```
#include <stdio.h>

int main() {
   int ticket;

   scanf("%d", &ticket);

   switch (ticket) {
      case 1:
          printf("돌고래 ");
      case 2:
          printf("10종 ");
          break;
```

```
        default:
            printf("입장권 ");
    }
    return 0;
}
```

45 위의 44번 switch 문 코드와 같은 결과를 나타내는 조건문을 만드시오.

다중 조건문

46 다음 코드에서 3개의 오류를 찾아 수정하시오.

swich 문

```
#include <stdio.h>

int main() {
    int ticket;

    scanf("%d", &ticket);

    switch (ticket) {
        case 1
            printf("돌고래 ");
        case 2
            printf("10종 ");
            break;
        default:
            printf("입장권 ");

    return 0;
}
```

47 생일이면서 19세 이상인 손님에게 모히또를 주는 코드이다. 11번 줄을 채우시오.

if 문

```
01  #include <stdio.h>
02
03  int main() {
04      int birth, age;
05
06      printf("이번 달에 생일입니까? Yes=1, No=0: ");
07      scanf("%d", &birth);
08      printf("나이를 입력하세요: ");
09      scanf("%d", &age);
10
```

```
    if (                                  )
       printf("축하합니다! 모히또 한 잔 당첨!");

    return 0;
}
```

if 문

48 생일이면서 19세 이상인 손님에게 모히또를 주고 아닌 손님에게는 탄산음료를 주는 코드이다. 11번 줄을 채우시오.

```
01  #include <stdio.h>
02
03  int main() {
04     int birth, age;
05
06     printf("이번 달에 생일입니까? Yes=1, No=0: ");
07     scanf("%d", &birth);
08     printf("나이를 입력하세요: ");
09     scanf("%d", &age);
10
11     if (                                  )
12        printf("탄산음료 한 잔 당첨!");
13     else
14     printf("축하합니다! 모히또 한 잔 당첨!");
15
16     return 0;
17  }
```

다중 조건문

49 다음 10번 줄에서 19번 줄까지의 switch 문을 다중 조건문 형태로 바꾸시오.

```
01  #include <stdio.h>
02
03  int main() {
04     int coupon, con;
05
06     printf("쿠폰 개수 입력: ");
07     scanf("%d", &coupon);
08     con = coupon / 10;
09
10     switch (con) {
11        case 2:
12          printf("여행 가방\n");
```

```
            break;
        case 1:
            printf("다이어리\n");
            break;
        default :
            printf("커피 한 잔\n");
    }
    return 0;
}
```

50 위 49번의 switch 문과 같은 결과를 얻도록 다음 코드의 빈칸을 채우시오.

if-else 문

```
#include <stdio.h>

int main() {
    int coupon;

    printf("쿠폰 개수 입력: ");
    scanf("%d", &coupon);

    if (coupon >= 20)
        printf("여행 가방\n");
    if (                           )
        printf("다이어리\n");
    if (coupon < 10)
        printf("커피 한 잔\n");

    return 0;
}
```

51 다음은 시급 계산 코드이다. 조건이 아래와 같을 경우 빈칸을 채우시오.

if-else 문

시급은 시간당 12,800원이다. 4시간 일할 때마다 식사비로 9000원이 추가된다. 40시간 이상 일할 경우 식사비는 10,000원으로 오르고 전체 받는 금액의 10%를 보너스로 더 받게 된다. 40시간 미만이면 보너스는 2%이다. 단, 일한 시간은 정수(int)이며, 소수점 이하는 버린다.

```
#include <stdio.h>

int main() {
    int perh = 12800, wtime, meal, sum;

```

```
    printf("일한 시간: ");
    scanf("%d", &wtime);

    ____________________;
    if (wtime >= 40) {
        sum = ____________________;
        sum = sum + (sum * 0.1);
    }
    else {
        sum = ____________________;
        sum = sum + (sum * 0.02);
    }
    printf("받는 금액 %d원\n", sum);

    return 0;
}
```

if-else 문

난이도 상

52 다음은 가위바위보 게임이다. 17번 줄을 채우시오.

```
01 #include <stdio.h>
02 #include <stdlib.h>
03 #include <time.h>
04
05 int main() {
06     int com, user;
07
08     srand( (unsigned)time(NULL) );
09     com = rand() % 3;
10
11     printf("가위(0), 바위(1) 보(2) 선택: ");
12     scanf("%d", &user);
13     printf("com = %d, user = %d\n", com, user);
14
15     if (com == user)
16         printf("비겼습니다!\n");
17     else if ( ____________________ )
18         printf("사용자 승!\n");
19     else
20         printf("컴퓨터 승!\n");
21
22     return 0;
23 }
```

switch 문

난이도 최상

53 다음은 가위바위보 게임이다. 15번 줄부터 24번 줄까지 switch 문을 완성하시오.

```
01  #include <stdio.h>
02  #include <stdlib.h>
03  #include <time.h>
04
05  int main() {
06     int com, user;
07
08     srand( (unsigned)time(NULL) );
09     com = rand() % 3;
10
11     printf("가위(0), 바위(1) 보(2) 선택: ");
12     scanf("%d", &user);
13     printf("com = %d, user = %d\n", com, user);
14
15     switch (                   ) {
16
17
18
19
20
21
22
23
24     }
25     return 0;
26  }
```

WONDER C

CHAPTER

07 반복문

학습목차

반복문 개요

1 반복문의 구조

필수

조건이 참인 동안 반복되는 구조

조건문은 조건이 만족되면 코드가 한 번 실행되는 구조였다. **반복문은 조건이 만족될 때까지 실행이 반복되는 구조**이다. 반복 구조에서는 조건이 거짓이 될 때 반복문을 빠져 나온다. 반복 구조에 사용되는 키워드로 `while`과 `for`가 있다.

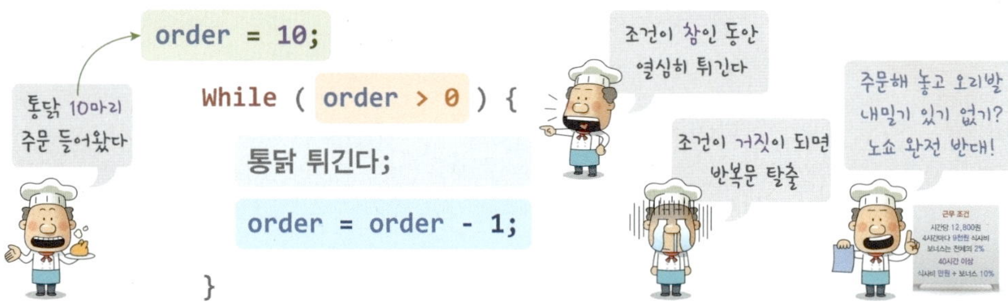

그림 7-1
반복문 구조

통닭 10마리 주문이 들어왔다. [그림 7-1]은 통닭 10마리를 튀기는 `while` 문의 구조를 보여준다. 주문된 통닭은 `order = 10`부터 시작하여, 통닭 10마리가 다 튀겨질 때까지 반복된다. 통닭이 한 마리가 튀겨질 때마다 `order`는 1씩 감소한다.

`while` 문은 `if` 문과 똑같이 생겼다. 차이점이 있다면, `if` 문은 조건이 참(1)인 경우에 한 번만 실행되는 반면에 `while` 문은 참인 동안 계속 실행된다.

```
if (order > 0)
   통닭 튀긴다;
```

조건이 참이면 1마리를 튀긴다.

```
while (order > 0)
   통닭 튀긴다;
```

조건이 참인 동안 계속 튀긴다.

앞에서 만든 홀짝 게임이나 가위바위보 게임의 경우 한 판으로 모든 승부가 결정됐다. 반복문을 사용하면 5판 3선 승과같이 여러 번의 게임을 통하여 승리를 결정하는 코드를 만들 수 있다.

반복문의 3가지 구성요소

반복문은 초기값, 반복 조건, 증감의 3가지로 구성된다. 초기값이란 반복을 시작하는 값이다. **반복 조건**이란 참인 동안 반복되는 조건식을 가리킨다. **증감**이란 조건의 값을 증가 혹은 감소시키는 연산식이다.

while 문 구조

[그림 7-2]는 while 문 구조를 나타낸다. 실제로 통닭을 튀길 수 없음으로 printf("통닭 튀긴다")로 대신한다. 앞으로 튀겨야 할 통닭이 60마리라면 초기값은 60이 된다. 따라서 order = 60이 초기값이다. while 문은 통닭 60마리가 다 튀겨질 때까지 반복된다. 따라서 반복 조건은 order > 0이다. order가 0보다 크다는 것은 튀겨야 할 통닭이 남아 있다는 뜻이다.

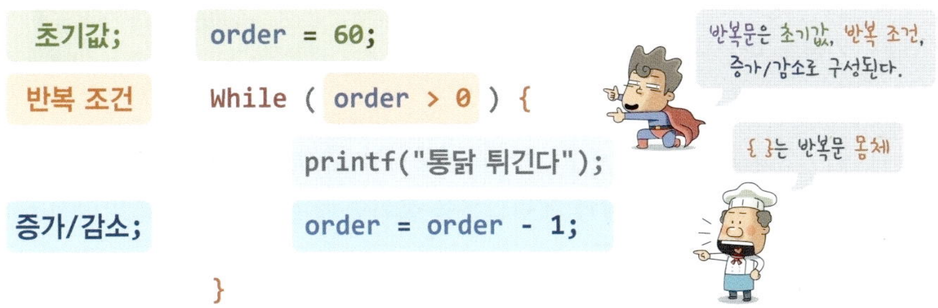

그림 7-2
while 문 구조

60마리 통닭을 다 튀겨서 order가 0이 되면 while 문을 빠져 나온다. 따라서 order > 0이 거짓이 될 때 반복문을 빠져 나온다. 바꿔 말하면, order <= 0이 되는 순간 반복문을 탈출한다.

while 문에서 중괄호 {}로 둘러싸인 안쪽이 반복문의 몸체(body)이다. while 문은 조건이 만족될 때까지 몸체를 반복한다. 몸체에서 통닭 한 마리를 튀기고 나면, oder = order - 1이 된다. order = order - 1이 증감 연산식이다. 증감을 하지 않을 경우, order > 0이 거짓이 될 수 없다. 따라서 죽을 때까지 통닭만 튀기게 된다. 이렇게 무한히 반복되는 코드를 **무한 반복**(혹은 무한 루프)이라 부른다.

[그림 7-2]에서 while 문 몸체에는 두 줄의 코드가 있다. 하나는 통닭을 튀기는 코드(printf())이고 다른 하나는 order를 감소시키는 코드이다. while 문에 속한 코드가 2개 이상이기 때문에 중괄호 {}를 사용하여 묶었다. 만약 코드가 1개일 경우에는 중괄호를 안 써도 된다.

for 문 구조

for 문도 while 문과 같은 역할을 하는 반복문이다. 그림과 같이 for 문의 괄호 안에는 초기값; 반복 조건; 증감이 차례로 들어간다. while 문과 for 문을 비교해보면 for 문의 구조가 간결하다.

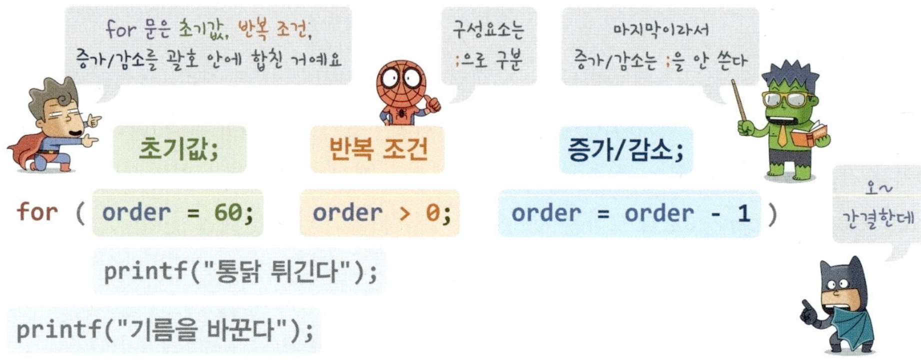

그림 7-3
for 문 구조

for 문 안의 각 구성요소들은 세미콜론(;)으로 구분한다. **증감은 마지막에 위치하고 있기 때문에 세미콜론을 쓰지 않는다.** 증감에 세미콜론을 붙이면 오류가 발생한다. 따라서 for (초기값; 반복 조건; 증감)의 구조이다.

초기값 order = 60과 증감식인 order = order - 1이 for 문의 괄호 안쪽으로 들어갔다. 따라서 for 문의 몸체에 해당하는 코드는 printf("통닭 튀긴다")뿐이다. 만약 for 문에 속한 코드가 통닭 튀긴다와 기름을 바꾼다 2개라면 통닭 60마리를 튀길 동안 기름을 60번 바꾼다.

반복문이나 조건문의 몸체에 속한 코드가 1개일 경우, 중괄호 {}를 사용하지 않아도 된다. 대신 들여쓰기를 하여 몸체에 속한 코드가 무엇인지를 정확하게 표시해야 한다. [그림 7-3]에서는 for 문을 통해 60마리를 다 튀기고 난 후에 기름을 바꾼다.

while 문, for 문 사용하기

[예제 7-1]은 지금까지 설명한 while 문과 for 문의 예제 코드이다. 60마리 튀기기는 너무 힘들어 6마리만 튀긴다. 4번 줄에서 튀겨야 할 통닭 개수를 담을 변수 order를 선언한다. 7번부터 10번 줄까지는 while 문이다. 6번 줄에서 order를 3으로 초기화한다.

7번 줄에서 order가 0보다 큰 동안(order > 0)에 while 문이 반복된다. 8번 줄에서 통닭 튀긴다를 출력하고 9번 줄에서 order 값을 1 감소시킨다. 실행 결과를 보면, 3부터 시작하여 order 값이 1씩 감소하면서 3마리의 통닭이 튀겨진다. order가 0이 되면 while 문을 빠져나온다.

[예제 7-1]
수원 왕갈비 통닭 코드

701_iteration1.c

```
01 #include <stdio.h>
02
03 int main() {
04    int order;
05
06    order = 3;                              // 초기값
07    while (order > 0) {                     // 반복 조건: 참인 동안 반복
08       printf("while: %d 통닭 튀긴다\n", order);
09       order = order - 1;                      // 증가/감소
10    }
11    for (order = 1; order <= 3; order = order + 1)
12       printf("for: %d 통닭 튀긴다\n", order);
13    printf("기름을 바꾼다\n");
14
15    return 0;
16 }
```

실행 화면

```
while: 3 통닭 튀긴다
while: 2 통닭 튀긴다
while: 1 통닭 튀긴다
for: 1 통닭 튀긴다
for: 2 통닭 튀긴다
for: 3 통닭 튀긴다
기름을 바꾼다
```

11번과 12번 줄은 for 문이다. 1부터 시작하여 order 값을 1씩 증가시키면서 3마리를 튀기는 코드이다. for 문의 괄호 안의 첫 번째는 초기값을 나타낸다. order를 1로 초기화한다. 두 번째는 반복 조건이다. 3마리를 튀기기 위하여 order <= 3으로 했다. order가 3이 될 때까지 반복하고, 4가 되면 반복문을 빠져나온다. 세 번째는 증감식이다. order 값을 1씩 증가시킨다. 마지막 증감식에는 세미콜론(;)을 붙이면 문법 오류가 발생하니 주의하기 바란다.

for 문은 속한 문장이 1개뿐이어서 중괄호를 사용하지 않았다. 따라서 13번 줄의 기름을 바꾼다는 for 문에 속한 코드가 아니다. 12번 줄은 for 문에 속한 코드이기 때문에 들여쓰기를 하고, 13번 줄은 for와 같은 위치에 있다.

함수 소개 system() 함수 - 화면 지우기

6장에서 무작위 수를 만드는 rand() 함수를 배웠기 때문에 홀짝 게임과 가위바위보 게임을 만들 수 있었다. 이와 같이 함수를 잘 사용하면 재미있고 다양한 코드를 만들 수 있다. 이번 장에서는 여러 가지로 활용 가능한 system() 함수를 배워본다.

[예제 7-1]을 변경하여 통닭 60마리를 튀겨 보자. 실행 화면에 60줄의 글자가 빠르게 출력되어 화면이 꽉 찰 것이다. 만약 화면을 지울 수만 있다면 깔끔하게 출력할 수 있을 것이다. 한 줄 출력하고, 화면을 지우고, 또 출력하면 계속 같은 자리에 출력된다. 60줄을 출력해도 화면이 꽉 차지 않는다. 실행 화면을 지울 수 있는 함수가 system()이다.

그림 7-4
명령어를 실행해주는 system() 함수

system() 함수는 명령어를 실행시켜주는 함수로 system("명령어")의 구조이다. 명령어란 운영체제 시스템에서 사용하는 명령어를 가리킨다. 윈도우즈에서 화면을 지우는 명령어는 cls이며, cls는 clear의 약자이다. system("cls")라 쓰면 실행 화면이 깨끗이 지워(clear)진다. 만약 화면을 잠깐 멈추고 싶다면, timeout 명령어를 사용하면 된다.

system() 함수는 printf()와 비슷하게 생겼기 때문에 낯설지 않을 것이다. 사용하려는 명령어를 큰따옴표("") 안에 쓰면 된다. system()은 rand()가 속해 있는 표준 라이브러리 헤더파일(stdlib.h)에 포함되어 있다. 따라서 #include <stdlib.h>를 포함하면 사용할 수 있다.

[예제 7-2]는 system() 함수를 사용하여 통닭 60마리를 튀기는 코드이다. 7번 줄에서 for 문을 사용한다. 초기값 order는 1부터 시작하고, 반복 조건은 order가 60보다 작거나 같을 때까지이다. 증감 연산식은 order = order + 1로 1씩 증가한다.

[예제 7-2]
화면 지우기 코드
702_system1.c
VS only

```
01  #include <stdio.h>
02  #include <stdlib.h>        // system(), rand() 함수가 있는 표준 라이브러리 헤더
03
04  int main() {
05      int order;
06
07      for (order = 1; order <= 60; order = order + 1) {
08          system("cls");                          // 화면을 지운다.
09          printf("%d마리 통닭 튀긴다\n", order);
10      }
11
12      return 0;
13  }
```

실행 화면

```
60마리 통닭 튀긴다
```

8번 줄에서 system("cls")를 사용하여 화면을 지우고 9번 줄에서 통닭 튀긴다를 출력한다. 실행 화면을 보면 같은 자리에서 1부터 60마리 통닭이 튀겨진다. system("cls")를 사용하면 60마리가 깔끔하게 튀겨지는 것을 확인할 수 있다.

[예제 7-2] 코드를 다음과 같이 8번과 9번 줄을 바꿔 쓰지 않도록 한다. 출력한 후 바로 지우기 때문에 화면에는 아무것도 없다.

```
08  printf("%d마리 통닭 튀긴다\n", order);     화면에 출력한다.
09  system("cls");                            화면을 지운다.
```

여기서 잠깐

system() 함수는 콘솔에서 사용하는 운영체제 시스템의 명령어를 코드에서 사용할 수 있게 해주는 함수이다. 다양한 시스템 명령어를 사용할 수 있는데, 폴더의 파일을 보고 싶다면 system("dir");이라 쓰고 다음과 같은 화면이 나타난다.

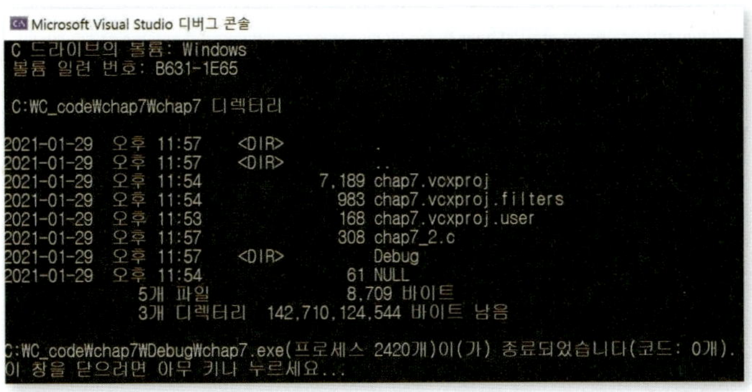

함수 소개 system() 함수 - 화면 멈추기

[예제 7-2] 코드를 실행하면 60마리가 순식간에 튀겨진다. 60마리를 튀기는데 1초도 안 걸린다. 조금 천천히 출력되면 코드가 그럴싸해 보일 것이다. 명령어 중 timeout 1은 1초간 멈추라는 의미이다. 따라서 system("timeout 1")을 사용하면 화면이 1초간 멈춘다.

timeout을 사용하면 기다리라는 메시지가 계속 나타난다. 이 메시지를 없애려면 timeout 다음에 '> NULL'을 붙여주면 된다. '> NULL'은 메시지를 없애라는 명령어이다. 따라서 메시지 없이 1초간 화면을 멈출 때에는 system("timeout 1 > NULL")을 사용한다.

여기서 잠깐

timeout은 1초 단위로 작동한다. 더 정밀한 초 단위로 작업을 하고 싶다면 1/1000초 단위로 작동하는 _sleep() 함수를 이용하면 된다. 함수이름 앞에 언더바(_)가 붙은 함수는 비주얼 스튜디오에서만 사용 가능한 비표준 함수이다. 1초간 멈추고 싶다면 _sleep(1000)을 사용하면 된다. 비표준 함수를 설명하기 전까지는 system("timeout 1 > NULL")을 사용할 것이다.

[예제 7-3]은 system("timeout 1 > NULL")를 사용하여 통닭이 1초에 한 마리씩 튀겨지는 코드이다. 8번 줄 system("cls")를 사용하여 화면을 지우고, 9번 줄에서 통닭 튀긴다를 출력한다. 10번 줄에서 system("timeout 1 > NULL")을 사용하여 화면을 1초간 멈춘다. 앞의 [예제 7-2]와 달리, 천천히 출력되는 것을 볼 수 있다.

[예제 7-3]
화면 멈추기 코드

703_system2.c

VS only

```
01  #include <stdio.h>
02  #include <stdlib.h>      // system(), rand() 함수가 있는 표준 라이브러리 헤더
03
04  int main() {
05      int order;
06
07      for (order = 1; order < 61; order = order + 1) {
08          system("cls");                              // 화면을 지운다.
09          printf("%d마리 통닭 튀긴다\n", order);
10          system("timeout 1 > NULL");                 // 1초간 멈춘다.
11      }
12
13      return 0;
14  }
```

실행 화면

```
60마리 통닭 튀긴다
```

7번 줄의 for 문에 주목하기 바란다. 60마리를 튀기는 조건이 order < 61로 바뀌었다. order <= 60이나 order < 61은 같은 조건이다.

하이퍼 링크

윈도우즈와 유닉스 명령어가 조금씩 다르기 때문에 system() 사용 시 주의가 필요하다. [예제 7-2]와 [예제 7-3]은 윈도우즈에서만 작동되기 때문에 VS only로 표시했다. 유닉스의 경우, system("cls") 대신 system("clear")를 사용하면 된다. 또한 system("timeout 1 > NULL") 대신 system("sleep 1")을 사용한다. 윈도우즈와 유닉스의 차이점은 [LAB 5] 유닉스와 윈도우즈의 차이에서 자세히 설명한다.

7.2 for 문

1 for 문의 구조

필수

일반적인 for 문 형태

반복문에는 while 문과 for 문이 있다. **for 문은 초기값, 반복 조건, 증감을 하나의 덩어리로 가지고 있어 코드가 단순**해진다. for 문을 먼저 살펴보고, while 문은 for 문과의 차이점 위주로 설명한다.

[그림 7-5]는 일반적인 for 문 형태를 보여준다. 앞서 설명한 for 문과는 조금 다른 모습이다.

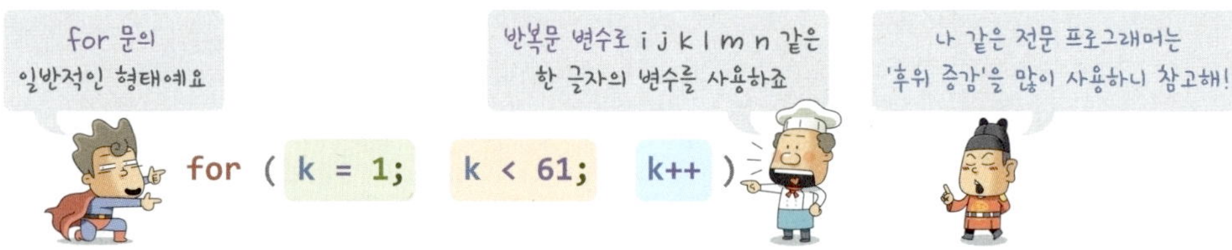

그림 7-5
for 문의 일반 형태

for 문에서 한 글자 변수 k를 사용했다. 의미를 알 수 없기 때문에 a, b, c와 같이 한 글자의 변수는 되도록 안 쓰는 것이 좋다. 그러나 반복문에 사용하는 변수들은 다른 변수와 결합해야 하는 경우가 많다. 그래서 한 글자 변수를 사용해도 된다. 주로 i, j, k, l, m, n과 같은 변수들이 많이 사용된다.

증감 연산식에 사용된 k++도 눈에 띈다. 5장 연산자에서 증감 연산자는 1을 증가시키거나 감소시킨다고 설명했다. 또한 단독으로 사용할 경우, 전위나 후위 증감 연산자는 똑같다고도 설명했다. for 문의 증감 연산식에서 1을 증가시키거나 1을 감소시키는 경우, 증감 연산자를 많이 사용한다. 연산식이 간단하게 표현되기 때문이다. 많은 프로그래머들이 후위 증감 연산자를 선호한다. 또한, 초기값을 미리 저장한 경우에는 초기값; 부분은 없을 수도 있다.

2씩 증가시키는 for 문

증감 연산식에서 2씩 증가시키는 예를 살펴보자. [예제 7-4]는 1부터 30까지 짝수의 합을 구하는 코드이다. 4번 줄에서 합을 구할 변수 sum을 선언하고 0으로 초기화한다. 또한 반복문에 사용할 변수 k를 선언한다.

[예제 7-4]
1에서 30까지 짝수 덧셈 코드
704_even_sum.c

```c
01 #include <stdio.h>
02
03 int main() {
04     int sum = 0, k;
05
06     for (k = 2; k < 31; k = k + 2) {
07         printf("%d ", k);
08         sum = sum + k;
09     }
10     printf("\nsum = %d", sum);
11
12     return 0;
13 }
```

실행 화면

```
2 4 6 8 10 12 14 16 18 20 22 24 26 28 30
sum = 240
```

6번 줄 for 문을 보자. k는 2에서부터 시작하여 k < 31일 때까지 반복된다. 짝수만 더해야 함으로 k = k + 2를 사용하여 2씩 증가시킨다. 7번 줄에서 더해지는 수를 확인하기 위해 k 값을 출력하고, 8번 줄에서 sum에 k 값을 더한다. 실행 화면을 보면, 2부터 시작하여 30까지의 짝수가 더해져 240이 출력된다.

조건식의 경우, k <= 30도 같은 결과를 얻는다. 어느 것을 사용해도 상관없지만, k <= 30보다 k < 31에 익숙해지기를 권한다. 그 이유는 9장 배열에서 알게 된다. 또한 k = k + 2대신 복합 대입 연산자를 사용하기도 한다. k = k + 2를 복합 대입 연산자로 바꾸면 k += 2이다.

2개의 변수를 증가시키는 for 문

콤마(,) 연산자는 같은 종류의 자료를 나열할 때 사용한다. 반복문에서 두 개 이상의 변수를 같이 사용할 경우, 다음과 같이 콤마(,)로 연결하면 된다.

```c
for (k = 1, m = 2; k < 6; k++, m++)    // 콤마(,)로 k와 m을 동시 사용
```

[예제 7-5]는 두 개의 수를 증가시키면서 곱한 결과를 출력하는 코드이다. 4번 줄에서 반복문에 사용할 변수 k와 m을 선언한다. 6번 줄 for 문에서 k는 1, m은 2로 초기값을 준다. 이때 콤마(,)를 사용하여 두 변수를 동시에 초기화한다. 반복 조건은 k < 6일 때까지이다. 증감 조건에서도 k++와 m++가 동시에 1씩 증가시킨다.

[예제 7-5]
두 수를 동시에 증가시키는 코드

705_iteration2.c

```c
#include <stdio.h>

int main() {
   int k, m;

   for (k = 1, m = 2; k < 6; k++, m++)
      printf("%d * %d = %d\n", k, m, k * m);

   return 0;
}
```

실행 화면

```
1 * 2 = 2
2 * 3 = 6
3 * 4 = 12
4 * 5 = 20
5 * 6 = 30
```

실행 결과를 보면 k는 1에서 5까지, m은 2에서 6까지 증가하면서 곱셈한 결과가 출력된다. 이와 같이 반복문에서 콤마를 사용하면 여러 개의 변수를 사용할 수 있다.

여기서 잠깐

반복문에서 사용하는 변수를 main() 함수의 처음이 아닌 반복문 안에서 선언할 수 있다. 이 방법은 8장 함수에서 변수의 범위를 학습하여 장단점을 파악한 후 사용하기 바란다.

```c
for (int k = 1; k < 31; k = k + 2)
```

2 for 문 활용

반복문으로 홀짝 게임 만들기

6장의 홀짝 게임은 컴퓨터와 한 번만 겨룰 수 있었다. for 문을 이용하여 홀짝 게임을 3번 한 후에 결과를 출력하는 코드가 [예제 7-6]이다. 사용자가 맞추면 1승이며, 사용자가 틀리면 컴퓨터가 1승이다. 이번 코드에서 포인트 내기는 없다.

6장의 홀짝 게임과 달라진 부분 위주로 설명한다. 7번 줄에 변수들이 추가되었다. 변수 k는 반복문을 위한 변수이다. 사용자와 컴퓨터가 몇 번 승리했는지를 기억하기 위해 comwin과

userwin 변수를 만들고 각각 0으로 초기화한다. 총 3번의 홀짝 게임을 실행하기 위하여 11번 줄 for (k = 1; k < 4; k++)를 사용했다.

[예제 7-6]
반복 홀짝 게임 코드
706_3irgame.c

```
01 #include <stdio.h>
02 #include <stdlib.h>           // rand() 함수가 들어 있는 표준 라이브러리 헤더
03 #include <time.h>
04
05 int main() {
06    int com, user;
07    int k, comwin = 0, userwin = 0;              // 이긴 횟수 저장 변수
08
09    srand( (unsigned)time(NULL) );
10
11    for (k = 1; k < 4; k++) {                    // for k : 3번 반복
12       com = rand() % 2;
13       printf("홀(0), 짝(1) 선택: ");
14       scanf("%d", &user);
15
16       if (com == user)
17          printf("맞췄네요! 사용자 %d승\n", ++userwin);
18       else
19          printf("틀렸네요! 컴퓨터 %d승\n", ++comwin);
20    }                                            // End of for k
21    printf("\n사용자 %d승, 컴퓨터 %d승\n", userwin, comwin);
22
23    return 0;
24 }
```

실행 화면

```
홀(0), 짝(1) 선택: 1
맞췄네요! 사용자 1승
홀(0), 짝(1) 선택: 2
틀렸네요! 컴퓨터 1승
홀(0), 짝(1) 선택: 1
틀렸네요! 컴퓨터 2승

사용자 1승, 컴퓨터 2승
```

16번부터 19번 줄은 누가 승리했는지를 출력하는 코드이다. 사용자가 맞췄을(`com == user`) 경우, 17번 줄에서 `userwin` 값을 1 증가시킨 후 사용자 승을 출력한다. 17번 줄에서 전위 증감 연산자(`++userwin`)로 먼저 증가시킨 후 출력을 해야지만 정확한 값이 출력된다. 후위 증감 연산자를 사용하면 틀린 값이 출력된다.

18번 줄은 사용자가 틀렸을 경우이다. 19번 줄에서 `++comwin`을 하여 먼저 증가시킨 후 컴퓨터 승을 출력한다. 3번의 게임으로 `for` 문이 끝나고, 21번 줄에서 사용자와 컴퓨터의 승리 횟수를 출력한다.

다중 반복문 7.3

1 다중 반복문이란?

필수

2개 이상의 반복문을 겹친 형태

다중 반복문이란 반복문을 여러 개 겹쳐서 사용하는 것이다. 대표적인 경우가 구구단 출력 코드이다. 구구단을 출력하기 위해서는 2단, 3단, 4단과 같은 단을 출력하는 반복문이 필요하다. 또한, 각 단에서 1부터 9까지 수를 곱하기 위한 반복문도 필요하다. 구구단 코드의 구조를 보면 다음과 같다.

```
for (dan = 2; dan <= 9; dan++) {
    for (num = 1; num <= 9; num++)
        printf("%dx%d=%d ", dan, num, dan * num);
}
```

각 단을 생성하는 반복문
단의 1-9까지의 반복문
구구단 출력

바깥쪽의 for 문에서는 변수 dan을 사용하여 2에서 9까지 반복된다. 이 반복문이 2단, 3단, 4단과 같이 각 단을 만들어낸다. 각 단은 1에서 9까지 곱해져야 한다. 따라서 안쪽의 for 문은 변수 num을 사용하며, 1에서 9까지 반복된다. 이렇게 반복문 안쪽에 또 다른 반복문이 겹쳐 있는 구조를 다중 반복문이라 부른다.

[그림 7-6]을 보면 다중 반복문을 사용한 구구단의 구조를 쉽게 이해할 수 있다. 변수 dan을 사용하는 바깥쪽의 for 문은 각 단을 출력한다. 따라서 2에서 9까지 반복한다. dan이 2인 경우, num을 사용한 안쪽의 for 문은 1에서 9까지 반복한다.

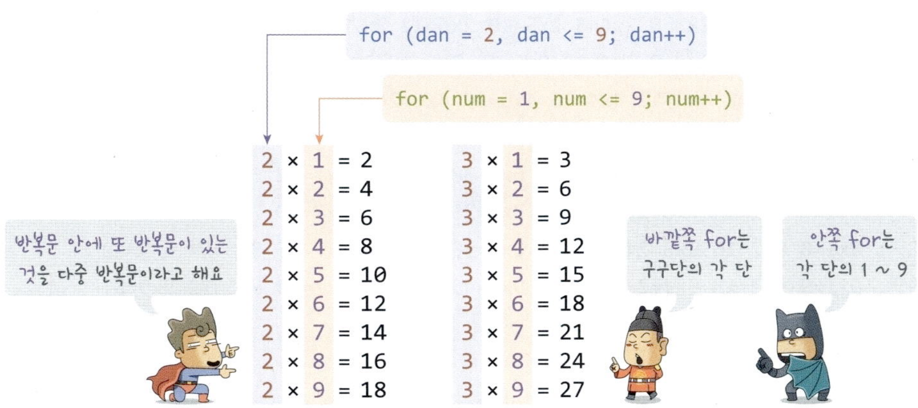

그림 7-6
구구단의 다중 반복문

num이 9까지 출력하고 끝나면, 바깥쪽의 for 문이 새로 시작된다. 새로 시작될 때에는 dan에 1이 더해져 3단이 된다. dan = 3일 때, num을 사용하는 for 문이 다시 실행된다. num이 1에서 9까지 반복되어 3단이 끝나면, 그 다음은 4단, 그 다음은 5단이 실행된다. 9단까지 실행이 끝나면 모든 반복문이 끝난다.

다중 반복문으로 구구단 만들기

지금까지 설명한 내용을 코드로 만든 것이 [예제 7-7]이다. 7번 줄의 변수 dan을 사용하는 for 문은 각 단을 출력한다. 따라서 dan은 2부터 9까지 반복된다. 8번 줄에서 현재 몇 단이 시작되는지를 출력한다. 9번 줄의 num을 사용하는 for 문은 각 단의 1부터 9까지 반복한다. 10번 줄에서 dan과 num 그리고 dan * num을 출력한다.

[예제 7-7]
구구단 코드
707_multi.c

```
01  #include <stdio.h>
02
03  int main() {
04      int dan, num;
05
06      printf("<구구단>");
07      for (dan = 2; dan <= 9; dan++) {                  // 2단에서 9단까지
08          printf("\n%d단: ", dan);
09          for (num = 1; num <= 9; num++)                 // 1에서 9까지
10              printf("%dx%d=%d ", dan, num, dan * num);
11      }                                                  // End of for dan
12      return 0;
13  }
```

실행 화면

```
<구구단>
2단: 2x1=2 2x2=4 2x3=6 2x4=8 2x5=10 2x6=12 2x7=14 2x8=16 2x9=18
3단: 3x1=3 3x2=6 3x3=9 3x4=12 3x5=15 3x6=18 3x7=21 3x8=24 3x9=27
4단: 4x1=4 4x2=8 4x3=12 4x4=16 4x5=20 4x6=24 4x7=28 4x8=32 4x9=36
5단: 5x1=5 5x2=10 5x3=15 5x4=20 5x5=25 5x6=30 5x7=35 5x8=40 5x9=45
6단: 6x1=6 6x2=12 6x3=18 6x4=24 6x5=30 6x6=36 6x7=42 6x8=48 6x9=54
7단: 7x1=7 7x2=14 7x3=21 7x4=28 7x5=35 7x6=42 7x7=49 7x8=56 7x9=63
8단: 8x1=8 8x2=16 8x3=24 8x4=32 8x5=40 8x6=48 8x7=56 8x8=64 8x9=72
9단: 9x1=9 9x2=18 9x3=27 9x4=36 9x5=45 9x6=54 9x7=63 9x8=72 9x9=81
```

유심히 봐야 할 것은 dan을 사용하는 바깥쪽 for 문은 중괄호 {}로 묶었지만, num을 사용하는 안쪽 for 문에는 중괄호가 없다. 8번, 9번, 10번 줄이 바깥쪽 for 문에 속하는 코드이기

때문에 중괄호 {}를 사용하여 블록으로 묶었지만, 안쪽 for 문에 속하는 문장은 10번 줄뿐이기 때문에 중괄호를 사용하지 않았다.

10번 줄의 printf() 코드는 총 몇 번 사용되는지 계산해 보자. dan을 사용하는 바깥쪽의 for 문은 2에서 9까지 8번 반복된다. num을 사용하는 안쪽 for 문은 1부터 9까지 9번 출력된다. 따라서 10번 줄의 printf() 코드는 8 x 9 = 72번 사용된다. 다중 반복문의 경우 '바깥쪽 반복 × 안쪽 반복'만큼 실행된다.

구구단 코드는 다중 반복문의 대표적인 코드이다. 그러나 반복문을 하나만 사용해도 구구단을 만들 수 있다. 반복문을 하나만 사용하는 구구단 코드를 [LAB 4] 단일 반복문을 사용한 구구단 코드에서 설명한다.

2 다중 반복문 활용

UFO 날리기

UFO 날리기 코드를 만들기 위해서는 동영상의 원리를 이해할 필요가 있다. 여러 장의 사진을 빨리 돌리면 동영상이 된다. 동영상의 원리를 이용한 것이 플립 북이다. 플립 북이란 여러 종이 그림을 이어지게 그리고, 한 번에 넘겨서 보는 책이다. 마치 그림이 움직이는 것처럼 보인다.

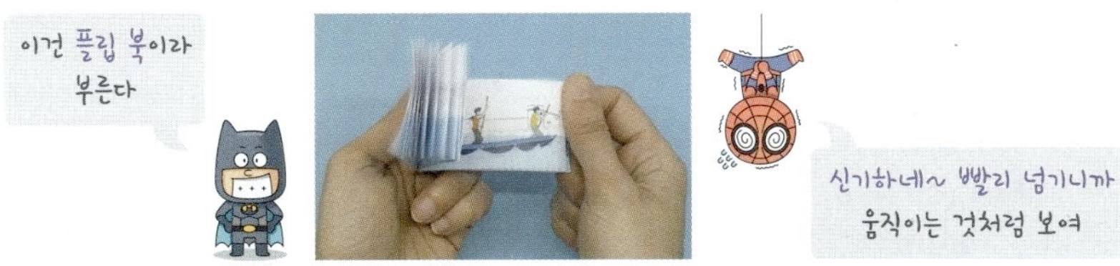

그림 7-7
플립 북

애니메이션이나 영화도 마찬가지이다. 다음 [그림 7-8]과 같이 이어지는 여러 장의 사진을 빠른 속도로 보여주면, 사자가 오른쪽으로 움직이는 것처럼 느끼게 된다. 한 번 본 것은 1/16초 동안 눈에 잔상으로 남아 있다. 배경은 계속 눈에 남아 있는데, 사자는 옆으로 이동하기 때문에 움직이는 것처럼 느끼게 된다. 이를 잔상 효과라 부른다.

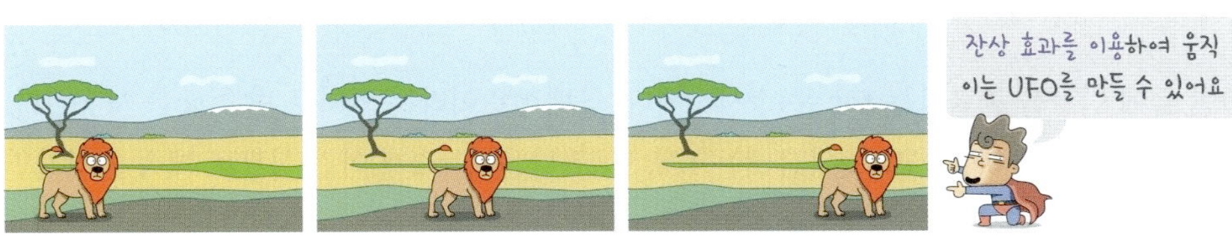

그림 7-8
동영상의 원리

[예제 7-8]이 UFO 날리기 코드이며, 본문 코드 5줄만으로 움직이는 UFO를 볼 수 있다. [예제 7-8]의 작동 원리는 다음과 같다. 첫 칸에 <#=#>를 출력하고 화면을 지운다. 그리고 공백문자를 1개 찍고 난 다음에 <#=#>를 출력한다. 그러면 한 칸 앞으로 이동한 것처럼 보인다. 그 후, 다시 화면을 지운다. 공백문자를 2개 찍고 <#=#>를 출력하고, 화면을 지우고, 공백문자를 3개 찍고 <#=#>를 출력하고, 화면을 지운다. 이를 계속 반복하면 <#=#>가 오른쪽으로 움직이는 것처럼 보인다.

그림 7-9
UFO 날리기 코드 작동 원리

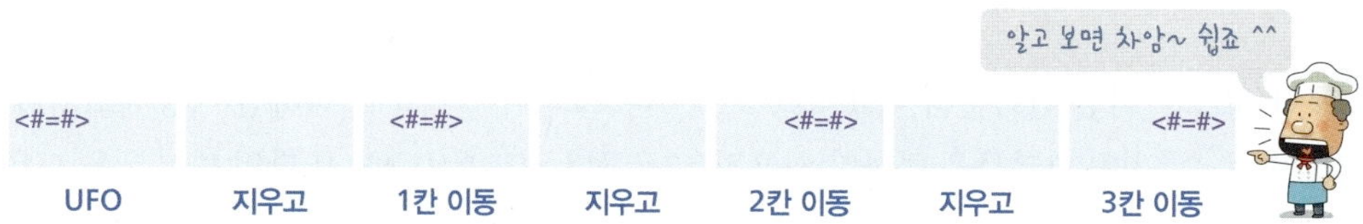

UFO를 움직이기 위해 전체를 반복하는 반복문이 하나 필요하다. 또한, 빈칸을 만들어내는 반복문도 필요하다. 따라서 UFO 날리기 코드는 다중 반복문을 사용한다. 코드를 살펴보자. 7번 줄의 k를 이용한 for 문은 8번부터 11번 줄을 반복해서 실행한다. 8번 줄에서 system("cls")를 사용하여 화면을 지우고, 11번 줄에서 <#=#>를 출력한다. 따라서 k를 이용하는 for 문은 UFO를 화면에 몇 번 보여 줄지를 결정한다.

[예제 7-8]
UFO 날리기 코드
708_UFO.c
VS only

```
01 #include <stdio.h>
02 #include <stdlib.h>                              // system()이 있는 라이브러리
03
04 int main() {
05    int k, sp;
06
07    for (k = 0; k < 70; k++) {                    // for k : 70번 UFO 출력
08       system("cls");
09       for (sp = 0; sp <= k; sp++)                   // sp < k 까지 반복
10          printf(" ");                                 // 빈칸을 만든다
11       printf("<#=#>");                              // UFO 모양 출력
12    }                                             // End of for k
13    return 0;
14 }
```

실행 화면

```
                                          <#=#>  ← 이동 후 끝남
```

9번 줄에 빈칸을 출력하는 for 문이 시작된다. 공백 space 이라는 의미로 변수 sp를 사용한다. 처음에는 공백이 0개이고, 그 다음에는 1개, 또 그 다음에는 2개 이런 식으로 계속 늘려가면서 출력해야 한다.

sp를 사용하는 for 문이 공백을 0개, 1개, 2개의 순으로 늘리기 위하여 바깥쪽 반복문의 k 값을 이용한다. k를 사용하는 for 문은 0부터 1씩 증가한다. 따라서 9번 줄의 for 문 조건을 sp <= k로 하면 된다. k가 1이면 빈칸이 1개 만들어지고, k가 10이면 빈칸이 10개 만들어진다. 따라서 k가 반복될 때마다 UFO는 점점 오른쪽으로 움직이는 것처럼 보인다.

[예제 7-8]은 간단한 코드로 UFO가 움직이는 것을 보여준다. 그러나 오른쪽으로 움직일 뿐 UFO가 나는 것처럼 보이지 않는다. 위아래로 움직이면서 동시에 오른쪽으로 움직이면 날으는 UFO처럼 보일 것이다.

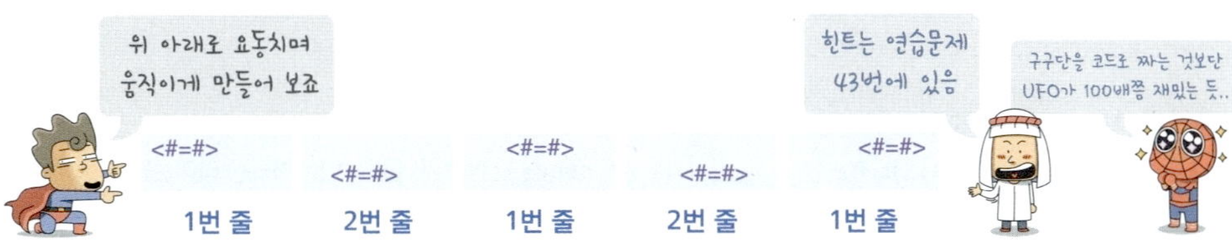

그림 7-10
UFO처럼 날리기 실행 화면

다 알려주면 재미없다. 위 아래로 요동치면서 움직이는 UFO 코드는 연습문제 43번에 있다. 단 2줄만 추가하면 UFO처럼 위아래로 움직이며 이동한다. 그 외에 UFO 갔다가 돌아오기는 연습문제 44번, UFO 좌우로 움직이며 착륙하기는 45번, 옆으로 70칸 밑으로 40줄의 공간에 무작위로 출현하는 진짜 UFO 코드는 연습문제 46번에 있다. 도전해 보기 바란다.

LAB 1 알람시계 만들기

통닭을 튀기기 전에 알람을 맞춘다. 알람은 라면을 끓일 때도 필요하다. 이렇게 다용도로 필요한 알람시계 코드를 만들어 보자.

그림 7-11
알람시계

[예제 7-9]는 알람시계 코드이다. 알람시계는 사용자로부터 분과 초를 입력 받으면 1초씩 줄어들다가 0분 0초가 되면 알람이 울린다. 1초는 앞에서 배운 system("timeout 1 > NULL")을 사용하면 된다. 분과 초를 계속 출력하면 화면이 꽉 찰 것이다. 따라서 system("cls")를 사용하여 화면을 지워가며 출력한다. 그래야 진짜 알람시계처럼 보인다.

5번 줄에 min과 sec을 선언하고, 8번 줄에서 사용자로부터 분(min)과 초(sec)를 입력 받는다. 10번 줄은 다중 반복문의 바깥쪽이며 분(min)을 반복한다. 사용자로부터 입력 받은 min을 1분씩 줄여간다. 사용자로부터 min 값을 입력 받았기 때문에 초기값을 따로 설정하지 않아도 된다. 그래서 초기값 부분이 비어있다. min을 사용하는 for 문은 0보다 크거나 같을 때까지 반복된다.

11번 줄은 다중 반복문의 안쪽이며 초(sec)를 반복한다. 사용자로부터 입력 받은 sec을 1초씩 줄여간다. sec 값을 사용자로부터 입력 받았기 때문에 초기값 부분이 비어있다. sec을 사용하는 for 문은 0보다 크거나 같을 때까지 반복된다.

[예제 7-9]
알람시계 코드

709_alarm1.c

VS only

```
01  #include <stdio.h>
02  #include <stdlib.h>            // rand() 함수가 들어 있는 표준 라이브러리 헤더
03
04  int main() {
05     int min, sec;
06
07     printf("분 초 입력: ");
08     scanf("%d %d", &min, &sec);
09
10     for ( ; min >= 0; min--) {                  // for: 분(min)을 계산
11        for ( ; sec >= 0; sec--) {               // for: 초(sec)를 계산
12           system("cls");                         // 화면 지우기
13           printf("%d분 : %d초\n", min, sec);
14           system("timeout 1 > NULL");            // 1초 멈추기
15        }                                         // End of for sec
16        sec = 59;                                 // 새로운 1분 시작
17     }                                            // End of for min
18     printf("그만 튀겨!\n");
19     return 0;
20  }
```

실행 화면

```
분 초 입력: 1 0
0분 : 0초
그만 튀겨!
```

12번 줄에서 system("cls")를 사용하여 화면을 지우고, 13번 줄에서 현재 분과 초를 출력한다. 14번 줄에서 system("timeout 1 > NULL")을 사용하여 1초간 기다린다.

1분 : 0초가 출력된 이후에 알람시계의 변화를 보자. 14번 줄에서 1초가 흐르고 안쪽 for (; sec >= 0; sec--)의 반복문을 탈출하여 16번 줄에 도착한다. 아직 분(min)이 0이 아니기 때문에 sec은 59초부터 0초가 될 때까지 다시 반복되어야 한다. 그래서 16번 줄에서 sec에 59를 대입한다.

그림 7-12
1분 : 0초 이후 시계 변화

sec에 59가 저장된 이후에 분을 담당하는 바깥쪽 for (; min >= 0; min--)가 다시 반복된다. min의 값이 1 감소하여 시작되기 때문에 0분 : 59초부터 시계가 움직이기 시작한다. 이러한 과정을 계속 반복하여 0분 : 0초가 되면 모든 반복문을 빠져 나온다. 18번 줄에서 그만 튀겨!를 출력하고 종료한다.

실행 결과를 보면 1초씩 줄다가 0분 : 0초가 되면 알람이 출력되는 것을 확인할 수 있다. 알람시계도 반복문을 하나만 사용하여 만들 수 있다. 반복문을 하나만 사용하는 알람시계 코드를 [LAB 3] 단일 반복문을 사용한 알람시계에서 설명한다.

7.4 while 문

1 while 문 구조

필수

while 문과 for 문의 비교

반복문에는 초기값, 반복 조건, 증감의 3가지 구성요소가 필요하다. **while 문의 괄호 안에는 반복 조건만 있기 때문에 초기값과 증감을 따로 만들어 주어야 한다.** 초기값, 반복 조건, 증감을 하나의 덩어리로 처리하는 `for` 문이 있기 때문에 `while` 문의 사용은 불편할 수 있다. 그러나 경우에 따라 `for` 문보다 `while` 문이 편할 때가 있다.

`for` 문은 초기값, 반복 조건, 증감을 정확하게 명시해야 한다. 따라서 몇 번 반복될지 예측이 가능한 경우에 사용하기 편하다. 구구단과 같이 반복 횟수가 정해져 있는 경우에는 `for` 문이 유리하다.

그림 7-13
while 문과 for 문의 비교

정답을 맞혀야만 끝나는 게임의 경우, 사용자가 몇 번 만에 정답을 맞힐지 모른다. 몇 번 반복될 것인지 예측이 불가능한 경우에는 `while` 문이 편하다. 그 외에 `while` 문은 초기값이 미정이거나, 반복 조건을 모르거나, 불규칙적으로 증감되는 반복문에 사용하기 편하다. 원론적으로 그렇지만 `for` 문을 `while` 문으로, `while` 문을 `for` 문으로 바꾸어 사용할 수 있다.

스무고개 게임 만들기

스무고개 게임을 만들어 보자. 스무고개 게임이란 컴퓨터가 무작위로 1부터 20 사이의 수 중 하나를 만들면, 사용자가 이 숫자를 맞추는 게임이다. 사용자가 입력한 값이 컴퓨터가 생각한 값보다 작으면 더 큰 수라고 알려주고, 반대의 경우 더 작은 수라고 알려준다. 이 게임은 사용자가 맞힐 때까지 반복된다. 사용자가 1번 만에 맞힐 수도 있고, 20번 만에 맞힐 수도 있다. 몇 번 만에 맞힐 수 있는지 알 수 없기 때문에 `while` 문을 사용하여 만드는 것이 편하다. `while` 문으로 만들면 편하다는 뜻이지, `for` 문으로 만들 수 없다는 뜻은 아니다.

[예제 7-10]은 스무고개 게임 코드이다. 9번 줄에서 컴퓨터가 1에서 20 사이의 숫자 중 하나를 무작위로 생성한다. rand() % 19는 0에서 19 사이의 수를 무작위로 생성하기 때문에, 여기에 +1을 하면 1에서 20 사이의 수가 생성된다.

11번 줄 while 문의 조건을 살펴보자. 12번부터 20번 줄이 반복되기 위해서는 com이 생각한 값과 user가 생각한 값이 달라야 한다. com이 생각한 값이 user가 생각한 값과 같을 경우에는 정답을 맞힌 경우이기 때문에 반복문이 끝난다. 그래서 while (com != user)의 조건을 만들었다.

처음 11번 줄 while (com != user) 조건을 만날 때, 아직 사용자가 값을 입력하기 전이다. 사용자가 생각하는 user 값은 13번 줄에서 받는다. 따라서 13번 줄에서 user 값을 받기 전까지는 user 변수에 임의의 값을 저장한다. 우연히 user 값과 com 값이 같아지면 while 문은 작동하지 않는다. 그래서 6번 줄에서 user 값을 1에서 20 사이의 값이 아닌 -1로 초기화한다.

[예제 7-10]
스무고개 게임 코드
710_20Quiz1.c

```
01 #include <stdio.h>
02 #include <stdlib.h>           // rand() 함수가 들어 있는 표준 라이브러리 헤더
03 #include <time.h>
04
05 int main() {
06    int com, user = -1;                // -1 우연히 맞추는 경우 방지
07
08    srand( (unsigned)time(NULL) );
09    com = rand() % 19 + 1;             // 1-20 사이 무작위 수 생성
10
11    while (com != user) {              // com과 user가 다를 경우 반복
12       printf("1에서 20 사이 : ");
13       scanf("%d", &user);
14
15       if (com == user)
16           printf("맞췄습니다!");          // 사용자가 맞춘 경우
17       else if (com > user)
18           printf("더 큰 숫자임\n");       // 더 큰 숫자인 경우
19       else
20           printf("더 작은 숫자임\n");     // 더 작은 숫자인 경우
21    }                                  // End of while
22    return 0;
23 }
```

실행 화면

```
1에서 20사이 : 10
더 작은 숫자임
1에서 20사이 : 5
더 작은 숫자임
1에서 20사이 : 3
더 큰 숫자임
1에서 20사이 : 4
맞췄습니다!
```

13번 줄에서 사용자가 추측하는 값을 user 변수에 받는다. 15번 줄에서 맞췄을(com == user) 경우, 맞췄습니다!를 출력한다.

못 맞췄을 경우에는 2가지 조건이 있다. 17번 줄은 com 값이 더 크면, 더 큰 숫자임을 출력한다. com 값이 더 작으면, 20번 줄에서 더 작은 숫자임을 출력한다. while 문은 사용자가 컴퓨터가 생각한 숫자를 맞출 때까지 반복된다.

스무고개 게임에서 보다시피, 몇 번 만에 끝날지 알 수 없는 코드의 경우, for 문보다 while 문이 편하다. 따라서 적합하다고 판단되는 것을 사용하면 된다.

2 break 문

필수

break 문이란?

6장 switch 문에서 break 문은 실행을 멈추고 switch 문을 탈출했었다. **break 문은 작업을 멈추고 탈출하는 역할을 한다.** break 문의 특성을 사용하면 반복문의 구조를 쉽게 만들 수 있다. [예제 7-11]은 break 문을 사용하여 만든 스무고개 게임이다.

그림 7-14
break 문

break 문을 사용한 스무고개 게임

앞의 스무고개 게임에서 while 문의 반복 조건을 생각하기 쉽지 않았을 것이다. [예제 7-11]의 11번 줄을 보면 while (1)이다. 1은 참이기 때문에 계속 반복되는 무한 반복코드이다. C 언어에서는 0이 아닌 모든 숫자가 참이지만, 전통적으로 1을 쓴다.

break 문을 사용하면 원하는 곳에서 탈출할 수 있기 때문에 반복 조건을 만들지 않아도 된다. 만약 for 문으로 무한 루프를 만들고 싶다면 for (;;)라 쓰면 된다. 참고로 무한 반복으로 코드가 끝나지 않거나, 실행 중인 코드를 중간에서 멈추고자 할 경우 Ctrl-c (Ctrl + c)를 누르면 된다.

[예제 7-11]
break 문을 사용한 스무고개 코드

711_20Quiz2.c

```
01 #include <stdio.h>
02 #include <stdlib.h>           // rand() 함수가 들어 있는 표준 라이브러리 헤더
03 #include <time.h>
04
05 int main() {
06    int com, user;
07
08    srand( (unsigned)time(NULL) );
09    com = rand() % 19 + 1;                 // 1-20 사이 무작위 수 생성
10
11    while (1) {                            // 무한 반복
12       printf("1에서 20 사이 : ");
13       scanf("%d", &user);
14
15       if (com == user) {
16          printf("맞췄습니다!");              // 사용자가 맞춘 경우
17          break;                           // 반복문 탈출
18       } else if (com > user)
19          printf("더 큰 숫자임\n");           // 더 큰 숫자인 경우
20       else
21          printf("더 작은 숫자임\n");         // 더 작은 숫자인 경우
22    }                                      // End of while
23    return 0;
24 }
```

스무고개 코드에서 게임이 끝나는 경우는 사용자가 컴퓨터가 생각한 숫자를 맞췄을 경우이다. 해당 코드는 15번 줄의 if (com == user)이다. 맞췄을 경우, 16번 줄에서 맞췄습니다!를 출력하고 break 문을 만나서 반복문을 탈출한다. 앞의 스무고개 코드와 비교해 보면 [예제 7-11] 코드의 구조가 이해하기 더 쉽다.

break 문을 사용한 구구단

조건문이나 반복문이 중첩되어 있는 경우, break 문은 자신이 속한 블록 하나만 탈출한다. 따라서 반복문이 중첩되어 있는 경우, break 문이 속한 반복문만 탈출한다.

[예제 7-12]는 break 문을 사용하여 만든 구구단 코드이다. 구구단 코드는 바깥쪽에 dan을 사용한 for 문과 안쪽에 num을 사용한 for 문이 중첩되어 있다. 11번 줄에서 num이 5가 되면 break 문이 실행된다. break 문이 실행되면, num을 사용하는 안쪽 for 문을 탈출한다.

printf() 다음 줄에 if (num == 5) break;가 있기 때문에 5까지 출력하고 num을 사용하는 안쪽 for 문을 탈출한다. dan을 사용하는 바깥쪽 for 문은 정상적으로 작동하기 때문에 다음 단의 1부터 다시 시작된다.

[예제 7-12] break 문을 사용한 구구단 코드

712_multi2.c

```
01  #include <stdio.h>
02
03  int main() {
04     int dan, num;
05
06     printf("<구구단>");
07     for (dan = 2; dan <= 9; dan++) {            // 2단에서 9단까지
08        printf("\n%d단: ", dan);
09        for (num = 1; num <= 9; num++) {            // 1에서 9까지
10            printf("%dx%d=%d ", dan, num, dan * num);
11           if (num == 5)                               // 5 출력 후
12              break;                                      // 탈출하기
13        }                                             // End of for num
14     }                                             // End of for dan
15     return 0;
16  }
```

실행 화면

```
<구구단>
2단: 2x1=2 2x2=4 2x3=6 2x4=8 2x5=10
3단: 3x1=3 3x2=6 3x3=9 3x4=12 3x5=15
4단: 4x1=4 4x2=8 4x3=12 4x4=16 4x5=20
5단: 5x1=5 5x2=10 5x3=15 5x4=20 5x5=25
6단: 6x1=6 6x2=12 6x3=18 6x4=24 6x5=30
7단: 7x1=7 7x2=14 7x3=21 7x4=28 7x5=35
8단: 8x1=8 8x2=16 8x3=24 8x4=32 8x5=40
9단: 9x1=9 9x2=18 9x3=27 9x4=36 9x5=45
```

실행 결과를 보면, 각 단의 5를 곱한 값까지 출력된 후 다음 단으로 넘어가는 것을 알 수 있다. 따라서 break 문은 조건문이나 반복문에서 자신이 속한 블록만 탈출한다.

3 continue 문

continue 문이란?

break 문은 자신이 속한 반복문이나 조건문을 탈출하는데 반해, continue 문은 밑의 코드를 실행하지 않고 다시 시작할 때 사용한다. **continue 문은 여기서 멈추고 반복문을 다시 시작하라는 키워드이다.** 말로 표현하기 어려운 부분이 있어 예제를 통해 설명한다. [예제 7-12]에서 break 문 대신 continue 문으로 바꾼 코드가 [예제 7-13]이다.

그림 7-15 continue 문

continue 문을 사용한 구구단

continue 문을 만나면 밑으로 내려가지 않고, 자신이 속한 반복문을 새로 시작한다. 10번 줄 num == 5가 되면 12번 줄 printf()가 실행되지 않고, 9번 줄의 num을 사용하는 for 문이 새로운 값으로 시작된다. 그래서 출력 결과를 보면 각 단의 5에 해당하는 출력이 없다. num이 5일 때 printf()를 지나쳐 갔기 때문이다.

[예제 7-13] continue 문을 사용한 구구단 코드

713_multi3.c

```
01  #include <stdio.h>
02
03  int main() {
04     int dan, num;
05
06     printf("<구구단>");
07     for (dan = 2; dan <= 9; dan++) {            // 2단에서 9단까지
08        printf("\n%d단: ", dan);
09        for (num = 1; num <= 9; num++) {          // 1에서 9까지
10           if (num == 5)
11              continue;                            // 한 번 패스
12           printf("%dx%d=%d ", dan, num, dan * num);
13        }                                          // End of for num
14     }                                             // End of for dan
15     return 0;
16  }
```

실행 화면

```
<구구단>
2단: 2x1=2 2x2=4 2x3=6 2x4=8 2x6=12 2x7=14 2x8=16 2x9=18
3단: 3x1=3 3x2=6 3x3=9 3x4=12 3x6=18 3x7=21 3x8=24 3x9=27
4단: 4x1=4 4x2=8 4x3=12 4x4=16 4x6=24 4x7=28 4x8=32 4x9=36
5단: 5x1=5 5x2=10 5x3=15 5x4=20 5x6=30 5x7=35 5x8=40 5x9=45
6단: 6x1=6 6x2=12 6x3=18 6x4=24 6x6=36 6x7=42 6x8=48 6x9=54
7단: 7x1=7 7x2=14 7x3=21 7x4=28 7x6=42 7x7=49 7x8=56 7x9=63
8단: 8x1=8 8x2=16 8x3=24 8x4=32 8x6=48 8x7=56 8x8=64 8x9=72
9단: 9x1=9 9x2=18 9x3=27 9x4=36 9x6=54 9x7=63 9x8=72 9x9=81
```

정리를 하면 break 문은 자신이 속한 블록을 빠져나가고, continue 문은 자신이 속한 블록을 새로 시작한다. continue 문이 작동되면 그 밑의 코드는 한 번 실행되지 않는다.

사실, 위의 구구단 코드만으로는 continue 문의 필요성을 느끼기 어려울 것이다. break 문과 continue 문의 사용 방법을 보여줄 수 있는 스탠드 게임 코드를 [LAB 2] 스탠드 게임 만들기에 준비했다. 스탠드 게임 코드를 보면 break 문과 continue 문의 필요성을 느낄 수 있을 것이다.

4 do while 문

do while 문 구조

do while 문은 while 문의 반복 조건이 맨 밑으로 내려온 구조를 가지고 있다. 통닭 튀기기를 do while 문으로 바꾸면 아래와 같다. 1번 줄의 초기값은 똑같지만, 2번 줄에 do가 나오고 반복문 몸체(body)가 무조건 실행된다. 반복 조건은 5번 줄 while 다음에 나온다.

```
01  order = 1;                      초기값
02  do {                            do while 시작
03     printf("통닭 튀긴다");           통닭 튀긴다.
04     order = order - 1;              order에서 1을 뺀다.
05  } while (order > 0);            order <= 0이면 탈출
```

do while 문은 반복 조건이 맨 뒤에 나오기 때문에, **몸체가 무조건 1번 실행되는 특징**을 가지고 있다. 만약 order = 0이라 하더라도 통닭 1마리는 무조건 튀겨진다.

do while 문에서는 while 문이 문장 끝에 위치하기 때문에 세미콜론에 주의해야 한다. while (oeder > 0);이라 써야 한다. while () 다음의 세미콜론을 빼면 오류가 발생한다.

do while 문 용도

do while 문은 while 문의 대체 코드가 아니다. while 문이 존재하는데, 그보다 더 복잡한 구조로 대체 코드를 만들 이유가 없다. do while 문의 용도는 따로 있다.

지금까지 다루지 못한 문제가 있는데, 잘못된 입력을 처리하는 방법에 관한 것이다. 가위바위보 게임에서 0, 1, 2가 아닌 5나 -1이 들어올 경우 처리하는 방법에 대해 자세히 설명하지 못했다.

사용자로부터 입력을 받고 나면, 입력된 값이 올바른 값인지를 점검해야 한다. 잘못된 입력이 들어올 경우 프로그램을 끝낸다. 다음과 같이 scanf() 다음에 입력된 값을 if 문으로 검사하여 잘못된 값이면 break 문으로 끝낸다.

```
printf("가위0 바위1 보2 선택: ");
scanf("%d", &user);
if (user > 2 || user < 0) break;
```

잘못된 값이 입력되면
break 문을 사용하여 코드를 끝낸다.

잘못 입력된 값을 처리하는 또 다른 방법으로 do while 문을 사용할 수 있다. do while 문을 사용하여 올바른 값이 들어올 때까지 scanf()를 계속 반복한다. [예제 7-14]는 짝수가 들어올 때까지, scanf()를 반복하는 코드이다.

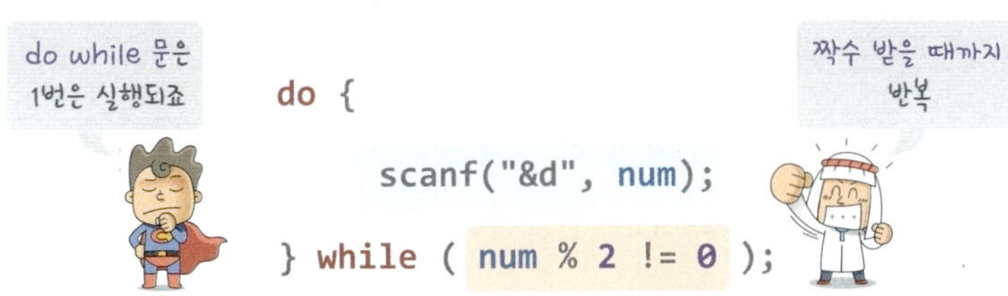

그림 7-16
do while 문의 사용 예

6번 줄에서 do로 시작하고 8번 줄에서 scanf()를 사용하여 num 값을 받는다. 9번 줄에서 반복 조건은 num % 2 != 0이다. num이 홀수이면 do while 문은 계속 반복되고, 짝수일 때 끝난다.

실행 결과를 보면 홀수인 동안에는 계속 입력을 받고, 짝수가 되어서야 반복문을 빠져나오는 것을 확인할 수 있다. 값을 먼저 처리하고 확인을 나중에 해야 하는 반복문 구조에 do while 문을 사용할 수 있다.

[예제 7-14]
누가 이기나 해보자 코드
714_even.c
VS only

```
#include <stdio.h>

int main() {
   int num;

   do {
      printf("짝수 입력 때까지 반복: ");
      scanf("%d", &num);
   } while (num % 2 != 0);

   printf("%d는 짝수\n", num);

   return 0;
}
```

실행 화면

```
짝수 입력 때까지 반복: 1
짝수 입력 때까지 반복: 3
짝수 입력 때까지 반복: 2
2는 짝수
```

LAB 2 스탠드 게임 만들기

스탠드(stand) 게임은 컴퓨터와 사용자 중 더 큰 수를 가진 사람이 이기는 게임이다. 컴퓨터와 사용자는 1부터 10 사이의 rand()로 만들어진 숫자를 하나씩 받는다. 두 수를 비교하여 더 큰 숫자를 가진 사람이 이긴다.

스탠드 게임에서는 배팅을 할 수 있다. 사용자는 자신에 주어진 숫자를 보고 난 뒤 배팅을 한다. 배팅을 하고 나면 컴퓨터가 가진 숫자가 공개된다. 이기면 배팅한 만큼 칩을 받고 지면 배팅한 칩을 잃는다.

사용자는 자신이 가진 칩 안에서 맘대로 배팅할 수 있다. 또한, 자신이 가진 수를 보고 배팅을 안 할 수 있다. 0이면 배팅을 포기한 것으로 간주하고 다음 판을 새로 시작한다.

그림 7-17
스탠드 게임

칩은 10점부터 시작하고 전체 5판의 게임을 한다. 그러나 사용자의 칩의 개수가 0이 되면 그 즉시 게임은 끝난다. 또한 컴퓨터가 가진 숫자와 사용자가 가진 숫자가 같으면 사용자가 이긴 것으로 한다. 조건이 복잡해보이지만, 홀짝 게임에 `break` 문과 `continue` 문을 추가하면 쉽게 만들 수 있다. [예제 7-15]는 스탠드 게임 코드이다.

6번 줄의 `chip` 변수는 사용자의 칩의 개수를 저장하며 초기값은 `10`이다. `bet` 변수는 사용자가 배팅하는 칩의 개수를 저장한다. 9번 줄에서 `for (k = 1; k < 6; k++)`를 사용하여 총 5판의 게임을 진행한다.

10번과 11번 줄에서 `com`과 `user`에게 `1`에서 `10` 사이의 무작위 수를 만들어 저장한다. 12번 줄에서 현재 사용자의 `chip` 개수와 사용자의 숫자를 보여준다. 13번 줄에서 배팅할 칩의 개수를 변수 `bet`으로 받는다. 사용자가 배팅을 하면, 15번 줄에서 컴퓨터가 가진 숫자를 보여준다.

16번 줄에서 사용자의 배팅이 `0`이거나 자신이 가진 `chip`보다 많은 수를 배팅한 경우(`bet <= 0 || bet > chip`)에는 이번 판을 포기하는 것이다. 이 경우 16번 줄 아래 코드는 실행할 필요가 없다. 따라서 `continue` 문을 사용하여 17번부터 24번 줄의 코드들을 무시하고 `for` 문을 새로 시작한다.

정상적으로 배팅이 된 경우 17번 줄이 시작된다. 컴퓨터가 더 큰 수를 가진(`com > user`) 경우, `chip`에서 배팅한 수를 빼고 `컴퓨터 승!`을 출력한다. 반대의 경우(`com <= user`), `chip`에 배팅한 수를 더하고 `사용자 승!`을 출력한다.

게임이 한 판 끝나고 나면, 24번 줄에서 `chip`의 개수를 확인하여 `0`이거나 `0`보다 작을 경우 `break` 문을 사용하여 게임을 끝낸다.

[예제 7-15]
스탠드 게임 코드

715_standgame.c

```
#include <stdio.h>
#include <stdlib.h>          // rand() 함수가 들어 있는 표준 라이브러리 헤더

int main() {
   int com, user, k;
   int chip = 10, bet;

   srand( (unsigned)time(NULL) );          // 실행할 때마다 rand() 패턴 변경
   for (k = 1; k < 6; k++) {
      com = rand() % 10 + 1;               // rand() 1-10 중 무작위 수 생성
      user = rand() % 10 + 1;              // rand() 1-10 중 무작위 수 생성
      printf("\nchip=%d you=%d 배팅(0은 포기): ", chip, user);
      scanf("%d", &bet);

      printf("com=%d: ", com);
      if (bet <= 0 || bet > chip) continue;        // 이번 판 포기
      if (com > user) {                            // 컴퓨터 승
         chip = chip - bet;                          // 배팅한 칩 사라짐
         printf("컴퓨터 승! chip=%d\n", chip);
      } else {                                     // 사용자 승
         chip = chip + bet;                          // 배팅한 칩만큼 추가
         printf("사용자 승! chip=%d\n", chip);
      }
      if (chip <= 0) break;                        // chip <= 0 게임 끝남
   }
   return 0;
}
```

실행 화면

```
chip=10 you=8 배팅(0은 포기): 10
com=7: 사용자 승! chip=20

chip=20 you=7 배팅(0은 포기): 15
com=7: 사용자 승! chip=35

chip=35 you=8 배팅(0은 포기): 30
com=1: 사용자 승! chip=65

chip=65 you=6 배팅(0은 포기): 5
com=10: 컴퓨터 승! chip=60

chip=60 you=8 배팅(0은 포기): 10
com=8: 사용자 승! chip=70
```

스탠드 게임을 통하여 continue 문과 break 문이 어떻게 사용될 수 있는지 알게 됐을 것이다. 실행 화면을 보면, 5판 만에 칩이 70개가 되었다. 게임다운 게임을 만들었으니 즐겨보기 바란다.

스탠드 게임은 continue 문과 break 문을 사용하지 않고서도 만들 수 있다. 지면 관계상 continue 문과 break 문이 없는 스탠드 게임은 연습문제 49번에, 조건을 몇 가지 추가한 스탠드 게임은 연습문제 50번에 만들었으니 도전해 보기 바란다.

LAB 3 단일 반복문을 사용한 알람시계

[예제 7-9]의 알람시계 코드는 분(min)을 반복하는 반복문과 초(sec)를 반복하는 반복문, 총 2개의 중첩되는 반복문을 사용했다. 알람시계 코드를 1개의 반복문을 사용하여 바꿔 보자.

코드는 다음과 같이 구성된다. 사용자로부터 분과 초를 입력 받으면, 분에 60을 곱하여 초와 합친다. 이렇게 알람에 필요한 전체 초(sec)를 구한다. 전체 초를 시작으로 1초씩 줄여가면서 현재의 분과 초를 출력한다. 반복문이 끝나면 알람을 울린다. [예제 7-16]이 단일 반복문을 사용한 알람 코드이다.

6번 줄의 limit은 전체 초를 담는 변수이다. 11번 줄에서 사용자가 입력한 분에 60을 곱하고 초를 더해 limit에 저장한다(min * 60 + sec). 12번 줄 for 문의 k는 limit으로 초기화되고 1씩 감소하면서, k가 0보다 클 때까지 반복된다.

13번 줄에서 1초간 멈추고 14번 줄에서 화면을 지운다. 13번 줄에서 1초간 멈췄기 때문에 15번 줄에서 초를 1초 줄인다.

1초 줄었기 때문에 16번 줄에서 sec이 0보다 작은가를 확인한다. 0보다 작을 경우, sec은 59가 되고 min은 1분이 줄어든다.

전체 초를 limit 변수가 가지고 있기 때문에 limit가 0이 되면 0분 0초가 된다. 따라서 22번 줄에서 그만 튀겨!가 출력되고 코드가 끝난다.

[예제 7-16]
알람시계 코드

716_alarm2.c

VS only

```
#include <stdio.h>
#include <stdlib.h>                // rand() 함수가 들어 있는 표준 라이브러리 헤더

int main() {
   int min, sec;
   int limit, k;

   printf("분 초 입력: ");
   scanf("%d %d", &min, &sec);

   limit = min * 60 + sec;                         // limit == 전체 초
   for (k = limit; k > 0; k--) {
      system("timeout 1 > NULL");                     // 1초 멈추기
      system("cls");                                  // 화면 지우기
      sec = sec - 1;                                  // 1초 감소
      if (sec < 0) {
         sec = 59;
         min--;
      }                                               // End of if
      printf("%d분 : %d초\n", min, sec);
   }                                               // End of for
   printf("그만 튀겨!");
   return 0;
}
```

실행 화면

```
분 초 입력: 1 0
0분 : 0초
그만 튀겨!
```

[예제 7-19]와 같이 알람시계 코드는 무조건 다중 반복문을 사용해서 만들어야 하는 것은 아니다. 같은 문제라도 프로그래머에 따라 다양한 해결 방법이 존재한다는 것을 보여주기 위해 예제를 만들었다.

LAB 4 단일 반복문을 사용한 구구단 코드

심화

다중 반복문 알람시계 코드를 단일 반복문 형태로 만들었듯이, 구구단 코드도 단일 반복문을 사용하여 만들어 보자. 단일 반복문 구구단은 단일 반복문 알람시계보다 코드는 짧지만 만들기는 어려운 코드이다.

단일 반복문 구구단의 구조는 다음과 같다. 앞서 이야기했듯이 전체 출력문의 개수는 72개이다. 따라서 반복문을 72번 반복시키면서 dan과 num 값을 만들어 가면 된다. [예제 7-17]은 단일 반복문을 사용한 구구단 코드이다.

[예제 7-17]
단일 반복문 구구단 코드
717_multi.c

```
01 #include <stdio.h>
02
03 int main() {
04     int dan = 2, num, k;
05
06     for (k = 0; k < 72; k++) {
07         num = k % 9 + 1;
08         printf("%dx%d=%d ", dan, num, dan * num);
09         if (num == 9) {
10             dan++;
11             printf("\n");
12         }
13     }
14     return 0;
15 }
```

실행 화면

```
2x1=2 2x2=4 2x3=6 2x4=8 2x5=10 2x6=12 2x7=14 2x8=16 2x9=18
3x1=3 3x2=6 3x3=9 3x4=12 3x5=15 3x6=18 3x7=21 3x8=24 3x9=27
4x1=4 4x2=8 4x3=12 4x4=16 4x5=20 4x6=24 4x7=28 4x8=32 4x9=36
5x1=5 5x2=10 5x3=15 5x4=20 5x5=25 5x6=30 5x7=35 5x8=40 5x9=45
6x1=6 6x2=12 6x3=18 6x4=24 6x5=30 6x6=36 6x7=42 6x8=48 6x9=54
7x1=7 7x2=14 7x3=21 7x4=28 7x5=35 7x6=42 7x7=49 7x8=56 7x9=63
8x1=8 8x2=16 8x3=24 8x4=32 8x5=40 8x6=48 8x7=56 8x8=64 8x9=72
9x1=9 9x2=18 9x3=27 9x4=36 9x5=45 9x6=54 9x7=63 9x8=72 9x9=81
```

4번 줄에서 dan 변수를 선언하고 2로 초기화한다. num과 k 변수도 선언한다. dan = 2는 2단부터 시작한다는 의미이다.

6번 줄에서 k는 0부터 시작하여 72보다 작을 때까지 반복한다. 이 부분이 중요하다. for (k = 1; k <= 72; k++)도 72번을 반복하지만, 제대로 작동하지 않는다. k가 0부터 시작해야 하는데 그 이유는 조금 뒤에 설명한다.

7번 줄에서 k % 9로 나누어 나머지 값을 num에 넣으면 num이 0에서 8까지의 값을 가지게 된다. 따라서 k % 9 + 1을 num에 넣는다. 그러면 num의 값은 1에서 9까지의 값을 가지게 된다.

7번 줄에서 num = k % 9 + 1이기 때문에 k는 1부터 시작하면 안 된다. k가 1부터 시작할 경우, 각단의 첫 번째 값은 2가 된다. 따라서 6번 줄의 k는 0부터 시작해야 한다.

8번 줄에서 구구단을 출력한다. 9번 줄에서 num이 9가 되었다는 것은 단이 끝났다는 의미이다. 따라서 dan을 하나 증가시키고, 줄 바꿈 문자(\n)를 출력한다.

LAB 5 유닉스와 윈도우즈의 차이

심화

이 책에 나오는 모든 코드들은 비주얼 스튜디오와 유닉스 상에서 돌아가는 onlinegdb(https://www.onlinegdb.com) 두 군데에서 테스트를 했다. 두 군데에서 테스트를 한 이유는, 유닉스 운영체제에서 프로그램을 만드는 것과 윈도우즈 운영체제에서 프로그램을 만드는 것에는 차이가 있기 때문이다.

C언어는 유닉스 운영체제를 만들기 위해 제작된 언어이기 때문에 유닉스가 원조라 할 수 있다. 그러나 윈도우즈의 비주얼 스튜디오가 대중화됨에 따라 윈도우즈 상에서 C코드를 짜는 사람들이 많아졌다. 이러한 점을 고려하여 이 책은 비주얼 스튜디오에서 작동하는 코드를 중심으로 설명된다.

스마트폰용 운영체제인 안드로이드나 iOS가 유닉스를 기반으로 하고 있고, 기계에 들어가는 임베디드 운영체제도 유닉스를 기반으로 하는 경우가 많아, 유닉스 상에서 작동하는 C언어를 배우려는 분들이 있다. 이들을 위하여, 유닉스와 윈도우즈 프로그래밍의 차이점을 간단히 서술하려 한다.

[예제 7-18]
UFO 코드 유닉스 버전
718_UFO_UNIX.c
UNIX only

```
#include <stdio.h>
#include <stdlib.h>                         // system()이 있는 라이브러리

int main() {
   int k, m;

   for (k = 0; k < 70; k++) {
      system("clear");                      // 윈도우즈 cls
      for (m = 0; m < k; m++) printf(" ");
      printf("<#=#>\n");                    // 유닉스의 경우 \n 필요
      system("sleep 0.5");                  // 윈도우즈 timeout 1 > NULL
   }
   return 0;
}
```

system()은 운영체제의 명령어를 사용하는 함수이기 때문에 운영체제의 명령어 체계를 따른다. 따라서 system() 함수 안에 들어가는 명령어는 유닉스와 윈도우즈에서 차이가 있다. [예제 7-18]은 UFO 날리기 코드를 유닉스용으로 바꾼 것이다.

8번 줄의 화면을 지우는 기능인 'cls'는 유닉스에서 'clear'이다. 유닉스에서 UFO 코드를 작동시키면, 너무 빠르게 휙 지나가 버린다. 그래서 11번 줄에 움직임을 잠시 지연시키는 'system ("sleep 0.5");'를 추가했다. sleep은 윈도우즈의 'timeout 1 > NULL'과 같은 시간 지연 코드이다. 다른 점이 있다면, 윈도우즈는 1초 단위로만 기다리는 것이 가능한 반면에 유닉스의 sleep은 0.1초와 같이 짧은 시간을 기다리는 것도 가능하다.

표 7-1 윈도우즈와 유닉스 명령어 비교

윈도우즈	유닉스	비고
system("timeout 1 > NULL")	system("sleep 1")	잠시 멈춤
system("cls")	system("clear")	화면 지움

윈도우즈에서는 printf("<#=#>") 코드가 유닉스에서는 '\n'이 추가되어 printf("<#=#>\n")으로 바뀐 것에 주의하기 바란다. 비주얼 스튜디오에서 C언어를 배운 분들이 유닉스에서 프로그래밍할 때 가장 흔히 하는 실수가 '\n'의 사용이다. 윈도우즈에서 '\n'이 없어도 작동한다. 그러나 유닉스에서는 '\n'이 없으면 정상적으로 작동하지 않는다.

유닉스에서는 화면을 효율적으로 처리하기 위하여 일정량의 문자가 꽉 차야지만 화면에 출력한다. 유닉스에서는 한 글자씩 80번 출력을 하면 80번 화면에 출력되는 것이 아니라 모았다가 한꺼번에 출력한다. 문자가 꽉 차지 않더라도 화면에 출력하라는 명령어가 '\n'이다. 유닉스에서 '\n'은 화면에 출력하는 동시에 줄 바꿈을 하라는 의미이다.

하이퍼 링크

출력되는 데이터가 모여 있는 곳을 출력 버퍼라 부른다. 버퍼에 대한 자세한 내용은 11장 문자와 문자열에서 다룬다.

만약 윈도우즈와 같이 '\n'을 빼고 printf("<#=#>");만 쓴다면 유닉스에서는 이상하게 작동된다. onlinegdb(https://www.onlinegdb.com)에서 [예제 7-18]의 코드를 '\n'을 빼고 실행해보면 아무것도 안 나타나다가 갑자기 다음과 같은 화면으로 끝난다. 그래서 유닉스에서 코드를 만들 때에는 printf()에 '\n'을 무조건 붙여야 한다.

```
                   <#=#>
                                                                          <#=#>
                                                   <#=#>
                    <#=#>
<#=#>
                                                   <#=#>
```

그림 7-18
유닉스에서 '\n'을 뺀 후 출력한 결과

윈도우즈와 유닉스의 또 다른 차이점은 제공하는 함수가 다르다는 것이다. 앞에서 비주얼 스튜디오는 기본 값으로 `scanf()`를 사용할 수 없었다. 대신 `scanf_s()`를 사용하거나 설정을 변경해 주어야 한다. `printf()`와 같은 기본적인 함수들은 다 똑같지만, 복잡한 함수들은 차이점들이 있다. 이 책에서는 필요할 때마다 차이점을 설명하겠지만, 만약 설명이 안 된 부분이 있다면 인터넷 검색을 통해 찾아보기 바란다.

여기서 잠깐

이 장에서는 `system()`을 사용한 코드에 `VS only`와 `UNIX only`를 붙였으나, 차이점을 설명했으니 이 이후부터는 붙이지 않는다. 지금까지 설명한 대로 변경하여 사용하면 된다. `system()` 이외에 유닉스와 비주얼 스튜디오에 차이점이 있는 경우, 자세히 설명할 예정이다.

요약

- 조건문은 조건이 만족되면 코드가 한 번 실행되는 구조인 반면에 반복문은 조건이 만족될 때까지 실행이 반복되는 구조이다. 반복 구조에서는 조건이 거짓이 될 때 반복문을 빠져 나온다. 반복 구조에 사용되는 키워드로는 while 문과 for 문이 있다.
- 반복문은 **초기값, 반복 조건, 증감**의 3가지로 구성된다. 초기값이란 반복을 시작하는 값이다. 반복 조건이란 참인 동안 반복되는 조건식을 가리킨다. 증감이란 조건의 값을 증가 혹은 감소시키는 연산식이다.
- for 문의 괄호 안에는 **초기값; 반복 조건; 증감**이 차례로 들어간다. for 문 안의 각 구성요소들은 세미콜론(;)으로 구분한다. 증감은 마지막에 위치하고 있기 때문에 세미콜론을 쓰지 않는다. for 문에서 두 개 이상의 변수를 같이 사용할 경우, 콤마(,)로 연결하면 된다.
- system() 함수는 **명령어**를 실행시켜주는 함수로 system("명령어")의 구조이다. system()은 #include <stdlib.h>를 포함하면 사용할 수 있다. 윈도우즈에서 화면을 지울 때에는 system("cls")라 쓰면 된다. 메시지 없이 1초간 화면을 멈출 때에는 system("timeout 1 > NULL")을 사용한다. 유닉스의 경우, system("clear")와 system("sleep 1")을 사용한다.
- while 문의 괄호 안에는 반복 조건만 있기 때문에 초기값과 증감을 따로 만들어 주어야 한다. for 문은 초기값, 반복 조건, 증감을 정확하게 명시해야 하기 때문에 몇 번 반복될지 예측이 가능한 경우에 사용하기 편하다. while 문은 몇 번 반복될 것인지 예측이 불가능한 경우, 초기값이 미정이거나, 반복 조건을 모르거나, 불규칙적으로 증감되는 경우에 사용하기 편하다.
- 다중 반복문이란 반복문을 여러 개 겹쳐서 사용하는 것이다. break 문은 작업을 멈추고 탈출하는 역할을 한다. 조건문이나 반복문이 중첩되어 있는 경우, break 문은 자신이 속한 블록(block) 하나만 탈출한다.
- break 문은 자신이 속한 반복문이나 조건문을 탈출하는데 반하여, 여기서 다시 시작하라는 의미의 continue 문은 밑의 코드를 실행하지 않고 반복문을 다시 시작한다.
- do while 문은 while 문의 반복 조건이 맨 밑으로 내려온 구조이며, 몸체(body)가 무조건 1번 실행되는 특징을 가지고 있다. do while 문에서는 while 문이 문장 끝에 위치하기 때문에 세미콜론에 주의해야 한다. 자료를 먼저 처리하고 확인을 나중에 해야 하는 반복문 구조에 do while 문을 사용할 수 있다.

연습문제

52문제

[객관식]

01 다음 중 반복문의 구성요소가 아닌 것은 무엇인가?

❶ 초기값 ❷ 반복 조건
❸ 선택 조건 ❹ 증감

02 `while (A > 0)`에서 탈출 조건 중 가장 정확한 것은 무엇인가?

❶ `A >= 0` ❷ `A <= 0`
❸ `A == 0` ❹ `A < 0`

03 다음 중 `for` 문을 문법에 맞게 쓴 것은 무엇인가?

❶ `for (k = 2; k < 31; k++;)`
❷ `for (k = 2, k < 31, k++)`
❸ `for (k = 2; k < 31, k++)`
❹ `for (k = 2; k < 31; k++)`

04 다음 중 `for` 문에서 괄호 안의 구성요소가 올바르게 배치된 것은 무엇인가?

❶ (증감; 초기값; 반복 조건)
❷ (초기값; 반복 조건; 증감;)
❸ (초기값; 반복 조건; 증감)
❹ (증감; 초기값; 반복 조건;)

05 다음 중 비주얼 스튜디오에서 화면을 지우는 코드는 무엇인가?

❶ `system("cls")` ❷ `system("clear")`
❸ `system("timeout 1 > NULL")` ❹ `system("sleep 1")`

06 다음 중 비주얼 스튜디오에서 1초간 멈추는 코드는 무엇인가?

❶ `system("cls")` ❷ `system("clear")`
❸ `system("timeout 1 > NULL")` ❹ `system("sleep 1")`

07 다음 중 system() 함수가 들어 있는 헤더파일의 이름은 무엇인가?

① stdio.h
② stdlib.h
③ time.h
④ math.h

08 다음 for 문 중 k 값이 30 이하의 짝수만 나오는 것은 무엇인가?

① for (k = 2; k < 30; k = k + 2)
② for (k = 1; k < 31; k = k + 2)
③ for (k = 1; k < 30; k = k + 2)
④ for (k = 2; k < 31; k = k + 2)

09 for (k = 1, m = 3; k < 6; k++, m++)에서 for 문이 끝난 후 k 값과 m 값으로 맞게 짝지어진 것은 무엇인가?

① 4 7
② 4 6
③ 5 6
④ 5 7

10 다음 설명에 가장 근접한 키워드는 무엇인가?

초기값, 반복 조건, 증감이 정확하게 정해진 반복문에서 사용하기 편한 키워드

① while
② for
③ break
④ continue

11 다음 설명에 가장 근접한 키워드는 무엇인가?

반복 조건이 정해지지 않은 반복문에서 사용하기 편한 키워드

① while
② for
③ break
④ continue

12 다음 설명에 가장 근접한 키워드는 무엇인가?

불규칙적인 증감 연산을 가진 반복문에서 사용하기 편한 키워드

① while
② for
③ break
④ continue

13 다음 설명에 가장 근접한 키워드는 무엇인가?

> 작업을 멈추고 탈출하는 키워드

① while ② do while
③ break ④ continue

14 다음 설명에 가장 근접한 키워드는 무엇인가?

> 한 번 쉬고 다시 시작하는데 사용되는 키워드

① while ② do while
③ break ④ continue

15 다음 설명에 가장 근접한 키워드는 무엇인가?

> 최소한 한 번은 실행되는 반복문에 사용하기 편한 키워드

① while ② for
③ break ④ do while

16 다음 중 무한 반복코드가 아닌 것은 무엇인가?

① while(1) ② for (;;)
③ while(0) ④ while(-1)

17 다음 중 무한 반복으로 코드가 끝나지 않거나, 실행 중인 코드를 중간에서 멈추고자 할 경우 사용하는 키는 무엇인가?

① Ctrl - A ② Ctrl - S
③ Ctrl - C ④ Ctrl - Z

18 다음 코드는 통닭을 몇 번 튀기는가?

```
order = 2;
do {
   printf("통닭 튀긴다");
   order = order - 1;
} while (order < 0);
```

① 0번 ② 1번
③ 2번 ④ 3번

[주관식]

19 반복문의 구성요소는 ( ), ( ), ( )이다.

20 while (A > 0)에서 탈출 조건은 ( )일 때이다.

21 for 문의 괄호 안에는 ( )으로 구성된다.

22 비주얼 스튜디오에서 화면을 지우는 코드는 ( )이다.

23 비주얼 스튜디오에서 1초간 멈추는 코드는 ( )이다.

24 system() 함수가 들어 있는 헤더파일의 이름은 ( )이다.

25 k 값이 30 이하의 짝수만 나오는 for (k = 2; k < X; k = k + 2)에서 X 값은 ( )이다.

26 for (k = 1, m = 3; k < 6; k++, m++)에서 for 문이 끝난 후 k 값은 ( ), m 값은 ( )이 된다.

27 초기값, 반복 조건, 증감이 정확하게 정해진 반복문에서 사용하기 편한 키워드는 ( )이다.

28 반복 조건이 정해지지 않은 반복문에서 사용하기 편한 키워드는 ( )이다.

29 불규칙적인 증감 연산을 가진 반복문에서 사용하기 편한 키워드는 ( )이다.

30 작업을 멈추고 탈출하는 키워드는 ( )이다.

31 최소한 한 번은 실행되는 반복문에 사용하기 편한 키워드는 ( )이다.

32 값을 먼저 처리하고 확인을 나중에 해야 하는 반복문 구조에 사용하기 편한 키워드는 ( )이다.

33 한 번 쉬고 다시 시작하는데 사용되는 키워드는 ( )이다.

34 while 문으로 무한 반복코드를 만들려면 ( )이라 쓰면 된다.

35 for 문으로 무한 반복코드를 만들려면 ( )이라 쓰면 된다.

36 무한 반복으로 코드가 끝나지 않거나, 실행 중인 코드를 중간에서 멈추고자 할 경우 ( ) 키를 사용하면 된다.

37 윈도우즈의 system("cls")는 유닉스에서 ( )라 쓰면 된다.

난이도 상

난이도 상

38 윈도우즈의 system("timeout 1 > NULL")은 유닉스에서 (　　　　)이라 쓰면 된다.

[코드 문제]

while 문

39 다음은 코드의 일부이다. 잘못된 부분을 지적하시오.

```
order = 3;
while (order > 0)
   printf("while: %d 통닭 튀긴다\n", order);
   order = order - 1;
```

for 문

40 다음은 코드의 일부이다. 잘못된 부분을 지적하시오.

```
for (order = 1; order <= 3; order = order + 1;)
   printf("for: %d 통닭 튀긴다\n", order);
```

do while 문

41 다음은 짝수가 입력될 때까지 반복되는 코드이다. 빈칸에 들어갈 코드를 정확하게 적으시오.

```
#include <stdio.h>

int main() {
   int num;

   do {
      printf("짝수 입력 때까지 반복: ");
      scanf("%d", &num);
   } 

   printf("%d는 짝수\n", num);

   return 0;
}
```

for 문

42 다음 코드가 출력하는 값을 정확하게 적으시오.

```c
#include <stdio.h>

int main() {
    int k, m;

    for (k = 1, m = 2; k < 4; k++, m = m + 2)
        printf("%d * %d = %d\n", k, m, k * m);

    return 0;
}
```

다중 반복문

43 앞서 배운 UFO 코드에 단 2줄을 추가하여 위아래로 요동치며 움직이는 UFO 코드를 만드시오.

힌트

k가 짝수일 경우, \n을 출력하면 된다. 그러면 k가 홀수일 때에는 윗줄에, 짝수일 때에는 아랫줄에 <#=#>가 찍히기 때문에 위아래로 요동치는 것처럼 보인다.

다중 반복문

44 43번 문제의 답을 변형하여 70칸까지 갔다가 되돌아오도록 만드시오.

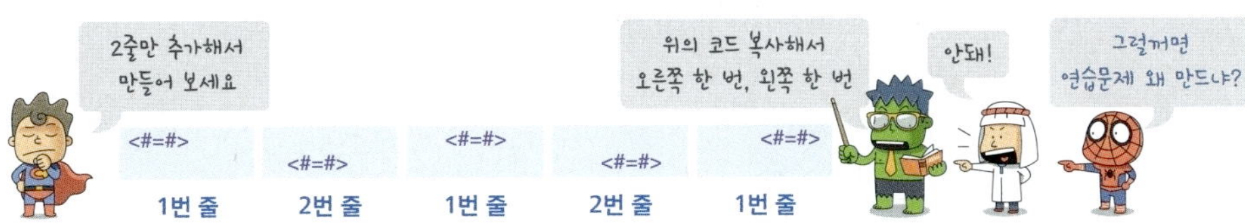

힌트

변수 하나와 코드 2줄만 추가하면 되돌아오는 UFO를 만들 수 있다. k를 사용하는 바깥쪽 for 문을 140보다 작을 때까지 반복한다. k 값이 70을 넘을 경우 m 값이 감소할 수 있는 식을 하나 만든다.

다중 반복문

45 다음 그림과 같이 UFO가 지그재그로 움직이면서 밑으로 26줄까지 내려가는 UFO 착륙 코드를 만드시오.

힌트

옆으로 공백을 만드는 대신 \n을 사용하여 밑으로 그린다. 좌우로 움직이면서 내려와야 하기 때문에 짝수일 때만 공백을 만들어 준다.

다중 반복문

46 옆으로 70, 밑으로 40이 되는 공간에 무작위로 나타나는 UFO 코드를 만드시오. 단, 전체를 70번 반복한다.

힌트

rand() 함수를 수평으로 움직일 때 한 번, 아래로 내려 올 때 한 번, 총 두 번 사용하면 된다. srand() 함수는 사용하지 않아도 된다.

다중 반복문

47 다음 알람시계 코드에서 빈칸에 들어갈 적당한 코드를 작성하시오.

```
#include <stdio.h>
#include <stdlib.h>

int main() {
   int min, sec;

   printf("분 초 입력: ");
   scanf("%d %d", &min, &sec);

   for (                    ) {
      for (                    ) {
         system("cls");
```

```
            printf("%d분 : %d초\n", min, sec);
            system("timeout 1 > NULL");
        }
                                            ;
    }
    printf("그만 튀겨!\n");
    return 0;
}
```

48 스탠드 게임을 continue 문과 break 문을 사용하지 않고 만들어 보시오.

while 문

49 기존의 스탠드 게임을 다음의 추가 조건으로 업그레이드하시오.

while 문

추가 조건

판수의 제한은 없다. 사용자의 chip이 0이 되거나 30이 될 때까지 무한정 계속되는 스탠드 게임을 만드시오. 단, while (1)을 사용해야 한다.

50 기존의 스탠드 게임을 다음과 같은 조건을 추가하여 변경하시오.

while 문

추가 조건

게임은 5판을 한다. 배팅 값 0을 입력하여 포기한 경우 포기했음을 출력한다. 포기한 경우는 무효 판으로 판수에서 제외한다. 컴퓨터와 사용자의 수가 같은 경우 비긴다. 비긴 경우를 추가하고 비겼다고 출력한다. 비긴 경우도 무효 판으로 처리하고 판수에서 제외한다. while 문을 사용하여 만든다.

51 다음 알람시계 코드에서 빈칸에 들어갈 적당한 코드를 작성하시오.

for 문

난이도 상

```
#include <stdio.h>
#include <stdlib.h>

int main() {
    int min, sec;
    int limit, k;

    printf("분 초 입력: ");
    scanf("%d %d", &min, &sec);

    limit =                             ;
```

```
    for (k = limit; k > 0; k--) {
    system("timeout 1 > NULL");
      system("cls");
      printf("%d분 : %d초\n", min, --sec);
      if (sec < 0) {
                                  ;
                                  ;
      }
    }
    printf("그만 튀겨!");
    return 0;
}
```

for 문

난이도 상

52 다음의 구구단 코드에서 빈칸에 들어갈 적당한 코드를 작성하시오.

```
#include <stdio.h>

int main() {
   int dan = 2, num, k;

   for (                              ) {
                                  ;
      printf("%dx%d=%d ", dan, num, dan * num);
      if (num == 9) {
                                  ;
            printf("\n");
      }
   }
   return 0;
}
```

CHAPTER

08

함수

학습목차

8.1 사용자 정의 함수

1 라이브러리 함수

필수

미리 만들어 놓은 함수

지금까지 여러 함수들을 사용해 왔다. 화면에 출력할 때에는 `printf()` 함수를 사용했고, 키보드에서 입력을 받을 때에는 `scanf()` 함수를 사용했다. 무작위 수를 만드는 `rand()` 함수가 있었고, 명령어를 실행하는 `system()` 함수도 있었다. `printf()`, `scanf()`, `rand()`, `system()` 모두 특정한 작업을 위해 미리 만들어 놓은 함수이다.

그림 8-1
지금까지 배운 라이브러리 함수들

함수 호출과 매개 변수

함수란 정해진 절차에 따라 데이터를 처리하는 모듈이다. `scanf()` 함수의 경우, 키보드로부터 입력된 데이터를 변수에 저장해 준다. `scanf()` 함수의 내부 구조를 몰라도 키보드로부터 입력을 받을 때마다 불러서 사용하면 된다. 함수를 사용하는 것을 **함수 호출** function call 이라 부른다. call taxi는 불러서 오는 택시이듯이, function call은 함수를 불러서 사용한다는 뜻이다.

함수를 호출(call)할 때, 함수가 정한 규칙에 맞추어야 한다. `scanf()`를 사용할 때에는 변수 앞에 열쇠(&)를 빼먹으면 안 된다. 함수가 정한 규칙 중 가장 중요한 것은 함수에게 변수를 어떻게 전달할 것인가이다. 함수로 전달되는 변수를 **매개 변수** parameter 라 부른다. 매개 변수에 대한 자세한 내용은 조금 뒤에 다룬다.

라이브러리 함수의 장점

지금까지 배운 4개의 함수 외에도 C언어에는 마음대로 호출할 수 있는 수천 개의 함수가 있다. 이렇게 미리 만들어 놓은 함수를 라이브러리 혹은 라이브러리 함수라 부른다. 라이브러리란 도서관에서 책을 빌리듯, 필요할 때 찾아 쓸 수 있도록 만든 함수이다.

라이브러리의 장점은 함수의 재사용이다. `rand()` 함수가 없을 경우, 무작위 수를 생성하는 코드를 직접 만들어 사용해야 한다. 미리 만들어 놓았기 때문에 누구나 `rand()` 함수를 호출하여 홀짝 게임, 가위바위보 게임, 스탠드 게임 등을 쉽게 만들 수 있다.

도서관에 많은 책들은 찾기 쉽도록 분류되어 있다. 기술과학, 철학, 예술, 종교, 언어, 사회과학, 문화, 자연과학, 역사 분야의 책들끼리 모여 있다. C언어 라이브러리도 서로 관련 있는 함수들을 파일에 모아 놓았다. 관련 있는 라이브러리 함수들을 모아 놓은 파일을 헤더파일이라 부르며, 확장자는 .h이다.

그림 8-2
라이브러리는 해당 헤더파일에 있음

printf()와 scanf()는 표준 입출력 standard I/O 헤더인 stdio.h에 있다. rand()와 system()은 표준 라이브러리 standard library 헤더인 stdlib.h에 있다. 따라서 라이브러리 함수를 사용하고 싶다면 코드의 상단부에 #include <헤더파일_이름>을 쓰면 된다.

2 사용자 정의 함수

필수

사용자가 만든 함수

사용자도 함수를 만들어 사용할 수 있다. 사용자가 만든 함수를 **사용자 정의 함수** user-defined function 라 부른다. 따라서 함수는 라이브러리 함수와 사용자 정의 함수로 나뉜다. 라이브러리 함수는 다른 개발자들이 미리 만들어 헤더파일에 모아 놓은 함수이다. 사용자 정의 함수는 사용자가 직접 만들어 사용하는 함수이다. 사용자 정의 함수를 만드는 이유는 라이브러리 함수를 만든 이유와 같다. 함수를 여러 곳에 다시 사용하기 위해서이다.

예시로 이해하는 사용자 정의 함수

왕갈비 통닭집에서 새로운 메뉴를 개발했다. 기존 왕갈비 통닭에 추가하여, 전통 후라이드 조리법을 사용한 후라닭, 경기도 고천의 간장으로 맛을 낸 고천 통닭, 기존보다 60배 매운 60배 불닭이 신 메뉴이다.

메뉴마다 조리법은 조금씩 다르다. 왕갈비 통닭은 닭을 우유에 재웠다가 튀김옷을 입히고 4분간 튀긴다. 다 튀겨지면, 갈비소스를 바른다. 후라닭은 우유에 재웠다가 튀김옷을 입히고 6분간 튀긴다. 고천 통닭은 후라닭과 조리법은 같지만 5분간 튀긴 후 고천소스를 바른다. 60배 불닭의 경우 불소스에 먼저 재우고 난 뒤, 우유에 한 번 더 재운다. 그 후에 튀김옷을 입히고 7분간 튀긴다.

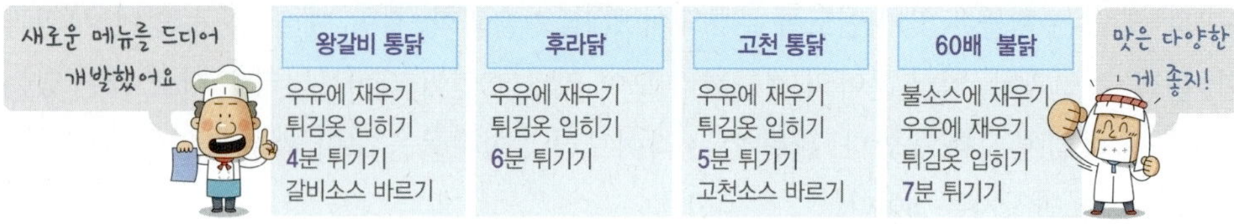

그림 8-3
통닭집 신 메뉴 조리법

모든 통닭을 1마리씩 만들어 보자. 첫 번째 방법은 지금까지 했던 대로 main() 함수 안에 모든 조리법을 넣는 것이다. 다음의 왼쪽 코드가 기존의 방법이다. 위에서부터 차례로 왕갈비 통닭, 후라닭, 고천 통닭, 60배 불닭이 1마리씩 만들어진다.

```
main() {
    우유에 재우기;           // 왕갈비 통닭
    튀김옷 입히기;
    4분 튀기기;
    갈비소스 바르기;

    우유에 재우기;           // 후라닭
    튀김옷 입히기;
    6분 튀기기;

    우유에 재우기;           // 고천 통닭
    튀김옷 입히기;
    5분 튀기기;
    고천소스 바르기;

    불소스에 재우기;         // 60배 불닭
    우유에 재우기;
    튀김옷 입히기;
    7분 튀기기;
}
```

```
fry(A) {                    // 사용자 정의 함수
    우유에 재우기;
    튀김옷 입히기;
    A분 튀기기;
}

main() {
    fry(4);                 // 왕갈비 통닭
    갈비소스 바르기;

    fry(6);                 // 후라닭

    fry(5);                 // 고천 통닭
    고천소스 바르기;

    불소스에 재우기;         // 60배 불닭
    fry(7);
}
```

왼쪽의 코드는 조리법을 모두 main()에 모아 놓았기 때문에 작업이 복잡하다. 오른쪽이 사용자 정의 함수를 사용하여 조리법을 개선한 코드이다. 메뉴마다 튀기는 시간은 다르지만, 우유에 재우기, 튀김옷 입히기, A분 튀기기가 공통 작업이다. 공통 작업을 하나로 묶어서 사용자 정의 함수 fry()를 만들었다.

사용자 정의 함수인 fry()는 main()에서 필요할 때마다 호출하여 사용하면 된다. 튀기는 시간과 함께 fry() 함수를 호출하면, 주어진 시간만큼 튀겨진다. 예를 들어 fry(4)로 호출하면 통닭은 4분간 튀겨진다.

그림 8-4
사용자 정의 함수 fry() 사용

왕갈비 통닭 주문이 들어오면, fry(4)를 호출한 후, 갈비소스를 바르기만 하면 된다. 후라닭은 fry(6), 고천 통닭은 fry(5) 다음에 고천소스 바르기, 60배 불닭은 불소스 재우기 이후에 fry(7)을 하면 해당 통닭들이 만들어진다.

사용자 정의 함수의 장점

작업을 함수 형태로 분리하는 것을 모듈화 modulation 라 부른다. 3장에서 부품을 모듈로 만들면 작업이 단순해지고, 여러 곳에 다시 사용할 수 있다고 했다. 마찬가지로 통닭 조리법을 fry() 함수로 모듈화를 하면, 모든 메뉴들이 fry() 함수를 재사용함으로써 작업이 단순해진다. 또한 main() 함수의 코드가 간결해지고 구조를 쉽게 파악할 수 있다.

그림 8-5
사용자 정의 함수와 모듈화

사용자 정의 함수를 사용하면 새로운 통닭 메뉴도 쉽게 개발할 수 있다. 자단나무 향을 입힌 자단 통닭은 5분간 튀긴 후 자단소스를 바른다고 가정해 보자. fry(5)와 자단소스 바르기로 새로운 메뉴, 자단 통닭이 완성된다.

사용자 정의 함수를 사용하면 코드의 유지보수도 쉽다. 맛 테스트 결과 튀김옷을 입힌 후 전분 가루를 한 번 더 입히면 바삭해진다는 것을 알았다. main()에 작업을 모아 놓은 경우, 튀김옷 입히기 코드를 모두 찾아 그 밑에 전분 가루 입히기를 추가해야 한다.

사용자 정의 함수를 사용한 경우, 아래 코드와 같이 전분 가루 입히기를 fry() 함수에 추가하면 모든 작업에 공통으로 적용된다. 모듈화를 했을 경우, 전체 코드를 수정하지 않고서도 모듈만 교체하거나 모듈 내부 코드를 변경하여 유지보수를 할 수 있다.

```
fry(A) {
    우유에 재우기;
    튀김옷 입히기;
    전분 가루 입히기;
    A분 튀기기;
}
```

사용자 정의 함수에 추가함으로써 모든 작업에 공통 적용

우리가 사용하는 scanf() 함수의 내부 코드가 더 좋은 방향으로 변경되었다고 가정해 보자. scanf() 내부가 변경되었다고 해서 main()의 코드를 고칠 필요는 없다. 향상된 scanf()를 사용하고 싶다면, 새로운 stdio.h 헤더파일을 구해서 #include시키면 된다. scanf()의 변경이 main() 코드에 영향을 미치지 않는다. 이처럼 사용자 정의 함수를 사용하면 유지보수가 간편해진다.

하이퍼 링크 사용자 정의 함수를 모아서 자신만의 헤더파일을 만들어 사용할 수 있다. 헤더파일을 만들고 공유하는 방법은 14장 전처리와 다중 소스 파일에서 자세히 다룬다.

3 사용자 정의 함수 구조

필수

반환 자료형 함수이름(입력) { 몸체 }

사용자 정의 함수의 구조는 main() 함수 구조와 똑같다. 일반적으로 함수는 함수이름, 입력, 몸체, 반환 자료형으로 구성된다. 다음 그림은 main() 함수와 사용자 정의 함수 fry()의 구조를 나타낸다.

모든 함수에는 이름이 있다. 그림에서 사용자 정의 함수이름은 fry이고 메인 함수의 이름은 main이다. 함수와 일반 단어를 구분하는 것은 괄호 ()라 했다. 함수가 괄호를 사용하는 이유는 괄호 () 안에 입력이 들어오기 때문이다. 따라서 함수는 **반환 자료형 함수이름(입력) { 몸체 }**의 구조를 가진다.

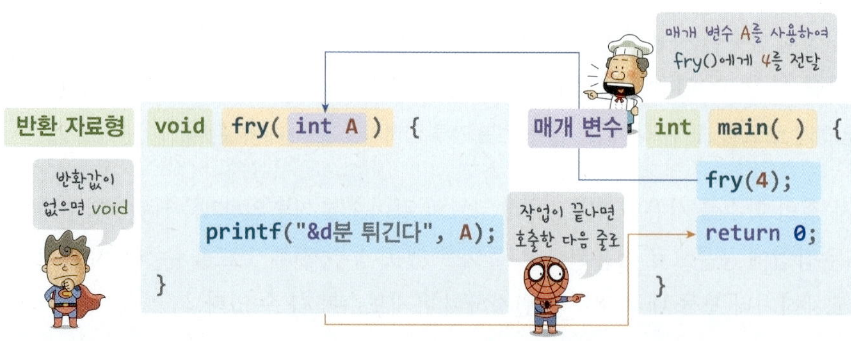

그림 8-6 사용자 정의 함수 구조

몸체란 함수를 구성하는 코드의 집합이다. `main()` 함수의 몸체에는 `fry(4)`와 `return 0`의 코드가 있다. `fry()` 함수 몸체에는 `printf("%d분 튀기기\n", A)`가 있다. 중괄호 `{}`로 묶여 있는 코드들이 함수의 몸체이다.

`main()`의 괄호 안에는 입력이 없기 때문에 `void`라 써야 한다. `void`란 입력이나 출력이 없거나 생략하는 경우에 사용하는 키워드이다. `main()` 함수는 입력을 거의 사용하지 않기 때문에 일반적으로 `void`를 생략하고 `main()`만 쓴다.

`fry()`의 괄호 안에는 입력이 있다. 입력되는 값은 `A`이며 `A`의 자료형은 `int`(정수)이다. 따라서 `fry()` 함수를 호출하는 쪽에서 1개의 정수를 보내면 그 값은 `A`에 저장된다. 함수를 호출하는 쪽에서 보내는 자료를 받는 `A`와 같은 변수를 **매개 변수**라 부른다.

함수의 이름 앞에는 반환 자료형이 붙는다. `main()`의 경우 반환(return)되는 값은 `0`으로 `int`(정수)이다. 그래서 `main()` 함수 앞에 반환되는 자료형이 정수라는 의미로 `int`를 붙인다. `fry()` 함수의 몸체 안에는 `return` 코드가 없음으로 반환하는 값이 없다. 따라서 `fry()` 함수 앞에는 반환되는 값이 없다는 의미로 `void`를 붙인다.

함수가 작업을 마치면 항상 자신을 호출한 곳으로 돌아간다. `fry()` 함수가 작업을 마치면, `main()`에서 자신을 호출했던 코드 다음 줄로 돌아간다. 따라서 `return 0`을 실행하고 끝난다.

사용자 정의 함수의 정의 위치

사용자 정의 함수를 만드는 것을 '함수를 정의'한다고 표현한다. 지금까지 변수를 사용하기 전에 먼저 선언했다. 사용하는 변수가 먼저 선언되어 있지 않을 경우 문법 오류가 발생한다. 변수와 마찬가지로 **사용자 정의 함수도 사용하기 전에 먼저 정의되어야 한다.** 따라서 사용자 정의 함수 `fry()`는 `main()` 함수 전에 정의되어야 한다.

[예제 8-1]은 지금까지 설명한 고천 통닭 조리법을 사용자 정의 함수 형태로 구현한 것이다. 3번에서 8번 줄까지가 사용자 정의 함수인 `fry()`이다. 함수는 사용되기 전에 정의되어야 하므로 `main()` 함수 위쪽에 정의한다.

`fry()` 함수의 괄호 안에는 튀기는 시간을 전달받을 매개 변수 `min`이 선언되어 있다. `min`은 정수형 자료를 받기 때문에 `int min`으로 선언한다. 함수 괄호 안의 **매개 변수 끝에는 세미콜론(;)을 붙이지 않는다.**

[예제 8-1]
고천 통닭 코드

801_function1.c

```
01 #include <stdio.h>
02 
03 void fry( int min ) {                          // min은 매개 변수 - 정수형
04 
05     printf("우유에 재우기\n");
06     printf("튀김옷 입히기\n");
07     printf("%d분 튀기기\n", min);
08 }                                              // return이 없음으로 void
09 
10 int main() {
11 
12     fry(5);                                    // fry() 함수 호출
13     printf("고천소스 바르기\n");
14 
15     return 0;
16 }                                              // return 0이기 때문에 int
```

실행 화면

```
우유에 재우기
튀김옷 입히기
5분 튀기기
고천소스 바르기
```

main() 함수 안, 12번 줄에서 fry(5)를 호출한다. 이때 정수 5는 매개 변수 min에게 전달된다. 매개 변수 min에 5가 전달되면, 7번 줄에서 5분 튀기기가 출력된다.

함수가 작업을 마치면 자신을 호출한 다음 줄로 돌아간다. 12번 줄에서 fry(5)로 함수를 호출하면 3번에서 8번 줄까지 작업을 한다. fry() 함수의 작업이 끝나면 자신을 호출했던 12번의 다음 줄인 13번 줄로 돌아간다. 13번 줄의 고천소스 바르기가 출력되고 main()의 작업이 끝난다. 따라서 실행 결과를 보면 우유에 재우기, 튀김옷 입히기, 5분 튀기기, 고천소스 바르기 순으로 출력된다.

중요

함수는 '반환 자료형 함수이름(입력) {몸체}'의 구조이다. 함수의 입력에 사용되는 변수를 매개 변수라 부르며, 매개 변수의 끝에는 세미콜론을 붙이지 않는다. 사용자 정의 함수는 사용 전에 먼저 정의되어야 하며 함수가 끝나면 자신을 호출한 다음 줄로 돌아간다.

4 사용자 정의 함수 사용

필수

2개 이상의 매개 변수 사용

모든 통닭 메뉴들은 똑같이 30분간 우유에 재웠다. 그러나 후라닭은 42.5분간 우유에 재워야 최상의 맛을 느낄 수 있다. 그래서 다른 통닭들은 30분, 후라닭은 42.5분 동안 우유에 재우기로 했다. 조리법의 변경에 따라서 만들어진 코드가 [예제 8-2]이다.

이제 사용자 정의 함수 fry()의 매개 변수는 2개가 된다. 하나는 튀기는 시간을 나타내는 정수 min이고, 다른 하나는 우유에 재우는 시간을 나타내는 실수 milk이다. **1개 이상의 매개 변수를 사용할 때는 콤마(,)를 사용한다.** 새로 바뀐 사용자 정의 함수 fry()의 5번 줄에서 실수 milk 값을 %.1lf를 사용하여 소수점 1자리까지 출력한다.

[예제 8-2]
후라닭 코드

802_function2.c

```
01  #include <stdio.h>
02
03  void fry( int min, double milk ) {           // 정수형 min, 실수형 milk
04
05     printf("%.1lf분 우유에 재우기\n", milk);
06     printf("튀김옷 입히기\n");
07     printf("%d분 튀기기\n", min);
08  }                                            // return이 없음으로 void
09
10  int main() {
11
12     fry(6, 40.5);                                // fry() 함수 호출
13
14     return 0;
15  }                                            // return 0이기 때문에 int
```

실행 화면

```
40.5분 우유에 재우기
튀김옷 입히기
6분 튀기기
```

매개 변수 사용 시 주의할 점

매개 변수를 사용할 때 변수의 개수와 자료형을 정확하게 맞춰야 한다. fry() 함수에서 사용하는 2개의 매개 변수는 첫 번째가 정수, 두 번째는 실수이다. 따라서 12번 줄에서 fry() 함수를 호출할 때 fry(6, 40.5)를 사용했다. 다른 통닭을 만들 때도 마찬가지이다. 왕갈비 통닭은 fry(4, 30.0), 고천 통닭은 fry(5, 30.0), 60배 붉닭은 fry(7, 30.0)으로 호출해야 한다.

```
01  fry();                  매개 변수 없음
02  fry(5);                 매개 변수 개수 맞지 않음
03  fry(40.5);              매개 변수 개수 맞지 않음
04  fry(40.5, 5);           매개 변수 자료형 일치하지 않음
```

새로 바뀐 fry() 함수를 호출할 때 위의 코드는 오류이다. 1번 줄과 같이 매개 변수 없이 함수를 호출하면 안 된다. 2번 줄과 3번 줄의 경우에는 매개 변수의 개수가 맞지 않는다. 4번 줄의 경우, 정수형(int) 매개 변수에 실수(double)를 보냈다. 정수에 실수를 보내면, 소수점 이하는 버려진다.

중요

사용자 정의 함수에서 전달받을 매개 변수가 여러 개인 경우 콤마(,)를 사용하며, 매개 변수의 개수와 자료형을 정확하게 맞추어야 한다.

선 선언, 후 정의

사용자 정의 함수를 사용하기 전에 먼저 함수를 정의해야 한다는 것이 불편할 수 있다. 여러 개의 사용자 정의 함수를 만든다고 가정해 보자. 아래 그림과 같이 main()에서 func_1()을 호출하고, func_1()에서 func_2()를 호출했다. 사용자 정의 함수는 사용하기 전에 먼저 정의해야 하기 때문에 func_2()가 가장 먼저 정의된 후, func_1()이 정의되고, main()이 맨 마지막에 나타난다. 순서가 바뀌면 오류가 발생한다. 따라서 가장 마지막에 호출되는 함수가 가장 먼저 나타나야 한다.

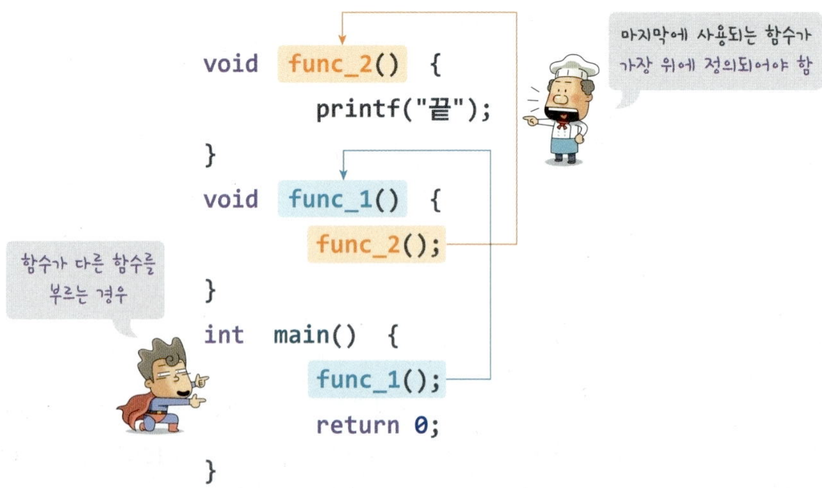

그림 8-7
함수 정의 순서

사용자 정의 함수가 많아지는 경우, 순서를 지키는 것이 불편할 수 있다. 또한, 코드의 중심이 되는 main() 함수가 가장 밑에 나타나는 것이 이상할 수 있다. 사용자 정의 함수를 호출하는 순서에 상관없이 사용할 수 있는 방법이 있다. 사용자 정의 함수를 편하게 정의할 수 있는 코드가 [예제 8-3]이다.

[예제 8-3]
후라닭 코드
803_function3.c

```
01  #include <stdio.h>
02
03  void fry(int min, double milk);          // fry() 함수 선언, 끝에 세미콜론
04
05  int main() {
06
07     fry(6, 40.5);                          // fry() 함수 호출
08
09     return 0;
10  }
11
12  void fry(int min, double milk) {         // fry() 함수 정의
13
14     printf("%.1lf분 우유에 재우기\n", milk);
15     printf("튀김옷 입히기\n");
16     printf("%d분 튀기기\n", min);
17  }
```

[예제 8-3] 코드의 가장 큰 특징은 사용자 정의 함수를 정의하기 전에 먼저 선언하는 것이다. 3번 줄의 void fry(int min, double milk);는 나중에 fry() 함수를 정의하겠다고 선언한 것이다. 선언 방법은 매우 간단하다. 함수의 첫 줄을 쓰고 끝에 세미콜론을 붙이면 된다.

main() 함수 앞에 선언을 하고, 실제 함수의 정의는 12번에서 17번 줄에 있다. 이와 같이 사용자 정의 함수를 main() 앞쪽에 선언하면, 사용자 정의 함수를 순서에 상관없이 아무 곳에서나 정의할 수 있다.

어떤 분들은 사용자 정의 함수를 [예제 8-2]처럼 사용하는 것이 편할 수 있고, 또 다른 분들은 [예제 8-3]처럼 정의하는 것이 편할 수 있다. 어떤 것을 사용할지는 자신의 취향에 따라 결정하면 된다.

하이퍼 링크

사용자 정의 함수가 자기 자신을 계속 호출하는 순환 호출(recursive call)이 있다. 순환 호출을 제대로 이해하기 위해서는 스택(stack)을 이해해야 한다. 스택과 순환 호출에 대해서는 15장 이중&함수 포인터에서 설명한다.

LAB 1 사용자 정의 함수 활용 - 사운드 미터

사운드 미터 sound meter 혹은 사운드 레벨 미터란 음악이나 소리에 따라 늘었다 줄었다 하는 막대기이다. 컴퓨터나 스마트폰에서 음악을 들을 때 현란하게 움직이는 사운드 미터를 보았을 것이다. 사운드 미터처럼 움직이는 코드를 만들어 보자.

그림 8-8
사운드 미터 만들기

7장에서 배웠던 UFO 날리기 코드를 응용하면 사운드 미터를 쉽게 만들 수 있다. 한 줄짜리 사운드 미터는 다음과 같은 코드로 구성된다.

```
01 for (k = 1; k <= 100; k++) {
02    system("cls");                            화면 지우기
03    for (met = 0; met <= rand() % 80; met++)  79까지 무작위 수 만들기
04       printf("ㅁ");                          한글 미음(ㅁ) 출력
05    printf("\n");
06 }
```

2번 줄에서 화면을 지우고, 3번 줄에서 rand() % 80을 사용하며 0부터 79사이의 무작위 수를 만든다. 변수 met을 사용하는 for 문이 무작위 수만큼 ㅁ을 출력한다. 예를 들어 70이 무작위 수이면, 첫 번째 줄에 70개의 ㅁ이 나타난다. 여기서 ㅁ은 한글의 자음인 미음(ㅁ)이다. 한 줄이 출력되고 나면 5번 줄에서 \n을 사용하여 줄 바꿈을 한다.

1번 줄의 k를 사용하는 for 문은 이러한 과정을 100번 반복한다. 따라서 화면을 지우고 무작위 수를 만들어 그 수만큼 미음(ㅁ)을 출력하는 것을 100번 반복한다. 그러면 사운드 미터의 막대기가 100번 동안 좌우로 움직이는 것처럼 보인다.

위의 코드는 한 줄짜리 사운드 미터이다. 보통의 경우 사운드 미터는 여러 줄이다. 여러 줄의 사운드 미터를 만들려면 위의 코드에서 3, 4, 5번 줄을 반복하는 for 문을 하나 더 만들면 된다. [예제 8-4]는 위의 코드를 변형하여 만든 8줄짜리 사운드 미터 코드이다.

9번 줄의 변수 jul을 사용하는 반복문이 여러 줄의 사운드 미터를 만든다. jul은 1부터 시작하여 8보다 작거나 같을 때까지 10, 11, 12번 줄을 반복한다. 10번에서 12번 줄이 한 줄 사운드 미터임으로 8줄의 사운드 미터가 만들어진다.

[예제 8-4]
8줄 사운드 미터 코드
804_meter1.c

```
01 #include <stdio.h>
02 #include <stdlib.h>                         // system()이 있는 라이브러리
03
04 int main() {
05    int k, jul, met;
06
07    for (k = 1; k <= 100; k++) {
08       system("cls");                        // 화면 지우기
09       for (jul = 1; jul <= 8; jul++) {      // jul: meter 단 수
10          for (met = 0; met <= rand() % 80; met++)   // 무작위 수
11             printf("ㅁ");                          // 한글 미음(ㅁ)
12          printf("\n");
13       }                                     // End of for jul
14    }                                     // End of for k
15    return 0;
16 }
```

실행 화면

```
ㅁㅁㅁㅁㅁㅁㅁㅁㅁㅁㅁㅁㅁㅁㅁㅁㅁㅁㅁㅁㅁㅁ
ㅁㅁㅁㅁㅁ
ㅁㅁㅁㅁㅁㅁㅁㅁㅁㅁㅁㅁㅁㅁ
ㅁㅁㅁㅁㅁㅁㅁㅁㅁ
ㅁㅁㅁㅁㅁㅁㅁㅁㅁㅁㅁㅁㅁㅁㅁㅁㅁㅁㅁㅁㅁㅁㅁㅁㅁ
ㅁㅁㅁㅁㅁㅁㅁㅁㅁ
ㅁㅁㅁㅁ
ㅁㅁㅁㅁㅁㅁㅁㅁㅁㅁㅁㅁ
```

실행 화면을 보면 8줄의 사운드 막대기가 100번 동안 정신없이 움직이다가 끝난다. `jul`의 값을 변경하면 16줄이나 24줄의 사운드 미터를 만들 수 있다.

[예제 8-5]는 8줄 사운드 미터, 16줄 사운드 미터, 24줄 사운드 미터를 한 번씩 실행하는 코드이다. 코드가 길어 보이지만, [예제 8-4]의 7번에서 14번 줄을 복사하여 붙여 넣기를 세 번 한 것이다. 7번에서 14번이 8줄 사운드 미터이고, 15번에서 22번 줄이 16줄 사운드 미터, 23번에서 30번 줄이 24줄 사운드 미터이다.

단순히 복사하여 붙여 넣기만 하면 안 된다. 17번 줄의 `jul` 값은 16보다 작거나 같도록 바꿔 주고, 25번 줄의 `jul` 값은 24보다 작거나 같도록 변경해 주어야 한다.

[예제 8-5]

여러 줄 사운드 미터 코드

805_meter2.c

```
#include <stdio.h>
#include <stdlib.h>                          // system()이 있는 라이브러리

int main() {
   int k, jul, met;

   for (k = 1; k <= 100; k++) {                          // 4단 meter 시작
      system("cls");                                     // 화면 지우기
      for (jul = 1; jul <= 8; jul++) {                   // jul: meter 단 수
         for (met = 0; met <= rand() % 80; met++)        // 무작위 수
            printf("□");                                 // 한글 미음(ㅁ)
         printf("\n");
      }
   }
   for (k = 1; k <= 100; k++) {                          // 8단 meter 시작
      system("cls");
      for (jul = 1; jul <= 16; jul++) {                  // jul을 16으로 변경
         for (met = 0; met <= rand() % 80; met++)
            printf("□");
         printf("\n");
      }
   }
   for (k = 1; k <= 100; k++) {                          // 16단 meter 시작
      system("cls");
      for (jul = 1; jul <= 24; jul++) {                  // jul을 24로 변경
         for (met = 0; met <= rand() % 80; met++)
            printf("□");
         printf("\n");
      }
   }
   return 0;
}
```

[예제 8-5]는 단순히 복사하여 붙여 넣었기 때문에 제대로 작동한다. 그러나 코드의 길이가 길고 구조도 복잡해 보인다. 이러한 문제를 개선하기 위해 사용자 정의 함수를 사용하여 단순화시킨 코드가 [예제 8-6]이다.

4번부터 15번 줄의 sound_meter()가 사용자 정의 함수이다. 사운드 미터의 줄의 수를 정수형 매개 변수 dan으로 받는다. 따라서 sound_meter(8)는 8줄 사운드 미터라는 의미이다.

[예제 8-6]
사용자 정의 함수 사용 사운드 미터 코드

806_meter3.c

```
01 #include <stdio.h>
02 #include <stdlib.h>                          // system()이 있는 라이브러리
03
04 void sound_meter(int dan) {
05    int k, jul, met;
06
07    for (k = 1; k < 100; k++) {
08       system("cls");                          // 화면 지우기
09       for (jul = 1; jul <= dan; jul++) {      // jul: meter 단 수
10          for (met = 0; met <= rand() % 80; met++)  // 무작위 수
11             printf("ㅁ");                     // 한글 미음(ㅁ)
12          printf("\n");
13       }                                       // End of for jul
14    }                                          // End of for k
15 }                                             // End of sound_meter()
16
17 int main() {
18    sound_meter(8);                            // 8단 meter
19    sound_meter(16);                           // 16단 meter
20    sound_meter(24);                           // 24단 meter
21    return 0;
22 }
```

5번 줄에서 sound_meter() 함수 안에서 사용할 변수 k, jul, met을 선언한다. 9번 줄에서 매개 변수 dan보다 작거나 같을 때까지(jul <= dan) jul이 반복된다. 따라서 매개 변수 dan만큼의 줄이 만들어진다.

main() 함수를 보면, 놀랄만큼 깨끗하고 간결하다. 16줄 사운드 미터의 경우 sound_meter(16)이라 쓰면 끝이다. 이 맛에 사용자 정의 함수를 사용하는 것이다. [예제 8-5]와 비교해보면, 32줄의 코드가 22줄로 줄었을 뿐 아니라 구조를 한눈에 파악할 수 있다. 두 예제를 통하여 사용자 정의 함수를 사용하는 것이 어떤 이점이 있는지 알게 되었을 것이다.

유지보수의 측면에서도 사용자 정의 함수가 유리하다. 사운드 미터 코드를 변형하여 한글 미음(ㅁ)의 끝에 줄 번호를 붙이고 막대기 사이에 벽을 만들어 보자. 사운드 미터의 업그레이드 버전은 연습문제 70번에 있으니 도전해 보기 바란다.

8.2 변수의 종류와 범위

1 지역 변수

필수

블록 안에서만 유효한 변수

여러 개의 사용자 정의 함수를 만들 경우, 함수 중에 같은 이름의 변수들이 존재할 수 있다. 서로 다른 함수에 똑같은 이름의 변수는 어떤 영향을 미치는지 살펴보자.

왕갈비 통닭집이 오늘 하루 2천 마리의 통닭을 팔아 최고 매출을 올렸다. 왕갈비 통닭집 사장 호식이는 기분이 매우 좋다. 그런데 옆집 두마리 통닭집 사장 호식이도 기분이 좋을까? 사장 이름이 같아도 왕갈비 통닭집 사장과 두마리 통닭집 사장은 서로 다른 사람이다. 따라서 왕갈비 통닭집 사장 호식이의 기분이 좋다고 해서 두마리 통닭집 사장 기분도 좋은 것은 아니다. 어쩌면 배 아플지도 모른다.

그림 8-9
블록이 다르면 이름이 같아도 다른 변수

블록 안에 선언된 변수를 지역 변수 local variable 라 부른다. 말 그대로 해당 지역에서만 사용하는 변수라는 뜻이다. 따라서 서로 다른 함수에 선언된 같은 이름의 변수는 이름만 같을 뿐 독립적인 존재이다.

예시로 이해하는 지역 변수

[예제 8-7]은 같은 이름을 가진 지역 변수를 사용한 코드이다. 11번 줄에서 정수형 변수 `order`를 선언하고 3으로 초기화한다. 13번 줄에서 `order`와 함께 `chicken()` 함수를 호출한다. 함수는 사용 전에 먼저 정의되어야 한다고 했다. 따라서 3번에서 8번 줄까지 `chicken()` 함수가 정의된다.

4번 줄 `chicken()` 함수 안에서도 `order` 변수를 선언한다. 6번 줄에서 `order`를 사용한 `for` 문은 1부터 3까지 증가하면서 자단 통닭을 튀긴다.

[예제 8-7]
자단 통닭 코드

807_localvar1.c

```
#include <stdio.h>

void chicken(int num) {              // 매개 변수 num은 chicken()의 지역 변수
    int order;                         // order는 chicken()의 지역 변수

    for (order = 1; order <= num; order++)
        printf("%d번째 자단 통닭\n", order);
}                                          // return이 없음으로 void

int main() {
    int order = 3;                     // order는 main()의 지역 변수

    chicken(order);                          // chicken() 함수 호출

    return 0;
}
```

실행 화면

```
1번째 자단 통닭
2번째 자단 통닭
3번째 자단 통닭
```

main()의 중괄호로 묶여 있는 블록 안에 선언된 order 변수는 main() 안에서만 사용 가능한 지역 변수이다. 마찬 가지로 chicken() 함수 블록 안의 order는 chicken()의 지역 변수이다. 따라서 둘은 이름만 같을 뿐 서로 다른 변수이다. 서로에게 전혀 영향을 미치지 않는다.

매개 변수를 통한 값 전달

main()의 order와 chicken()의 order가 같은 변수일 경우, main()에서 order에 3을 저장하면, chicken()에서 order의 값을 읽어서 사용하면 된다. 그러나 둘이 다른 변수이기 때문에 매개 변수가 필요하다. main()에서 chicken()을 호출할 때, 값을 전달할 방법이 필요하다. 이때 **함수 사이에 매개체(연결) 역할을 해주는 변수가 매개 변수다.**

그림 8-10
값을 복사하여 매개 변수에 전달

main()에서 chicken(order)를 호출하면, 매개 변수는 order의 값인 3을 복사하여 num에 저장해준다. 이후 chicken() 함수는 3이 저장되어 있는 num을 마음대로 사용하게 된다. 따라서 매개 변수 num도 chicken() 함수의 지역 변수이다.

집을 사고 팔 때, 부동산중개인이 매개 역할을 한다. 부동산중개인은 사는 쪽과 파는 쪽 어느 한 쪽도 상대방을 속이지 못하게 서류를 검토하고 계약을 맺는다. 매개 변수의 역할도 마찬가지이다. 함수가 다른 쪽 함수의 지역 변수 값을 변경하지 못하게 막는다. 그래서 매개 변수에 자료를 복사하여 전달하는 것이다. 또한, 매개 변수는 전달되는 자료형의 개수와 형태가 맞는지도 점검한다.

2 변수의 생존 범위

중괄호 {} 안에서만 이루어진다.

함수 안에 선언된 변수를 지역 변수라 부르는 이유는 변수를 새로 만들고, 사용하고, 사라지는 모든 일들이 중괄호 {}로 묶인 블록 안에서만 이루어지기 때문이다. 이렇게 변수가 생존하는 영역을 **생존 범위**[scope]라 부른다.

```
01  void chicken(int num) {        chicken()의 order 변수의 생존 범위
02      int order = 1;                 chicken()의 order 생성 및 초기화
03  }                                  chicken()의 order 소멸
04
05  int main() {                   main()의 order 변수의 생존 범위
06      int order = 3;                 main()의 order 생성 및 초기화
07      chicken(order);                main()의 order 사용
08  }                                  main()의 order 소멸
```

변수가 만들어지는 시점은 변수를 선언할 때이다. main() 블록의 안쪽인 6번 줄에서 int order = 3은 변수 order를 새로 만들고 3으로 초기화한다. 7번 줄에서 order 변수에 있는 3은 chicken() 함수의 매개 변수 num에게 전달된다.

chicken() 블록 안의 2번 줄에서 order 변수가 새로 생성되고 1로 초기화된다. 중요한 것은 main() 블록 안의 order와 이름은 같지만 다른 변수이다. main() 블록 안의 order에는 3이 들어 있지만, chicken() 블록 안의 order에는 1이 들어 있다. chicken()의 지역 변수 order는 3번 줄에서 소멸된다. chicken() 함수가 끝나고 8번 줄로 돌아오면 main() 함수가 끝나면서 main()의 지역 변수 order도 소멸된다.

함수가 중괄호 {로 시작한 뒤 지역 변수가 선언되면, 지역 변수는 함수가 작업을 마칠 때까지 살아 있다가 중괄호 }와 함께 사라진다. 따라서 변수의 생존 범위는 중괄호 {에서 중괄호 }까지의 블록 안쪽이다. 지역 변수의 또 다른 특징은 선언되면 변수 안에 쓰레기 값이 들어 있다는 것이다. 따라서 사용 전에 꼭 초기화를 해야 한다.

중요

지역 변수는 블록 내에서만 살아 있는 변수이며, 블록을 벗어나면 소멸된다. 지역 변수가 선언되면 쓰레기 값이 들어 있어 초기화를 해야 한다.

반복문 안에서의 지역 변수

지금까지는 함수 초반에 변수를 선언했다. 조건문이나 반복문의 블록 안쪽에도 변수를 선언할 수 있다. [예제 8-8]의 코드를 보자. chicken() 함수에서 order 변수를 5번 줄 for 문의 초기값 부분에서 선언했다. 변수는 사용 전에만 선언하면 되기 때문에 for 문 안에서 선언해도 된다.

변수의 생존 범위는 블록 안이기 때문에 for 문 안에 선언된 변수는 for 문을 벗어나면 소멸된다. 따라서 7번 줄에서 order 값을 출력하려 하면 오류가 발생한다.

[예제 8-8]
반복문 안의 지역 변수 코드

808E_localvar2.c

오류 발생

```
01  #include <stdio.h>
02
03  void chicken(int num) {            // 매개 변수 num은 chicken()의 지역 변수
04
05     for (int order = 1; order <= num; order++)     // for 안에 order 선언
06        printf("%d번째 자단통닭\n", order);            // order 소멸
07     printf("총 %d마리 통닭튀김\n", order);          // order 없음 - 오류
08  }
09
10  int main() {
11     int order = 3;                             // order는 main()의 지역 변수
12
13     chicken(order);                            // chicken() 함수 호출
14
15     return 0;
16  }
```

오류 목록

코드	설명	프로젝트	파일	줄
E0020	식별자 "order"이(가) 정의되어 있지 않습니다.	chap_8	chap_8.c	7
C2065	'order': 선언되지 않은 식별자입니다.	chap_8	chap_8.c	7

[예제 8-8]을 컴파일하면 식별자 order가 정의되어 있지 않다는 오류 메시지가 나타난다. 특정 블록 안에 변수를 선언할 경우에는 생존 범위에 신경 써야 한다.

여기서 잠깐 블록 안에서만 살아 있는 변수를 자동 변수라 부르며 변수를 선언할 때 변수형 앞에 auto 키워드를 붙인다. `auto int a = 10;`과 같이 선언한다. 우리가 사용하는 지역 변수 모두가 자동 변수이기 때문에 auto를 생략하고 사용한다. auto를 사용하지 않아도 되기 때문에 더 이상 설명하지 않는다.

3 전역 변수

코드 전체에서 유효한 변수

블록 안에서만 존재하는 지역 변수와 달리 코드 전체가 공유할 수 있는 변수도 있다. 이 변수는 모든 함수에서 사용할 수 있기 때문에 전역 변수global variable라 부른다. **전역 변수는 모든 함수의 바깥쪽, 코드의 맨 상단에 선언된다.** [예제 8-9]는 자단 통닭 코드를 전역 변수를 사용하여 변형한 것이다.

예시로 이해하는 전역 변수

3번 줄에서 전역 변수 order를 선언하고 3으로 초기화한다. 전역 변수는 어느 블록에도 속하지 않는 코드 상단에 선언된다. 전역 변수가 선언되면, 그 밑에 줄의 모든 함수들이 전역 변수를 사용할 수 있다.

[예제 8-9]
전역 변수를 사용한 자단 통닭 코드

809_globalvar.c

```
01  #include <stdio.h>
02
03  int order = 3;                          // order는 전역 변수
04
05  void chicken() {                        // 매개 변수 필요 없음
06
07     for ( ; order > 0; order--)
08        printf("%d번째 자단 통닭\n", order);
09  }
10
11  int main() {
12
13     chicken();                           // chicken() 함수 호출
14
15     return 0;
16  }
```

실행 화면

```
3번째 자단 통닭
2번째 자단 통닭
1번째 자단 통닭
```

order가 전역 변수로 선언되었기 때문에 chicken() 함수가 order 값을 마음대로 사용할 수 있다. 따라서 main()에서 chicken() 함수를 호출할 때, 매개 변수를 사용할 필요가 없다. 또한, 7번 줄에서 for 문의 초기값도 없다. 3번 줄에서 전역 변수 order를 선언하고 초기값 3을 저장했기 때문에 초기값을 따로 설정할 필요가 없다. 전체적으로 코드는 짧고 단순해졌다. 그러나 전역 변수의 사용은 문제를 일으킬 수 있다.

전역 변수의 문제점과 해결 방법

사용자 정의 함수가 100개가 넘는 아주 큰 프로그램이 있다고 가정해 보자. 만약 함수들이 마음대로 전역 변수의 값을 변경할 수 있다면 큰 혼란이 발생할 것이다. 생각지도 못한 곳에서 전역 변수의 값이 변경될 수 있기 때문이다. 그림에서와 같이 누군가 order 변수를 2000으로 변경하면, 이유도 모른 체 2000마리의 통닭을 계속 튀겨야 한다.

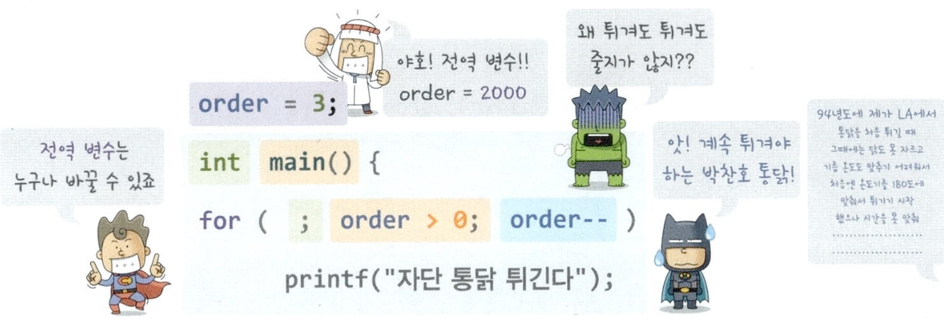

그림 8-11
전역 변수의 위험성

우리가 매개 변수를 사용하는 이유는 전달되는 자료의 개수와 형태를 점검하여 잘못된 값이 전달되는 것을 막기 위해서이다. 또한, 함수가 다른 함수의 지역 변수를 마음대로 변경하지 못하도록 막기 위함도 있다. 만약 다른 함수의 지역 변수 값을 변경해야 하는 경우, 우리는 열쇠(&)를 사용하기로 약속했다. 전역 변수는 이런 노력을 무용지물로 만들 수 있다.

> **중요**
>
> 매개 변수를 사용하는 이유는 전달되는 자료형의 개수와 형태를 점검하고, 함수가 다른 함수의 지역 변수를 변경하지 못하도록 막기 위함이다.

전역 변수의 또 다른 문제점은 전역 변수와 같은 이름의 지역 변수를 사용할 수 있다는 것이다. [예제 8-10]은 전역 변수와 같은 이름의 지역 변수를 사용하여 변수 값을 출력하는 코드이다.

3번 줄에 전역 변수 order를 선언하고 3으로 초기화했다. main() 블록 안의 11번 줄에서 지역 변수 order를 선언하고 7로 초기화했다. 13번 줄에서 chicken() 함수를 호출하여 7번 줄에서 order 값을 출력하고, 끝나면 14번 줄에서 order 값을 출력한다.

[예제 8-10]
전역 변수를 사용한 자단 통닭 코드
810_globalvar2.c

```
01  #include <stdio.h>
02
03  int order = 3;                                  // order는 전역 변수
04
05  void chicken() {                                // 매개 변수 필요 없음
06
07     printf("chicken()의 order 값 %d\n", order);
08  }
09
10  int main() {
11     int order = 7;                               // order는 지역 변수
12
13     chicken();                                   // chicken() 함수 호출
14     printf("main()의 order 값 %d\n", order);
15
16     return 0;
17  }
```

실행 화면

```
chicken()의 order 값 3
main()의 order 값 7
```

출력 결과를 보면 chicken()에서는 전역 변수 값 3이 출력되고, main()에서는 지역 변수 값 7이 출력된다. 전역 변수와 지역 변수가 같이 존재하는 경우에는 지역 변수가 출력된다는 것을 기억하라는 뜻이 아니다. 이렇게 머리 아픈 경우가 발생하지 않도록 전역 변수 사용을 자제하라는 뜻이다.

코드를 만들다 보면 여러 함수가 공유해야 하는 값들이 있을 수 있다. 자주 사용하는 값의 경우 매번 매개 변수로 전달하는 것이 귀찮을 수 있다. 이러한 경우 전역 변수 대신 매크로를 사용한다. 매크로는 상수의 한 종류이기 때문에 한 번 정의하면 그 값을 바꿀 수 없다. 따

라서 전역 변수를 사용함으로써 생길 수 있는 의도치 않은 값의 변경은 막을 수 있다. 또한 매크로로 선언된 상수는 같은 이름을 가진 변수를 만들 수 없다. 따라서 [예제 8-10]과 같은 문제도 발생하지 않는다.

[예제 8-10]의 3번 줄의 전역 변수를 다음과 같이 매크로로 바꾸면 된다. 앞서 설명하였듯이, 매크로의 변수는 전통적으로 대문자로 쓴다. 아래와 같이 매크로로 정의를 하면 마치 전역 상수처럼 사용할 수 있어 편리하다.

```
03    #define ORDER  3
```

지금까지 설명한 지역 변수와 전역 변수 이외에 함수들 사이에서 공유할 수 있는 변수나 서로 다른 프로그램에서 공유할 수 있는 변수도 있다. 이러한 변수들은 필요할 때 따로 설명한다.

하이퍼 링크

지금까지 설명한 지역 변수와 전역 변수 외에 정적 변수 static과 외부 변수 extern가 있다. 정적 변수와 외부 변수를 완벽하게 이해하기 위해서는 다중 소스 파일을 이해해야 한다. 따라서 14장 전처리와 다중 소스 파일에서 자세히 다룬다.

8.3 함수의 종류와 특징

1 함수의 종류

필수

3가지 함수의 특징

지금까지 배운 함수들마다 특징이 있었다. printf() 함수는 매개 변수를 사용하여 값을 전달한다. scanf() 함수도 매개 변수를 사용하여 값을 전달한다. 추가로 변수 앞에 열쇠(&)를 붙여야 한다. rand() 함수는 괄호 안에는 아무것도 넣지 않는다. 대신 함수를 호출하면 무작위 수를 1개 만들어 반환 return 한다. 함수를 분류해보면 printf()와 같은 일반형, scanf()와 같은 참조형, rand()와 같은 반환형으로 나눌 수 있다.

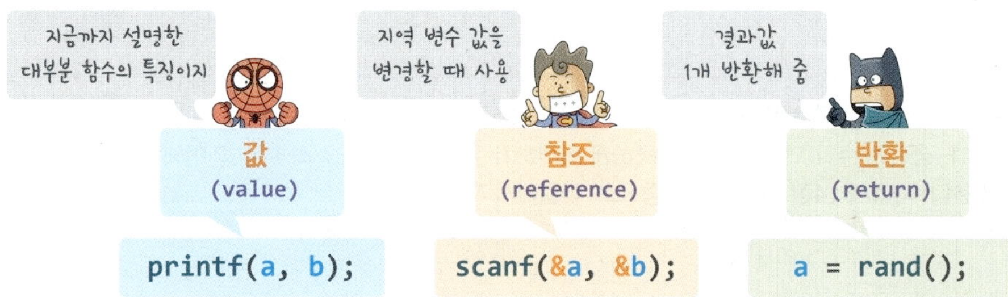

그림 8-12
함수의 종류

서로 다른 함수가 협업하기 위해서는 자료를 전달해야 한다. 함수에서 다른 함수로 자료를 전달하기 위해 사용하는 것이 매개 변수이다. 매개 변수는 함수로 전달되는 자료의 개수와 자료형을 서로 합의해 놓은 것이다.

가장 일반적인 함수 호출 형태이기 때문에 printf()를 일반형이라 부른다. 일반형 함수는 값을 복사하여 매개 변수에 전달한다. 복사하는 이유는 호출 call 하는 쪽의 지역 변수의 값을 변경하지 못하도록 막기 위해서이다. 그래서 일반형의 정확한 이름은 **값에 의한 호출** call by value 이다.

scanf()는 키보드로부터 입력을 받아 변수에 값을 저장하는 함수이다. scanf()를 사용하려면 변수 값을 변화시켜야 한다. 그래서 scanf()를 사용할 때에는 변수 값을 변화시켜도 된다는 뜻으로 변수 앞에 열쇠(&)를 붙인다. 열쇠를 받은 scanf()는 해당 변수의 값을 읽어볼 수도 있고 다른 값으로 바꿀 수도 있다. 다시 말해 변수를 참조 reference 할 수 있게 된다. 열쇠를 사용하여 함수를 호출하는 방식의 정확한 이름은 **참조에 의한 호출** call by reference 이다.

rand() 함수는 호출만 하면 알아서 값을 만들어 준다. 그래서 a = rand();라 호출하면 변수 a에 알아서 값을 넣어준다. 반환형의 정확한 이름은 **값 반환** return value 이다. 우리는 반환형 함수가 어떤 식으로 값을 반환하는지 배웠다. main()의 맨 끝에 return 0;의 의미는 정수 0을 반환한다는 뜻이다. 일반형과 참조형의 경우 매개 변수를 통해 여러 개의 값을 사용할 수 있는 반면에 반환형 함수는 언제나 1개의 값만 반환할 수 있다.

표 8-1 함수의 종류와 특징

함수형	이름	대표 함수	특징
일반형	값에 의한 호출 call by value	printf()	여러 개의 매개 변수를 사용할 수 있으며 값을 복사하여 매개 변수에 전달. 지역 변수 값은 변하지 않음.
참조형	참조에 의한 호출 call by reference	scanf()	여러 개의 매개 변수를 사용할 수 있으며, 변수 앞에 열쇠(&)를 붙임. 지역 변수 값이 변함.
반환형	값 반환 return value	rand()	1개의 값만 만들어서 돌려 줌.

값에 의한 호출은 가장 일반적인 함수 호출 방식이다. 사용자 정의 함수와 함께 지금까지 설명한 모든 방식이 값에 의한 호출이었다. 따라서 값에 의한 호출은 더 이상 설명하지 않는다. 다음 절부터 함수 형태별 차이점들을 참조에 의한 호출 방식 중심으로 설명한다.

2 참조에 의한 호출(call by reference)

예시로 이해하는 참조에 의한 호출

함수를 사용하여 특정한 값을 변화시켜야만 하는 경우가 있다. 대표적인 경우가 scanf()를 사용할 때이다. scanf(&A)를 호출하면 변수 A에 키보드로부터 입력된 값을 넣어준다. 따라서 scanf()를 사용할 때에는 변수 앞에 변수 값을 변경시켜도 좋다는 열쇠(&)를 같이 보내주어야 한다.

[예제 8-11]은 두 수를 바꿔주는 swap() 함수 코드이다. 12번 줄에서 변수 first와 second를 정의하고 first는 7, second는 24로 초기화한다. 14번 줄에서 두 수를 바꾸기 위해 열쇠(&)를 사용하여 swap(&first, &second)로 호출한다.

3번에서 9번 줄까지 두 수를 바꾸는 swap() 함수가 정의되어 있다. 매개 변수는 one과 two이다. swap() 함수 안에서 지역 변수 temp를 사용하여, one을 temp에 저장하고, two를 one에 저장하고, two에 temp를 저장한다. 그러면 one의 값과 two의 값이 바뀐다.

[예제 8-11]
두 수 바꾸기 함수 코드
811E_callref1.c
수정 필요

```c
#include <stdio.h>

void swap(int one, int two) {                    // swap 함수 정의
   int temp;

   temp = one;
   one = two;
   two = temp;
}

int main() {
   int first = 7, second = 24;

   swap(&first, &second);                        // 참조에 의한 호출
   printf("f=%d, s=%d", first, second);

   return 0;
}
```

실행 화면

```
f=7, s=24
```

실행 결과를 보면, 불행히도 두 수가 교환되지 않았다. 분명히 swap() 함수에서 지역 변수 temp를 사용하여 두 값을 바꿔줬음에도, main()으로 돌아오면 값이 그대로이다. 두 수가 바뀌지 않는 이유는 swap() 함수의 매개 변수를 일반 형태인 값에 의한 호출로 정의했기 때문이다.

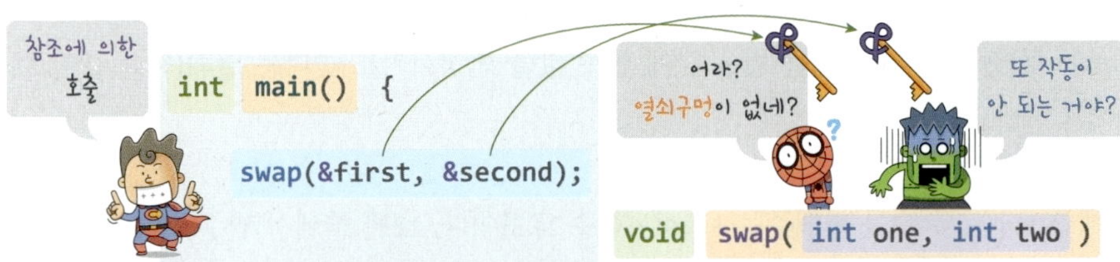

그림 8-13
참조에 의한 호출

함수를 호출하는 쪽(main())에서는 열쇠(&)를 사용하여 호출했는데 호출을 받는 쪽(swap())의 매개 변수는 일반 변수이다. 보내는 쪽에서 열쇠를 보냈는데, 맞는 열쇠 구멍이 없는 것이다. 그래서 [예제 8-11]의 swap() 함수는 제대로 작동하지 않는다.

열쇠를 사용하여 호출하는 경우, 받는 쪽의 매개 변수는 열쇠(&)를 처리할 수 있는 형태로

선언되어야 한다. 열쇠를 받아주는 변수 앞에는 별표(*)를 붙이는데, 이 열쇠 구멍이 별모양으로 생겼기 때문에 별구멍(*)이라 부르겠다. **변수 앞에 열쇠(&)를 붙여서 호출하는 경우, 매개 변수 앞에는 별구멍(*)을 붙여야 한다.** 따라서 swap(int *one, int *two)라고 선언되어야 한다.

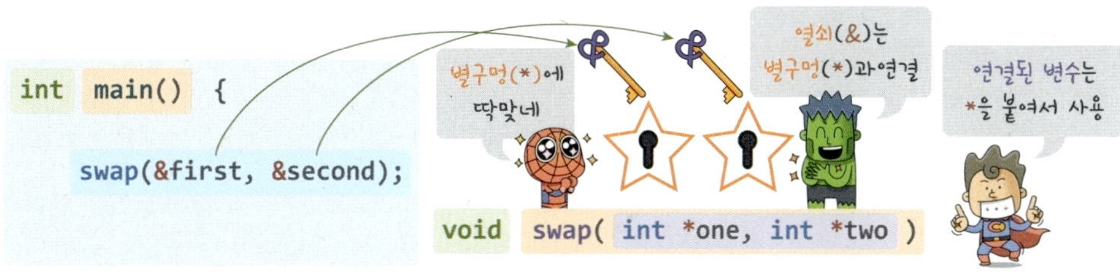

그림 8-14
열쇠(&)는 별구멍(*)과 연결

main()에서 열쇠를 붙여서 swap(&first, &second)로 호출을 하면, 받는 쪽에서는 swap(int *one, int *two)로 선언된다. 이 경우 first와 *one은 하나로 연결되고, second와 *two도 하나로 연결된다. 하나로 연결된다는 것은 *one에 값을 넣으면 실제로는 first에 저장된다는 의미이다. 마찬가지로 *two에 값을 넣으면 second에 저장된다.

두 변수가 연결되고 별구멍(*)이 변수 앞에 붙으면 연결된 변수를 참조하겠다는 의미가 된다. 따라서 변수가 연결된 이후에는 one과 two 앞에 별구멍(*)을 붙여서 사용해야 한다.

그림 8-15
별구멍(*)은 연결된 변수를 참조

[예제 8-12]는 별구멍(*)을 사용하여 바꾼 코드이다. 매개 변수 one과 two 앞에 별구멍(*)이 붙어 있다. 14번 줄에서 swap(&first, &second)로 호출하면, 3번 줄에서 void swap(int *one, int *two)로 받는다. 함수를 호출하는 쪽에서는 열쇠(&)를 이용하여 호출했으며, 호출을 받는 쪽의 매개 변수는 별구멍(*)을 붙여서 받는다. 이때부터 두 변수는 하나로 연결된다.

[예제 8-12]
두 수 바꾸기 함수 코드

812N_callref2.c

오류 수정

```c
01  #include <stdio.h>
02
03  void swap(int *one, int *two) {                              // swap 함수 정의
04      int temp;
05
06      temp = *one;
07      *one = *two;
08      *two = temp;
09  }
10
11  int main() {
12      int first = 7, second = 24;
13
14      swap(&first, &second);                                   // 참조에 의한 호출
15      printf("f=%d, s=%d", first, second);
16
17      return 0;
18  }
```

실행 화면

```
f=7, s=24
```

6번에서 8번 줄까지 변수 *one과 *two를 사용할 때 별구멍(*)을 붙여서 사용한다. 다른 변수와 연결되어 있는 변수라는 것을 표시하기 위해 별구멍(*)을 붙여서 사용해야 한다. temp는 별구멍이 없기 때문에 일반 변수이다. 실행 화면을 보면 두 값이 바뀌는 것을 확인할 수 있다.

하이퍼 링크 열쇠(&)와 별구멍(*)의 정확한 이름을 설명하지 않는 이유는 아직은 개념만 이해해도 되기 때문이다. 열쇠(&)와 별구멍(*)은 포인터pointer와 연관되어 있다. 포인터에 대한 자세한 설명은 10장 포인터에서 다룬다.

3 값 반환(return value)

예시로 이해하는 값 반환

값 반환 방식은 함수에서 계산된 결과를 return을 사용하여 돌려주는 형태이다. 값 반환 함수 호출의 경우, return으로 전달되는 값이 1개뿐이다. 따라서 동시에 여러 개의 연산 결과를 얻기 위해서는 값 반환 방식을 사용할 수 없다.

우리는 미터나 센티미터와 같은 미터법을 사용하지만, 미국의 경우 인치[inch]를 사용한다. 인터넷에서 옷을 구매하거나 해외 직구로 물건을 구매할 때, 인치로 표시된 경우가 많아 크기를 가늠하기 힘들다. [예제 8-13]은 인치 값을 받아 센티미터[cm] 값으로 변환하는 코드이다.

10번 줄에서 센티미터로 변환할 인치 값을 변수 inch로 받는다. 13번 줄에서 값에 의한 호출을 사용하여 ret_cent(inch) 함수를 호출한다. ret_cent() 함수는 3번 줄에 정의되어 있는데, 실수(double)형 매개 변수 len이 전달되는 값을 받는다. 1인치는 2.54cm이다. 따라서 인치 값에 2.54를 곱해주면 센티미터 값을 얻을 수 있다. 4번 줄에서 len에 2.54를 곱한 값을 return 해준다.

값 변환에서 반환되는 값의 형태와 함수이름 앞의 반환 자료형을 맞춰야 한다. ret_cent()의 반환값은 double이다. 그러므로 double ret_cent(double len)으로 선언해주어야 한다. 7번 줄의 main() 함수의 return 0;이 정수를 반환하기 때문에 int main()으로 선언한 것과 같다. 또한 13번 줄의 반환값을 받는 conv 변수도 double로 선언되어야 한다.

[예제 8-13]
인치-센티 변환 코드

813_convert1.c

```
01  #include <stdio.h>
02
03  double ret_cent(double len) {                    // 함수 선언 및 정의
04      return (len * 2.54);                          // double 값 return
05  }
06
07  int main() {
08      double conv, inch;
09
10      printf("변환할 인치 값: ");
11      scanf("%lf", &inch);                 // scanf()에는 변수에 키 &를 같이 준다
12
13      conv = ret_cent(inch);                        // 값 반환
14      printf("%.2lf inch = %.2lf cm", inch, conv); // %.2lf 소수점 2자리 출력
15
16      return 0;
17  }
```

실행 화면

```
변환할 인치 값: 38.7
38.70 inch = 98.30 cm
```

14번 줄에서 inch 값과 변환된 conv 값을 출력한다. 실수 출력에서 소수점 이하 두 자리 수

만 출력하기 위해 %.2lf를 사용한다. 13번 줄과 14번 줄을 한 줄로 줄일 수도 있다. 13번 줄을 지우고 다음과 같이 코드를 작성해도 같은 결과를 얻는다.

```c
13  printf("%.2lf inch = %.2lf cm", inch, ret_cent(inch));
```

값에 의한 호출, 참조에 의한 호출, 값 반환으로 나눈 이유는 함수의 특징을 쉽게 설명하기 위해서다. 매개 변수나 반환되는 값이 없는 경우도 있으며, 3가지의 특징을 다 가질 수도 있다.

LAB 2 오늘의 운세 코드

오늘의 운세 코드를 만들어 보자. 규칙은 간단하다. 사용자가 1에서 20까지의 숫자 중 하나를 고른다. 20번 무작위 수를 만들어 몇 번 만에 사용자가 고른 숫자가 나오는지를 확인하는 코드이다.

확률적으로 보면 1에서 20 사이에 숫자 하나를 고르고, 20번의 무작위 수를 만들면 맞을 확률이 매우 높다. 단번에 맞추면 운이 좋은 거지만, 20번 만에 맞으면 오늘의 운세가 좋다고 할 수 없다. 그래서 규칙을 추가한다.

사용자가 고른 수가 바로 나오면 60만점을 받는다. 1번 더 시도해서 맞으면 1만점을 뺀 59만점을 받는다. 2번 만에 맞으면 2만점을 더 빼서 57만점을 받는다. k번 만에 맞으면 앞의 값에서 k만점을 뺀 포인트를 받는다. 3번 만에 맞으면 57만점에서 3만점을 뺀 54만점을 받는다.

그림 8-16
오늘의 운세

이 코드를 실행하면 10번까지는 포인트를 받지만 11번째부터는 포인트를 뺏긴다. 코드가 우리를 화나게 할 수 있으니 주의하기 바란다.

[예제 8-14]는 오늘의 운세 코드이다. main() 함수부터 보자. 25번 줄에서 사용자로부터 1에서 20 사이의 수를 key 변수에 받는다. 27번 줄에서 key 값을 사용하여 today_luck()을 호출하고 결과를 point로 받는다. 28번 줄에서 행운 포인트의 결과를 출력한다.

[예제 8-14]
오늘의 운세 코드

814_todayluck.c

```
#include <stdio.h>
#include <stdlib.h>              // rand() 함수가 들어 있는 표준 라이브러리 헤더
#include <time.h>

int today_luck(int num) {        // 반환값이 정수
   int k, luck = 60, lkey;                // 60만점에서 시작

   srand( (unsigned)time(NULL) );
   for (k = 1; k <= 20; k++) {
      lkey = rand() % 20 + 1;                // 1-20 행운 수 만듦
      if (lkey != num) {                     // 행운 수와 같지 않으면
         luck = luck - k;                       // luck에서 k*만점을 뺌
         printf("행운 수 %2d  %2d만점 사라짐 %4d만점\n", lkey, k, luck);
      }
      else break;                          // 행운 수와 같으면 반복문 탈출
      system("timeout 2 > NULL");          // 2초간 기다림
   }
   return luck;                          // 반환값 정수 luck
}

int main() {
   int point, key;

   printf("60만점부터 시작: 1-20 선택: ");
   scanf("%d", &key);

   point = today_luck(key);              // 포인트 return
   printf("\n오늘은 %d만점!\n", point);
   return 0;
}
```

실행 화면

```
60만점부터 시작: 1-20 선택: 19
행운 수  6   1만점 사라짐   59만점
행운 수  4   2만점 사라짐   57만점
행운 수 11   3만점 사라짐   54만점
행운 수  2   4만점 사라짐   50만점
행운 수  7   5만점 사라짐   45만점
행운 수 11   6만점 사라짐   39만점
행운 수 16   7만점 사라짐   32만점
행운 수  1   8만점 사라짐   24만점
행운 수  4   9만점 사라짐   15만점
행운 수  7  10만점 사라짐    5만점

오늘은  5만점!
```

5번에서 19번 줄이 today_luck() 함수이다. 사용자가 선택한 수는 매개 변수 num에 저장된다. 6번 줄 luck은 행운 포인트를 저장하는 변수이다. 만점 단위로 움직이기 때문에 60은 60만점이라는 의미이다. lkey는 rand() 함수에서 만들어지는 무작위 수를 저장한다. 8번 줄에서 매번 같은 수가 나오지 않도록 srand((unsigned)time(NULL))를 한 번 사용한다. 9번 줄에서 k를 사용하는 for 문은 전체를 20번 반복한다.

10번 줄에서 1에서 20사이의 무작위 수를 만들어 lkey에 저장한다. 11번 줄에서 무작위 수 lkey와 사용자가 선택한 수 num이 같지 않으면 luck에서 k만점을 뺀다. 첫 번째에 안 맞으면 1만점, 2번째는 2만점, 3번째는 3만점이 빠진다. luck에서 포인트를 뺀 후, 13번 줄에서 만들어진 무작위 수와 받을 수 있는 현재 포인트를 출력한다. 13번 줄에서 출력되는 숫자의 줄을 맞추고 오른쪽 정렬을 하기 위하여 k와 lkey는 %2d를 사용한다. 2자리 수에 오른쪽 정렬이 되어 출력된다. luck은 %4d를 사용하여 4자리 수에 오른쪽 정렬이 되어 출력된다.

만약 사용자가 고른 숫자 num과 무작위 수가 같으면 15번 줄 break가 실행된다. break가 실행되거나 20번의 반복이 끝나면, 18번 줄의 return luck이 실행된다. 현재의 포인트 luck이 27번 줄로 반환(return)된다. 반환되는 포인트는 27번 줄의 point에 저장되고, 28번 줄에서 출력된 후 끝난다.

16번 줄의 system("timeout 2 > NULL")은 무작위 수가 만들어지는 시간을 2초간 지연시킨다. 너무 빨리 무작위 수가 만들어지면 재미없기 때문이다. 다음엔 어떤 수가 만들어질 것인지 기대하면서 기다리는 것이 재미이다. 오늘의 운세가 어떨지 한 번 도전해 보기 바란다.

요약

- 함수를 사용하는 것을 함수 호출이라 부른다. 라이브러리 함수는 다른 개발자들이 미리 만들어 헤더파일에 모아 놓은 함수이며, 사용자 정의 함수는 사용자가 직접 만들어 사용하는 함수이다. 사용자 정의 함수는 사용 전에 먼저 정의되어야 한다.
- 함수는 반환 자료형 함수이름(입력) { 몸체 }의 구조를 가진다. 함수의 입력에 사용되는 변수를 매개 변수라 부른다. 함수 사이에 매개체(연결) 역할을 해주는 변수라는 의미이다. 매개 변수의 끝에는 세미콜론을 붙이지 않으며, 1개 이상의 매개 변수를 사용할 때에는 콤마(,)를 사용한다. 매개 변수를 사용할 때 변수의 개수와 자료형을 정확하게 맞추어야 한다.
- 블록(block) 안에 선언된 변수를 지역 변수라 부르는데, 해당 지역에서만 사용하는 변수라는 뜻이다. 변수가 생존하는 영역을 생존 범위라 부른다. 변수의 생존 범위는 중괄호 {에서 중괄호 }까지의 블록 안쪽이다. 지역 변수의 또 다른 특징은 선언되면 변수 안에 쓰레기 값이 들어 있다는 것이다. 따라서 사용 전에 꼭 초기화를 해야 한다.
- 모든 함수에서 사용할 수 있는 변수를 전역 변수라 부른다. 매개 변수를 사용하는 이유는 전달되는 자료형의 개수와 형태를 점검하고, 함수가 다른 함수의 지역 변수를 변경하지 못하도록 막기 위함이다. 전역 변수는 이러한 규칙을 파괴할 수 있기 때문에 사용을 자제해야 한다. 여러 함수가 공유해야 하는 값들은 매크로를 사용하면 된다. 매크로는 상수의 한 종류이기 때문에 한 번 정의되면 그 값을 바꿀 수 없다.
- 가장 일반적인 함수의 호출 형태는 매개 변수를 사용하여 지역 변수 값을 복사하여 전달하는 것이다. 복사하는 이유는 호출하는 쪽의 지역 변수의 값을 변화시키지 않기 위해서이다. 그래서 일반적인 함수 호출을 값에 의한 호출이라 부른다.
- 함수를 호출할 때, 지역 변수 값을 변화시켜도 된다는 뜻으로 변수 앞에 열쇠(&)를 붙여야 한다. 열쇠를 받은 매개 변수는 지역 변수의 값을 읽어볼 수 있고, 다른 값으로 바꿀 수도 있다. 그래서 열쇠를 사용하는 함수 호출 방식을 참조에 의한 호출이라 부른다. 변수 앞에 열쇠(&)를 붙여서 호출하는 경우, 매개 변수 앞에는 별구멍(*)을 붙여야 하며, 두 변수는 하나로 연결된다. 변수가 연결된 이후에는 별구멍(*)을 붙여서 사용해야 한다.
- 호출을 하면 처리된 값을 반환해주는 함수를 값 반환이라 부른다. 값에 의한 호출이나 참조에 의한 호출과 달리 반환형 함수는 언제나 1개의 값만 반환할 수 있다.

연습문제

[객관식]

01 다음 라이브러리 함수 중 다른 3개와 다른 헤더파일에 있는 함수는 무엇인가?

❶ system() ❷ srand()
❸ rand() ❹ scanf()

02 다음 중 함수를 불러서 사용하는 것을 가리키는 단어는 무엇인가?

❶ 라이브러리 ❷ 사용자 정의 함수
❸ 함수 호출 ❹ 매개 변수

03 다음 중 다른 사람에 의해 미리 만들어진 함수를 가리키는 단어는 무엇인가?

❶ 라이브러리 ❷ 사용자 정의 함수
❸ 함수 호출 ❹ 매개 변수

04 다음 중 관련 있는 라이브러리 함수를 모아 놓은 파일을 가리키는 단어는 무엇인가?

❶ 헤더파일 ❷ 사용자 정의 함수
❸ 함수 호출 ❹ 매개 변수

05 다음 중 작업을 함수 형태로 분리하는 것을 가리키는 단어는 무엇인가?

❶ 헤더파일 ❷ 모듈화
❸ 함수 호출 ❹ 매개 변수

06 다음 중 모듈화의 장점이 아닌 것은?

❶ 함수의 재사용 ❷ 유지보수의 편리성
❸ 코드가 간결해짐 ❹ 코드 실행 속도 향상

07 다음 중 함수를 구성하는 요소가 아닌 것은?

❶ 반환 자료형 ❷ 전역 변수
❸ 함수이름 ❹ 입력

08 다음 중 입력이나 출력이 없거나 생략하는 경우에 사용되는 키워드는 무엇인가?

① void ② int
③ return ④ double

09 다음 중 맨 마지막에 return이 없는 함수의 이름 앞에 붙여야 할 단어는 무엇인가?

① void ② int
③ break ④ double

10 다음 중 맨 마지막에 return 11;이 있는 함수의 이름 앞에 붙여야 할 단어는 무엇인가?

① void ② int
③ break ④ double

11 다음 중 맨 마지막에 return 2.4;가 있는 함수의 이름 앞에 붙여야 할 단어는 무엇인가?

① void ② int
③ break ④ double

12 다음 중 사용자 정의 함수 fry()의 매개 변수가 정확하게 정의된 코드를 찾으시오.

① void fry(int min, double milk)
② void fry(int min; double milk)
③ void fry(int min, double milk;)
④ void fry(int min double milk)

13 다음과 같이 정의된 사용자 정의 함수 fry()를 가장 올바르게 호출한 코드를 찾으시오.

```
void fry(int min, double milk)
```

① fry(1 2.5); ② fry(1, 2.5);
③ fry(2.5, 1); ④ fry(1.2 2.5);

14 다음 중 블록 안에 선언된 변수는 무엇인가?

① 참조 변수 ② 전역 변수
③ 매개 변수 ④ 지역 변수

15 다음 중 모든 함수에서 사용할 수 있는 변수는 무엇인가?

❶ 참조 변수 ❷ 전역 변수
❸ 매개 변수 ❹ 지역 변수

16 다음 중 두 함수 사이에서 연결을 해주는 변수는 무엇인가?

❶ 참조 변수 ❷ 전역 변수
❸ 매개 변수 ❹ 지역 변수

17 다음 중 다른 변수의 값을 마음대로 할 수 있는 변수는 무엇인가?

❶ 참조 변수 ❷ 전역 변수
❸ 매개 변수 ❹ 지역 변수

18 다음 단어 중 변수 앞에 별구멍(*)이 붙은 변수는 무엇인가?

❶ 참조 변수 ❷ 전역 변수
❸ 매개 변수 ❹ 지역 변수

19 다음 중 변수 앞에 아무것도 없고 함수 안에 소속된 매개 변수가 속하는 변수는 무엇인가?

❶ 참조 변수 ❷ 전역 변수
❸ 열쇠 변수 ❹ 지역 변수

20 다음 중 블록을 벗어나도 소멸되지 않는 변수는 무엇인가?

❶ 참조 변수 ❷ 전역 변수
❸ 매개 변수 ❹ 지역 변수

21 다음 중 변수의 내용물을 복사하여 전달하는 형태의 함수 호출은 무엇인가?

❶ 값에 의한 호출 ❷ 참조에 의한 호출
❸ 값 반환 ❹ 전역 변수를 사용한 호출

22 다음 중 지역 변수 값을 변화시킬 수 있는 함수 호출은 무엇인가?

❶ 값에 의한 호출 ❷ 참조에 의한 호출
❸ 값 반환 ❹ 전역 변수를 사용한 호출

23 다음 중 함수를 호출하면 값을 만들어서 돌려주는 함수 호출은 무엇인가?

❶ 값에 의한 호출 ❷ 참조에 의한 호출
❸ 값 반환 ❹ 전역 변수를 사용한 호출

24 다음 중 printf()는 어떤 방식의 함수 호출에 가장 가까운가?

❶ 값에 의한 호출 ❷ 참조에 의한 호출
❸ 값 반환 ❹ 전역변수를 사용한 호출

25 다음 중 scanf()는 어떤 방식의 함수 호출에 가장 가까운가?

❶ 값에 의한 호출 ❷ 참조에 의한 호출
❸ 값 반환 ❹ 전역 변수를 사용한 호출

26 다음 중 rand()는 어떤 방식의 함수 호출에 가장 가까운가?

❶ 값에 의한 호출 ❷ 참조에 의한 호출
❸ 값 반환 ❹ 전역 변수를 사용한 호출

27 다음 중 열쇠(&)를 사용해야 하는 함수 호출 방식은 무엇인가?

❶ 값에 의한 호출 ❷ 참조에 의한 호출
❸ 값 반환 ❹ 전역 변수를 사용한 호출

28 다음 중 별구멍(*)을 사용해야 하는 함수 호출 방식은 무엇인가?

❶ 값에 의한 호출 ❷ 참조에 의한 호출
❸ 값 반환 ❹ 전역 변수를 사용한 호출

29 다음 중 1개의 값만 처리 할 수 있는 함수 호출 방식은 무엇인가?

❶ 값에 의한 호출 ❷ 참조에 의한 호출
❸ 값 반환 ❹ 전역 변수를 사용한 호출

30 다음 중 함수를 호출하는 쪽에서 열쇠(&)를 사용하는 경우 받는 쪽의 매개 변수 앞에 붙여야 하는 기호는 무엇인가?

❶ * ❷ !
❸ & ❹ ?

[주관식]

31 `srand()` 라이브러리 함수가 있는 헤더파일의 이름은 (　　　　)이다.

32 `rand()` 라이브러리 함수가 있는 헤더파일의 이름은 (　　　　)이다.

33 `scanf()` 라이브러리 함수가 있는 헤더파일의 이름은 (　　　　)이다.

34 `printf()` 라이브러리 함수가 있는 헤더파일의 이름은 (　　　　)이다.

35 `system()` 라이브러리 함수가 있는 헤더파일의 이름은 (　　　　)이다.

36 함수를 불러서 사용하는 것을 (　　　　)이라 부른다.

37 다른 사람에 의해 미리 만들어 놓은 함수를 (　　　　) 함수라 부른다.

38 관련 있는 라이브러리 함수를 모아 놓은 파일을 (　　　　) 파일이라 부른다.

39 작업을 함수 형태로 분리하는 것을 (　　　　)라 부른다.

40 모듈화의 장점을 2가지 이상 쓰시오.

41 입력이나 출력이 없거나 생략하는 경우에 사용되는 키워드는 (　　　　)이다.

42 어떤 함수의 맨 마지막에 `return`이 없을 경우 해당 함수의 이름 앞에는 (　　　　)가 붙는다.

43 어떤 함수의 맨 마지막에 `return 30;`이 있을 경우 해당 함수의 이름 앞에는 (　　　　)가 붙는다.

44 어떤 함수의 맨 마지막에 `return 2.4;`가 있을 경우 해당 함수의 이름 앞에는 (　　　　)가 붙는다.

45 매개 변수가 1개 이상일 경우 매개 변수 사이에는 (　　　　)를 사용한다.

46 블록 안에 선언된 변수를 (　　　　)라 부른다.

47 모든 함수에서 사용할 수 있는 변수를 (　　　　)라 부른다.

48 두 함수 사이에서 연결해주는 변수를 (　　　　)라 부른다.

49 다른 변수의 값을 마음대로 할 수 있는 변수를 (　　　　)라 부른다.

50 변수 앞에 별구멍(*)이 붙은 변수를 (　　　　)라 부른다.

51 블록을 벗어나도 소멸되지 않는 변수를 (　　　　　)라 부른다.

52 변수의 값을 복사하여 전달하는 형태의 함수 호출을 (　　　　　)이라 부른다.

53 지역 변수 값을 변화시킬 수 있는 함수 호출을 (　　　　　)이라 부른다.

54 함수를 호출하면 값을 만들어서 돌려주는 형태의 함수 호출을 (　　　　　)이라 부른다.

55 printf()는 3가지 함수 호출 방식 중 (　　　　　)에 가장 가깝다.

56 scanf()는 3가지 함수 호출 방식 중 (　　　　　)에 가장 가깝다.

57 rand()는 3가지 함수 호출 방식 중 (　　　　　)에 가장 가깝다.

58 3가지 함수 호출 방식 중 열쇠(&)를 사용하는 함수 호출은 (　　　　　)이다.

59 3가지 함수 호출 방식 중 별구멍(*)을 사용하는 함수 호출은 (　　　　　)이다.

60 3가지 함수 호출 방식 중 1개의 값만을 처리할 수 있는 함수 호출은 (　　　　　)이다.

61 함수를 호출하는 쪽에서 열쇠(&)를 사용하는 경우 받는 쪽의 매개 변수 앞에는 (　　　　　) 기호를 붙여야 한다.

[코드 문제]

62 다음 코드의 잘못된 부분을 지적하고 어떻게 수정해야 하는지 쓰시오.

사용자 정의 함수

```
#include <stdio.h>

int main() {

   fry(6, 40.5);

   return 0;
}

void fry(int min, double milk) {

   printf("%.1lf분 우유에 재우기\n", milk);
   printf("튀김옷 입히기\n");
   printf("%d분 튀기기\n", min);
}
```

사용자 정의 함수

63 다음은 8줄 사운드 미터 코드이다. 빈칸에 들어갈 코드를 정확히 쓰시오.

```
#include <stdio.h>
#include <stdlib.h>

int main() {
   int k, jul, met;

   for (k = 1; k <= 100; k++) {
      system("cls");
      for (                          ) {
         for (                          )
            printf("□");
         printf("\n");
      }
   }
   return 0;
}
```

매개 변수

64 다음 빈칸에 들어갈 코드를 정확히 쓰시오.

```
#include <stdio.h>

void fry(                          ) {

   printf("%.1lf분 우유에 재우기\n", milk);
   printf("튀김옷 입히기\n");
   printf("%d분 튀기기\n", min);
}

int main() {

   fry(6, 40.5);

   return 0;
}
```

65 다음 빈칸에 들어갈 코드를 정확히 쓰시오.

함수 정의

```
#include <stdio.h>



int main() {

   fry(6, 40.5);

   return 0;
}

void fry(int min, double milk) {

   printf("%.1lf분 우유에 재우기\n", milk);
   printf("튀김옷 입히기\n");
   printf("%d분 튀기기\n", min);
}
```

66 다음 코드의 잘못된 부분을 지적하고 어떻게 수정해야 하는지 쓰시오.

사용자 정의 함수

```
#include <stdio.h>

void chicken(int num) {

   for (int order = 1; order <= num; order++)
      printf("%d번째 자단통닭\n", order);
   printf("총 %d마리 통닭튀김\n", order);
}

int main() {
   int order = 3;

   chicken(order);

   return 0;
}
```

참조에 의한 호출

67 다음 코드가 정상적으로 두 수를 바꿀 수 있도록 수정하시오.

```c
#include <stdio.h>

void swap(int one, int two) {
   int temp;

   temp = one;
   one = two;
   two = temp;
}

int main() {
   int first = 7, second = 24;

   swap(&first, &second);
   printf("f=%d, s=%d", first, second);

   return 0;
}
```

사용자 정의 함수

68 다음은 인치를 센티미터로 바꾸는 코드이다. 빈칸 2곳에 들어갈 코드를 정확히 쓰시오. 단, 인치에 2.54를 곱하면 센티미터가 된다.

```c
#include <stdio.h>

_________ ret_cent(double len) {
   ________________________;
}

int main() {
   double conv, inch;

   printf("변환할 인치 값: ");
   scanf("%lf", &inch);

   conv = ret_cent(inch);
   printf("%.2lf inch = %.2lf cm", inch, conv);

   return 0;
}
```

69 앞서 배운 사운드 미터 코드를 업그레이드하시오. 사운드 미터 함수는 줄 수와 몇 번 반복할 지에 대한 반복 수 2개의 매개 변수를 사용해야 한다.

사용자 정의 함수

70 사운드 미터 코드를 변형하여 한글 미음(ㅁ)의 끝에 줄 번호를 붙이고 미터 사이에 벽을 만들어 보시오. 다음과 같은 실행 결과가 나오면 된다.

사용자 정의 함수

실행 화면

```
ㅁㅁㅁㅁㅁㅁㅁ 1
---------------------------------------
ㅁㅁㅁㅁㅁㅁㅁㅁㅁㅁㅁㅁㅁㅁㅁㅁㅁㅁㅁㅁㅁㅁㅁㅁㅁㅁㅁㅁㅁㅁ 2
---------------------------------------
ㅁㅁㅁㅁㅁ 3
---------------------------------------
ㅁㅁㅁㅁㅁㅁㅁㅁㅁㅁㅁㅁㅁㅁㅁㅁ 4
---------------------------------------
ㅁㅁㅁㅁㅁㅁㅁㅁㅁㅁㅁㅁㅁㅁㅁㅁㅁ 5
---------------------------------------
ㅁㅁㅁㅁㅁㅁㅁㅁㅁㅁㅁㅁㅁㅁㅁㅁㅁㅁㅁ 6
---------------------------------------
```

71 앞서 배운 오늘의 운세 코드를 업그레이드하시오. 포인트 대신 시행 횟수가 나타나며, 5번 만에 맞췄을 경우 "오늘은 행운의 날", 그 이상으로 맞췄을 경우 "오늘은 조심하세요!"를 출력한다. 다음과 같은 실행 결과가 나오면 된다.

사용자 정의 함수

실행 화면

```
오늘의 운세 1-20 선택: 6
행운 수 14 시행 수  1
행운 수 16 시행 수  2
행운 수  1 시행 수  3
행운 수 15 시행 수  4
행운 수 20 시행 수  5
행운 수  1 시행 수  6
행운 수 14 시행 수  7
행운 수 20 시행 수  8

오늘은 조심하세요!
```

72 앞서 배운 오늘의 운세 코드를 업그레이드하시오. 총 3번을 선택하고 전체 행운 포인트를 출력하도록 바꾸시오.

사용자 정의 함수

WONDER C

CHAPTER

09

배열

학습목차

9.1 배열 개요

1 배열의 필요성

필수

여러 개의 자료 저장

지금까지 변수 하나에는 자료 하나만 저장할 수 있었다. 만약 여러 개의 자료를 사용해야 하는 경우에는 변수를 여러 개를 만들어야 한다. 학생 5명의 성적 평균을 내는 코드를 만든다고 가정해 보자. `int arr1, arr2, arr3, arr4, arr5`와 같이 5개의 변수를 만들어 각각의 변수에 성적을 넣은 후 평균을 계산해야 한다. 학생이 100명이나 200명이 되면 코드는 매우 복잡해진다.

달걀 15개를 다른 곳으로 옮기는 경우, 봉투에 넣으면 서로 부딪혀 깨질 것이다. 달걀을 안전하게 옮기는 방법은 꼭 맞는 상자에 넣어 가져가는 것이다. 이와 마찬가지로 같은 종류의 데이터를 하나의 묶음으로 처리할 수 있는 자료형이 배열 array 이다. **배열은 자료형을 하나로 묶은 것으로 하나의 배열에 속하는 모든 자료형은 종류와 크기가 같다.**

그림 9-1
배열의 필요성

배열 선언 방법

배열을 만드는 방법은 간단하다. 지금까지 변수를 선언했던 방식 그대로 사용하면 된다. 정수형 변수 `int arr`을 5개의 배열로 만들고 싶으면 `int arr[5]`라 선언하면 된다. 배열을 만들 때, 변수이름 옆에 대괄호 []를 쓰고, 대괄호 안에 변수의 개수를 쓰면 된다. 다음 그림과 같이 정수형 배열 `int arr[5]`를 선언하면 정수형 변수 `arr`이 5개 만들어진다.

그림 9-2
배열 선언 방법

배열의 인덱스는 0부터 시작

5개의 변수로 이루어진 정수형 배열 int arr[5]에서 배열을 대표하는 이름은 arr이다. 정수형 배열 arr에는 독립적인 정수형 변수 5개가 한 묶음으로 모여 있다.

그림 9-3
int arr[5]의 구조

정수형 배열 arr에서 각 변수는 arr[0], arr[1], arr[2], arr[3], arr[4]이다. 배열 arr에서 각 변수를 구분하는 것은 0부터 4까지의 숫자이다. 배열에서 각각의 독립적인 변수를 구분하는 숫자를 **인덱스**index 혹은 **색인**이라 부른다. 따라서 배열 arr에서 arr[0]은 0번째 변수, arr[1]은 1번째 변수이다. 배열 arr에서 마지막 변수는 인덱스가 4인 arr[4]이다.

배열을 처음 배우는 분들이 흔히 하는 실수가 배열 인덱스 값이다. int arr[5]로 선언된 배열에서 맨 처음 인덱스는 0이다. 따라서 int arr[5]는 arr[0]부터 시작하여 마지막 변수는 arr[4]이다. arr[5]는 없다.

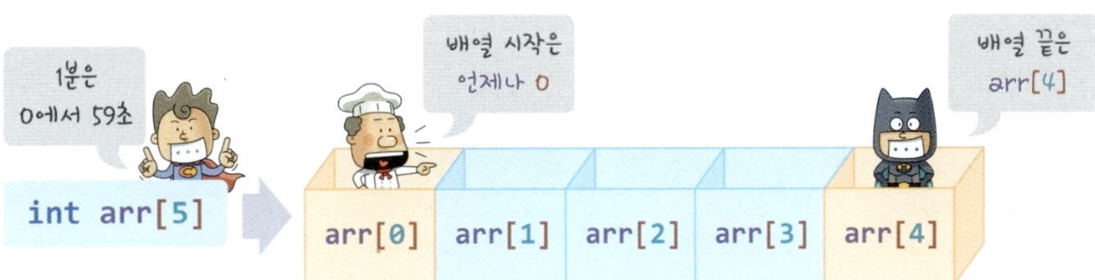

그림 9-4
1분은 0초부터 59초

사과가 5개가 있다고 가정해 보자. 사과는 1개부터 5개까지이다. 그러나 시계의 경우 0분 0초에 시작한다. 0초에서 59초까지 흐른 후, 그 다음은 1분 0초이다. 1분은 60초이지만, 시계의 초나 분의 자리는 언제나 0에서 59까지만 표시된다.

배열도 마찬가지이다. int arr[k]라고 선언하면, 0에서 시작하여 끝은 k-1에서 끝난다. C언어뿐만 아니라 **모든 프로그래밍 언어에서 배열의 시작점은 0부터이다.** 익숙하지 않겠지만, 꼭 기억하기 바란다.

배열 사용하기

[예제 9-1]은 배열을 선언하고 값을 대입한 후 평균을 출력하는 코드이다. 4번 줄에서 정수형 배열 arr[3]을 선언한다. arr[0], arr[1], arr[2]의 3개의 정수형 변수가 만들어진다. 5번 줄에서는 평균값을 저장할 double 변수 ave를 선언한다.

7번에서 9번 줄이 배열의 각 변수에 값을 대입하는 코드이다. 배열의 각 변수는 독립적인 변수처럼 사용된다. 따라서 arr[0] = 97은 인덱스 0번의 변수 arr[0]에 97을 대입하라는 의미이다. 강조했다시피, 배열의 맨 처음 변수는 인덱스 0번을 사용하는 arr[0]이다. 8번 줄에서 arr[1]에 70을 대입하고, 9번 줄에서 arr[2]에 65를 대입한다. int arr[3]으로 선언된 경우 배열의 마지막 값은 arr[2]이다.

[예제 9-1]
평균값 계산 코드

901_average1.c

```
01  #include <stdio.h>
02
03  int main() {
04      int arr[3];                               // 정수형 배열 arr[3] 선언
05      double ave;                               // 평균값 저장할 실수형 변수
06
07      arr[0] = 97;                              // arr[0] - 배열 0번에 97 저장
08      arr[1] = 70;                              // arr[1] - 배열 1번에 70 저장
09      arr[2] = 65;                              // arr[2] - 배열 2번에 65 저장
10      ave = (arr[0] + arr[1] + arr[2]) / 3.0; // 평균값 구하기
11      printf("AVE = %.1lf", ave);
12
13      return 0;
14  }
```

실행 화면

```
AVE = 77.3
```

착각하여 arr[3]에 값을 대입한 경우에는 오류가 발생한다. arr[3]에 값을 대입하는 것과 같이 잘못된 인덱스를 사용하는 것이 배열에서 가장 일반적인 오류이다. 배열을 사용할 때에는 인덱스의 범위를 벗어나지 않도록 주의해야 한다.

10번 줄에서 배열의 각 변수의 값을 모두 더한 후 3으로 나누어진 평균값을 ave에 대입한다. 11번 줄에서는 평균값 77.3이 출력된다.

중요

대괄호를 사용하여 int arr[k]라 선언하면 k개의 독립적인 변수가 하나의 묶음으로 만들어진다. 배열의 대표이름은 arr이며 k는 인덱스(index)라 부른다. 배열은 arr[0]부터 시작하며, 마지막은 arr[k-1]이다. 배열에서 인덱스를 벗어나는 값을 사용하는 것이 가장 흔한 오류이다.

2 배열 사용하기

필수

반복문 없이 배열 사용하기

키보드로부터 3개의 값을 입력 받아 평균을 구하는 코드가 [예제 9-2]이다. 4번 줄에서 정수형 배열 arr[3]을 선언하고 5번 줄에서 실수형 변수 ave를 선언한다.

8번 줄에서 scanf()를 사용하여 키보드로부터 3개의 값을 받아 온다. int arr[3]으로 선언하면 arr[0], arr[1], arr[2] 3개의 변수가 만들어진다. 이 3개의 변수들은 한 묶음으로 붙어 다니지만, 각각은 독립된 변수처럼 사용된다. 따라서 scanf()를 사용할 때에는 각 변수 앞에 열쇠(&)를 붙인다. 8번 줄에서 &arr[0], &arr[1], &arr[2]의 형태로 scanf()에게 전달한다. 나머지 부분은 앞의 [예제 9-1]과 동일하다.

[예제 9-2]
사용자 입력 평균값 계산 코드

902_average2.c

```
01 #include <stdio.h>
02
03 int main() {
04     int arr[3];                                    // 정수형 배열 arr[3] 선언
05     double ave;                                    // 평균값 저장할 실수형 변수
06
07     printf("3개 값을 입력하시오 :");
08     scanf("%d %d %d", &arr[0], &arr[1], &arr[2]);      // 각 변수에 값 입력
09
10     ave = (arr[0] + arr[1] + arr[2]) / 3.0;            // 평균값 구하기
11     printf("AVE = %.1lf", ave);
12
13     return 0;
14 }
```

실행 화면

```
3개 값을 입력하시오 :29 82 47
AVE = 52.7
```

사실, [예제 9-2]는 좋은 코드가 아니다. 만약 int arr[5]로 선언했다면, 5개의 값을 가져오기 위해서 scanf("%d %d %d %d %d", &arr[0], &arr[1], &arr[2], &arr[3], &arr[4])가 되어야 한다. 배열의 개수가 늘어날수록 scanf() 함수 안은 점점 복잡해진다.

반복문으로 배열 사용하기

이러한 문제를 개선한 코드가 [예제 9-3]이다. 반복문을 사용하여 인덱스를 변화시키면 배열에 속한 변수들을 사용하기 쉬워진다. int arr[5]로 선언한 경우, scanf()로 받아야 할 값들은 &arr[0], &arr[1], &arr[2], &arr[3], &arr[4]이다. for 문을 사용하여 배열 안의 변수의 인덱스(index)를 증가시키면서 값을 받는다.

```
int arr[100]

for (k = 0; k < 100; k++)
    scanf("%d", arr[k]);
```

그림 9-5
반복문을 사용한 배열 사용 방법

4번 줄에 int arr[5]를 선언하고, 반복문에 사용할 변수 k와 모든 값을 더할 변수 sum을 선언한다. 변수는 사용 전에 초기화되어야만 한다. 그래서 4번 줄에서 sum = 0으로 선언과 동시에 초기화했다. sum을 초기화하지 않은 경우 sum에 들어 있는 쓰레기 값과 합산되어 잘못된 결과가 나온다.

[예제 9-3]
반복문을 사용한 평균값 계산 코드

903_average3.c

```
01 #include <stdio.h>
02 
03 int main() {
04    int arr[5], k, sum = 0;        // 변수 선언 시 쓰레기 값이 있어 초기화 필요
05    double ave;
06 
07    printf("5개 값을 입력하시오: ");
08    for (k = 0; k < 5; k++) {        // k는 5보다 작게: 0부터 4까지
09       scanf("%d", &arr[k]);          // 인덱스 k 변수에 값 입력
10       sum = sum + arr[k];            // sum에 인덱스 k 변수 값 더하기
11    }
12    ave = sum / 5.0;                 // 평균값 구하기
13    printf("AVE = %.1lf", ave);
14 
15    return 0;
16 }
```

실행 화면

```
5개 값을 입력하시오: 25 34 17 45 56
AVE = 35.4
```

8번 줄에서 k를 사용하는 for 문을 사용하여 5개의 변수 값을 받는다. 이때 k 값이 매우 중요하다. int arr[5]에서 인덱스는 0부터 4까지이다. 따라서 반복문의 k는 0에서 4까지 변화되어야 한다. 그래서 for (k = 0; k < 5; k++)를 사용한다.

앞서 반복문을 설명할 때, 조건식에서 '같거나 작다'보다는 '작다'를 사용하는데 익숙해지라고 했다. 바로 배열 때문이다. int arr[5]의 모든 값을 받을 때, k = 0에서 시작하여 k < 5까지 인덱스를 만드는 것이 일반적이다.

for 문에서 k = 0일 때, 9번 줄에서 &arr[0] 값을 입력 받고, 10번 줄에서 arr[0]에 저장되어 있는 값을 sum에 더한다. 그 후, for 문은 8번 줄로 다시 돌아와 k는 1이 된다. k가 1일 때 9번 줄에서 &arr[1] 값을 입력 받고, 10번 줄에서 arr[1]에 저장된 값을 다시 sum에 더한다. 이러한 과정이 k가 4가 될 때까지 반복된다.

9장에서는 배열을 사용해야만 만들 수 있는 다양한 코드들을 보게 될 것이다. 배열을 사용하면 지금까지와는 차원이 다른 코드들 만들 수 있게 된다.

3 배열 활용하기

필수

수직 사운드 미터

8장에서 수평으로 움직이는 사운드 미터는 어렵지 않게 만들 수 있었다. printf()는 왼쪽에서 오른쪽으로 출력하기 때문에 무작위 수만 만들면 좌우로 움직이는 것처럼 보였다. 이제 막대기가 위아래로 움직이는 수직 사운드 미터를 만들어 보자. 배열을 사용해야만 수직 사운드 미터를 만들 수 있다.

그림 9-6 수직 사운드 미터

우선, 만들려는 사운드 미터 막대기의 개수만큼의 배열을 만든다. 막대기가 60개인 사운드 미터의 경우 int sound[60]이라 선언한다. sound[0]에서 sound[59]까지의 변수에는 사운드 미터의 막대기 높이가 저장된다. 높이는 rand() 함수로 만든다. 막대기의 높이가 최대 24인 경우, rand() % 25로 무작위 수를 만들어 각각의 배열 변수에 저장한다. 그 코드는 다음과 같다.

```
for (met = 0; met < 60; met++)
    sound[met] = rand() % 25;
```

sound[0]에서 sound[59]까지의 배열에 0-24까지의 무작위 수 만듦

[예제 9-4]는 수직 사운드 미터 코드이다. 5번 줄의 int sound[60]이 사운드 미터의 높이를 저장하는 배열이다. 사운드 미터의 총 막대기 수(가로 폭)는 60개이다. 7번 줄의 k를 사용하는 for 문은 사운드 미터의 출력 횟수이다. 총 200번을 반복한다. 9번에서 10번 줄이 배열 sound[60]에 무작위 수를 만드는 코드이다. rand() % 25이기 때문에 막대기의 최대 길이는 24이다.

수평 사운드 미터와 마찬가지로 수직 사운드 미터도 두 개의 반복문을 사용한다. 12번 줄의 jul을 사용하는 for 문은 0에서 24까지 반복하면서 화면의 각 줄을 출력한다. 13번 줄의 met을 사용하는 for 문은 0부터 59까지 반복하면서 sound[met]에 저장된 값을 하나씩 살펴본다.

[예제 9-4]
수직 사운드 미터 코드
904_vmeter1.c

```
01  #include <stdio.h>
02  #include <stdlib.h>
03
04  int main() {
05      int k, jul, met, sound[60];
06
07      for (k = 0; k < 200; k++) {
08          system("cls");                        // 화면 지우기
09          for (met = 0; met < 60; met++)
10              sound[met] = rand() % 25;          // 막대기 높이
11
12          for (jul = 0; jul < 25; jul++) {      // 막대기 줄 수
13              for (met = 0; met < 60; met++) {
14                  if (sound[met] <= jul) printf("□");  // 같거나 작으면 □출력
15                  else printf("  ");                    // 공백문자 2개
16              }                                  // End of for met
17              printf("\n");
18          }                                      // End of for jul
19      }                                          // End of for k
20      return 0;
21  }
```

실행 화면

바깥쪽의 jul을 사용하는 for 문은 0부터 24까지 화면의 각 줄을 출력한다. jul이 0이면 0번째 줄을 출력하는 것이고, jul이 1이면 1번째 줄, jul이 24면 24번째 줄을 출력하는 것이다.

jul이 0일 경우를 보자. 안쪽 met을 사용하는 for 문이 0부터 59까지 증가하면서 sound[met]에 저장된 값을 살펴본다. sound[met]에 저장된 값이 jul과 같거나 작은 경우 미음(ㅁ)을 출력한다. 아닌 경우에는 공백문자를 출력한다. 다시 말해, sound[met] <= jul이면 ㅁ이 출력되고 아닌 경우에는 공백문자가 출력된다.

다음 그림에서 jul이 0인 경우를 보자. sound[0]의 값이 3임으로 공백문자가 출력되고, sound[1]도 값이 2임으로 공백문자가 출력된다. sound[2]는 값이 0임으로 미음(ㅁ)이 출력된다. 그림에서 jul == 0일 때 ㅁ이 출력되는 막대기는 sound[2]와 sound[7]이다. met를 사용하는 for 문이 끝나면, 17번 줄에서 printf("\n")이 줄 바꿈을 하고 한 줄이 완성된다.

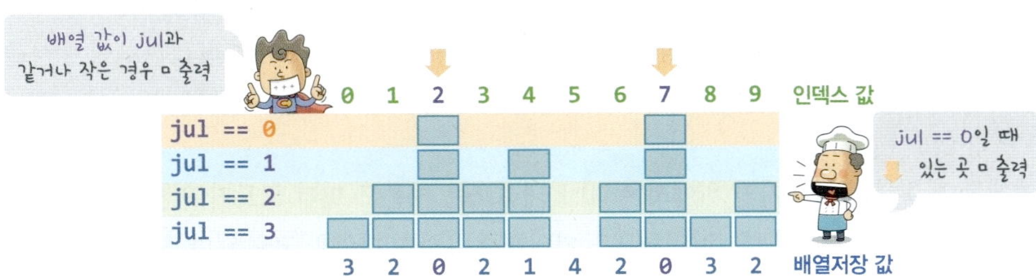

그림 9-7
각 줄에서 미음(ㅁ)이 출력되는 과정

jul이 1로 바뀌어 다음 줄이 시작된다. 미음(ㅁ)이 출력되는 조건은 sound[met] <= jul이다. 따라서 sound[met]의 값이 1보다 작거나 같은 경우 모두 미음(ㅁ)이 출력된다. sound[2], sound[4], sound[7]은 ㅁ이 출력되고 나머지는 공백문자가 출력된다. 이런 방식으로 jul이 증가하면서 최대 길이 24줄의 막대기가 그려진다.

한 화면이 다 그려지면, k를 사용하는 for 문이 다시 시작되어 8번 줄에서 화면을 지우고, 9에서 10번 줄에서 무작위 수를 만들고, 12번에서 18번 줄에서 화면에 막대기를 그린다. 이러한 과정이 200번 반복된다. 미음(ㅁ)과 같은 크기의 빈 공간을 만들기 위해서는 공백문자를 연달아 2개 사용하는 것에 주의하기 바란다.

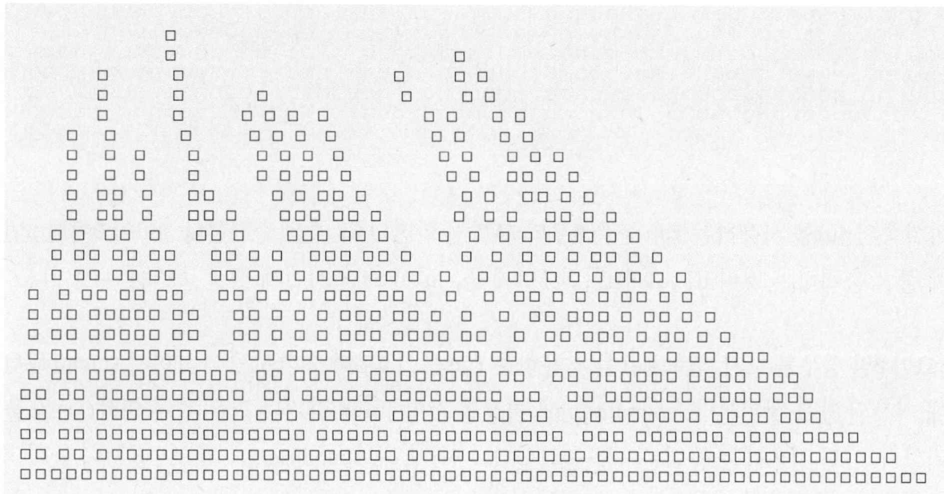

재미있는 것은 공백문자를 2개에서 1개로 줄이면 위와 같이 모닥불 코드가 된다. 모닥불이 타고 있는 모습처럼 보이니 직접해보기 바란다.

모니터나 TV가 화면을 보여주는 원리는 [예제 9-4] 코드와 같다. 모니터나 TV의 경우, 위에서 아래로 한 화면을 만들고 지우고 또 다른 화면을 만드는 과정을 반복하면서 화면을 만든다. 보통의 경우 이러한 과정을 1초에 60번 반복한다. 모니터 규격을 살펴보면 주사율 60Hz(헤르쯔)라 쓰여 있는데, 이는 1초에 화면을 60번 그렸다 지웠다 한다는 뜻이다.

예제를 변형하여 막대기가 위에서 아래로 내려오는 사운드 미터 코드가 연습문제 58번에 있으니 도전해보기 바란다. 수직 사운드 미터를 응용하면 다양한 코드를 만들 수 있다. 앞으로 [예제 9-4]를 응용한 코드가 많이 나오니 완벽하게 이해하고 다음 절로 넘어가기 바란다.

9.2 배열 활용

1 배열 초기화

중괄호 {}와 콤마(,) 사용

모든 변수는 사용 전에 초기화를 해야 한다. 만약 초기화하지 않을 경우 경고 메시지를 만나거나 쓰레기 값을 사용하게 된다. 배열의 경우도 마찬가지이다. 배열을 선언할 때든, 선언한 이후든, 사용하기 직전에는 초기화를 해야만 한다.

일반적인 변수는 값을 하나만 저장할 수 있기 때문에 초기화가 간단하다. 그러나 배열의 경우, 여러 개를 초기화해야 한다. **배열은 중괄호 {}와 콤마(,)를 사용하여 초기화한다.** 배열의 초기화 코드를 [예제 9-5]에 나타냈다.

[예제 9-5]
배열 초기화 코드

905_init1.c

```
01  #include <stdio.h>
02
03  int main() {
04     int arr[5] = {0, 1, 2, 3, 4};           // arr[5] 배열 선언 및 초기화
05     int k;
06
07     for (k = 0; k < 5; k++)
08        printf("%d ", arr[k]);              // 인덱스 k의 배열 값 출력
09
10     return 0;
11  }
```

실행 화면

```
0 1 2 3 4
```

4번 줄에서 정수형 배열 arr[5]가 선언되고, 각각의 배열에는 차례로 0, 1, 2, 3, 4가 대입된다. 다시 말해 arr[0] = 0, arr[1] = 1, arr[2] = 2, arr[3] = 3, arr[4] = 4로 초기화된다. 8번 줄에서 배열의 각각의 값을 출력해보면 0, 1, 2, 3, 4가 출력되는 것을 알 수 있다.

배열 개수보다 적게 초기화한 경우

[예제 9-6]은 배열의 개수보다 적게 초기화하는 코드이다. **배열의 개수보다 적게 초기화한 경우, 나머지 값들은 0으로 초기화된다.** 4번 줄에서 초기화 값은 0, 1, 2로 5개 중 3개만 초기화했다. 출력 결과를 보면 초기화된 arr[0], arr[1], arr[2]를 제외한 나머지 변수 arr[3]과 arr[4]는 0으로 초기화된 것을 확인할 수 있다.

[예제 9-6]
배열 개수보다 적게 초기화한 코드

906_init2.c

```
01  #include <stdio.h>
02
03  int main() {
04      int arr[5] = {0, 1, 2};          // 3개만 초기화한 경우, 나머지는 모두 0
05      int k;
06
07      for (k = 0; k < 5; k++)
08          printf("%d ", arr[k]);       // k를 인덱스로 배열 값 출력
09
10      return 0;
11  }
```

실행 화면

```
0 1 2 0 0  ← 초기화되지 않은 값은 0으로 채워짐
```

전체 0으로 초기화하기

이러한 특성을 이용하면 배열의 모든 값을 0으로 간단하게 초기화할 수 있다. 아래와 같이 {0} 하나만 써주면 된다. 이 경우, 배열의 모든 변수들은 0으로 초기화된다.

```
int arr[5] = {0};                배열의 모든 변수를 0으로 초기화
```

그림 9-8
모든 배열 값 0으로 초기화

인덱스 없이 초기화하기

배열은 인덱스(index) 없이도 초기화를 할 수 있다. 배열에 인덱스 없이 초기화를 하는 경우, 초기화하는 자료의 개수만큼 배열이 만들어진다.

```
int arr[] = {0, 1, 2, 3, 4};        인덱스 없이 초기화 가능
```

배열을 사용하기 위해서는 인덱스 값인 5를 알아야 한다. 직접 세어서 5를 알아낸다면 인덱스 없이 초기화를 할 이유가 없다. 처음부터 arr[5]라고 쓰는 게 훨씬 편하다. 그럼에도 인덱스 없는 배열을 만드는 이유는 조금 뒤에 설명한다.

sizeof로 배열 크기 알아내기

인덱스 없이 초기화된 경우 sizeof를 사용하여 배열의 크기를 알 수 있다. sizeof(arr)을 하면 배열 arr의 전체 크기가 나온다. 이를 sizeof(int)로 나누면 인덱스 값인 5가 나온다.

```
sizeof(arr)                      arr 배열 전체 크기
sizeof(arr) / sizeof(int)        arr 배열 인덱스 값(5)
```

배열을 인덱스 없이 선언한 경우, sizeof(배열이름) / sizeof(자료형)으로 인덱스 값을 구할 수 있다. [예제 9-7]은 인덱스 없이 배열을 선언하고, 배열 값을 출력하는 코드이다.

[예제 9-7]
배열 크기 계산
907_init2.c

```
01  #include <stdio.h>
02
03  int main() {
04     int arr[] = {0, 1, 2, 3, 4};          // arr[] 배열을 인덱스 없이 초기화
05     int k;
06
07     for (k = 0; k < (sizeof(arr) / sizeof(int)); k++)
08        printf("%d ", arr[k]);
09
10     return 0;
11  }
```

실행 화면

```
0 1 2 3 4
```

4번 줄에서 정수형 배열 arr[]를 인덱스 없이 선언하고, 5개의 초기값을 줬다. 7번 줄에서 k를 사용하는 for 문을 0부터 시작한다. for 문은 k가 sizeof(arr) / sizeof(int)보다 작을 때까지 반복한다. 따라서 k = 4까지 실행된 후 반복이 끝난다. 실행 화면을 보면 정상적으로 모든 값이 출력되는 것을 확인할 수 있다.

2 배열 초기화 활용

LAB 1 경마 게임

배열 초기화 코드를 이용하여 경마 게임을 만들어 보자. 총 12마리의 말이 달리기 시작하여 결승점에 도달하면 게임이 끝난다. 게임이 끝나면 승리한 말의 번호를 출력하는 게임이다. UFO 날리기 코드를 이용하면 쉽게 만들 수 있다.

그림 9-9
경마

[예제 9-8]은 경마 게임 코드이다. 6번 줄에서 정수형 배열 horse[12]를 선언하고 모두 0으로 초기화한다. horse[12] = {0}이면 12개의 배열 값 모두 0으로 초기화된다. 7번 줄의 go는 while 문의 반복 조건에 사용되는 변수로 초기값은 1(참)로 한다. win은 승리한 말의 번호를 저장할 변수이다.

9번 줄은 rand()가 매번 다른 값을 만들도록 씨앗을 바꾸는 srand() 함수이다. srand() 안에 time() 함수가 들어가기 때문에 3번 줄에 #include <time.h>를 추가한다. 10번 줄의 while은 go가 0(거짓)이 될 때 반복을 멈춘다.

12번 줄에서 k를 사용하는 for 문은 각각 말을 뛰게 한다. 13번 줄에서 k번째 말의 현재 위치에 10미만의 무작위 수를 만들어 더한다. 14번에서 15번 줄은 말의 위치(horsr[k])까지 공백을 만든다. 16번 줄은 말을 출력한다. 따라서 만들어진 무작위 수만큼 앞으로 전진한다.

17번에서 20번 줄은 결승점에 도달한 말이 있는지를 검사하는 코드이다. 도달한 말(> 100)이 있다면, k 값을 win에 저장하고, go를 0(거짓)으로 만든다. 따라서 경주가 끝나고 24번 줄에서 승리한 말의 번호가 출력된다.

[예제 9-8]
경마 게임 코드
908_horsegame.c

```
#include <stdio.h>
#include <stdlib.h>
#include <time.h>

int main() {
   int horse[12] = {0};              // horse[] 말의 현재 위치 저장
   int go = 1, win, k, m;            // win은 승리 말 번호

   srand( (unsigned)time(NULL) );
   while ( go ) {
      system("cls");                          // 화면 지움
      for (k = 0; k < 12; k++) {
         horse[k] = horse[k] + rand() % 10;       // 무작위 수 더함
         for (m = 0; m < horse[k]; m++)           // 말 위치까지 공백 생성
            printf(" ");
         printf("%d:>\n\n", k);
         if (horse[k] > 100) {                    // 결승점에 도착하면
            win = k;                                 // win=승리 말 번호
            go = 0;                                  // while 종료
         }
      }
      system("timeout 1 > NULL");             // 1초간 기다리고
   }
   printf("\n< %d번 말 승리 >\n", win);
   return 0;
}
```

실행 화면

```
                                                            0:>
                                                            1:>
                                                                 2:>
                                         3:>
                                                             4:>
                                                  5:>
                                                               6:>
                                                                    7:>
                                                           8:>
                                                   9:>
                                                        10:>
                                                              11:>
< 7번 말 승리 >
```

LAB 2 내 팔자 어찌하오 게임

배열 초기화 코드를 이용하여 내 팔자 어찌하오 게임을 만들어 보자. 누군가 내 팔자를 숨겨 놓았다. 40개의 0사이에 숨겨진 8자을 찾는 게임이 내 팔자 어찌하오 게임이다. 번호 0부터 39까지 40개의 0 중에 딱 한 곳에 8이 있다. 2초간 전체를 보여준 후 화면이 사라지면 몇 번에 8이 있었는지 맞추면 된다. 총 5번을 시도하여 몇 번을 찾았는지를 출력한다.

```
0 1 2 3 4 5 6 7 8 9 10 11 12 13 14 15 16 17 18 19 20 21 22 23 24 25 26 27 28 29 30 31 32 33 34 35 36 37 38 39
0 0 0 0 0 0 0 0 0 0 0  0  0  0  0  0  0  0  0  0  0  8  0  0  0  0  0  0  0  0  0  0  0  0  0  0  0  0  0  0
```

그림 9-10
내 팔자 어찌하오 게임

[예제 9-9]는 내 팔자 어찌하오 게임 코드이다. 6번 줄에서 정수형 배열 palja[40]을 선언하고 모두 0으로 초기화한다. palja[40] = {0}이면 40개의 배열 값 모두 0으로 초기화된다. 7번 줄의 vic는 사용자가 8을 찾은 횟수를 저장하는 변수이기 때문에 0으로 초기화한다.

9번 줄은 rand()가 매번 다른 값을 만들도록 씨앗을 바꾸는 srand() 함수이다. srand() 안에 time() 함수가 들어가기 때문에 3번 줄에 #include <time.h>를 추가한다. 10번 줄에서 k를 사용하는 for 문은 게임을 5번 반복한다.

11번 줄의 pos는 전체 40개 중에 8이 들어갈 인덱스 번호를 저장하는 변수이다. 따라서 rand() % 40으로 무작위 수를 만들어 pos에 저장한다. 12번 줄에서 palja[pos]에 8을 저장한다.

13번 줄은 0에서 39까지의 숫자를 출력하고, 14번 줄에서 줄 바꿈을 한 후 15번 줄에서 palja[m]에 저장된 숫자들을 출력한다. 화면에는 39개의 0과 1개의 8이 출력된다. 16번 줄에서 system("timeout 2 > NULL")을 사용하여 2초간 기다리고 17번 줄에서 화면을 지운다.

[예제 9-9]
내 팔자 어찌하오 게임 코드
909_sightgame.c

```
01 #include <stdio.h>
02 #include <stdlib.h>
03 #include <time.h>
04
05 int main() {
06    int palja[40] = {0};                              // 모두 0으로 초기화
07    int vic = 0, m, k, user, pos;                     // vic은 찾은 횟수
08
09    srand( (unsigned)time(NULL) );
10    for (k = 0; k < 5; k++) {                         // 게임 5번 반복
11       pos = rand() % 40;                             // 8 위치 랜덤 선정
12       palja[pos] = 8;                                // 8 저장
13       for (m = 0; m < 40; m++) printf("%2d ", m);    // 0-39 출력
14       printf("\n");
15       for (m = 0; m < 40; m++) printf(" %d ", palja[m]); // 0.8 출력
16       system("timeout 2 > NULL");                    // 2초간 대기
17       system("cls");                                 // 화면 지움
18
19       printf("\n\n 8은 몇 번에? ");
20       scanf("%d", &user);
21       if (user == pos)
22          printf("\n 맞췄음! %d번 찾음\n\n", ++vic);
23       else  printf("\n 틀렸음! %d번 찾음\n\n", vic);
24       palja[pos] = 0;                                // 8 있던 곳에 0 저장
25    }                                                 // End of for k
26    return 0;
27 }
```

실행 화면

```
8은 몇 번에? 21

맞췄음! 5번 찾음
```

20번 줄에서 사용자로부터 받은 숫자를 user 변수에 저장하고, 21번 줄에서 user와 pos가 같은지를 확인한다. 만약 맞췄을 경우, 22번 줄에서 맞춘 횟수를 저장하는 vic의 값을 1 증가 시키고 **맞췄음!**을 출력한다. 틀렸을 경우, 23번 줄에서 **틀렸음!**을 출력한다.

내 팔자 어찌하오 게임은 5번 반복된다. 게임을 다시 하기 위해서는 8이 있던 자리를 0으로 만들고 새로운 자리에 8을 넣어야 한다. 따라서 24번 줄에서 8이 있던 palja[pos]에 0을 넣고 다시 게임을 시작한다.

LAB 3 꽃 피는 봄 코드

C 문법을 많이 안다고 해서 좋은 프로그래머가 되는 것은 아니다. 프로그래밍 언어는 개인의 상상력을 표현하기 위한 도구일 뿐이다. 잘 만들어진 코드를 많이 접하고, 그 코드에 자신의 상상력을 더하여 발전시킴으로써 실력이 향상된다.

기존 C언어 책들은 배열에 값을 넣은 후, 더하거나 평균을 구하는 수준의 코드들뿐이다. 수백 페이지의 책을 읽고 용돈이나 계산하는 코드를 만들 바엔 책 살 돈으로 계산기를 사는 게 나을뻔했다.

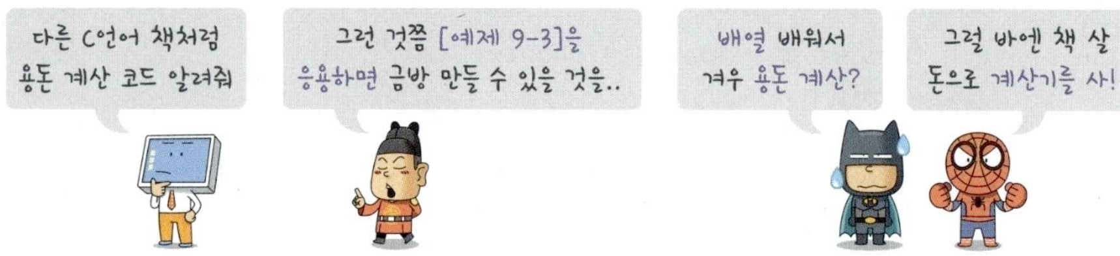

그림 9-11
용돈 코드는 알아서 만들 것

기존의 뻔하고 재미없는 코드들은 이 책에 없다. 대신, 여러분의 호기심을 자극할 수 있는 코드들로 가득 채웠다. 같은 문법으로도 다양한 코드를 만들 수 있다는 것을 보여주고 싶었다. 이 책을 읽는 분들은 더 재미있고 다양한 코드를 만들어 볼 수 있을 것이다.

UFO 코드, 스탠드 게임, 사운드 미터, 내 팔자 어찌하오 게임과 같이 30줄도 안 되는 코드로 다양한 코딩 기법을 보여줬다. 그 정점에 있는 코드로 봄, 여름, 가을, 겨울 코드를 소개한다. 여기서 끝이 아니다. 이 책의 나머지 장들에는 윈도우의 지뢰 찾기 게임을 흉내 낸 지뢰 피하기 게임이나 추억은 방울방울, 빗살무늬 움직이는 코드도 나온다.

봄, 여름, 가을, 겨울 코드는 수직 사운드 미터를 기본으로 한다. 따라서 수직 사운드 미터 코드를 완전히 이해한 뒤 봄, 여름, 가을, 겨울 코드를 보기 바란다. [예제 9-10]은 꽃 피는 봄 코드이다. 실행하여 꽃 피는 모습을 감상해 보기 바란다.

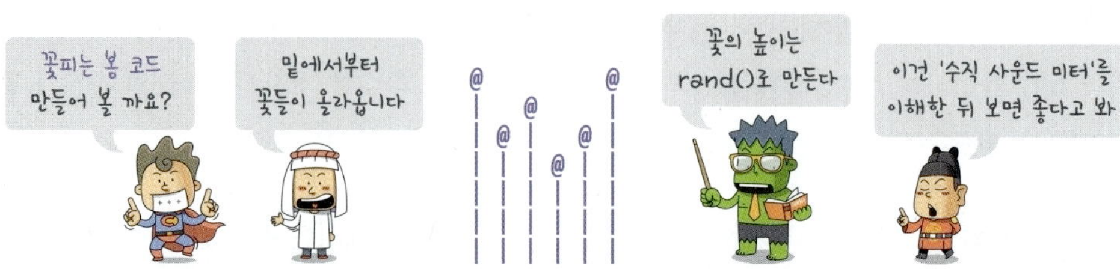

그림 9-12
꽃 피는 봄 코드

꽃 피는 봄 코드는 수직 사운드 미터와 구조는 비슷하다. flw[]는 꽃의 높이를 저장하는 배열이다. 따라서 flw[59]는 총 59송이의 꽃이 핀다. 꽃의 높이는 rand() 함수를 이용하여 만든다. 꽃송이는 @ 문자이며 줄기는 | 문자이다. | 문자는 OR 논리 연산자에서 사용하는 문자이다. 공백문자를 넣어 꽃과 꽃 사이는 한 칸씩 떨어져 피도록 했다.

7번에서 8번 줄이 flw[met]에 꽃의 높이를 저장하는 코드이다. rand() % 26으로 무작위 수를 만든다. 따라서 꽃의 길이는 0에서 25까지이다.

9번에서 20번 줄이 꽃이 피어나게 하는 코드이다. 수직 사운드 미터의 경우 rand() 함수를 사용하여 막대기를 만든 후, 전체를 한 번에 다 그리고 지운다. 그리고 다시 rand() 함수를 사용하여 새로운 막대기를 만든 후 전체를 그리고 지우는 것을 반복했다.

[예제 9-10]
꽃 피는 봄 코드

910_spring.c

```
01 #include <stdio.h>
02 #include <stdlib.h>                              // system()이 있는 라이브러리
03
04 int main() {
05    int flw[59], k, jul, met;                    // flw[59] 꽃의 높이 저장
06
07    for (met = 0; met < 59; met++)
08       flw[met] = rand() % 26;
09    for (k = 25; k >= 0; k--) {                   // 1씩 감소하며 꽃을 한 줄씩 올림
10       system("cls");                             // 화면 지우기
11       for (jul = 0; jul < 26; jul++) {           // 화면 줄 번호
12          for (met = 0; met < 59; met++) {
13             if ((flw[met] + k) == jul) printf(" @");      // 공백과 @
14             else if ((flw[met] + k) < jul) printf(" |");  // 공백과 |
15             else printf("  ");                            // 공백 2칸
16          }
17          printf("\n");
18       }                                          // End of for jul
19       system("timeout 2 > NULL");                // 꽃이 2초마다 자란다
20    }                                             // End of for k
21    return 0;
22 }
```

실행 화면

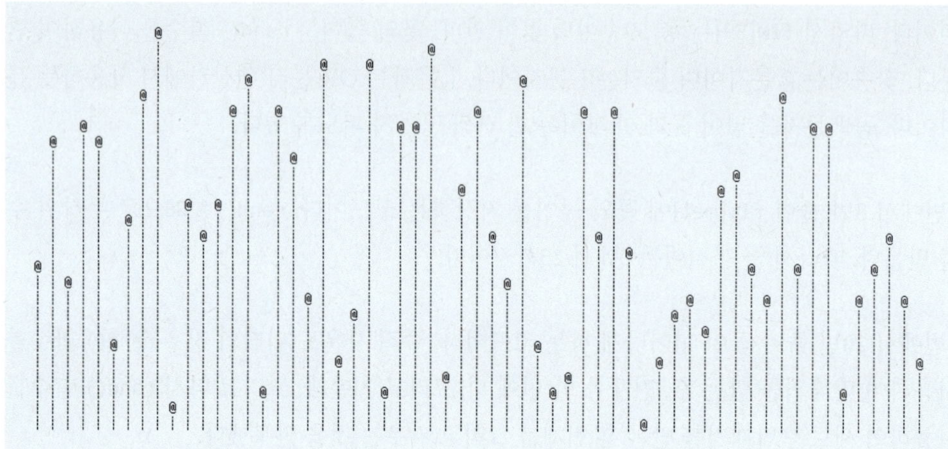

꽃 피는 봄 코드는 이미 만들어진 전체 꽃 그림을 한 줄 보여주고 지운 후, 두 줄 보여주고 지우고, 세 줄 보여주고 지우는 방식이다. 전체 그림을 조금씩 보여주는 것이 꽃 피는 봄 코드의 핵심이다.

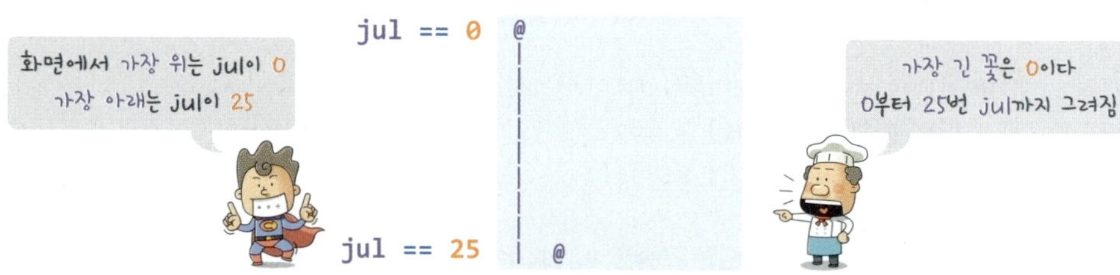

그림 9-13
줄 번호와 꽃의 길이

코드를 설명하기 전에 먼저 이해해야 할 것이 있다. 화면은 위에서 아래로 그려진다. 화면 맨 위의 jul 번호는 0번이며, 화면의 바닥이 25인 경우, 가장 아래쪽 jul 번호는 25이다. 따라서 flw[]에 저장된 숫자가 0인 경우 가장 긴 길이의 꽃이 만들어진다. 배열 안의 숫자가 0인 경우, jul 번호 0번부터 25번까지 그려지기 때문이다. 반대로 가장 짧은 길이의 꽃은 flw[]에 저장된 숫자가 25인 경우이다.

11번부터 18번 줄이 화면에 그림을 그리는 코드이다. 이 코드는 수직 사운드 미터와 유사하다. jul을 하나씩 증가시키면서 13번 줄에서 flw[met]에 저장된 숫자와 jul 번호가 같으면 @을 출력한다. 그 밑으로(jul 번호가 큰 경우)는 꽃의 줄기인 |을 출력한다.

코드에서 가장 중요한 역할을 하는 것은 9번 줄의 k를 사용하는 for 문이다. k는 25부터 0까지 1씩 감소한다. 16번 줄의 비교 조건을 보면 (flw[met] + k) == jul이다. flw[met]에 저장된 숫자와 jul 번호를 비교할 때 flw[met]에 k를 더한 값과 jul 번호를 비교한다. 따라서 k

가 화면을 한 줄씩 올려주는 역할을 한다.

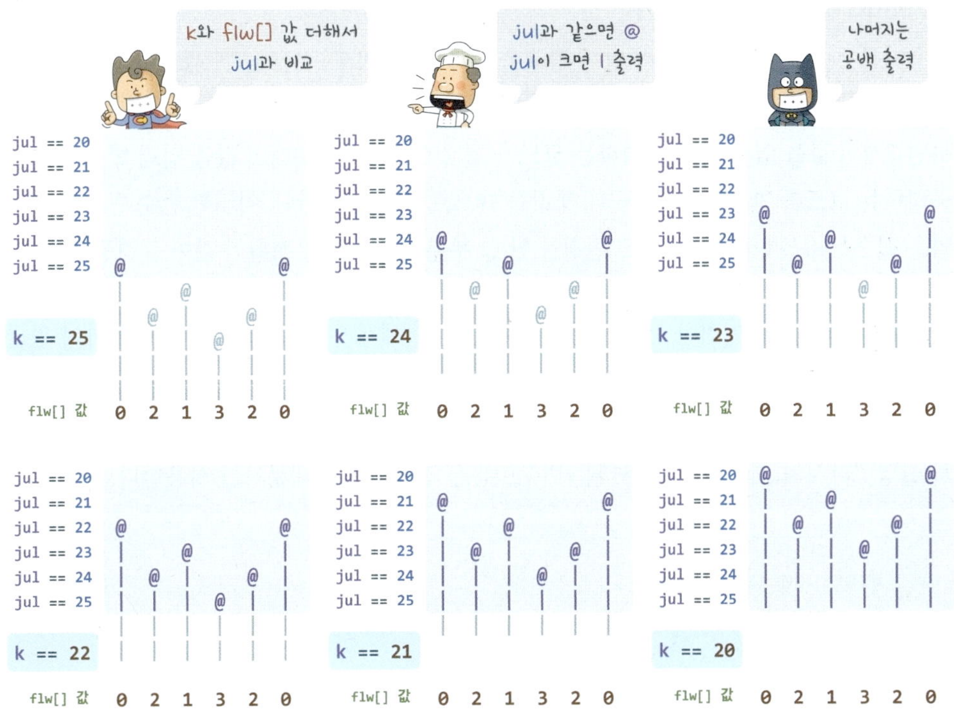

그림 9-14
k와 flw[]를 더해서 비교

[그림 9-14]는 k가 25부터 20일 때까지의 화면 변화를 보여준다. k가 25인 경우를 보자. flw[]에 저장된 값에 k 값 25를 더하여 jul과 비교한다. 가장 긴 꽃은 저장된 값이 0이라 했다. 여기에 25를 더하면 25가 된다. 따라서 jul 번호 25에 꽃송이 @이 출력된다.

k가 1이 줄어 24인 경우를 보자. 배열 flw[]에 저장된 값에 24를 더하여 jul 번호와 비교한다. 배열에 저장된 값이 0인 경우에는 꽃송이 @과 줄기 |가 출력된다. 저장된 값이 1인 경우 꽃송이 @만 출력된다. k가 23으로 1이 줄면 같은 방식으로 저장된 값이 0인 꽃은 3줄이 출력되고, 1인 꽃은 2줄, 2인 꽃은 @만 출력된다. k 값이 줄어들 때마다 꽃은 더 높이 올라가게 되고 k가 0이 되면 전체 그림이 다 그려지게 된다.

겨우 22줄짜리 코드로 꽃 피는 모습을 볼 수 있다. 여러분들이 하는 게임의 배경 화면이 움직이는 원리가 꽃 피는 봄 코드와 같다. 배경을 미리 그려 놓고 화면에 보여주는 부분만 조정하는 것이다.

srand()를 사용하여 실행할 때마다 다른 모양의 꽃이 피는 코드는 연습문제 60번에, 꽃에 꽃받침을 추가하는 코드는 연습문제 62번에, 꽃이 폈다가 지는 코드는 연습문제 63번에 있으니 도전해 보기 바란다.

3 배열과 매크로

매크로로 코드 효율 높이기

사용자로부터 5개의 값을 입력 받아 평균을 출력하는 [예제 9-3]의 코드를 7개의 값을 입력 받아 평균을 출력하는 코드로 변경해 보자. [예제 9-3]에서 숫자 5가 있는 3군데를 7로 변경하면 7개의 값을 입력 받아 출력하는 코드가 될 것이다. 만약 10개의 값을 입력 받아 평균을 출력하는 코드를 만들려면 또 3군데의 값을 10으로 변경해야 한다. 이러한 단순 반복적인 작업은 실수를 유발한다. 깜빡 잊고 변경을 안 한 부분이 있다면 부정확한 값이 출력될 것이다.

매크로를 사용하면 이러한 문제를 해결할 수 있다. [예제 9-11]은 매크로를 이용하여 평균을 구하는 코드이다. 3번 줄에 MAX를 7로 정의했다. 최대 입력값이 7개라는 의미이다. 입력값의 개수에 따라 변하는 부분을 모두 MAX로 변경하면 코드 변경이 한결 수월해진다. 앞에서 설명했다시피, 매크로에 사용하는 변수이름은 전통적으로 대문자를 사용한다.

[예제 9-11]
반복문을 사용한 평균값 계산 코드
911_average3.c

```
01 #include <stdio.h>
02 
03 #define MAX 7                                   // 변경값 MAX 상수로 선언
04 
05 int main() {
06     int k, arr[MAX], sum = 0;                   // 인덱스 MAX만큼 배열 선언
07     double ave;
08 
09     printf("%d개 값을 입력하시오: ", MAX);
10     for (k = 0; k < MAX; k++) {                 // k는 MAX보다 작게
11         scanf("%d", &arr[k]);                       // 인덱스 k 변수에 값 입력
12         sum = sum + arr[k];                         // 인덱스 k 값 sum에 더하기
13     }
14     ave = sum / MAX;                            // MAX로 나누어 평균값 구하기
15     printf("AVE = %.1lf", ave);
16 
17     return 0;
18 }
```

실행 화면

```
7개 값을 입력하시오: 7 12 3 5 42 89 17
AVE = 25.0
```

6번 줄에 배열 선언 부분이 arr[MAX]로 변경되었다. 9번 줄에서 MAX 개수만큼 숫자를 입력하도록 메시지를 출력한다. 10번 줄의 for 문은 MAX보다 작을 때까지 반복되도록 했으며, 14번 줄에서 sum 값은 MAX로 나누어 ave에 저장하도록 했다. 만약 10개의 값을 입력 받아 평균을 출력하는 코드로 변경하고자 한다면, #define MAX 10으로만 변경하면 된다.

배열을 사용할 때 매크로를 사용하면 좀 더 효율적인 코드를 만들 수 있으니 적극적으로 활용해 보기 바란다.

LAB 4 여름 소나기 코드

매크로를 사용하여 여름 소나기 코드를 만들어 보자. 봄 코드와 비교하면 여름 소나기 코드는 쉽다. 비는 | 문자로 표현하며, rain[]은 소나기의 높이를 저장하는 배열이다. 난수를 만들어 rain[]에 저장한 후 화면이 한 번 그려질 때마다 rain[]의 값을 1씩 증가시킨다. 그러면 비가 밑으로 내리는 것처럼 보인다. [예제 9-12]를 실행하여 여름에 소나기 내리는 모습을 감상해 보자.

그림 9-15
여름 소나기 코드

4번 줄에서 매크로로 정의된 WTH는 화면의 가로 폭을 나타낸다. HGT는 화면의 세로 높이를 나타낸다. 화면의 가로 폭과 세로 높이를 줄이거나 늘리고 싶다면 4번과 5번 줄의 값을 조정하면 된다. 현재 값은 기본 실행 화면 창의 크기를 고려하여 최대의 크기로 설정한 것이다. 가로 폭과 세로 높이를 더 높이면 화면이 이상하게 보일 수 있으니 조심하기 바란다.

10번에서 11번 줄이 rand()를 사용하여 비의 높이를 저장하는 코드이다. rand() % HGT로 무작위 수를 만들어 저장한다. rand % HGT로 만든 값에서 HGT를 뺀 후 rain[]에 저장하는 것에 주의하자. 만약 rand % HGT만 저장하는 경우에는 코드를 실행하자마자 화면에 비가 내리고 있을 것이다. 아무것도 없는 화면에서 비를 내리게 하기 위해, 무작위 수에서 HGT를 빼서 음수로 만든 후 저장한다. 이러면 배열에 저장된 숫자가 양수가 되는 순간부터 화면에 나타나기 때문에 진짜 비가 오는 것처럼 보인다. 이런 작은 디테일이 좋은 코드를 만들게 한다.

[예제 9-12]
여름 소나기 코드

912_summer.c

```c
#include <stdio.h>
#include <stdlib.h>

#define WTH 118                                     // 화면의 가로 폭(width)
#define HGT 26                                      // 화면의 세로 높이(height)

int main() {
   int rain[WTH], k, jul, met;

   for (met = 0; met < WTH; met++)
      rain[met] = rand() % HGT - HGT;               // 음수 만들어 화면에서 숨김
   for (k = 0; k < 200; k++) {
      system("cls");
      for (met = 0; met < WTH; met++) {
         if (rain[met] < HGT) rain[met]++;          // 바닥이 아니면 한 줄 내려감
         else rain[met] = -1;                       // 바닥이면 -1부터 다시 시작
      }
      for (jul = 0; jul < HGT; jul++) {
         for (met = 0; met < WTH; met++) {
            if (rain[met] == jul) printf("|");
            else printf(" ");
         }
         printf("\n");
      }                                             // End of for jul
   }                                                // End of for k
   return 0;
}
```

실행 화면

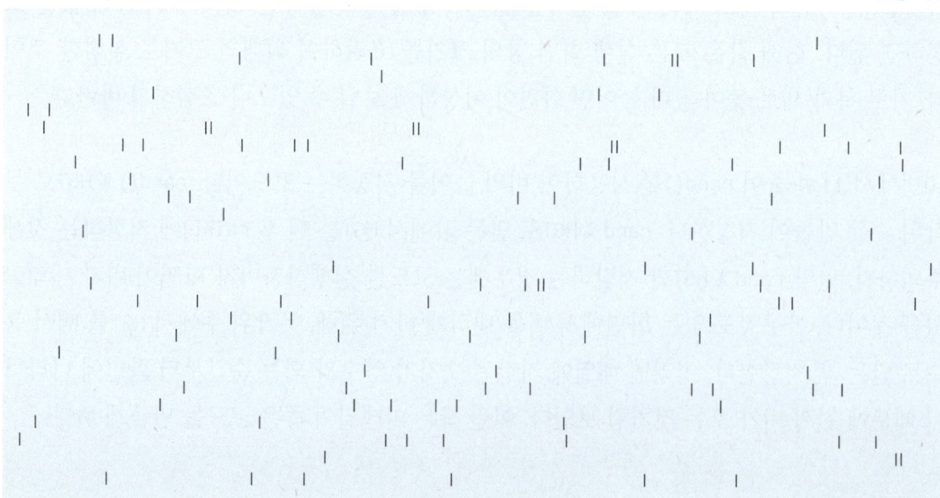

14번에서 17번 줄이 비를 밑으로 내리게 하는 코드이다. rain[met]가 HGT보다 작은 경우 비가 아직 바닥에 닿지 않았다는 의미이다. 이 경우에는 rain[met]++를 실행하여 저장된 값을 1 증가시킨다. 나머지는 비가 땅에 닿은 것이기 때문에 rain[met]를 -1로 만들어 처음부터 다시 움직이게 한다.

18번에서 24번 줄이 화면에 비를 출력하는 코드이다. 앞서 수직 사운드 미터와 꽃 피는 봄에서 사용했던 코드와 같다. rain[met]와 jul이 같으면 | 문자를 출력하고 아니면 공백문자를 출력한다. 12번 줄의 for 문이 0에서 199까지이기 때문에 화면이 200번 그려진다.

여름 소나기 코드에서 보았듯이 매크로를 사용하면 화면의 크기를 쉽게 조정할 수 있어 편리하다. 매크로를 사용하여 앞서 만든 코드들을 변경하는 문제를 연습문제에 만들어 놓았으니 도전해 보기 바란다.

9.3 문자열

1 문자열이란?

필수

여러 문자의 모임

A, B, C는 각각 1개의 문자이지만 'ABC'는 여러 개의 문자가 합쳐진 문자열이다. **여러 개의 문자가 모이면 문자열 string 이 된다.** 문자형 변수 char는 문자 1개만 저장할 수 있다. 따라서 이름과 같이 여러 문자로 이루진 문자열은 char 변수에 넣을 수 없다. 하지만 char 배열을 사용하면 문자열을 저장할 수 있다. 문자열을 저장할 문자형 배열은 char str[4]와 같이 일반적인 배열처럼 선언하면 된다.

그림 9-16
문자와 문자열

따옴표별 의미

문자형(char)에 문자를 대입하거나 초기화할 때 주의해야 할 것이 있다. **작은따옴표('')는 문자 1개를 의미하고, 큰따옴표("")는 문자열을 의미한다.** 따라서 문자 1개는 char ch = 'A'와 같이 초기화하고, 문자열의 경우에는 char str[4] = "ABC"와 같이 초기화한다.

작은따옴표와 큰따옴표의 원칙에 따라 다음 두 개의 코드는 오류이다. 문자를 1개만 담을 수 있는 문자형 변수에 큰따옴표를 사용하면 안 된다. 또한 문자열에 작은따옴표를 사용해서도 안 된다.

```
char ch = "A";          // 1개의 문자에 큰따옴표 사용 오류
char str[4] = 'ABC';    // 문자열에 작은따옴표 사용 오류
```

문자열 서식문자

지금까지 배열 안의 각각의 변수에 값을 입력 받거나 출력할 때에 반복문을 사용했다. 문자열은 반복문이 없어도 입력이나 출력이 가능하다. **문자열은 서식문자 %s를 사용하면 한꺼번에 입력 받거나 출력할 수 있다.** 참고로 문자 1개의 서식문자는 %c이다.

그림 9-17
문자열 서식문자는 %s

[예제 9-13]은 문자형 배열을 만들고 초기화한 후 출력하는 코드이다. 4번 줄에서 문자형 변수 ch를 선언하고 문자 'A'를 대입한다. 문자 1개이기 때문에 작은따옴표('')를 사용해야 한다. 5번 줄에서 문자형 배열 char str[3]을 선언하고, 문자열 "TED"를 대입한다. TED는 문자열이기 때문에 큰따옴표("")를 사용해야 한다.

[예제 9-13]
이상한 문자 출력 코드
913E_string1.c
수정 필요

```
01  #include <stdio.h>
02
03  int main() {
04      char ch = 'A';                      // 문자는 작은따옴표
05      char str[3] = "TED";                // 문자열은 큰따옴표 : 오류 발생
06
07      printf("%c\n", ch);                 // 문자 서식문자는 %c
08      printf("%s\n", str);                // 문자열 서식문자는 %s
09
10      return 0;
11  }
```

실행 화면

```
A
TED儆儆缺?
```

7번 줄에서 서식문자 %c를 사용하여 문자형 변수 ch를 출력한다. 실행 결과 A가 출력된다. 8번 줄에서 서식문자 %s를 사용하여 문자열 str[]을 출력한다. 실행 결과를 보면 TED 문자 외에 이상한 문자가 같이 출력된다.

다음 그림과 같이 char str[5]에 TED가 저장되어 있다고 생각해 보자. "TED"처럼 보일 수도 있고, "TED "나 "TED "처럼 보일 수도 있다. 저장된 형태로만 보면 무엇이 맞는지 알 수 없다. 이러한 모호함을 없애기 위해 문자열에는 끝을 알리는 특수문자를 넣는다.

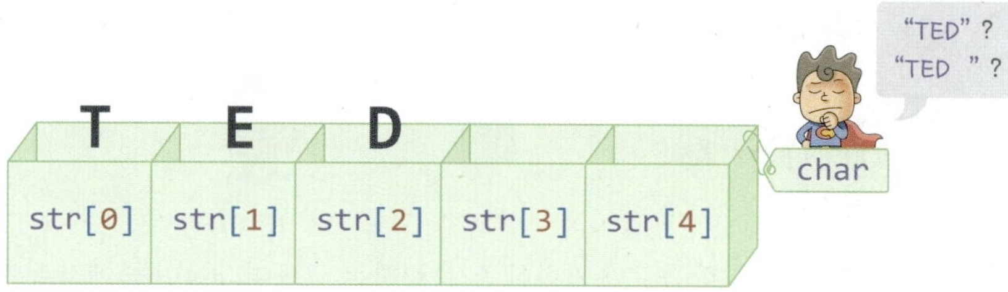

그림 9-18
문자형 배열의 문제점

문자열에서 끝을 알리는 문자로 널(NULL) 문자를 사용한다. 널 문자는 '\0'이다. 앞서 이야기 했지만, 이스케이프(\)가 붙은 문자는 문자 1개이며, 널 문자(\0)는 ASCII 코드 번호 0번이다.

> **중요**
> 문자열은 큰따옴표("")를 사용하고, 서식문자 %s를 사용한다. 문자열의 끝에는 널 문자(\0)가 있으며, char str[k]로 선언된 배열에는 최대 k-1개의 문자가 저장된다.

[예제 9-13]에서 TED 다음에 이상한 문자가 출력된 이유는 문자열의 끝을 알리는 널 문자 없이 출력을 했기 때문이다. 큰따옴표를 사용하여 "TED"를 대입하면 "TED\0"의 형태로 4개의 문자가 저장된다. 그런데 문자형 배열을 char str[3]으로 선언했기 때문에 널 문자가 들어갈 공간이 없었다. 따라서 char str[4]로 선언하면 정상적으로 출력된다.

2 문자열 변수 초기화

문자열 끝은 널 문자(\0)

문자열의 끝에는 널 문자(\0)가 있어야 한다. 따라서 **문자형 배열을 선언할 때에는 사용하려는 문자보다 하나 이상 더 크게 선언해야 한다.** 반대로 이야기하면 char str[k]에는 최대 k-1개의 문자만 저장할 수 있다.

문자 1개는 작은따옴표, 문자열에는 큰따옴표를 사용하는 이유가 바로 널 문자(\0) 때문이다. 밑의 코드는 둘 다 문자 A 한 글자만 저장하는 것처럼 보이지만, 큰따옴표를 사용하는 "A"의 경우 A와 널 문자(\0) 두 개가 저장된다. 따라서 char str[2]라 선언되어야 한다. **큰따옴표를 사용하는 경우 문자열 끝에 널 문자(\0)가 자동으로 삽입된다.**

```
char ch = 'A';          A 문자 1개 저장
char str[2] = "A";      A와 널 문자(\0) 2개 저장
```

문자형 배열의 초기화

문자형 배열도 다른 자료형과 마찬가지로 초기화를 한 후 사용해야 한다. 정수나 실수의 경우 {0}을 사용하여 초기화를 하면 모두 0으로 채워진다. 문자형 배열도 char str[5] = {0}으로 초기화를 할 수 있다. 이것이 가능한 이유는 문자형(char) 변수에 문자가 저장될 때에는 아스키 코드 번호로 저장되는데, 아스키 코드 번호 0번이 널 문자이기 때문이다.

또한 문자형 배열의 경우 큰따옴표를 사용해도 모두 널 문자로 초기화가 된다. 따라서 char str[5] = ""로 초기화할 수 있다. 두 방법 중 편한 방법을 사용하면 된다.

```
char str[5] = {0};       문자형 배열 0(널 문자)으로 초기화
char str[5] = "";        문자형 배열 큰따옴표로 초기화
char str[5] = "TED";     빈 배열은 널 문자로 채워짐
```

char str[5] = "TED"의 경우를 보자. 선언된 배열의 크기보다 적은 문자로 초기화를 하는 경우, 나머지 배열은 모두 널 문자로 채워져서 아래 그림과 같은 모양이 된다.

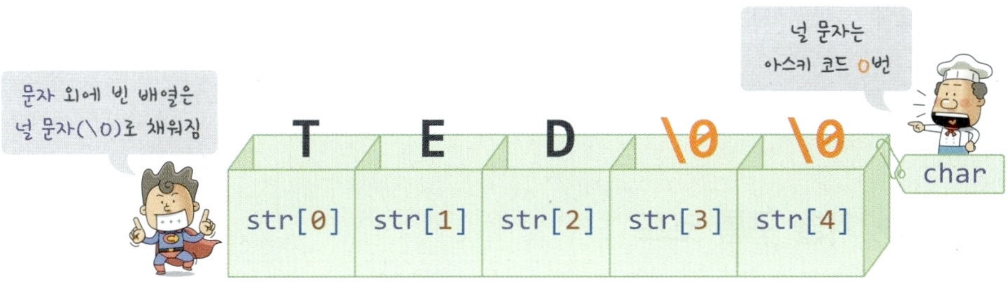

그림 9-19
빈 문자 배열은 널 문자로 채워진다

문자열 변수에 아스키 코드 직접 넣기

[예제 9-14]와 같이 문자열 변수에 아스키 코드 번호를 직접 대입해도 된다. 다만, 아스키 코드 번호를 직접 사용할 경우 문자열의 맨 마지막에는 널 문자인 아스키 코드 0을 꼭 넣어야 한다. 9번 줄의 str[3] = 0은 str[3] = '\0'과 같은 코드이다. 실행 결과를 보면 아스키 코드 번호를 직접 대입해도 정상적으로 출력되는 것을 확인할 수 있다.

[예제 9-14]
문자열 코드
914_string2.c

```
#include <stdio.h>

int main() {
   char str[4];

   str[0] = 84;                          // 아스키 84는 T
   str[1] = 69;                          // 아스키 69는 E
   str[2] = 68;                          // 아스키 68은 D
   str[3] = 0;                           // 아스키 0은 널 문자(\0)
   printf("%s\n", str);                  // 문자열 서식문자는 %s

   return 0;
}
```

실행 화면

```
TED
```

하이퍼 링크 지금까지는 문자열을 만들고 처리하는 기본적인 코드들에 대하여 설명했다. 문자열을 다루는 다양한 방법에 대해서는 11장 문자와 문자열에서 자세히 설명한다.

LAB 5 가을 구름 코드

구름이 흘러가는 가을 구름 코드를 만들어 보자. 여름 소나기 코드를 옆으로 움직이게 하고 가을 구름 코드라 우길 수도 있을 것이다. 상상력이 곧 코딩 실력이니 조금 더 상상력을 발휘해 보자.

그림 9-20
가을 구름 코드

하늘의 구름을 보면 구름마다 흘러가는 속도가 다 다르다. 어떤 구름은 빨리 지나가고 어떤 구름은 천천히 지나간다. 또한 구름이 움직이면서 조금씩 모양이 바뀐다. 가을 구름 코드는 방금 설명한 문자열을 사용하여 구름의 특징을 표현하도록 만들어졌다. [예제 9-15]가 가을 구름 코드이니 먼저 감상해 보기 바란다.

여름 소나기 코드에서 모든 비(| 문자)가 위에서 아래로 1칸씩 움직였다. 가을 구름 코드에서 구름의 움직이는 속도가 다 다르기 때문에 두 개의 배열을 사용한다. pos[]는 구름의 현재 위치(position)를 저장하는 배열이고, spd[]는 구름의 속도(speed)를 저장하는 배열이다. pos[]는 여름 소나기 코드의 rain[] 역할을 하며, spd[]에는 무작위로 만들어진 숫자가 들어간다.

그림 9-21
가을 구름 작동 원리

여름 소나기 코드에서는 화면이 한 번 그려질 때마다 rain[k]++를 사용하여 1씩 증가했다. 가을 구름 코드에서는 화면이 한 번 그려질 때마다 pos[k] = pos[k] + spd[k]를 한다. spd[k]에 저장된 숫자를 더하면, 구름마다 움직이는 속도가 달라진다.

또 다른 특징은 움직일 때마다 구름을 표현하는 문자가 바뀐다는 것이다. '@ABCDEFGH' 문자 중 무작위로 5 글자를 골라 구름을 만든다. 따라서 구름이 움직일 때마다 모양이 조금씩 변하게 된다.

[예제 9-15]의 가을 구름 코드는 가로 폭 120칸에 세로 높이 26줄의 크기에 구름이 그려진다. 따라서 구름의 개수는 총 26개이다. 5번 줄 pos[26]은 26개 구름의 현재 위치를 저장하는 배열이며, spd[]는 각 구름의 이동 속도를 저장한다. 6번 줄의 str[6]은 문자 5개를 저장하기 위한 문자열 변수이다. 문자열의 마지막 널 문자를 포함하기 위하여 6개의 문자형 배열을 만든다.

9번 줄은 구름의 현재 위치를 저장한다. 코드가 시작되면 빈 화면에서 천천히 구름이 나타나도록 하기 위해 초기값을 -24로 정했다. 10번 줄에서 spd[]에 rand() % 10 + 3을 이용하여 구름의 이동 속도를 저장한다. 이동 속도가 0이면 움직이지 않는다. 따라서 최소한 옆으로 3칸씩은 움직이도록 +3을 한다. 12번 줄에서 k는 전체 화면의 반복 횟수를 의미하며 100번을 반복한다. 13번 줄에서 화면을 지우고, 14번 줄에서 한 줄씩 구름을 출력한다.

[예제 9-15]
가을 구름 코드

915_autumn1.c

```
#include <stdio.h>
#include <stdlib.h>

int main() {
   int pos[26], spd[26], met, k, jul; // pos[] 가로 위치, spd[] 이동 속도
   char str[6];                       // 구름 모양 무작위 5글자 + 널 문자

   for (jul = 0; jul < 26; jul++) {
      pos[jul] = -24;                 // 위치 초기값 - 빈 화면에서 시작
      spd[jul] = rand() % 10 + 3;     // 속도는 3 - 12 사이
   }
   for (k = 0; k < 100; k++) {
      system("cls");
      for (jul = 0; jul < 26; jul++) {
         pos[jul] = pos[jul] + spd[jul];     // 구름 위치 값 증가
         if (pos[jul] > 115) {               // 구름이 화면을 벗어나면
            pos[jul] = -22;                  // 위치 초기값
            spd[jul] = rand() % 20 + 3;      // 구름 속도 빠르게 재설정
         }
         for (met = 0; met < 5; met++)
            str[met] = rand() % 9 + 64;     // @ABCDEFGH 중 무작위 5글자
         str[5] = '\0';                     // str[5]에 널 문자 저장
         for (met = 0; met <= 115; met++) {
            if (pos[jul] == met) printf("%s", str); // 구름 문자 출력
            else printf(" ");
         }
         printf("\n");
      }                                     // End of for jul
      system("timeout 1 > NULL");
   }                                        // End of for k
   return 0;
}
```

실행 화면

```
                                                                   DE@B@
                                                                         DG@EB
                                                                                       HEBDA
    HHEDA
                                                ＠GGAD
                                                          GEGBA
                                                                                  FFFCE
                                  FC@BB
                     D@BEG
                              EGDBE
           AHHEC
                                  B@H@@
               HAD@G

                                                HGCHF
                   CDFGB
                                                                                                FEEGG
                                 DFH@F
                                                              @BBAB
                                                               ADFDB
 BHHFC
      E@GFA
                                                                                        HGDA@
                                                     ACGFE

                                                                           CBBDE
```

15번 줄에서 pos[jul] = pos[jul] + spd[jul]을 사용하여 구름을 spd[jul]에 저장된 숫자만큼 오른쪽으로 이동시킨다. 만약 pos[jul]이 115보다 큰 경우는 오른쪽 끝에 도달한 경우이다. 가로 폭은 120칸이지만, 구름이 5글자이기 때문에 115보다 크면 화면을 벗어나게 된다. 115보다 크면, rand()를 사용하여 구름 이동 속도를 재설정하고 구름 위치를 -22로 만든다.

20번에서 21번 줄은 rand() 함수를 사용하여 5글자의 구름 모양을 만드는 코드이다. 구름에 사용하는 문자는 '@ABCDEFGH' 중 하나이다. @의 아스키 코드 번호는 64이며 A는 65, B는 66, 마지막의 H는 72이다. 따라서 rand() % 9 + 64를 사용한다. 문자열 마지막에는 널 문자가 있어야 하기 때문에 22번 줄에서 str[5] = '\0'을 사용하여 널 문자를 삽입한다. 이는 str[5] = 0과 같은 코드이다.

23번에서 26번 줄까지가 구름을 출력하는 코드이다. pos[jul]과 met이 같은 경우 서식문자 %s를 사용하여 문자열 str을 출력한다. 따라서 26개의 구름이 서로 다른 속도로 움직이면서 서로 다른 문자열을 출력한다.

봄, 여름, 가을, 겨울 코드 중 가을 코드를 만드는 데 가장 많은 시간이 걸렸다. 코드가 어려워서가 아니다. 구름의 특징을 파악하고 이를 어떻게 코드로 표현할지를 많이 고민했다. 봄, 여름, 가을 코드를 통하여 수직 사운드 미터 코드가 상상력에 따라 어떻게 변하는지를 보았을 것이다. 앞서 이야기 했듯이 문법이 아니라 상상력이 코드를 만든다.

사용자로부터 문자열을 입력 받아 구름으로 만드는 코드를 연습문제 64번에, `#define`을 사용하여 쉽게 화면 크기를 변경할 수 있는 코드를 연습문제 65번에 준비했다. 추가하여 여러분이 생각하는 가을 코드를 만들어 보기 바란다.

9.4 배열과 매개 변수

1 배열과 매개 변수

필수

배열 각각의 변수를 함수로 전달할 경우

함수에서 다른 함수로 자료를 전달하기 위해 사용하는 것이 매개 변수이다. 함수의 매개 변수 전달 방식은 값에 의한 호출과 참조에 의한 호출 2가지가 있다고 설명했다. 값에 의한 호출 call by value 은 변수 값을 복사하여 전달하기 때문에 원래의 변수 값은 변하지 않는다. 변수 값을 변경시키기 위해서는 참조에 의한 호출 call by reference 을 사용하면 된다. 값에 의한 호출과 참조에 의한 호출을 구분하기 위해 참조에 의한 호출은 열쇠(&)를 사용하여 호출을 하면 받는 쪽의 매개 변수는 별구멍(*)을 사용하여 받는다.

배열을 구성하는 변수 각각은 독립된 변수이다. 따라서 배열을 구성하는 각각의 변수를 함수로 전달할 때에는 기존의 방식을 그대로 사용하면 된다. 아래와 같이 열쇠(&)를 붙여서 참조에 의한 호출을 사용할 수 있고, 열쇠 없이 전달하여 값에 의한 호출을 사용할 수도 있다.

```
int arr[3];

func1(arr[0]);      일반적인 경우 값에 의한 호출
func2(&arr[1]);     열쇠(&)를 사용하면 참조에 의한 호출
```

배열 전체를 함수로 전달할 경우

배열 전체를 함수에게 전달하는 경우에는 배열의 대표이름만 전달된다. `int arr[1000]`으로 선언한 배열 전체를 함수로 전달하는 경우, 대표이름인 `arr`만 전달된다. 이때, 값에 의한 호출을 사용하는 것은 비효율적이다.

변수 하나는 크기가 별로 크지 않다. 그러나 `int arr[1000]`과 같이 매우 큰 크기의 배열을 선언하는 경우, 모든 값을 복사하여 호출하는 것은 낭비이다. 그래서 배열 전체를 매개 변수로 호출하는 경우에는 참조에 의한 호출만 사용할 수 있도록 정했다.

그림 9-22
배열 전체를 함수로 전달하는 경우

arr[0]과 같이 독립된 변수를 전달하는 경우, 열쇠(&)는 값에 의한 호출인지, 혹은 참조에 의한 호출인지를 구분하기 위해서 사용했다. 그러나 배열의 대표이름인 arr을 전달하는 경우, 참조에 의한 호출뿐이다. 따라서 **배열 전체를 함수에 전달할 때에는 열쇠(&)를 따로 붙이지 않는다.**

배열 전체를 함수로 전달할 때, int arr[5]로 선언된 함수가 전달될 수도 있고, int arr[50]으로 선언된 함수가 전달될 수도 있다. 전달받는 쪽에서는 배열의 크기를 알 수 없다. 따라서 **전달받는 쪽의 매개 변수는 크기가 정해지지 않은 배열로 선언한다.** 다시 말해 arr[]로 받아주면 된다.

```
void func3(int arr[]) {      호출 받는 쪽은 크기가 정해지지 않은 배열 arr[]로 선언
```

매개 변수를 크기가 정해지지 않은 배열로 선언하는 경우, 배열을 처리하기 힘들다. 따라서 전체 배열을 전달할 때에는 배열의 크기 정보를 같이 전달한다. 결론적으로 배열 전체를 보내는 쪽에서는 열쇠(&) 없이 배열 대표 이름과 크기 정보를 같이 보낸다. 받는 쪽에서는 매개 변수로 크기가 없는 배열과 정수형 변수를 선언하여 받는다.

그림 9-23
배열 전체를 매개 변수로 받는 경우

사용자 정의 함수에서 배열 전체를 매개 변수로 보내어 점수를 출력하고 평균을 받는 코드가 [예제 9-16]이다. 14번 줄에서 성적을 담는 배열 score[5]를 선언하고 배열을 초기화한다. 16번 줄에서 print_score(score, 5)로 사용자 정의 함수를 호출한다. 앞에서 설명했듯이 배열 전체를 함수에게 전달하는 경우에는 참조에 의한 호출 방식만 사용한다. 따라서 배열의 대표 이름인 score를 쓰고, 열쇠를 붙이지 않는다.

3번 줄의 사용자 정의 함수 print_score()의 매개 변수 선언 부분을 보자. 함수 print_score()에서 배열 전체를 받는다는 의미로 크기가 없는 배열 int score[]를 선언한다. 또한 배열의 크기를 받기 위하여 변수 int size도 같이 선언한다.

[예제 9-16]
학생 성적 출력 코드

916_score1.c

```
01 #include <stdio.h>
02 
03 int print_score(int score[], int size) { // 크기 없는 배열 score[]와 size
04    int sum = 0, k;
05 
06    for (k = 0; k < size; k++) {
07       printf("%d = %d점, ", k, score[k]);
08       sum = sum + score[k];
09    }
10    return sum;                              // 총합 return
11 }
12 
13 int main() {
14    int score[5] = {75, 84, 13, 96, 46}, sum;
15 
16    sum = print_score(score, 5);            // 배열 전체와 크기를 함수로 전달
17    printf("\n총합 = %d", sum);
18    return 0;
19 }
```

실행 화면

```
0 = 75점, 1 = 84점, 2 = 13점, 3 = 96점, 4 = 46점,
총합 = 314
```

6번 줄에서 for 문을 사용하여 k가 size보다 작을 때까지 score[k]를 출력한다. 8번 줄에서 sum 변수에 score[k]에 저장된 값을 계속 더한다. for 문이 끝나면 10번 줄에서 총합(sum)을 반환한다. 반환된 총합은 16번 줄에서 sum에 저장되고, 17번 줄에서 출력된다. 실행 화면을 보면 정상적으로 출력되는 것을 확인할 수 있다.

배열을 매개 변수로 전달하는 경우 참조에 의한 호출이기 때문에 호출 받는 함수에서 배열의 값을 마음대로 변경시킬 수 있다. 호출 받는 함수에서 배열의 값을 실수로 바꾸는 경우, 전체 코드에서 문제가 생길 수 있다. 이러한 문제를 막을 수 있는 방법이 있다. 호출 받는 함수 쪽에서 배열을 선언할 때 상수(const)로 선언하는 것이다.

```
/* 함수를 호출하는 쪽 코드 */
   int arr[3];

   func_array(arr, 3);

/* 받는 쪽 함수에서 배열 값을 변경하지 못하도록 하는 코드 */
void func_array(const int arr[], int size) {
```

const(상수)는 배열 안의 값을 변경하지 않겠다고 하는 선언이다. 따라서 호출을 받는 쪽에서 const로 선언된 배열의 값을 바꾸려고 하면 오류가 발생한다.

2 문자열과 매개 변수

문자열 전체를 함수로 전달할 경우

문자열 끝에는 널 문자(\0)가 있기 때문에 서식문자 %s를 사용하여 한꺼번에 입력 받거나 출력할 수 있다. 이러한 특징 때문에 문자열 전체를 함수로 전달할 때 크기 정보를 같이 보내지 않아도 된다. [예제 9-17]은 문자열 전체를 함수 print_string()으로 보내고 화면에 문자열을 출력하는 코드이다.

[예제 9-17]
문자열 출력 코드
917_string3.c

```
#include <stdio.h>

double print_string(char str[]) {        // 크기 없는 문자형 배열 str[]
   int k;

   for (k = 0; str[k] != 0; k++)          // str != '\0'도 같은 의미
      printf("%c", str[k]);               // 한 문자씩 출력
   printf("\n");
   printf("%s", str);                     // 서식문자 %s로 문자열 출력
}

int main() {
   char str[10] = "TED CHANG";

   print_string(str);                     // 문자열 전체 함수로 전달

   return 0;
}
```

실행 화면

```
TED CHANG
TED CHANG
```

13번 줄에서 문자형 배열 str[10]을 선언하고 TED CHANG으로 초기화한다. 9글자이기 때문에 str[10]으로 선언했다. 15번 줄 print_string(str)을 사용하여 문자열 전체를 함수로 전달한다. 3번 줄에서 print_string()의 매개 변수는 크기가 없는 문자형 변수 char str[]로 선언한다.

6번 줄에서 for 문을 사용하여 한 글자씩 출력한다. 크기 정보는 없지만, str[k]가 0이 아닐 때까지 반복한다. 따라서 널 문자를 만날 때까지 한 글자씩 출력된다. str != '\0'도 같은 의미이다.

9번 줄에서 서식문자 %s를 사용하여 str을 출력한다. 실행 결과를 보면 6번 줄의 출력 결과와 9번 줄의 출력 결과가 같다는 것을 확인할 수 있다. 따라서 문자열의 경우 크기 정보를 같이 전달하지 않아도 사용할 수 있다.

scanf()는 문자열을 입력 받으면 입력 받은 문자 끝에 항상 널 문자(\0)를 붙여서 돌려준다. scanf()를 사용할 때 사용자가 10글자를 입력할지 100글자를 입력할지 알 수가 없다. 따라서 문자열을 입력 받을 때에는 문자형 배열의 크기를 충분히 크게 만들어 주어야 한다. 보통의 경우, char str[256]만큼 충분히 크게 선언하는 것이 좋다. 이 경우 마지막의 널 문자(\0) 하나를 제외하고 최대 255자까지 입력 받을 수 있다.

```
char str[256];        scanf()로 문자를 입력 받을 경우 충분히 크게 선언

scanf("%s", str);     255자까지 입력 받을 수 있음
```

9.5 2차원 배열

1 2차원 배열이란?

심화

여러 개의 1차원 배열

우리가 지금까지 배운 배열은 모두 1차원이다. 1차원 배열은 같은 종류의 데이터가 가로로 쭉 늘어선 형태이다. 2차원 배열이란 1차원 배열을 여러 개 사용하는 배열이다. 개념적으로 볼 때, 2차원 배열은 같은 크기의 1차원 배열이 밑으로 여러 개 배치되는 형태이다. 그러므로 2차원 배열은 수학의 행렬 matrix 과 같은 구조이다.

2차원 배열 선언

2차원 배열의 선언은 [그림 9-24]와 같다. int arr[3][5]라 선언하면, 5개의 변수를 가진 정수형 1차원 배열 str[5]가 3칸(행) 만들어진다. 다시 말해, 3행 row 5열 column 의 2차원 배열이 생성된다.

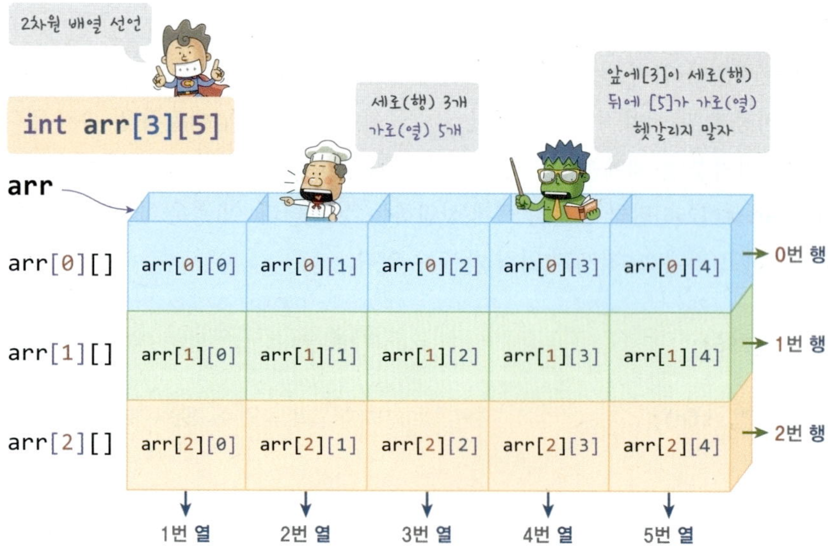

그림 9-24
2차원 배열 int arr[3][5] 선언

2차원 배열의 대표 이름은 1차원 배열과 마찬가지로 arr이다. 따라서 함수로 변수를 전달할 때, 각각의 독립 변수를 보내고 싶다면 arr[2][3]과 같이 모든 인덱스 값을 다 써서 보내면 된다. 2차원 배열 전체를 보내는 경우 대표 이름인 arr을 보내면 된다.

2차원 배열의 특징

C언어에서 2차원 배열은 행을 우선으로 한다. 행을 우선으로 한다는 의미는 현재 행이 다

채워지고 나서야 다음 행의 열이 채워진다는 의미이다.

2차원 배열에 차례로 숫자를 대입한다고 가정해 보자. 2차원 행렬 int arr[3][5]에서 arr[0][0]이 가장 첫 번째 변수이다. arr[0][0]에 숫자가 채워지고 나면 arr[0][1], arr[0][2], arr[0][3], arr[0][4]가 순서대로 채워진다. 0번째 행, 다시 말해 arr[0][]이 다 채워지고 난 이후에, 1번째 행이 arr[1][0], arr[1][1], arr[1][2], arr[1][3], arr[1][4]의 순서대로 채워진다. 이렇게 행을 기준으로 배열의 원소가 배열되는 방식이 행우선 방식이다.

> **여기서 잠깐**
> 어릴 적부터 행(row)과 열(column)을 헷갈렸었다. 그래서 '행-가로-row'와 '열-세로-column'를 줄여서 '행거로(행가로)'와 '열쇠칼(열세컬)'로 외웠었다.

기본적인 2차원 배열의 초기화 방법은 중괄호 안에 행끼리 한 묶음을 중괄호로 다시 묶는다. 다음은 2차원 배열을 초기화하는 가장 기본적인 방법이다. 중괄호 안에 중괄호로 묶인 세 묶음의 숫자가 있다. 첫 번째 행이 arr[0][]번 배열에는 0, 1, 2, 3, 4가 들어가고, 두 번째 행인 arr[1][]에는 5, 6, 7, 8, 9가 들어간다. 마지막 행인 arr[2]에는 10, 11, 12, 13, 14가 들어간다.

```
int arr[3][5] = { {0,1,2,3,4}, {5,6,7,8,9}, {10,11,12,13,14} };
```

2차원 배열은 다양한 방법으로 초기화를 할 수 있다. 2차원 배열의 전체를 0으로 초기화하고 싶다면, 아래의 1번 줄과 같이 중괄호 안에 0만 쓰면 된다. 만약 2차원 배열 중 0번째 행과 2번째 행은 값을 대입하고, 1번째 행인 arr[1][]만 0으로 만들고 싶다면 2번 줄과 같이 초기화한다. 0번째 행인 arr[0][]에만 값을 대입하고 나머지는 0으로 초기화하고 싶다면, 3번 줄과 같이 초기화를 하면 된다.

```
01  int arr[3][5] = {0};                                          모두 0
02  int arr[3][5] = { {0,1,2,3,4}, {0}, {10,11,12,13,14} };      2행만 0
03  int arr[3][5] = { {0,1,2,3,4} };                              2행, 3행만 0
```

2차원 배열 사용하기

[예제 9-18]은 가을 구름 코드를 2차원 배열로 바꾼 것이다. 코드를 단순화하기 위하여 20번 줄에서 구름문자는 CLOUD만 출력하도록 했다.

5번 줄의 cloud[2][26]이 2차원 배열이다. cloud[0][]은 구름의 위치 정보를 저장하는 행이고, cloud[1][]은 구름의 속도를 저장하는 행이다. 그 외의 모든 코드는 가을 구름 코드와 동일하다.

[예제 9-18]
2차원 배열을 사용한 가을 구름 코드

918_autumn2.c

```c
#include <stdio.h>
#include <stdlib.h>

int main() {
   int cloud[2][26], met, k, jul;

   for (jul = 0; jul < 26; jul++) {
      cloud[0][jul] = -24;              // 위치 초기값 - 빈 화면에서 시작
      cloud[1][jul] = rand() % 10 + 3;  // 속도는 3 - 12 사이
   }
   for (k = 1; k < 100; k++) {
      system("cls");
      for (jul = 0; jul < 26; jul++) {
         cloud[0][jul] = cloud[0][jul] + cloud[1][jul];
         if (cloud[0][jul] > 115) {            // 구름이 화면을 벗어나면
            cloud[0][jul] = -13;               // 위치 초기값
            cloud[1][jul] = rand() % 10 + 3;   // 구름 속도 재설정
         }
         for (met = 0; met <= 115; met++) {
            if (cloud[0][jul] == met) printf("CLOUD"); // 구름 문자 출력
            else printf(" ");
         }
         printf("\n");
      }                                        // End of for jul
      system("timeout 1 > NULL");
   }                                           // End of for k
   return 0;
}
```

실행 화면

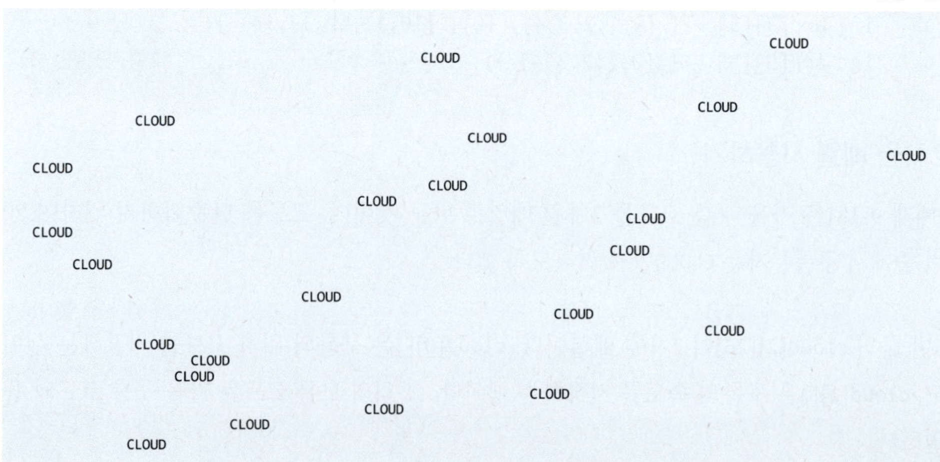

가을 구름 코드에서 pos[]와 spd[]를 cloud[2][]로 합친 것 이외에 달라진 것은 없다. 그러나 배열의 이름을 하나로 합침으로써 코드를 읽기가 불편해졌다. 2차원 배열은 수학의 매트릭스 계산과 같이 2차원 배열을 필요로 하는 곳에 사용하면 된다. 개인적으로는 cloud[2][]보다는 pos[]와 spd[]를 따로 사용하는 코드를 선호하지만, 선택은 각자의 몫이다.

2 2차원 배열의 구조

심화

1차원 배열과 같은 형태

2차원 배열을 행 row 과 열 column 로 구분 짓는 것은 프로그래머를 위한 배려이다. C언어 입장에서 보면, 2차원 배열은 1차원 배열과 같이 옆으로 길게 늘어선 형태이다. 다시 말해 2차원 배열로 선언하더라도 1차원 배열을 옆으로 길게 만들고, 배열의 인덱스 index 만 따로 붙인다. int arr[3][3]이라 선언하는 경우, 메모리 내에 있는 실제 배열의 구조는 다음 그림과 같다.

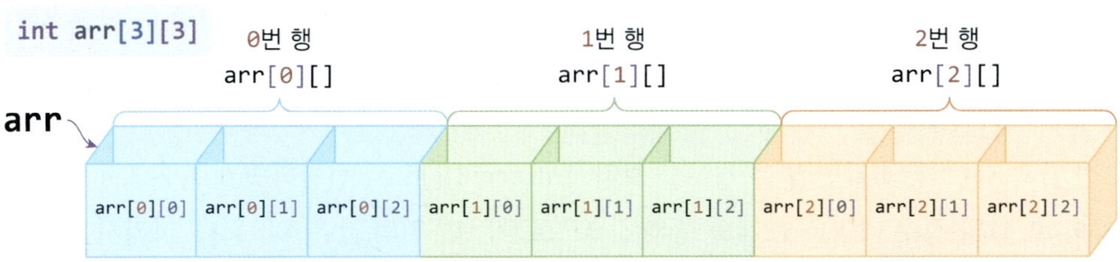

그림 9-25
2차원 배열의 구조

위의 그림과 같이 2차원 배열을 1차원 배열처럼 설명하면, 이해하기 어렵기 때문에 앞 절의 [그림 9-24]와 같이 행렬의 형태로 설명한 것이다. 그럼에도 불구하고 2차원 배열의 메모리 배치 방식을 설명하는 이유는 다양한 초기화 방법을 설명하기 위해서이다.

구조에 따른 초기화 방법

우선, 앞서 설명한 중괄호 안에 또 다른 중괄호를 사용하는 방식으로 초기화하는 방법을 권장한다. 그러나 위의 구조가 이해되는 경우, int arr[3][3]을 다음과 같이 초기화할 수 있다.

```
int arr[3][3] = { 0, 1, 2, 3, 4, 5, 6, 7, 8 };
```

중괄호 안에 중괄호를 사용하지 않아도 0, 1, 2는 0번째 행인 arr[0][]에 3, 4, 5는 1번째 행인 arr[1][]에 6, 7, 8은 2번째 행인 arr[2][]에 대입된다. 중괄호 안에 중괄호를 사용하지 않아 편해 보이지만, 어떤 숫자가 어떤 행에 속하는지 분명하지 않다는 단점이 있다.

초기화 시 주의할 점

0번에서 11번까지 총 12개의 데이터가 있다고 가정해 보자. 1차원 배열에서는 인덱스 값을 붙이지 않아도 아래의 1번 줄과 같이 자동으로 배열을 만들고 값을 대입해준다. 1번 줄의 경우, int arr[12]와 같은 의미이다.

```
01  int arr[] = {0,1,2,3,4,5,6,7,8,9,10,11};      // 1차원 배열-자동 초기화
02  int arr[][] = {0,1,2,3,4,5,6,7,8,9,10,11};    // 오류-인덱스 값을 결정 못함
03  int arr[3][] = {0,1,2,3,4,5,6,7,8,9,10,11};   // 오류-인덱스 값을 결정 못함
04  int arr[][4] = {0,1,2,3,4,5,6,7,8,9,10,11};   // 허용됨
```

2차원 배열의 경우, 2번 줄과 같이 인덱스 값을 쓰지 않으면 오류가 발생한다. 그 이유는 12개의 데이터에 대하여 2차원 배열의 크기가 arr[2][6]인지, arr[3][4]인지, arr[4][3]인지 결정할 수 없기 때문이다.

2차원 배열의 경우 인덱스 값을 결정하기 위해서는 최소한 하나의 인덱스는 지정해야 한다. 이때 행[row]의 값이 아닌 열[column]의 값을 꼭 넣어야 한다. 앞서 2차원 행렬의 기준은 행이라 했다. 그런데 2차원 배열의 크기를 결정할 때, 열의 값을 꼭 넣어야 한다고 하면 많은 사람들이 의아해한다.

3번 줄과 같이 행의 값만 넣은 경우를 보자. int arr[3][]으로 선언하면 0, 1, 2, 3, 4, 5, 6, 7, 8, 9, 10, 11의 정수 데이터 12개를 행의 값 3으로 나누면 열의 값은 4가 된다. 따라서 배열은 arr[3][4]가 된다. 만약 정수가 0에서 10까지 11개인 경우는 어떻게 될까? 11을 3으로 나누면 3.6667이 된다. 열의 값을 반올림하여 4로 할지 버림을 하여 3으로 할지 모호해진다.

4번 줄과 같이 열의 값만 넣은 경우를 보자. arr[][4]라고 선언하면, 데이터를 앞에서부터 4개씩 잘라서 하나의 행을 만들면 된다. 전체 데이터 개수를 세서 행의 개수로 나눌 필요도 없다. 정확히 이야기하면 열의 값을 넣는다는 것은 하나의 행이 가지는 크기를 결정해주는 것이다. 그래서 **2차원 배열의 경우 열[column]의 값은 무조건 지정해야 한다.**

2차원 배열을 선언하고 초기화할 때 중괄호 안에 행끼리 중괄호를 묶는 일반적인 방법을 사용하기를 권한다. 그러나 부득이하게 2차원 배열을 인덱스 없이 선언해야 하는 경우에는 꼭 열의 값은 지정해야 한다.

2차원 배열 전체를 함수로 전달할 경우

2차원 배열 전체를 함수로 전달할 때에도 마찬가지이다. 1차원 배열의 경우 arr[]과 같이 크기를 지정하지 않고 매개 변수를 선언했다. 그러나 2차원 배열의 경우 열의 값은 무조건 지정해야만 한다. 그렇지 않을 경우, 함수의 행과 열의 크기를 정할 수 없다.

```
#define MAX 4

void func3(int arr[][MAX], int rsize) {   매개 변수인 2차원 배열의 열은 무조건 지정
```

2차원 배열을 함수로 전달할 때에는 보통 매크로를 사용한다. 매크로 MAX 4는 2차원 함수의 열의 크기를 의미한다. func3(int arr[][MAX], int rsize)와 같이, MAX를 사용하여 2차원 배열의 열의 크기를 지정한다. 열의 크기를 매크로로 정했기 때문에 2차원 배열 전체를 함수로 전달하는 경우에는 행의 크기만 전달해주면 된다. 따라서 int rsize는 행의 크기를 나타낸다.

LAB 6 간단한 포커 게임 만들기

컴퓨터와 대결하는 간단한 포커 게임을 만들어 보자. 7장 스탠드(stand) 게임을 응용하면 딱 31줄 코드로 간단한 포커 게임을 만들 수 있다.

그림 9-26
포커 게임

포커 게임에서 높은 순서, 족보는 다음과 같다. 카드는 1에서 13까지의 숫자로 한다. J는 11, Q는 12, K는 13이다. 원래 1이 가장 높은 카드이지만, 이 게임에서는 가장 낮은 카드이다.

순위	족보	영문명	설명
0	스트레이트 플러시	stple	같은 모양의 이어지는 숫자 5장
1	포 카드	4card	같은 숫자 4장
2	풀 하우스	fhouse	같은 숫자 3장 + 같은 숫자 2장
3	플러시	flush	같은 모양 5장
4	스트레이트	straight	숫자 연달아 5장
5	트리플	triple	같은 숫자 3장
6	투 페어	2pair	같은 숫자 2장 + 같은 숫자 2장
7	원 페어	1pair	같은 숫자 2장

컴퓨터와 사용자는 숫자 하나와 족보 하나를 무작위 수로 선택한다. 족보가 높은 쪽이 승리하고, 족보가 같을 경우, 카드 숫자가 높은 쪽이 승리한다. 또한 컴퓨터가 가진 숫자와 족보가 사용자가 가진 숫자와 족보와 같으면 사용자가 이긴 것으로 한다.

사용자는 자기 카드의 숫자와 족보를 보고 배팅을 한다. 배팅을 0개 하면 해당 판은 무효가 된다. 칩은 10개부터 시작하고 전체 5판의 게임을 한다. 그러나 사용자 칩의 개수가 0이 되면 그 즉시 게임은 끝난다. [예제 9-19]가 간단한 포커 게임 코드이다.

6번 줄의 2차원 문자 배열 `rule`에 족보를 저장한다. 족보 옆의 순자는 족보에서 순위를 나타낸다. 족보에서 가장 높은 스트레이트 플러시(`stple`)은 순위 0번으로 가장 높다. 한 개의 문자열이 배열 하나이기 때문에 여러 개의 문자열은 2차원 배열이 된다. 족보는 0에서부터 7까지이며, 제일 긴 문자 `straight:4`가 10글자이기 때문에 `rule[8][11]`로 선언한다.

컴퓨터 카드 `com[2]`에서 `com[0]`은 카드 숫자를 저장하고, `com[1]`은 족보 숫자를 저장한다. 마찬가지로 사용자 카드 `user[2]`에서 `user[0]`은 카드 숫자를 저장하고, `user[1]`은 족보 숫자를 저장한다.

`chip`은 사용자 칩의 개수를 저장하며 초기값은 `10`이다. `bet` 변수는 사용자가 배팅하는 칩의 개수를 저장한다. 10번 줄에서 `for (k = 1; k < 6; k++)`를 사용하여 총 5판의 게임을 진행한다.

11번과 12번 줄에서 `com`과 `user`에 `1`에서 `13`사이의 무작위 수를 만들어 카드 번호를 저장한다. 13번과 14번 줄에서 `com`과 `user`에 `0`에서 `7`사이의 무작위 수를 만들어 카드 족보 번호를 저장한다.

15번 줄에서 현재 사용자의 카드 숫자와 족보를 보여준다. 17번 줄에서 배팅할 칩의 개수를 변수 `bet`으로 받는다. 사용자가 배팅을 하면, 18번 줄에서 컴퓨터가 가진 카드 숫자와 족보를 보여준다.

20번 줄에서 사용자의 배팅이 `0`보다 작거나 같거나 자신이 가진 `chip`보다 많을 경우(`bet <= 0 || bet > chip`)에는 이번 판을 포기하는 것이다. 이 경우 21번 줄 아래 코드는 실행할 필요가 없다. 따라서 `continue` 문을 사용하여 `for` 문을 새로 시작한다.

정상적으로 배팅이 된 경우 21번 줄이 시작된다. 컴퓨터가 더 큰 족보를 가진(`com[1] < user[1]`) 경우나 혹은 같은 족보인데 더 큰 숫자를 가진 경우(`com[1] == user[1] && com[0] > user[0]`)에는 컴퓨터가 승리한 것이다. 따라서 `chip`에서 배팅한 수를 빼고 **컴퓨터 승!**을 출력한다. 반대의 경우에는, 사용자가 이긴 것임으로 `chip`에 배팅한 수를 더하고 **사용자 승!**을 출력한다.

[예제 9-19]
간단한 포커 게임 코드

919_pokergame1.c

```c
#include <stdio.h>
#include <stdlib.h>             // rand() 함수가 들어 있는 표준 라이브러리 헤더
#include <time.h>

int main() {
   char rule[8][11] = {"stple:0", "4card:1", "fhouse:2", "flush:3",
                  "straight:4", "triple:5", "2pair:6", "1pair:7"};
   int com[2], user[2], chip = 10, bet, k;

   srand( (unsigned)time(NULL) );         // 실행할 때마다 rand() 패턴 변경
   for (k = 1; k < 6; k++) {
      com[0] = rand() % 13 + 1;           // 컴퓨터: 1 - 13 포커 숫자 생성
      user[0] = rand() % 13 + 1;          // 사용자: 1 - 13 포커 숫자 생성
      com[1] = rand() % 8;                // 컴퓨터: 0 - 7 포커 rule 생성
      user[1] = rand() % 8;               // 사용자: 0 - 7 포커 rule 생성
      printf("\nyou = [%d] %s", user[0], rule[user[1]]);
      printf("\tchip = %d 배팅(0은 포기): ", chip);
      scanf("%d", &bet);
      printf("com = [%d] %s\n", com[0], rule[com[1]]);

      if (bet <= 0 || bet > chip) continue;          // 이번 판 포기
      if (com[1]<user[1] || (com[1]==user[1] && com[0]>user[0])) {
         chip = chip - bet;                             // 배팅한 칩 사라짐
         printf("\t\t\t컴퓨터 승! chip = %d\n", chip);
      } else {                                          // 사용자 승
         chip = chip + bet;                             // 배팅한 칩만큼 추가
         printf("\t\t\t사용자 승! chip = %d\n", chip);
      }
      if (chip <= 0) break;                        // 게임 끝남
   }
   return 0;
}
```

실행 화면

```
you = [3] 4card:1          chip = 10 배팅(0은 포기): 9
com = [3] 4card:1
                           사용자 승! chip = 19

you = [3] flush:3          chip = 19 배팅(0은 포기): 4
com = [11] fhouse:2
                           컴퓨터 승! chip = 15

you = [3] stple:0          chip = 15 배팅(0은 포기): 15
com = [10] fhouse:2
                           사용자 승! chip = 30

you = [13] triple:5        chip = 30 배팅(0은 포기): 5
com = [8] 2pair:6
                           사용자 승! chip = 35

you = [2] 1pair:7          chip = 35 배팅(0은 포기): 5
com = [3] fhouse:2
                           컴퓨터 승! chip = 30
```

게임이 한 판 끝나고 나면, 28번 줄에서 chip의 개수를 확인하여 0보다 작거나 같을 경우 break 문을 사용하여 게임을 끝낸다.

간단한 포커 게임은 모든 족보가 나올 확률이 같다. 실제 포커 게임에서 스트레이트 플러시가 나올 확률은 원 페어가 나올 확률보다 약 30만 배나 낮다. 나올 확률까지 고려하여 만든 포커 게임은 10장에서 소개한다.

LAB 7 눈 내리는 겨울 코드

이제 봄, 여름, 가을을 지나 눈 내리는 겨울 코드를 만들어 보자. [예제 9-20]이 눈 내리는 겨울 코드이니 먼저 감상해 보자. 앞에서 본 봄, 여름, 가을 코드를 이해했다면 눈 내리는 겨울 코드는 쉽게 이해할 것이다. 눈 내리는 겨울 코드는 처음 시작할 때에는 화면에 아무것도 없다가, 별표(*)가 하늘에서 내려오면서 쌓이는 것이 핵심이다.

그림 9-27
눈 내리는 겨울 코드

4번 줄 #define WTH 118은 화면의 가로 폭을, 5번 줄 #define HGT 26은 화면의 세로 높이를 매크로로 정의한 것이다. 8번 줄 snow[]는 눈의 높이를 저장하는 배열이다. 11번 줄에서 rand() % HGT를 사용하여 눈의 높이를 만들고 여기서 HGT를 빼서 화면 밖에서 시작하도록 했다.

12번 줄에서 k를 사용하는 for 문의 경우 눈의 높이가 HGT를 뺀 만큼 화면 밖에서 시작하기 때문에 모든 눈이 바닥에 도착하려면 HGT * 2만큼 반복해야 한다. 15번 줄에서 화면이 한 번 그려질 때마다 눈의 높이를 1씩 증가시킨다. 이때 바닥에 닿으면 눈이 더 이상 움직이지 않도록 snow[met] < HGT - 1일 경우에만 눈의 높이를 증가시키도록 한다.

16번에서 22번 줄은 기존의 화면을 그리는 코드와 동일하다. jul을 하나씩 증가시키면서 snow[met] == jul일 경우에만 별표(*)를 출력하고 나머지의 경우에는 공백문자를 출력한다.

눈 내리는 겨울 코드를 보면 진짜로 눈이 내리는 것처럼 움직이다가 바닥에 닿으면 쌓이는 느낌이 날 것이다. 쌓이지 않고 계속 눈이 내리는 코드를 연습문제 66번에 만들었으니 도전해 보기 바란다.

[예제 9-20]
눈 내리는 겨울 코드

920_winter.c

```c
#include <stdio.h>
#include <stdlib.h>

#define WTH 118                                   // 화면의 가로 폭(width)
#define HGT 26                                    // 화면의 세로 높이(height)

int main() {
   int snow[WTH], k, jul, met;

   for (met = 0; met < WTH; met++)
      snow[met] = rand() % HGT - HGT;          // 화면 밖에서 시작
   for (k = 0; k < HGT * 2; k++) {
      system("cls");
      for (met = 0; met < WTH; met++)
         if (snow[met] < HGT - 1) snow[met]++;  // 바닥에 닿기 전까지 증가
      for (jul = 0; jul < HGT; jul++) {
         for (met = 0; met < WTH; met++) {
            if (snow[met] == jul) printf("*");
            else printf(" ");
         }
         printf("\n");
      }                                            // End of for jul
      system("timeout 1 > NULL");
   }                                               // End of for k
   return 0;
}
```

실행 화면

```
**********************************************************************************************************************
```

요약

- 배열은 자료형을 하나로 묶은 것이다. 대괄호를 사용하여 int arr[k]라 선언하면 k개의 독립적인 변수가 하나의 묶음으로 만들어진다. 하나의 배열에 속하는 모든 자료형은 종류와 크기가 같다. int arr[k]에서 배열을 대표하는 이름은 arr이며 독립적인 변수를 구분하는 숫자인 k를 인덱스라 부른다. 모든 프로그래밍 언어에서 처음 시작점은 0이다. 배열도 arr[0]부터 시작하며, 마지막은 arr[k-1]이다. 배열에서 인덱스를 벗어나는 값을 사용하는 것이 가장 흔한 오류이다.
- 배열은 중괄호 {}와 콤마(,)를 사용하여 초기화한다. 배열의 개수보다 적게 초기화한 경우, 나머지 값들은 0으로 초기화된다. {0}을 사용하면 배열의 모든 값을 0으로 초기화한다.
- 여러 개의 문자가 모이면 문자열이 된다. 문자열을 저장할 문자형 배열은 일반적인 배열처럼 선언하면 된다. 문자열의 끝에는 언제나 널 문자(\0)가 있어야 한다. char str[k]로 선언된 배열에는 널 문자를 제외한 최대 k-1개의 문자가 저장된다. 따라서 문자형 배열을 선언할 때에는 사용하려는 문자보다 하나 이상 더 크게 선언해야 한다.
- 문자에서 큰따옴표를 사용하는 경우 문자열 끝에 널 문자(\0)를 자동으로 삽입해준다. 문자열의 경우 서식문자 %s를 사용하면 한꺼번에 입력 받거나 출력할 수 있다.
- 배열을 구성하는 각각의 변수를 함수로 전달할 때에는 기존의 방식을 그대로 사용하면 된다. 열쇠(&)를 붙여서 참조에 의한 호출을 사용할 수도 있고, 열쇠 없이 전달하여 값에 의한 호출을 사용할 수도 있다. 배열 전체를 함수에게 전달하는 경우에는 배열의 대표 이름만 전달된다. 배열 전체를 함수에 전달할 때에는 열쇠(&)를 따로 붙이지 않는다. 전달받는 쪽의 매개 변수는 크기가 정해지지 않은 배열로 선언한다.
- 사용자 정의 함수에서 배열 전체를 주고받을 때, 보내는 쪽에서는 열쇠(&) 없이 배열 대표 이름과 크기 정보를 같이 보내고, 받는 쪽에서는 매개 변수로 크기가 없는 배열과 정수형 변수를 만든다. 문자열 전체를 함수로 전달할 때에는 크기 정보를 같이 보내지 않아도 된다.
- 2차원 배열이란 1차원 배열을 여러 개 사용하는 배열이다. 2차원 배열의 대표이름은 1차원 배열과 같다. 따라서 함수로 변수를 전달할 때, 각각의 독립 변수를 보내고 싶다면 모든 인덱스 값을 다 써서 보내면 된다. 2차원 배열 전체를 보내는 경우 대표 이름만 보내면 된다. 2차원 배열의 경우 열의 값은 무조건 지정해야 한다.

연습문제

66문제

[객관식]

01 다음 중 5개의 변수를 가지는 정수형 배열을 바르게 선언한 코드를 고르시오.

① arr[5] ② arr(5)

③ arr{5} ④ arr<5>

02 다음 중 int arr[10]에서 앞에서 첫 번째 변수의 인덱스가 바르게 적힌 코드를 고르시오.

① arr[2] ② arr[-1]

③ arr[1] ④ arr[0]

03 다음 중 int arr[10]에서 맨 마지막 변수의 인덱스가 바르게 적힌 코드를 고르시오.

① arr[10] ② arr[7]

③ arr[9] ④ arr[8]

04 다음 중 int arr[10]에서 앞에서 두 번째 변수의 인덱스가 바르게 적힌 코드를 고르시오.

① arr[2] ② arr[-1]

③ arr[1] ④ arr[0]

05 다음 중 int arr[10]에서 앞에서 세 번째 변수의 인덱스가 바르게 적힌 코드를 고르시오.

① arr[2] ② arr[-1]

③ arr[1] ④ arr[0]

06 다음 중 int arr[10]에서 맨 뒤에서 두 번째 변수의 인덱스가 바르게 적힌 코드를 고르시오.

① arr[10] ② arr[7]

③ arr[9] ④ arr[8]

07 다음 중 int arr[10]에서 맨 뒤에서 세 번째 변수의 인덱스가 바르게 적힌 코드를 고르시오.

① arr[10] ② arr[7]
③ arr[9] ④ arr[8]

08 다음 중 int arr[10]에서 존재하지 않는 인덱스 값을 사용한 코드를 고르시오.

① arr[10] ② arr[7]
③ arr[9] ④ arr[8]

09 다음 중 int arr[10]에서 존재하지 않는 인덱스 값을 사용한 코드를 고르시오.

① arr[2] ② arr[-1]
③ arr[1] ④ arr[0]

10 다음 중 배열 전체를 초기화하는 코드로 올바른 것을 고르시오.

① int arr[5] = (0, 1, 2, 3, 4);
② int arr[5] = {0, 1, 2, 3, 4};
③ int arr[5] = {0. 1. 2. 3. 4};
④ int arr[5] = [0, 1, 2, 3, 4];

11 다음 중 비주얼 스튜디오에서 배열 전체를 0으로 초기화하는 코드로 올바른 것을 고르시오.

① int arr[5] = {1, 0, 0, 0, 0};
② int arr[5] = {0, 1, 2, 3, 4};
③ int arr[5] = {0};
④ int arr[5] = {};

12 다음 중 문자열 끝에 반드시 있어야 하는 문자는 무엇인가?

① \r ② \n
③ \t ④ \0

13 다음 중 문자열 끝에 반드시 있어야 하는 문자는 무엇인가?

① 역슬래시 문자 ② 줄 바꿈 문자
③ 탭 문자 ④ 널 문자

14 다음 중 나머지 3개와 다른 하나는 무엇인가?

① 아스키 코드 번호 0 ② \n

③ 널 문자 ④ \0

15 널 문자의 아스키 코드 번호는 몇 번인가?

① 10 ② 1

③ 0 ④ 2

16 int arr[10]으로 선언된 배열의 모든 값을 출력하려 한다. 두 개의 괄호 안에 들어갈 코드가 올바르게 짝지어진 것을 찾으시오.

```
for (                               ; k++) {
```

① k = 0; k <= 10 ② k = 0; k < 10

③ k = 1; k <= 10 ④ k = 1; k < 10

17 다음 중 문자 1개를 사용할 때 쓰는 기호를 고르시오.

① '' ② {}

③ "" ④ []

18 다음 중 배열을 초기화할 때 사용하는 기호를 고르시오.

① '' ② {}

③ "" ④ []

19 다음 중 일반 변수를 배열로 선언할 때 사용하는 기호를 고르시오.

① '' ② {}

③ "" ④ []

20 다음 중 문자열을 사용할 때 쓰는 기호를 고르시오.

① '' ② {}

③ "" ④ []

21 char ch;로 선언된 변수 ch에 문자 A를 넣으려 한다. 사용 가능한 정확한 코드는 무엇인가?

① [A] ② {A}

③ "A" ④ 'A'

22 다음 중 문자열 AB를 저장할 수 있는 문자형 변수로 올바르게 선언된 것을 고르시오.

① char ch;
② char ch[2];
③ char ch[1];
④ char ch[3];

23 다음 중 문자열을 출력하는 서식문자를 고르시오.

① %c
② %s
③ %f
④ %d

24 다음 중 문자 1개를 출력하는 서식문자를 고르시오.

① %c
② %s
③ %f
④ %d

25 다음 중 자료형의 선언과 초기화가 올바른 것을 고르시오.

① char ch = "A";
② char str[4] = 'ABC';
③ char str[3] = "ABC";
④ char str[4] = "ABC";

26 int arr[10]으로 선언된 배열 전체를 사용자 정의 함수로 올바르게 전달하는 코드를 고르시오.

① func3(arr);
② func3(arr[10]);
③ func3(&arr);
④ func3(&arr[10]);

27 int arr[10]으로 선언된 배열에서 첫 번째 변수를 참조에 의한 호출로 전달하는 코드를 고르시오.

① func3(arr[1]);
② func3(arr[0]);
③ func3(&arr[1]);
④ func3(&arr[0]);

28 int arr[10]으로 선언된 배열에서 맨 마지막 변수를 값에 의한 호출로 전달하는 코드를 고르시오.

① func3(arr[10]);
② func3(arr[9]);
③ func3(&arr[10]);
④ func3(&arr[9]);

29 int arr[10]으로 선언된 배열 전체를 func3() 함수로 보내려 한다. func3() 함수의 정의가 올바른 것을 고르시오.

① void func3(arr[]);
② void func3(arr[10]);
③ void func3(arr);
④ void func3(&arr);

난이도 상

30 다음 중 2차원 배열이 올바르게 초기화된 것을 고르시오.

① `int arr[][] = {0,1,2,3,4,5,6,7,8,9,10,11};`

② `int arr[3][] = {0,1,2,3,4,5,6,7,8,9,10,11};`

③ `int arr[][4] = {0,1,2,3,4,5,6,7,8,9,10,11};`

④ `int arr[1][1] = {0,1,2,3,4,5,6,7,8,9,10,11};`

[주관식]

31 배열을 선언할 때 변수 다음에 (   )를 붙인다.

32 배열을 선언할 때 대괄호 안의 숫자를 (   )라 부른다.

33 배열을 초기화할 때 사용하는 기호는 (   )라 부른다.

34 배열에서 첫 번째 변수의 인덱스 값은 (   )이다.

35 배열에서 두 번째 변수의 인덱스 값은 (   )이다.

36 `int arr[k]`에서 마지막 변수의 인덱스 값은 (   )이다.

37 `int arr[k]`에서 앞에서 두 번째 변수의 인덱스 값은 (   )이다.

38 `int arr[k]`에서 맨 앞 변수의 인덱스 값은 (   )이다.

39 `int arr[k]`에서 맨 뒤에서 두 번째 인덱스 값은 (   )이다.

40 비주얼 스튜디오에서 배열 전체를 `0`으로 초기화하려면 (   )을 사용하면 된다.

41 문자열의 끝을 알리는 문자는 (   )이다.

42 널 문자의 아스키 코드 번호는 (   )이다.

43 `\0`의 아스키 코드 번호는 (   )이다.

44 문자열의 끝에는 아스키 코드 번호 (   )을 붙여야 한다.

45 문자 1개를 사용할 때 쓰는 기호는 (   )이다.

46 문자열을 사용할 때 쓰는 기호는 (   )이다.

47 4글자로 이루어진 문자열을 저장할 문자형 배열의 경우 선언할 때 인덱스 값은 (   ) 이상이어야 한다.

48 문자열을 출력하는 서식문자는 (   )이다.

49 문자 1개를 출력하는 서식문자는 (   )이다.

50 배열 전체를 사용자 정의 함수로 전달할 때 받는 쪽에서 배열의 값을 변경하지 못하게 하려면 배열 앞에 (   )를 붙이면 된다.

51 2차원 배열의 행과 열 중에서 무조건 표시해야 하는 값은 (   )이다.

난이도 상

[코드 문제]

52 다음 코드의 잘못된 부분을 지적하고 어떻게 수정해야 하는지 쓰시오.

배열과 함수

```
#include <stdio.h>

int main() {
   int arr[3];
   double ave;

   printf("3개 값을 입력하시오 :");
   scanf("%d %d %d", arr[0], arr[1], arr[2]);

   ave = (arr[0] + arr[1] + arr[2]) / 3;
   printf("AVE = %.1lf", ave);

   return 0;
}
```

배열의 범위

53 다음 코드의 잘못된 부분 2곳을 지적하고 어떻게 수정해야 하는지 쓰시오.

```
#include <stdio.h>

int main() {
   int k, arr[5], sum = 0;
   double ave;

   printf("5개 값을 입력하시오: ");
   for (k = 1; k <= 5; k++) {
      scanf("%d", arr[k]);
      sum = sum + arr[k];
   }
   ave = sum / 5;
   printf("AVE = %.1lf", ave);

   return 0;
}
```

문자열

54 다음 코드의 잘못된 부분을 지적하고 어떻게 수정해야 하는지 쓰시오.

```
#include <stdio.h>

int main() {
   char ch = 'A';
   char str[3] = "TED";

   printf("%c\n", ch);
   printf("%s\n", str);

   return 0;
}
```

55 다음 코드의 빈칸을 채우시오.

문자열

```
#include <stdio.h>

int main() {
   char str[4];

   str[0] = 84;
   str[1] = 69;
   str[2] = 68;

   printf("%s\n", str);

   return 0;
}
```

56 다음 코드의 빈칸을 채우시오.

배열과 함수

```
#include <stdio.h>

double print_score(int                    , int size) {
   int sum = 0, k;

   for (k = 0; k < size; k++) {
   printf("%d = %d점, ", k, score[k]);
      sum = sum + score[k];
   }
   return sum;
}

int main() {
   int score[5] = {75, 84, 13, 96, 46}, sum;

   ave = print_score(                  , 5);
   printf("\n종합 = %d", sum);
   return 0;
}
```

57 수직 사운드 미터를 다음 조건과 같이 수정하시오.

> **조건**
>
> 사운드 미터의 높이를 결정하는 `#define HGT 24`를 만드시오. 사운드 미터의 가로 폭을 결정하는 `#define WTH 60`을 만드시오. 그에 따라 가로 폭과 세로 높이를 결정하도록 코드를 수정하시오.

58 수직 사운드 미터를 다음 그림과 같이 위에서 밑으로 내려오는 사운드 미터로 만드시오.

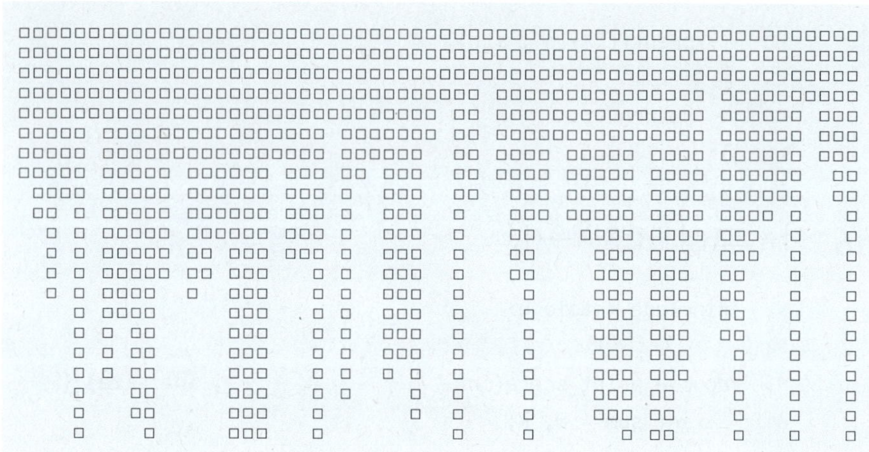

59 내 팔자 어찌하오 코드를 다음과 같이 고치시오.

> **조건**
>
> 문제의 개수를 `#define LEN 40`으로 만들어 쉽게 수정할 수 있도록 코드를 고치시오. 틀린 경우 바로 프로그램을 종료하시오.

60 꽃 피는 봄 코드를 `srand()`를 사용하여 실행할 때마다 다른 모양이 되도록 수정하시오.

61 꽃 피는 봄 코드를 매크로를 사용하여 폭과 높이를 조절할 수 있도록 수정하시오.

62 매크로를 사용한 61번 코드를 수정하여 꽃 밑에 꽃받침(w)을 넣으시오.

63 62번 코드를 변형하여 꽃이 피었다가 지는 코드를 만드시오.

64 사용자로부터 5글자를 입력 받아 글자가 흘러가는 코드를 만드시오.

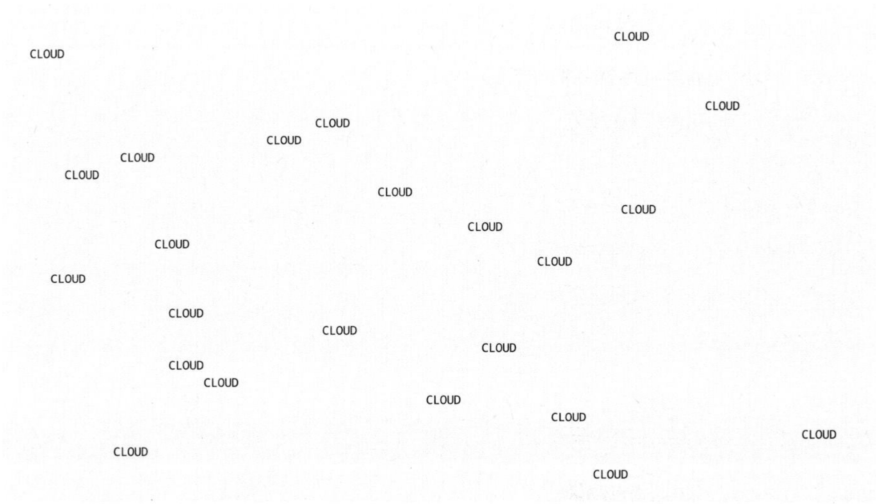

65 구름 흘러가는 코드를 `#define`을 사용하여 변경이 쉽도록 코드를 만드시오.

66 눈 내리는 코드를 수정하여 눈이 쌓이지는 않지만 계속해서 눈이 내리도록 하시오. 단, 반복 횟수는 500번으로 하시오.

WONDER C

CHAPTER 10

포인터

학습목차

10.1 포인터 개요

1 포인터의 본질

필수

포인터는 개다.

이 책에서 9장까지 포인터에 대한 언급이 전혀 없었다. 포인터의 개념을 잘못 이해하여 기존 자료형에 대한 개념이 흔들리는 것을 막기 위해서였다. 포인터를 몰랐어도 통닭도 튀기고, UFO도 날리고 꽃 피는 봄과 눈 내리는 겨울을 즐기는데 전혀 문제가 없었다. 바꿔 말하면 포인터를 이해하지 못하면 코딩하는데 조금 불편한 정도의 개념이라는 뜻이다.

그림 10-1
포인터는 개다

기존 자료형과 포인터의 관계는 사람과 반려견의 관계이다. 포인터의 생김새는 기존 자료형과 비슷하다. 그러나 반려견이 아무리 사람과 똑같이 생겼어도 개는 개일뿐이다. 더 정확하게 이야기하면 포인터는 사람의 탈을 쓴 개다. 사람의 탈을 썼다고 해서 개가 요리를 하거나 빨래를 하지는 못한다. 본질은 개이기 때문이다.

반려견이 계속 이상한 행동을 한다면 개통령은 이해하겠지만, 우리는 개의 습성을 잘 이해하지 못한다. 그러나 오랜 시간 반려견과 같이 지내다 보면 차츰 알아가게 된다. 포인터가 그러하다. 많이 쓸 일도 없을 뿐 아니라 구조체와 같은 고급 문법을 사용하다 보면 차츰 익숙해지게 된다. 다만, 개념은 확실하게 잡고 넘어가야 한다.

기존 변수와 포인터 변수의 선언 비교

기존 자료형의 선언과 포인터 자료형의 선언을 비교해 보자. char ab는 문자형 변수 ab를 선언한 것이고, char *ba는 포인터 변수 *ba를 선언한 것이다. 별표(*) 하나 차이로 문자형 변수 선언과 포인터 변수 선언으로 나뉘게 된다.

그림 10-2
기존 자료형과 포인터

여기서부터 혼란이 시작된다. 포인터 변수 *ba 앞에 char가 붙었기 때문에 문자와 연관 있어 보인다. 그래서 문자형 변수 ab처럼 *ba도 문자를 저장할 수 있을 것 같다. 그건 개가 사람과 비슷하게 생겼기 때문에 요리를 하거나 빨래를 할 수 있을 거라고 착각하는 것과 같다. 포인터 변수 *ba는 문자 저장과는 관련이 없다. 그런데도 char라는 문자형의 탈을 쓰고 있다.

포인터 변수도 변수이기 때문에 값을 대입하거나 연산을 할 수는 있다. 변수가 가지는 기본적인 성질은 그대로이다. 개도 인간처럼 밥을 먹고 대소변을 보는 것과 같다. 기본적인 성질은 일반 변수와 같지만 포인터가 다루는 자료형이나 사용 방법은 전혀 다르다. 사람은 요리를 먹고 개는 사료를 먹는 차이와 같다.

포인터의 특징

개는 사람보다 귀가 밝고 냄새를 잘 맡는다. 그래서 사람이나 물건을 찾는 능력이 우수하다. 포인터의 주된 역할은 자료의 위치를 알려주는 것이다. 사실, 일반적인 자료형보다 포인터가 먼저 생겼다. 그래서 포인터는 저급 언어의 성질을 가지고 있다. 사람보다 덜 진화됐다는 이야기이다. 대신, 저급 언어의 성질을 가지고 있다는 것은 빠르게 작동한다는 뜻이다. 빠르다는 장점도 있지만, 반대로 우리가 배웠던 문법과는 조금 다른 개들의 문법을 사용한다는 단점도 있다.

그림 10-3
포인터의 특징

이쯤에서 자료의 위치를 빨리 찾는다는 장점만으로 복잡하고 불편한 포인터를 배워야 하는지에 대한 의문이 들 것이다. 밥하고 빨래할 줄 알아서 개를 키우는 것이 아니다. 사실 산책시키고 밥을 챙겨주는 등 보살피는 일이 더 늘어난다. 그래도 마음의 안정과 평화를 주는 것만으로도 불편함을 감수한다. 마찬가지로 자료에 대한 접근이 빨라지고 코드가 단순해진다는 이유만으로도 포인터를 배울 이유는 충분하다. 더 나아가 포인터를 이해하게 되면, C언어가 자료를 처리하는 방법을 배우게 된다. 코딩의 본질을 이해하게 되어 더 높은 수준의 프로그래밍이 가능해진다.

포인터의 본질에 대한 이해가 중요한 이유

포인터의 개념을 설명하기 전에 장황하게 포인터의 본질을 설명하는 이유가 있다. 포인터가 기존 자료형의 탈을 쓰고 있기 때문에 기존 자료형에 대한 언급을 안 할 수는 없다. 설명을 잘못 이해하여 기존 자료형과 포인터를 혼동하는 것을 막기 위해 포인터의 본질을 설명했다. 혹시, 기존 자료형과 포인터 사이에서 혼란이 온다면 한 가지만 기억하기 바란다. 사람의 탈을 쓴 개는 사람이 아니라 개일뿐이다.

2 직접 접근과 간접 접근

필수

예시로 이해하는 직접 접근과 간접 접근

핸드폰마다 전화번호부가 있으며, 그 안에는 많은 수의 전화번호가 있다. 개통령에게 전화를 걸고 싶다면, ㄱㅐㅌㅗㅇㄹㅕㅇ을 차례로 눌러서 이름에서 개통령을 찾아 8번 위치에 있는 전화번호 576-6211로 전화를 건다. 이러한 방식을 '간접 접근'이라 부른다. 이름에서 개통령을 찾은 후에야 8번에 있는 전화번호에 접근할 수 있기 때문이다. 반대로 사용자가 8번을 직접 눌러 전화를 걸면 '직접 접근'이 된다.

그림 10-4
직접 접근과 간접 접근

포인터를 사용하는 이유

핸드폰 입장에서 보면, 간접 접근은 추가적인 일을 더 수행하는 것이다. 전화번호부에서 개통령을 찾는 과정과 개통령이 위치한 8번으로 변환하는 과정이 필요하다. 만약 사용자가 개통령의 전화번호가 8번에 있다는 것을 외워서 전화를 거는 경우, 다시 말해 직접 접근을 하는 경우에는 필요 없는 일이다. 그러나 사용자가 수많은 전화번호를 다 외우지 못하기 때문에 간접 접근은 꼭 필요하다.

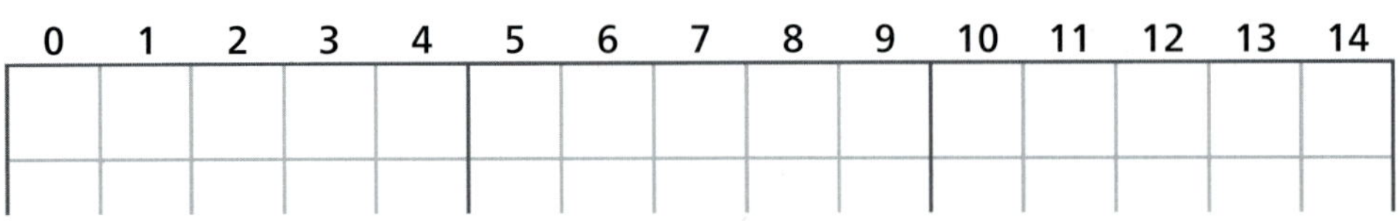

그림 10-5
메모리

메모리는 데이터를 저장하는 기능을 가지며, 1바이트씩 나눠져 있다. 마치 눈금 종이와 같다. 1바이트씩 나눠진 공간에는 0번부터 시작하는 주소가 달려 있다. 변수를 만들어 사용하는 것은 메모리에 간접 접근하는 것이다.

char alp = 'A'라고 선언하면, 컴퓨터는 메모리의 335번지에 문자가 들어갈 공간을 만들어 주고, 문자 'A'를 넣는다. 사용자가 335번지를 알 수 없기 때문에 주소 대신 alp라는 이름을 붙여준다. 사용자는 335번지라는 주소 대신에 alp라는 이름만으로 335번지에 접근하게 된다. 전화번호부의 예에서 개통령으로 8번 위치에 접근하는 것과 같다.

그림 10-6
직접 접근보다 간접 접근이 편하다

컴퓨터 입장에서는 alp라는 이름을 없애고 주소 335번지에 직접 접근하는 방식이 편하다. 그러나 핸드폰에 이름 없이 전화번호만 있다고 상상해 보라! 그런 전화번호부는 쓰기 힘들다. 그래서 전화번호부에 이름이 있듯이, 335와 같은 메모리 주소 대신 alp와 같이 사용자가 지정한 이름으로 대신한다.

포인터는 메모리 주소에 '직접 접근'하기 위해 만들어진 자료형이다. char는 문자, int는 정수, float는 실수를 다루듯이, 포인터는 335와 같은 '메모리 주소'를 다룬다. 다시 말해 int형 변수에 담겨 있는 335는 숫자 335를 의미하지만, 포인터에 담겨있는 숫자 335는 메모리 주소 335번지를 의미한다.

3 *를 붙이게 된 이유

필수

개가 사람의 탈을 쓰다.

정수를 다루는 자료형 int, 실수를 다루는 자료형 float, 문자를 다루는 자료형 char에 이어 주소를 다루는 포인터라는 자료형이 생겼다. 아직 이름이 정해지지 않았으니 포인터 자료형을 임시로 point라 부르겠다. 앞서 설명했듯이, point 자료형에는 주소만 저장된다. 그래서 다른 자료형과 달리 주소에 직접 접근이 가능한 자료형이다.

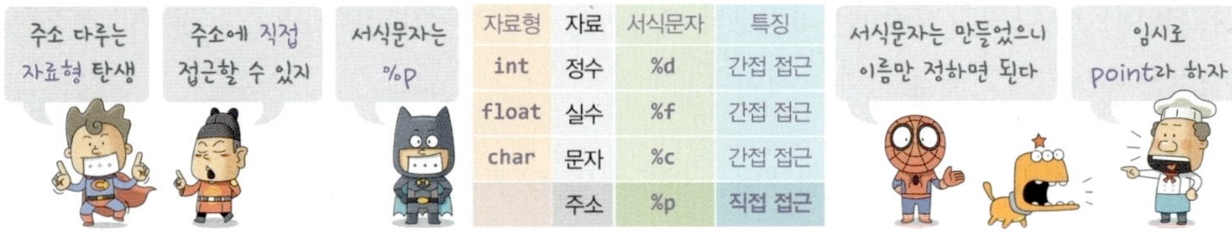

그림 10-7
직접 접근 자료형의 탄생

각 자료형에는 서식문자가 있다. int는 %d, float는 %f, char는 %c이다. 새로 만들어진 point 자료형의 서식문자는 %p이다.

point 자료형을 만들고 보니 새로운 문제가 생겼다. 우리가 지금까지 다루었던 자료형 int, float, char를 보면, 크기가 다 다르다. char는 1바이트를 사용하지만, int나 float의 경우 4바이트를 사용한다. 더 나아가 배정도 실수(double)는 8바이트를 사용한다.

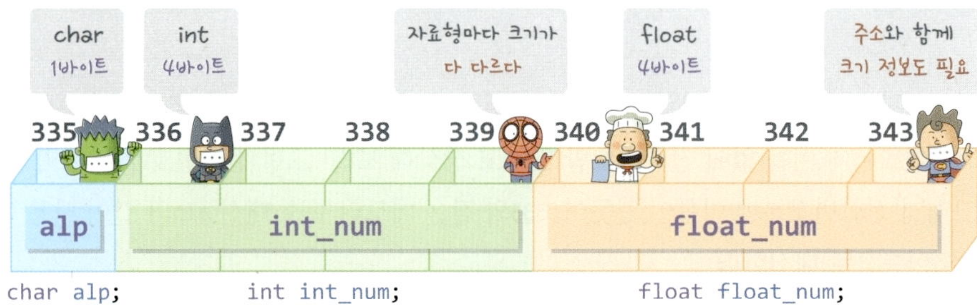

그림 10-8
자료형마다 크기가 다르다

point 자료형에 주소를 저장하는 경우, char는 1바이트이기 때문에 주소만 있으면 된다. 그러나 int나 float의 경우, 주소만 저장하면 변수가 어디서 끝나는지를 알 수 없기 때문에 문제가 생긴다. 시작 주소와 함께 크기 정보도 같이 저장해야만 한다.

하나의 변수에는 1개의 자료만 저장할 수 있다. 따라서 point 자료형에 시작 주소는 저장할 수 있지만, 크기 정보는 저장할 수 없다. point 자료형에 크기 정보를 어떻게 저장해야 하는가의 문제가 시작된다.

해결 방법이 전혀 없는 것은 아니다. 자료형을 선언하면 크기는 자동으로 만들어진다. 예를 들어 char a라 선언하면 a는 1바이트 크기의 변수로 만들어지고, int b라 선언하면 b는 4바이트 크기의 변수로 만들어진다. 이러한 특징을 이용하여 point 자료형을 기존 자료형의 이름과 섞어 쓰기로 했다. 자료형의 이름에 따라 자동으로 크기를 결정하기 위해서이다. 따라서 int_point, float_point, char_point와 같은 포인터 자료형이 만들어지게 된다. float_point는 float의 크기를 가지는 포인터 자료형이라는 의미이다.

char는 1바이트 크기를 가진다. 따라서 char_point a라 선언하고 a에 시작 주소를 저장하면,

크기는 1바이트로 결정된다. 마찬가지로 int는 4바이트임으로 int_point b라 선언하고 b에 주소를 넣으면 b의 크기는 4바이트로 자동 정해진다.

그림 10-9
크기 정보를 가진 point 자료형

그러고 나니 또 다른 문제가 생겼다. 기본 자료형 외에 short나 long과 같은 자료형이 또 있다. 그래서 주소를 다루는 자료형은 short_point, int_point, long_point, long long_point, float_point, double_point, long double_point, char_point가 된다.

포인터가 대단히 중요한 자료형도 아닌데, 개를 위해서 길고 복잡한 이름을 8개나 만들어 주는 것은 낭비이다. 그래서 긴 이름 대신에, point라는 글자를 별표(*)로 바꾸기로 했다. 다시 말해, 기존 자료형 뒤에 별표(*)를 붙이면 포인터 자료형인 것으로 합의를 한 것이다. 따라서 int의 포인터 자료형은 int*, float의 포인터 자료형은 float*, char의 포인터 자료형은 char*가 된다. 포인터를 위해 긴 이름을 만들어 주는 대신에 어쩔 수 없이 기존 자료형의 탈을 씌운 것이다.

4 포인터의 선언과 표시

변수이름 앞에 *를 붙인다.

C코드를 작성해보면 알겠지만, 하나의 코드에서 포인터 변수는 한두 개 정도 선언한다. 그런데 이름이 짧아지기는 했지만, 별로 안 쓰는 포인터 때문에 기존 자료형에 별표가 붙는 자료형이 더 생겼다.

a, b, c, d, e의 정수형 변수를 만들 때 a만 포인터 변수이고 나머지는 일반 정수형 변수라고 가정해 보자. int* a, b, c, d, e라 선언하면, a, b, c, d, e 모두 포인터 자료형이 되어 버린다. 따라서 int* a라 선언하고 다음 줄에 int b, c, d, e를 따로 선언해야 한다. 자료 선언 방식이 복잡해진다.

그림 10-10
포인터 선언 방법 변경

겨우 한두 개 사용하는 포인터 자료형 때문에 변수 선언을 2줄에 나누어 하는 낭비이다. 그래서 **변수이름 앞에 별표(*)를 붙이면 그 변수만 포인터 자료형이라 정했다.** 그림에서 외계인과 반려견 포인트를 구분하는 것이 머리의 별표이듯이, 일반 변수와 포인터 변수를 구분하는 것을 별표(*)로 정한 것이다. 따라서 `int *a, b, c, d, e`에서 `*a`는 정수형 포인터 변수이고 나머지 `b, c, d, e`는 일반적인 정수형 변수라는 뜻이 된다. 한 줄에 포인터 변수와 일반 변수를 같이 선언할 수 있게 된 것이다. 이것이 사람과 반려견이 같이 살게 된 이유이다.

비주얼 스튜디오의 자동 변환

별것도 아닌 이야기를 너무 길게 설명한 것 아니냐는 사람도 있을 것이다. `int a`와 `int *b`만으로 포인터를 설명하면 이해가 안 되는 이야기가 있다. 비주얼 스튜디오는 자동으로 띄어쓰기나 들여쓰기를 하는 기능이 있다. 밑의 1번 줄과 같이 `int *a, b;`라 입력을 하면 비주얼 스튜디오에서는 `int* a, b;`라 바꿔버린다.

	키보드 입력	비주얼 스튜디오에서의 표시
01	`int *a, b;`	`int* a, b;`
02	`int b, *a;`	`int  b, * a;`

콤마(,) 연산자는 같은 종류를 나열하는 연산자이다. 그래서 우리가 지금까지 배운 상식으로 `int a, b;`라 선언하면 `a`와 `b` 변수 둘 다 정수형 변수이다. 그렇다면 `int* a, b;`에서 `a`와 `b` 둘 다 `int*`형 변수여야만 한다.

`int* a, b;`에서 `a`는 포인터 변수이고, `b`는 일반 정수형 변수라고 하면, 지금까지 배운 콤마 연산자의 정의를 벗어난다. 바꿔서 `int b, *a;`라 입력해 보자. 이것은 정상적으로 `int b, * a;`로 표시된다. 따라서 `int* a, b;`는 `int *a, b;`의 의미이다. 그럼에도 비주얼 스튜디오에서 `int *a, b;`라 입력을 하면 `int* a, b;`로 바꾸는지를 제대로 설명한 책이 없었다.

지금까지의 포인터 설명을 이해한 분들은 이 현상을 이해할 수 있을 것이다. 포인터 변수를 선언할 때, `int*`가 정상적인 선언 방법이다. 그러나 잘 사용하지도 않는 포인터를 위해 `int*`와 같은 새로운 자료형을 만들어주는 것은 낭비이다. 그래서 변수 앞에 별표(*)를 붙이면 포인터 변수가 된다고 약속했다. 그럼에도 비주얼 스튜디오는 `int*`의 자료형에 대한 표시를 해주고 있는 것이다.

참조 연산자 *

어떻게 표시가 되든 간에 이 책에서는 변수 앞에 별표(*)를 붙이면 포인터 변수가 되는 것으로 정한다. 별표(*)의 정확한 이름은 참조 연산자(reference operator)이다. 포인터 변수가 가지고 있는 주소를 참조한다는 의미에서 붙여진 이름이다. 이름이 어찌 되었건 간에, char *ba라 선언된 변수는 문자 저장과 전혀 상관없는, char의 탈을 쓴 포인터(개)라는 것을 완전히 이해했기를 바란다.

5 포인터의 영향

고급 프로그래밍에서 자주 쓰이는 개념

int a는 정수를 다루는 변수이고, int *b는 주소를 다루는 변수라고만 설명하면 포인터의 개념을 헷갈리는 것이 당연하다. 읽는 사람이 부족한 것이 아니라 설명을 제대로 안 한 것이다. 이렇게 부실한 설명을 듣고서 포인터의 개념을 확실하게 이해할 수 있는 방법은 없다.

사람은 사람의 문법으로, 반려견은 반려견의 문법으로 이해해야 한다. 그런데 포인터를 기존의 자료형과 같은 수준에서 설명하는 것은 개가 요리도 하고 빨래도 할 수 있는 것처럼 착각을 하게 한다. 일반적인 자료형은 간접 접근 방식인데 반하여, 포인터는 직접 접근 방식의 자료형이다. 같은 줄에 선언되어 있다고 해서 같은 수준의 자료형이 아니다. 그래서 외계인과 똑같이 생긴 반려견까지 등장시켜가며 포인터의 본질을 설명했다.

포인터가 대단한 것인 양 찬양을 하기도 하지만 실상은 그렇지 않다. 50여 년 전 C언어가 만들어지기 전에는 어셈블리어라는 저급 언어로 코드를 만들었다. 어셈블리어에서 자료에 접근하는 방법 대부분이 직접 접근이다. C언어를 만들 때, 저급 언어에서 작업했던 습관을 그대로 사용할 수 있도록 남겨둔 것이 포인터이다. 의도했건 안 했건 간에 저급 언어의 특성이 남겨진 것이 찬양받을 만큼의 일은 아니다. 저급 언어에서 사용하던 포인터를 남겨놓고, 이를 간접 접근 방식의 자료형과 섞어 쓰게 되면서 C언어를 배우는 사람들에게 혼란을 주게 된 것이다.

이렇게 이야기를 하면, 포인터는 배울 이유가 없는 개념이고 C언어는 어려운 프로그래밍 언어라고 착각하는 분들이 있다. 파이썬이라는 배우기 쉬운 언어가 있고, 자바라는 대중적인 언어가 있음에도 50여 년이 지난 지금까지도 C언어를 배우고 가르치는 데는 다 이유가 있다.

파이썬, 자바, C++와 같이 현재 많이 사용되는 언어는 C언어를 기본으로 만들어졌다. 따라서 다른 언어의 문법을 이해하는데 기초가 되는 언어가 C언어이다. 또한, C언어는 저급 언어를 기반으로 만들어졌기 때문에 코드의 크기가 작고 매우 빠르게 동작한다. 자바와 비교하여 2배 이상, 파이썬보다는 5배 이상 빠르다.

그림 10-11
C언어의 가치

C언어는 50여 년을 지나오면서 쌓아 놓은 좋은 라이브러리와 다양한 코드가 있어 많은 분야에 활용이 가능하다. 작고 빠르고 좋은 라이브러리가 있기 때문에 여러 응용프로그램과 임베디드 시스템을 만들 때에 지금까지도 C언어를 사용한다. 더 나아가 임베디드 시스템을 만들 때 저급 언어로 처리해야 하는 부분들이 있는데 현재 사용되는 언어 중 저급 언어의 특성을 가진 고급 언어는 C언어와 C++뿐이다.

중급을 넘어 고급 프로그래머가 되기 위해서는 컴퓨터의 작동 원리를 알아야 한다. 그래서 고급 프로그래밍 기법을 배울 때 운영체제와 같은 과목들을 같이 배운다. 운영체제의 메모리나 프로세스를 구성하는 자료형을 살펴보면 대부분 포인터가 사용된다. 따라서 이 장 이후의 개념들을 이해하고 한 단계 높은 프로그램을 만들려면 포인터의 개념은 매우 중요하다.

첫 단추가 잘못 끼워지면 복구하기 힘들다. 기존의 자료형과 포인터의 자료형은 다르기 때문에 개념을 확실하게 잡고 넘어가야 해서 포인터에 대해 길게 설명했다. 이후부터 포인터의 연산에 대해 설명할 것이다. 지금까지 배운 기존 자료형은 사람, 포인터는 반려견이라는 사실만 명심하면 어렵지 않게 포인터를 이해할 수 있을 것이다.

포인터의 특징 10.2

1 포인터의 사용

필수

포인터의 문법

이제 포인터 변수를 만들고 사용해 보자. 강조했다시피, 기존 자료형은 사람, 포인터는 반려견이기 때문에 개에게 무언가를 시킬 때에는 개의 문법을 따라야 한다. 다시 말해, 포인터를 사용할 때에는 포인터의 문법에 따라야 한다.

포인터 문법에 사용되는 기호는 &와 *뿐이다. **&는 주소 변환 연산자**라 부르며, 앞에서 열쇠라고 불렀던 기호이다. ***는 참조 연산자라 부르며 포인터 변수를 선언할 때 사용**했었고, 앞에서 별구멍이라 불렀던 기호이다. 열쇠와 별구멍과의 관계는 나중에 설명하기로 하고, 주소 변환 연산자와 참조 연산자가 어떤 의미로 사용되는지 살펴본다.

주소 변환 연산자(&)의 의미

정수형 변수 int num = 5, copy를 선언하고, 정수형 포인터 int *p_num을 선언한다. copy = num은 num에 저장된 5를 copy 변수에 저장하라는 의미이다. 지금까지 알고 있던 문법 그대로이다.

그림 10-12
&는 주소 변환 연산자

포인터 연산을 보자. p_num = num이라 쓰면 안 될 것 같다고 느낄 것이다. 개에게 사람이 쓰는 방식을 그대로 사용해서는 안 된다. 호텔 뷔페 식사권과 과자 한 봉지가 있다. 사람에게 고르라고 하면 식사권을 고르겠지만, 개에게 식사권은 종이에 불과하다. 개가 식사권을 가지고 혼자 호텔에 가서 스테이크를 썰지는 못한다.

num에 들어 있는 숫자 5는 정수형 변수 copy에게 의미 있는 숫자이다. 그러나 포인터 p_num에게는 필요 없는 숫자이다. 식사권을 개에게 줘봤자 쓸모가 없다. p_num이 필요로 하는 것은 num에 저장된 5가 아니라 num이 있는 곳의 주소이다. num의 **주소를 넘겨주기 위해서는 변수 num 앞에 주소 변환 연산자(&)를 붙여야 한다.** 따라서 p_num = &num이라 쓴다.

p_num = &num이라 쓰면 p_num은 num의 주소를 가지게 된다. num이 있는 곳의 주소로 바꿔 주기 때문에 &는 주소 변환 연산자이다. num이 어디에 있는지를 가리키고 있는 것이 포인터의 주요 역할이며 이게 전부다. 항상 무언가를 가리키고 있다고 해서 이름이 포인터이다.

참조 연산자(*)의 의미

p_num을 서식문자 %p를 사용하여 출력하면 p_num이 가지고 있는 주소를 출력한다. p_num = &num 코드에 의해 num의 주소를 가지고 있기 때문에 num의 메모리 주소가 출력된다. 그런데 우리는 num의 주소 따위는 필요없다. 지금까지 간접 접근 방식으로 num을 사용한 이유는 주소를 몰라도 num에 5를 넣거나 5가 있는지 볼 수 있기 때문이었다. 그런데 이제 와서 num의 주소가 궁금할 이유가 없다.

우리의 관심은 num 안에 무엇이 있는지이다. 따라서 p_num이 가지고 있는 주소로 가서 그 안에 무엇이 있는지 참조하거나 값을 바꾸려면 개에게 작업을 지시해야 한다. 주소가 있는 곳에 가서 작업하라는 명령이 참조 연산자(*)이다. *p_num과 같이, **포인터 변수 앞에 참조 연산자(*)가 붙으면 가지고 있는 주소에 있는 자료를 참조하겠다는 의미**이다. p_num을 %p로 출력하면 num의 주소가 출력 되지만, *p_num을 서식문자 %d로 출력하면 num이 가지고 있는 5가 출력된다.

그림 10-13
*는 참조 연산자

포인터 자료형 int*는 정수 값을 참조하고, float*는 실수 값을 참조하고, char*는 문자 값을 참조한다. 포인터 앞에 어떤 자료형이 붙어 있건 간에 주소를 저장하고 있다가 참조(*)가 붙으면 데이터를 참조한다. 그래서 포인터를 반려견으로 표현한 것이다. 자료가 있는 곳의 끈을 물고 있다가(주소를 가지고 있다가) 주인이 가져와(*)라고 외치는 순간 끈에 연결된 곳으로 가서 그 안을 참조한다.

그림 10-14
포인터 연산자의 일

그래서 포인터에게 선언할 때에도 참조(*) 연산자를 쓰고, 데이터를 참조할 때에도 참조 연산자를 쓰는 것이 이상한 일도 아니다. 하는 일이 참조 밖에 없기 때문에 참조를 하는 변수라는 뜻으로 참조 연산자를 사용한다. 허무하게도 이게 포인터가 할 수 있는 일의 전부이다.

포인터 주소 값과 참조 값 확인하기

[예제 10-1]이 지금까지 설명한 포인터의 연산 코드이다. 4번 줄에서 num과 copy는 일반적인 정수형 변수이며, 5번 줄의 *p_num은 정수의 크기를 가진 포인터 변수이다. 강조했다시피 포인터는 int가 앞에 붙었어도 주소를 가지고 참조만 할 수 있는 변수이다. 자신이 물고 있는 끈 끝에 있는 자료가 int라는 의미이다.

[예제 10-1]
포인터 정의 코드

1001_pointer1.c

```
01  #include <stdio.h>
02
03  int main() {
04      int num = 5, copy;
05      int *p_num;                  // 정수의 크기를 가진 포인터 *p_num 선언
06
07      copy = num;                  // num 값을 복사해서 copy에게 줌
08      p_num = &num;                // & 주소 변환 연산자를 사용하여 p_num에게 줌
09      printf("num = %d, &num = %p\n", num, &num);        // 주소 서식은 %p
10      printf("p_num = %p, 참조값 = %d\n", p_num, *p_num);
11
12      return 0;
13  }
```

첫 번째 실행 화면

```
num = 5, &num = 0095FB5C
p_num = 0095FB5C, 참조값 = 5
```

두 번째 실행 화면

```
num = 5, &num = 012FF9A0
p_num = 012FF9A0, 참조값 = 5
```

7번 줄 copy = num은 변수 num에 저장된 값 5를 copy에게 전달한다. 정확하게는 정수형 변수 num에 담겨 있던 숫자 5를 복사하여 copy에게 전달한다.

8번 줄 p_num이 정수형 포인터이기 때문에 num의 주소를 전달해야 한다. 그래서 num 앞에 주소 변환 연산자(&)를 붙여서 p_num에게 전달한다. 이때부터 p_num은 num의 주소를 가지게 된다.

9번 줄에서 num과 &num의 값을 출력한다. num은 정수이지만, &num은 주소 값이다. 따라서 정수는 서식문자 %d를 사용하지만, 주소는 %p(pointer)를 사용한다. num의 값은 5가 출력되고, &num의 값은 0095FB5C가 출력된다. 0095FB5C는 num이 자리 잡고 있는 메모리 주소이며, 16진수이다. 언제나 같은 위치에서 프로그램이 실행되는 것은 아니다. 그래서 두 번째 실행 화면에서 num의 주소 값은 012FF9A0으로 변경되었다. [예제 10-1] 코드를 실행하면 컴퓨터마다 &num의 주소 값은 다 다를 것이다.

포인터 p_num이 num의 주소를 가졌다는 것은 참조를 하기 위해서이다. 포인터 p_num 앞에 참조 연산자(*)를 붙이면, p_num이 가지고 있는 주소를 찾아가서 확인(참조)하겠다는 의미이다. 다시 말해, p_num 주소 값의 원래 주인인 변수 num의 내용(숫자 5)을 참조한다는 의미이다.

여기서 잠깐

[예제 10-1] 코드를 리눅스에서 실행하면 다음과 같은 결과가 나온다.

```
num = 5, &num = 0x7ffde64971d0
p_num = 0x7ffde64971d0, 참조값 = 5
```

주소 앞의 0x는 16진수를 의미하고, 윈도우즈와 달리 16진수 값은 소문자로 표시된다.

10번 줄에서 p_num 값과 *p_num 값을 출력해 본다. p_num 값과 num의 주소 값은 똑같이 0095FB5C이다(두 번째 실행 화면에서는 012FF9A0이다). num의 위치(주소 0095FB5C)에 무엇이 들어 있는지 확인하고 싶다면, *p_num이라 쓴다. 그러면 num이 있는 주소에 가서 5를 가져와서 출력한다.

중요

포인터는 참조 연산자(*)를 붙여서 선언하며, 주소를 가지는 자료형으로 서식문자는 %p이다. 포인터 앞에 붙는 자료형의 의미는 참조하는 자료의 크기이다. 일반 자료형이 주소를 넘겨줄 때 주소 변환 연산자(&)를 사용하며, 포인터에 참조 연산자(*)를 붙이면 주소가 가리키는 곳을 참조하겠다는 뜻이다.

여기서 잠깐

다른 책에서는 포인터 변수 선언 시 사용하는 참조 연산자(*)는 순방향 참조 연산자로, 값을 참조할 때 사용하는 참조 연산자는 역방향 참조 연산자라 부른다. 포인터가 가리키는 곳의 값을 참조할 때 사용하는 참조 연산자(*)는 가진 주소를 반대 방향으로 참조하기 때문에 '역참조' 혹은 '간접 참조 연산자'로 구분한다. 프로그래머 입장에서 보면 변수를 선언할 때의 참조 방향과 값을 참조할 때의 참조 방향이 중요하지 않다. 그리고 같은 모양의 참조 연산자(*)를 역방향인지 순방향인지 구분하지 않아도 사용하는데 문제가 없다. 따라서 이 책에서는 그냥 참조 연산자라 부른다.

2 포인터의 특징

필수

값 전달과 주소 전달의 차이

앞의 [예제 10-1]에서 copy = num으로 num이 가지고 있는 값 5를 copy에게 주었다. 포인터 변수에게는 p_num = &num으로 자신의 주소를 넘겨주었다. 값을 주는 것과 주소를 넘기는 것에는 어떤 차이가 있는지 살펴보자.

일반적인 대입 연산 copy = num의 경우 변수 num에 담겨 있는 5가 복사되어 copy 변수에 저장된다. 그러나 p_num = &num의 경우 num의 주소(그림에서 335번지)가 p_num에게 전달된다. 주소가 전달된다는 것은 num과 p_num이 연결된다는 뜻이다.

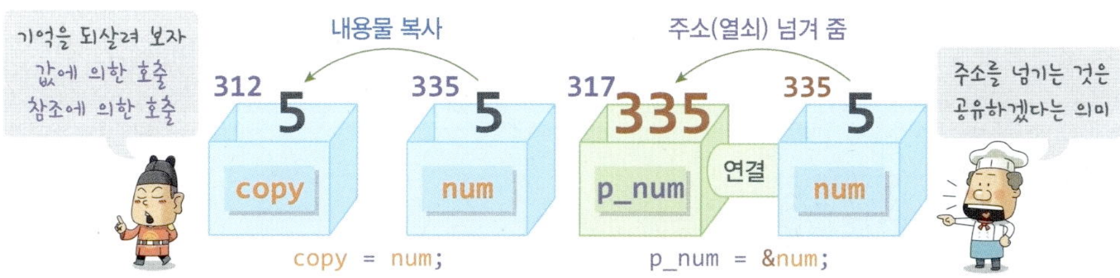

그림 10-15
주소를 준다는 것은 공유의 의미

누군가에게 나의 자동차 열쇠를 준다는 것은 내 차를 같이 써도 된다는 의미이다. 변수가 주소를 넘겨준다는 것도 같은 의미이다. &num의 경우, 주소 변환 연산자(&)를 사용하여 주소(열쇠)를 p_num에게 넘겨주었기 때문에, num과 *p_num은 같은 공간을 사용할 수 있게 된다. **공간을 공유한다는 뜻은 마음대로 값을 사용하거나 변경할 수 있다는 의미이다.** 따라서 공유된 이후부터 *p_num에게 어떤 값을 주면, 실제로는 num의 값이 변경된다. 다시 말해, *p_num = 7이라고 하면, num의 값이 7로 바뀐다.

참조에 의한 호출 = 포인터를 이용한 호출

이와 유사한 이야기를 8장 함수에서도 했었다. 매개 변수를 사용하여 함수를 호출할 때, 값에 의한 호출(call by value)과 참조에 의한 호출(call by reference)이 있다고 설명했다. 당시에는 포인터를 설명하지 않아 참조에 의한 호출을 간략히 설명했지만, 참조에 의한 호출이 포인터를 이용한 호출이다.

printf()와 같은 함수를 사용할 때 값에 의한 호출을 사용한다. 값에 의한 호출의 경우 변수의 값을 복사하여 전달한다. 이는 일반적인 대입 연산 copy = num과 같다. 따라서 함수를 호출해도 원래의 변수 값은 변화되지 않는다.

scanf()와 같은 함수를 사용할 때에는 참조에 의한 호출을 사용한다. 참조에 의한 호출은 변수 앞에 열쇠(&)를 붙여서 전달하는데, 실제로는 해당 변수의 주소 값이 전달된다. 이는 p_num = &num의 경우와 같으며, 포인터에게 주소를 넘겨주는 것이다.

참조에 의한 호출은 포인터를 사용하기 때문에 호출하는 쪽과 호출을 받는 쪽의 변수가 연결된다. 함수 안의 매개 변수가 호출하는 쪽의 변수 값을 변화시킬 수 있게 된다. 그래서 주소 변환 연산자(&)를 열쇠라 표현했었다.

포인터와 변수 연결하기

포인터와 변수가 연결되는 것을 살펴보기 위해 [예제 10-2]의 코드를 만들었다. 4번 줄에서 정수형 변수 num과 copy를 만들고 num에 5를 넣었다. 또한 정수형 포인터 *p_num을 선언했다. 6번 줄에서 포인터 p_num에게 주소 변환 연산자(&)를 사용하여 num의 주소를 줬다. 앞에서 설명했다시피, 주소(열쇠)를 주었다는 것은 변수를 같이 사용하겠다는 의미이다.

[예제 10-2]

포인터 사용 코드

1002_pointer2.c

```
01 #include <stdio.h>
02
03 int main() {
04    int num = 5, *p_num, copy;
05
06    p_num = &num;                 // num 변수의 주소 전달 - 연결됨
07    *p_num = 7;                   // *p_num은 p_num의 주소를 참조 - num과 같음
08    printf("num = %d, p_num = %d\n", num, *p_num);
09
10    num = 9;
11    copy = *p_num;                // *p_num은 num과 같음으로 9의 값이 복사됨
12    printf("copy = %d, p_num = %d", copy, *p_num);
13
14    return 0;
15 }
```

실행 화면

```
num = 7, p_num = 7
copy = 9, p_num = 9
```

6번 줄 p_num = &num의 경우에는 num의 주소가 p_num에 전달된다. 7번 줄 *p_num = 7과 같이 포인터에 참조 연산자(*)가 붙으면, 오른쪽의 숫자 7이 포인터 주소가 가리키는 곳(포인터가 물고 있는 주소)에 저장된다. *p_num = 7은 p_num이 가리키고 있는 주소, 다시 말해 num에 7을 넣으라는 의미이다. 8번 줄의 출력 결과를 보면, num과 *p_num의 값이 똑같이

7인 것을 확인할 수 있다.

10번 줄에서 num에 9를 넣었다. 11번 줄에서 *p_num의 주소가 가리키는 곳의 값을 copy에게 복사한다. 그래서 12번 줄에서 copy와 *p_num을 출력해보면 똑같이 9가 된다.

중요

포인터에게 주소(열쇠(&))를 넘겨주면 같은 공간을 공유하게 된다. 공유한다는 뜻은 값을 참조하거나 변경할 수 있다는 의미이다.

포인터 상수 선언

앞서 참조에 의한 호출을 하더라도 값을 변경하지 못하게 할 경우, 상수(const)를 사용했었다. 마찬가지로 포인터를 상수(변경할 수 없는 수)로 선언할 수도 있다. 포인터를 상수로 선언하면, 참조하는 곳의 값을 읽을 수는 있지만 값을 변경할 수는 없다. 상수 포인터는 다음 5번 줄과 같이 자료형 앞에 const를 붙여서 만든다. const int *p_num은 정수형 포인터 *p_num의 주소가 가리키는 곳의 값을 읽을 수는 있어도 변경할 수는 없다.

```
01  #include <stdio.h>
02
03  int main() {
04      int num = 5;
05      const int *p_num;
06
07      p_num = &num;                     // num 변수의 주소 전달 - 연결됨
08      printf("num = %d, p_num = %d\n", num, *p_num);
09      *p_num = 7;                       // 오류: 상수 포인터는 참조값을 변경 불가
10
11      return 0;
12  }
```

상수 포인터는 7번 줄과 같이 다른 변수의 주소 값을 받을 수 있고, 8번 줄과 같이 주소 값이 참조하는 곳의 값을 읽을 수도 있다. 그러나 9번 줄과 같이 참조하는 곳의 값을 7로 변경하려 하면 오류가 발생한다.

하이퍼 링크

지금은 포인터를 이용하여 기존 코드를 변경하는 것 이외에 새로운 코드를 만들만한 것이 없다. 포인터를 이용하는 대표적인 자료구조가 연결 리스트이다. 연결 리스트는 16장 동적 메모리 할당에서 자세히 설명한다.

LAB 1 추억은 방울방울

포인터를 이해하느라 고생했으니 잠시 쉬어가는 의미로 코드 하나를 만들어 보자. 9장의 봄, 여름, 가을, 겨울 코드를 능가하는 코드를 하나 선보인다. 추억은 방울방울 코드는 물방울이 밑에서 위로 올라오는 것을 표현한 것이다.

추억은 방울방울 코드는 여름 소나기 코드와 비슷하다. 여름 소나기 코드에서는 | 문자가 위에서 아래로 움직였으나, 물방울 코드에서는 O 문자가 아래에서 위로 움직이는 것이 다르다. 단순히 아래에서 위로 움직여서는 물방울처럼 보이지는 않는다. 물방울 코드에서는 위로 똑바로 움직이는 것이 아니라 좌우로 흔들리면서 위로 올라가는 것이 핵심이다. 물방울이 S자 곡선을 그리며 위로 올라간다. [예제 10-3]이 추억은 방울방울 코드이니 먼저 감상해 보기 바란다.

그림 10-16
추억은 방울방울 코드

추억은 방울방울 코드의 핵심은 S자 곡선을 만드는 것이다. S자 곡선은 수학의 사인 함수를 이용한다. 사인 함수는 sin()이며, math.h 헤더파일을 포함해야 한다. 그래서 3번 줄에 #include <math.h>가 추가되었다.

방울이 너무 많으면 움직임이 잘 안 보여 물방울 사이에 간격을 줬다. 20번 줄의 물방울 출력은 " O"로 방울을 만든다. 공백문자 2개에 알파벳 대문자 O이다. 21번 줄의 공백문자는 3개이다. 물방울 하나가 3칸을 쓰기 때문에 물방울의 개수는 30개로 했다. 그래서 6번 줄에 배열 bubb[30]으로 선언한다. 화면의 세로 길이는 0에서 25까지이다.

[예제 10-3]
추억은 방울방울
1003_bubble.c

```
01  #include <stdio.h>
02  #include <stdlib.h>
03  #include <math.h>
04
05  int main() {
06     int bubb[30], k, jul, met, s;
07
08     for (met = 0; met < 30; met++)          // 물방울 30개
09        bubb[met] = rand() % 26 + 26;          // 화면 높이 26: 화면에서 숨김
```

```
10     for (k = 0; k < 300; k++) {
11        system("cls");
12        for (met = 0; met < 30; met++) {
13           if (bubb[met] > 0) bubb[met]--;     // 0 아니면 한 줄 올라간다
14           else bubb[met] = 26;                 // 0이면 26부터 다시 시작
15        }
16        for (jul = 0; jul < 26; jul++) {
17           for (s = 0; s < sin(jul) * 3 + 3; s++)
18              printf(" ");                      // sin() 출력만큼 옆으로 이동
19           for (met = 0; met < 30; met++) {
20              if (bubb[met] == jul) printf("  O");     // 공백문자 2개 O
21              else printf("   ");                      // 공백문자 3개
22           }
23           printf("\n");
24        }                                       // End of for jul
25     }                                   // End of for k
26     return 0;
27  }
```

실행 화면

```
                   O
                                O

      O
        O
                                            O
                                                    O

                   O
                                                    O
                                                                 O
                                     O                  O
                         O


                         O
                                                                O
                                              O      O
                                   O
                      O
                                     O      O                             O
              O                                               O  O
       O      O
                                          O

                                                                    O
```

8번에서 9번 줄은 각 물방울의 시작 높이이다. 화면 밖에서 시작하기 위해 rand % 26 + 26을 하여 bubb[] 배열의 각 변수에 저장한다. 12번에서 14번 줄은 화면이 움직일 때마다 물방울의 높이를 1씩 줄인다. 그러면 물방울이 위로 올라가는 것처럼 보인다. 물방울 높이가 0이 되면 높이 26부터 다시 시작한다.

17번에서 18번이 S자 곡선을 만드는 코드이다. `sin()`은 음수에서 양수의 값을 출력한다. 양수 값만 얻기 위해 `sin(jul) * 3 + 3`을 하면 `0`에서 `5`사이의 값을 얻을 수 있다. `sin()`이 출력하는 값은 실수이지만 정수에 대입하면 소수점 이하는 버려지기 때문에 `0`에서 `5`까지 값을 얻을 수 있다.

반복문을 사용하여 `sin(jul) * 3 + 3`의 값만큼 공백문자를 만들면, 물방울이 그만큼 옆으로 밀려나서 출력된다. `sin()`이 출력하는 값이 S자 곡선이기 때문에 물방울도 S자를 그리며 위로 올라간다.

항상 강조하지만 상상력이 곧 코딩 실력이다. 여름 소나기 코드에 사인 곡선을 추가하여 26줄짜리 코드로 물방울의 움직임을 표현했다. 추억은 방울방울 코드는 계속 같은 패턴의 물방울이 반복된다. 서로 다른 패턴의 물방울이 생기는 코드를 연습문제 47번에 만들었다. 또한, 사인 곡선을 눈 내리는 겨울 코드에 적용하면 눈의 움직임이 더 그럴싸해 보인다. 사인 곡선을 사용한 눈 내리는 코드가 연습문제 51번에 있으니 도전해 보기 바란다.

LAB 2 움직이는 빗살무늬

소나기 코드를 응용한 또 다른 코드를 만들어 보자. 빗살무늬가 움직이는 코드인데, 말로 표현하기가 어렵다. [예제 10-4]를 실행하여 먼저 감상해본 후 설명을 보기 바란다.

코드를 실행해보면 설명하기 왜 어려운지 이해할 것이다. 무언가 돌아가는 것 같기도 하고 옆으로 움직이는 것 같기도 하고 위아래로 움직이는 것 같기도 하다. 무엇이라 이름 붙이기 어려워 움직이는 빗살무늬 코드라 부른다.

빗살무늬 코드는 움직임은 복잡해 보이지만, 코드의 구조는 여름 소나기 코드와 똑같다. 이해를 돕기 위해 배열 `rain[]`을 비롯하여 여름 소나기 코드의 변수이름을 그대로 사용했다. 이해가 안 되는 분들은 여름 소나기 코드와 비교하면서 읽어보기 바란다.

이 코드의 핵심은 11번에서 19번 줄이다. 소나기 코드의 경우 모든 문자가 위에서 아래로 움직였다. 그래서 하늘에서 비가 내리는 것처럼 보였다. 빗살무늬 코드에서는 홀수 줄은 값을 증가시켜 아래쪽으로 내려오게 하고, 짝수 줄은 값을 감소시켜 위로 올라가게 한다. 두 개 다 범위를 벗어나면 다시 시작한다.

[예제 10-4]
움직이는 빗살무늬 코드

1004_psyche.c

```
01 #include <stdio.h>
02 #include <stdlib.h>
03
04 int main() {
05    int rain[60] = {0}, k, jul, met;
06
07    for (met = 0; met < 60; met++)         // 코드가 잘 이해 안 되면 7,8번 줄
08          rain[met] = met % 27;            // 주석 처리한 후 실행해 볼 것
09    for (k = 0; k < 200; k++) {
10       system("cls");
11       for (met = 0; met < 60; met++) {
12          if (met % 2) {                              // 홀수 줄은
13             if (rain[met] < 26) rain[met]++;            // 아래로 증가
14             else rain[met] = 0;
15          } else {                                    // 짝수 줄은
16       if (rain[met] > 0) rain[met]--;                  // 위로 감소
17             else rain[met] = 26;
18          }
19       }
20       for (jul = 0; jul < 26; jul++) {
21          for (met = 0; met < 60; met++) {
22             if (rain[met] == jul) printf("<>");
23             else printf("  ");
24          }
25          printf("\n");
26       }                                   // End of for jul
27    }                                   // End of for k
28    return 0;
29 }
```

실행 화면

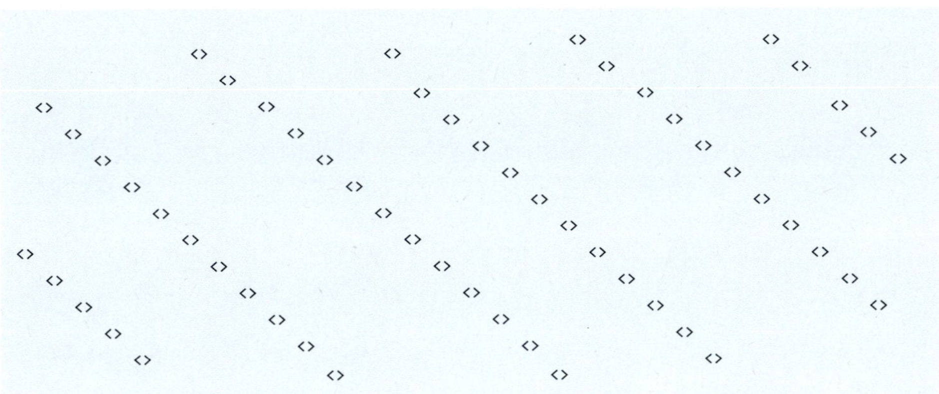

문자가 사선으로 움직이는 것처럼 보이는 이유는 7번과 8번 줄에 있다. 지금까지와 달리 빗살무늬 코드에는 무작위 함수 rand()가 없다. 대신 met % 27을 사용하여 계속 높이가 증가하도록 만들었다. 다시 말해 처음부터 사선을 만들어 놓고 위 아래로 움직이게 한 것이다. 사선이 움직이면 착시 현상이 일어나 옆으로 회전하는 것처럼 느껴진다.

코드가 잘 이해되지 않는다면 7번과 8번 줄을 주석 처리한 후 컴파일을 하여 실행해보기 바란다. 그러면 선들이 직선으로 만들어져 어떻게 움직이는지 이해할 수 있을 것이다.

[예제 10-4] 코드는 여러분의 이해를 돕기 위해 일부러 코드를 길게 쓴 것이다. 코드 줄이기를 해보자. 11번에서 19번 줄은 다음과 같이 줄일 수 있으며 전체 코드는 4줄이 줄어 25줄이 된다.

```
11    for (met = 0; met < 60; met++) {
12       rain[met] = rain[met] + (met % 2 * 2 - 1);
13       if (rain[met] > 26) rain[met] = 0;
14       else if (rain[met] < 0) rain[met] = 26;
15    }
```

코드를 줄이는 원리는 간단하다. 11번에서 19번 줄을 보면 met % 2가 0으로 짝수이면 rain[met]-- 이고, 1로 홀수이면 rain[met]++이다. 따라서 met % 2의 결과가 짝수일 때 -1이 나오고 홀수일 때 +1이 나오는 식을 만들면 된다. met % 2는 언제나 0과 1이 나오기 때문에 met % 2 * 2 - 1을 하면 짝수일 때 -1, 홀수일 때 1이 나오는 식이 된다. 그래서 11번에서 19번 줄을 위의 코드로 바꿔도 같은 결과를 얻는다. 강조했다시피, 코드 줄이기는 자주 해보면 여러분의 실력이 향상될 것이다.

포인터와 배열 10.3

1 포인터와 배열의 유사점 필수

배열 대표이름 = 포인터

몇 가지 차이점은 있지만, 배열은 포인터이고 포인터는 곧 배열이다. 포인터를 고급 언어의 형태로 만든 것이 배열이다. 다시 말해 포인터가 진화하여 배열이 된 것이다. 강조하지만 배열만으로도 일반적인 코드를 만드는 데 충분하다. 포인터와 배열을 연관 짓는 것은 포인터의 특성을 이해시키기 위함이니 포인터 때문에 배열의 개념이 흔들려서는 절대 안 된다.

우선, 배열을 정리해보자. 배열(array)은 같은 종류의 자료형을 모아 놓은 것이다. `char str[5] = "ABCD";`를 선언하면, 문자형 변수 `str[0]`부터 `str[4]`가 만들어지고, 여기에 'ABCD' 4글자가 차례로 들어간다. 문자형 변수의 경우 마지막에는 널 문자(NULL) '\0'이 차지한다.

```
char str[5] = "ABCD";
```

위의 선언을 그림 형태로 그려보면 다음과 같다. 문자는 1바이트의 크기를 가지기 때문에 335번지부터 1바이트씩 문자가 들어간다. 335번지 `str[0]`에 A부터 시작하여 배열의 마지막 339번지 `str[4]`에 '\0'이 들어간다.

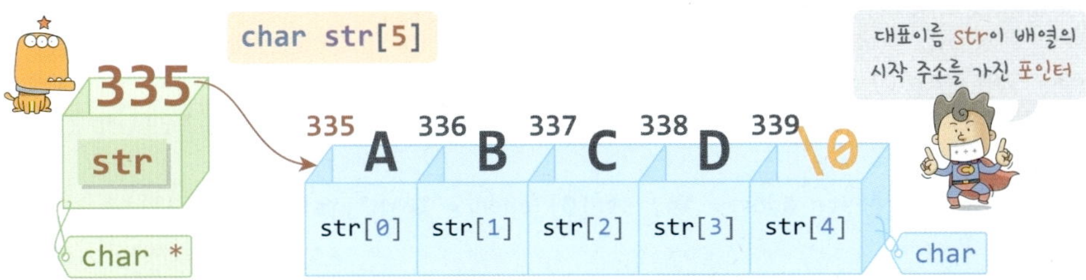

그림 10-17
배열 대표이름 str이 포인터

앞에서 설명했듯이, 배열에 인덱스(index)를 붙이면 하나의 독립된 변수와 같다. 다시 말해 `str[0]`, `str[1]`, `str[2]`, `str[3]`, `str[4]`는 모두 독립된 변수이며, 배열을 대표하는 이름은 `str`이라고 설명했다.

배열을 대표한다는 의미는 배열 전체가 어디서부터 시작하는지를 알고 있다는 뜻이다. 그래서 **배열을 대표하는 이름 str은 배열의 시작점을 가리키는 포인터이다.** 이것이 중요하다. 일반적인 변수가 있는 곳의 주소를 줄 때에는 주소 변환 연산자(&)를 사용했다. 포인터에게 배열이 있는 곳의 주소를 줄 때에는 어떻게 될까? 주소 변환 연산자 없이 넘겨주면 된다.

그림 10-18
배열과 포인터

주소 변환 연산자는 일반적인 변수의 주소를 변환하기 위해서 사용한다. 그러나 배열 str[5]의 대표이름인 str은 포인터이다. 따라서 포인터 p에게 배열의 시작 주소를 넘겨주고 싶다면, p = str이라 쓰면 된다. str이 배열의 시작 주소를 가지고 있는 포인터이기 때문에 포인터끼리 주소를 주고받는데 주소 변환 연산자는 필요 없다. 그래서 배열을 함수에게 전달할 때는 열쇠(&) 없이 보냈던 것이다.

배열 대표이름과 포인터 확인하기

배열의 대표이름과 포인터의 관계를 확인해 보자. str이 가지고 있는 주소와 배열의 맨 처음 변수의 주소(&str[0])가 같은지 확인해 본다. [예제 10-5]는 배열을 선언하고 주소를 확인하는 코드이다.

4번 줄에서 문자형 변수 str[5] = "ABCD"를 선언하고 문자열을 대입했다. 또한 문자형 포인터 *p를 선언했다. 6번 줄에서 str과 &str[0]의 주소를 출력한다. 출력 결과를 보면 str과 &str[0]의 주소가 같음을 알 수 있다. 다시 말해, str이 배열의 시작 주소를 가리키는 포인터라는 것을 확인할 수 있다.

[예제 10-5]
배열의 주소 값 확인 코드
1005_arr_addr1.c

```
01  #include <stdio.h>
02
03  int main() {
04      char str[5] = "ABCD", *p;            // str[5] 선언 및 포인터 *p 선언
05
06      printf("str addr = %p, str[0] addr = %p\n", str, &str[0]);
07
08      p = str;                             // str이 포인터임으로 & 없이 대입
09      printf("p = %c, str = %c\n", *p, *str);       // str을 포인터처럼 사용
10      printf("p = %c, str = %c\n", p[1], str[1]);   // p를 배열처럼 사용
11
12      return 0;
13  }
```

실행 화면

```
str addr = 009CFB98, str[0] addr = 009CFB98
p = A, str = A
p = B, str = B
```

8번 줄에서 str의 주소를 p에 대입한다. str이 포인터이기 때문에 열쇠(&) 연산자를 사용하지 않고 p에 대입한다. 사람이 개에게 주소를 줘야 할 때 열쇠를 사용했다. 그러나 str과 p 둘 다 똑같은 포인터이기 때문에 열쇠를 사용하지 않는다. p = str이 실행된 순간부터 포인터 p는 배열 str과 같은 곳을 가리키게 된다. 다시 말해 배열의 시작점인 &str[0]을 가리킨다.

9번 줄에서 참조 연산자를 사용하여, *p가 가리키는 곳의 값을 출력한다. p는 배열 str의 시작 주소를 가리키고 있기 때문에 *p는 str[0]의 값인 A를 출력한다. 앞에서 이야기했지만, 배열이 곧 포인터라 했다. 그래서 str에 포인터에서 사용한 참조 연산자(*)를 붙여 출력해 본다. *str이 마치 포인터인 것처럼 A를 출력한다.

10번 줄에서는 포인터를 배열처럼 사용할 수 있는지 확인한다. 포인터 p를 배열에서 사용한 인덱스를 이용하여 p[1]로 출력하면, B가 출력된다. str[1]도 B가 출력된다. 따라서 **포인터도 배열처럼 인덱스를 사용할 수 있다**는 것을 알 수 있다.

2 포인터와 배열의 차이점

필수

배열은 변화 불가, 포인터는 변화 가능

배열과 포인터에 차이가 없다면, 굳이 포인터를 배열처럼 사용할 필요가 있을까? 개는 아무 곳에나 대소변을 보고 자유롭게 뛰어 다닌다. 반면에 사람은 화장실에서 일을 보고 지켜야 하는 규율이 있다. 배열과 포인터가 그 차이이다. 배열은 한 번 만들면 시작 주소와 크기를 변화시킬 수 없지만 포인터는 자유롭게 움직일 수 있다.

배열은 선언될 때 배열의 시작 주소를 저장하는 포인터와 데이터가 저장될 공간이 같이 만들어진다. 그러나 포인터는 주소를 저장할 공간만 만들어진다. 예를 들어 char *p와 char str[3]을 선언하는 경우 다음과 같은 모양이 된다.

그림 10-19
포인터와 배열의 차이

char *p를 선언한 경우 문자형 주소를 저장하는 변수 p 하나만 만들어진다. 이에 비해 char str[3]은 문자 3개를 담을 수 있는 str[0], str[1], str[2]의 공간이 만들어지고, 배열의 시작점을 가리키는 str 포인터가 만들어진다. 결론적으로 포인터는 문자형 데이터를 가리킬 수는 있어도 실제 데이터를 담을 공간은 없다. 따라서 다음과 같이 포인터를 선언하고 데이터를 담으려 한다면 오류가 발생한다.

```
char *p = "AB";                데이터를 담을 공간이 없음으로 오류 발생
```

앞서 강조하였다시피, 개가 할 수 있는 일은 자료가 있는 곳을 가리키는 것뿐이다. 따라서 포인터는 데이터를 담을 공간이 만들어진 자료형의 주소를 가리키는 데에만 사용해야 한다.

하이퍼 링크 포인터를 선언하고 데이터를 담을 공간을 만들고 싶다면 malloc()과 같은 동적 메모리 할당 함수를 사용해야 한다. 16장 동적 메모리 할당에서 자세히 설명한다.

배열은 한 번 만들면 주소 변경이 불가능하다. 배열로 선언하면, 배열의 시작점과 크기에 대한 정보는 해당 변수가 살아 있는 동안에는 고정된다. 반대로 포인터는 주소 변경이 자유롭다. 포인터는 개처럼 뛰어다닐 수 있다.

배열은 한 번 만들면 변경이 불가능하다는 것은 바꿔 말하면, 배열로 선언된 자료구조는 시작 주소(str)와 그 크기(str[5])를 변경할 수 없다는 것이다. 그래서 다음 코드는 오류다.

```
str = str[1];                  오류 - 배열 시작 주소 변경 불가
str = p;                       오류 - 배열 시작 주소 변경 불가
```

결론적으로 배열은 한 번 만들어지면 그 크기와 주소를 바꿀 수 없는 반면에, 포인터는 자유롭게 옮겨 다닐 수 있는 구조를 가진다.

포인터의 특징 확인하기

[예제 10-6]은 앞의 [예제 10-5]를 변형하여 포인터의 특징을 설명하는 코드이다. 4번 줄부터 8번 줄까지는 앞의 코드와 똑같다. 6번 줄에서 p = str을 한 순간부터 포인터 p는 배열 str의 시작 주소를 가리키게 된다. 따라서 *p와 *str의 출력 결과를 보면 똑같이 A가 출력된다. 인덱스 1을 사용하여 p[1]과 str[1]을 출력해도 똑같이 B가 출력된다. 배열을 포인터처럼, 포인터를 배열처럼 사용할 수 있다.

[예제 10-6]
포인터의 특징 코드

1006_arr_addr2.c

```
01  #include <stdio.h>
02
03  int main() {
04      char str[5] = "ABCD", *p;             // str[5]와 포인터 *p 선언
05
06      p = str;                              // str이 포인터임으로 & 없이 대입
07      printf("p = %c, str = %c\n", *p, *str);        // str을 포인터처럼 사용
08      printf("p = %c, str = %c\n", p[1], str[1]);    // p를 배열처럼 사용
09
10      p = &str[1];                          // str[1]은 일반 변수로 & 사용
11      printf("p = %s, p[1] = %c\n", p, p[1]);        // p의 시작 - str[1]
12
13      return 0;
14  }
```

실행 화면

```
p = A, str = A
p = B, str = B
p = BCD, p[1] = C  ← p의 시작이 str[1]임으로 BCD 출력
```

10번 줄의 p = &str[1]을 보자. str[1]의 주소를 포인터 p에게 주었다. str[1]은 독립 변수이기 때문에 열쇠(&)를 사용하여 주소를 넘겨주는 것에 주의하자.

p = &str[1] 이후의 모습은 [그림 10-20]과 같다. 10번 줄 전까지는 p와 str이 배열의 시작 주소인 335번지를 같이 가리키다가, p = &str[1] 이후에는 p가 str[1]의 위치인 336번지를 가리키게 된다.

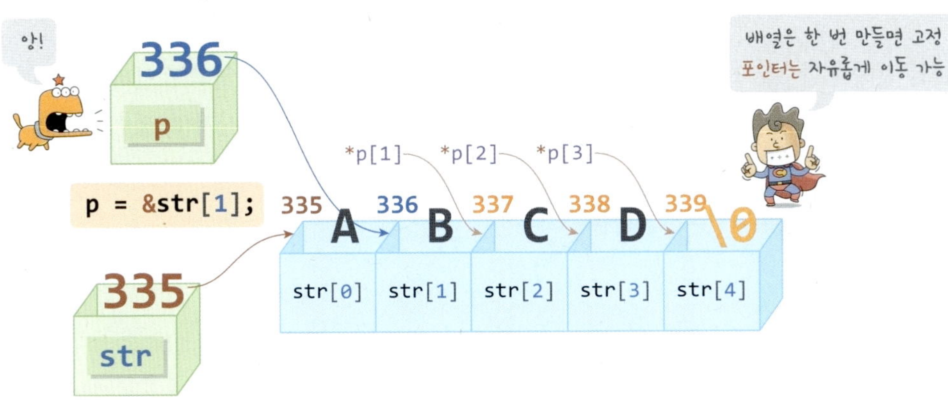

그림 10-20
p = &str[1] 이후 변화

이때부터 p의 0번째 위치는 B가 들어 있는 336번지가 된다. 다시 말해, p[0]의 값은 B가 된다. 11번 줄에서 p가 가리키는 배열 전체를 문자열(%s)로 출력해 본다. p가 &str[1]을 가리키고 있기 때문에 BCD만 출력된다. 또한 p[1]을 출력하면 C가 출력된다. p = &str[1]로 인하여, p의 시작점이 뒤로 한 칸(str[1]) 옮겨졌다는 것을 확인할 수 있다.

이것이 포인터와 배열의 가장 큰 차이점이다. 배열은 한 번 만들어지면 시작 주소와 크기를 변경할 수 없지만, 포인터는 개처럼 자유롭게 이동이 가능하다. 그래서 문자열의 경우에는 주의해야 할 것이 있다.

```
char str[5] = "ABCD";
str[0] = 'E';          가능: 배열 각각은 독립 변수
str = "EFGH";          오류: 배열 시작 주소 변경 불가
```

배열을 선언하고 'ABCD'로 초기화를 한 후, str[0] = 'E'와 같이 배열 각각의 값을 변경하는 것은 가능하다. 그러나 str = "EFGH"는 오류이다. 'EFGH'도 메모리의 어느 공간에 저장되어 주소를 가진다. 따라서 str = "EFGH"은 str의 주소를 'EFGH'가 있는 새로운 주소로 바꾸는 것이기 때문에 오류이다. 이미 만들어진 문자열 전체를 새로운 문자열로 바꾸는 방법은 11장 문자와 문자열에서 자세히 설명한다.

3 포인터와 매개 변수

& 없이 배열 대표이름만 보낸다.

매개 변수를 사용하여 함수를 호출할 때 값에 의한 호출은 변수 값을 복사하여 전달하는 방식이다. 참조에 의한 호출은 주소를 전달하는 방식이고 포인터를 이용한다.

배열 전체를 함수로 전달할 때에는 참조에 의한 호출만 가능하며, 배열과 포인터는 거의 같다고 설명 했다. 따라서 **함수에 배열 전체를 보낼 때에는 주소 변환 연산자(&) 없이 배열의 대표이름만 보내면 된다.** 또한, 9장에서 호출을 받는 쪽에서는 크기가 정해지지 않은 배열로 받았었는데 이를 포인터로 선언해도 된다.

[예제 10-7]
학생 성적 출력 코드
1007_score2.c

```
01  #include <stdio.h>
02
03  double print_score(int *score, int size) {    // 포인터 *score와 size
04     int sum = 0, k;
05
06     for (k = 0; k < size; k++) {
07     printf("%d = %d점, ", k, score[k]);
08        sum = sum + score[k];
09     }
10     return sum;                                  // 총합 return
11  }
12
13  int main() {
14     int score[5] = {75, 84, 13, 96, 46}, sum;
15
16     sum = print_score(score, 5);               // 배열 전체와 크기 함수로 전달
17     printf("\n총합 = %d", sum);
18     return 0;
19  }
```

실행 화면

```
0 = 75점, 1 = 84점, 2 = 13점, 3 = 96점, 4 = 46점,
총합 = 314
```

[예제 10-7]은 9장에서 만든 총합을 구하는 코드를 포인터 형태로 바꾼 것이다. 3번 줄에 배열을 받는 매개 변수 score를 크기가 정해지지 않는 배열 score[] 대신에 포인터 *score로 선언했다. 그 외 4번부터 11번 줄은 똑같다.

만약 배열의 일부분만 총합을 구할 경우, 함수를 호출할 때 시작 주소를 변경하여 호출하면 된다. 예를 들어 score[1]부터 끝까지(score[4])까지 총합을 구하고 싶은 경우, 다음과 같이 호출하면 된다.

```
16  sum = print_score(&score[1], 4);    // 배열 크기가 줄었음으로 5가 아닌 4를 보냄
```

실행 화면

```
0 = 84점, 1 = 13점, 2 = 96점, 3 = 46점,
총합 = 239
```

&score[1]의 주소를 보내면, 받는 쪽에서는 score[1]부터 score[4]까지만 값을 더하여 총합을 출력한다. 이때 배열의 크기를 5에서 4로 줄여서 보내는 것을 잊지 말자.

LAB 3 지뢰 피하기 게임

윈도우즈에 있는 게임 중에 지뢰 찾기 게임이 있다. 그 게임을 흉내 낸 지뢰 피하기 게임을 만들어 보자. 게임의 룰은 간단하다. 코드를 실행하면 0부터 29까지 30개의 번호가 나타난다. 사용자는 0부터 29 사이에서 지뢰가 없을 것 같은 곳의 번호를 입력하면 된다. 예를 들어 8을 입력한 경우, 8번에 지뢰가 있다면 지뢰가 있다고 출력하고 게임이 끝난다. 지뢰가 없을 경우, 칩의 개수가 화면에 출력된다. 그 칩은 사용자의 것이 된다.

총 5번 게임을 할 수 있으며 지뢰가 터지면 게임은 끝난다. 당연한 이야기지만, 한 번 선택한 곳은 다시 선택할 수 없다. [예제 10-8]의 지뢰 피하기 게임을 먼저 실행해본 후 설명을 읽어보기 바란다.

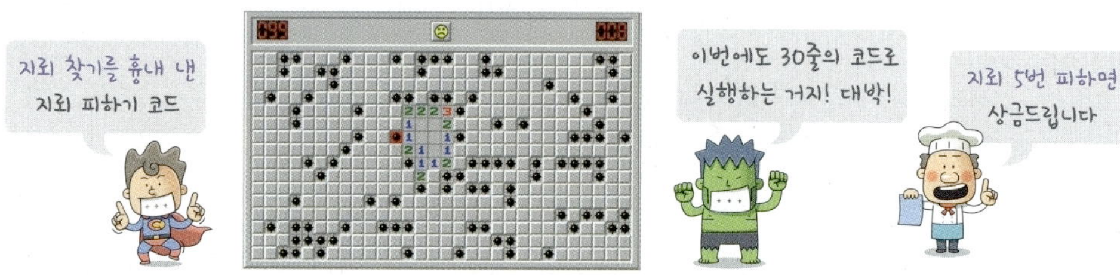

그림 10-21
지뢰 피하기 게임

지뢰 게임의 기본적인 알고리즘은 다음과 같다. 지뢰와 칩을 저장할 배열 `mine[30]`을 만들고 0에서 29 사이의 무작위 수를 만들어 저장한다. `mine[]`에 저장된 수가 0에서 7이면 폭탄이고 8에서 29이면 칩이 된다. 사용자가 열어본 번호는 화면에 출력해야 하고 사용자가 아직 열어보지 못한 번호는 화면에 보여주면 안 된다. 이를 어떻게 처리할 것인가가 이 코드의 핵심이다.

새로운 배열을 만들어 사용자가 열어본 번호를 저장하는 방법이 있다. 그러나 좀 더 고민해 보면 새로운 배열을 만들지 않고서도 문제를 해결하는 방법이 있다.

배열 `mine[]`에 저장된 값에서 `30`을 빼보자. 그러면 `mine[]`에는 모두 음수만 저장된다. 사용자가 번호를 선택했을 때 폭탄이 아니면 저장된 값에 `+30`을 하여 양수로 바꾸면 된다. 그러면 `mine[]`에 저장된 값이 양수이면 이미 선택한 번호이고, 음수이면 아직 선택을 안 한 번호가 된다. 따라서 따로 배열을 만들지 않아도 사용자가 선택한 번호를 알 수 있다. 기발하지 않은가? 알고리즘을 알려 주었으니 직접 만들어 보기 바란다.

[예제 10-8]
지뢰 피하기 게임 코드
1008_minegame.c

```c
#include <stdio.h>
#include <stdlib.h>
#include <time.h>

int main() {
   int mine[30], chip = 0, m, k, bet;

   srand( (unsigned)time(NULL) );
   for (m = 0; m < 30; m++)
      mine[m] = (rand() % 30) - 30;              // 음수로 배열 저장
   for (k = 5; k > 0; k--) {
      system("cls");
      for (m = 0; m < 30; m++) printf("%3d ", m); // 0 - 29 숫자 출력
      printf("\n\n");
      for (m = 0; m < 30; m++) {                  // 아랫줄 출력
         if (mine[m] < 0) printf(" -- ");          // 음수면 빈 값 출력
         else printf("%3d ", mine[m]);             // 양수면 값 출력
      }
      printf("\n\n%d번 남음, chip = %d, 0 - 29선택: ", k, chip);
      scanf("%d", &bet);                         // 사용자 선택 값 bet
      if (bet < 0 || bet > 29 || mine[bet] > 0)  // 양수면 또 선택한 것임
         continue;
      if (mine[bet] >= -22) {                    // 8 이상 칩, 7 이하 지뢰
         mine[bet] = mine[bet] + 30;              // 원래 값으로 복구
         chip = chip + mine[bet];                 // 칩 추가
      } else {
         printf("\n뻥! 지뢰 터졌음!");
         break; }                                 // 지뢰 터지면 코드 종료
   }                                           // End of for k
   printf("\n\n총 chip = %d", chip);
   return 0;
}
```

실행 화면

```
  0   1   2   3   4   5   6   7   8   9  10  11  12  13  14  15  16  17  18  19  20  21  22  23  24  25  26  27  28  29

 --  --  --  --  --  --  --  --  --  --  15  --  13  --  --  --  --   8  --  --  --  --  24  --  --  --  --  --  --  --

1번 남음, chip = 60, 0 - 29선택: 3

총 chip = 70
```

6번 줄 mine[30]이 지뢰와 칩이 저장되는 배열이다. chip은 칩이 저장되는 변수로 0으로 초기화한다. bet은 사용자가 선택한 번호를 저장하는 변수이다. m과 k는 반복문에 사용하는 변수이다.

9번 줄 for 문에서 배열 mine[]에 rand % 30으로 0에서 29까지의 무작위 수를 만들어 저장한다. 또한, 만들어진 무작위 수에서 30을 뺀다. 따라서 mine[] 배열에는 모두 음수가 저장된다.

사용자가 번호를 선택하면 해당 값에 30을 더해 원래의 값으로 환원시킨다. 따라서 배열에 저장된 값이 양수이면 이미 선택한 것이고, 음수이면 아직 선택하지 않았다는 뜻이다. 이것이 지뢰 피하기 코드의 핵심이다.

11번 줄에서 k를 사용하는 for 문은 5에서 1씩 줄면서 0보다 클 때까지 5번 반복한다. 12번 줄에서 화면을 지우고 13번 줄은 화면의 첫 번째 줄에 0부터 29까지의 숫자를 출력한다. 14번 줄에서 두 줄의 줄 바꿈을 한다.

15번에서 18번 줄까지 두 번째 줄을 출력한다. 배열 mine[m]에 저장된 값이 음수이면 아직 선택하지 않은 것임으로 --를 출력하고, 양수이면 저장된 숫자를 출력한다.

20번 줄에서 scanf()를 사용하여 사용자가 선택한 번호를 bet 변수에 받아 온다. 21번 줄에서 bet의 값이 0보다 작거나 29보다 크면 continue 문으로 이하의 코드는 무시하고 다시 시작한다. 만약 mine[bet]의 값이 양수이면 선택했던 번호를 다시 선택한 것이다. 이때에도 continue 문을 사용하여 이하의 코드는 무시된다. 그래서 continue 문이 실행되는 조건은 (bet < 0 || bet > 29 || mine[bet] > 0)이다. 이로써 사용자가 선택했던 번호를 다시 선택해도 문제가 없도록 했다.

지뢰 피하기 게임에서는 무작위 수가 0에서 7이면 지뢰, 8 이상이면 칩이라 생각한다. 시작할 때, 30을 뺏기 때문에 -22보다 크거나 같으면 지뢰가 아니다. 지뢰가 아닌 경우, 24번 줄에서 mine[bet]에 30을 더하여 원래의 값으로 만들고, 칩을 chip 변수에 더한다.

지뢰인 경우(무작위로 만든 수가 7 이하인 경우), 27번 줄이 실행되어 지뢰가 터졌다고 출력한 후 프로그램을 끝낸다. 30번 줄이 실행되어 획득한 총 chip의 수를 출력한 후 게임이 끝난다.

실행 결과를 보면 여러 번의 시도 끝에 겨우 성공하여 chip 70개를 획득했다. 지뢰 피하기 게임은 쉽지 않다. 난이도를 낮추기 위하여 사용자가 선택한 번호 옆의 값도 같이 출력하는 코드가 연습문제 49번에 있으니 도전해 보기 바란다.

4 포인터의 연산

가리키는 곳의 이동

포인터에는 가리키는 곳을 이동시키는 연산만 있다. 포인터가 할 수 있는 일이 자료가 있는 곳을 가리키는 일뿐이기 때문에 이동 연산만 할 수 있는 것이 당연하다. 이동 연산이란 포인터의 주소를 변경하여 포인터가 가리키는 위치를 변경시키는 것이다. 예를 들어 포인터 p에 대하여 p = p + 1이나 p = p - 1과 같은 연산이 가능하다. 주소 값에서 1을 더하거나 빼면 주소 값이 변경된다. 이는 포인터가 가리키는 곳이 달라진다는 의미이다.

문자형(char)의 경우, 포인터 *p가 225번지를 가리키다가, +1을 하여 226번지를 가리켜도 큰 문제가 없다. 문자형의 자료 크기가 1바이트이기 때문에 225번지와 226번지가 서로 구별되는 값이다. 그러나 정수형(int)의 경우, 포인터 *q가 336번지를 가리키다가 +1을 하여 337번지를 가리키면 문제가 생긴다. 정수형의 자료 크기는 4바이트이기 때문에 337번지는 의미 없는 값이다. 그래서 정수형에서는 포인터 *q에 +1을 하면 실제로는 주소에 4가 더해져 340번지를 가리키게 된다.

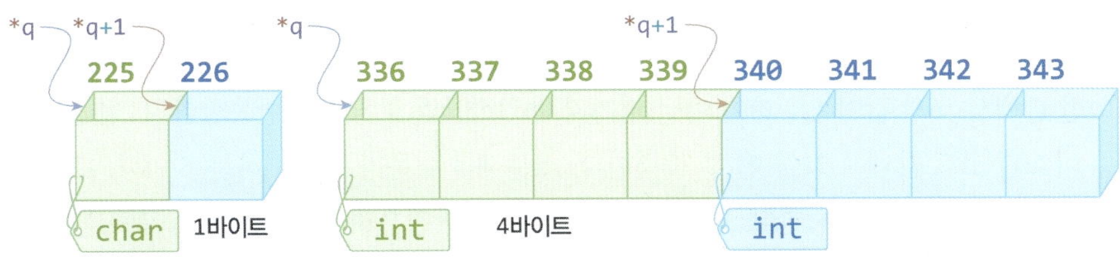

그림 10-22
포인터 +1은 자료형 크기만큼 이동

그래서 포인터 앞에 자료형을 써놓은 것이다. 포인터에 +1을 하면, **자료형의 크기만큼 이동**한다. char는 1바이트, int는 4바이트, double은 8바이트만큼 주소가 증가하게 된다. 배열로 생각해보면, 포인터에 +1을 하면 p[0]에서 p[1]로 **인덱스가 하나 증가하는 것과 같다.**

포인터의 초기화

포인터도 자료형 중 하나이기 때문에 초기화를 하지 않으면, 변수 안에 쓰레기 값이 있을 수 있다. 그래서 출력하기 전에 꼭 값을 대입해주거나 선언할 때 초기화를 해주어야 한다.

```
int *p = NULL;
```

포인터는 꼭 NULL로 초기화해야 함

문자의 경우 아스키 코드 0번이 널 문자이기 때문에 널 문자와 0이 같은 의미이다. 그러나 포인터의 경우 int *p = 0으로 초기화를 하면 0을 주소 값으로 인식한다. 0번 주소는 코드가 사용할 수 없는 주소이다. 따라서 **포인터를 초기화할 때에는 아무것도 없음을 의미하는 NULL을 사용한다.** 너무 단순하고 간단하게도 이것이 포인터 연산의 전부이다.

포인터 연산하기

포인터 연산을 이용하는 코드를 만들어 보자. 사용자로부터 알파벳 소문자를 입력 받으면 이를 대문자로 출력하는 코드이다. 어떻게 하면 소문자를 대문자로 바꿀 수 있는지 생각해 보자. 알파벳 소문자는 아스키 코드로 a인 97에서 z인 122까지이다. 대문자의 경우 A인 65에서 Z는 90까지이다. 따라서 알파벳 소문자의 아스키 코드 값에서 32를 빼면 대문자가 된다.

두 번째로 생각해 봐야 할 것은 소문자를 대문자로 바꾸는 것을 언제 멈출 것인가의 문제이다. 사용자가 10글자를 입력할지 100글자를 입력할지 알 수 없다. 다행히도 문자열의 경우 문자의 맨 끝을 알리는 널 문자(\0)가 있으니 이를 활용하면 된다. [예제 10-9]는 소문자를 대문자로 바꾸는 코드이다.

4번 줄에서 입력 받을 문자열 str을 255로 충분히 크게 잡았다. 또한, 포인터 *p를 선언했다. 6번 줄에서 문자열 str의 주소를 p에게 주어 둘을 연결시켰다. 8번 줄에서는 scanf()를 사용하여 사용자로부터 문자열을 받아온다.

10번 줄에서 *p의 값이 널(\0)이 아닐 때까지 while 안의 코드들을 반복한다. 11번 줄에서는 아스키 코드 값에서 32를 뺀 후 출력한다. 소문자를 대문자로 출력하는 것이다. 12번 줄에서 포인터 *p의 값을 +1한다. 인덱스에 1을 더한 것과 같으며 포인터가 다음 문자를 가리키게 된다. 이러한 과정이 널 문자를 만날 때까지 반복된다. 실행 결과를 보면 소문자가 대문자로 바뀐 것을 알 수 있다. 보다시피 포인터를 잘 사용하면 코드가 단순해지는 장점이 있다.

[예제 10-9] 코드의 경우 123LAN!과 같이 숫자, 대문자, 특수문자가 들어있는 경우 이상한 문자가 출력된다. 알파벳 소문자만 대문자로 바꾸고 나머지는 그대로 출력하는 코드로 바꾸는 문제가 연습문제 46번에 있으니 도전해 보기 바란다.

[예제 10-9]
대소문자 바꾸기 코드
1009_caseconv1.c

```
#include <stdio.h>

int main() {
   char str[255], *p;                    // str[255]와 포인터 *p 선언

   p = str;                              // str이 포인터임으로 & 없이 대입
   printf("소문자 입력: ");
   scanf("%s", str);

   while (*p != '\0') {                  // 문자열의 맨 끝이 아닐 때까지 반복
      printf("%c", *p - 32);                // 소문자를 대문자로 출력
      p++;                                  // P = P + 1 다음 문자를 가리킴
   }
   return 0;
}
```

실행 화면

```
소문자 입력: clanguage
CLANGUAGE
```

LAB 4 확률 무작위 수를 사용한 포커 게임

9장에서 컴퓨터와 대결하는 간단한 포커 게임을 만들었으나, 조금 부족한 포커 게임이었다. 그 이유는 모든 족보가 나올 확률이 같기 때문이다. 실제로 포커에서는 스트레이트 플러시가 나올 확률이 원 페어가 나올 확률보다 약 30만 배나 작다. 족보마다 나올 확률이 다른 포커 게임을 만들어 보자.

우리가 지금까지 배운 무작위 함수 rand()는 모든 숫자가 나올 확률이 같다. 따라서 확률을 반영하여 무작위 수를 만드는 코드를 직접 만들어야 한다. 확률을 반영한 무작위 수(확률 무작위 수)는 포커 게임뿐 아니라 게임의 아이템에도 적용할 수 있는 유용한 코드이다. 예를 들어 어느 게임에 무적 칼이 나올 확률은 10%이고, 일반 칼이 나올 확률은 90%라고 가정해 보자. rand() 함수를 사용하면 무적 칼이 나올 확률 50%, 일반 칼이 나올 확률 50%가 된다. 이를 10%대 90%의 확률로 무작위 수가 나오도록 코딩을 해야 한다. 이때 사용하는 코드가 확률 무작위 수이다.

그림 10-23
포커 게임

확률 무작위 수의 원리는 매우 간단하다. 0에서 9까지 난수를 만들어 0이 나오면 무적 칼, 나머지 수가 나오면 일반 칼이 되는 코드를 만들면 된다. 0에서 9까지 10개 숫자 중 0이 차지하는 비율은 10%임으로 무적 칼이 나올 확률은 10%가 된다. 유사한 방식으로 9장의 포커 게임에 확률을 반영하여 만든 코드가 [예제 10-10]이다.

[예제 10-10]
확률 무작위 수 포커 게임 코드
1010_pokergame2.c

```
#include <stdio.h>
#include <stdlib.h>          // rand() 함수가 들어 있는 표준 라이브러리 헤더
#include <time.h>

int prob(int max) {          // prob()포커 족보 확률에 따른 무작위 수 발생 함수
   int pnum, k;

   pnum = rand() % (max * max * 60);
   for (k = 0; k <= max; k++)
      if (pnum <= k * k * 60)                    //확률은 k * k * 10
         return k;
}

int main() {
   char rule[8][11] = {"stple:0", "4card:1", "fhouse:2", "flush:3",
                       "straight:4", "triple:5", "2pair:6", "1pair:7"};
   int com[2], user[2], chip = 10, bet, k;

   srand( (unsigned)time(NULL) );    // 실행할 때마다 rand() 패턴 변경
   while (1) {
      com[0] = rand() % 13 + 1;       // 컴퓨터: 1 - 13 포커 숫자 생성
      user[0] = rand() % 13 + 1;      // 사용자: 1 - 13 포커 숫자 생성
      com[1] = prob(7);               // 0 - 7 족보 확률에 따라 무작위 수 생성
      user[1] = prob(7);              // 0 - 7 족보 확률에 따라 무작위 수 생성
      printf("\nyou = [%d] %s", user[0], rule[user[1]]);
      printf("\tchip = %d 배팅(0은 포기): ", chip);
      scanf("%d", &bet);
```

```
27         printf("com = [%d] %s\n", com[0], rule[com[1]]);
28 
29         if (bet <= 0 || bet > chip) continue;       // 이번 판 포기
30         if (com[1]<user[1] || (com[1]==user[1] && com[0]>user[0])) {
31            chip = chip - bet;                        // 배팅한 칩 사라짐
32            printf("\t\t\t컴퓨터 승! chip = %d\n", chip);
33         } else {                                    //사용자 승
34            chip = chip + bet;                        // 배팅한 칩만큼 추가
35            printf("\t\t\t사용자 승! chip = %d\n", chip);
36         }
37         if (chip <= 0 || chip >= 100) break;        // 게임 끝남
38      }
39      return 0;
40   }
```

실행 화면

```
you = [6] straight:4    chip = 10 배팅(0은 포기): 10
com = [13] triple:5
                        사용자 승! chip = 20

you = [12] triple:5     chip = 20 배팅(0은 포기): 10
com = [6] 1pair:7
                        사용자 승! chip = 30

you = [2] straight:4    chip = 30 배팅(0은 포기): 30
com = [11] 2pair:6
                        사용자 승! chip = 60

you = [4] straight:4    chip = 60 배팅(0은 포기): 50
com = [12] triple:5
                        사용자 승! chip = 110
```

9장의 간단한 포커 게임과 비교하여 달라진 점은 포커 게임은 무한히 반복되며, chip이 0이 되거나 100을 넘어야만 끝난다. 가장 큰 변화는 5번 줄부터 12번 줄까지의 확률을 반영한 무작위 수 발생 함수 prob()이다. prob()는 최댓값 max를 매개 변수로 받는다. 족보는 0부터 시작하여 7까지 있음으로 7이 최댓값이다. 8번 줄에서 0에서 max * max * 60보다 1 작은 범위의 무작위 수를 발생시킨다. 최댓값이 7임으로 무작위 수는 0에서 2939까지 발생한다.

10번 줄에서 k가 0에서 7까지 반복하면서 만들어진 무작위 수가 k * k * 60보다 작은 경우 k 값을 반환한다. 스트레이트 플러시의 경우를 보자. 스트레이트 플러시에 해당하는 k는 0이

며, 0 * 0 * 60은 0이다. 0에서 2939중 무작위 수 0일 경우에만 스트레이트 플러시 값 0이 반환(return)된다. 따라서 스트레이트 플러시가 나올 확률은 1/2939이다. 이런 식으로 족보의 아래로 갈수록 나올 확률은 점점 올라가게 된다.

물론 값을 조정하여 스트레이트 플러시가 나올 확률을 30만 분의 1까지 만들 수 있다. 그러나 게임이기 때문에 약 3천 분의 1 수준으로 낮췄다. 40줄의 코드로 진짜 포커 게임을 즐길 수 있을 것이다.

5 포인터와 증감 연산자

심화

포인터와 증감 연산자의 우선순위

지금부터 설명하는 것은 포인터를 완전히 이해하고 잘 다룰 수 있는 분들을 위한 것이다. 아직까지 포인터의 개념이 확실하지 않은 분들은 이 절을 넘어가도 된다.

앞의 [예제 10-9]의 10번에서 13번 줄까지의 코드는 다음과 같이 두 줄로 줄일 수 있다. 줄여진 코드는 *p와 p++를 하나로 합친 것이다.

```
10  while (*p != '\0')
11     printf("%c", *p++ - 32);
```

*p++에는 1항 연산자가 2개 사용되고 있다. 하나는 참조 연산자(*)이고 또 하나는 후위 증가 연산자(++)이다. 연산자의 우선순위에서 후위 증감 연산자나 전위 증감 연산자가 참조 연산자 보다 우선순위가 높다. 그러나 후위 증감 연산자는 모든 연산이 끝나고 난 후에야 작동한다. 그래서 *p++는 *p를 먼저 수행하고 출력이 끝난 뒤 다음 줄로 옮기기 직전에 p++를 수행한다.

예시로 이해하는 주의할 점

참조 연산자와 증감 연산자를 같이 사용하는 경우에 주의가 필요하다. 다음 표의 4개의 코드가 의미하는 바를 잘 살펴보기 바란다.

코드	의미	같은 코드	변화되는 값
*p++	연산 종료 후 포인터의 주소값 증가	*(p++)	주소 값
(*p)++	연산 종료 후 포인터가 참조하는 값을 증가	(*p)++	참조된 값
*++p	포인터 주소값 증가 후 참조	*(++p)	주소 값
++*p	포인터가 참조하는 값을 증가 후 연산	++(*p)	참조된 값

*p++와 (*p)++는 완전히 다른 의미이다. 둘 다 후위 증가 연산자(++)를 사용하기 때문에 증가는 연산이 다 끝난 후에 이루어진다. 따라서 *p가 참조하는 값이 연산에 사용된 후에 변화된다. *p++의 경우 포인터의 주소 값이 1 증가하는 반면에 (*p)++는 *p가 참조하는 값이 1 증가하게 된다.

아래의 그림과 같이 문자열 배열에 a와 f가 들어 있고, 포인터 *p는 a를 가리키고 있다고 가정해 보자. *p++는 문자 a가 사용되고 난 후 p++가 되어 포인터가 f를 가리키게 된다. (*p)++는 포인터가 가리키고 있는 값에 1이 더해지게 되는데, a가 b로 바뀌게 되며, *p의 주소 값에는 변화가 없다.

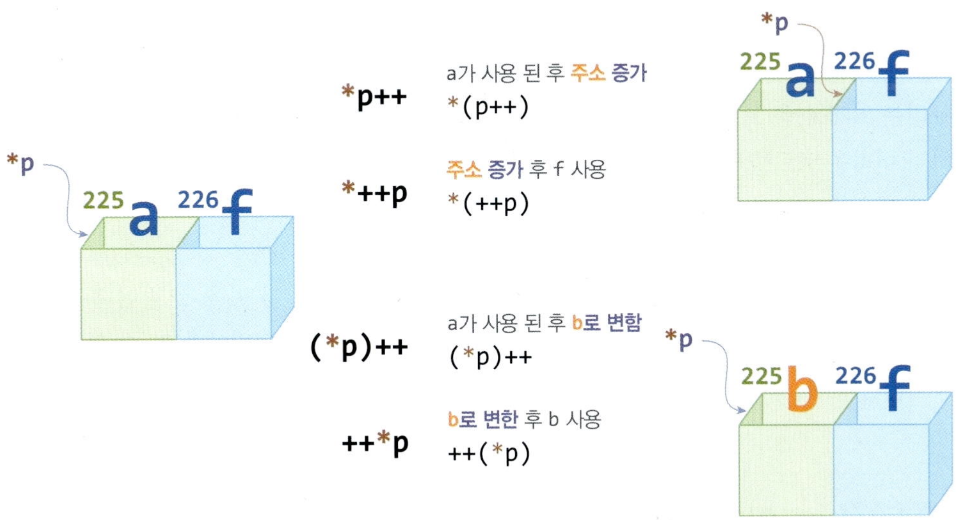

그림 10-24
포인터와 증감 연산자

*++p와 ++*p도 마찬가지이다. 두 코드 다 전위 증가 연산자를 사용하기 때문에 값이 증가한 후 연산이 이루어진다. *++p는 *(++p)와 같다. 그래서 주소 값이 1 증가되어 포인터가 f를 가리키고 난 후에 참조를 하기 때문에 f가 사용된다. ++*p는 ++(*p)와 같다. 그래서 포인터가 가리키고 있는 값에 1이 더해지게 되어 a가 b로 바뀐 후, b가 사용된다.

괄호를 사용하면 좀 더 명확해질 것이다. 괄호 안에 참조 연산자가 있다면 값이 변하는 것이고, 괄호 안에 증감 연산자가 있다면 주소가 변하는 것이다. *p++를 괄호로 묶으면, *(p++)가 된다. *++p와 ++*p도 괄호를 써보면 *(++p)와 ++(*p)가 된다. 괄호 안에 증가 연산자가 있는 *(p++)와 *(++p)가 주소 값이 변경되는 연산자이다. 괄호 안에 참조 연산자가 있는 (*p)++와 ++(*p)가 참조되는 값이 변경되는 연산자이다.

[예제 10-9]의 코드를 조금 변경하여 하나씩 옆의 값이 출력되는 코드를 만들어 보자. a는 b, b는 c와 같이 입력되는 값에 1을 더하여 출력하는 코드는 다음과 같다. 입력되는 값에 대하여 1을 증가하고 싶다면, ++*p를 사용하면 된다.

```
while (*p != '\0') {
   printf("%c", ++*p);
   p++;
}
```

위의 코드를 더 줄인 코드가 아래의 코드이다. 이는 ++*p와 p++를 하나로 합친 것이다.

```
while (*p != '\0')
   printf("%c", ++*p++);
```

우리는 읽기 쉬운 코드를 만들기 위해 들여쓰기와 주석을 사용했다. 그런데 위와 같이 해석하기 어려운 코드를 만드는 것은 자신이 만든 코드를 나중에 읽을 때에도 힘들다. 따라서 특별한 경우가 아니라면 코드는 최대한 읽기 쉽게 만드는 것이 좋다.

위의 코드를 뺄까 고민하다가, 굳이 어려운 길을 가겠다는 사람이 있을 것 같아 추가했다. 이 책에 코드 줄이기가 많이 나오지만, 연산의 순서를 완벽하게 외워야만 알 수 있는 코드 줄이기는 없다.

LAB 5 포인터를 이용한 겨울 눈 쌓이는 코드

[예제 10-11]은 9장의 겨울 눈 내리는 코드를 포인터 연산을 사용하여 바꾼 것이다. 포인터 연산을 이렇게 사용할 수 있다는 예를 보여주기 위해 만든 것이다.

8번 줄에서 *p를 선언하고 배열 snow[]의 주소를 저장한다. 11번 줄에서 *p가 가리키는 곳에 무작위 수를 넣는다. 이후 후위 증가 연산자 ++가 작동하여 다음 배열을 가리킨다. 따라서 배열 snow[]의 모든 변수에 무작위 수가 저장된다.

[예제 10-11] 포인터를 이용한 눈 쌓이는 코드

1011_winter.c

```
01  #include <stdio.h>
02  #include <stdlib.h>
03
04  #define WTH 118                              // 화면의 가로 폭(width)
05  #define HGT 26                               // 화면의 세로 높이(height)
06
07  int main() {
08     int k, jul, met, snow[WTH], *p = snow;
09
10     for (met = 0; met < WTH; met++)
11        *p++ = rand() % HGT - HGT;                // 화면 밖에서 시작
12     for (k = 0; k < HGT * 2; k++) {
13        system("cls");
14        for (p = snow, met = 0; met < WTH; met++, *p++)
15           if (*p < HGT - 1) (*p)++;             // 바닥에 닿기 전까지 증가
16        for (jul = 0; jul < HGT; jul++) {
17           for (p = snow, met = 0; met < WTH; met++) {
18              if (*p++ == jul) printf("*");
19              else printf(" ");
20           }
21           printf("\n");
22        }                                      // End of for jul
23        system("timeout 1 > NULL");
24     }                                         // End of for k
25     return 0;
26  }
```

특별히 살펴보아야 할 코드는 15번 줄 (*p)++이다. (*p)++의 의미는 포인터 *p가 가리키는 곳의 값을 1 증가시키라는 의미이다. 원래의 코드에서 snow[met]++가 (*p)++로 변경된 것이다. 비교해보면 알겠지만, 배열을 사용한 코드가 훨씬 읽기 쉽다. 쉬운 길을 놔두고 굳이 어려운 길을 갈 필요는 없다.

10.4 탐색과 정렬

1 이진 탐색

반으로 나누어 가며 탐색하는 알고리즘

배열을 이용한 여러 가지 알고리즘 중 가장 많이 사용하는 알고리즘이 탐색(search)과 정렬(sort)이다. 탐색은 배열 안의 값들 중 원하는 값이 있는지를 빠르게 찾는 알고리즘이다. 일반적인 탐색 알고리즘의 경우, 20개의 데이터가 있을 때 20개를 다 찾아야 원하는 값이 있는지 없는지 알 수 있다. 그러나 20개의 데이터가 순서대로 정렬이 되어 있는 경우, 이진 탐색(binary search)을 사용하면 빠르게 찾을 수 있다. 이진 탐색은 전체 중 반씩 잘라가며 값을 찾아가는 알고리즘이다.

배열을 사용하여 이진 탐색 코드를 만들어 보자. 배열에는 정렬이 되어 있는 20개의 숫자가 있다. 사용자로부터 숫자를 입력 받아 그 숫자가 배열에 있다면, 위치를 출력해주는 코드가 [예제 10-12]이다.

코드를 살펴보기 전에 이진 탐색 알고리즘이 어떻게 움직이는가를 살펴보자. 정수형 배열 `data[20]`에는 정렬되어 있는 `{1,7,8,11,12,17,19,20,23,26,28,31,33,37,40,44,47,52,63,64}`의 값이 있다. 사용자는 31을 찾고자 한다. 우선 `min`에는 배열의 맨 앞 위치(`0`)가 저장되고, `max`에는 배열의 마지막 위치(19)가 저장된다. 중간값 `mid`에는 `(min + max) / 2`의 값이 저장된다. 따라서 19를 2로 나눈 값은 9.5이지만 실수 값이 정수에 저장 될 때에는 소수점 이하는 버려지기 때문에 `mid` 값은 9가 된다.

그림 10-25
이진 탐색 방법

data[9] 값(26)과 사용자가 찾으려는 값(31)을 비교하여 찾으려는 숫자가 큰 경우, mid 이하의 값은 더 이상 고려하지 않아도 된다. 따라서 min 값은 mid + 1의 값인 10이 되고 알고리즘은 반복된다.

다시 반복되면, mid는 (10 + 19) / 2인 14가 된다. data[14] 값(40)과 사용자가 찾으려는 값(31)과 비교해 본다. 찾으려는 숫자가 더 작기 때문에 mid 이상의 값은 더 이상 고려하지 않아도 된다. 따라서 max 값을 mid - 1인 13으로 바꿔주고 알고리즘을 반복한다.

다시 반복되면, mid는 (10 + 13) / 2인 11이 된다. data[11] 값(31)과 찾으려는 값이 같음으로 알고리즘은 종료된다.

코드를 살펴보자. [예제 10-12]의 코드에서 4번 줄에 data[20]을 선언하고 정렬된 정수들로 초기화한다. 8번 줄에서 사용자가 찾으려는 값을 num에 받아 온다. 10번 줄에서 while 문의 탈출 조건을 빈칸으로 처리했다. 어떤 조건이 탈출 조건이 되는지는 나중에 설명한다.

11번 줄에서 mid 값을 계산한다. mid 값은 (min + max) / 2이다. 12번 줄에서 data[mid] 값과 찾으려는 값이 같으면 배열의 위치를 출력하고 반복문을 빠져나간다. 만약 찾는 값이 아닐 경우에는 찾는 값이 data[mid] 보다 작을 경우(15번 줄)이거나 큰 경우(17번 줄)이다.

[예제 10-12]
이진 탐색 코드

1012_binary1.c

```
01  #include <stdio.h>
02
03  int main() {
04     int data[20]={2,7,8,11,12,17,19,20,23,26,28,31,33,37,40,44,47,52,63,64};
05     int num, mid, min = 0, max = 19;
06
07     printf("찾을 숫자는? : ");
08     scanf("%d", &num);
09
10     while (                           ) {        // 반복문 탈출 조건
11        mid = (max + min) / 2;
12        if (data[mid] == num) {
13         printf("배열 %d번째에 있음!", mid);          // 값을 찾은 경우
14         break;
15        } else if (num < data[mid])
16            max = mid - 1;                          // 더 작은 숫자인 경우
17        else
18            min = mid + 1;                          // 더 큰 숫자인 경우
19     }                                          // End while
20     return 0;
21  }
```

실행 화면

```
찾을 숫자는? : 31
배열 11번째에 있음!
```

15번 줄에서 찾는 값이 data[mid]보다 작을 경우, data[mid]보다 큰 값들은 더 이상 고려하지 않아도 된다. 그래서 max 값을 mid - 1로 변경한다.

17번 줄에서 찾는 값이 data[mid]보다 클 경우에는 data[mid]보다 작은 값들은 더 이상 고려하지 않아도 된다. 그래서 min 값을 mid + 1로 변경한다.

10번에서 19번 줄까지 위에 설명한 작업이 반복된다. 배열에 찾는 값이 없을 경우, while 문은 무한히 반복될 것이다. 따라서 10번 줄에 탈출 조건을 정확하게 써 주어야 한다.

탈출 조건으로 무엇이 가장 좋을까? 이진 탐색이 반복되면 min 값은 점점 커지고, max 값은 점점 작아진다. 그러다가 min과 max가 같아지거나 역전이 되면 배열에는 찾는 값이 없다. 따라서 다음과 같은 조건을 만들어 주면 된다(미리 보는 것을 방지하기 위해 일부러 흐리게 표시했다).

```
10    while (max > min) {
```

2 정렬 알고리즘

순서대로 정리하는 알고리즘

이진 탐색을 하기 위해서는 모든 값이 정렬되어 있어야 한다. 정렬 알고리즘은 말 그대로 순서대로 정리하는 알고리즘이다. 아래 그림의 왼쪽과 같이 카드가 뒤섞여 있다고 가정해 보자. 이를 오른쪽과 같이 순서대로 정리하는 알고리즘이 정렬 알고리즘이다. 순서대로 배열하는 것은 매우 간단할 것 같지만 더 빠르게 정렬하기 위하여 수많은 종류의 정렬 알고리즘이 개발되었다.

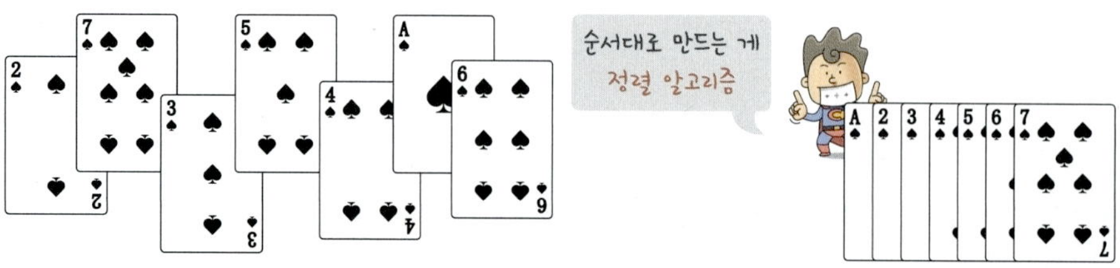

그림 10-26
정렬 알고리즘

유명한 정렬 알고리즘으로 선택 정렬(selection sort), 삽입 정렬(insertion sort), 버블 정렬(bubble sort), 쉘 정렬(shell sort), 퀵 정렬(quick sort), 힙 정렬(heap sort), 합병 정렬(merge sort), 기수 정렬(radix sort)등이 있으며 이외에도 많은 알고리즘들이 있다. 이 절에서는 여러 가지 정렬 알고리즘 중 비교적 구현하기 쉬운 버블 정렬 알고리즘을 소개한다.

3 버블 정렬

서로 이웃한 데이터의 비교를 반복

버블 정렬은 앞에서 뒤로 두 개의 수를 비교하며 진행한다. 두 수를 비교하여 뒤에 수가 더 작은 수이면 앞의 카드와 바꾼다. 이러한 작업을 계속 반복하면 정렬이 되는 방식이다. 아래의 그림을 보고 버블 정렬을 이해해 보자.

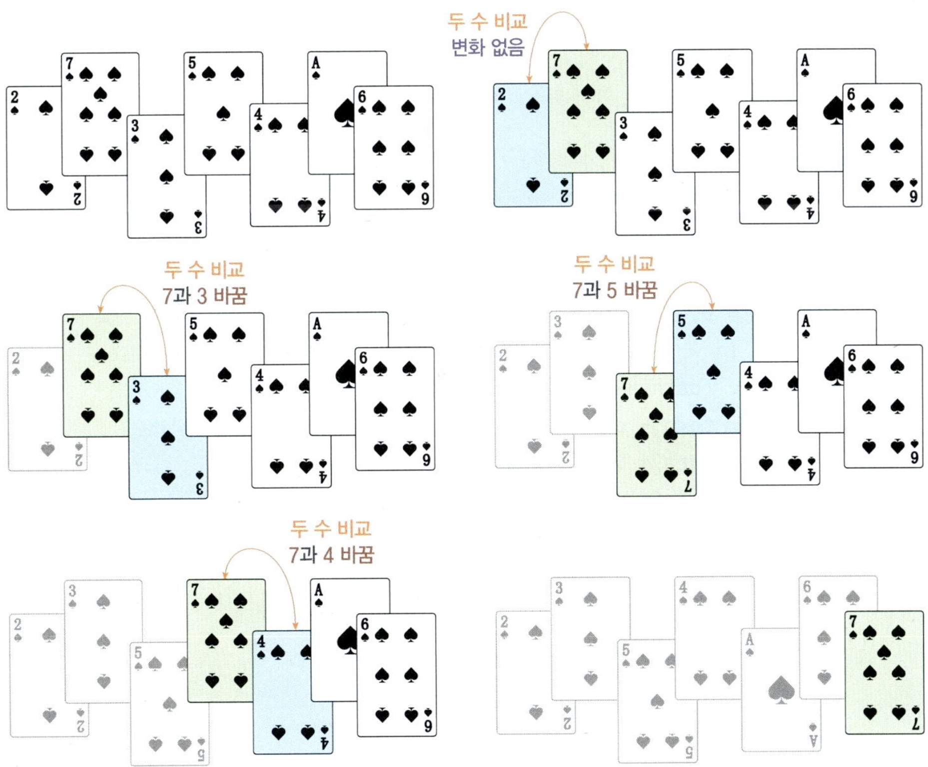

그림 10-27
버블 정렬 작동 방식

버블 정렬에서 맨 처음 2와 7을 비교한다. 7이 더 큰 수임으로 아무런 변화가 없다. 그 다음에는 7과 3을 비교한다. 3이 더 작은 수임으로 7과 3은 자리를 바꾼다. 7과 3이 자리를 바꾼 후, 7과 5를 비교한다. 5가 더 작은 수임으로 7과 5는 자리를 바꾼다. 그 다음은 7과 4를 비교하여 7과 4의 자리를 바꾼다. 이렇게 끝까지 반복하다 보면, 가장 큰 수인 7은 맨 마지막으로 옮겨지게 된다.

그림을 보면 아직도 정렬은 이루어지지 않았다. 버블 정렬에서 맨 앞에서 맨 끝까지 한 번 이동하면, 가장 큰 수 하나가 맨 뒤로 가게 된다. 따라서 전체 카드를 정렬하고 싶다면 이러한 과정을 전체 카드 수만큼 반복해야 한다. 카드가 7장임으로 두 수를 비교하는 과정이 7번 반복되어야 한다.

[예제 10-13]은 지금까지 설명한 버블 정렬을 코드로 구현한 것이다. 버블 정렬에는 2개의 for 문이 사용된다. 9번 줄의 j를 사용하는 for 문은 카드의 첫 장부터 끝까지 두 수를 비교하기 위해 사용한다. j를 사용하는 for 문이 한 번 돌면, 제일 큰 수 하나가 맨 마지막에 위치한다. 따라서 이러한 작업을 카드 수만큼 반복해야 한다. 8번 줄의 k를 사용하는 for 문이 카드 수만큼 반복하는데 사용된다.

[예제 10-13]
버블 정렬 코드
1013_bubble1.c

```
01 #include <stdio.h>
02 
03 #define MAX 7
04 int main() {
05    int data[MAX] = {2, 7, 3, 5, 4, 1, 6};
06    int j, k, temp;
07 
08    for (k = 0; k < MAX; k++) {           // for k - 카드 수만큼 반복
09       for (j = 1; j < MAX; j++) {           // for j - 두 수 비교
10          if (data[j-1] > data[j]) {           // if 앞에 수가 크면
11             temp = data[j-1];                    // 두 수 바꾸기
12             data[j-1] = data[j];
13             data[j] = temp;
14          }                                    // End if
15       }                                    // End for j
16    }                                    // End for k
17    for (k = 0; k < MAX; k++)
18       printf("%d ", data[k]);              // 배열 값 출력
19    return 0;
20 }
```

실행 화면

```
1 2 3 4 5 6 7
```

10번 줄에서 앞의 숫자(data[j-1])와 뒤의 숫자(data[j])를 비교하여, 만약 앞의 숫자가 더 크면 두 수를 바꾼다. 두 수를 바꾸는 코드는 11번부터 13번 줄까지이다. 두 수를 바꾸는 코드는 8장에서 swap() 함수로 구현한 적이 있다. 따라서 8장의 swap() 함수를 사용하여 코드를 구현해도 된다.

9번 줄의 for 문에서 j는 0이 아닌 1로 시작한다는 것에 주의하기 바란다. if(data[j-1] > data[j])에서 data[j-1]과 data[j]를 비교하기 때문에 j를 0부터 시작하면, data[-1]과 data[0]을 비교하게 되어 오류가 발생한다.

4 선택 정렬

가장 작은 수를 찾아서 정렬

앞서 배운 버블 정렬은 코드로 구현하기 가장 간단한 정렬 방식이다. 이에 비해 선택 정렬(selection sort)은 일반인들이 가장 쉽게 생각할 수 있는 정렬 방식이다. 여러분들이 카드를 순서대로 정렬하고자 한다면 어떤 방법을 사용하겠는가? 우선 카드를 뒤져서 1번 카드를 찾는다. 1번 카드를 찾았다면 이를 따로 빼놓고, 나머지 카드에서 2번 카드를 찾는다. 이러한 일을 모든 카드가 정렬될 때까지 반복할 것이다. 이 방법이 바로 선택 정렬이다. 선택 정렬은 카드를 뒤져서 가장 작은 수를 선택(select)한다고 하여 붙여진 이름이다.

선택 정렬이 이루어지는 과정을 그림으로 살펴보자. 아래의 첫 번째 그림과 같이 카드를 처음부터 끝까지 이동해 가면서 가장 작은 수를 찾는다. 카드의 끝에 도달하면, 1번 카드가 가장 작은 값이라는 것을 알게 된다. 다음번 단계에서 1번 카드를 맨 앞으로 옮긴다. 다시 말해, 맨 앞의 2번 카드와 1번 카드를 바꿔준다(swap한다).

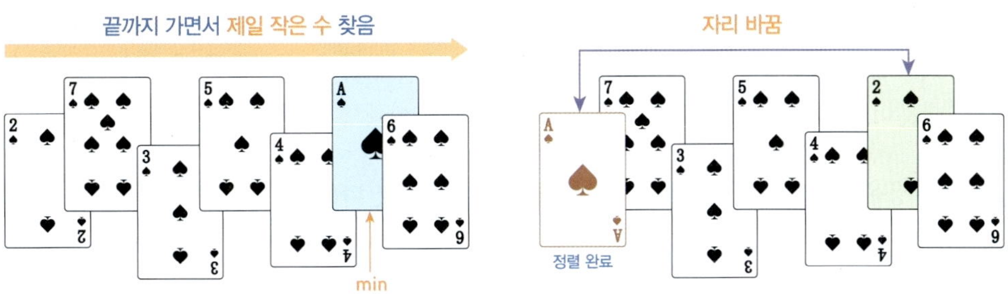

그림 10-28
선택 정렬 첫 번째 단계

1번 카드는 이미 정렬이 완료된 카드임으로 더 보지 않아도 된다. 2번째 반복에서는 완료된 카드를 제외한 나머지 카드를 가지고 위와 같은 일을 반복한다. 그러면 2번 카드가 그 다음으로 작은 숫자인 것을 알게 된다. 2번 카드와 7번 카드의 자리를 바꾼다. 3번째 반복에서는

3번 카드부터 시작하여 위의 일을 반복한다. 나머지 카드를 이러한 방법으로 계속 반복하면 정렬이 이루어진다.

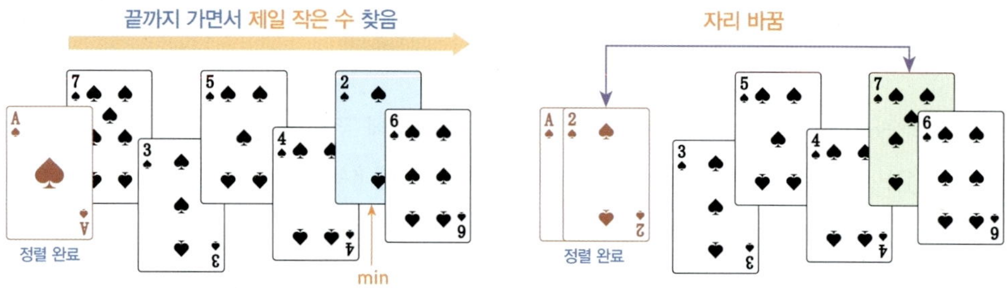

그림 10-29
선택 정렬 두 번째 단계

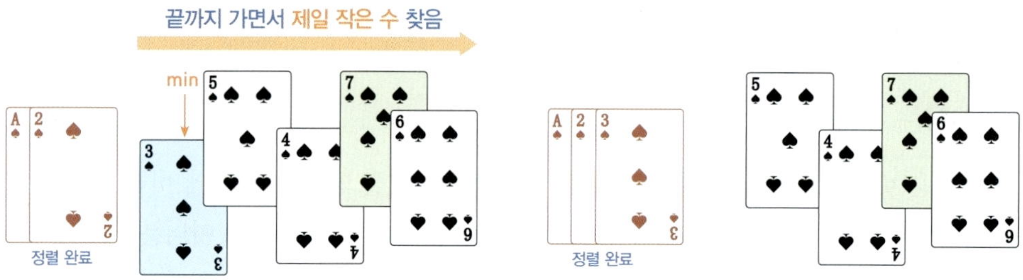

그림 10-30
선택 정렬 세 번째 단계

버블 정렬에서는 앞부터 뒤까지 계속 바꾸는 작업을 반복하면 되었다. 그러나 선택 정렬에서는 카드 전체를 다 읽어보고 제일 작은 값이 있는 위치를 `min`이라는 변수에 저장한다. 한 바퀴를 다 돌고 난 후에 맨 앞의 카드와 `min` 위치의 카드를 `swap()`을 사용하여 바꿔준다.

2번째 반복을 시작할 때에는 이미 정렬이 완료된 맨 앞의 카드를 제외하고서 `min`을 찾아야 한다. 이러한 작업을 카드 숫자만큼 반복하면 정렬이 된다. [예제 10-14]는 선택 정렬을 사용자 정의 함수 형태로 구현한 것이다. 버블 정렬과 비교하여 선택 정렬에서 달라진 부분을 붉은색으로 표시했다.

선택 정렬에서 가장 중요한 변수는 `min`이다. `min`은 가장 작은 수가 있는 곳의 위치 정보(index)를 가진다. `min`이 가장 작은 수가 있는 위치를 알고 있어야 그 카드를 앞으로 가져올 수 있기 때문이다.

`k`가 `0`인 경우를 살펴보자. 7번 줄에서 `min`을 `k`로 초기화한다(`min = 0`). 배열 안의 어느 곳에 가장 작은 수가 있는지 알 수 없기 때문에 가장 작은 값이 배열 `0`번째에 있다고 초기화한다.

`k`가 `0`일 때 `j`를 사용하는 `for` 문은 `k+1`로 시작한다. 9번 줄에서 `pd[j]`와 `pd[min]`을 비교하는데, `j = 1`이고 `min = 0`임으로 `pd[1]`과 `pd[0]`을 비교해 본다. 만약 `pd[1]`의 값이 `pd[0]`보다 작다면 `min = 1`이 된다. 아니면 `min` 값은 그대로 `0`이다. 이후 `j` 값이 증가되면서 계속 비교하게 되면, `min`은 가장 작은 값이 있는 위치 정보를 가지게 된다.

[예제 10-14]
선택 정렬 코드

1014_selection1.c

```c
#include <stdio.h>

void selection_sort(int *pd, int size) {
   int min, j, k, temp;

   for (k = 0; k < size; k++) {          // for k - 카드 수만큼 반복
      min = k;                              // min을 k로 초기화
      for (j = k + 1; j < size; j++) {        // for j - 두 수 비교
         if (pd[j] < pd[min])
            min = j;                             // min - 제일 작은 수의 위치
      }                                       // End for j
      temp = pd[k];                         // 두 수 바꾸기
      pd[k] = pd[min];
      pd[min] = temp;
   }                                      // End for k
}

int main() {
   int data[9] = {2, 7, 3, 5, 9, 8, 6, 1, 4}, k;

   selection_sort(data, 9);
   for (k = 0; k < 9; k++)
      printf("%d ", data[k]);                          // 배열 값 출력
   return 0;
}
```

실행 화면

```
1 2 3 4 5 6 7 8 9
```

그 후 pd[min]과 pd[k]의 값을 바꿔준다. k가 0임으로 제일 작은 값은 pd[0]으로 오게 된다. k를 사용하는 for 문이 다시 시작되어 k가 1이 되면 min = 1이 되고, j는 k+1인 2부터 시작된다. 위의 과정이 계속 반복된다. 선택 정렬 코드가 버블 정렬보다는 조금 어렵지만, 잘 따라가 보면 쉽게 정복할 수 있을 것이다.

요약

- 변수는 메모리의 주소에 이름을 붙여서 접근하는 간접 접근 방식이다. 메모리의 주소에 직접 접근하기 위해 만들어진 자료형이 포인터이다. 포인터는 주소를 다루는 자료형으로 서식문자는 %p이다. 포인터 문법에 사용되는 연산자는 & 주소 연산자와 * 참조 연산자뿐이다.
- 메모리에 직접 접근하려면 메모리 주소와 크기 정보가 같이 필요하다. 포인터 변수에는 시작 주소를 담을 수 있지만 크기 정보를 같이 담을 수는 없다. 그래서 포인터와 기존 자료형을 하나로 합쳐서 사용한다. `int *a`와 같이 별표(참조 연산자)가 붙은 변수는 `int` 형의 크기를 가진 포인터라 정한다.
- 포인터의 역할은 자료가 어디에 있는지를 가리키는 것이다. 따라서 일반 변수가 포인터에게 주소를 넘겨 줄 때에는 변수 앞에 주소 변환 연산자(&)를 붙인다. 포인터가 가지고 있는 주소로 가서 자료를 참조할 때에는 포인터 변수 앞에 참조 연산자(*)를 붙인다. 참조하는 일을 하는 변수라는 뜻으로 포인터를 선언할 때에도 참조 연산자를 붙인다. 포인터는 자료가 있는 곳의 끈을 물고 있다가(주소를 가지고 있다가) 주인이 가져오(*)라고 외치는 순간 끈에 연결된 곳으로 가서 그 안의 값을 가지고 온다. 이것이 포인터가 할 수 있는 일의 전부이다.
- 함수에서 값에 의한 호출과 참조에 의한 호출이 있는데 참조에 의한 호출이 포인터에서 주소를 넘겨주는 것이며 그래서 &를 열쇠라 표현했다. 포인터에게 주소를 넘겨준다는 것은 값을 참조하거나 변경할 수 있다는 의미이다. 포인터를 상수로 선언하면, 참조되는 값을 읽을 수는 있지만 값을 변경할 수는 없다.
- 배열에서 배열을 대표하는 이름은 배열의 시작점을 가리키는 포인터이다. 그래서 포인터 전체를 참조 호출로 전달할 때 열쇠(&)를 붙이면 안 된다. 사용자 정의 함수에서 배열을 매개 변수로 사용할 때 크기가 정해지지 않는 배열로 선언할 수 있고, 포인터로도 선언할 수 있다.
- 배열과 포인터의 차이점은 배열은 선언될 때 배열의 시작 주소를 담는 포인터와 데이터가 담길 공간이 같이 만들어지지만 포인터는 주소를 담을 공간만 만들어진다는 것이다. 배열로 선언하면, 배열의 시작점과 크기에 대한 정보는 해당 변수가 살아 있는 동안에는 변경할 수 없다. 반대로 포인터는 주소의 변경이 자유롭다.
- 포인터의 연산은 이동 연산뿐이다. 이동 연산이란 포인터의 주소를 변경하여 포인터가 가리키는 위치를 변경시키는 것이다. 포인터에 +1을 하면, 자료형의 크기만큼 이동한다. 이는 배열에서 인덱스를 하나 증가시키는 것과 같다. 포인터를 초기화할 때에는 아무것도 없음을 의미하는 NULL을 사용한다.

연습문제

[객관식]

01 다음 중 포인터를 선언할 때 사용하는 연산자를 고르시오.

① * ② !
③ & ④ 없음

02 다음 중 일반 자료형의 주소를 변환할 때 사용하는 연산자를 고르시오.

① * ② &
③ ! ④ ?

03 다음 중 참조 연산자를 고르시오.

① * ② &
③ ! ④ ?

04 다음 중 주소 변환 연산자를 고르시오.

① * ② &
③ ! ④ ?

05 다음 중 포인터가 값을 참조할 때 사용하는 연산자를 고르시오.

① 없음 ② !
③ & ④ *

06 pnum = num에서 pnum은 포인터이고 num은 일반 자료형이다. 다음 중 num 앞에 붙여야 하는 연산자를 고르시오.

① * ② !
③ & ④ 없음

07 pnum = num에서 pnum은 포인터이고 num도 포인터이다. 다음 중 num 앞에 붙여야 하는 연산자를 고르시오.

① * ② !
③ & ④ 없음

08 pnum = &num 이후에 num의 주소에 있는 값을 참조해야 한다. 다음 중 pnum 앞에 붙여야 하는 연산자를 고르시오.

❶ * ❷ !
❸ & ❹ 없음

09 int* a, b, c, d라 선언했다. 이 중 포인터 변수의 개수는 몇 개인가?

❶ 4 ❷ 1
❸ 3 ❹ 없음

10 int* a, b, c, d라 선언했다. 이 중 일반 정수형 변수의 개수는 몇 개인가?

❶ 4 ❷ 1
❸ 3 ❹ 없음

11 다음 중 포인터 자료형의 서식문자는 무엇인가?

❶ %c ❷ %f
❸ %p ❹ %d

12 배열의 대표이름은 어떤 자료형인가?

❶ 정수 ❷ 포인터
❸ 문자 ❹ 실수

13 pnum = num에서 pnum은 포인터이고 num은 배열이다. 다음 중 num 앞에 붙여야 하는 연산자를 고르시오.

❶ * ❷ !
❸ & ❹ 없음

14 다음 중 서식문자 %p를 사용하는 자료형은 무엇인가?

❶ 정수 ❷ 포인터
❸ 문자 ❹ 실수

15 pnum = num[1]에서 pnum은 포인터이고 num[1]은 배열이다. 다음 중 num[1] 앞에 붙여야 하는 연산자를 고르시오.

❶ * ❷ !
❸ & ❹ 없음

16 다음 중 직접 접근 방식을 사용하는 자료형의 이름은 무엇인가?

❶ 정수 ❷ 포인터
❸ 문자 ❹ 실수

17 다음 코드의 출력값으로 정확한 것은 무엇인지 고르시오.

```
char str[5] = "ABCD", *p;

p = &str[1];
printf("%s", p);
```

❶ ABCD ❷ CD
❸ B ❹ BCD

18 다음 중 포인터를 초기화할 때 사용하는 값은 무엇인가?

❶ NULL ❷ {0}
❸ 0 ❹ \n

19 char str[5] = "ABCD", *p를 선언한 후 p = str을 했다. p의 주소가 335번지라면, p + 1의 주소를 얼마인가?

❶ 334 ❷ 338
❸ 335 ❹ 336

20 char str[5] = "ABCD", *p를 선언한 후 p = str을 했다. p + 2를 한 후 *p를 출력하면 어떤 문자가 출력되는가?

❶ A ❷ B
❸ C ❹ D

21 char str[5] = "ABCD", *p를 선언한 후 p = str을 했다. *p를 출력하면 어떤 문자가 출력되는가?

❶ A ❷ B
❸ C ❹ D

22 char str[5] = "ABCD", *p를 선언한 후 p = str을 했다. p + 1을 한 후 *p를 출력하면 어떤 문자가 출력되는가?

❶ A ❷ B
❸ C ❹ D

23 char str[5] = "ABCD", *p를 선언한 후 p = str을 했다. p + 3을 한 후 *p를 출력하면 어떤 문자가 출력되는가?

① A ② B
③ C ④ D

[주관식]

24 포인터를 선언할 때 사용하는 연산자는 (   )이다.

25 일반 자료형의 주소를 변환할 때 사용하는 연산자는 (   )이다.

26 직접 접근 방식을 사용하는 자료형의 이름은 (   )이다.

27 참조 연산자는 (   )이다.

28 주소 변환 연산자는 (   )이다.

29 포인터가 값을 참조할 때 사용하는 연산자는 (   )이다.

30 서식문자 %p를 사용하는 자료형은 (   )이다.

31 pnum = num에서 pnum은 포인터이고 num은 일반 자료형이다. num 앞에 붙여야 하는 연산자는 (   )이다.

32 pnum = num에서 pnum은 포인터이고 num도 포인터이다. num 앞에 붙여야 하는 연산자는 (   )이다.

33 pnum = &num 이후에 num의 주소에 있는 값을 참조해야 한다. pnum 앞에 붙여야 하는 연산자는 (   )이다.

34 int* a, b, c, d라 선언했다. 이 중 포인터 변수의 개수는 (   )개이다.

35 int* a, b, c, d라 선언했다. 이 중 일반 변수의 개수는 (   )개이다.

36 포인터 자료형의 서식문자는 (   )이다.

37 pnum = num에서 pnum은 포인터이고 num은 배열이다. num 앞에 붙여야 하는 연산자는 (   )이다.

38 pnum = num[1]에서 pnum은 포인터이고 num[1]은 배열이다. num[1] 앞에 붙여야 하는 연산자는 (   )이다.

39 배열의 대표이름은 ( ) 자료형이다.

40 포인터를 초기화할 때 사용되는 값은 ( )이다.

41 char *p로 선언된 포인터 p가 현재 가리키고 있는 주소는 335번지이다. ++p 이후에는 ( )번지를 가리킨다.

42 char *p로 선언된 포인터 p가 현재 가리키고 있는 주소는 335번지이다. p = p + 2 이후에는 ( )번지를 가리킨다.

[코드 문제]

43 다음 코드의 잘못된 부분을 지적하고 어떻게 수정해야 하는지 쓰시오.

포인터와 연산자

```
#include <stdio.h>

int main() {
   int num = 5, copy;
   int *p_num;

   copy = num;
   p_num = num;
   printf("참조값 = %d\n", p_num);

   return 0;
}
```

44 다음 코드의 잘못된 부분을 지적하고 어떻게 수정해야 하는지 쓰시오.

배열과 포인터

```
#include <stdio.h>

int main() {
   char str[5] = "ABCD", *p;

   p = &str;
   printf("p = %c, str = %c\n", *p, *str);
   return 0;
}
```

배열과 포인터

45 다음 코드의 출력값을 정확하게 적으시오.

```c
#include <stdio.h>

int main() {
    char str[5] = "ABCD", *p;

    p = &str[1];
    printf("1 = %s, 2 = %c\n", p, p[1]);

    return 0;
}
```

문자열과 포인터

46 포인터를 사용하여 소문자를 대문자로 바꾸는 코드를 만드시오. 단, 숫자와 특수문자는 다음과 같이 그대로 출력되도록 하시오.

```
소문자 입력: 23abc!
23ABC!
```

배열

47 추억은 방울방울 코드는 같은 패턴이 반복되는 구조이다. 추억은 방울방울 코드를 변경하여 방울이 화면을 벗어났을 경우 rand() 함수로 방울의 높이를 재설정할 수 있도록 바꾸시오.

버블 정렬

48 버블 정렬 코드를 만드시오. 단, system("cls")를 사용하여 숫자가 뒤바뀌는 모습을 볼 수 있게 만드시오. 사용되는 값은 {86, 75, 64, 53, 42, 31, 20, 19, 8, 7, 6, 5, 4, 3, 2}이다.

배열

49 사용자가 숫자를 고르면 그 숫자 오른쪽의 값을 같이 보여주어 난이도를 낮춘 지뢰피하기 게임을 만드시오. 29번은 맨 마지막임으로 제외된다.

이진 탐색

50 똑똑한 스무고개 게임을 만드시오. 1에서 20 사이에서 사용자가 어떤 숫자를 생각하면 컴퓨터가 그 숫자를 맞추는 게임이다. 컴퓨터가 물어보는 숫자가 자신이 생각한 수보다 크면 1, 작으면 −1을 입력한다. 맞는 경우 0을 입력한다. 다음은 게임을 실행한 화면이다.

```
1-20 중 아무 숫자나 생각하시오  ←— 12를 생각함
10 맞습니까? : 1               ←— 더 큰 숫자라서 1 입력
15 맞습니까? : -1              ←— 더 작은 숫자라서 -1 입력
12 맞습니까? : 0               ←— 맞췄음으로 0 입력
브라보!
```

배열

51 sin() 함수를 사용하여 겨울 눈 내리는 코드를 변경하시오. 눈이 S자 곡선을 이루면서 내려오다가 쌓이도록 만드시오.

WONDER C

CHAPTER

11

문자와 문자열

학습목차

11.1 문자열 처리

1 문자와 문자열의 기초

필수

문자와 문자열

9장에서 문자열(string)에 대해 간단하게 설명했다. 문자열은 경우 입력 받고, 크기를 구하고, 문자를 자르거나 붙이고, 출력하는 등 다양한 작업이 필요하다. 이러한 작업들에 사용할 수 있는 많은 라이브러리들이 있다. 문자열 관련 함수들의 특성을 파악하면 원하는 작업을 쉽게 처리할 수 있다. 우선 문자와 문자열에 대한 내용들을 간략히 정리하고, 다양한 문자열 처리 함수들의 특징을 살펴본다.

문자가 연달아 여러 개 있는 경우를 문자열(string)이라 부른다. A, B, C는 각각 1개의 문자이지만 'ABC'는 여러 개의 문자가 합쳐진 문자열이다. 따라서 문자열은 1개 이상의 문자로 구성된다. 1개의 문자는 char형에 저장되며, char형의 크기는 1바이트이다. **문자가 저장될 때에는 정수 값(아스키 코드 번호)으로 저장**된다. 그래서 문자는 정수 값과 동일하게 다룰 수 있다.

그림 11-1
문자와 문자열 정리

문자와 문자열의 선언 및 초기화는 아래와 같다. 문자형 변수에는 문자 1개를 저장할 수 있고, 문자형 배열에는 문자열을 저장할 수 있다. 이때, **문자가 1개일 때에는 작은따옴표(' ')를 사용하고, 문자열일 때에는 큰따옴표("")를 사용한다.**

```
char ch = 'A';
char str[4] = "ABC";
```

문자 1개는 작은따옴표 ' ' 사용
문자열은 큰따옴표 "" 사용

문자열의 맨 끝에는 문자열의 끝을 알리는 널 문자(NULL)가 있다. 널 문자는 '\0'이며 아스키 코드 0번이다. 큰따옴표("")를 사용하는 경우에는 문자열 마지막에 널 문자(\0)가 자동으로 삽입된다. 그래서 다음의 두 변수에 같은 A로 초기화해도 저장되는 형태는 다르다.

```
char ch = 'A';
char str[2] = "A";
```

A 문자 1개 저장
A와 널 문자(\0) 2개 저장

char형 변수 사용 시 자주 발생하는 오류

char ch = 'A'의 경우 변수 하나에 'A' 문자만 들어간다. 그러나 char str[2] = "A"는 보기에는 1개의 문자이지만 배열에 'A'와 '\0'이 같이 들어간다. 따라서 다음의 코드는 char형 변수를 사용할 때 흔히 발생하는 오류이다. 문자형 변수를 선언하고 큰따옴표("")를 사용하는 것은 오류이다.

```
char ch = "A";            오류: 큰따옴표는 문자열에만
char str[2] = "AB";       오류: "AB"는 널 문자 포함 3글자
```

'AB' 문자열을 담기 위해서는 문자형 배열 str[2]로 선언하면 안 된다. 'AB'의 경우 널 문자를 포함하여 크기가 3 이상인 배열이 필요하다. 따라서 str[3] 이상의 크기로 배열을 선언해야 한다.

문자열을 선언하면서 초기화를 할 수는 있지만, 초기화 이후에 새로운 문자열을 대입시키면 안 된다. 'XYZ'도 하나의 문자열이며 메모리에 주소를 갖는다. 그런데 str = "XYZ"의 경우, 원래의 주소에서 새로운 주소로 바뀌게 된다. **배열은 포인터와 달리 시작 주소를 변경할 수 없다.** 따라서 다음 문장은 오류이다.

```
char str[4] = "AB";
str = "XYZ";              오류: 배열의 주소를 바꿀 수 없음
```

선언 후 문자열 저장 방법

char형 배열을 선언한 이후에, 문자열을 새로 저장하려면 나중에 배우게 될 문자열 복사 함수인 strcpy()를 사용해야 한다.

```
char str[4] = "AB";
strcpy(str, "XYZ");       문자열의 대입은 strcpy() 사용
```

문자열의 다양한 초기화 방법

문자열은 다음과 같이 다양한 방법으로 초기화를 할 수 있다. 1번 줄은 배열 하나 하나에 문자를 대입하는 방식이다. 이때에는 마지막에 널 문자를 꼭 넣어야 한다. 2번 줄과 같이 큰따옴표를 사용해도 1번 줄과 결과는 같다.

```
01  char str[4] = {'A', 'B', 'C', '\0'};
02  char str[4] = "ABC";           문자열 끝은 널 문자로 채워짐
03  char str[6] = "ABC";           빈 공간은 널 문자로 채워짐
04  char str[6] = "";              모든 공간은 널 문자로 채워짐
05  char str[] = "ABCD"            자동으로 크기 결정
```

3번 줄의 경우 6개 크기의 문자형 배열을 선언했지만, 글자는 3개뿐이다. 이 경우 배열의 빈 공간은 모두 널 문자(\0)로 채워진다. 4번 줄은 6개 모두 널 문자로 채워진다.

5번 줄의 경우, 배열의 크기를 지정하지 않고 초기화했다. 이 경우 널 문자를 포함하여 'ABCD\0'이 저장됨으로 str[5]로 만들어진다. 정수나 실수의 배열에서 크기를 지정하지 않는 경우에는 배열의 끝을 알기 어렵다. 그러나 문자열의 경우 맨 마지막에 널 문자가 있기 때문에 배열의 크기를 지정하지 않아도 문자열의 끝을 알 수가 있다.

문자는 서식문자 %c를 사용하고, 문자열은 서식문자 %s를 사용한다. printf()와 scanf()를 사용하여 출력하거나 입력을 받을 때 해당 서식문자를 사용하면 된다.

2 언더바가 붙은 함수

_sleep() 함수로 천천히 출력하기

문자열을 0.5초에 1글자씩 출력하는 코드를 만들어 보자. [예제 11-1]은 문자열 'C Programming'을 0.5초에 1글자씩 출력해준다.

[예제 11-1]
느리게 출력하는 코드
1101_slow_print1.c

```
#include <stdio.h>
#include <stdlib.h>                    // _sleep이 있는 라이브러리

int main() {
   char str[] = "C Programming", *p = str;

   while (*p != 0) {                   // 널 문자(\0)는 아스키 값 0
      printf("%c", *p++);
      _sleep(500);                     // _sleep은 밀리초, 1000ms = 1초
   }
   return 0;
}
```

실행 화면

```
C Programming
```
← 1초에 한 글자씩 출력됨

5번 줄에서 str[] = "C Programming"을 선언한다. 문자형 포인터 *p를 선언하고 str의 주소를 대입한다(*p = str). 7번 줄에서 while 문을 사용하여 널 문자를 만날 때까지 반복한다. 널 문자의 아스키 코드 번호는 0이다. 따라서 *p != '\0'과 *p != 0은 같은 코드이다.

8번 줄에서 글자 하나를 출력하고 포인터의 *p++를 사용하여 주소를 1 증가시킨다. 9번 줄에서 _sleep(500)을 사용하여 0.5초를 기다린다. 앞서 알람시계를 구현할 때, 1초를 기다리는 코드로 system("timeout 1 > NULL")을 사용했었다. timeout 1의 단점은 초 단위로만 지정할 수 있다는 것이다. 따라서 0.5초와 같은 경우에는 사용할 수가 없다.

유닉스의 경우, system("sleep 0.01")이라 쓰면 10밀리초(ms)만큼 기다릴 수 있다(1000ms = 1초). 비주얼 스튜디오에도 유닉스의 sleep과 같은 함수가 있는데, 이름은 _sleep()이며, <stdlib.h>에 들어있다. 밀리초 단위를 사용하기 때문에 _sleep(500)은 0.5초가 된다.

여기서 잠깐

비주얼 스튜디오에는 Sleep()이라는 함수도 있다. 이 함수는 <windows.h> 라이브러리를 포함시키면 사용할 수 있다. S가 대문자로 시작하며 _sleep()과 같이 밀리초 단위를 사용한다.

비표준 함수

함수에 앞이나 이름 중간에 언더바(_)가 붙은 함수들은 기존 함수에서 변형된 비표준 함수이다. 변형된 이유들은 다양한데, 기존 함수에 추가적인 내용이 생겼거나, 기존 함수에 문제가 있어 업그레이드를 한 경우이다. 업그레이드가 되었더라도 기존 함수의 이름을 남기고 싶은 경우 언더바(_)를 붙인다. scanf()의 보안 관련 문제점을 개선한 비주얼 스튜디오의 scanf_s()가 대표적인 비표준 함수이다.

10장까지는 비주얼 스튜디오와 유닉스에서 같이 동작하는 코드를 만들기 위해 비표준 함수 사용을 최대한 자제했다. 그러나 비표준 함수를 사용해서 만들 수 있는 다양한 코드들이 있어, 지금부터는 비표준 함수도 적극 사용할 예정이다.

하이퍼 링크

윈도우즈와 유닉스 코드가 조금씩 다르다. 윈도우즈와 유닉스의 차이점은 7장 반복문 중 [LAB 5] 유닉스와 윈도우즈의 차이를 참고하기 바란다.

3 입출력 버퍼

버퍼란?

버퍼 buffer 는 속도 차이가 나는 두 장치 사이에서 속도 차이를 완화시켜 주는 장치이다. 귤 5개를 옮긴다고 가정해 보자. 한 번에 1개씩 옮기면 다섯 번을 왕복해야 한다. 그러나 귤을 바구니에 담아서 옮기면 한 번에 5개를 옮길 수 있어 효율적이다. 바구니가 버퍼의 역할이다.

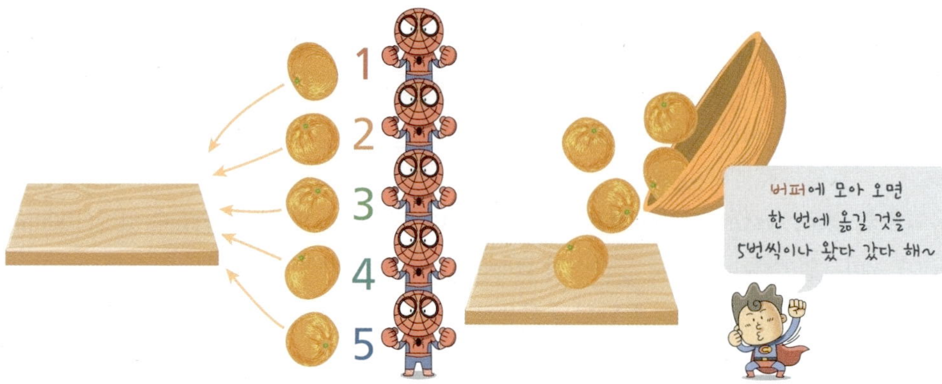

그림 11-2
버퍼는 작업의 효율을 높인다

입출력 버퍼의 역할

입출력 장치에서 데이터를 가져오는 경우를 생각해 보자. CPU는 매우 빠른 장치인데 반하여 키보드, 모니터, 하드 디스크는 느린 장치이다. 느린 입출력 장치에서 데이터를 읽을 때마다 하나씩 전송하면 작업량에 비해 실제 전송되는 데이터의 양은 적다. 일정량의 데이터를 모아 한꺼번에 전송하면 적은 노력으로도 많은 양의 데이터를 옮길 수 있어 작업 효율을 높일 수 있다. 버퍼는 이렇게 일정량의 데이터를 모아 옮김으로써 속도 차이를 완화시켜 준다. 따라서 모든 입출력 장치는 버퍼를 사용한다.

소프트웨어의 버퍼 사용

버퍼는 소프트웨어에도 사용된다. 대표적인 예가 동영상 스트리밍 streaming 이다. 유튜브에서 동영상을 볼 때, 네트워크를 통해 데이터가 들어오는 시간과 재생하는 시간 간에 속도 차이가 발생할 수 있다. 플레이어가 재생하는 도중에 데이터가 도착하지 않으면 동영상이 끊긴다. 이러한 현상을 방지하고자 동영상 데이터의 일정한 양을 버퍼에 넣은 후 실행시킨다. 버퍼에 있는 데이터를 다 쓸 때까지 데이터가 도착하지 않으면 [그림 11-3]과 같이 화면이 멈추면서 버퍼링이 걸린다.

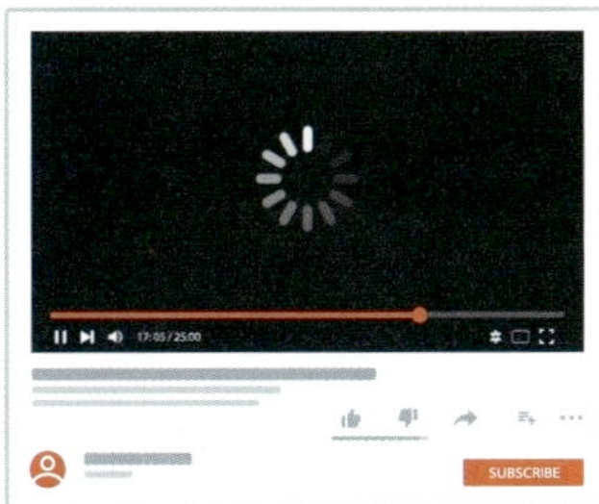

그림 11-3
버퍼링 중인 유튜브 화면

표준 입출력의 버퍼 사용

컴퓨터는 기본 입력 장치로 키보드를 사용하고, 기본 출력 장치로 모니터를 사용한다. 그래서 키보드는 **표준 입력** standard input 이라는 의미로 `stdin`이라 부른다. 같은 이유로 모니터는 **표준 출력** standard output 이라는 의미로 `stdout`이라 부른다. 앞서 설명했다시피, 키보드에서 입력 받을 때와 모니터로 출력할 때 버퍼를 사용한다.

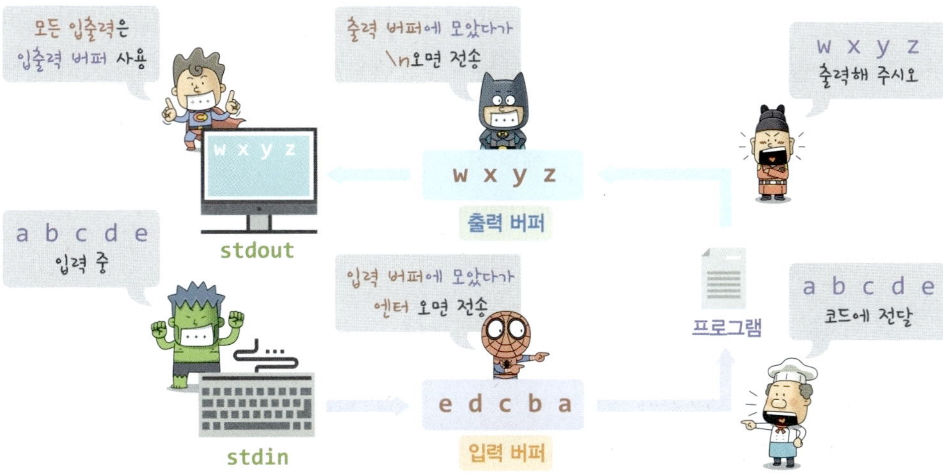

그림 11-4
입출력은 입출력 버퍼 사용

키보드(표준 입력, `stdin`)에서 abcde를 차례로 입력하면 abcde가 눌려질 때마다 1개씩 `scanf()`로 전달되는 것이 아니다. 키보드로부터 입력되는 모든 데이터는 입력 버퍼라는 곳에 모인다. **입력 버퍼에 모여 있던 데이터들은 특정 신호를 받게 되면 한꺼번에 프로그램에게 전달된다.**

특정 신호의 대표적인 경우가 엔터(Enter) 키이다. 사용자가 abcde를 누르고 엔터 키를 눌러야만 `scanf()`로 abcde가 전달된다. 이렇게 버퍼에 모여 있는 데이터를 한꺼번에 전송하고 버퍼를 비우는 작업을 **플러시** flush 라 부른다. 플러시의 원래 뜻은 '변기의 물을 내리다'이다. 따라서 엔터 키는 입력이 끝났다는 신호인 동시에 버퍼에 있는 데이터를 전송(플러시)하고 버퍼를 비우라는 의미이다.

여기서 잠깐

일부 바이러스의 경우 입력 버퍼 값을 몰래 읽어서 사용자의 비밀번호를 알아낸다. 그래서 인터넷 뱅킹을 하려면 키보드 보안 프로그램을 설치해야 한다. 또 다른 방법으로는 그림과 같이 가상 키보드를 사용하여 입력 버퍼를 쓰지 않고 입력하도록 한다.

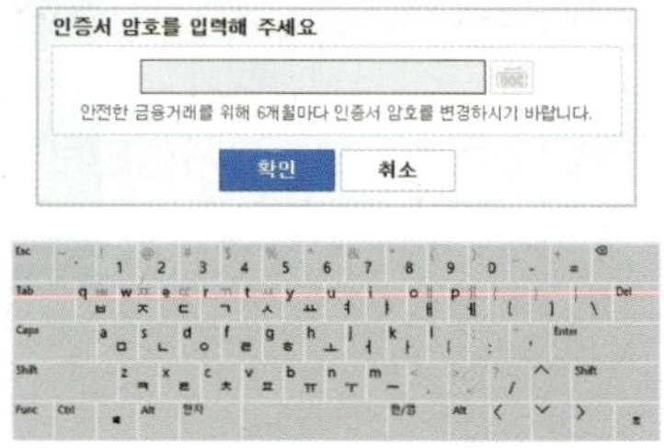

출력도 출력 버퍼를 사용한다. `printf()`와 같은 출력 함수를 사용하여 `xywz`를 모니터(표준 출력, `stdout`)로 보내면 `xywz`는 출력 버퍼에 들어간다. `xywz`가 실제로 화면에 나타나는 것은 출력 버퍼에 있는 내용을 화면으로 보내라는 신호(플러시 신호)를 받은 후 이다. 대표적인 플러시 신호로 '\n'이 있다. '\n'은 플러시 신호인 동시에 화면에서 줄을 바꿔 새로운 줄에서 시작하라는 신호이다.

입출력을 할 때 입출력 버퍼를 사용하기 때문에 코드를 만드는데 제약이 따른다. 예를 들어 화살표 키를 눌러서 그림을 옆으로 이동하는 프로그램을 만든다고 해보자. 사용자가 화살표 키를 누르면 입력 버퍼에 저장된다. 이것이 프로그램으로 전달되기 위해서는 엔터 키를 눌러야 한다. 따라서 화살표를 누른 후 엔터 키를 눌러야지만 그림이 옆으로 움직이게 된다. 이러한 문제를 해결할 수 있는 함수들에 대하여 자세히 설명할 예정이다.

함수 소개 키보드 눌림 확인 - kbhit()

모든 입력 함수들은 사용자가 입력할 때까지 기다린다. 따라서 사용자가 입력하기 전까지는 다음 줄의 코드를 실행할 수 없다. 움직이는 게임의 경우, 사용자의 입력과 상관없이 계속 물체가 움직여야 한다. 그런데 기존 입력 함수로는 사용자의 입력을 받는 것과 물체를 움직이는 것을 동시에 할 수 없다.

사용자의 입력을 기다리지 않고, 코드 실행 중간에 사용자가 키보드를 눌렀는지 확인할 수 있는 함수가 `kbhit()`이다. `kbhit()`는 keyboard hit의 약자로 평상시에는 `0`을 반환하다가 키보드가 눌리는 순간 `1`을 반환하는 함수이다.

그림 11-5
conio.h 헤더에 있는 kbhit() 함수

kbhit()는 conio.h 헤더에 포함된 함수이다. conio.h는 콘솔 입출력에 관련된 헤더로 유닉스에서는 지원하지 않는다. 따라서 kbhit()는 비주얼 스튜디오에서만 사용 가능한 함수이다.

[예제 11-2]는 kbhit()를 이용한 원반 사격 게임이다. 코드를 실행하면, 중앙에 | 문자가 생기고 커서(작은 네모 상자)가 왼쪽 끝에서 오른쪽으로 빠르게 움직인다. 중앙선에 커서가 도착했다고 생각될 때 키보드를 누르면(사격을 하면) 된다. 먼저 코드를 실행하여 게임을 해보자.

[예제 11-2]
원반 사격 게임
1102_dartgame1.c
VS only

```
01  #include <stdio.h>
02  #include <stdlib.h>                       // _sleep()이 있는 라이브러리
03  #include <conio.h>                        // kbhit()가 있는 라이브러리
04
05  int main() {
06     int k, l;
07
08     for (l = 0; l < 61; l++) printf(" ");
09        printf("|\n\n");                    // 60번째 칸에 중앙선 만듦
10
11     for (k = 0; k < 120; k++) {
12        printf(" ");                        // 커서 한 칸씩 오른쪽 이동
13        if ( kbhit() ) break;               // 키가 눌리면 break
14        _sleep(40);                         // 40ms 기다림
15     }
16     if (k > 58 && k < 62 ) printf("* Hit\n");
17     else printf("* Miss\n");
18     return 0;
19  }
```

실행 화면

```
                                                            |
                                                            * Hit
```

8번에서 9번 줄은 앞에서 중앙에 선(|)을 만드는 코드이다. 12번 줄은 k가 1씩 증가할 때마다 빈칸을 하나씩 만들어 커서(작은 네모 상자)를 오른쪽으로 움직인다.

13번 줄을 보자. 사용자가 키보드를 누르지 않으면 kbhit()가 0이 되어 if 문을 그냥 통과한다. 14번 줄 _sleep()에서 40ms 동안 기다렸다가, 빈칸을 만들어 커서를 이동시키는 작업

을 반복한다. 11번에서 15번 줄이 계속 반복되면서 빈칸은 하나씩 늘어나고 커서는 계속 오른쪽으로 이동한다.

어느 순간, 사용자가 키보드를 누르면 13번 줄의 kbhit()가 1이 되고, break 문이 실행되어 k를 사용하는 for 문을 탈출한다. 반복문을 탈출하면, 16번 줄에서 k 값이 59에서 61이면 맞췄다는 의미로 * hit라 출력하고 아닌 경우 * Miss라 출력한다.

scanf()와 같은 입력 함수로는 이런 코드를 만들 수 없다. 코드가 실행되는 중간에 사용자의 입력을 받을 수 있게 됨으로써 다양한 코드를 만들 수 있다.

kbhit()를 사용할 때 주의해야 할 것이 있다. 사용자가 키를 누르면 해당 문자는 입력 버퍼에 저장된다. kbhit()는 입력 버퍼가 비워지기 전까지 계속 1을 유지한다. 따라서 kbhit() 값을 0으로 되돌리고 싶으면 입력 버퍼를 비워야만 한다.

[예제 11-3]은 2초씩 5번을 반복하며 사용자가 입력하기를 기다리는 함수이다. 만약 사용자가 키보드를 누르면, 10번 줄 kbhit()가 1이 되어 11번 줄에서 key hit를 출력한다.

[예제 11-3]
kbhit() 사용 주의 코드

1103_kbhit1.c

VS only

```
01  #include <stdio.h>
02  #include <stdlib.h>                    // _sleep()이 있는 라이브러리
03  #include <conio.h>                     // kbhit()가 있는 라이브러리
04
05  int main() {
06      int k;
07
08      printf("wait\n");
09      for (k = 0; k < 5; k++) {
10          if ( kbhit() )
11              printf(">>>key hit\n");
12          _sleep(2000);
13      }
14      return 0;
15  }
```

실행 화면

```
wait
>>>key hit
>>>key hit
>>>key hit
```

출력 결과를 보면, key hit가 3번 출력된다. 키보드를 3번 누른 것이 아니다. 키보드를 딱 한 번 눌렀지만, 입력 버퍼에 문자가 남아 있어 계속 kbhit()가 1을 유지하기 때문에 발생하는 현상이다. kbhit()를 0으로 만드는 방법은 나중에 다시 설명한다.

LAB 1 빗살 찢어 코드

함수를 잘 사용하면 코드가 재밌어진다. 앞에서 만든 코드들을 kbhit()를 사용하여 업그레이드해 보자. 앞의 움직이는 빗살무늬 코드를 업그레이드 한 빗살 찢어 코드가 [예제 11-4]이다. kbhit()를 사용하여 사용자가 키보드를 누르면 움직임이 변하도록 설계했다. 먼저 실행한 후 조금 지켜보다가 아무 키나 눌러 보자.

그림 11-6
빗살 찢어 코드

처음에는 마름모가 같은 방향으로 움직이다가 사용자가 키보드를 누르면 빗살 찢어 코드로 바뀔 것이다. 다시 말해 사용자가 키보드를 누르면 홀수 칸은 아래로, 짝수 칸은 위로 움직인다.

코드를 살펴보면, 움직이는 빗살무늬 코드에서 추가된 줄은 13번 딱 한 줄이다. 13번 줄이 없는 경우를 생각해 보자. 14번 줄 bubb[met] = bubb[met] + dt에서 마름모의 움직임이 결정된다. 6번 줄에서 선언된 dt 변수는 초기값이 -1이다. 따라서 마름모는 위로(줄 번호가 작은 쪽으로) 올라간다. 사용자가 키를 누르기 전까지는 모두 같은 방향으로 움직인다.

키보드가 눌렸을 때 홀수 칸은 아래쪽 방향(+1), 짝수 칸은 위쪽 방향(-1)으로 움직이게 하려면 다음과 같이 코드를 만들면 된다. kbhit()가 1인 경우, dt가 -1일 때는 1로, 1일 때는 -1로 바꾸기 때문에 한 칸씩 서로 반대 방향으로 움직인다.

[예제 11-4]
빗살 찢어 코드

1004_psyche.c

VS only

```c
01 #include <stdio.h>
02 #include <stdlib.h>                              // sysstem()이 있는 라이브러리
03 #include <conio.h>                               // kbhit()가 있는 라이브러리
04
05 int main() {
06    int bubb[38], k, jul, met, dt = -1;
07
08    for (met = 0; met < 38; met++)
09          bubb[met] = met % 25;
10    for (k = 0; k < 300; k++) {
11       system("cls");
12       for (met = 0; met < 38; met++){
13          if (kbhit()) dt = 0 - dt;             // 키보드 눌리면 1과 -1 번갈아 생성
14          bubb[met] = bubb[met] + dt;
15          if (bubb[met] < 0) bubb[met] = 24;
16          else if (bubb[met] > 24) bubb[met] = 0;
17        }
18       for (jul = 0; jul < 25; jul++) {
19          for (met = 0; met < 38; met++) {
20             if (bubb[met] == jul) printf(" <>");     // 공백문자 1개 <>
21             else printf("   ");                      // 공백문자 3개
22          }
23          printf("\n");
24       }                                              // End of for jul
25    }                                                 // End of for k
26    return 0;
27 }
```

앞서 이야기했지만, 입력 버퍼에 글자가 있으면 버퍼가 비워질 때까지 kbhit()가 계속 1이 된다. 따라서 사용자가 키를 입력한 이후에 13번 줄은 계속 실행되어 -1과 1이 번갈아 만들어진다. 그래서 키보드를 누른 이후 빗살 찢어 코드가 되는 것이다.

```c
if (kbhit()) {
   if ( dt = -1 ) dt = 1;        // dt가 -1이면 1로 변경
   else dt = -1;                 // dt가 1이면 -1로 변경
}
```

위의 코드를 줄여 놓은 것이 13번 줄이다. `dt = 0 - dt` 코드의 경우, -1과 1을 계속 반복하게 된다. 그래서 위의 4줄이 13번 줄과 같이 1줄로 줄었다. 이렇게 코드 줄이기를 자주하면 코딩 실력이 점점 늘어날 것이다.

11.2 문자 입출력 함수

1 문자 입출력 함수

getchar()와 putchar()

문자 1개를 입출력하는데 사용하는 함수로 대표적인 것이 getchar()와 putchar()이다. getchar()는 키보드로부터 문자 1개를 받는 함수이며, putchar()는 문자 1개를 모니터에 출력하는 함수이다. 두 함수 모두 <stdio.h> 헤더파일에 있다.

그림 11-7
1개의 문자 입출력 함수

getchar()

getchar()의 경우 ch = getchar()와 같이 값 반환 형식으로 입력 받은 문자를 전달한다. 매개 변수를 사용하지 않기 때문에 int getchar(void)로 선언되어 있다. 주의해야 할 것은 반환되는 값이 문자(char)가 아닌 정수(int)라는 것이다.

키보드로부터 입력할 때 한 줄의 끝은 줄 바꿈 문자(\n)이다. 입력을 할 때 여러 줄의 문장을 입력하는 경우도 있기 때문에 줄 바꿈 문자(\n)는 입력의 끝을 의미하는 것이 아니다. C언어에서 **입력의 끝은 EOF**이다. EOF는 End of File의 약자로 파일이나 키보드, 모니터로 입출력을 할 때 끝(End)났음을 의미한다. 윈도우즈에서 EOF는 Ctrl-z(Ctrl + z)이며, 유닉스의 경우 Ctrl-d(Ctrl + d)이다.

EOF의 값은 정수 -1이다. 그래서 EOF 대신 -1을 써도 같은 결과를 얻는다. 입출력의 끝과 오류를 점검하기 위하여 EOF(-1)를 사용하기 때문에 getchar()가 반환하는 값은 문자가 아닌 정수가 된 것이다.

putchar()

putchar()는 getchar()와 쌍을 이루는 함수로 화면에 글자 하나를 찍는다. putchar(ch)와 같이 사용하며, ch는 정수이다. printf()와 scanf()를 사용하여 문자 1개를 입출력할 수도 있다. 따라서 ch = getchar()는 scanf("%c", &ch)와 같고, putchar(ch)는 printf("%c", ch)와 같다.

문자 입출력 함수 사용하기

getchar()와 putchar()를 사용하여 에코(echo) 프로그램을 만들어 보자. [예제 11-5]가 에코 코드이며, 키보드로부터 입력 받은 문자를 화면에 그대로 출력한다.

8번 줄에서 getchar()로부터 키보드로 입력 받은 문자 하나를 ch가 받는다. getchar() 함수가 반환하는 값은 정수임으로 5번 줄에서 ch는 정수(int)로 선언했다. 9번 줄에서 ch가 입력의 끝을 나타내는 EOF인지를 확인한다. EOF가 아닌 경우 10번 줄에서 putchar()를 이용하여 ch를 출력한다. 만약 EOF라면 11번 줄의 break 문이 실행되어 프로그램은 종료된다.

[예제 11-5]
에코 코드
1105_echo1.c

```
01 #include <stdio.h>
02 #include <stdlib.h>
03
04 int main() {
05    int ch;
06
07    while (1) {                    // 무한 루프
08       ch = getchar();               // 한 글자를 받아 해당 정수 값 반환
09       if (ch != EOF)                // EOF는 -1
10          putchar(ch);                  // 모니터에 한 글자 출력
11       else break;                   // 입력 끝: EOF (ctrl-z) => break
12    }
13    return 0;
14 }
```

윈도우 실행 화면

```
123
123
^Z
```

← ^Z와 엔터 입력 후 종료

[예제 11-5]를 실행하고 엔터를 치면 키보드로부터 입력된 값들이 출력된다. 코드만 보면, 키보드를 하나 입력할 때마다 1개씩 출력될 것 같지만, 실제로는 그렇지 않다. 엔터키를 입력해야만 화면에 출력된다.

앞 절에서 설명했지만, getchar()가 입력 버퍼를 사용하기 때문에 엔터를 만나 후에야 입력된 내용이 전달된다. Ctrl-z도 마찬가지여서 Ctrl-z가 눌리는 순간 프로그램이 종료되는 것이 아니라 Ctrl-z를 누르고 엔터를 입력해야만 프로그램이 종료된다.

여기서 잠깐

[예제 11-5]는 유닉스에서 EOF는 CTRL-d이며, CTRL-d를 누르면 엔터를 누르지 않아도 바로 종료된다. 윈도우즈와 혼동하여 유닉스에서 CTRL-z를 누르지 않도록 주의해야 한다. 유닉스에서 CTRL-z는 프로그램이 끝내는 게 아니라 일시 정지 상태(pause)가 된다.

위 코드는 이해를 돕기 위해 풀어서 작성했지만, 다음과 같이 짧게 만들 수도 있다.

```
while ( (ch = getchar()) != EOF)
   putchar(ch);
```

문자열을 회전시키면서 출력하는 코드를 만들어 보자. love라는 문자열이 있으면, 처음에는 love라 출력하고 화면을 지운 후, ovel을 출력하고 화면을 지우고, velo를 출력하고 화면을 지우고, elov를 출력하고 화면을 지우고, 다시 love를 출력하는 프로그램이다. LED 광고판과 같이 글자가 회전하는 것처럼 보인다.

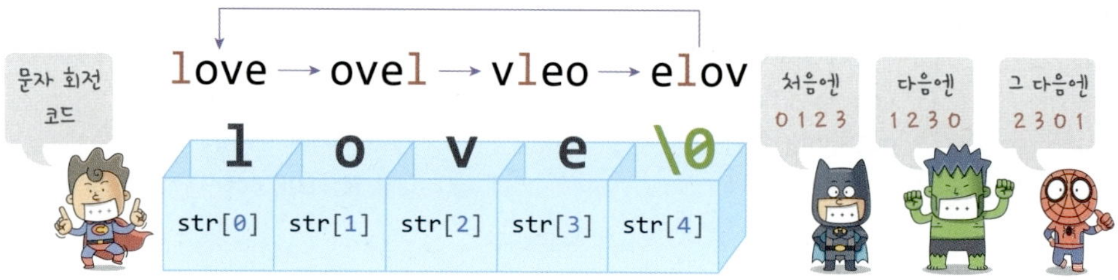

그림 11-8
문자 회전 코드

[예제 11-6]은 문자 회전 코드이다. 코드의 구조를 보면 9번 줄에서 화면을 지우고, 11번 줄에서 putchar()를 사용하여 문자를 1개 출력한다. 10번 줄에서 m을 사용하는 for 문이 0에서 3까지 반복되기 때문에 문자는 4개 출력된다. 12번 줄에서 _sleep() 사용하여 0.2초간 기다린다. 구조는 매우 간단하지만, 11번 줄이 쉽게 이해되지는 않을 것이다.

[예제 11-6]
문자 회전 코드
1106_round1.c
VS only

```
01 #include <stdio.h>
02 #include <stdlib.h>                        // system()이 있는 라이브러리
03
04 int main() {
05    char str[5] = "love";
06    int k, m;
07
08    for (k = 0; k < 30; k++) {
09       system("cls");                   // 유닉스 : system("clear");
10       for (m = 0; m < 4; m++)          // 4개 글자 출력
11          putchar(str[(m + k) % 4]);
12       _sleep(200);                     // 유닉스 : system("sleep 0.2");
13    }
14    return 0;
15 }
```

실행 화면

```
ovel ←―――― 글자가 계속 회전
```

문자 회전 코드의 핵심은 str[(m + k) % 4]이다. 배열 str[] 안의 (m + k) % 4가 회전하도록 인덱스(index)를 만든다. 10번 줄 m을 사용하는 for 문이 처음 실행될 때에는 인덱스를 0, 1, 2, 3(str[0], str[1], str[2], str[3])으로 만들어야 하고, for 문이 다시 실행될 때에는 1, 2, 3, 0으로 만들어야 한다. 그 다음은 2, 3, 0, 1, 그 다음은 3, 0, 1, 2가 만들어져야 한다. 그래서 인덱스는 (m + k)로 만든다.

m이 0일 때 0, 1, 2, 3이 만들어지고, m이 1일 때 1, 2, 3, 4가 만들어진다. 인덱스가 3을 넘어가면 안 되기 때문에, 인덱스를 4로 나누어 나머지(% 4)를 사용하게 되면 1, 2, 3, 4는 1, 2, 3, 0이 된다. 이런 식으로 계속 반복하면 회전하는 문자들이 출력된다.

2 버퍼 없는 문자 입출력 함수

_getch(), _getche()와 _putch()

1개의 문자를 처리하는 getchar()는 버퍼를 사용하기 때문에 불편하다. 문자 1개를 입력하고 엔터 키가 눌려야만 코드에 전달된다. 버퍼를 사용하지 않고 1개의 문자를 입력 받을 수 있는 함수로 _getch()와 _getche()가 있고, 버퍼를 사용하지 않는 출력 함수로 _putch()가 있다. 3가지 함수 모두 언더바가 붙은 비표준 함수이며 conio.h 헤더파일에 있다. kbhit()

가 있는 헤더파일이다. 입출력에 문자가 아닌 정수를 사용하는 것은 getchar()나 putchar()와 똑같다.

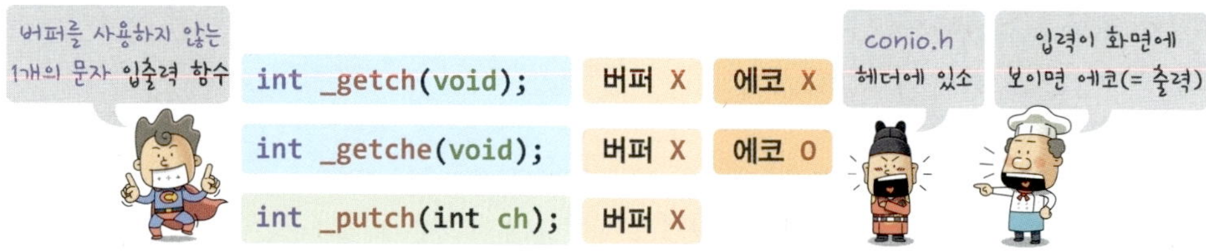

그림 11-9
버퍼를 사용하지 않는 입출력 함수

_getch()는 입력되는 문자가 에코(화면에 찍힘)가 없는 반면에 _getche()는 키보드가 눌렸을 때, 문자가 화면에 출력(에코)된 뒤 프로그램에게 전달된다.

여기서 잠깐 과거에는 모든 곳에서 getch()나 putch()를 사용할 수 있었지만, 현재는 비주얼 스튜디오를 제외한 몇몇 컴파일러가 getch()나 putch() 함수를 제외시켰기 때문에 _getch()와 _putch()로 설명한다.

[예제 11-7]은 화면의 별표를 좌우로 이동시키는 코드이다. 숫자 2를 누르면 별이 오른쪽으로 움직이고, 1을 누르면 별이 왼쪽으로 움직인다. q를 누르면 프로그램이 종료된다.

[예제 11-7]
별 이동시키기 코드
1107_star_move.c
VS only

```
#include <stdio.h>
#include <stdlib.h>                          // system()이 있는 라이브러리
#include <conio.h>                           // _getch()가 있는 라이브러리

int main() {
    int pos = 0, ch, k;

    _putch('*');                             // 글자 1개 - 따옴표('*') 사용
    while ((ch = _getch()) != 'q') {         // 입력이 q이면 종료
        if (ch == '1' && pos > 0) pos--;       // 1이면 pos 값 증가
        if (ch == '2' && pos < 81) pos++;      // 4이면 pos 값 감소
        system("cls");
        for (k = 0; k < pos; k++)
            _putch(' ');                       // pos만큼 빈칸 생성
        _putch('*');
    }
    return 0;
}
```

실행 화면

```
*
```
← 1과 2를 누르면 별이 좌우로 이동한다.

6번 줄에서 위치를 가리키는 변수 pos와 입력된 값을 저장하는 ch, for 문을 위한 변수 k가 선언된다. 사용자가 입력을 하기 전까지 화면에 아무것도 없으면 이상하기 때문에 8번 줄에서 _putch('*')를 사용하여 별표를 출력한다.

키보드가 눌릴 때마다 별이 움직이게 하기 위해 9번 줄에서 버퍼를 사용하지 않는 _getch()를 이용하여 입력 받는다. 입력된 값은 ch에 저장되며, 입력값이 'q'이면 while 문은 종료된다.

별표의 위치는 pos가 가지고 있다. 키보드에서 2가 눌리면 pos 값은 증가하고, 1이 눌리면 pos 값은 감소한다. 별표가 화면을 벗어나는 것을 방지하기 위해 pos 값은 항상 0보다 크고, 81보다 작도록 유지한다.

12번 줄에서 화면을 지우고, 14번 줄에서 pos 값만큼 공백문자를 출력한다. 먼저 공백문자를 출력하고 난 뒤, 15번 줄에서 별표를 출력하면 별표가 움직이는 것처럼 보인다. UFO 날리기 코드에서 사용했던 방법이다.

_getch()를 사용하면 숫자 키를 누른 후, 엔터 키를 누르지 않아도 별이 움직이는 것을 확인할 수 있다. 버퍼를 사용하는 것과 사용하지 않는 것의 차이이다.

```
09    while ((ch = _getche()) != 'q') {
```
에코가 있는 1개의 문자 입력 함수

에코가 있는 것과 없는 것의 차이점을 알고 싶다면, 9번 줄의 _getch() 대신 _getche()로 바꾸어 실행시켜보기 바란다. 별표 옆에 입력하는 숫자가 찍히는 것을 확인할 수 있다.

별 이동시키기 코드를 업그레이드하여 옆으로 40칸, 밑으로 20줄의 공간에서 1 2 3 4를 누르면 상하좌우로 별을 이동시키는 코드를 연습문제 68번에 만들었으니 도전해 보기 바란다.

LAB 2 바람 기억 코드

추억은 방울방울 코드를 바꾸어 바람 기억 코드를 만들어 보자. [예제 11-8] 바람 기억 코드는 바람을 따라 한 쪽 방향으로 움직이던 나뭇잎이 날아다니다, 키보드를 누를 때마다 반대 방향으로 움직이는 코드이다.

그림 11-10
바람 기억 코드

바람 기억 코드는 물방울 코드를 변형한 것이다. 차이점은 `kbhit()`를 사용했다는 것과 좌우로 더 많이 움직이게 하기 위해 23번 줄에서 `sin(jul) + cos(1 - jul) + 3` 식을 사용했다는 것이다. 추가적으로 `(dt * (rand() % 3 + 1))` 식을 사용하여 어떨 때는 빠르게, 또 어떨 때는 조금 느리게 나뭇잎(~)들이 날리도록 했다.

앞의 빗살 찢어 코드와 마찬가지로 14번에서 17번 줄 `kbhit()` 함수를 사용하여 바람의 방향을 바꾼다. 빗살 찢어 코드에서는 키보드가 눌리면 입력 버퍼가 비워지지 않아 `kbhit()`는 계속 `1`인 상태였다. 바람 기억 코드에서는 `dt`가 `1`에서 `-1` 혹은 `-1`에서 `1`로 바뀌고 나면 16번 줄의 `_getch()`가 실행된다. `_getch()`가 입력 버퍼에 있는 문자 1개를 가져 오기 때문에 입력 버퍼가 비워진다. 따라서 `kbhit()`가 `0`으로 바뀐다.

`dt`가 +나 –로 바람의 방향이 결정되면, 18번 줄에서 움직일 때마다 이동 속도를 다르게 하기 위하여 `dt`에 `(rand() % 3 + 1)`을 곱해준다. 그러면 나뭇잎(~)은 1에서 3의 속도로 다르게 움직이게 되어 바람에 날리는 것처럼 보인다.

입력 버퍼를 사용하는 것과 사용하지 않는 것의 차이를 알고 싶다면 16번 줄의 `_getch()`를 `getchar()`로 바꿔서 실행해 보기 바란다. 키보드가 입력되는 순간 코드가 멈췄다가 엔터를 입력하면 그때서야 움직이기 시작할 것이다.

[예제 11-8]
바람 기억 코드
1108_NAUL.c
VS only

```
#include <stdio.h>
#include <stdlib.h>                       // system()이 있는 라이브러리
#include <conio.h>                        // kbhit()가 있는 라이브러리
#include <math.h>

int main() {
   int wind[30], k, jul, met, s, dt = -1;

   for (met = 0; met < 30; met++)         // 나뭇잎 30개
         wind[met] = rand() % 26;         // 화면 높이 26: 화면에서 숨김
   for (k = 0; k < 200; k++) {
      system("cls");
      for (met = 0; met < 30; met++) {
         if (kbhit()) {
            dt = 0 - dt;
            _getch();                 // 입력 버퍼를 비워서 kbhit()가 0이 됨
         }
         wind[met] = wind[met] + (dt * (rand() % 3 + 1));
         if (wind[met] < 0) wind[met] = 25;
         else if (wind[met] > 25) wind[met] = 0;
      }
      for (jul = 0; jul < 26; jul++) {
         for (s = 0; s < (sin(jul) + cos(1 - jul) + 3); s++)
            printf(" ");
         for (met = 0; met < 30; met++) {
            if (wind[met] == jul) printf("  ~");
            else printf("   ");
         }
         printf("\n");
      }                                        // End of for jul
   }                                         // End of for k
   return 0;
}
```

LAB 3 빨라지는 원반 사격 게임

앞에서 만든 원반 사격 게임을 업그레이드해 보자. [예제 11-10]은 총 5번을 하는 원반 사격 게임이다. 새로 만든 원반 사격 게임은 총 5번을 실행하기 때문에 몇 가지의 변수가 더 생긴다. 6번 줄의 pos는 커서의 위치 값을 가지는 변수이다. 반복될 때마다 0으로 재설정한다. hit 변수는 5번 중 몇 번을 맞췄는지를 저장하는 변수이다. 11번 줄에서 왼쪽 상단에 지금까지 맞춘 횟수가 출력되며, 23번 줄에서 맞출 때마다 ++hit을 하여 맞춘 횟수를 증가시킨다. 24번 줄에서 _sleep(1000 * (rand() % 4))를 사용하여 다음 원반이 나올 때까지 무작위로 기다리게 된다.

그림 11-11
빨라지는 원반 사격 게임

17번 줄에서 kbhit()가 1이 되면(사용자가 키를 누르면) _getch()를 사용하여 버퍼를 비워준다. 그러면 kbhit()가 0으로 바뀐다. 그 후, 19번 줄에서 break 문이 실행되어 k를 사용하는 for 문을 빠져 나오게 된다.

새로운 원반 사격 코드는 게임을 할 때마다 속도가 빨라지도록 했다. 8번 줄의 m을 사용하는 for 문은 0에서 5까지 변하면서 총 5번의 게임을 진행한다. m이 0일 때에는 _sleep(70 - m * 10) 코드로 인해 70ms마다 커서가 움직인다. 게임이 진행될수록 m 값이 증가하여 m이 5가되면 기다리는 시간은 20ms까지 줄어들게 된다.

[예제 11-9]
빨라지는 원반 사격 게임

1109_dartgame2.c

VS only

```
#include <stdio.h>
#include <stdlib.h>                              // _sleep()이 있는 라이브러리
#include <conio.h>                               // kbhit()가 있는 라이브러리

int main() {
   int k, l, pos, m, hit = 0;

   for (m = 1; m < 6; m++) {
      pos = 0;
      system("cls");
      printf("     HIT = %d\n", hit);
      for (l = 0; l < 61; l++) printf(" ");
      printf("|\n\n");                        // 60번째에 표적 만듦
      for (k = 0; k < 120; k++) {
         pos = k;
         printf(" ");                            // 커서 한 칸씩 오른쪽으로 이동
         if (kbhit()) {
            _getch();                            // 키보드 버퍼 비우기
            break;                               // 키가 눌리면 break
         }
         _sleep(70 - m * 10);                    // 1/1000 단위로 속도 지연
      }
      if (pos > 58 && pos < 62 ) printf("* %d",++hit);
      _sleep(1000 * (rand() % 4));
   }
   return 0;
}
```

실행 화면

```
HIT = 4

                             |
```

LAB 4 카멜레온 사운드 미터

앞에서 만들어 본 수직 사운드 미터를 변형시켜 보자. 앞의 사운드 미터는 한글 미음(ㅁ)을 사용했었다. [예제 11-11]은 사용자가 입력할 때마다 사운드 미터의 글자가 변하는 카멜레온 사운드 미터이다. 먼저 실행하여 여러 개의 키를 눌러 보자. 현란하게 변하는 모습을 볼 수 있을 것이다.

그림 11-12
카멜레온 사운드 미터

카멜레온 사운드 미터 코드의 구조는 수직 사운드 미터와 같다. 7번 줄에서 사운드 미터에 사용할 문자열 `str[3]`을 선언하여 한글 미음(ㅁ) 대신 문자열 `str`을 출력하는 것이 다르다. 초기값으로 공백문자와 점(.)을 사용했으며, 문자가 2개이기 때문에 널 문자를 포함하여 `char str[3]`으로 선언한다. 또한, 16번 줄에서 서식문자 `%s`를 사용하여 출력한다. 사운드 미터를 표현하는 글자가 2글자이기 때문에 17번 줄 공백문자도 2글자이다.

사용자가 입력한 글자로 바꾸는 부분이 13번 줄이다. `kbhit()`가 1이 되면, `_getch()`를 실행하여 입력 버퍼에 있는 글자를 가져 온다. 그 글자를 `str[1]`에 넣으면 사용자가 입력한 글자로 사운드 미터가 그려지게 된다. 13번 딱 1줄만으로 사운드 미터가 좀 더 그럴싸해졌다. 여러분의 상상력만 풍부하다면 실행 결과는 코드 길이에 비례하지 않는다.

사용자가 문자를 입력할 때마다 문자가 바뀌는 것과 동시에 방향도 바뀌는 카멜레온 사운드 미터 코드가 연습문제 71번에 있으니 도전해 보기 바란다.

[예제 11-10]

카멜레온 사운드 미터 코드

1110_vmeter1.c

VS only

```
#include <stdio.h>
#include <stdlib.h>                                   // system()이 있는 라이브러리
#include <conio.h>                                    // kbhit()가 있는 라이브러리

int main() {
   int k, jul, met, sound[60];
   char str[3] = " .";

   for (k = 0; k < 300; k++) {
      system("cls");                                 // 화면 지우기
      for (met = 0; met < 60; met++)
         sound[met] = rand() % 25;                    // rand()로 막대기 높이 만듦
      if (kbhit()) str[1] = _getch();
      for (jul = 0; jul < 25; jul++) {               // for jul: 막대기 줄 수
         for (met = 0; met < 60; met++) {
            if (sound[met] <= jul) printf("%s", str);
            else printf("  ");                          // 공백문자 2개
         }                                            // End of for met
         printf("\n");
      }                                              // End of for jul
   }                                                // End of for k
   return 0;
}
```

11.3

문자열 처리 함수

1 문자 처리 함수들

ctype.h 헤더파일에 속한 함수들

문자 처리 함수는 1개의 문자가 대문자, 소문자, 숫자 혹은 특수문자인지를 판단하는 하는데 사용하는 함수이다. 이 함수들은 ctype.h 헤더파일에 속해 있으며, 값 반환(value return) 형태의 함수이다.

```
#include <ctype.h>                is~ () 및 to~ () 함수가 있는 라이브러리
```

ctype.h에 속한 함수들은 크게 두 분류로 나눌 수 있다. 우선 to~로 시작하는 함수는 문자를 변환하는 함수들이다. toupper(ch)는 소문자를 입력하면 대문자 값을 반환한다. 10장에서 입력된 소문자 값에 -32를 하여 대문자로 바꿨다. 이를 함수 형태로 구현한 것이다. tolower(ch)는 대문자를 입력하면 소문자 값을 반환하고, toascii(ch)는 입력된 문자의 아스키 코드 값을 반환한다.

표 11-1 1개의 문자 처리 함수들(ctype.h 헤더파일에 있음)

함수명	의미	반환 값
toupper(ch)	대문자로 바꾼다.	대문자 값
tolower(ch)	소문자로 바꾼다.	소문자 값
toascii(ch)	아스키 코드 값을 반환한다.	아스키 코드 값
islower(ch)	소문자인가? (a-z)	1(참), 0(거짓)
isupper(ch)	대문자인가? (A-Z)	1(참), 0(거짓)
isalpha(ch)	영문자인가? (대문자 또는 소문자) (a-z, A-Z)	1(참), 0(거짓)
isdigit(ch)	숫자인가? (0-9)	1(참), 0(거짓)
isalnum(ch)	영문자 또는 숫자인가? (a-z, A-Z, 0-9)	1(참), 0(거짓)
isspace(ch)	공백문자인가? (' ', '\n', '\t', '\r')	1(참), 0(거짓)
ispunct(ch)	특수문자인가? (!, @, #, $, %, ^, >, <, &, * 등)	1(참), 0(거짓)
iscntrl(ch)	제어문자인가?	1(참), 0(거짓)
isprint(ch)	출력 가능한 문자인가?	1(참), 0(거짓)
isxdigit(ch)	16진수인가?	1(참), 0(거짓)

두 번째 함수들은 is~로 시작하는 함수로 소문자, 대문자, 숫자, 특수문자와 같이 문자의 특징을 파악하는데 사용한다. 따라서 참일 경우 1, 거짓일 경우 0이 반환된다. islower(ch)는 소문자인지를 알려준다. 소문자이면 1, 소문자가 아니면 0이 반환된다. isupper(ch)는 문자가 대문자인지를 확인하고, isalpha(ch)는 문자가 영문자(대문자 혹은 소문자)인지 알려준

다. 표와 같이 다양한 문자의 특징을 파악할 수 있다.

문자 처리 함수들 사용하기

[예제 11-12]는 앞의 에코 코드를 변형하여, 입력되는 문자 중 대문자를 소문자로 소문자는 대문자로 변경하여 출력하는 코드이다. 1개의 문자 처리 함수들을 사용하기 위하여 2번 줄에 ctype.h를 포함시켰다.

7번 줄에서 getchar()를 사용하여 한 문자씩 입력 받은 값을 정수형 변수 ch에 넣는다. 8번 줄에서 islower(ch)를 사용하여 소문자이면, 대문자로 변경한다. 대문자 변경에는 toupper(ch)를 사용한다. 9번 줄에서 isupper(ch)를 사용하여 대문자인지 확인하고, 대문자이면 소문자로 바꾼다(ch = tolower(ch)). 소문자와 대문자 변환 과정을 지나면, 10번 줄에서 putchar(ch)를 사용하여 화면에 출력한다.

[예제 11-11]
대소문자 바꾸기 에코 코드
1111_echo2.c

```
01  #include <stdio.h>
02  #include <ctype.h>                  // is~ () 및 to~ () 함수가 있는 라이브러리
03
04  int main() {
05     int ch;
06
07     while ((ch = getchar()) != EOF) {
08        if ( islower(ch) ) ch = toupper(ch);        // 소문자는 대문자로
09        else if ( isupper(ch) ) ch = tolower(ch);   // 대문자는 대문자로
10        putchar(ch);
11     }
12     return 0;
13  }
```

윈도우 실행 화면

```
Love
lOVE      ←— 대소문자 바꾸어 출력
12to34
12TO34    ←— 대소문자 바꾸어 출력
^Z
          ←— ^Z와 엔터 입력 후 종료
```

문자 처리 함수를 사용하여 암호 확인 코드를 만들어 보자. 인터넷에서 회원가입을 하는 경우, 암호를 만들 때마다 보는 문구가 있다. "소문자, 대문자, 숫자, 특수문자 중 3가지 이상을 조합하여 암호를 만드시오." 기억하기 불편하지만 자신의 계정을 지키기 위해서는 꼭 필요한 조치이다. 유효한 암호인지를 검사하는 코드를 만들어 보자.

그림 11-13
유효 암호 검사 코드

[예제 11-13]은 입력한 문자가 유효한 암호인지를 검사하는 코드이다. 유효한 암호라면 소문자, 대문자, 숫자, 특수문자 중 3가지 이상만 암호에 포함되면 된다.

6번 줄에서 입력되는 문자에 소문자가 있는지를 확인하는 low, 대문자 upp, 숫자 dig, 특수문자 pct라는 변수를 만들었다. 4개의 변수는 초기값이 0이고 해당 글자가 1개라도 나타나면 1로 바뀌게 된다.

[예제 11-12]
유효 암호 검사 코드
1112_passwd1.c

```
01 #include <stdio.h>
02 #include <ctype.h>            // is~ () 및 to~ () 함수가 있는 라이브러리
03 
04 int main() {
05    char pwd[20];                              // 문자열 선언
06    int low = 0, upp = 0, dig = 0, pct = 0, k;
07 
08    printf("사용할 암호 입력: ");
09    scanf("%s", pwd);
10 
11    for (k = 0; pwd[k] != 0; k++) {
12       if ( islower(pwd[k]) ) low = 1;          // 소문자 low = 1
13       else if ( isupper(pwd[k]) ) upp = 1;     // 대문자 upp = 1
14       else if ( isdigit(pwd[k]) ) dig = 1;     // 숫자 dig = 1
15       else if ( ispunct(pwd[k]) ) pct = 1;     // 특수문자 pct = 1
16    }
17    if ((low + upp + dig + pct) >= 3) printf("사용 가능한 암호!\n");
18    else printf("불가능한 암호!\n");
19    return 0;
20 }
```

첫 번째 실행 화면

```
사용할 암호 입력: passwd123  ←—— 소문자 숫자 2 종류만 사용
불가능한 암호!
```

두 번째 실행 화면

```
사용할 암호 입력: 12passwd!!  ←—— 소문자 숫자 특수문자 3 종류 사용
사용 가능한 암호!
```

9번 줄에서 암호로 사용할 문자를 scanf()로 받은 후, 11번 줄에서 어떤 문자들이 있는지를 확인한다. 12번 줄에서 소문자가 있으면 low는 1이 되고, 13번 줄에서 대문자가 있으면 upp이 1이 된다. 14번 줄에서 숫자가 있으면, dig가 1이 되고, 15번 줄에서 특수문자가 있으면 pct가 1이 된다.

17번 줄에서 (low + upp + dig + pct)의 결과가 3 이상이면 사용 가능한 암호라고 출력하고, 아닐 경우 사용 불가능한 암호라고 출력한다. 보는 바와 같이, 문자 처리 함수를 사용하면 유효한 암호인지 검사하는 코드를 간단하게 만들 수 있다.

유효 암호 검사 코드에는 암호의 길이를 검사하는 코드가 없다. 암호의 길이까지 검사하는 코드를 연습문제 69번에 만들었으니 도전해 보기 바란다.

2 문자열 처리 함수 개요

필수

string.h 헤더파일에 속한 함수들

문자열 처리 함수들은 문자열의 복사, 길이 구하기, 비교하기와 같이 문자열을 다루는데 있어 꼭 필요한 함수들이다. 특히, strcpy()는 문자열에 새로운 문자열을 대입할 때 무조건 사용해야 하는 함수이다. 문자열을 쉽게 처리할 수 있는 함수들은 string.h 헤더파일에 포함되어 있다.

```
#include <string.h>
```

문자열 처리에 필수적인 라이브러리

문자열은 배열로 이루어져 있기 때문에 한 번 만들어지면 시작 주소를 변경할 수 없다. 따라서 이미 만들어진 문자열 str에 str = "XYZ"와 같이 새로운 문자열을 대입할 수 없다. 이는 문자열의 시작 주소를 바꾸는 일이기 때문이다. 이미 만들어진 문자열에 새로운 문자열을 대입하고 싶다면 문자열을 복사하는 strcpy()를 사용해야 한다. 또한, strcpy()를 사용하기 위해서는 string.h 헤더파일을 포함해야 한다. string.h에 포함된 문자열 처리 함수들 중 자주 사용되는 함수를 [표 11-2]에 나타냈다.

앞서 설명한 strcpy(s1, s2)는 s2 문자열을 s1 문자열에 복사한다. 유사한 함수로 strncpy(s1, s2, n)이 있는데, n 길이만큼 s2 문자열을 s1에 복사한다. 복사되는 문자열의 길이를 지정할 수 있는 함수이다.

strcpy(s1, s2)와 strncpy(s1, s2, n)은 s1 문자열의 내용을 모두 지운 후 s2 문자열이 새롭게 복사된다. s1 문자열의 내용을 그대로 유지하면서 s2 문자열을 끝에 이어 붙이려면 strcat(s1, s2)를 사용한다. strncat(s1, s2, n)은 s2 문자열에서 n 길이만큼 이어 붙이는 함수이다.

표 11-2 문자열 처리 함수들(string.h 헤더파일에 있음)

함수명	의미	반환값
strlen(s1)	s1의 길이를 구한다.	문자열의 길이(int)
strcpy(s1, s2)	s2를 s1에 복사한다.	
strncpy(s1, s2, n)	n 길이만큼 s2를 s1에 복사한다.	
strcat(s1, s2)	s2를 s1 끝에 이어 붙인다.	
strncat(s1, s2, n)	n 길이만큼 s2를 s1 끝에 이어 붙인다.	
strcmp(s1, s2)	s1과 s2를 비교한다.	같다=0, 앞=-1, 뒤=1
strncmp(s1, s2, n)	n 길이만큼 s1과 s2를 비교한다.	같다=0, 앞=-1, 뒤=1
strchr(s1, ch)	s1에서 ch 문자가 있는지 찾는다.	s1의 시작 주소, NULL
strstr(s1, s2)	s1에서 s2 문자열이 있는지 찾는다.	s1의 시작 주소, NULL
char *strtok(s1, dl)	dl을 이용하여 s1의 문자열을 분리한다.	분리된 문자열

strcmp(s1, s2)는 s1 문자열과 s2 문자열이 같은지를 비교하는 함수이다. 주의할 것은 두 개의 문자열이 같으면 0이 반환된다. 만약 s1과 s2가 다를 경우, 아스키 코드의 순서를 나타낸다. s1이 앞쪽이면 음수 -1이 반환된다. s1이 s2보다 뒤쪽이라면 양수 1이 반환된다. strncmp(s1, s2, n)은 s1과 비교를 할 때 s2의 n 길이만큼만 비교해서 같은지 다를지를 반환하는 함수이다. 문자열이 같으면 0, 앞쪽이면 -1, 뒤쪽이면 1이 반환된다.

strchr(s1, ch)는 s1 문자열에 ch 문자가 있는지를 찾아주는 함수이다. s1 문자열에서 ch 문자가 있는 위치의 주소가 반환된다. 찾는 문자가 없는 경우에는 NULL이 반환된다. 유사한 함수로 strstr(s1, s2)는 s1 문자열에 s2 문자열이 있는지 찾아주는 함수이다. 문자열이 있다면 s1 문자열에서 s2 문자열이 시작되는 주소 값이 반환되고 없는 경우 NULL이 반환된다.

strtok(s1, dl)은 dl을 기준으로 s1 문자열을 분리시켜주는 함수이다. 예를 들어 dl = ' '; 와 같이 공백문자로 정의하면, s1 문자열을 공백을 기준으로 잘라 준다. dl을 쉼표(,)로 정의하면, s1 문자열을 쉼표를 기준으로 잘라준다.

지금까지는 문자열 처리 함수에 대한 간단한 설명만을 했다. 다음 절부터 예제를 사용하여 문자열 처리 함수를 사용하는 방법을 설명한다.

3 문자열 복사 또는 붙이기

strcpy()와 strcat() 사용하기

다양한 문자열 처리 함수들을 사용해 보자. [예제 11-14]는 문자열을 복사하고 붙이는 코드이다. 2번 줄에서 문자열 함수를 사용하기 위하여 #include <string.h>를 포함시켰다. 5번 줄에서 20개의 크기를 가지는 문자열 str1을 선언하고 널 문자(NULL)로 초기화했다. 6번 줄에서는 str2와 str3를 선언하고 각각 "Love You"와 "So Much!!"로 초기화했다.

[예제 11-13]
문자열 붙이기 코드

1113_string1.c

```
01  #include <stdio.h>
02  #include <string.h>                          // 문자열 관련 함수가 있는 라이브러리
03
04  int main() {
05      char str1[20] = "";
06      char str2[10] = "Love You";
07      char str3[10] = "So Much!!";
08
09      strcpy(str1, str2);                      // 문자열 str2 -> str1로 복사
10      printf("%s:%d\n", str1, strlen(str1));
11      strncat(str1, " ");                      // 문자열 str1 뒤에 공백문자 붙임
12      printf("%s:%d\n", str1, strlen(str1));
13      strncat(str1, str3, 7);                  // 문자열 str1 뒤에 7 붙임
14      printf("%s:%d\n", str1, strlen(str1));
15      return 0;
16  }
```

첫 번째 실행 화면

```
Love You:8
Love You :9
Love You So Much:16
```

9번 줄에서 strcpy()를 사용하여 str1에 str2를 복사한다. 10번 줄에서 str1을 출력하고 strlen()을 사용하여 str1의 길이를 출력한다. 출력 결과 "Love You:8"이 출력된다. strlen()은 선언된 배열의 크기에 상관없이 문자의 개수만 출력하는 것을 알 수 있다.

11번 줄에서 이어 붙이는 함수인 strcat()을 이용하여 str1 뒤에 공백문자 하나를 붙였다. 12번 줄에서 "Love You :9"가 출력된다. 주의할 것은 공백문자 1개만 붙인다고 해도 작은따옴표가 아닌 큰따옴표를 사용해야 한다. 문자열 함수는 거의 모두 문자열을 매개 변수로 받는 함수이다. 따라서 문자열을 처리할 때 널 문자(NULL)를 만날 때까지 처리한다. 만약 ' '와 같이 공백문자 1개만 매개 변수로 사용하는 경우 오류가 발생한다. string.h에 있는 함수 대부분은 널 문자를 가진 문자열을 매개 변수에게 전달해야 한다.

13번 줄에서 strncat()을 이용하여 str3 문자열 중 7글자만 str1 뒤에 붙인다. 결과로 "Love You So Much:16"이 출력된다.

```
while (str[len] != 0) len++;                [예제 11-9]에서의 문자 길이 구하는 코드
```

설명했다시피, strlen(s1)은 s1 문자열의 길이를 반환해준다. 앞서 [예제 11-9]의 문자 돌리기 코드에서 문자열의 길이는 구하는 코드는 위와 같았다. 다음과 같이 strlen() 함수를 이용하면 문자열의 길이를 쉽게 구할 수 있다.

```
len = strlen(str);                          #include<sting.h> 추가해야 함
```

4 문자열 비교 또는 찾기

strcmp()와 strchr(), strstr() 사용하기

문자열 처리 함수 중 문자열끼리 비교하거나 찾는 함수들을 사용해 보자. [예제 11-15]는 문자열을 비교하거나 찾는 코드이다. 문자열 비교를 위하여 5번 줄에 char str1[20] = "Love You So Much!"를 선언하고, 6번 줄에 char str2[10] = "Love you"를 선언했다. 또한 찾은 문자열의 주소를 받을 포인터 *p를 선언한다. 7번 줄에서는 비교 결과를 받을 변수 st를 선언한다.

[예제 11-14]
문자열 비교하기 코드

1114_string2.c

```
01 #include <stdio.h>
02 #include <string.h>                      // 문자열 관련 함수가 있는 라이브러리
03
04 int main() {
05     char str1[20] = "Love You So Much!";
06     char str2[10] = "Love you", *p;
07     int st;
08
09     st = strcmp(str1, str2);              // 문자열 비교: 같다=0, 앞=-1, 뒤=1
10     printf("str1과 str2 비교:%d\n", st);
11     st = strncmp(str1, str2, 5);          // 문자열 앞에서 5글자 비교
12     printf("앞에서 5글자 비교:%d\n", st);
13
14     p = strchr(str1, 'v');                // 문자열에서 문자 찾기: 주소, NULL
15     if (p != NULL) printf("%s\n", p);
16     else printf("찾는 문자가 없네요!\n");
17     p = strstr(str1, "so");               // 문자열에서 문자열 찾기: 주소, NULL
18     if (p != NULL) printf("%s\n", p);
19     else printf("찾는 문자열이 없네요!\n");
20     return 0;
21 }
```

첫 번째 실행 화면

```
str1과 str2 비교:-1
앞에서 5글자 비교:0
ve You So Much!
찾는 문자열이 없네요!
```

9번에서 12번 줄은 두 개의 문자열을 비교하는 함수인 strcmp()와 strncmp()를 사용한 코드이다. 두 함수의 비교 결과는 정수(int)로 반환되는데 반환 되는 값은 다음 표와 같다.

표 11-3 strcmp(s1, s2)와 strncmp(s1, s2, n) 결과값

결과	s1이 s2보다 앞에 있다	같다	s1이 s2보다 뒤에 있다
반환값	-1	0	1

비교하는 문자열이 같다면 0이 반환된다. 만약 다를 경우, 아스키 코드의 순서에 따라 s1이 앞에 있는 경우에는 -1이 반환되고, s1이 뒤에 있는 경우에는 1이 반환된다.

9번 줄에서 strcmp()를 사용하여 str1과 str2를 비교해 본다. 두 문자열은 같지 않다. str1의 경우 대문자로 시작하는 You와 str2의 소문자로 시작하는 you가 다르다. 아스키 코드 상에서 대문자는 소문자보다 앞에 위치한다. 따라서 str1이 str2보다 앞에 있기 때문에 -1이 출력된다.

11번 줄에서 strncmp(str1, str2, 5)는 str1과 st2의 앞에서 5글자만 비교하게 된다. 두 문자열 다 앞의 5글자는 같기 때문에 0이 출력된다.

14번에서 19번 줄은 문자열을 찾는 함수인 strchr()과 strstr()을 사용한 코드이다. 원하는 문자나 문자열을 찾은 경우 s1에서의 시작 주소가 반환된다. 따라서 반환되는 값은 문자형 포인터로 받아야 한다. 만약 못 찾았을 경우에는 NULL이 반환된다. NULL의 경우 화면에 아무것도 찍히지 않기 때문에 코드가 정상적으로 작동했는지 확인하기 어렵다. 따라서 NULL이 반환되는 경우를 점검하여 적당한 문장을 화면에 출력하는 것이 좋다.

표 11-4 strchr(s1, ch)와 strstr(s1, s2) 결과값

결과	s1에서 찾음	s1에 없음
반환값	s1에서 찾은 시작 주소 값	NULL

14번 줄에서 strchr(str1, 'v')를 이용하여, str에 'v'가 있는지를 찾아본다. strchr(s1, ch)

는 두 번째 매개 변수가 문자열이 아닌 문자 1개인 것에 주의해야 한다. 따라서 'v'대신 문자열을 나타내는 "v"를 사용하면 오류가 발생한다.

strchr()의 결과로 찾는 문자가 있으면 str1에서 문자가 있는 주소가 반환된다. 따라서 문자형 포인터 *p로 주소를 받는다. 찾는 문자가 없는 경우, NULL이 반환되는데, 이를 화면에 출력하면 아무것도 나타나지 않는다. 따라서 15번 줄과 16번 줄에 if-else를 사용하여 찾는 문자가 있는 경우 문자열을 출력하고 없는 경우에는 "찾는 문자가 없네요!"를 출력한다. str1에 v 문자가 있음으로 v로부터 시작하는 문자열 "ve You So Much!"가 출력된다.

17번 줄의 strstr(str1, "so")는 문자열에서 문자열을 찾는 함수이다. str1에 "So"가 있지만 S가 대문자이다. 따라서 찾는 문자열이 없기 때문에 NULL이 반환된다. 그래서 "찾는 문자열이 없네요!"가 출력된다.

5 문자열 분리하기

심화

strtok() 함수

하나의 긴 문장에서 특정 문자열을 분리할 때 사용하는 함수가 strtok()이다. strtok(str, delim)에서 str은 원래의 문자열을 나타내고, delim에는 분리에 사용될 문자들이 들어가 있다. delim은 단어와 단어의 경계를 나타내는 구분문자(delimiter)를 의미하는데 대표적인 예가 쉼표이다. 구분문자는 여러 개를 지정할 수 있는데, 예를 들어 공백문자( ), 쉼표(,), 마침표(.)가 있는 곳을 기준으로 단어를 분리하고 싶다면, char delim[]=" ,."이라 선언하면 된다.

```
char str[] = "go to bar";
char delim[] = " ,.", *p;

p = strtok(str, delim);           분리된 1번째 문자열 "go"
p = strtok(NULL, delim);          2번째 문자열부터는 NULL을 사용 "to"
```

strtok(str, delim)에서 분리된 문자는 문자열이기 때문에 문자형 포인터로 받아야 한다. 위 코드와 같이 처음 p = strtok(str, delim)를 사용하면 1번째 문자열인 "go"가 반환된다. 2번째 문자열을 받고 싶다면, p = strtok(NULL, delim)이라고 써야 한다. strtok()는 특이하게도 전에 사용한 문자열을 가지고 있다. 따라서 2번째부터 끝까지 문자열을 분리하고 싶다면 NULL을 사용하여 p = strtok(NULL, delim)이라고 호출해야 한다.

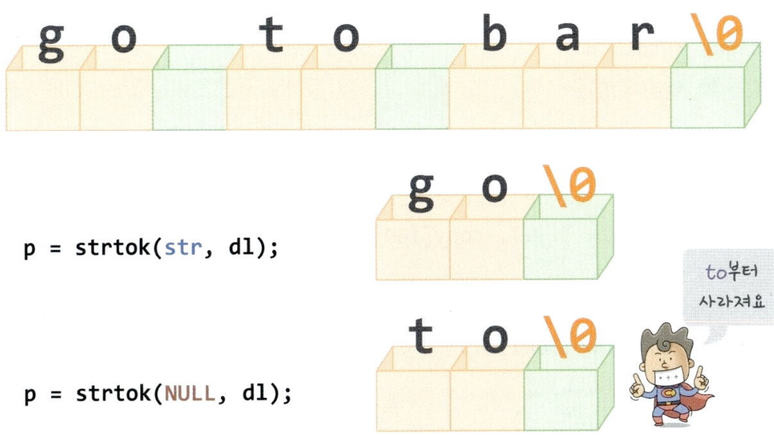

그림 11-14
strtok()의 작동 방식

[그림 11-14]는 strtok()의 작동 방식을 나타낸다. strtok()는 delim에 명시된 " ,."을 문자열에서 찾는다. "go" 다음에 공백문자가 있음으로 공백문자를 널 문자로 바꾼 후 "go\0"을 반환한다. 방금 찾은 문자열을 기억하고 있다가 p = strtok(NULL, delim)이 호출되면, 다음 번 분리할 문자열을 찾는다. 그 결과 "to\0"이 반환된다. 이러한 문자열 분리가 계속 되다가 더 이상 분리할 문자열이 없으면 NULL을 반환한다.

strtok(str, delim)을 사용할 때 주의해야 할 것이 있다. 분리되는 첫 번째 문자열을 제외하고 나머지 문자열은 모두 사라지게 된다. 따라서 원본 문자열을 보호하고 싶다면, 문자열을 복사하여 복사본을 가지고 strtok()를 사용해야 한다.

하이퍼 링크

strtok()의 문자열이 사라지는 것을 해결하기 위하여 윈도우즈는 strtok_s()를, 유닉스는 strtok_r()을 제공한다. 그러나 둘 다 사용법이 복잡하기 때문에 문자열을 복사하여 사용할 것을 권한다.

[예제 11-16]은 strtok()를 사용하여 문자열을 분리하는 코드이다. 6번 줄에서 공백문자( ), 쉼표(,), 마침표(.)를 문자열 분리에 사용한 문자(delim)로 정했다. 앞서 이야기했듯이, strtok()를 사용하고 나면 문자열이 사라진다고 했다. 그래서 복사하여 사용할 문자열 copy[100]을 선언한다. 선언된 copy는 8번 줄에서 strcpy(copy, str)을 이용하여 복사한다. 복사된 이후, str 대신 copy를 사용하여 작업함으로써 str 문자열을 보호한다.

[예제 11-15]
문자열 분리하기 코드
1115_separate.c

```
01 #include <stdio.h>
02 #include <string.h>                  // 문자열 관련 함수가 있는 라이브러리
03
04 int main() {
05    char str[] = "Error is the discipline through which we advance!";
06    char delim[] = " ,.", copy[100], *p;
07
08    strcpy(copy, str);                // 분리할 문자열을 복사해서 strtok() 사용
09    p = strtok(copy, delim);          // 분리된 1번째 문자열을 받음
10    while (p != NULL) {               // p = NUll : 더 이상 분리할 문자열 없음
11       printf("%s\n", p);
12       p = strtok(NULL, delim);        // 2번째 문자열부터는 NULL을 사용
13    }
14    printf(">> strtok 사용 후:%s\n", copy);    // strtok 사용 후 copy 출력
15    return 0;
16 }
```

실행 화면

```
Error
is
the
discipline
through
which
we
advance!
>> strtok 사용 후:Error
```
← strtok()를 사용하면 첫 단어만 남고 나머지는 사라짐

9번 줄에서 p = strtok(copy, delim)을 이용하여 첫 번째 문자열을 분리하여 p에 대입한다. 10번 줄에서 p가 NULL이 아닐 때까지 11번과 12번 줄을 반복한다. 11번 줄이 실행된다는 것은 p가 NULL이 아니라는 뜻임으로 p를 출력한다. 12번 줄에서 p = strtok(NULL, delim)을 사용하여 두 번째 문자열을 분리한다. 11번과 12번 줄은 p가 NULL이 될 때까지 반복하면서 문자열을 분리한다. 실행 결과를 보면 공백문자를 기준으로 모든 문자열이 분리되어 출력되는 것을 볼 수 있다.

여기서 잠깐

"Error is the discipline through which we advance!"는 "오류(잘못)는 우리가 발전할 수 있게 해주는 훈련이다!"라는 뜻이다. 실패는 성공의 어머니라는 의미를 가진 영어로 된 명언이지만, C코드를 잘 짜고 싶다면 오류를 많이 만나야 한다는 뜻에서 사용했다.

마지막으로 14번 줄에서 strtok()를 사용한 이후 copy가 어떻게 변화했는지를 출력해본다. 출력 결과를 보면 "Error" 이후의 모든 문자열이 사라진 것을 알 수 있다. str의 문자열이 사라지는 것을 방지하기 위하여 복사한 후에 사용하는 것이 좋다.

출력 결과를 보면 맨 마지막에 "advance!"가 느낌표가 붙어서 출력되는 것을 볼 수 있다. 구분문자에 느낌표를 넣지 않아서 발생하는 문제이다. 느낌표를 제거하고 싶다면 다음과 같이 구분문자에 느낌표만 추가하면 된다.

```
10    char delim[] = " ,.!", *sp;        delim에 ! 추가 - advance만 출력됨
```

strtok()는 문자열을 자르는데 매우 효과적인 함수이다. " \t\r"과 같이 제어문자도 문자열 분리 기준으로 사용할 수 있고, ":;+-"와 같은 특수문자도 문자열 분리에 사용할 수 있다. 따라서 문자열을 분리할 수 있는 다양한 방법으로 사용이 가능하다.

함수 소개 문자열 입출력 함수 - gets()와 puts()

일반적으로 문자열을 입력 받을 때에는 scanf()를 사용하고, 출력할 때에는 printf()를 사용한다. scanf()와 printf()는 한꺼번에 여러 개의 문자열을 입력 받거나 출력할 때 편리하다. 다음과 같이 %s를 사용하여 두 개의 문자열을 입력 받거나 출력할 수 있다.

```
char str1[10], str2[20];

scanf("%s %s", str1, str2);        %s를 사용하여 2개 문자열 입력
printf("%s %s", str1, str2);       %s를 사용하여 2개 문자열 출력
```

scanf()를 사용하여 여러 개의 문자열을 입력 받는 경우, 각각의 변수에는 단어 1개만 들어간다. scanf()의 단점은 엔터 키뿐 아니라 공백문자를 만나도 문자열의 입력이 끝났다고 판단한다. 예를 들어 "Good Luck!"이라 입력하면, str1에는 "Good"이 저장되고, str2에는 "Luck!"이 저장된다. 이러한 특징 때문에 공백문자를 포함하여 "Good Luck!" 전체를 입력 받으려 한다면 scanf()를 사용할 수 없다.

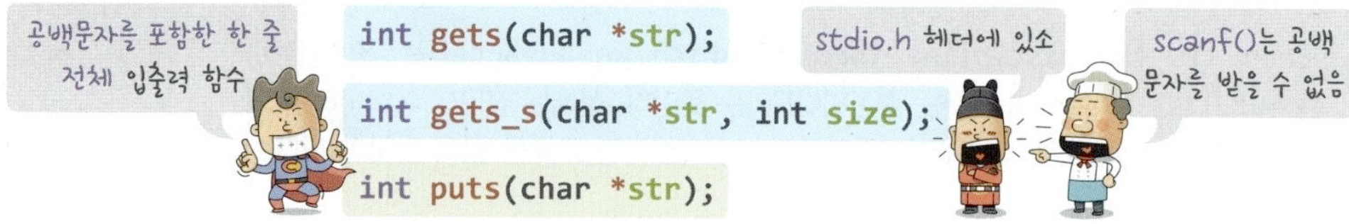

그림 11-15
공백문자를 포함한 한 줄 전체 문자열 입출력 함수

공백문자를 포함하여 입력되는 한 줄 전체를 입력 받을 수 있는 함수가 gets()이다. 다시 말해 gets()는 줄 바꿈 문자 '\n'을 만날 때까지 공백을 포함한 한 줄 전체를 입력 받을 수 있는 함수이다.

gets()는 입력의 마지막의 줄 바꿈 문자 '\n'을 널 문자 '\0'으로 바꾼 후 돌려준다. gets()와 puts() 함수 모두 stdio.h 헤더파일에 있으며, 매개 변수로 문자형 배열 char str[]이나 문자열 포인터 char *str을 사용한다.

gets()의 경우 줄 바꿈 문자를 만날 때까지 계속 버퍼에 쌓이기 때문에 버퍼가 가득차서 넘치는 문제(buffer overflow)가 발생할 수 있다. 일부 유닉스 컴파일러의 경우, gets()를 사용하면 경고(warning)를 한다.

버퍼가 넘치는 문제를 해결한 함수가 gets_s() 함수이며, 비주얼 스튜디오에서만 사용할 수 있다. gets_s()는 매개 변수로 받아올 문자열 포인터 char *str과 함께 입력 받을 글자의 크기를 같이 사용한다. 그래서 함수 형식은 gets_s(char *str, int size)이다.

하이퍼 링크 버퍼 오버플로우 문제로 인하여 비주얼 스튜디오에서는 scanf() 대신 scanf_s()를 사용하기를 권장한다.

gets()와 쌍을 이루는 출력 함수가 puts()이다. puts(char *str)에 문자열을 전달하면 해당 문자열을 화면에 출력한다.

[예제 11-9]는 [예제 11-6]의 문자 돌리기 코드를 변형하여 사용자가 입력한 문자열을 돌리는 코드이다. 공백문자가 포함될 수 있도록 gets_s() 함수를 사용하여 만들었다.

5번 줄에서 문자열 str[40]을 선언하고 초기화했다. 9번 줄에서 gets_s(str, 40)을 사용하여 문자열을 입력 받는다. 40은 버퍼에 어떤 값이 들어오던 간에 문자 40개만 받겠다는 의미이다.

[예제 11-16]
입력 받은 문자 돌리기 코드
1116_round2.c

```
01  #include <stdio.h>
02  #include <stdlib.h>                     // system()이 있는 라이브러리
03
04  int main() {
05     char str[40] = "";                   // 문자열 선언 및 초기화
06     int len = 0, k, m;
07
08     printf("회전할 문자열 입력: ");
09     gets_s(str, 40);                     // 유닉스 : gets(str);
10     while (str[len] != 0) len++;         // 입력 받은 문자열의 길이 계산
11
12     for (k = 0; k < 27; k++) {
13        system("cls");                    // 유닉스 : system("clear");
14        for (m = 0; m < len; m++)         // 4개 글자 출력
15           putchar(str[(m + k) % len]);
16        _sleep(200);                      // 유닉스 : system("sleep 0.2");
17     }
18     return 0;
19  }
```

실행 화면

```
회전할 문자열 입력: Gook Luck!
uck!Good L  ←———— Good Luck!을 입력한 경우
```

문자열을 회전시키기 위해서는 입력되는 글자의 개수를 알아야 한다. 10번 줄에서 입력되는 글자의 개수를 세어 len에 저장한다. while 문을 사용하여 str[len] != 0일 때까지 반복하면서 len++를 수행한다. str[len]이 0이라는 것은 0번 아스키 문자인 널 문자(\0)를 만났다는 의미임으로 while 문은 종료된다.

여기서 잠깐

위 예제를 유닉스에서 실행시킬 경우, gets(str)을 사용해야 한다. 유닉스의 경우 gets(str)에서 40문자보다 많은 값이 입력되면 문제가 발생할 수 있다. gets_s()와 같이 입력되는 문자열의 개수를 제한할 수 없기 때문이다. 그래서 비주얼 스튜디오에서는 gets()대신 gets_s()를 권장한다.

[예제 11-6]에서는 문자 길이가 4이기 때문에 m을 사용한 for 문을 4까지 반복했다. 또한 putchar()에서 str[(m + k) % 4] 문자를 출력했다. 14번과 15번 줄에서는 4 대신 문자 길이를 가지고 있는 len으로 바꾸었다. 그 외 나머지 코드는 동일하다.

위 코드는 광고판의 크기가 글자 수와 같다. 전체 40칸의 LED 광고판이 있다고 가정하고 글자 수에 상관없이 40칸에서 문자가 회전하는 코드를 연습문제 66번에 만들었으니 도전해 보기 바란다.

6 문자열을 숫자로 변환하기

atoi()와 atof()

132는 하나의 정수이지만, 문자로 보면 1, 3, 2로 구성된 문자열이다. 문자열을 입력 받는 경우, 문자열 중 숫자를 정수나 실수로 변환해야 하는 경우가 있다. 이때 사용하는 함수가 atoi()와 atof()이다. 두 함수 모두 stdlib.h 헤더파일에 속한 함수들이다. atoi()는 ascii to integer 함수로 문자열을 받아 정수(int)를 반환한다. atof()는 ascii to float의 약자로 문자열을 받아 배정도 실수(double)를 반환하는 함수이다.

표 11-5 문자열을 숫자로 변환하는 함수들(stdlib.h 헤더파일에 있음)

문자열 → 숫자 함수	특징	반환값
atoi(str)	문자열을 정수(int)로 변환	int
atof(str)	문자열을 배정도 실수(double)로 변환	double

문자열 한 줄을 입력 받아 덧셈 연산을 하는 코드가 [예제 11-17]이다. "12.3 + 13.1 + 3.5 =" 이라 입력 받으면 문자열을 분리하는 함수 strtok()를 이용하여 12.3, 13.1, 3.5를 추출하고, 이를 atof()를 이용하여 double로 바꾼 후 덧셈 연산을 수행한다.

2번 줄에 atoi()와 atof()를 사용하기 위하여 stdlib.h를 포함시켰다. 7번 줄에서 strtok()에서 분리할 문자인 공백( ), 덧셈(+), 같음(=) 문자를 선언했다. 따라서 사용자는 "12.3 13.1 3.5"와 같이 숫자만 써도 되고, "12.3+13.1+3.5"와 같이 공백 없이 덧셈 연산만 써도 되고, "12.3 + 13.1 + 3.5 ="와 같이 띄어 써도 계산이 된다.

11번 줄에서 gets_s()를 사용하여 한 줄 전체를 입력 받는다. 공백문자를 입력 받지 못하는 scanf() 대신 gets_s()를 사용한다. 유닉스의 경우 gets()를 사용하면 된다.

[예제 11-17]
라인 덧셈 코드
1117_plus.c

```
01  #include <stdio.h>
02  #include <stdlib.h>              // atoi() atof()가 있는 라이브러리
03  #include <string.h>
04
05  int main() {
06     char str[40] = "", *p;
07     char dl[] = " +=";            // 분리 문자 공백(), 덧셈(+), 같음(=)
08     double sum = 0.0;
09
10     printf("더할 숫자 입력: ");
11     gets_s(str, 40);              // 한 줄 입력 : unix : gets(str);
12
13     p = strtok(str, dl);          // 분리된 1번째 문자열을 받음
14     while (p != NULL) {           // p = NUll : 더 이상 분리할 문자열 없음
15        sum = sum + atof(p);
16        p = strtok(NULL, dl);       // 2번째 문자열부터는 NULL을 사용
17     }
18     printf("%.1f\n", sum);
19     return 0;
20  }
```

실행 화면

```
더할 숫자 입력: 23.5 + 42.3 + 17.3 =
83.1
```

13번에서 17번 줄까지는 앞서 strtok() 함수를 설명하면서 사용한 코드이다. str은 나중에 다시 사용할 문자열이 아니기 때문에 복사하지 않고 직접 strtok()에 넣었다. 만약 다시 사용할 문자열이라면 복사해서 사용해야 한다.

strtok()가 str 문자열에서 숫자로 이루어진 문자열을 하나씩 분리하여 p에게 넘겨준다. 15번 줄에서 숫자는 atof(p)로 인하여 double로 변경되고, sum에 더해진다. 18번 줄에서 결과를 출력하면 덧셈이 이루어진 것을 확인할 수 있다.

```
sscanf(str, "%f", &num);
```

문자를 숫자로 바꾸는 방법으로 sscanf()를 사용해도 된다. sscanf()는 키보드 입력 대신 문자열을 입력이라 생각하고 처리하는 함수이다. scanf()의 문자열(string) 버전이라 할 수 있다. 위와 같이 사용할 경우, str 문자열을 %f로 바꾸어 num에 넣어준다. 만약 %d를 사용하

면 정수가 num에 들어간다. sscanf()는 서식문자를 사용하여 변환시킬 수 있기 때문에 서식문자가 익숙한 분들은 sscanf()를 사용해 보기 바란다.

7 문자열 정렬하기

심화

삽입 정렬

앞서 문자열에서 문자를 찾거나 나누는 작업을 해 보았다. 문자열의 정렬에는 정렬 알고리즘을 사용해야 한다. 앞서 배운 버블 정렬이나 선택 정렬을 사용하면 되지만, 새로운 정렬 방식인 삽입 정렬(insertion sort)로 문자들을 정렬해 보자. 삽입 정렬은 선택 정렬이나 버블 정렬과 비슷한 성능을 가진 정렬 방식이다.

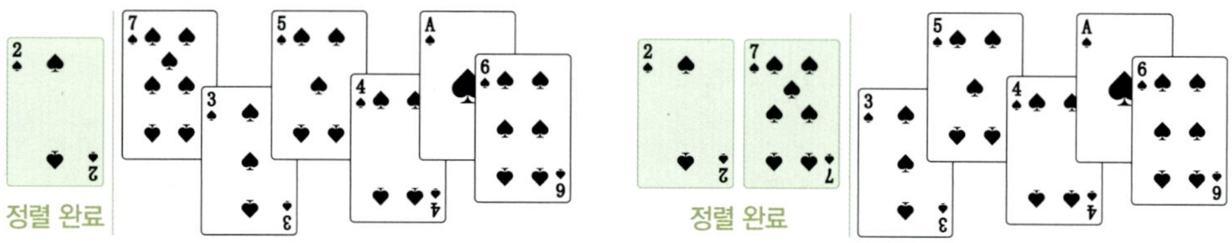

그림 11-16
삽입 정렬 첫 번째 단계

카드가 한 장만 있을 경우에는 정렬할 필요가 없다. 따라서 삽입 정렬에서 첫 번째 카드 한 장은 정렬이 완료되었다고 가정한다. 그림에서 맨 앞 카드 2는 정렬이 완료된 상태이다. 다음번 반복에서 카드 7을 가져와 정렬이 될 때까지 카드를 앞으로 보낸다. 7은 2보다 크기 때문에 2 - 7 순서대로 놓이고 정렬이 끝난다.

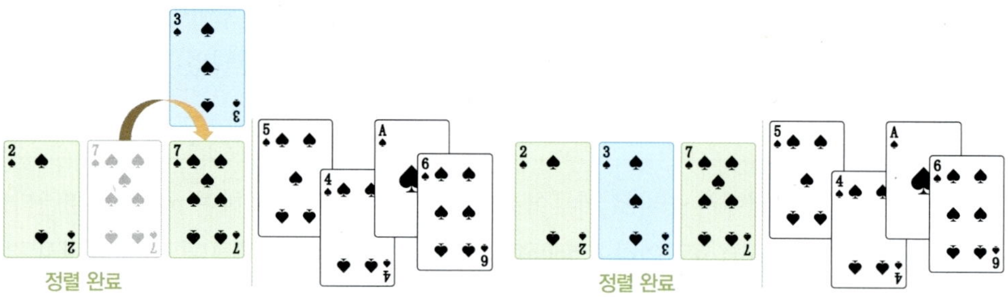

그림 11-17
삽입 정렬 두 번째 단계

그 다음 카드 3을 보자. 카드 3을 자신의 자리를 찾을 때까지 이미 정렬된 2-7번 카드쪽으로 옮겨야 한다. 그래서 카드 7을 한 칸 뒤로 밀어 카드 3이 들어갈 자리를 만든다. 새로 만든 자리에 카드 3을 삽입시키고 정렬이 끝난다. 이렇게 이미 정렬된 카드에 새로운 카드를 삽입(insert)시키면서 정렬이 이루어지기 때문에 삽입 정렬이라 부른다.

삽입 정렬 코드를 [예제 11-18]에 나타냈다. 삽입 정렬은 앞에서 본 선택 정렬이나 버블 정렬과 같이 두 수를 바꾸는 swap()이 없어 코드 길이가 짧다. 대신, 새로운 카드가 들어갈 자리를 만들기 위해 카드들을 뒤로 밀어내는 코드가 추가되었다.

[예제 11-18] 삽입 정렬 코드

1118_insertion1.c

```c
01 #include <stdio.h>
02 
03 void insertion_sort(char *pd, int size) {
04    int key, j, k;
05 
06    for (j = 1; j < size; j++) {          // for j : 1부터 카드 수만큼 반복
07       key = pd[j];                          // key에 임시 저장
08       for (k = j - 1; k >= 0 && pd[k] > key; k--)  // for k : 뒤로 민다
09          pd[k + 1] = pd[k];
10       pd[k + 1] = key;                      // key 값을 넣는다
11       printf("%c : %s\n", key, pd);
12    }                                      // End for j
13 }
14 
15 int main() {
16    char str[10] = "cdaefzyxg";
17 
18    insertion_sort(str, 9);
19    return 0;
20 }
```

실행 화면

```
d : cdaefzyxg  ← 노랑색이 정렬 완료된 부분
a : acdefzyxg
e : acdefzyxg
f : acdefzyxg
z : acdefzyxg
y : acdefyzxg
x : acdefxyzg
g : acdefgxyz
```

삽입 정렬에서 정렬을 해야 하는 데이터는 7번 줄에서 key에 임시로 저장된다. 가장 중요한 코드는 8번 줄의 for(k=j-1; k >= 0 && pd[k] > key; k--)이다. 이 코드는 9번 줄의 pd[k+1] = pd[k]를 반복하는데, 정렬되는 숫자가 들어갈 자리를 만들기 위하여 기존의 숫자를 하나씩 뒤로 밀어낸다.

여기서 어디까지 밀어야 할지가 가장 중요하다. 두 가지 조건이 들어가는데 k >= 0이라는 의미는 리스트의 맨 앞을 벗어나는 것을 방지한다. 또한 pd[k] > key는 밀어야 하는 숫자가 지금 삽입되어야 하는 숫자보다 클 때까지만 뒤로 밀라는 의미이다. 삽입을 해야 하는 데이터는 j 위치에 있다. 따라서 k를 사용하는 for 문은 j-1부터 시작하여 k를 하나씩 감소시키면서 카드를 뒤로 미는 작업을 수행한다.

8번과 9번 줄에서 숫자들이 한 칸씩 뒤로 밀리고 나면, 10번 줄에서 key에 임시로 보관하던 값을 pd[k+1]에 넣음으로써 데이터 하나가 정렬된다. 이를 모든 데이터 개수만큼 반복하면 삽입 정렬이 된다.

삽입 정렬이 이루어지는 과정을 11번 줄에서 출력한다. 현재 삽입이 되는 데이터와 삽입 후 문자열의 변화를 출력한다.

LAB 5 쓸쓸하神 도깨비

이번에 만들 코드는 쓸쓸하神 도깨비 코드이다. [예제 11-19]를 실행하면 비가 내릴 것이다. 키보드를 여러 번 누르면 무언가 바뀌는 것을 볼 수 있다. 먼저 실행해 보고 난 뒤 코드를 보기 바란다.

그림 11-18
쓸쓸하神 도깨비 코드

코드를 실행하면 비가 내리기 시작한다. 키를 누를 때마다 조금씩 비가 눈으로 바뀌는 코드가 쓸쓸하神 도깨비 코드이다. 쓸쓸하神 도깨비 코드는 여름 소나기 코드를 기본으로 만들어졌다. 이 코드에서 중요한 역할을 하는 변수가 6번 줄에 선언된 pos이다. pos의 초기값은 -1이다.

21번부터 24번 줄까지가 화면에 출력을 하는 코드이다. met가 pos보다 작을 경우에는 눈(*)을 출력하고 클 경우에는 비(|)를 출력한다. pos와 같을 경우에는 경계선인 점(.)을 출력하고, 나머지 경우에는 공백문자를 출력한다. 처음 실행되면 pos가 -1이기 때문에 met의 값은 언제나 크다. 따라서 비가 내리게 된다.

[예제 11-19]
쓸쓸하神 도깨비 코드
1119_dokaebi1.c
VS only

```
01 #include <stdio.h>
02 #include <stdlib.h>                          // system()이 있는 라이브러리
03 #include <conio.h>                           // kbhit()가 있는 라이브러리
04
05 int main() {
06    int dokb[118], k, jul, met, pos = -1;
07
08    for (met = 0; met < 118; met++)
09          dokb[met] = rand() % 26;            // 음수 만들어 화면에서 숨김
10    for (k = 0; k < 300; k++) {
11       system("cls");
12       for (met = 0; met < 118; met++)
13          if (dokb[met] < 26) dokb[met]++;    // 바닥이 아니면 한 줄 내려간다
14          else dokb[met] = -1;                // 바닥이면 -1부터 다시 시작
15       for (jul = 0; jul < 26; jul++) {
16          if (kbhit()) {
17             if (_getch() == 'q') return 0;
18             else pos = pos + 5;
19          }
20          for (met = 0; met < 118; met++) {
21             if (dokb[met] == jul && met < pos) printf("*");
22             else if (dokb[met] == jul && met > pos) printf("|");
23             else if (met == pos) printf(".");
24             else printf(" ");
25          }
26          printf("\n");
27       }                                       // End of for jul
28    }                                         // End of for k
29    return 0;
30 }
```

16번 줄에서 사용자가 키를 눌러 kbhit()가 1이 되는 경우, _getch()를 사용하여 입력 버퍼를 비움과 동시에 입력 문자가 q이면 코드를 종료한다. q가 아닌 경우 pos 값을 5 증가시킨다. 따라서 사용자가 키를 누를 때마다 pos 값이 증가하게 되고 왼쪽부터 비는 눈으로 바뀌게 된다.

쓸쓸하神 도깨비 코드는 pos가 오른쪽으로 이동하면 다시 왼쪽으로는 움직이지 않는다. 아무키나 누르면 pos가 오른쪽으로 이동하고, x를 누르면 pos가 왼쪽으로 이동하는 코드를 연습문제 70번에 만들었으니 도전해 보기 바란다.

11.4 여러 개의 문자열 처리

1 여러 개의 문자열 이해하기

2차원 배열을 사용하는 이유

여러 개의 정수나 실수를 하나의 묶음 형태로 처리하면 배열(array)이 된다. 그러나 문자열은 자체가 배열이기 때문에 여러 개의 문자열을 묶음 형태로 처리하려면 2차원 배열을 사용해야 한다. 문자열 배열의 사용 방법을 알아보자.

문자열 배열의 사용 방법

[그림 11-19]와 같이 char = str[3][5]라 선언하면, 문자열 3개를 사용하겠다는 의미이다. 이때, 1개 문자의 최대 길이는 4가 된다. str[3][5]에서 [5]가 문자의 최대 길이를 의미하지만, 문자열의 마지막은 널 문자(\0)가 들어가기 때문에 1개 문자의 최대 길이는 4가 된다.

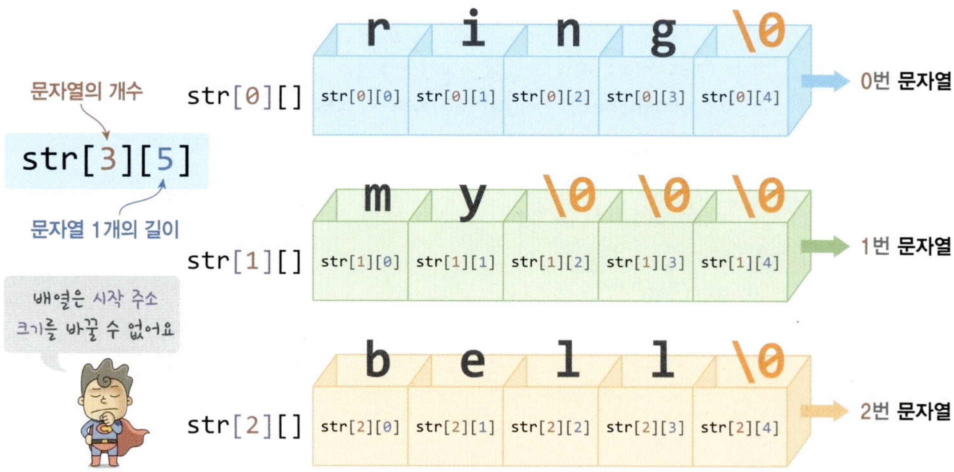

그림 11-19
여러 개의 문자열

"ring", "my", "bell"을 str[3][5]에 초기화하는 방식은 다음 코드와 같다. 다음과 같이 초기화된 경우, 위의 그림과 같은 형태로 저장된다.

```
char str[3][5] = {"ring", "my", "bell"};
```

2차원 문자 배열 선언

위와 같이 초기화된 경우, str[0][]은 "ring", str[1][]은 "my", str[2][]는 "bell"이 된다. 만약 "ring"을 출력하는 경우에는 문자열의 시작 주소를 넘겨줘야 하기 때문에 &str[0][0]으로 넘겨주면 된다. 그런데 2차원 배열의 특성상 &str[0][0]의 주소는 str[0]이 가지고 있음으로 str[0]만 써도 같은 결과를 얻는다.

```
printf("%s\n", &str[0][0]);
printf("%s\n", str[0]);
```

두 코드는 동일 함

결론적으로 str[0]은 "ring"의 시작 주소를, str[1]은 "my"의 시작 주소를, str[2]는 "bell"의 시작 주소를 가지고 있다.

앞서 배열과 포인터는 차이가 거의 없지만, 딱 한 가지 배열은 시작 주소와 크기를 변경할 수 없다고 했다. 이 조그만 차이가 많은 것에 영향을 미친다. char = str[3][5]와 같이 2차원 배열로 선언하여 문자열을 사용할 경우, str은 [3][5]의 크기로 고정되어 버린다. str[1][]의 경우 "my"를 제외한 나머지 배열은 필요 없는 널 문자로 채워지게 된다.

문자열의 크기에 맞게 선언하기 위해서는 포인터를 이용하여 문자열 배열을 선언하면 된다. 위의 2차원 문자 배열을 포인터를 이용한 문자열 배열로 선언하면 다음과 같다.

```
char *str[3] = {"ring", "my", "bell"};
```

포인터를 이용한 문자열 배열 선언

크게 달라진 것이 없어 보이지만, 위와 같이 선언하는 경우, 다음 그림과 같은 모양이 된다. *str[0]과 *str[2]는 5바이트이지만, *str[1]은 3바이트의 크기를 가진 문자열이 된다.

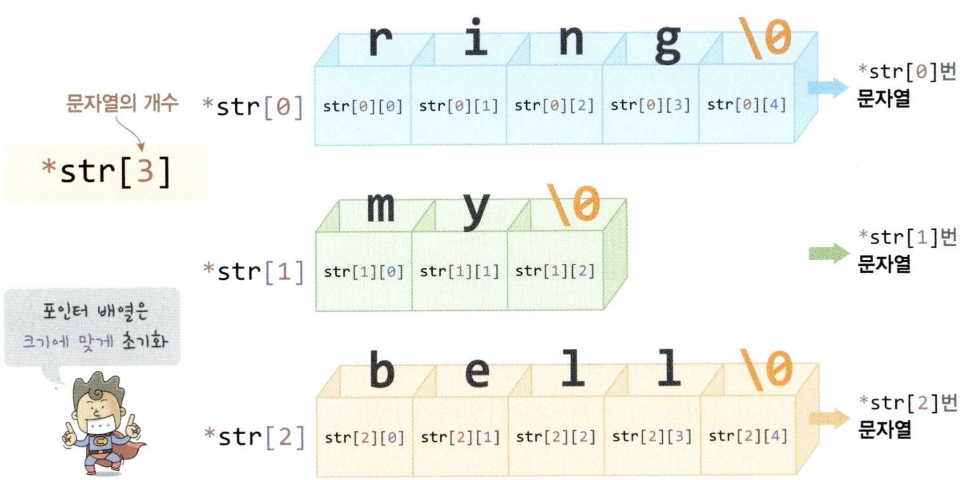

그림 11-20 포인터 배열은 크기에 맞게 초기화

배열과 포인터는 서로 유사하다고 생각하여 char **str = {"ring", "my", "bell"}도 허용될 것 같지만, 실제로는 허용되지 않는다. 포인터는 주소를 다루는 자료형으로 배열과 같이 특정 메모리 공간을 할당받지 않는다. 나중에 다시 다루겠지만, 포인터가 메모리 공간을 쓰기 위해서는 동적 메모리 할당 방식을 사용해야 한다. 따라서 char **str은 사용할 수 있는 메모리를 할당받지 못하기 때문에 문자열로 초기화할 수 없다.

2 여러 개의 문자열 사용하기

문자열 배열 출력하기

2차원 배열을 이용한 여러 개의 문자열을 선언하고 출력하는 코드를 [예제 11-20]에 나타냈다. 4번 줄에서 str[3][5]를 선언하고, str[0]에는 "ring"으로 str[1]에는 "my"로 str[2]에는 "bell"로 초기화했다. 8번 줄에서 k를 사용한 for 문을 이용하여 str[0]에서 str[2]까지의 문자열을 출력했다. 실행 결과 모든 문자열이 출력된다.

[예제 11-20]
2차원 문자열 배열 출력 코드
1120_st_array1.c

```
01  #include <stdio.h>
02
03  int main() {
04      char str[3][5] = { "ring","my","bell" };
05      int k;
06
07      for (k = 0; k < 3; k++)
08          printf("%s\n", str[k]);                 // &str[k][0]과 같은 의미
09      return 0;
10  }
```

실행 화면

```
ring
my
bell
```

문자열을 입력 받아 출력하기

[예제 11-21]은 사용자로부터 여러 개의 문자열을 입력 받은 후 출력하는 코드이다. 4번 줄에서 사용자가 입력하는 문자열을 저장할 2차원 문자 배열 str[3][10]을 선언하고 초기화했다. 따라서 문자 길이가 9보다 작은 문자열 3개를 저장하게 된다. 7번에서 10번 줄까지 for 문을 사용하여 문자열을 입력 받는다. 11번에서 12번 줄에서는 입력 받은 문자열을 출력한다.

[예제 11-21]
2차원 문자열 배열 출력 코드
1121_st_array2.c

```
#include <stdio.h>

int main() {
   char str[3][10] = { "", };
   int k;

   for (k = 0; k < 3; k++) {
      printf("%d번째 단어 입력: ", k);
      scanf("%s", str[k]);
   }
   for (k = 0; k < 3; k++)
      printf("%s\n", str[k]);
   return 0;
}
```

실행 화면

```
0번째 단어 입력: love
1번째 단어 입력: me
2번째 단어 입력: tender
love
me
tender
```

포인터 문자열 배열 출력하기

포인터와 배열을 섞어서 선언하여도 사용하는 방법은 2차원 문자열 배열과 동일하다. [예제 11-22]는 포인터와 배열을 섞어서 선언하고 출력하는 코드이다. 우선 포인터를 이용한 문자열 배열로 선언한다. 선언부는 `char *str[3]={ "ring","my","bell" }`과 같다.

[예제 11-22]
포인터 문자열 배열 출력 코드
1122_st_array3.c

```
#include <stdio.h>

int main() {
   char *str[3] = { "ring","my","bell" };
   int k;

   for (k = 0; k < 3; k++)
      printf("%s\n", str[k]);               // 문자열 출력 후 포인터 1 증가
   return 0;
}
```

실행 화면

```
ring
my
bell
```

8번 줄에서 for 문을 사용하여 str[k] 값을 출력한다. str[0]의 "ring", str[1]의 "my", str[2]의 "bell"이 출력된다. 포인터를 이용한 문자열도 2차원 문자열 배열의 사용 방법과 동일하다는 것을 확인할 수 있다.

하이퍼 링크 포인터를 이용한 문자열의 경우 이중 포인터를 사용하면 좀 더 간단하게 출력하는 코드를 만들 수 있다. 이중 포인터에 관한 내용은 15장 이중&함수 포인터에서 자세히 다룬다.

3 여러 개의 문자열 활용

사다리 타기

영원히 해결되지 않는 문제들이 있다. 짜장이냐 짬뽕이냐가 그렇고, 탕수육은 찍먹이냐 부먹이냐가 그렇다. 그럴 경우 우리는 사다리를 탄다. 여러모로 쓸모 있는 사다리 타기 코드를 만들어 보자. [예제 11-23]이 사다리 타기 코드이다.

코드가 실행되면 사다리 목록을 한 줄씩 입력한다. 실행 결과를 보면 알겠지만, 공백문자를 사용할 수 있다. 더 이상 입력할 내용이 없을 경우 그냥 엔터를 치면 입력이 종료되는 것으로 한다.

사다리 타기 코드는 버블 정렬을 응용하여 만들었다. 버블 정렬에서는 앞의 값과 크기를 비교하여 작은 숫자이면 바꾸기를 한다. 사다리 타기 코드에서는 무작위 수를 만들어서 바꿔버린다. 따라서 결과는 누구도 알 수 없게 된다.

7번 줄에서 여러 개의 문자열을 받기 위해 sadari[20][100]으로 선언한다. 따라서 한 줄은 공백문자를 포함하여 최대 99자까지 입력이 가능하고, 전체 20개의 문자열을 가질 수 있다. 문자열 바꾸기에 사용할 temp[100]도 같이 선언한다.

10번 줄에서 srand()를 사용하여 무작위 수의 씨앗을 변경한다. 10번 줄이 없으면 매번 같은 결과가 나오기 때문에 사기꾼 코드가 된다.

[예제 11-23]
사다리 타기 코드
1123_sadari1.c
VS only

```
#include <stdio.h>
#include <stdlib.h>
#include <string.h>
#include <time.h>

int main() {
   int sadari[20][100], temp[100];
   int j, k, m, max;

   srand( (unsigned)time(NULL) );     // srand() 빼면 항상 결과 같음
   for (k = 0; k < 20; k++) {         // 최대 20개 단어 입력
      printf("종목입력(엔터 종료): ");
      gets_s(&sadari[k], 100);              // unix : gets(&sadari[k]);
      if (strlen(&sadari[k]) < 2) break;    // 문자 길이 1 이하 종료
   }
   max = k;
   for (k = 0; k < 100; k++) {            // for k - 카드 수만큼 반복
      for (j = 1; j < max; j++) {           // for j - 두 수 비교
         m = rand() % max;
         strcpy(temp, sadari[m]);              // 두 수 바꾸기
         strcpy(sadari[m], sadari[j]);
         strcpy(sadari[j], temp);
      }                                     // End for j
      system("cls");
      for (m = 0; m < max; m++)
         printf("%d : %s\n", m, &sadari[m]);
      _sleep(100);
   }                                      // End for k
   return 0;
}
```

실행 화면

```
종목입력(엔터 종료): lunch 50000
종목입력(엔터 종료): movie 60000
종목입력(엔터 종료): pop corn 10000
종목입력(엔터 종료): pizza 40000
종목입력(엔터 종료): ice cream 20000
종목입력(엔터 종료): dinner 70000
종목입력(엔터 종료): coffee 30000
종목입력(엔터 종료):
0 : dinner 70000
1 : pizza 40000
2 : ice cream 20000
3 : lunch 50000
4 : movie 60000
5 : coffee 30000
6 : pop corn 10000
```

13번 줄에서 공백문자를 포함하여 입력을 받아야 하기 때문에 scanf() 대신 gets_s()를 사용했다. gets_s()의 경우 문자열과 동시에 최대 입력 문자의 개수도 같이 전송해야 한다. 그래서 코드는 gets_s(&sadari[k], 100)이 된다. 여기서 한 줄만 받아야 하기 때문에 주소 변환 연산자와 함께 &sadari[k]를 보내는 것에 주의하자.

14번 줄에서 strlen(&sadari[k])는 입력 받은 문자열의 크기를 확인하는 코드이다. 크기가 2보다 작을 경우 더 이상 입력하지 않는 것으로 간주하여 반복문을 빠져 나온다. 16번 줄에서 현재까지의 k 값을 max 변수에 넣는다.

17번부터 23번 줄까지는 버블 정렬과 코드가 유사하다. 다만 두 문자열을 바꿀 때 rand() % max를 사용하여 무작위 수를 만든 후 바꾼다. 25번부터 26번 줄까지는 두 문자열이 바뀌고 난 후의 모습을 출력하는 코드이다. 너무 빨리 바뀌면 재미가 없다. 긴장도를 높이기 위해 27번 줄의 _sleep(100)을 추가한다.

LAB 6 찬란하神 도깨비

찬란하神 도깨비 코드를 만들어 보자. 찬란하神 도깨비 코드는 쓸쓸하神 도깨비 코드와 유사하지만 또 다른 재미를 줄 것이다. [예제 11-24]를 실행하여 키를 누르면 무언가 바뀌는 것을 느낄 수 있을 것이다.

그림 11-21
찬란하神 도깨비 코드

찬란하神 도깨비 코드는 키를 누를 때마다 비가 눈으로 눈이 비로 바뀐다. 비와 눈을 바꾸기 위해 7번 줄 `char ch = '|'`을 선언한다. 초기값은 비가 된다. 17번 줄에서 사용자가 키를 누르면 18번 줄에서 `_getch()`를 하여 입력 버퍼를 비운다. 동시에 입력한 값이 `q`이면 코드를 종료한다. 입력한 값이 `q`가 아닌 경우, 19번과 20번 줄에서 `ch`가 눈(*)이었으면 비(|)로, 비였으면 눈으로 바꾼다.

비와 눈이 내리는 속도는 다르다. 따라서 28번 줄에서 `ch`가 눈(*)이면 `_sleep(500)`을 실행하여 눈이 내릴 때에는 천천히 내리도록 했다. 작은 부분 하나까지 신경을 써야 좋은 코드가 된다.

[예제 11-24]
찬란하神 도깨비 코드
- 눈, 비 바꾸기

1124_dokaebi2.c

VS only

```
#include <stdio.h>
#include <stdlib.h>                          // _sleep()이 있는 라이브러리
#include <conio.h>                           // kbhit()가 있는 라이브러리

int main() {
   int dokb[118], k, jul, met;
   char ch = '|';

   for (met = 0; met < 118; met++)
      dokb[met] = rand() % 26 - 26;          // 음수 만들어 화면에서 숨김
   for (k = 0; k < 300; k++) {
      system("cls");
      for (met = 0; met < 118; met++)
         if (dokb[met] < 26) dokb[met]++;   // 바닥이 아니면 한 줄 내려감
         else dokb[met] = -1;               // 바닥이면 -1부터 다시 시작
      for (jul = 0; jul < 26; jul++) {
         if (kbhit()) {
            if (_getch() == 'q') return 0;
            else if(ch == '*') ch = '|';
            else ch = '*';
         }
         for (met = 0; met < 118; met++) {
            if (dokb[met] == jul) printf("%c", ch);
            else printf(" ");
         }
         printf("\n");
      }                                        // End of for jul
      if (ch == '*') _sleep(500);
   }                                           // End of for k
   return 0;
}
```

요약

- 문자가 저장될 때에는 정수(아스키 코드 번호)로 저장된다. 문자열의 맨 끝에는 문자열의 끝을 알리는 널 문자(NULL)가 있다. 배열은 포인터와 달리 시작 주소를 변경할 수 없기 때문에 문자열 복사 함수 strcpy()를 사용해야 한다.
- 키보드는 표준 입력(stdin)이라 부르며, 모니터는 표준 출력(stdout)이라 부른다. 모든 입출력에는 버퍼가 사용되며, 키보드로부터 입력되는 모든 데이터는 입력 버퍼에 모인다. 입력 버퍼에 모여 있던 데이터들은 엔터가 입력되면 한꺼번에 프로그램에게 전달된다.
- 사용자의 입력을 기다리지 않고, 코드 실행 중간에 사용자가 키보드를 눌렀는지를 확인할 수 있는 함수가 kbhit()이며 비표준 함수이다. 평상시에는 0을 반환하다가 키보드가 눌리는 순간 1을 반환하는 함수이다.
- 1개의 문자를 입출력하는데 사용하는 함수로 대표적인 것이 getchar()와 putchar()로 모두 버퍼를 사용하는 함수이다. 따라서 키를 입력한 후 엔터를 눌러야지만 입력값이 코드에게 전달된다. getchar()의 반환되는 값은 문자가 아닌 정수이고 입력의 끝은 EOF이며 -1이다.
- 버퍼를 사용하지 않고 1개의 문자를 입력 받을 수 있는 함수로 _getch()와 _getche()가 있고, 버퍼를 사용하지 않는 출력 함수로 _putch()가 있다. 언더바가 붙은 비표준 함수이며 conio.h 헤더에 있다.
- 공백문자를 포함하여 문자열을 입력 받으려면 scanf()를 사용할 수 없다. 공백문자를 포함하여 입력되는 한 줄 전체를 입력 받을 수 있는 함수가 gets()이다. 버퍼가 넘치는 문제를 해결한 함수가 gets_s() 함수이다.
- 문자 처리 함수는 1개의 문자가 대문자, 소문자, 숫자 혹은 특수문자인지를 판단하는 하는데 사용하는 함수이다. 이들 함수는 ctype.h 헤더에 속해 있으며, 값 반환 형태의 함수이다.
- 문자열 처리 함수들은 문자열의 복사, 길이 구하기, 비교하기와 같이 문자열을 다루는데 있어 꼭 필요한 함수들이다. 특히, strcpy()는 문자열에 새로운 문자열을 대입할 때 무조건 사용하는 함수이다. 문자열을 쉽게 처리할 수 있는 함수들이 string.h 헤더에 포함되어 있다.
- 문자열은 자체가 배열이기 때문에 여러 개의 문자열을 묶음 형태로 처리하려면 2차원 배열을 사용해야 한다. char = str[3][5]와 같이 2차원 배열로 선언하는 경우, 크기는 고정된다. 문자열의 크기에 맞게 선언하기 위해서는 포인터를 이용하여 문자열 배열을 선언하면 된다.

연습문제

91문제

[객관식]

01 다음 중 문자열의 끝에 있어야 하는 문자는 무엇인가?

❶ EOF ❷ \n
❸ \r ❹ \0

02 다음 중 한 줄이 끝났음을 알리는 문자는 무엇인가?

❶ EOF ❷ \n
❸ \t ❹ \0

03 다음 중 입력의 끝을 알리는 문자는 무엇인가?

❶ EOF ❷ \n
❸ \t ❹ \0

04 다음 중 문자열의 끝에 있어야 하는 문자를 무엇이라 부르는가?

❶ EOF ❷ 줄 바꿈 문자
❸ 탭 문자 ❹ NULL

05 다음 중 아스키 코드 번호 0번의 문자는 무엇인가?

❶ EOF ❷ 줄 바꿈 문자
❸ 탭 문자 ❹ NULL

06 다음 중 아스키 코드 번호 -1로 대치가 가능한 문자는 무엇인가?

❶ EOF ❷ 줄 바꿈 문자
❸ 탭 문자 ❹ NULL

07 다음 중 버퍼를 사용하지 않는 장치는 무엇인가?

❶ 하드 디스크 ❷ 충전기
❸ 키보드 ❹ 모니터

08 다음 중 나머지 3개와 다른 하나는 무엇인가?

❶ 아스키 코드 번호 0 ❷ EOF
❸ NULL ❹ \0

09 널 문자의 아스키 코드 번호는 몇 번인가?

① −1 ② 1
③ 0 ④ 2

10 EOF는 정수로 몇 인가?

① −1 ② 1
③ 0 ④ 2

11 다음 중 문자열을 사용할 때 쓰는 기호를 고르시오.

① '' ② {}
③ "" ④ []

12 char ch로 선언된 변수 ch에 문자 A를 넣으려 한다. 정확한 코드는 무엇인가?

① [A] ② {A}
③ "A" ④ 'A'

13 문자열 AB를 저장할 수 있는 문자형 변수가 올바르게 선언된 것을 고르시오.

① char ch; ② char ch[2];
③ char ch[1]; ④ char ch[3];

14 다음 중 문자열을 출력하는 서식문자를 고르시오.

① %c ② %s
③ %f ④ %d

15 다음 중 문자 1개를 출력하는 서식문자를 고르시오.

① %c ② %s
③ %f ④ %d

16 다음 중 kbhit()가 있는 헤더파일 이름은 무엇인가?

① ctype.h ② string.h
③ conio.h ④ stdio.h

17 다음 중 자료형의 선언과 초기화가 올바른 것을 고르시오.

① char ch = "A"; ② char str[4] = 'ABC';
③ char str[3] = "ABC"; ④ char str[4] = "ABC";

18 다음 중 비표준 함수가 아닌 것을 고르시오.

① _sleep() ② scanf_s()
③ getchar() ④ kbhit()

19 다음 중 코드 실행 도중 입력을 기다리지 않고 키 눌림을 확인할 수 있는 함수를 고르시오.

① _sleep() ② scanf_s()
③ getchar() ④ kbhit()

20 다음 중 _putch()가 있는 헤더파일 이름은 무엇인가?

① ctype.h ② string.h
③ conio.h ④ stdio.h

21 다음 중 버퍼를 사용하는 함수를 고르시오.

① _getch() ② _putch()
③ getchar() ④ _getche()

22 다음 중 문자 한 개를 입력 받는 함수 중 버퍼를 사용하지 않고 에코가 없는 함수를 고르시오.

① _getch() ② _putch()
③ getchar() ④ _getche()

23 다음 중 _getche()가 있는 헤더파일 이름은 무엇인가?

① ctype.h ② string.h
③ conio.h ④ stdio.h

24 다음 중 문자 한 개를 입력 받는 함수 중 버퍼를 사용하지 않고 에코가 있는 함수를 고르시오.

① _getch() ② _putch()
③ getchar() ④ _getche()

25 다음 중 문자 한 개를 출력하는 함수 중 버퍼를 사용하지 않는 함수를 고르시오.

① _getch() ② _putch()
③ getchar() ④ _getche()

26 다음 중 문자 한 개를 출력하는 함수 중 버퍼를 사용하는 함수를 고르시오.

① _getch() ② _putch()

③ getchar() ④ putchar()

27 다음 중 _getch()가 있는 헤더파일 이름은 무엇인가?

① ctype.h ② string.h

③ conio.h ④ stdio.h

28 다음 중 to로 시작하는 문자 처리 함수가 있는 헤더파일 이름은 무엇인가?

① ctype.h ② string.h

③ conio.h ④ stdio.h

29 다음 중 공백문자를 포함하여 문자열을 입력 받을 수 있는 표준 함수를 고르시오.

① gets_s() ② scanf()

③ getchar() ④ gets()

30 다음 중 공백문자를 포함하여 문자열을 입력 받을 수 있는 함수 중 비주얼 스튜디오에서 사용할 수 있는 비표준 함수를 고르시오.

① gets_s() ② scanf()

③ getchar() ④ gets()

31 다음 중 is로 시작하는 문자 처리 함수가 있는 헤더파일 이름은 무엇인가?

① ctype.h ② string.h

③ conio.h ④ stdio.h

32 다음 중 문자열 복사에 사용되는 strcpy()가 있는 헤더파일 이름은 무엇인가?

① ctype.h ② string.h

③ conio.h ④ stdio.h

33 다음 중 문자열을 정수로 바꾸는 함수를 고르시오.

① atoi() ② isspace()

③ toascii() ④ atof()

34 다음 중 문자열을 배정도 실수로 바꾸는 함수를 고르시오.

① atoi() ② isspace()

③ toascii() ④ atof()

35 다음 중 영문자 대소문자(a~z, A~Z)인지를 확인하는 함수를 찾으시오.

❶ isalpha(ch) ❷ isspace()
❸ isalnum(ch) ❹ ispunct(ch)

36 다음 중 특수문자(!, @, #, $, %, ^, >, <, &, * 등)인지를 확인하는 함수를 찾으시오.

❶ isalpha(ch) ❷ isspace()
❸ isalnum(ch) ❹ ispunct(ch)

37 다음 중 공백문자(' ', '\n', \t', '\r')인지를 확인하는 함수를 찾으시오.

❶ isalpha(ch) ❷ isspace()
❸ isalnum(ch) ❹ ispunct(ch)

38 다음 중 영문자 또는 숫자(a~z, A~Z, 0~9)인지를 확인하는 함수를 찾으시오.

❶ isalpha(ch) ❷ isspace()
❸ isalnum(ch) ❹ ispunct(ch)

39 다음 중 숫자(0~9)인지를 확인하는 함수를 찾으시오.

❶ isalpha(ch) ❷ isdigit(ch)
❸ isalnum(ch) ❹ ispunct(ch)

40 다음 중 문자열의 길이를 구하는 함수를 찾으시오.

❶ strlen() ❷ strcpy()
❸ strcat() ❹ strcmp()

41 다음 중 문자열을 이어 붙이는 함수를 찾으시오.

❶ strlen() ❷ strcpy()
❸ strcat() ❹ strcmp()

42 다음 중 문자열을 복사하는 함수를 찾으시오.

❶ strlen() ❷ strcpy()
❸ strcat() ❹ strcmp()

43 다음 중 문자열을 비교하는 함수를 찾으시오.

❶ strlen() ❷ strcpy()
❸ strcat() ❹ strcmp()

[주관식]

44 문자열의 끝을 알리는 문자는 (   )이다.

45 NULL의 아스키 코드 번호는 (   )이다.

46 \0은 아스키 코드 번호 (   )이다.

47 문자열의 끝에는 아스키 코드 번호 (   )을 붙여야 한다.

48 문자 입력의 끝을 알리는 것은 (   )이다.

49 EOF는 정수로 (   )이다.

50 문자 1개를 사용할 때 쓰는 기호는 (   )이다.

51 문자열을 사용할 때 쓰는 기호는 (   )이다.

52 4글자로 이루어진 문자열을 저장할 문자형 배열의 경우 선언할 때 인덱스 값은 (   ) 이상이어야 한다.

53 속도 차이가 나는 두 장치 사이에서 속도 차이를 완화시켜주는 장치를 (   )라 부른다.

54 문자열을 출력하는 서식문자는 (   )이다.

55 문자 1개를 출력하는 서식문자는 (   )이다.

56 비표준 함수에는 주로 (   ) 기호를 붙인다.

57 모든 입출력은 (   )를 사용한다.

58 버퍼를 비우는 것을 (   )라 부른다.

59 코드 실행 도중 입력을 기다리지 않고 키 눌림을 확인할 수 있는 함수가 (   ) 이다.

60 kbhit()가 있는 헤더파일 이름은 (   )이다.

61 문자 한 개를 입력 받는 함수 중 버퍼를 사용하지 않고 에코가 없는 함수는 (   )이다.

62 문자 한 개를 입력 받는 함수 중 버퍼를 사용하지 않고 에코가 있는 함수는 (   )이다.

63 _getch()가 있는 헤더파일 이름은 ( )이다.

64 _getche()가 있는 헤더파일 이름은 ( )이다.

65 _putch()가 있는 헤더파일 이름은 ( )이다.

66 문자 한 개를 출력하는 함수 중 버퍼를 사용하지 않는 함수는 ( )이다.

67 문자 한 개를 출력하는 함수 중 버퍼를 사용하는 함수는 ( )이다.

68 공백문자를 포함하여 문자열을 입력 받을 수 있는 표준 함수는 ( )이다.

69 공백문자를 포함하여 문자열을 입력 받을 수 있는 함수 중 비주얼 스튜디오에서 사용 가능한 비표준 함수는 ( )이다.

70 is로 시작하는 문자 처리 함수가 있는 헤더파일 이름은 ( )이다.

71 to로 시작하는 문자 처리 함수가 있는 헤더파일 이름은 ( )이다.

72 문자열 복사에 사용되는 strcpy()가 있는 헤더파일 이름은 ( )이다.

73 문자열을 정수로 바꾸는 함수 이름은 ( )이다.

74 문자열을 배정도 실수로 바꾸는 함수 이름은 ( )이다.

75 숫자(0-9)인지를 확인하는 함수는 ( )이다.

76 영문자 또는 숫자(a-z, A-Z, 0-9)인지를 확인하는 함수는 ( )이다.

77 공백문자(' ', '\n', \t', '\r')인지를 확인하는 함수는 ( )이다.

78 특수문자(!, @, #, $, %, ^, >, <, &, * 등)인지를 확인하는 함수 함수는 ( )이다.

79 영문자 대소문자(a-z, A-Z)인지를 확인하는 함수는 ( )이다.

80 문자열의 길이를 구하는 함수는 ( )이다.

81 문자열을 이어 붙이는 함수는 ( )이다.

82 문자열을 복사하는 함수는 ( )이다.

83 문자열을 비교하는 함수는 ( )이다.

[코드 문제]

언더바 함수

84 다음 코드의 빈칸을 채우시오.

```
#include <stdio.h>
#include <stdlib.h>

int main() {
    char str[] = "C Programming", *p = str;

    while (                        ) {
        printf("%c", *p++);
        _sleep(500);
    }
    return 0;
}
```

문자열 함수

85 C Programming 글자가 한 바퀴 돌 때마다 밑으로 한 칸씩 내려가는 LED 광고판을 만드시오. 출력 결과는 다음과 같다.

```






mmingC Progra
```

문자열 함수

86 40칸의 LED 광고판이 있다. 사용자로부터 입력을 받아 40칸 전체를 돌아다니는 문자 돌리기 코드를 만드시오. 출력 결과는 다음과 같다.

```
mming                                C Progra
```

문자열 함수

87 위의 문제를 업그레이드하여 옆으로 40칸, 밑으로 10칸의 LED 광고판이 있다고 하자. 사용자로부터 입력을 받아 40칸 전체를 돌아다니는 문자 돌리기 코드를 만드시오. 한 줄씩 밑으로 내려갈 때마다 2칸씩 앞으로 출력하여 전체 10칸이 모두 회전하는 LED 광고판이다. 출력 결과는 다음과 같다.

```
 C Programming
 Programming                           C
rogramming                           C P
gramming                           C Pro
amming                           C Progr
ming                           C Program
ng                           C Programmi
                           C Programming
                         C Programming
                       C Programming
```

버퍼 없는 입출력

88 별 이동시키기 코드를 업그레이드하여 옆으로 40칸, 밑으로 20줄의 공간에서 1 2 3 4를 누르면 상하좌우로 별을 이동시키는 코드를 만드시오. 1을 누르면 왼쪽, 4를 누르면 오른쪽, 2를 누르면 위, 3을 누르면 아래로 움직이는 코드이다.

문자 처리 함수

89 유효 암호 검사 코드를 업그레이드하여 암호가 7글자 이하이면 유효하지 않은 암호가 되는 코드를 만드시오.

```
사용할 암호 입력: !pass12
암호가 너무 짧아요!
```

kbhit() 함수

90 쓸쓸하神 도깨비 코드를 변형하여 아무 키를 누르면 pos가 오른쪽으로, x 키를 누르면 pos가 왼쪽으로 움직이는 코드를 만드시오.

난이도 최상

91 카멜레온 사운드 미터 코드를 변형하여 키가 눌릴 때마다 사운드 미터의 글자가 바뀌는 것과 동시에 막대기의 방향도 바뀌도록 만들어 보자. 처음엔 막대기가 아래에서 위로 움직이다가 키를 누르면 위에서 아래로 움직이는 사운드 미터로 바뀐다. 코드 길이를 줄이는 연습도 같이 해보기 바란다. 정답 코드의 길이는 26줄이며 변수는 사운드 미터의 방향을 결정하는 dt = 25가 하나 추가되었다. 카멜레온 사운드 미터의 구조는 그대로 둔 체 dt 변수 하나로 방향을 바꾼다. 26줄까지 줄이기 위해서는 많은 생각이 필요하다.

CHAPTER

12

구조체

학습목차

- 12.1 구조체 정의
- 12.2 사용자 정의 자료형
- 12.3 구조체 배열과 포인터
- 12.4 구조체와 포인터
- 12.5 구조체와 함수
- 12.6 공용체와 열거형

12.1 구조체 정의

1 구조체란?

필수

서로 다른 자료형의 묶음

기본적인 자료형은 크게 정수(int), 실수(float), 문자(char) 3가지로 나뉜다. 정수, 실수, 문자는 단일 자료형이라 부르는데, 변수 하나에 한 개의 데이터만 넣을 수 있다. 물론 int는 저장하는 데이터의 크기에 따라 short, int, long, long long으로 나뉘고, float는 정밀도에 따라 float, double, long double이 있다.

그림 12-1
0과 1만 표현하는 2진법

같은 크기와 종류의 자료형을 하나로 묶은 것은 배열 array 이라 부른다. 하나의 배열에는 여러 개의 데이터를 저장할 수 있다. 예를 들어 문자 배열에는 문자열을 저장할 수 있다. 그래서 배열을 연속 자료형이라 부른다.

구조체 structure 는 서로 다른 자료형을 하나로 묶어 놓은 것이다. 실세계에 존재하는 데이터는 서로 다른 형태의 데이터가 하나로 묶여 있다. 길동이, 형욱이, 창식이를 생각해 보자. 각자를 구분하는 데이터로는 이름 name , 나이 age , 힘 power 이 있다. 이름은 문자열이고, 나이는 정수형이고, 힘은 실수형이다. 이렇게 사람을 나타내는 자료 형태가 제각각이다.

그림 12-2
사람을 구성하는 자료형

구조체가 필요한 이유

실세계에 있는 대상물을 하나의 자료 형태로 구성하려면, 기존의 단일 자료형이나 배열로는 표현하기 어렵다. 사람 human 3명의 이름, 나이, 힘을 저장하려면 다음과 같이 변수를 만들어야 한다.

```
char h1_name[10], h2_name[10], h3_name[10];    이름을 저장하는 문자열 변수
int h1_age, h2_age, h3_age;                    나이를 저장하는 정수형 변수
float h1_power, h2_power, h3_power;            힘을 저장하는 실수형 변수
```

h1_name은 1번째 사람 이름, h2_name은 2번째 사람 이름, h3_name은 3번째 사람 이름을 저장할 변수이다. h1_age는 1번째 사람의 나이, h2_age는 2번째 사람의 나이, h3_age는 3번째 사람의 나이를 저장할 변수이다. 또한, h1_power는 1번째 사람의 힘, h2_power는 2번째 사람의 힘, h3_power는 3번째 사람의 힘을 저장할 변수이다. h1_, h2_, h3_로 시작하는 이름으로 구별해 놓았지만, 각각의 변수가 따로 떨어져 있어 사용하기 복잡하다. 마치 배열이 없으면 각각의 변수를 따로 만들어야 하는 것과 같다.

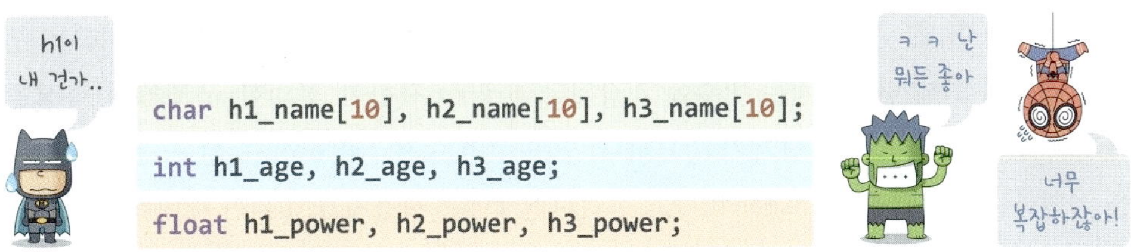

그림 12-3
구조체의 필요성

h1_name, h1_age, h1_power는 사람 h1에 대한 자료이다. 따라서 하나로 묶어서 다루는 것이 편리하다. 이렇게 서로 연관된 데이터를 하나의 묶음 형태로 만드는 것이 구조체이다. 다시 말해, 구조체는 단일 자료형이나 배열을 하나의 묶음 형태로 표현할 수 있는 자료구조이다.

사용자 정의 자료형

int, float, char는 C언어가 만들어 제공하는 자료형이다. int는 정수를 저장하고, 4바이트 크기를 가진다고 미리 정해놓았다. 그래서 int a;라 선언하면 변수 a는 4바이트 크기를 가지며, 정수를 저장할 수 있는 변수가 된다.

그림 12-4
구조체는 사용자가 만든 자료형

구조체는 사용자가 정의하는 자료형이다. 사용자는 사람의 이름, 나이, 힘을 저장할 수 있는 human과 같은 자료형을 마음대로 만들 수 있다. 사용자가 만든 human 자료형의 특징을 가진 변수를 만들고 싶으면 human b;라고 선언하면 된다. 그러면 b에는 이름, 나이, 힘을 저장할 수 있게 된다.

사용자 정의 자료형을 만들기 위해서는 '구조체 정의'와 '변수 선언' 2단계를 거친다. int의 경우 정수를 저장한다고 이미 정의가 되어 있기 때문에 새로 정의할 것이 없다. 그러나 구조체는 안에 어떤 데이터가 저장될지 아직 정해진 게 없다. 누군가는 이름, 나이, 키를 저장하는 것을 human 구조체라 생각할 수 있고 또 다른 사람은 이름, 주민번호, 전화번호를 저장하는 것을 human 구조체라 생각할 수 있다. 따라서 **구조체의 이름과 구조체 안에 어떤 자료형들이 들어가야 하는지를 결정하는 단계가 구조체 정의** structure definition 이다.

구조체 정의 단계는 자신이 만들려는 자료형의 틀을 결정하는 단계이다. 실제 데이터는 구조체 정의에 의해 만들어지는 변수에 저장된다. 따라서 **자신이 정의한 구조체의 특징을 가지는 변수를 선언하는 단계**가 필요하다. 변수 선언은 지금까지 정수, 실수, 문자형 변수를 선언하는 것과 똑같다. human b;라고 선언하면, b에는 사용자가 정의한 데이터를 저장할 수 있게 된다.

여기서 잠깐 구조체가 발전하여 지금의 객체 object 가 되었다. 객체란 구조체와 구조체에서 사용하는 함수를 하나의 덩어리로 관리할 수 있는 자료형이다.

2 구조체 정의 및 선언

필수

구조체 정의 방법

구조체를 사용하기 위해서는 구조체를 정의해야 한다. 구조체 정의란 구조체의 이름을 정하고, 구조체가 어떤 자료형과 변수(멤버)를 사용할지 결정하는 작업이다.

구조체 정의 방법

```
struct 구조체_이름 {          구조체 정의 시작
    자료형 변수명;               멤버 1
    자료형 변수명;               멤버 2
};                            구조체 정의 끝은 중괄호와 세미콜론!
```

구조체 정의 방법은 `struct 구조체_이름 { 멤버1, 멤버2 };` 형태이다. 구조체의 이름은 사용자가 정의하려는 자료형의 이름을 가리킨다. 구조체 이름이 human이고 그 안에 사람의 이름(name), 나이(age), 힘(power)의 자료형을 가지는 구조체를 정의하는 방법은 아래 그림과 같다.

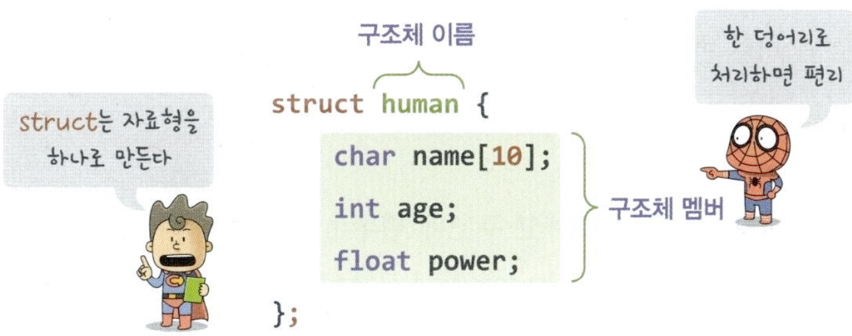

그림 12-5
구조체 정의 방법

구조체에서 멤버(member)란 구조체를 구성하는 변수들을 가리킨다. human 구조체에서 이름을 저장할 `char name[10]`, 나이를 저장할 `int age`, 힘을 저장할 `float power`가 멤버이다. 결론적으로 그림은 name, age, power를 멤버로 가지는 human 구조체를 정의한 것이다.

구조체 정의는 사용자가 만들려는 자료형 변수를 만들기 위한 준비 단계이다. 붕어빵을 만들기 위해서는 붕어빵을 구울 '틀'을 만들어야 하듯이, **구조체 정의는 사용자 정의 자료형의 틀을 만드는 작업**이다.

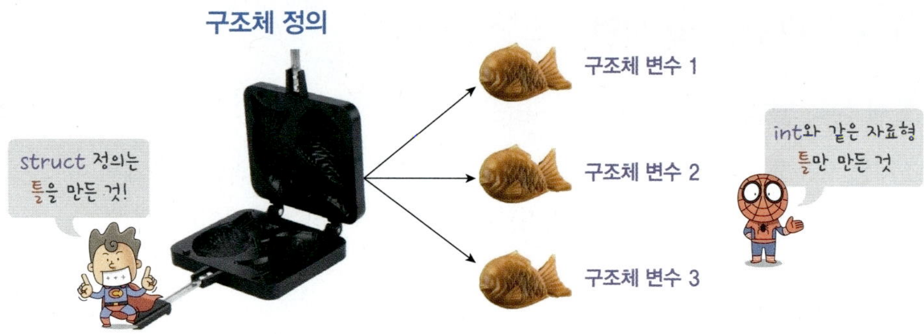

그림 12-6
구조체 정의는 자료형의 틀을 만든 것

구조체 변수 선언 방법

붕어빵 틀을 만들면 붕어빵의 크기와 모양이 결정된다. 마찬가지로 구조체 정의는 구조체에 들어가는 자료형과 크기를 결정하는 단계이다. **구조체를 정의하고 나면, 데이터를 저장할 수 있는 구조체 변수를 선언해야 한다.** 만들어지는 변수는 정의된 구조체와 똑같은 모양이다. 붕어빵 틀에서 잉어빵이 만들어지지는 않는다. 구조체 변수는 struct 구조체_이름 변수 이름;에 의해 만들어진다.

구조체 변수 선언 방법

```
struct 구조체_이름 변수이름;
```

구조체 정의 및 선언하기

아래 코드는 human 구조체를 정의하고 구조체 변수 h1을 선언한다. 구조체 변수는 실제 데이터를 담는 그릇이다. struct human h1에 의해 구조체 변수 h1이 만들어지면 이름, 나이, 힘과 같은 데이터는 h1에 담기게 된다.

```
struct human {                 human 구조체 정의
    char name[10];                 human 구조체 멤버 name
    int age;                       human 구조체 멤버 age
    float power;                   human 구조체 멤버 power
};                             human 구조체 정의 끝 - 세미콜론 필수

int main() {
    struct human h1;               human 구조체 변수 h1 선언
```

struct human h1과 같이 구조체 변수를 만드는 것이 낯설게 느껴질 수도 있다. 그러나 일반적으로 변수를 만드는 방식인 human h1 앞에 struct 단어 하나가 더 붙은 것이라 생각하면 된다. struct를 빼고 human h1만으로 구조체를 선언할 수 있는 방법은 조금 뒤에 다룬다.

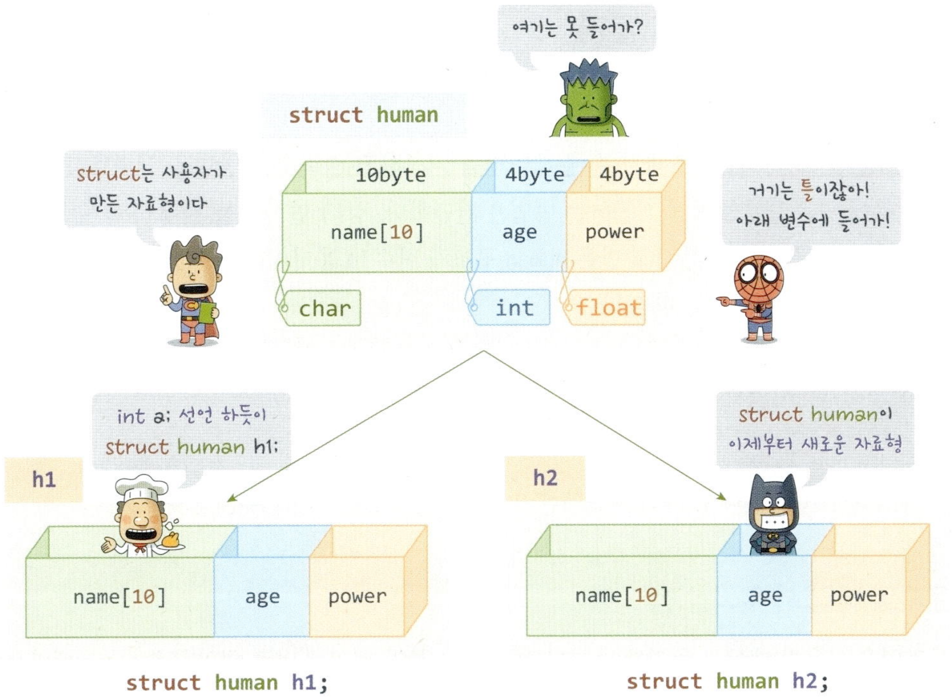

그림 12-7
구조체 정의와 변수 선언

정리해보면, 사용자가 특정한 모양의 자료형을 만들고 싶다면 구조체를 사용하면 된다. 구조체 정의 단계에서는 앞으로 만들 구조체가 어떤 모양인지를 결정한다. 위의 예에서 human 구조체는 문자열 name 10바이트, 정수 age 4바이트, 실수 power 4바이트를 하나의 묶음으로 처리할 수 있는 자료형을 정의한 것이다. human 구조체가 정의된 이후에 struct human h1으로 human 구조체 변수 h1을 선언한다. 이후 실제의 데이터는 h1에 저장되게 된다.

구조체 정의 및 선언 위치

일반적으로 구조체 정의는 main() 함수 밖에서 하고, 구조체 변수를 만드는 것은 main() 함수 안에서 한다. 구조체를 함수 안에서도 정의할 수 있다. 함수 안쪽에서 구조체를 정의하면, 구조체를 만드는 틀이 적용되는 범위는 함수 안쪽뿐이다. 따라서 다른 함수들은 구조체 정의를 사용할 수 없다.

프로그램 전체에서 사용하기 위해서 전역 변수를 만드는 것과 같이, 구조체 정의는 함수의 바깥쪽, 코드의 상단부에 만든다. 구조체 정의를 main() 함수 바깥에 만들더라도 main() 함수 안쪽에서 만들어지는 구조체 변수 h1은 main() 함수 안에서만 사용할 수 있다.

3 구조체에 데이터 넣기

필수

점(.) 연산자로 구조체 멤버 접근

구조체를 만들었으니 구조체 변수에 데이터를 저장하고 출력하는 방법을 살펴보자. 구조체 내부에 있는 변수들에게 접근하는 방법은 간단하다. **점(.) 연산자를 사용하여 '구조체 변수.멤버'로 접근**하면 된다. 앞서 만든 human 구조체 변수 h1의 나이(age)에 22라는 값을 넣고 싶다면 h1.age = 22라고 쓰면 된다.

```
struct human h1;                         구조체 변수 h1 선언

    h1.age = 22;                         구조체 변수.멤버에 값 대입
    strcpy(h1.name, "gildong");          멤버에 문자열 복사
```

문자열 대입 시 주의할 점

문자열을 사용할 때에는 주의해야 한다. 문자열은 문자 배열에 바로 대입할 수 없다. 배열은 시작 주소와 크기를 변경할 수 없기 때문에 strcpy()와 같은 문자열 복사 함수를 사용해야 한다. 따라서 h1.name에 gildong을 넣고 싶다면 문자열 복사 함수인 strcpy()를 사용하여 strcpy(h1.name, "gildong")이라 쓰면 된다. 결론적으로 구조체의 이름을 먼저 쓰고 점(.)을 쓴 후 구조체 멤버에 있는 변수이름을 쓰면 해당 변수에 접근할 수 있다.

> **중요**
>
> 구조체는 서로 다른 형태의 자료형을 묶어서 사용자가 직접 정의하는 자료형이다. 구조체의 틀을 만드는 '구조체 정의' 단계와 실제의 변수를 만드는 '변수 선언' 단계로 이루어진다. 실제 데이터는 변수 선언에 의해 만들어진 변수에 저장된다. 구조체 안의 변수는 점(.) 연산자를 사용하여 접근한다.

구조체에 데이터 넣기

[예제 12-1]은 구조체를 정의하고 변수를 선언하여 사용하는 코드이다. 4번에서 8번 줄까지 human 구조체를 정의했다. 멤버로는 문자열 name[10], 정수 age, 실수 power가 있다.

[예제 12-1]
구조체 선언과 사용 코드

1201_struct1.c

```
01 #include <stdio.h>
02 #include <string.h>
03
04 struct human {                        // human 구조체 정의
05     char name[10];                     // human 구조체 멤버 name
06     int age;                           // human 구조체 멤버 age
07     float power;                       // human 구조체 멤버 power
08 };                                    // human 구조체 정의 끝 - ;필수
09
10 int main() {
11     struct human h1;                   // human 구조체 변수 h1 선언
12
13     strcpy(h1.name, "gildong");        // h1.name에 문자열 gildong 복사
14     h1.age = 22;                       // h1.age에 정수 22 대입
15     h1.power = 8.2;                    // h1.power에 실수 8.2 대입
16
17     printf("name = %s\n", h1.name);
18     printf("age = %d\n", h1.age);
19     printf("power = %.1f\n", h1.power);
20     return 0;
21 }
```

실행 화면

```
name = gildong
age = 22
power = 8.2
```

11번 줄에서 구조체 human 변수 h1을 선언한다. 앞서 설명했지만, 구조제 정의는 main() 함수 바깥쪽에 위치하고 있기 때문에 모든 함수에서 구조체 변수를 선언할 수 있다. 그러나 main() 함수 안쪽에서 선언된 구조체 변수 h1은 main() 함수에서만 사용할 수 있는 변수이다.

13번에서 15번 줄까지 h1 구조체 변수 안의 멤버 변수들에게 값을 넣었다. 17번에서 19번 줄에서는 h1 구조체 멤버들의 값을 출력한다. 점(.)을 사용하는 것 외에는 일반 변수와 똑같이 사용하면 된다. 출력 결과 정상적으로 값이 대입되었음을 확인할 수 있다.

여기서 잠깐

여기서는 기본 자료형으로 정수(int), 실수(float), 문자(char)라 설명했지만, 비주얼 스튜디오에서는 실수 float 대신 double을 기본으로 한다. 그래서 [예제 12-1]을 컴파일 할 경우 14번 줄의 h1.power = 8.2;에서 power의 자료형을 float 대신 double로 정의하라는 경고 메시지가 발생한다.

여러 개의 구조체 변수 선언 방법

구조체 변수를 여러 개 선언하는 것은 기존에 여러 개의 변수를 선언하는 것과 같이 쉼표(,)를 이용하면 된다. human 구조체 변수 h1, h2, h3을 동시에 선언하고 싶다면 쉼표를 이용하여 다음과 같이 쓰면 된다.

```
struct human h1, h2, h3;          human 구조체 변수 h1, h2, h3 선언
```

구조체 정의와 동시에 변수 선언 방법

구조체를 정의하는 것과 동시에 구조체 변수를 같이 선언할 수도 있다. 다음의 코드는 human 구조체를 정의하고 마지막에 변수 h1, h2, h3를 선언하는 코드이다. 주의할 것은 구조체 변수 h1, h2, h3 모두 전역 변수가 된다. 전역 변수는 모든 함수에서 그 값을 변경할 수 있기 때문에 사용에 주의해야 한다. 아래와 같은 구조체 변수 선언 방식은 권장하지 않는다.

```
struct human {                    human 구조체 선언
   char name[10];
   int age;
   float power;
} h1, h2, h3;                     human 구조체 변수 h1, h2, h3 선언(전역 변수)
```

구조체 변수 선언 및 초기화하기

구조체 변수를 만들고 초기화하는 방법은 배열을 초기화하는 것과 유사하다. 중괄호 {}와 쉼표를 사용하여 멤버 순서에 맞게 값을 나열해주면 된다. [예제 12-2]는 human 구조체 변수를 선언하고 초기화하는 예제이다.

10번 줄에서 human 구조체 변수 h1의 경우, 이름은 gildong, 나이는 22, 힘은 8.2로 초기화했다. 중괄호 {} 안에 쉼표를 이용하여 name, age, power의 순서대로 값을 넣었다. 또한, name은 문자열이기 때문에 큰따옴표("")를 사용했다. 12번 줄의 출력 결과를 보면 모든 값들이 정상적으로 초기화됐음을 확인할 수 있다.

구조체 변수를 초기화할 때 멤버 값 하나만 넣어주면, 나머지 값은 자동으로 초기화된다. 정수나 실수는 0으로 초기화되고, 문자나 문자열은 널 문자(NULL)로 초기화된다. 널 문자는 아스키 코드 값이 0번이기 때문에 숫자 0을 써도 같은 효과를 얻을 수 있다. 구조체 변수 h2의 경우 이름만 hyungwook으로 초기화했으나 나머지 값들이 0으로 초기화된 것을 확인할 수 있다.

[예제 12-2]
구조체 선언과 초기화 코드

1202_struct2.c

```
01 #include <stdio.h>
02
03 struct human {                        // human 구조체 정의
04     char name[10];                     // human 구조체 멤버: 이름(문자열)
05     int age;                           // human 구조체 멤버: 나이(정수)
06     float power;                       // human 구조체 멤버: 키(실수)
07 };                                    // human 구조체 정의 끝
08
09 int main() {
10     struct human h1 = {"gildong", 22, 8.2}, h2 = {"hyungwook", },
                    h3 = {NULL};
11
12     printf("h1:%s, %d, %.1f\n", h1.name, h1.age, h1.power);
13     printf("h2:%s, %d, %.1f\n", h2.name, h2.age, h2.power);
14     printf("h3:%s, %d, %.1f\n", h3.name, h3.age, h3.power);
15     return 0;
16 }
```

실행 화면

```
h1:gildong, 22, 8.2
h2:hyungwook, 0, 0.0
h3:, 0, 0.0
```

구조체 변수를 초기화할 때, h3 = {};과 같이 중괄호만 사용하고 아무 값도 지정하지 않으면 오류가 발생한다. 구조체 변수의 초기화에서는 최소한 1개의 값은 지정해야 한다. 그래서 10번 줄의 h3의 경우 name을 NULL로 초기화했다. 14번 줄의 출력 결과를 보면, h3 구조체는 모두 0으로 초기화된 것을 확인할 수 있다.

12.2 사용자 정의 자료형

1 사용자 정의 자료형 만들기

기존 자료형의 별명 만들기

C언어에서는 기존 자료형을 새로운 이름(별명)으로 바꾸어 사용할 수 있다. 기존 자료형의 별명을 만들어 주는 키워드가 typedef이다. 예를 들어 unsigned int를 UINT라는 별명으로 바꾸고 싶다면, typedef unsigned int UINT로 정의한 후 사용하면 된다. 이후 UINT num1이라고 변수를 선언하면 num1은 unsigned int형 변수가 된다.

기존 자료형의 별명 만들기

```
typedef 기존_자료형 별명;
```

long long을 llong으로 바꾸어 사용하고 싶다면 typedef long long llong;으로 정의한 후 사용하면 된다. 이후 llong num2라 선언하면 변수 num2는 long long형 변수가 된다. typedef를 사용하여 새로운 별명을 만들더라도 기존 자료형이 사라지는 것은 아니다. 따라서 기존 이름과 별명 둘 다 사용 가능하다.

```
typedef unsigned int UINT;        UINT는 unsigned int의 별명
typedef long long llong;          llong은 long long의 별명

int main() {
    UINT num1;                    UINT와 unsigned int 둘 다 사용 가능
    llong num2;                   llong과 long long 둘 다 사용 가능
```

포인터형의 별명을 지양하는 이유

포인터 형도 typedef를 사용하여 별명을 만들 수 있다. typedef int* INT_P라 바꾸면, INT_P num1에서 만들어지는 변수 num1은 정수형 포인터이다. 그러나 포인터에 별명을 만드는 것은 권장하지 않는다.

int a와 int *a를 비교해 보자. 변수 a가 일반 변수인지 아니면 포인터 변수인지를 구분하는 것은 별표(*)인 참조 연산자가 유일하다. 그런데 typedef를 사용하여 별표를 없애버리면 일반 변수를 선언한 것처럼 착각을 일으킬 수 있다. 그래서 포인터를 포함하여 별명을 만드는 것은 권장하지 않는다.

```
typedef int* INT_P;

int main() {
    INT_P num1;                          별표(*)가 없어 일반 변수처럼 보임
```

typedef를 사용한 구조체 선언

typedef는 구조체 변수를 간단히 만들 수 있게 해준다. 앞서 human 구조체를 정의할 때에도 struct를 사용하고, 구조체 변수를 만들 때에도 struct human h1과 같이 struct라는 단어를 사용했다. 이를 간단히 만들고 싶다면 typedef를 사용하여 다음과 같이 해주면 된다.

```
typedef struct human human;              human는 struct human의 별명

int main() {
    struct human h1;                     기존 방법 사용 가능
    human h2;                            struct를 생략해도 human 변수 선언 가능
```

typedef struct human human이라 정의하면, struct human h1과 같이 원래의 방식대로 구조체 변수를 선언할 수도 있고, human h2와 같이 struct를 생략하고 간단하게 구조체 변수를 선언할 수도 있다.

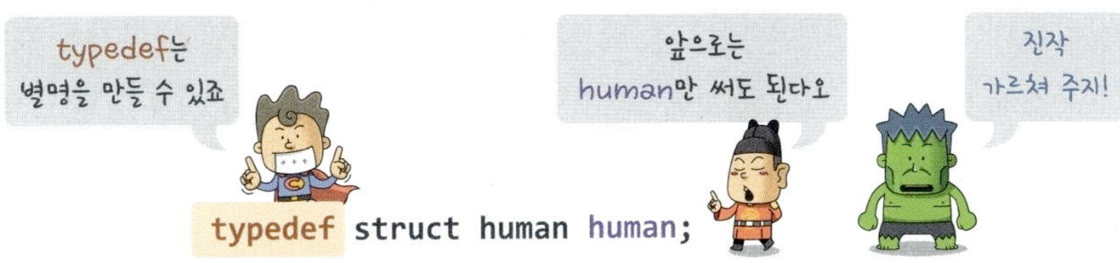

그림 12-8 typedef를 이용한 구조체 선언

구조체를 정의할 때 typedef를 사용하면, 구조체 변수를 간단하게 선언할 수 있다. 구조체 정의와 typedef로 별명을 만드는 것을 하나로 합치면 된다. 형식은 **typedef struct 구조체_이름 { 멤버1, 멤버2 } 별명;**이다. 기존의 구조체 자료형을 정의할 때 앞에는 typedef를 적어주고, 맨 마지막에는 별명을 적어주면 된다.

다음과 같이 typedef를 이용하여 구조체를 정의하면 기존의 struct Human h1 대신 human h2만으로도 Human 구조체 변수를 만들 수 있다. 이해를 돕기 위하여 구조체 이름과 별명을 대소문자로 구분하였다.

```
typedef struct Human {                 typedef를 사용하여 Human 구조체 정의
    char name[10];
    int age;
    float power;
} human;                               새로운 구조체 자료형 이름은 human

int main() {
    struct Human h1;                   기존 방법도 가능
    human h2;                          struct를 생략해도 human 구조체 변수 선언 가능
```

다음과 같이 구조체 이름과 별명이 같아도 문제가 없으며, 구조체 이름과 별명을 같은 이름으로 만드는 것이 최근 추세이다. typedef를 이용하여 별명을 만드는 경우 대부분은 구조체이다. 처음 보는 자료형인데 struct가 없다면 typedef를 이용하여 만든 구조체라 생각하면 된다.

```
typedef struct human {                 typedef를 사용하여 human 구조체 정의
    char name[10];
    int age;
    float power;
} human;                               별명이 구조체 이름과 같아도 됨
```

별명을 정하는데 특별한 규칙은 없으나, 잘 알려진 구조체의 경우에만 대문자를 사용한다. 대표적인 구조체 별명으로 파일 정보를 담고 있는 FILE이나 디렉토리 정보를 담고 있는 DIR과 같은 것이 있다. 모든 구조체 별명이 대문자인 것은 아니다. 시간 정보를 가지는 구조체인 time_t나 프로세스 정보를 가진 구조체인 pid_t의 경우 소문자와 _t를 결합하여 구조체 별명을 만들었다.

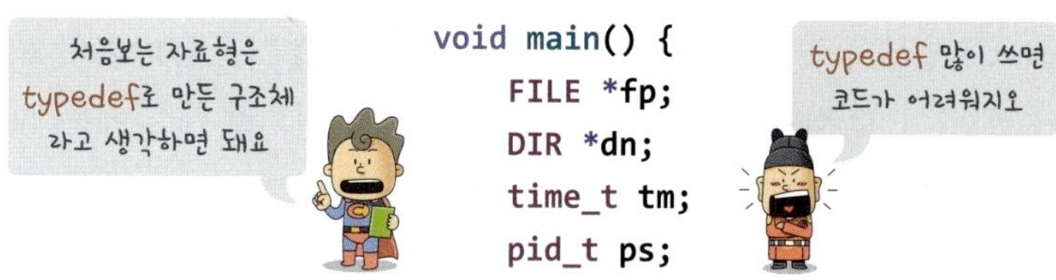

그림 12-9
struct가 없는 새로운 자료형은 typedef를 사용한 것이다

열거한 FILE, DIR, time_t, pid_t와 같이 typedef로 만들어진 구조체가 어디에 사용되고 어떻게 구성되었는지 지금 알 필요는 없다. 다만, 구조체가 많아질수록 코드는 읽기 어려워진다는 것을 보여주기 위해서 언급했다. typedef는 편리한 기능이지만 너무 많이 사용하는 경우 코드를 이해하기 어려워질 수 있으니 신중히 사용해야 한다.

여기서 잠깐

typedef와 유사한 기능으로 #define이 있다. #define은 컴파일 이전에 명시된 문장을 단순하게 찾아 바꿔주는 기능이다. 예를 들어 #define MAX 500이라 정의하면 MAX라는 단어를 찾아 500으로 바꿔 버린다. 따라서 typedef와 같이 자료형의 별명을 만드는 것과는 다르다.

2 구조체 복사하기

구조체 = 구조체

구조체의 경우 구조체의 값을 다른 구조체로 간단하게 복사할 수 있다. h1 구조체에 들어 있는 값을 h2 구조체에 복사하고 싶다면 h2 = h1이라고만 쓰면 된다. 이 경우 문자열까지 모두 복사된다. 구조체를 복사하는 코드를 [예제 12-3]에 나타냈다.

[예제 12-3]
구조체 복사 코드
1203_struct3.c

```
#include <stdio.h>

typedef struct human {              // human 구조체 정의
   char name[10];
   int age;
   float power;
} human;                            // human 구조체 별명

int main() {
   human h1, h2;                       // typedef로 struct 없이 변수 만듦

   printf("이름 나이 힘을 순서대로 입력: ");
   scanf("%s %d %f", h1.name, &h1.age, &h1.power);

   h2 = h1;                            // 구조체 h1 값을 h2로 복사
   printf("h1:%s, %d, %.1f\n", h1.name, h1.age, h1.power);
   printf("h2:%s, %d, %.1f\n", h2.name, h2.age, h2.power);
   return 0;
}
```

실행 화면

```
이름 나이 힘을 순서대로 입력: hyungwook 28 9.3
h1:hyungwook, 28, 9.3
h2:hyungwook, 28, 9.3
```

3번에서 7번 줄까지 human 구조체를 정의한다. 앞에서 배운 typedef를 사용하여 human 구조체를 정의했고, 별명도 구조체 이름과 똑같이 human으로 했다. 10번 줄에서 human h1, h2로 구조체 변수 h1과 h2를 만들었다. typedef로 별명을 만들었기 때문에 struct를 사용하지 않고서도 구조체 변수를 만들 수 있다.

13번 줄에서 구조체 변수 h1의 멤버 값을 하나씩 받는다. scanf() 함수로 받아들이는 값들은 h1.name, &h1.age, &h1.power이다. h1.name은 문자열이기 때문에 %s로 받았다. 참조에 의한 호출을 사용하기 때문에 &h1.age와 &h1.power 앞에 주소 변환 연산자(&)를 붙였다.

15번 줄 h2 = h1은 구조체 h1의 내용을 h2에 대입하라는 의미이다. 따라서 h1의 값은 h2로 복사된다. 복사가 제대로 이루어졌는지 확인하기 위해 16번 줄에서는 h1의 멤버 값을, 17번 줄에서는 h2의 멤버 값을 출력한다. 출력 결과 문자열을 포함하여 모든 값이 복사되었음을 확인할 수 있다.

구조체와 구조체 비교는 불가

구조체를 복사하는 h2 = h1은 허용되지만, if (h1 == h2)와 같이 구조체와 구조체를 비교하는 것은 허용되지 않는다. 만약 h1 == h2를 허용한다는 것은 h1 > h2나 h1 < h2와 같이 크기 비교가 가능하다는 의미이다. 구조체에 많은 멤버들 모두를 비교한다는 것은 불가능하기 때문에 직접 비교는 허용되지 않는다.

```
if ( h1 == h2 )
   printf("둘이 같다");
```

오류 - 구조체의 직접 비교는 허용 안 함

구조체 안의 멤버들끼리 비교 연산은 가능하다. h1.age와 h2.age를 비교한다던가 h1.power와 h2.power를 비교하는 것은 가능하다. 또한 h1.name과 h2.name을 비교하려면 strcmp()와 같은 문자열 비교 함수를 사용하면 된다.

```
if ( h1.age == h2.age )
   printf("둘이 친구");
```

구조체 멤버들끼리는 비교 가능

3 멤버 구조체

사용 전 먼저 정의하기

구조체는 사용자가 만든 자료형이다. 따라서 구조체를 다른 구조체에서 사용할 수 있다. 다시 말해, 구조체는 다른 구조체를 멤버로 받을 수 있다. 아래 코드와 같이 int year, int month, int day를 멤버로 가지는 date라는 구조체를 정의했다고 가정해 보자. 구조체 date는 다른 구조체인 human에서 사용할 수 있게 된다. human 구조체에서 생일을 나타내는 멤버인 birth는 date 구조체를 사용하여 정의되었다. 이 경우 date 구조체는 human 구조체의 멤버 구조체가 된다.

함수를 사용하기 전에 먼저 정의되어야 한다고 했다. 구조체도 마찬가지여서 구조체를 멤버로 사용하려면, 사용하기 전에 먼저 정의되어야 한다. 따라서 다음 코드 중 date 구조체와 human 구조체가 정의되는 순서가 바뀌면 오류가 발생한다.

```
struct date{                    date 구조체 정의 - 사용 전에 먼저 정의되어야 함
    int year;                       date 구조체 멤버 : year(정수)
    int month;                      date 구조체 멤버 : month(정수)
    int day;                        date 구조체 멤버 : day(정수)
};

struct human {                  human 구조체 정의
    char name[10];
    struct date birth;              생일을 나타내는 birth는 date 구조체 사용
};

int main() {
    struct human h1;
```

date 구조체를 멤버로 사용하지 않고, human 구조체 안에 직접 int year, int month, int day를 선언해도 된다. 그러나 구조체를 재사용함으로써 코드가 명확하고 단순해지는 장점이 있다.

멤버 구조체 사용의 장점

예를 들어 제품(product) 구조체를 만든다면, 제품의 생산 날짜를 나타내는 make에 date 구조체를 사용할 수 있다. 또한, 시험(exam) 구조체를 만든다면, 시험 시작 날짜와 끝나는 날짜를 나타내는 start 멤버와 end 멤버에 date 구조체를 사용할 수 있다. 이렇게 date 구조체를 여러 구조체에 멤버로 사용함으로써 코드가 단순해지고 명확해진다.

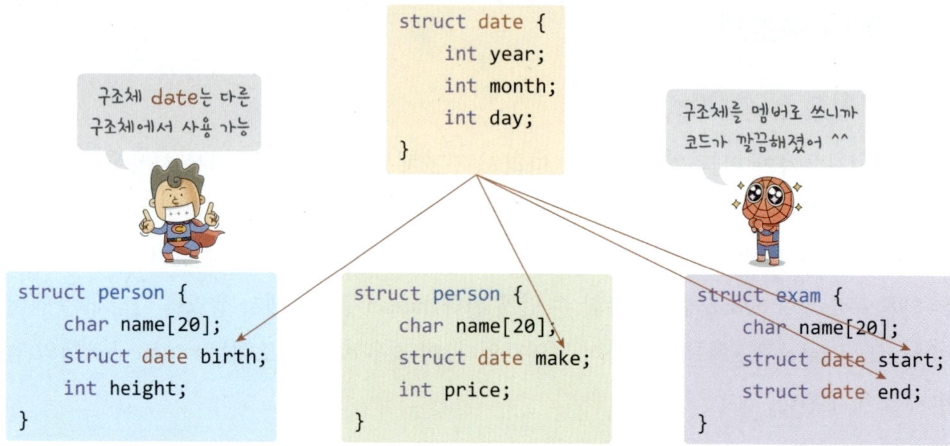

그림 12-10
구조체를 멤버로 가지는 구조체와 재사용

멤버 구조체에 있는 변수에 접근할 때에는 점(.)으로 연결하여 사용하면 된다. 위에서 선언된 human 구조체의 멤버 변수들에 값을 대입하는 코드는 아래와 같다. 태어난 해인 year에 값을 넣고 싶다면, h1.birth.year에 값을 대입하면 된다. human 구조체 변수 h1.birth 다음에 점을 찍고, year에 접근할 수 있다. month나 day도 마찬가지로 h1.birth.month와 h1.birth.day로 접근하면 된다.

```
strcpy(h1.name,"gildong");
h1.birth.year = 1989;       birth에 속한 year에 접근 : birth.year
h1.birth.month = 2;         birth에 속한 month에 접근 : birth.month
h1.birth.day = 11;          birth에 속한 day에 접근 : birth.day
```

멤버 구조체 사용하기

[예제 12-4]는 두 명의 이름과 생일을 입력 받아 누가 형님을 할지 결정하는 일명 '족보 정리' 코드이다. 태어난 년도, 월을 입력 받아 년과 월을 비교하여 형님을 정한다. 태어난 년도, 월, 일 모두를 입력 받아 비교하여 형님을 정하는 코드는 연습문제로 남긴다.

예제에서는 date 구조체를 정의하고 이를 human 구조체의 멤버로 사용했다. 3번에서 5번 줄까지 date 구조체를 정의한다. 년도, 월, 일을 나타내는 year, mon, day가 모두 같은 정수형이기 때문에 4번 줄에서 한꺼번에 정의했다. 같은 변수형의 경우 한 줄로 정의가 가능하다(코드가 너무 길어져서 month는 mon으로 birth는 bt로 줄여서 작성했다).

7번에서 10번 줄까지 human 구조체를 정의했다. human 구조체에서 생일을 나타내는 bt는 data 구조체를 사용하여 정의했다. 정의된 human 구조체는 13번 줄에서 h1과 h2 두 개의 구조체 변수를 만드는데 사용된다.

14번 줄의 정수형 jud는 누가 형인지를 결정하는데 사용된다. jud = 1이면 h1이 형이고, jud = 2이면, h2가 형이 된다. jud = 0이면 둘이 친구라 판단하며, 초기값은 0으로 한다.

[예제 12-4]
족보 정리 코드
(태어난 월까지 비교)

1204_arrange1.c

```
01 #include <stdio.h>
02
03 struct date{                          // date 구조체 정의
04    int year, mon, day;
05 };
06
07 struct human {                        // human 구조체 정의
08    char name[10];
09    struct date bt;                    // bt(birth)는 date 구조체 사용
10 };
11
12 int main() {
13    struct human h1, h2;
14    int jud = 0;                          // 누가 형인지 판단
15
16    printf("사람1-이름, 태어난 년도, 월 입력 : ");
17    scanf("%s %d %d", h1.name, &h1.bt.year, &h1.bt.mon);
18    printf("사람2-이름, 태어난 년도, 월 입력 : ");
19    scanf("%s %d %d", h2.name, &h2.bt.year, &h2.bt.mon);
20
21    if (h1.bt.year < h2.bt.year) jud = 1;
22    else if (h1.bt.year > h2.bt.year) jud = 2;
23    else if (h1.bt.year == h2.bt.year && h1.bt.mon < h2.bt.mon) jud = 1;
24    else if (h1.bt.year == h2.bt.year && h1.bt.mon > h2.bt.mon) jud = 2;
25
26    if (jud == 1) printf("%s 형님\n", h1.name);      // h1이 형님
27    else if (jud == 2) printf("%s 형님\n", h2.name); // h2가 형님
28    else printf("둘은 친구\n");                      // jud = 0 둘은 친구
29    return 0;
30 }
```

실행 화면

```
사람1-이름, 태어난 년도, 월 입력 : changsik 2000 4
사람2-이름, 태어난 년도, 월 입력 : gildong 2000 2
gildong 형님
```

16번에서 19번 줄까지는 scanf()를 사용하여 h1과 h2의 이름, 태어난 년도, 월을 입력 받는 코드이다. h1의 태어난 년도, 월은 &h1.bt.year, &h1.bt.mon으로 입력 받는다. h2도 같은 방식으로 입력 받는다.

21번에서 24번 줄까지가 누가 형님인지를 결정하는 코드이다. 예를 들어 만약 h1.bt.year < h2.bt.year이면 h1의 태어난 해가 작은 숫자임으로 먼저 태어났다는 의미이다. 따라서 h1이 형님이 되기 때문에 jud = 1이 된다. 반대의 경우 jud = 2가 된다. 둘 다 태어난 년도가 같은 경우, 태어난 월을 비교하여 jud 값이 결정된다, 만약 태어난 년도와 월이 같다면 jud 값은 초기값인 0에서 변화가 없을 것이다. 따라서 둘은 친구가 된다.

26번에서 28번 줄까지는 jud 값에 따라 출력을 하는 코드이다. jud = 1이면 h1의 이름과 '형님'이 출력되고, jud = 2이면 h2의 이름과 '형님'이 출력되며, jud = 0일 경우 '둘은 친구'가 출력된다. 출력 결과를 보면 gildong이 형님이 되었다.

구조체 배열과 포인터 12.3

1 구조체 배열

구조체 배열 선언 및 초기화

구조체 배열은 일반적인 배열과 똑같다. 구조체 변수 뒤에 대괄호 []를 사용하여 배열을 만들면 된다. 다음 코드는 human 구조체 변수 ho[3]을 배열로 선언한 것이다. struct human ho[3];로 선언하면 ho[0], ho[1], ho[2]의 구조체 human 변수 3개가 만들어진다.

```
struct human {
    char name[10];
    int age;
    float power;
};

int main() {
    struct human ho[3];
```

사람 구조체 배열 ho[3] 선언

구조체 배열의 변수들을 초기화하는 것은 중괄호를 묶어서 처리한다. [예제 12-5]는 human 구조체 배열을 선언하고 모든 값을 초기화하는 코드이다.

[예제 12-5]
구조체 배열 코드
1205_struct4.c

```
#include <stdio.h>

struct human {                          // human 구조체 정의
    char name[10];                          // human 구조체 멤버: 이름(문자열)
    int age;                                // human 구조체 멤버: 나이(정수)
    float power;                            // human 구조체 멤버: 힘(실수)
};                                      // human 구조체 정의 끝

int main() {
    struct human ho[3] = { {"gildong", 22, 8.2},
                           {"hyungwook", 28, 9.3},
                           {"changsik", 21, 7.6} };
    int k;

    for (k = 0; k < 3; k++)
        printf("%d:%s %d %.1f\n", k, ho[k].name, ho[k].age, ho[k].power);
    return 0;
}
```

실행 화면

```
0:gildong 22 8.2
1:hyungwook 28 9.3
2:changsik 21 7.6
```

struct human ho[3]에 대하여 ho[0]은 {"gildong", 22, 8.2}로 초기화된다. "gildong"은 ho[0].name의 초기값이며, 22는 ho[0].age의 초기값이고, 8.2는 ho[0].power의 초기값이다. 같은 방식으로 ho[1]은 {"hyungwook", 28, 9.3}으로 초기화되며, ho[2]는 {"changsik", 21, 7.6}으로 초기화된다. 중괄호로 묶여진 초기값들은 쉼표(,)로 구분되고, 전체에 대하여 바깥쪽으로 중괄호 {}를 사용한다.(코드에서 붉은 강조색의 중괄호)

15번과 16번 줄에서 구조체 배열의 값들을 출력해보면, 초기화된 값들이 정상적으로 출력되는 것을 확인할 수 있다. 구조체의 구조를 보여주기 위하여 일부러 typedef를 사용하지 않았지만, typedef를 사용하면 코드가 깔끔해질 것이다.

2 구조체 배열 사용하기

구조체 배열 값 바꾸기

[예제 12-6]은 구조체 배열을 초기화한 후 두 개의 값을 바꾸는 프로그램이다. 3번에서 7번 줄까지 human으로 구조체를 정의할 때 typedef를 사용하여 정의했고, 별명은 구조체 이름과 같은 human으로 정했다. 그래서 10번 줄에서 human 구조체 배열 ho[3]을 선언할 때나, 11번 줄에서 temp를 선언할 때 struct를 사용하지 않아도 된다.

10번 줄에서 human 구조체 배열 ho[3]을 선언하고 길동, 형욱, 창식 순서로 초기화했다. 앞의 [예제 12-5]와 달리 구조체 배열의 초기값을 한 줄로 나열했으나 결과는 똑같다. 11번 줄에서 두 개의 값을 바꿀 때 임시로 저장하기 위한 human 구조체 변수 temp를 선언했다.

14번에서 16번 줄은 temp를 사용하여 길동의 ho[0]과 창식의 ho[2]의 값을 바꾸는 코드이다. 이 코드는 정렬(sort) 알고리즘에서 사용한 스왑(swap)코드를 그대로 사용한 것이다. 스왑 코드를 그대로 사용하여도 두 개의 값은 정상적으로 바뀐다. 이 결과로 배열 ho[]에는 길동, 형욱, 창식의 순서로 초기화되었다가 창식, 형욱, 길동의 순서로 바뀌게 된다. 18번에서 19번 줄에서 배열 ho[]의 값들을 출력해보면 정상적으로 바뀌었다는 것을 확인할 수 있다.

[예제 12-6]
구조체 배열 값 바꾸기 코드
1206_struct5.c

```
#include <stdio.h>

typedef struct human {                  // human 구조체 정의
   char name[10];                          // human 구조체 멤버: 이름(문자열)
   int age;                                // human 구조체 멤버: 나이(정수)
   float power;                            // human 구조체 멤버: 키(실수)
} human;                                // human 구조체 정의 끝

int main() {
   human ho[3] = { {"gildong", 22, 8.2}, {"hyungwook", 28, 9.3},
                   {"changsik", 21, 7.6} };
   human temp;
   int k;

   temp = ho[0];
   ho[0] = ho[2];
   ho[2] = temp;

   for (k = 0; k < 3; k++)
      printf("%d:%s %d %.1f\n", k, ho[k].name, ho[k].age, ho[k].power);
   return 0;
}
```

실행 화면

```
0:changsik 22 7.6
1:hyungwook 28 9.3
2:gildong 22 8.2
```

구조체 배열 값 정렬하기

이제 구조체의 배열 값을 정렬하는 코드를 만들어 보자. 길동, 형욱, 창식이 모여 있는데 외계인이 불을 뿜어 주변이 타고 있다. 누구부터 출동하여 불을 끌 것인지를 나이순으로 결정하기로 했다. [예제 12-7]은 사람의 출동 순서를 나이순으로 결정하는 프로그램이다.

그림 12-11
출동 순서 정하기

[예제 12-7] 코드는 버블 정렬을 기본으로 하여, 나이순으로 정렬하는 알고리즘이다. 3번 줄의 `#define MAX 4`는 사람의 전체 수를 정의한다. 사람이 추가되면 5로 바꿔주고, 사람이 빠지면 3으로 줄여주면 된다.

5번에서 9번 줄까지 `typedef`를 사용하여 구조체 `human`를 정의했고, 별명도 `human`으로 정했다. 만약 `typedef`를 사용하지 않고 일반적인 구조체로 정의한다면 12번 줄의 `human ho[MAX]`를 `struct human ho[MAX]`로 변경해야 한다.

15번에서 23번 줄까지는 버블 정렬 코드를 그대로 가져온 것이다. 차이점이 있다면 17번 줄에서 나이를 비교하는 코드이다. `human` 구조체에서 나이를 가진 멤버 변수는 `ho[].age`이다. 따라서 `ho[j-1].age`와 `ho[j].age`를 비교하여 `ho[j-1].age` 값이 크면 두 구조체를 바꿔준다.

24번에서 25번 줄에서는 정렬된 결과를 출력한다. 결과를 보면, 나이 순서대로 정렬이 이루어진 것을 확인할 수 있다. 기존의 버블 정렬 코드와 비교하여 크게 달라진 것은 없다. 구조체가 처음에는 낯설겠지만, 사용하다 보면 금방 익숙해질 것이다.

[예제 12-7]
출동 순서 정하기 코드
1207_arrange2.c

```c
#include <stdio.h>

#define MAX 4

typedef struct human {          // typedef를 사용하여 human 구조체 정의
   char name[10];                  // human 구조체 멤버: 이름(문자열)
   int age;                        // human 구조체 멤버: 나이(정수)
   float power;                    // human 구조체 멤버: 힘(실수)
} human;                        // human 구조체 별명 human

int main() {
   human ho[MAX] = { {"gildong", 22, 8.2}, {"hyungwook", 28, 9.3},
                  {"changsik", 21, 7.6}, {"hosik", 29, 8.1} }, temp;
   int j, k;

   for (k = 0; k < MAX; k++) {        // for k - 구조체 배열 수만큼 반복
      for (j = 1; j < MAX; j++) {        // for j - 두 수 비교
         if (ho[j-1].age > ho[j].age) {     // if 나이가 많으면
            temp = ho[j-1];                    // 두 구조체 바꾸기
            ho[j-1] = ho[j];
            ho[j] = temp;
         }
      }                                  // End for j
   }                                  // End for k
   for (k = 0; k < MAX; k++)
      printf("%d:%s %d %.1f\n", k, ho[k].name, ho[k].age,
                                                ho[k].power);
   return 0;
}
```

실행 화면

```
0:changsik 21 7.6
1:gildong 22 8.2
2:hyungwook 28 9.3
3:hosik 29 8.1
```

LAB 1 문자 비 코드

앞에서 만든 여름 소나기 코드를 구조체를 사용하여 변경한 것이 [예제 12-8]의 문자 비 코드이다. 문자 비 코드는 비(|) 대신 무작위로 만들어진 영어 대문자가 하늘에서 내리는 코드이다. 구조체에는 문자를 저장할 `char ch`와 문자의 위치를 저장할 `int pos`가 `mych` 구조체의 멤버이다.

4번에서 7번 줄까지 `typedef`를 사용하여 구조체 `mych`를 선언하고, 멤버로 문자 `ch`와 정수 `pos`를 선언한다. 11번 줄에서 구조체 `mych` 배열 `rain[]`을 선언한다. 비교하기 편하게 하기 위해 기존의 `rain[]`과 같은 변수명을 그대로 사용했다.

[예제 12-8]
문자 비 코드
1208_ch_rain.c

```
01  #include <stdio.h>
02  #include <stdlib.h>
03
04  typedef struct mych {                  // mych 구조체 정의
05     char ch;                               // 출력 문자를 저장하는 멤버
06     int pos;                               // 문자를 위치를 저장하는 멤버
07  } mych;                                // mych 구조체 별명(구조체 이름과 같음)
08
09  int main() {
10     int k, jul, met;
11     mych rain[118];                        // 구조체 mych 배열 선언
12
13     for (met = 0; met < 118; met++) {
14           rain[met].pos = rand() % 26 - 26;
15           rain[met].ch = rand() % 25 + 65;
16     }
17     for (k = 0; k < 200; k++) {
18        system("cls");
19        for (met = 0; met < 118; met++)
20           if (rain[met].pos < 26) rain[met].pos++;
21           else rain[met].pos = -1;
22        for (jul = 0; jul < 26; jul++) {
23           for (met = 0; met < 118; met++) {
24              if (rain[met].pos == jul) printf("%c", rain[met].ch);
25              else printf(" ");
26           }
27           printf("\n");
28        }                                      // End of for jul
29     }                                      // End of for k
```

```
    return 0;
}
```

실행 화면

```
                                                                  Y            D
              M                        QP      X                            V        K
                           X          H           A        F
                L               X     N                                             SM


    O                             B                       V               I
           Q                                  M   C                   Y
          D               G                                            N
       Q      N                             U
                            E B      X        E      F                                    G
       R       YT               X           L                             R
          H          H                   F
   Y                                                       S                  B            H
                             A   E                                            Y
                   L                            L               Q            Q  G
            U                     P                                     N S  R     I
     UC                                 I            Q  I                    O            X
    I                     R                                    M      J                DA
             B         Q                               M              J            C
                                           W   P                 A U                     V
 R                  T                     G         Y  M   N
  A                         F                                QFJ                       S
        L           S  J
                 I      K  R         O
                  O
```

여름 소나기 코드와 비교해보면 알겠지만, 구조체를 선언하는 것 외에 크게 달라지는 것은 없다. 가장 큰 차이점은 점(.)을 사용하여 구조체 변수에 접근해야 한다는 것이다. pos 대신 rain[met].pos를 사용하고 ch대신 rain[met].ch를 사용하는 차이이다.

12.4 구조체와 포인터

1 구조체 포인터 이해하기

구조체 포인터를 사용하는 이유

앞서 포인터를 설명하면서 포인터는 배열이고 배열을 포인터라 설명했다. 차이점이 있다면, 배열은 선언하면 시작 주소와 크기를 변경할 수 없다고 했다. 그러면서 복잡하고 어려운 포인터를 사용해야 하는 이유를 정확하게 설명하지 못했다. 이제 구조체를 배웠기 때문에 포인터를 사용해야 하는 이유를 설명할 수 있게 되었다.

핸드폰에서 사용할 전화번호부를 만든다고 가정해 보자. 가장 쉬운 방식은 배열로 만드는 것이다. 배열로 만들 경우 배열의 크기를 선언해야 하는데, 전화번호부의 크기를 100명으로 할지 1000명으로 할지 고민스러울 것이다. 너무 많이 잡으면 낭비되는 공간이 생기고, 너무 적게 잡으면 전화번호 입력에 제한이 생긴다. 또 다른 문제는 사용자가 입력한 순서대로 전화번호부에 채워진다면, 이름을 가나다순으로 정렬하기 위해서 정렬 알고리즘을 사용하여 추가 작업을 해줘야 한다. 더 나아가 사용자가 전화번호부의 내용을 지웠을 경우, 다른 내용으로 채워질 때까지 빈자리로 남게 된다.

그림 12-12
연결 리스트의 장점

구조체 포인터는 구조체의 주소를 저장하는 자료형이다. 일반적인 포인터와 같이 포인터 연산자(*)를 붙여서 선언한다. 구조체 포인터는 C언어를 심도 있게 배우려는 사람들, 전산 관련 학과에 속한 사람들, 시스템과 관련된 기술을 개발하려는 사람들에게 꼭 알아야 하는 자료구조이다. C언어를 사용하는 높은 수준의 코드들은 연결 리스트(linked list)를 많이 사용하는데, 연결 리스트의 핵심 자료구조가 구조체 포인터이다.

[그림 12-12]와 같이 배열 대신 연결 리스트를 사용하여 전화번호부를 만드는 경우를 보자. 새로운 전화번호가 생성되면, 가나다순에 맞게 포인터로 연결하면 된다. 전화번호가 지워지는 경우 해당 구조체를 삭제하고 연결을 새로 만들면 된다. 구조체를 이용한 연결 리스트는 데이터의 삽입, 삭제, 관리가 용이하기 때문에 전화번호부 이외에 많은 부분에서 사용된다. 그래서 구조체와 포인터를 이해하는 것이 중요하다.

구조체 포인터 선언 및 사용 방법

구조체 포인터를 연결 리스트에 사용하기 위해서는 동적 메모리 할당을 배워야 한다. 동적 메모리 할당은 뒤에서 자세히 다룰 예정이기 때문에 이 절에서는 구조체 포인터를 선언하고 멤버에 접근하는 방법만을 설명한다.

구조체 포인터는 구조체를 가리키는 구조체(포인터형 구조체)와 구조체 안에 포인터 멤버를 갖는 경우 2가지로 나뉜다. 먼저 포인터형 구조체를 설명한 후 다음 절에서 포인터를 멤버로 가지는 구조체를 살펴본다.

```
struct human {
    char name[10];
    int age;
    float power;
};

int main() {
    struct human h1 = {"gildong", 22, 8.2};
    struct human *sp;        구조체를 가리키는 포인터 *hp 선언
    sp = &h1;                구조체 h1 주소를 포인터 hp에게 줌
```

일반적인 포인터 선언과 같이 구조체 변수 앞에 포인터 연산자(*)를 붙임으로써 포인터형 구조체 변수가 만들어진다. 위 코드와 같이 구조체 변수 h1과 포인터형 구조체 변수 *sp를 만들었다. *sp가 다른 human 구조체를 가리킬 수 있게 됨으로써 연결 리스트를 만들 수 있게 된다. 다시 말하면 *sp가 다른 human 구조체의 주소를 물고 있다가 참조(*) 연산자를 만나면(주인이 끈 있는 곳으로 가라고 하면) 다른 human 구조체로 이동하게 된다.

포인터형 구조체의 사용 방법은 포인터 사용 방법과 같다. 주소 변환 연산자(&)를 사용하여 sp = &h1과 같이 h1이 자신의 주소를 포인터 sp에게 주면, sp는 h1에 접근할 수 있게 된다. 포인터에서 설명했지만, 자신의 주소를 넘겨준다는 것은 포인터 sp에게 h1의 데이터를 마음대로 할 수 있는 권리를 넘겨 준 것이다.

그림 12-13
포인터형 구조체를 사용한 멤버 접근

포인터 연산자가 구조체 멤버에 접근할 수 있는 방법은 2가지가 있다. 첫 번째 방법은 기존의 점(.)을 사용하는 방법으로 (*sp).name이라 쓰면 멤버 name 변수에 접근할 수 있다. 또 다른 방법은 화살표(->)를 사용하는 것이다. sp->name이라 쓰면 멤버 name에 접근할 수 있다. 따라서 ->는 구조체의 경우 (*).을 대신하는 연산자이다. 포인터를 이용하여 구조체 멤버에 접근할 때에는 점(.)이 아닌 **화살표(->) 연산자**를 사용하는 것이 편리하다. 화살표(->)의 의미는 끈이 있는 곳으로 가라는 뜻이다.

포인터형 구조체의 멤버 참조 방법

(*sp).name	멤버 name 참조
sp->name	멤버 name 참조

구조체 포인터 사용하기

[예제 12-9]는 포인터형 구조체를 선언하고 출력하는 코드이다. 10번 줄에서 human 구조체 h1을 선언하고 초기화했다. 11번 줄에서 포인터형 구조체 *sp를 선언했다. 13번 줄에서 주소 변환 연산자(&)를 사용하여 h1의 주소를 sp에게 줬다.

[예제 12-9]
구조체 포인터 코드
1209_struct6.c

```
01  #include <stdio.h>
02
03  struct human {                          // human 구조체 정의
04     char name[10];                          // human 구조체 멤버: 이름(문자열)
05     int age;                                // human 구조체 멤버: 나이(정수)
06     float power;                            // human 구조체 멤버: 힘(실수)
07  };                                      // human 구조체 정의 끝
08
09  int main() {
10     struct human h1 = {"gildong", 22, 8.2};
11     struct human *sp;                     // 구조체를 가리키는 포인터 *sp 선언
12
13     sp = &h1;                             // 구조체 h1 주소를 포인터 sp에게 줌
14     printf("%s %d %.1f\n", (*sp).name, (*sp).age, (*sp).power);
15     printf("%s %d %.1f\n", sp->name, sp->age, sp->power);
16     return 0;
17  }
```

실행 화면

```
gildong 22 8.2
gildong 22 8.2
```

14번 줄에서 (*sp).name, (*sp).age, (*sp).power가 가리키는 값을 출력하면 정상적으로 출력되는 것을 확인할 수 있다. 15번 줄에서 sp->name, sp->age, sp->power를 출력하면 14번 줄의 출력 결과와 같다. 따라서 (*sp).name은 sp->name과 같은 의미라는 것을 확인할 수 있다.

(*sp).name 대신 *sp.name을 쓰면 안 되는 가에 대한 의문이 들 것이다. 점(.) 연산자가 포인터 연산자(*)보다 먼저 연산된다. 그래서 *sp.name은 *(sp.name)과 같은 뜻이 된다. *(sp.name)은 sp.name이 가리키는 곳을 참조하라는 뜻이 되어 멤버 name 변수가 포인터인 경우에만 정상적으로 작동한다. 다음과 같은 코드를 컴파일 하면, 'name' 왼쪽 피연산자가 'struct'를 가리킵니다. '->'를 사용하십시오."라는 오류 메시지가 뜬다.

```
printf("%s", *sp.name);
```

오류 목록

c2231 'name' 왼쪽 피연산자가 'struct'를 가리킵니다. '->'를 사용하십시오.

연산자의 우선순위로 인하여 포인터형 구조체가 멤버에 접근할 때마다 (*sp)와 같이 괄호를 사용하는 것은 불편하다. 또한, 구조체 포인터는 연결 리스트에서 다음번에 연결되는 구조체를 가리키는 목적으로 자주 사용된다. 그래서 sp가 가리키는 name이라는 뜻으로 'sp->name'을 사용하게 된다.

2 포인터를 멤버로 가지는 구조체

심화

포인터를 멤버로 선언하고 사용하기

구조체의 멤버로 포인터를 가지는 경우를 살펴보자. 앞서 만들었던 date 구조체를 human 구조체의 멤버가 포인터 형태로 사용하고 싶다면, struct date *bt;로 선언하여 사용하면 된다.

```
struct date{
   int year, mon, day;
};
 struct human {
   char name[10];
   struct date *bt;
};
```

date 구조체 정의 – 사용 전에 먼저 정의되어야 함

human 구조체 정의

bt는 date 구조체를 가리키는 포인터

[예제 12-10]은 포인터를 멤버로 가지는 구조체 코드를 만들고 출력하는 코드이다. 7번에서 10번 줄까지 human 구조체 멤버 name과 *bt가 선언된다. 이 중 *bt는 date 구조체를 가리킬 수 있는 포인터형 구조체 변수이다.

14번 줄을 눈 여겨 보기 바란다. 포인터는 주소를 가리킬 뿐 사용할 수 있는 메모리 영역을 할당받지 못한다. 따라서 14번 줄과 같이 date 구조체 d1을 만들고 값을 초기화하여 메모리를 할당받는다. 16번 줄에서 h1.bt = &d1;로 d1의 주소를 받으면, *bt는 d1이 할당받은 공간을 사용하게 된다.

[예제 12-10]
포인터를 멤버로 가지는 구조체 코드

1210_struct7.c

```
01  #include <stdio.h>
02
03  struct date{                                      // date 구조체 정의
04     int year, mon, day;
05  };
06
07  struct human {                                   // human 구조체 정의
08     char name[10];
09     struct date *bt;                              // bt는 date 구조체를 가리키는 포인터
10  };
11
12  int main() {
13     struct human h1 = {"gildong"};
14     struct date d1 = {1989, 12, 12};     // d1은 date 구조체를 만들고 초기화
15
16     h1.bt = &d1;                                  // h1.bt에 d1의 주소 대입
17     printf("이름: %s\n", h1.name);
18     printf("%d년 %d월 %d일", h1.bt->year, h1.bt->mon, h1.bt->day);
19     return 0;
20  }
```

실행 화면

```
이름: gildong
1989년 12월 12일
```

18번 줄에서 화살표 연산자를 사용하여 h1.bt->year, h1.bt->mon, h1.bt->day가 생년, 월, 일을 출력한다. 출력 결과를 보면 정상적으로 출력되는 것을 확인할 수 있다.

만약 화살표 연산자를 사용하지 않고, 점(.)만으로 18번 줄과 같은 결과를 내는 코드를 생각해 보자. h1.(*bt).year는 정답이 아니다. 점(.) 연산자 다음에는 포인터가 올 수 없다. 그렇다고 해서 *h1.bt.year는 정답에서 거리가 더 멀다. 정답은 (*h1.bt).year이다. 이렇게 비교해보면, 화살표(->) 연산자가 편리하다는 것을 알 수 있다.

```
18    printf("%d년 %d월 %d일", (*h1.bt).year, (*h1.bt).mon, (*h1.bt).day);
```

자신을 가리키는 구조체 정의 방법

구조체가 멤버로 포인터를 가지는 가장 큰 이유는 **연결 리스트** linked list 를 만들기 위해서이다. 연결 리스트를 만들기 위해서는 구조체가 자기 자신을 가리킬 수 있는 포인터를 멤버로 가져야 한다. 연결 리스트를 만들고 사용하는 것은 16장 동적 할당에서 자세히 다루기로 하고, 여기서는 자기 자신을 가리킬 수 있는 포인터를 가진 구조체를 어떻게 만드는지 살펴본다.

자신을 가리키는 구조체 정의 방법

```
typedef struct human {
    char name[10];
    struct human *next;
} human;
```

typedef를 사용하여 human 구조체를 정의해야 함

struct를 사용하여 human *next를 정의해야 함

우선 typedef를 사용하여 human 구조체를 정의한다. typedef를 사용하면 별명도 같이 써줘야 하는데 구조체 이름과 같은 human으로 했다. 여기까지는 일반적인 구조체 정의와 같다. 자기 자신과 같은 구조체를 가리키기 위하여 *next를 정의할 때, struct human *next;라 써야 한다. struct를 빼고 human *next라 쓰면 오류가 발생한다. 그 이유는 human 구조체가 모두 정의되기 이전에 *next를 만드는 것이기 때문에 struct human을 가리키는 포인터라는 의미에서 struct human *next;라 쓴다. 또한, 자신을 가리키는 구조체 선언에서 typedef를 빼면 오류가 발생한다. 이러한 2가지 사항만 지키면 자신을 가리키는 구조체를 정의할 수 있다.

[예제 12-11]은 자기 자신을 가리킬 수 있는 구조체를 정의하고 사용하는 코드이다. 3번에서 6번 줄까지 typedef를 사용하여 human을 정의했고, struct human *next;를 사용하여 human 구조체를 가리킬 수 있는 포인터를 정의했다.

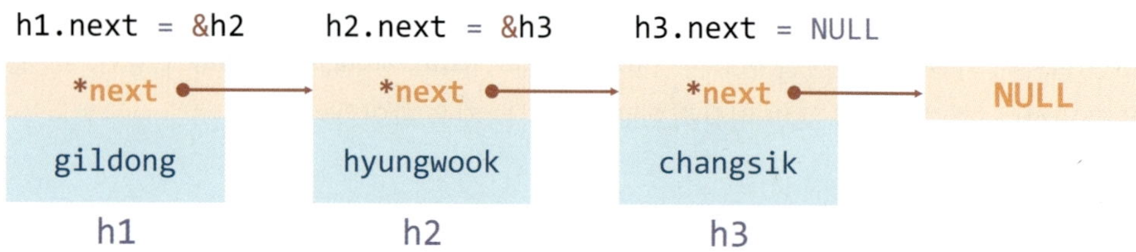

그림 12-14
구조체 포인터를 사용한 연결 리스트

9번 줄에서 human 구조체 변수 h1, h2, h3를 선언하고 초기화했다. 10번 줄에서 포인터형 human 구조체 *sp를 선언했다.

12번에서 14번 줄이 구조체를 연결하는 코드이다. 12번 줄에서 h1.next = &h2는 h2의 주소를 h1.next에게 준다. 따라서 h1.next는 h2를 가리키게 된다. 13번 줄에서 h2.next = &h3;는 h3의 주소를 h2.next에게 주었기 때문에 h2.next는 h3를 가리키게 된다. 14번 줄에서 h3.next에게는 NULL을 주어 연결 리스트의 끝을 만들어 준다. 만들어진 연결 리스트는 위 그림과 같은 모양이 된다. 이제는 next를 따라서 구조체 사이에서 이동이 가능해진다. 16번 줄에서 next를 따라서 이동하기 위하여 포인터형 구조체 *sp에게 h1의 주소를 넘겨준다.

17번 줄에서 sp->name을 출력한다. *sp는 현재 구조체 h1의 주소를 가지고 있기 때문에 h1.name의 값인 gildong이 출력된다. 18번 줄에서 sp = sp->next;는 *sp의 주소를 sp->next가 가리키는 곳으로 한 칸 옮기라는 의미이다. 따라서 *sp는 구조체 h2를 가리키게 된다. 19번 줄에서 sp->name을 출력하면, h2.name 값인 hyungwook이 출력된다. 20번 줄에서 *sp를 next를 따라서 한 번 더 이동시켰다. 따라서 구조체 h3를 가리키게 되고 21번 줄에서 changsik이 출력된다.

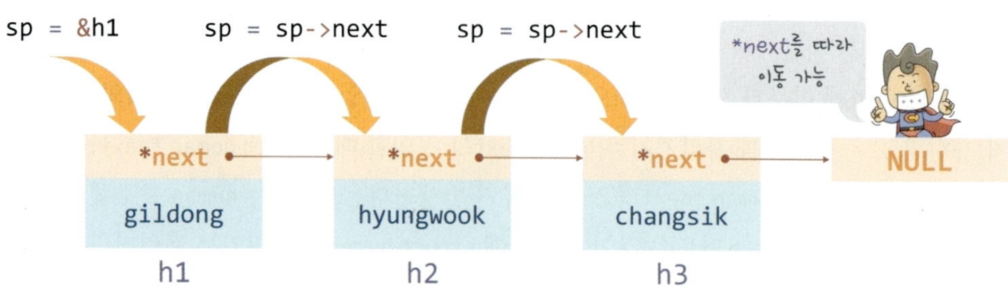

그림 12-15
연결 리스트에서의 이동

[예제 12-11]
자신을 가리키는 포인터 구조체 코드

1211_struct8.c

```
#include <stdio.h>

typedef struct human {          // typedef를 사용하여 human 구조체를 정의해야 함
    char name[10];
    struct human *next;         // struct를 사용하여 human *next를 정의해야 함
} human;

int main() {
    human h1 = {"gildong"}, h2 = {"hyungwook"}, h3 = {"changsik"};
    human *sp;

    h1.next = &h2;
    h2.next = &h3;
    h3.next = NULL;

    sp = &h1;
    printf("%s\n", sp->name);
    sp = sp->next;
    printf("%s\n", sp->name);
    sp = sp->next;
    printf("%s\n", sp->name);
    return 0;
}
```

실행 화면

```
gildong
hyungwook
changsik
```

[예제 12-11]은 next의 이동을 보여주기 위해서 길게 만들어졌지만, while 문을 사용하여 간단히 만들 수 있다. 또한, next 포인터를 한 개만 만들었기 때문에 왼쪽에서 오른쪽으로만 이동이 가능하지만, next 포인터를 2개 만들어 붙이면 양쪽으로 이동이 가능해진다. 관련 코드는 연습문제로 마련해놓았으니 각자 풀어 보기 바란다.

LAB 2 가을 흘러가는 구름 코드

구조체를 사용하여 가을 구름 코드를 변형한 것이 [예제 12-12]이다. 가을 흘러가는 구름 코드는 위치와 속도를 나타내는 배열을 2개 사용하여 만들었다. 이를 구조체를 사용하여 단순화시켜 보자.

4번에서 7번 줄이 `mych` 구조체를 정의하는 코드이다. 구조체 멤버로는 화면에 출력할 문자를 담고 있는 변수 `char ch`와 문자의 위치를 저장하는 변수 `int pos`, 문자의 속도를 저장하는 변수 `int spd`가 있다. 11번 줄에서 `mych cld[26]`으로 구조체 배열을 선언한다.

[예제 12-12]
가을 흘러가는 구름 코드
1212_cloud2.c

```
01 #include <stdio.h>
02 #include <stdlib.h>
03
04 typedef struct mych {                  // mych 구조체 정의
05    char ch;                               // 출력문자를 저장하는 멤버
06    int pos, spd;                          // 위치와 속도를 저장하는 멤버
07 } mych;                                // mych 구조체 별명(구조체 이름과 같음)
08
09 int main() {
10    int met, k, jul;                       // pos[] 가로 위치, spd[] 이동속도
11    mych cld[26];                          // 구조체 mych 배열 선언
12
13    for (jul = 0; jul < 26; jul++) {
14       cld[jul].ch = rand() % 25 + 65;
15       cld[jul].pos = rand() % 26 - 26;              // 화면 밖에서 시작
16       cld[jul].spd = rand() % 5 + 1;                // 속도는 1 - 5 사이
17    }
18    for (k = 1; k < 100; k++) {
19       system("cls");
20       for (jul = 0; jul < 26; jul++) {
21          cld[jul].pos = cld[jul].pos + cld[jul].spd;
22          if (cld[jul].pos > 110) cld[jul].pos = rand() % 26 - 26;
23          for (met = 0; met <= 110; met++) {
24             if (cld[jul].pos == met) printf("%c", cld[jul].ch);
25             else printf(" ");
26          }
27         printf("\n");
28       }                                         // End of for jul
29    }                                          // End of for k
30    return 0;
31 }
```

실행 화면

```
                                                                          Q
          A
                D
                                                                Q
                                   G
             Q
                                          C

                                              R
                                                                Q
                                              W
                          N
                                                                  R
                                                        T
      W
                                                    O
                  D
                           T
       M
                         Q
                                                                      Q
                                 R

                                                                    X
                                                                        P
                                      A
```

14번 줄에서 `cld[jul].ch`에 무작위로 알파벳 대문자를 저장한다. 15번 줄에서 `cld[jul].pos`에 문자의 위치를 무작위로 만들어 저장하고 화면을 벗어나도록 -26을 한다. 16번 줄에서 `cld[jul].spd`에 문자의 속도를 무작위로 만들어 저장한다. 나머지는 가을 소나기 코드와 유사하다. 구조체를 사용함에 따라 2개의 배열이 1개로 줄어들어 코드가 더 읽기 편해졌다. 보는 바와 같이, 구조체를 잘 사용하면 코드를 단순하게 만들 수 있다.

12.5 구조체와 함수

1 구조체와 매개 변수

일반 변수 사용과 같다.

구조체는 사용자가 만든 자료구조로 일반적인 자료구조와 똑같이 취급된다. 따라서 함수에게 매개 변수로 전달될 때, 값에 의한 전달 call by value, 참조에 의한 전달 call by reference, 값 반환 return value 방식을 모두 사용할 수 있다. 결론적으로 일반 변수를 사용하는 것과 똑같이 사용이 가능하다.

구조체의 값에 의한 호출

예제를 통하여 구조체를 매개 변수로 사용하는 방법을 살펴보자. 앞서 만든 외계인의 불을 진화하려 출동하는 코드는 나이가 어린 사람이 먼저 갔었다. 이번에는 힘이 센 사람이 불을 끄러 먼저 출동하도록 하는 코드를 함수를 사용하여 만들어 보자.

[예제 12-13]은 구조체를 매개 변수로 전달할 때 값에 의한 호출 방식을 사용한 코드이다. 8번 줄에서 `attack()` 함수는 `void attack(struct human f1, struct human f2)`로 정의했다. 17번 줄에서 `attack(h1, h2);`로 함수를 호출한다. 기억해야 할 것은 값에 의한 호출은 구조체 `h1`과 `h2`의 값을 복사하여 호출한다는 것이다. 따라서 `attack()` 함수에서는 `h1`과 `h2`의 값을 변경할 수 없다.

[예제 12-13]
구조체의 값에 의한 호출 코드
1213_funct1.c

```
01 #include <stdio.h>
02
03 struct human {                          // human 구조체 정의
04     char name[10];                        // human 구조체 멤버: 이름(문자열)
05     float power;                          // human 구조체 멤버: 힘(실수)
06 };                                      // human 구조체 정의 끝
07
08 void attack(struct human f1, struct human f2) {   // call by value
09     if (f1.power > f2.power)
10         printf("출동 %s\n", f1.name);
11     else printf("출동 %s\n", f2.name);
12 }
13
14 int main() {
15     struct human h1 = {"gildong", 8.2}, h2 = {"hyungwook", 9.3};
16
17     attack(h1, h2);                               // call by value
18
19     return 0;
20 }
```

실행 화면

```
출동 hyungwook
```

구조체의 참조에 의한 호출

다음 [예제 12-14]는 [예제 12-13]을 참조에 의한 호출로 변경한 것이다. 따라서 8번 줄에서 `void attack(struct human *f1, struct human *f2)`와 같이 `f1`과 `f2`를 포인터형 구조체로 선언했다.

포인터형 구조체로 선언됨에 따라 멤버에 접근할 때 화살표(->) 연산자를 사용하여 접근해야 한다. 그래서 `f1->power`, `f2->power`, `f1->name`, `f2->name`을 사용하여 멤버 값에 접근했다. 17번 줄에서 호출할 때에도 구조체의 주소를 전달하기 위하여 주소 변환 연산자(&)를 사용했다.

참조에 의한 호출을 했기 때문에 `attack()` 함수 안에서도 `h1`과 `h2`의 멤버 값을 변경할 수 있다. 구조체는 일반적인 변수보다 크기가 크기 때문에 값을 복사하는 것보다는 참조에 의한 호출을 사용하는 것이 바람직하다.

[예제 12-14]
구조체의 참조에 의한 호출 코드

1214_funct2.c

```c
#include <stdio.h>

struct human {                               // human 구조체 정의
   char name[10];                              // human 구조체 멤버: 이름(문자열)
   float power;                                // human 구조체 멤버: 힘(실수)
};                                           // human 구조체 정의 끝

void attack(struct human *f1, struct human *f2) { // call by reference
   if (f1->power > f2->power)
      printf("출동 %s\n", f1->name);
   else printf("출동 %s\n", f2->name);
}

int main() {
   struct human h1 = {"gildong", 8.2}, h2 = {"hyungwook", 9.3};

   attack(&h1, &h2);                                // call by reference

   return 0;
}
```

실행 화면

```
출동 hyungwook
```

구조체의 값 반환 방식 호출

[예제 12-15]는 값 반환 방식을 사용하는 코드이다. attack() 함수가 구조체를 반환하기 때문에 void 대신 struct human attack()으로 선언한다. 15번 줄에서 attack() 함수가 반환하는 값을 받는 구조체 att를 선언하고, 17번 줄에서 출동하는 구조체 값을 얻으면, 18번 줄에서 출력한다.

3개의 예제를 통하여 구조체도 기존의 함수에서 사용하는 매개 변수 전달 방식을 그대로 사용할 수 있다는 것을 알 수 있다.

[예제 12-15]
구조체의 값 반환 방식 호출 코드

1215_funct3.c

```
#include <stdio.h>

struct human {                              // human 구조체 정의
   char name[10];                            // human 구조체 멤버: 이름(문자열)
   float power;                              // human 구조체 멤버: 힘(실수)
};                                          // human 구조체 정의 끝

struct human attack(struct human f1, struct human f2) {
   if (f1.power > f2.power)
      return f1;                                      // return value f1
   else return f2;                                    // return value f2
}

int main() {
   struct human h1 = {"gildong", 8.2}, h2 = {"hyungwook", 9.3}, att;

   att = attack(h1, h2);                              // return value
   printf("출동 %s\n", att.name);
   return 0;
}
```

실행 화면

```
출동 hyungwook
```

2 구조체 배열을 함수로 전달하기

참조에 의한 호출만 가능

구조체 배열도 매개 변수로 전달 가능하다. 구조체 배열은 일반적인 배열을 매개 변수로 전달할 때와 마찬가지로 참조에 의한 호출만 가능하다. [예제 12-16]은 함수를 사용하여 사람의 이름, 나이, 힘을 출력하는 코드이다. 17번 줄에서 구조체 배열 ho[4]를 만들고 초기화한다. human 구조체를 정의할 때 typedef를 사용했기 때문에 struct human 대신 human만으로 구조체 배열 ho[4]를 만들었다.

19번 줄에서 구조체 배열 ho와 배열의 크기 4를 전달한다. 출력 함수는 void print_human(human *hp, int j)로 정의한다. 구조체 배열을 받아야 하기 때문에 human *hp로 정의했으며, 구조체 배열의 크기는 int j가 받는다. 12번과 13번 줄에서 구조체 배열의 내용을 차례로 출력한다.

[예제 12-16]
구조체 배열 출력 함수 코드
1216_funct4.c

```c
#include <stdio.h>

typedef struct human {                // typedef를 사용하여 human 구조체 정의
    char name[10];                    // human 구조체 멤버: 이름(문자열)
    int age;                          // human 구조체 멤버: 나이(정수)
    float power;                      // human 구조체 멤버: 힘(실수)
} human;                              // human 구조체 별명 human

void print_human(human *hp, int j) {
    int k;

    for (k = 0; k < j; k++)
        printf("%s %d %.1f\n", hp[k].name, hp[k].age, hp[k].power);
}

int main() {
    human ho[4] = { {"gildong", 22, 8.2}, {"hyungwook", 28, 9.3},
                    {"changsik", 21, 7.6}, {"hosik", 29, 8.1} };

    print_human(ho, 4);

    return 0;
}
```

실행 화면

```
gildong 22 8.2
hyungwook 28 9.3
changsik 21 7.6
hosik 29 8.1
```

공용체와 열거형 12.6

1 공용체

심화

공용체 정의 및 변수 선언 방법

공용체는 구조체와 똑같지만 멤버들이 하나의 공간을 공동으로 사용하는 점이 다르다. 공용체는 하나의 데이터에 대하여 서로 다르게 해석해야 할 일이 있거나 데이터의 일부만을 사용할 일이 있을 때 사용된다. 공용체는 특별한 작업에 국한되어 사용되기 때문에 많이 사용되는 자료구조형은 아니다.

공용체 정의 및 변수 선언 방법

```
union 공용체_이름 {          공용체 정의 시작
    자료형 변수명;                멤버 1
    자료형 변수명;                멤버 1
};                          공용체 정의 끝은 중괄호와 세미콜론!

union 공용체_이름 변수이름;
```

공용체 정의 방법은 union 공용체_이름 { 멤버1, 멤버2 }; 형태이다. struct가 union으로 바뀐 것 빼고는 모두 똑같다. 공용체 변수를 정의할 때에도 union 공용체_이름 변수이름;과 같이 하면 된다.

```
union cyto {               공용체 cyto 정의
    char str[5];             cyto 공용제 멤버: char str[5]: 5byte
    int num;                 cyto 구조체 멤버: int num: 4byte
};                         str과 num 메모리 공유

int main() {
    union cyto ct1;        공용체 cyto 변수 ct1 선언
```

위 코드와 같이 공용체를 정의할 경우, char str[5]와 int num 변수가 만들어진다. 만약 구조체라면, str[5]와 num은 각자 자신의 메모리 영역을 가진다. 그러나 공용체의 경우 두 변수가 같은 공간에서 같이 살게 된다. 같은 공간을 서로 나눠 쓰기 때문에 공용체라 부른다.

공용체에서 str과 num이 메모리에 어떻게 존재하는지 살펴보면 그림과 같다. 공용체에서는 가장 큰 크기를 갖는 변수가 기준이 된다. 크기가 작은 변수는 크기가 큰 변수의 앞쪽 메모

리 공간을 나눠쓰게 된다. char는 크기가 1바이트이기 때문에 str[5]는 5바이트이다. int는 4바이트이기 때문에 str[5]의 앞쪽 4개 바이트는 int num이 공유하게 된다.

공유하게 된다는 의미는 int num에 숫자를 대입하면 char str[0]에서 str[4] 위치에 숫자가 저장된다는 뜻이다. 반대로 str에 문자를 대입하면 int num과 공유하는 영역에 문자의 아스키 값이 저장된다. 만약 str에 문자 "1234"를 저장했다고 가정해 보자. int num을 출력해 보면 875770417이 출력된다. 이는 1의 아스키 코드 값, 2의 아스키 코드 값, 3의 아스키 코드 값, 4의 아스키 코드 값을 정수로 읽은 결과이다.

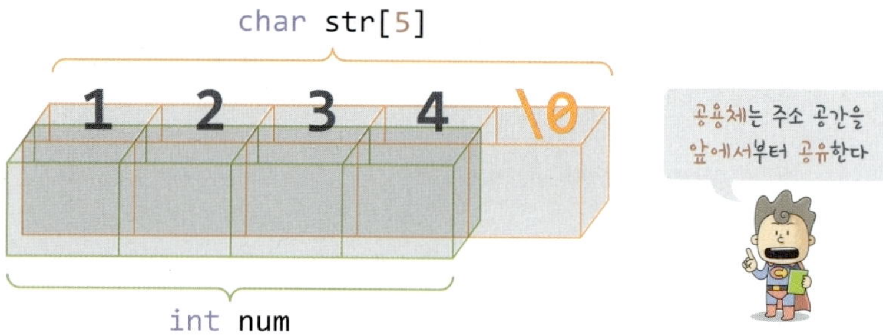

그림 12-16
공용체

공용체 사용 시 주의할 점

공용체를 사용할 때 주의할 점은 공용 영역에 있는 자료형에 대하여 전혀 알려주지 않는다는 것이다. str에 들어 있는 데이터가 문자를 아스키 코드로 변환한 값인지 정수인지는 프로그래머가 알아서 처리해야 한다. 공용체를 쓰다 보면, 실수 영역에 정수 값이 들어가기도 하고, 문자열 영역에 실수 값이 들어가기도 한다. 그 책임은 온전히 프로그래머의 몫이다.

이렇게 사용하기 어려운 공용체를 왜 만들었는가 의문이 들 것이다. 사람에 대한 구조체를 만들 때 어떤 사람은 ID를 주민번호로 하고 싶고, 또 어떤 사람은 자동차 면허 번호로 하고 싶다고 가정해 보자. 이 경우 ID 변수를 주민번호나 자동차 면허 번호 둘 다 쓸 수 있게 공용체를 사용한다. 또한 전체 데이터에서 앞의 2바이트만 잘라낸다던가 뒤에서 4바이트만 잘라내는 경우에 공용체를 사용한다. 이와 같이 공용체는 제한적인 작업에 사되하는 자료구조이기 때문에 많이 사용되지는 않는다.

공용체 사용하기

[예제 12-17]은 공용체를 만들고 출력하는 코드이다. 4번에서 7번 줄에 공용체 cyto를 정의하고, 멤버로 char str[5]와 int num을 정의했다. 공용체의 정의에 따라 num은 str[0]부터 str[4]까지의 영역을 공유하게 된다.

[예제 12-17]
공용체 출력 코드
1217_union1.c

```
01 #include <stdio.h>
02 #include <string.h>
03
04 union cyto {                    // 공용체 cyto 정의
05    char str[5];                  // cyto 공용제 멤버: char str[5]: 5byte
06    int num;                      // cyto 구조체 멤버: int num: 4byte
07 };                              // str과 num 메모리 공유
08
09 int main() {
10    union cyto ct1;               // 공용체 cyto 변수 ct1 선언
11
12    strcpy(ct1.str, "1234");
13    printf("정수:%d 문자열:%s\n", ct1.num, ct1.str);
14    ct1.num = 1684234849;
15    printf("정수:%d 문자열:%s\n", ct1.num, ct1.str);
16
17    return 0;
18 }
```

실행 화면

```
정수:875770417 문자열:1234
정수:1684234849 문자열:abcd
```

10번 줄에서 cyto 공용체 변수 ct1을 만들었다. 12번 줄에서 ct1.str에 문자열 1234를 복사한다. 13번 줄에서 ct1.num과 ct1.str을 출력하면 875770417과 1234가 출력된다. ct1.num에 어떤 숫자도 넣은 적이 없는데 875770417이 출력됐다는 것은 str[0]에서 str[4]까지 들어 있는 데이터를 정수로 변환한 값이 875770417이라는 뜻이다.

14번 줄에서 ct1.num에 1684234849를 넣었다. 15번 줄에서 다시 ct1.num과 ct1.str을 출력하면 1684234849와 abcd가 출력된다. str[0]에서 str[4]까지 "abcd"가 들어있는 경우의 정수 값이다.

공용체의 특징을 사용하여 암호를 만들고 만들어진 암호를 푸는 코드를 만들 수 있다. 암호를 만드는 가장 간단한 방법은 문자의 아스키 코드 값에 특정한 값을 더하여 만든다. 예를 들어 +3이 암호 변환 숫자이면 a는 d, b는 e, c는 f로 변환하면 암호가 된다. 암호를 푸는 것은 역으로 -3을 하면 된다.

공용체를 이용하면 좀 더 풀기 어려운 형태의 암호를 만들 수 있다. 암호로 변환하려는 문자열을 공용체에 넣고 앞에서부터 2바이트씩 잘라서 숫자로 변환하면 된다. 암호를 풀 때에는 반대로 2바이트 정수를 앞에서부터 채운 후 전체를 문자열로 출력하면 된다.

[예제 12-18]은 공용체를 이용하여 암호를 만들고 푸는 코드이다. 코드를 단순화시키기 위해 암호로 변환하는 글자는 공백이 없는 4글자로 제한한다. 3번에서 6번 줄이 암호를 만들고 푸는 공용체 cyto를 정의한다. 공용체도 typedef를 사용하여 별명을 만들 수 있다. 이것이 가능하다는 것을 보여 주기 위하여 typedef를 사용하여 cyto 공용체를 정의하고 별명도 cyto로 했다.

공용체의 멤버로는 char str[5]와 short num[2]이다. short의 크기는 2바이트이다. 그래서 num[0]은 str[0]과 str[1]의 공간을 같이 쓰고, num[1]은 str[2]와 str[3]의 공간을 같이 쓰게 된다. 9번 줄에서 암호에 사용할 변수 ct1과 ct2를 선언한다. typedef를 사용하여 공용체를 만들었기 때문에 union cyto ct1, ct2;도 가능하고, union을 뺀 cyto ct1, ct2;도 가능하다.

[예제 12-18]
공용체를 이용한 암호 변환 코드

1218_union2.c

```c
01 #include <stdio.h>
02
03 typedef union cyto {           // 공용체 cyto 선언
04    char str[5];                   // cyto 공용제 멤버: char str[5]: 5byte
05    short num[2];                  // cyto 구조체 멤버: short num[2]: 4byte
06 } cyto;                        // str과 num 메모리 공유
07
08 int main() {
09    cyto ct1, ct2;
10
11    printf("4글자 입력: ");
12    scanf("%s", ct1.str);                          // ct1.str에 문자 4개 입력
13    printf("암호는 %d %d\n\n", ct1.num[0], ct1.num[1]);
14
15    printf("암호 숫자 2개 입력: ");
16    scanf("%d %d", &ct2.num[0], &ct2.num[1]);  // ct2.num에 정수 2개 입력
17    printf("문자는 %s\n", ct2.str);
18
19    return 0;
20 }
```

실행 화면

```
4글자 입력: aqua
암호는 29025 24949

암호 숫자 2개 입력: 29025 24949
문자는 aqua
```

12번 줄에서 사용자로부터 ct1.str에 암호로 만들 4개의 글자를 입력 받는다. 13번 줄에서 ct1.num[0]과 ct1.num[1]을 출력하는데 이것이 암호화된 값이다. aqua가 입력된 경우 암호화된 숫자 29025와 24949가 출력된다.

암호로 된 숫자를 원래의 문자로 바꾸기 위하여 16번 줄에서 사용자로부터 2개의 암호 숫자 ct2.num[0]과 ct2.num[1]을 받는다. 17번 줄에서 출력해보면 원래의 문자로 변환되는 것을 확인할 수 있다.

2 열거형

열거형 정의 방법

열거형 enumeration 이란 변수가 가질 수 있는 값들을 모아 놓은 것이다. 변수가 가질 수 있는 값들만 모아 놓으면 잘못된 값을 사용하여 생기는 오류를 방지할 수 있다. 예를 들어 가위, 바위, 보 게임을 만드는데 보자기, 바위 덩어리, 칼과 같은 이상한 값을 사용하는 것을 막을 수 있다.

열거형은 enum 열거형_이름 { 멤버1, 멤버2 };로 정의한다. 만약 열거형으로 일주일을 정의하면 다음과 같다. 열거형의 이름은 week이며, 멤버는 SUN, MON, TUE, WED, THU, FRI, SAT가 된다.

열거형 정의

```
enum week { SUN, MON, TUE, WED, THU, FRI, SAT };
```

열거형 사용 방법

주의해야 할 것은 열거형의 멤버는 정수를 문자로 바꿔 놓은 것뿐이라는 것이다. 열거형에서 SUN은 0, MON은 1, TUE는 2와 같이 앞에서부터 차례로 정수가 대입된다. 아래의 코드를 보자. 열거형 week을 정의하고, 열거형 변수 w1을 선언한다. w1에 열거형 변수 MON을 대입하면, 문자 MON 대신 정수 1이 들어간다. 따라서 출력을 하면, 숫자 1이 출력된다.

```
enum week { SUN, MON, TUE, WED, THU, FRI, SAT };

int main() {
   enum week w1;                                   열거형 변수 w1 선언;

   w1 = MON;                                       w1에 1이 들어감;
   printf("%d\n", w1);                             숫자 1출력
```

열거형은 다음과 같이 멤버를 #define을 사용하여 상수로 정의하는 것과 같다. 그러나 #define을 사용하면 줄이 길어지고 모든 값을 일일이 나열해야 하는 단점이 있다. 이를 줄여 놓은 것이 열거형이다.

```
#define SUN 0
#define MON 1
#define TUE 2
.
.
```

열거형은 기본적으로 0부터 시작하는 정수가 차례로 배정되지만, 이를 다른 것으로 변경하려면 다음과 같이 하면 된다. 만약 멤버에 배정되는 값을 1부터 시작하고 싶다면, 멤버 맨 앞의 값에게 SUN = 1과 같이 시작 값을 주면 된다. 그러면 MON은 2, TUE는 3과 같이 정수들이 차례로 배정된다.

```
enum week { SUN = 1, MON, TUE, WED, THU, FRI, SAT };
```

만약 멤버들이 가지고 있는 값들이 모두 제각각이라면 멤버들에게 값을 지정해 주면 된다.

```
enum week { RED = 7, GREEN = 10, BLUE = 13};
```

열거형은 서로 연관 있는 멤버 이름을 하나로 묶음으로써 관련 변수를 정수처럼 사용할 수 있는 장점이 있다. 또한, 열거형에서 열거형 이름을 생략하고 정의하면, 열거형 변수를 만들지 않아도 멤버에게 배정된 정수를 그대로 사용할 수 있다. 가장 많이 사용되는 이름 없는 열거형은 다음과 같다.

```
enum { FALSE, TRUE };
```

C언어에서는 참(true)과 거짓(false)을 나타내는 불린[boolean] 변수형이 없다. 대신 0이면 거

짓, 0이 아닌 값은 참이라 생각한다. 그러나 0과 1로 거짓과 참을 판단하기 보다는 FALSE와 TRUE와 같은 불린 변수형을 사용할 수 있다면 코드가 명확해질 것이다. 이 경우 열거형을 사용하면 된다.

열거형 사용하기

[예제 12-19]는 6장에서 소개된 소개팅 코드이다. "이거를 마신다?"라는 질문에 yes일 경우 1, no일 경우 0을 입력하는 코드이다. 6장에서는 if (love == 1)이면 "둘이 사귄다"가 출력되었다.

3번 줄에 이름 없는 열거형 enum { FALSE, TRUE };를 선언했다. 이후 참과 거짓을 판단할 때 0 대신 FALSE, 1 대신 TRUE를 사용하면 된다. 그래서 10번 줄에서 if (love == TRUE) 이면 "둘이 사귄다"가 출력된다.

[예제 12-19]
열거형을 이용한 소개팅 코드

1219_enum.c

```
01  #include <stdio.h>
02
03  enum { FALSE, TRUE };                              // 열거형 선언
04
05  int main() {
06      int love;
07
08      printf("이거를 마신다? YES=1, NO=0: ");
09      scanf("%d", &love);
10      if (love == TRUE)                              // 불린 변수 사용가능
11          printf("둘이 사귄다\n");
12      else
13          printf("헤어진다\n");
14
15      return 0;
16  }
```

실행 화면

```
이거를 마신다? YES=1, NO=0: 1
둘이 사귄다
```

요약

- 구조체는 서로 다른 자료형을 하나로 묶어 놓은 것으로 사용자가 정의하는 자료형이다. '구조체 정의'와 '변수 선언' 2단계를 거친다. 구조체의 이름과 구조체 안에 어떤 자료형들이 들어가야 하는지를 결정하는 단계가 구조체 정의이며, 자신이 정의한 구조체의 특징을 가지는 변수를 선언하는 단계가 변수 선언 단계이다.
- 구조체 내부에 있는 변수들에게 접근하는 방법은 간단하다. 점(.) 연산자를 사용하여 '구조체변수.멤버'에게 접근하면 된다. 일반적으로 구조체 정의는 `main()` 함수 밖에서 하고, 구조체 변수를 만드는 것은 `main()` 함수 안에서 한다.
- 기존 자료형의 별명을 만들어 주는 키워드가 `typedef`이다. 구조체를 정의할 때 `typedef`를 사용하면, 구조체 변수를 간단하게 선언할 수 있는데, 형식은 `typedef struct 구조체_이름 { 멤버1, 멤버2 } 별명;`이다.
- 구조체에 구조체를 복사하고 싶다면 `h2 = h1`이라고만 쓰면 된다. 구조체의 복사는 허용되지만, `if (h1 == h2)`와 같이 구조체와 구조체를 비교하는 것은 허용되지 않는다. 구조체는 다른 구조체를 멤버로 받을 수 있다.
- 구조체 포인터는 구조체의 주소를 저장하는 자료형이다. 배열보다 데이터의 삽입, 삭제, 관리가 용이한 자료형이 연결 리스트인데 연결 리스트의 핵심 자료구조가 구조체 포인터이다. 일반적인 포인터 선언과 같이 구조체 변수 앞에 포인터 연산자(*)를 붙임으로써 포인터형 구조체 변수가 만들어 진다. ->는 구조체의 경우 (*).를 대신하는 연산자이다. 포인터를 이용하여 구조체 멤버에 접근할 때에는 점(.)이 아닌 화살표(->) 연산자를 사용하는 것이 편리하다.
- 구조체는 사용자가 만든 자료구조로 함수에게 매개 변수로 전달될 때, 값에 의한 전달, 참조에 의한 전달, 값 반환 방식을 모두 사용할 수 있다. 구조체 배열은 일반적인 배열과 똑같다. 구조체 변수 뒤에 대괄호 `[]`를 사용하여 배열을 만들면 된다. 구조체 배열은 일반적인 배열을 매개 변수로 전달할 때와 마찬가지로 참조에 의한 호출만 가능하다.
- 공용체는 구조체와 똑같지만 멤버들이 하나의 공간을 공동으로 사용하는 점이 다르다. 공용체는 데이터를 서로 다르게 해석해야 할 일이 있거나 데이터의 일부만을 사용할 일이 있을 때 사용된다. 공용체 정의 방법은 `union 공용체_이름 { 멤버1, 멤버2 };` 형태이다.
- 열거형이란 변수가 가질 수 있는 값들을 모아 놓은 것이다. 변수가 가질 수 있는 값들만 모아 놓으면 잘못된 값을 사용하여 생기는 오류를 방지할 수 있다. 열거형은 `enum 열거형_이름 { 멤버1, 멤버2 };`로 정의한다.

연습문제

39문제

[객관식]

01 다음 중 사용자가 정의하는 자료형은 무엇인가?

❶ 정수　　❷ 배열
❸ 실수　　❹ 구조체

02 다음 중 서로 다른 자료형을 묶어 하나의 자료형으로 만든다는 뜻을 가진 단어는 무엇인가?

❶ 정수　　❷ 배열
❸ 실수　　❹ 구조체

03 다음 중 구조체의 이름과 구조체 안에 어떤 자료형들이 들어가야 하는지를 결정하는 단계는 무엇인가?

❶ 구조체 정의　　❷ 자료형 별명
❸ 구조체 변수 선언　　❹ 구조체 포인터

04 다음 중 자신이 정의한 구조체의 특징을 가지는 변수를 선언하는 단계는 무엇인가?

❶ 구조체 정의　　❷ 구조체 멤버
❸ 구조체 변수 선언　　❹ 구조체 포인터

05 다음 중 구조체 안에 정의된 자료형을 가리키는 단어는 무엇인가?

❶ 구조체 정의　　❷ 구조체 멤버
❸ 구조체 변수 선언　　❹ 구조체 포인터

06 다음 중 구조체 안의 멤버에게 접근할 때 사용하는 기호는 무엇인가?

❶ 점(.)　　❷ 느낌표(!)
❸ 별(*)　　❹ 쉼표(,)

07 다음 중 구조체 변수를 여러 개 선언할 때 사용하는 기호는 무엇인가?

❶ 점(.)　　❷ 느낌표(!)
❸ 별(*)　　❹ 쉼표(,)

08 다음 중 구조체를 정의할 때 사용하는 단어는 무엇인가?

① struct ② enum
③ typedef ④ union

09 다음 중 구조체와 똑같지만 멤버들이 하나의 공간을 공동으로 사용하는 자료형을 정의할 때 사용하는 단어는 무엇인가?

① struct ② enum
③ typedef ④ union

10 다음 중 변수가 가질 수 있는 값들을 모아 놓은 것이라는 뜻을 가진 단어는 무엇인가?

① struct ② enum
③ typedef ④ union

11 다음 중 자료형의 별명을 만들 때 사용하는 단어는 무엇인가?

① struct ② enum
③ typedef ④ union

12 h1과 h2가 구조체인 경우 허용되는 연산은 무엇인가?

① h1 == h2 ② h1 < h2
③ h1 > h2 ④ h1 = h2

13 h1과 h2가 구조체인 경우 h2를 h1에 복사하는 연산은 무엇인가?

① h1 == h2 ② h1 < h2
③ h1 > h2 ④ h1 = h2

14 다음 중 점을 사용하지 않고 포인터를 이용하여 구조체 멤버에 접근할 때에 사용하는 기호는 무엇인가?

① 화살표(->) ② 느낌표(!)
③ 별(*) ④ 쉼표(,)

15 다음과 같이 자신을 가리키는 구조체를 정의하려 한다. 빈칸에 들어갈 적당한 단어는 무엇인가?

```
                 struct human {
   char name[10];
   struct human *next;
} human;
```

❶ struct ❷ enum
❸ typedef ❹ union

16 다음과 같이 자신을 가리키는 구조체를 정의하려 한다. 빈칸에 들어갈 적당한 단어는 무엇인가?

```
typedef struct human {
   char name[10];
                  human *next;
} human;
```

❶ struct ❷ enum
❸ typedef ❹ union

17 다음과 같이 자신을 가리키는 구조체를 정의하려 한다. 빈칸에 들어갈 적당한 단어는 무엇인가?

```
typedef struct human {
   char name[10];
   struct human                  ;
} human;
```

❶ next ❷ *next
❸ next[] ❹ human

[주관식]

18 사용자가 정의하는 자료형이 (   )이다.

19 서로 다른 자료형을 묶어 하나의 자료형으로 만든다는 뜻을 가진 단어는 (   )이다.

20 구조체의 이름과 구조체 안에 어떤 자료형들이 들어가야 하는지를 결정하는 단계를 (　　　　) 단계라 부른다.

21 자신이 정의한 구조체의 특징을 가지는 변수를 선언하는 단계를 (　　　　) 단계라 부른다.

22 구조체 안에 정의된 자료형을 (　　　　)라 부른다.

23 구조체 안의 멤버에게 접근할 때 사용하는 기호는 (　　　　)이다.

24 구조체 변수를 여러 개 선언할 때 사용하는 기호는 (　　　　)이다.

25 구조체를 정의할 때 사용하는 단어는 (　　　　)이다.

26 구조체와 똑같지만 멤버들이 하나의 공간을 공동으로 사용하는 자료형을 정의할 때 사용하는 단어는 (　　　　)이다.

27 변수가 가질 수 있는 값들을 모아 놓은 것이라는 뜻을 가진 단어는 (　　　　)이다.

28 자료형의 별명을 만들 때 사용하는 단어는 (　　　　)이다.

29 h1과 h2가 구조체인 경우 h2를 h1에 복사하는 연산은 (　　　　)이다.

30 점을 사용하지 않고 포인터를 이용하여 구조체 멤버에 접근할 때에는 기호는 (　　　　)이다.

31 다음 코드는 자기 자신을 가리키는 구조체를 선언한 것이다. 괄호 안에 들어갈 단어는 (　　　　)이다.

```
            struct human {
    char name[10];
    struct human *next;
} human;
```

32 다음 코드는 자기 자신을 가리키는 구조체를 선언한 것이다. 괄호 안에 들어갈 단어는 (　　　　)이다.

```
typedef struct human {
    char name[10];
                human *next;
} human;
```

33 다음 코드는 자기 자신을 가리키는 구조체를 선언한 것이다. 괄호 안에 들어갈 단어는 (   )이다.

```
typedef struct human {
   char name[10];
   struct human          next;
} human;
```

[코드 문제]

34 다음 코드는 h[0]와 h[2]를 바꾸는 연산이다. 14번부터 16번 줄을 완성하시오. 출력 결과는 다음과 같다.

구조체 연산

```
0:changsik 22 7.6
1:hyungwook 28 9.3
2:gildong 22 8.2
```

```
01  #include <stdio.h>
02
03  typedef struct human {
04     char name[10];
05     int age;
06     float power;
07  } human;
08
09  int main() {
10     human ho[3] = { {"gildong", 22, 8.2}, {"hyungwook", 28, 9.3},
                       {"changsik", 21, 7.6} };
11     human temp;
12     int k;
13
14
15
16
17
18     for (k = 0; k < 3; k++)
19        printf("%d:%s %d %.1f\n", k, ho[k].name, ho[k].age,
                                                  ho[k].power);
20     return 0;
21  }
```

구조체 포인터

35 다음 코드 14번과 15번 줄의 빈칸을 완성하시오. 14번 줄은 점을 사용하는 연산자이며, 15번 줄은 화살표를 사용하는 연산자이다. 출력 결과는 다음과 같다.

```
gildong 22 8.2
gildong 22 8.2
```

```
01 #include <stdio.h>
02
03 struct human {
04     char name[10];
05     int age;
06     float power;
07 };
08
09 int main() {
10     struct human h1 = {"gildong", 22, 8.2};
11     struct human *sp;
12
13     sp = &h1;
14     printf("%s %d %.1f\n",                                    );
15     printf("%s %d %.1f\n",                                    );
16     return 0;
17 }
```

연결 리스트

36 다음 코드의 출력 결과를 순서대로 적으시오.

```
#include <stdio.h>

typedef struct human {
    char name[10];
    struct human *next;
} human;

int main() {
    human h1 = {"gildong"}, h2 = {"hyungwook"}, h3 = {"changsik"};
    human *sp;

    h1.next = &h2;
    h2.next = &h3;
    h3.next = NULL;

    sp = &h1;
```

```
    printf("%s\n", sp->name);
    sp = sp->next;
    printf("%s\n", sp->name);
    sp = sp->next;
    printf("%s\n", sp->name);
    return 0;
}
```

37 다음 빈칸에 들어갈 코드를 순서대로 적으시오.

구조체와 함수

```
#include <stdio.h>

struct human {
    char name[10];
    float power;
};

void attack(struct human *f1, struct human *f2) {
    if (                              )
        printf("출동 %s\n", f1->name);
    else printf("출동 %s\n", f2->name);
}

int main() {
    struct human h1 = {"gildong", 8.2}, h2 = {"hyungwook", 9.3};

    attack(                        );

    return 0;
}
```

실행 화면

```
출동 hyungwook
```

38 다음 빈칸에 들어갈 코드를 순서대로 적으시오.

연결 리스트

```
#include <stdio.h>

typedef struct human {
    char name[10];
    struct human *next;
} human;
```

```

int main() {
   human h1 = {"gildong"}, h2 = {"hyungwook"}, h3 = {"changsik"};
   human *sp;

   h1.next = &h2;
   h2.next = &h3;
   h3.next = NULL;

   sp = &h1;
   while (                          ) {
      printf("%s\n",                          );
                                 ;
   }
   return 0;
}
```

실행 화면

```
gildong
hyungwook
changsik
```

구조체 연산

39 [예제 12-4]를 응용하여 태어난 일까지 입력 받아 족보를 정리하는 코드를 만드시오.

CHAPTER

13

파일 입출력

학습목차

13.1 기본 입출력

1 입출력 이해하기

필수

스트림 형태의 데이터 전송

컴퓨터에는 키보드, 모니터, 하드 디스크, 프린터, 네트워크 카드와 같은 많은 입출력 장치들이 있다. 장치들마다 입력 방식과 출력 방식이 다르다고 가정해 보자. 그러면 장치들마다 맞는 입출력 방식을 따로 배우고 그에 맞는 코드를 만들어야 한다. 컴퓨터에는 많은 장치들이 있기 때문에, 장치마다 다른 종류의 코딩을 하는 것은 매우 어렵다. 이런 문제를 해결하기 위해 입출력 장치들에게 일관되게 접근할 수 있는 방법이 준비되어 있다.

스트림이란 줄기라는 뜻으로 water stream은 물줄기를 뜻한다. 또한 유튜브나 넷플릭스를 비디오 스트리밍 서비스 video streaming service 라 부른다. 유튜브나 넷플릭스가 활성화되기 전에는 비디오 파일을 통째로 다운 받은 후 동영상을 감상했었다. 비디오 스트리밍 서비스는 비디오 데이터를 물줄기처럼 끊임없이 사용자의 컴퓨터로 전송한다. 따라서 비디오 데이터를 다 받지 않아도 동영상을 볼 수 있게 해준다.

기본적으로 입출력 장치에 오고 가는 데이터는 스트림 stream 형태이다. 컴퓨터 내의 모든 입출력 장치에서 오고 가는 데이터는 길게 한 줄로 늘어서 있다고 생각하면 된다. 입력 장치에서 프로그램으로 들어오는 데이터나 출력 장치로 내보내는 데이터 모두 스트림 형태이다. 우리가 키보드에서 a, b, c, d, e 키를 누르면 한 줄로 프로그램에 전달된다. 모니터에 글씨가 나타나는 것도 스트림 형태로 보내면 모니터가 받는 순서대로 한 글자씩 화면에 출력한다. 유튜브나 넷플릭스에서 비디오 데이터를 보내면 도착하는 순서대로 동영상을 보는 것과 같다.

그림 13-1
입출력 장치의 데이터는 스트림 형태로 전송

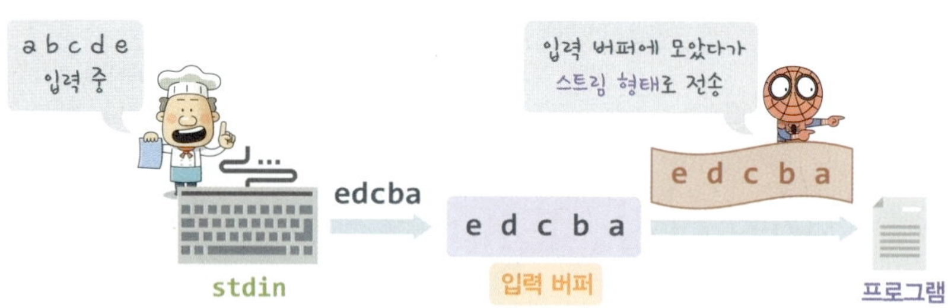

키보드나 모니터뿐만 아니라 다음 절에서 이야기할 파일 file 도 마찬가지이다. 파일에서 데이터를 읽어 오면 P, Q, R, S, T 순서로 프로그램에 전달된다. 반대로 파일에 데이터를 쓰는 것도 데이터 스트림 형태로 전달된다. 전달된 스트림은 파일의 앞쪽부터 한 글자씩 기록된다. 우리가 네트워크 카드에서 데이터를 전송 받는 것도, 네트워크 카드에 데이터를 보내는 것도 데이터 스트림 형태로 처리된다. 결론적으로 **모든 입출력 장치의 데이터 전송은 스트림 형태가 기본이다.**

데이터 전송 시 버퍼 사용

입출력 장치의 데이터 전송에는 버퍼를 사용한다고 설명했다. CPU가 계산하는 속도에 비하면 입출력 장치는 매우 느린 장치이다. a, b, c, d, e 데이터를 전송할 때마다 입출력 장치를 작동시키면 전체 컴퓨터가 따라서 느려진다. 그래서 느린 입출력을 보완하기 위하여 버퍼에 일정량을 모아 두었다가 한꺼번에 전송한다. 결론적으로 입출력 장치로 전송되는 데이터 스트림은 버퍼에 저장되었다가 다시 일정량만큼 전송된다.

여기서 잠깐

입출력 스트림에는 번호가 붙어 있는데, 0번부터 시작하여 약 100여개를 사용할 수 있다. 입출력 스트림 중 모든 프로그램이 공동으로 사용할 수 있는 스트림이 있다. 대부분의 프로그램들은 키보드와 모니터를 필요로 한다. 그래서 모니터는 기본 출력 장치(stdout)라 부르며, 키보드는 기본 입력 장치(stdin)라 부른다. 보통 운영체제는 기본 출력 장치(stdout)에 스트림 번호 0번, 기본 입력 장치(stdin)에게 스트림 번호 1번을 부여 한다. 프로그램을 운영하다 보면 오류가 발생하는데 오류는 기본 오류 장치(stderr)라 하여 번호 2번을 부여 받는다. 보통 오류는 모니터로 출력되기 때문에 기본 출력 장치와 기본 오류 장치가 같은 화면에 보인다.

표준 입출력과 비슷한 파일 입출력

파일의 사용 방법은 기본적인 것을 몇 가지 제외하면 키보드나 모니터로 입출력하는 것과 유사하다. 우리가 사용했던 printf() 대신 fprintf()를 사용하고, scanf() 대신 fscanf()를 사용하여 입출력한다. 다음 절에서는 printf()와 scanf()에 대하여 정리를 한 후, 파일 입출력에 대해 살펴본다.

여기서 잠깐

지금은 모니터가 기본 출력 장치이고, 키보드가 기본 입력 장치인 것이 너무도 당연하다고 느낄 것이다. 모니터나 키보드가 개발된 것은 컴퓨터 개발 후 수십 년이 지나서이다. 모니터와 키보드가 개발되기 이전에는 기본 입력 장치는 천공 카드였고, 기본 출력 장치는 라인 프린터(한 줄씩 출력되는 프린터)였다.

---

2 기본 출력 함수: printf()

printf() 형식 구조

지금까지 출력에는 printf(), 입력에는 scanf()를 사용했다. 두 함수는 입출력의 기본이 되는 함수이지만, 필요할 때마다 조금씩 설명을 했을 뿐, 정리하여 설명한 적이 없다. 이 절에서는 printf()의 형식과 특성에 대해 설명하고 다음 절에서는 scanf()에 대해 설명한다.

지금까지 많이 사용해봤기 때문에 printf()의 구조는 잘 알고 있을 것이다. 다음은 printf()의 형식 구조이다.

printf() 형식 구조	printf(" %(형식) ", var);

printf() 출력 관련 서식문자

printf()에서는 변수 값을 출력할 때, 변수의 자료형과 따옴표 안의 서식문자가 1대 1로 연결된다. 주요 자료형과 서식문자는 다음의 표와 같다.

표 13-1 주요 서식문자

서식문자	자료형	비고
%d	정수(int)	부호가 있는 10진 정수
%f	실수(float)	float와 double을 같이 사용
%c	문자(char)	문자 한 글자(아스키 코드 값)
%s	문자열(char *)	문자 배열 출력(문자열 끝에 NULL이 있어야 함)
%p	포인터(주소)	포인터가 가지고 있는 주소 출력

서식문자에서 정수는 %d, 실수는 %f, 문자는 %c이다. 다른 자료형과 달리 문자열도 출력되는데 서식문자는 %s이다. 주의할 것은 문자열 끝에 꼭 널 문자(NULL)가 있어야 한다. 널 문자가 없는 문자열을 출력할 경우 오류가 발생한다. 포인터의 주소를 출력하는 서식문자는 %p이다.

위에 설명한 것 이외의 서식문자들은 다음과 같다. 다음의 표는 정수와 관련된 서식문자들이다. 10진수, 8진수, 16진수, long과 long long과 연관된 서식문자이다.

표 13-2 정수관련 서식문자

서식문자	비고	서식문자	비고
%d	부호 있는 10진 정수	%u	unsigend 10진 정수
%i	부호 있는 10진 정수 = %d	%o	8진수 형식으로 출력
%x	16진수 형식으로 출력(소문자)	%X	16진수 형식으로 출력(대문자)
%ld	부호 있는 long	%lu	unsigend long
%lld	부호 있는 long long	%llu	unsigend long long

다음 표는 실수 관련 서식문자들이다. float와 double은 %f가 서식문자이다. long double의 경우 대문자 L을 붙이면 된다. 또한, 특별히 출력 길이를 지정하지 않으면 소수점 이하 6자리까지 표시된다.

표 13-3 실수 관련 서식문자

서식문자	의미	비고
%f	소수점으로 출력(소문자)	소수점 이하 6자리까지 출력
%Lf	long double	소수점 이하 6자리까지 출력
%F	소수점으로 출력(대문자)	소수점 이하 6자리까지 출력
%e	지수 표기법으로 출력(소문자)	long double의 경우 %Le
%E	지수 표기법으로 출력(대문자)	long double의 경우 %LE
%g	%f와 %e 중 짧은 것으로 출력(소문자)	
%G	%f와 %e 중 짧은 것으로 출력(대문자)	
%a	16진법으로 표시(소문자)	
%A	16진법으로 표시(대문자)	

printf() 서식문자 구조와 플래그

printf()에서는 출력할 때 정렬의 방향이나 출력 길이를 지정할 수 있다. printf()의 서식문자 구조는 다음과 같다. %-10.3f의 경우, 실수가 표시되는 출력 길이가 10이고, 소수점 이하 자릿수는 3이라는 뜻이다. 여기서 -는 음수를 의미하는 것이 아니다. 좌우 정렬과 같이 출력의 모양을 결정하는 것으로 **플래그**라 부른다.

printf() 서식문자 구조

```
printf(" %-10.3f ", var);
```

(플래그) (출력 길이) (소수점 이하 길이)

대표적인 플래그는 다음의 표와 같다. 기본적으로 글자 폭을 지정하지 않으면 좌측 정렬이다. 글자 폭을 지정하면 우측 정렬이 된다.

글자 폭을 지정했는데 좌측 정렬을 하고 싶다면, - 플래그를 사용하면 된다. + 플래그는 양수 출력 앞에 + 기호를 붙여서 출력할 때 사용한다. 0 플래그는 숫자 앞에 빈칸이 있을 경우 빈칸들을 0으로 채워 출력하는 플래그이다.

표 13-4 플래그

플래그	의미	비고
-	좌측 정렬	기본 좌측 정렬, 글자 폭 지정 우측 정렬
+	숫자 출력 시 +와 - 기호 사용	+ 플래그가 없을 경우 음수(-) 기호만 표시
0	숫자 앞 빈칸을 0으로 채운다	
빈칸	+ 기호 자리에 공백을 넣는다	
#	8진수 앞에 0, 16진수 앞에 0x 붙임	

빈칸 플래그는 양수 앞에 + 기호 대신 빈칸을 출력하여 음수와 길이를 맞출 때 사용하며, # 플래그는 8진수 앞에 0을 붙이고, 16진수 앞에 0x를 붙여서 출력한다. 플래그를 사용하면 출력 결과가 어떻게 변화하는지를 표에 나타냈다.

표 13-5 플래그 출력 예

플래그	출력 결과	비고
`printf("%d", 123)`	[1][2][3]	기본: 좌측 정렬
`printf("%10d", 123)`	[ ][ ][ ][ ][ ][ ][ ][1][2][3]	길이 지정: 우측 정렬
`printf("%010d", 123)`	[0][0][0][0][0][0][0][1][2][3]	숫자 앞 빈칸 0 채움
`printf("%-10d", 123)`	[1][2][3][ ][ ][ ][ ][ ][ ][ ]	- 플래그: 좌측 정렬
`printf("%d", -123)`	[-][1][2][3]	기본: 음수는 - 표시
`printf("% d", 123)`	[ ][1][2][3]	빈칸: + 자리 공백으로
`printf("%+d", 123)`	[+][1][2][3]	+ 기호 표시
`printf("%#xd", 0x12)`	[0][x][1][2]	16진수 앞에 0x 붙임
`printf("%10s", "ab")`	[ ][ ][ ][ ][ ][ ][ ][ ][a][b]	길이 지정: 우측 정렬
`printf("%-10s", "ab")`	[a][0][ ][ ][ ][ ][ ][ ][ ][ ]	- 플래그: 좌측 정렬
`printf("%f", 1.23456789)`	[1][.][2][3][4][5][6][8]	소수점 이하 6자리
`printf("%.3f", 1.23456789)`	[1][.][2][3][5]	소수점 이하 3자리
`printf("%10.3f", 1.23456789)`	[ ][ ][ ][ ][ ][1][.][2][3][5]	길이 지정: 우측 정렬
`printf("%-10.3f", 1.23456789)`	[1][.][2][3][5][ ][ ][ ][ ][ ]	- 플래그: 좌측 정렬

플래그를 사용하면 실제로 어떻게 출력되는지를 볼 수 있도록 만든 코드가 [예제 13-1]이다. 예제에서 출력되는 값들이 차지하는 영역을 확인하기 위해 대괄호 []를 같이 출력한다.

[예제 13-1] 여러 형식 지정 출력 코드

1301_print1.c

```
#include <stdio.h>

int main() {

   printf("[%d]\n", 123);
   printf("[%10d]\n", 123);
   printf("[%010d]\n", 123);
   printf("[%-10d]\n", 123);
   printf("[%d]\n", -123);
   printf("[% d]\n", 123);
   printf("[%#xd]\n", 0x12);

   printf("[%10s]\n", "ab");
   printf("[%-10s]\n", "ab");

   printf("[%f]\n", 1.23456789);
   printf("[%.3f]\n", 1.23456789);
   printf("[%10.3f]\n", 1.23456789);
   printf("[%-10.3f]\n", 1.23456789);

   return 0;
}
```

실행 화면

```
[123]
[       123]
[0000000123]
[123       ]
[-123]
[ 123]
[0x12d]
[        ab]
[ab        ]
[1.234568]
[1.235]
[     1.235]
[1.235     ]
```

3 기본 입력 함수: scanf()

scanf() 형식 구조

scanf()가 아니어도 문자나 문자열 입력에는 getc()나 gets()와 같이 편리하게 사용할 수 있는 함수들이 많이 있다. 그러나 정수나 실수를 받을 경우, 문자 관련 입력 함수들은 문자열을 숫자로 변환해주어야 하는 불편함이 있다. scanf()는 문자나 문자열뿐 아니라 다양한 크기의 정수와 실수를 받을 수 있기 때문에 많이 사용되는 입력 함수이다.

scanf()는 printf()에서 사용했던 %d, %f, %c, %s와 같은 서식문자를 그대로 사용할 수 있다. scanf()는 변수 값을 변화시키기 때문에, 참조에 의한 호출을 사용해야만 한다. 다시 말하면, 변수 앞에 주소 변환 연산자(&)를 붙여서 매개 변수에 주소를 전달해야 한다.

scanf() 형식 구조	`scanf(" %(형식) ", &var);`

scanf() 사용 시 주의할 점

scanf()가 정수, 실수, 문자, 문자열과 같이 다양한 입력이 가능하다는 것은 반대로 사용에 주의해야 할 것이 많다는 의미이다. 특히 여러 개의 값을 한꺼번에 입력 받을 경우 주의가 필요하다.

scanf()에서 두 개의 값이 입력되는 경우, 각각의 값을 구분하는 것은 공백문자이거나 엔터키이다. 숫자의 경우 1번 줄과 같이 서식문자를 '%d%d'로 붙여서 사용해도 공백문자나 엔터키를 인식하여 num1과 num2에 값을 넣어 준다.

```
01  scanf("%d%d", &num1 &num2);        정상: 공백으로 입력 구분
02  scanf("%d %d\n", &num1 &num2);     비정상: \n을 인식 못함
03  scanf("%c%c", &c1 &c2);            비정상: 공백이 c2에 들어감
```

그러나 2번 줄과 같이 줄 바꿈 문자(\n)를 넣으면 안 된다. 두 개의 값을 다 입력해도 입력이 끝나지 않은 상태로 남아 있게 된다. 3번 줄도 주의해야 한다. 숫자와 달리 문자의 경우 '%c%c'와 같이 공백문자 없이 붙여 쓰면 공백문자를 문자로 인식하여 c2에 저장된다.

이해를 돕기 위하여 [예제 13-2]를 살펴보자. 7번 줄에서 문자 3개를 '%c%c%c'로 붙여서 입력 받는다. 입력이 'a b c'와 같이 공백이 있는 경우, 공백문자를 1개의 문자로 인식하여 문자형 변수 c2에 들어가게 된다. 실행 결과를 보면 c2에 공백문자가 들어간 것을 확인할 수

있다. 따라서 'a b c'에서 a, b, c를 각각 입력 받고 싶다면, 공백문자를 사용하여 '%c %c %c'로 입력 받아야 한다.

[예제 13-2]
여러 문자 입력 코드
1302_scanf1.c

```c
#include <stdio.h>

int main() {
    char c1, c2, c3;

    printf("문자 입력: ");
    scanf("%c%c%c", &c1, &c2, &c3);

    printf("문자1:[%c]\n", c1);
    printf("문자2:[%c]\n", c2);
    printf("문자3:[%c]\n", c3);

    return 0;
}
```

실행 화면

```
문자 입력: a b c
문자1:[a]
문자2:[ ]
문자3:[b]
```

앞서 printf()를 사용할 때 줄 바꿈 문자(\n)를 사용하지 않으면 출력 버퍼의 내용이 화면에 나타나지 않는 문제가 발생한다고 이야기했다. scanf()도 버퍼와 관련하여 문제를 일으키는 경우가 있다.

다음 [예제 13-3]을 보자. 8번 줄에서 숫자를 입력 받아 num1에 넣은 후 9번 줄에서 출력하고, 12번 줄에서 문자를 입력 받아 c1에 넣고, 13번 줄에서 출력을 한다. 전혀 문제가 없는 코드이지만, 출력 결과를 보면 정상적이지 않다.

[예제 13-3] 코드를 실행해 보면, 숫자 100을 입력한 후, 다른 입력을 하지 않아도 12번 줄이 자동으로 실행된다. 또한 13번 줄의 출력 결과를 보면, '문자 입력: 문자:[ ]'가 두 줄에 걸쳐 나타난다.

[예제 13-3]
여러 문자 입력 코드
1303E_scanf2.c
수정 필요

```
01 #include <stdio.h>
02
03 int main() {
04     int num1;
05     char c1;
06
07     printf("숫자 입력: ");
08     scanf("%d", &num1);
09     printf("숫자:[%d]\n", num1);
10
11     printf("문자 입력: ");
12     scanf("%c", &c1);
13     printf("문자:[%c]\n", c1);
14
15     return 0;
16 }
```

실행 화면

```
숫자 입력: 100
숫자:[100]
문자 입력: 문자:[
]
```

8번 줄에서 입력을 받을 때, 사용자가 '100(엔터)'를 치게 되면, 버퍼에는 '100\n'이 들어간다. scanf()는 버퍼에 있는 값 중 '100'을 꺼내어 num1에 넣어 주고 버퍼에서 '100'을 지운다. 그러면 버퍼에 '\n'이 남게 된다. 이런 상황에서 12번 줄 scanf()가 실행되면, 사용자가 입력하기도 전에 버퍼에 남아 있던 '\n'이 c1에게 간다. 그래서 화면에 '\n'이 찍혀서 두 줄에 나타나게 된다.

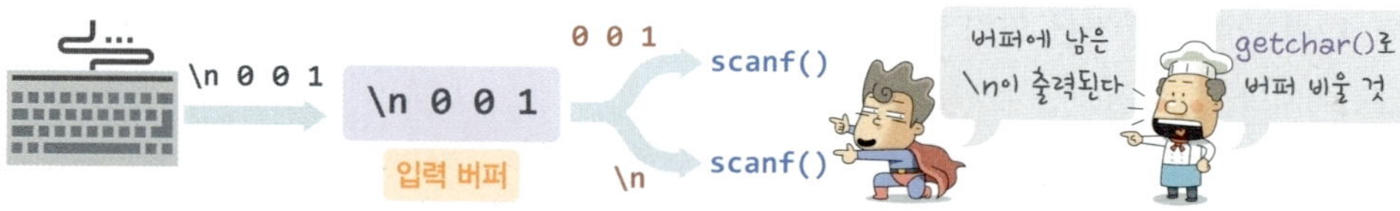

그림 13-2
scanf()와 버퍼 문제

조금 황당하지만, 버퍼를 사용하기 때문에 발생하는 문제이다. 이와 같은 문제를 해결하는 방법으로는 10번 줄에 getchar()를 넣어주는 것이다. getchar()는 한 개의 문자를 받아들이는 함수로 남아 있는 '\n'을 받아서 처리한다. 다시 말해 버퍼를 비우게 된다. 위 코드 10번 줄에 다음과 같은 코드를 넣어서 다시 실행하면 문제가 해결 될 것이다.

```
while (getchar() != '\n');    버퍼에 남은 것을 비운다
```

위 코드는 '\n'을 만날 때까지 getchar()가 반복문을 돌면서 버퍼에 있는 내용을 가져온다. 만약 버퍼에 문자들이 남아 있었다면 위 코드가 전부 없앨 것이다. 지금까지 설명한 바와 같이 scanf()를 사용할 때 신경 써야 할 문제들이 있으니 숙지하고 사용하길 바란다.

중요

scanf()를 연달아 사용하는 경우, getchar()를 사용하여 버퍼에 있는 내용을 비워야 한다.

여기서 잠깐

버퍼를 비우는 함수로 fflush()가 있으며 주로 파일에 사용된다. fflush()는 표준 입출력에도 사용할 수 있는데, 표준에는 fflush(stdout)과 같이 표준 출력 버퍼만 비우도록 규정되어 있다. fflush(stdin)과 같이 표준 입력 버퍼를 비우는 기능은 규정되어 있지 않다. 또한 보안 문제로 인하여 최근 유닉스용 컴파일러와 비주얼 스튜디오 2015 버전 이후부터는 fflush(stdin)이 제대로 작동하지 않는다. 따라서 fflush(stdin) 함수가 있는 코드를 보았다면 2015년 전에 작성된 코드일 가능성이 높다.

13.2 파일의 이해

1 파일 입출력 이해하기

필수

파일을 사용하는 이유

컴퓨터의 메모리는 전원이 꺼지면 가지고 있던 내용물이 모두 사라진다. 따라서 변수에 저장된 데이터들은 전원이 꺼지면, 모두 잃어버리게 된다. 레포트를 작성하거나 전화번호부 프로그램을 사용하는 경우, 컴퓨터 종료와 함께 모든 데이터들이 사라진다. 이러한 문제를 해결하기 위해서 데이터들을 어딘가에 저장시켜 놓아야 한다. 데이터를 저장하는 가장 간단한 방법이 **파일**이다.

그림 13-3
파일을 사용하는 이유

파일 입출력을 위한 준비와 마무리

파일은 하드 디스크와 같은 저장 장치에 존재한다. 파일에서 데이터를 읽어 오거나 파일에 데이터를 저장할 때에는 기존의 함수들과 유사한 함수들을 사용한다. 예를 들어 파일에 저장할 때에는 `printf()`의 파일 버전인 `fprintf()`를, 파일에서 데이터를 읽어 올 때에는 `scanf()`의 파일 버전인 `fscanf()`를 사용하면 된다. 이외에 `fgetchar()`나 `fgets()`와 같은 함수들도 있다.

함수들만 보면 키보드에서 입력 받고, 모니터로 출력했던 것을 파일에서 입력 받고 read, 파일로 출력 write 하면 되는 것 같다. 그러나 파일에 읽거나 쓰기 전에 꼭 해야 하는 일이 하나 있다.

키보드나 모니터는 모든 프로그램들이 공동으로 사용하는 입출력 장치이다. 따라서 모든 프로그램들이 키보드나 모니터를 제약 없이 사용할 수 있다. 파일의 경우 모든 프로그램들이 공동으로 사용하는 것이 아니다. 따라서 파일을 사용하기 위해서는 해당 파일이 존재하는지, 존재한다면 파일에 접근할 권한이 있는지를 먼저 살펴봐야 한다.

예를 들어 프로그램에서 '`test.txt`'에서 데이터를 읽으려 한다고 가정해 보자. '`test.txt`'가 프로그램 작업을 하는 폴더에 있어야지만 데이터를 읽을 수 있을 것이다. 따라서 해당 파일이 존재하는 지를 먼저 검사해야 한다.

해당 파일이 존재하더라도 문제가 있다. 어떤 파일은 운영체제만 사용하는 파일이 있다. 만약 운영체제만 사용하는 파일을 누군가 내용을 바꾸려 한다면 시스템이 위험해질 수도 있다. 이와 같이 접근 권한이 없는 파일에 프로그램이 접근하려 한다면 이를 막을 수 있는 장치가 필요하다.

그림 13-4 파일에 접근하려면 열쇠가 있어야 한다

위에서 열거한 이유 등으로 파일을 사용하려면 준비 단계가 필요하다. **파일을 사용하기 위한 준비 단계를 만들어 주는 함수가 open()이다.** 프로그램이 파일을 사용하기 위해서는 fd = open("파일이름")을 사용하여 파일이 존재하는지, 접근 권한이 있는지를 확인한다.

파일에 접근할 수 있다는 것이 확인되면 열쇠를 준다. 우리가 변수에 있는 값을 참조하거나 변경하려고 할 때 열쇠(&)를 사용했었다. 마찬가지로 파일에 있는 데이터를 참조하거나 변경시키려면 열쇠가 필요하다. 열쇠를 사용하여 읽기나 쓰기와 같은 작업을 한 후에는 열쇠를 반환해야 한다. **열쇠를 반환하는 작업이 close()이다.**

파일에 대한 작업 순서를 요약하면 open() → read/write → close()이다. 이러한 접근 방법은 컴퓨터 내에 있는 모든 장치에 똑같이 적용된다. 예를 들어 채팅 프로그램을 만든다고 가정해 보자. 다른 컴퓨터에 있는 응용프로그램과 통신할 수 있는 프로그램을 네트워크 프로그램이라 부른다. 네트워크 프로그램의 기본 장치는 소켓(socket)이라 부른다. 소켓을 사용하여 통신할 때에 socket() → read/write → close() 순서로 작업이 이루어진다.

2 파일 기술자

필수

현재 파일 위치를 담고 있는 열쇠

입출력에는 스트림이 사용된다고 설명했다. 파일의 경우 프로그램이 출력하는 스트림을 바이트 단위로 보관한다. 파일에서 데이터를 읽어 온다면, 앞에서부터 차례로 읽어 들여 스트림 형태로 프로그램에게 전달된다.

앞서 fd = open("파일이름")으로 파일을 요청했을 때 여러 검사에 통과하면 fd로 돌아오는 것이 파일에 접근할 수 있는 열쇠라 했다. 열쇠의 정확한 이름은 **파일 기술자** file descriptor 이다. 파일 기술자에는 파일의 크기, 파일의 종류와 같은 많은 정보들이 있다. 파일 기술자에 있는 내용 중 가장 중요한 것이 파일 포인터 file pointer 이다. **파일 포인터는 현재 파일의 어떤 부분을 읽거나 쓰고 있는지를 기억한다.**

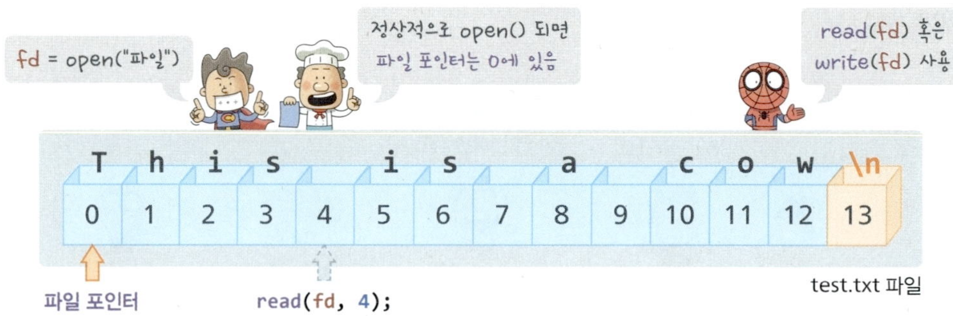

그림 13-5
파일과 파일 포인터

그림과 같이 'test.txt' 파일에 'This is a cow'라는 문장이 들어 있다고 가정해 보자. fd = open("test.txt")가 정상적으로 수행되면, 파일 기술자 fd 안에 있는 파일 포인터는 0을 가리키고 있다. 파일의 0번 위치부터 읽거나 쓸 준비가 된 것이다. 파일에서 데이터를 읽고 싶다면 read(fd)를, 파일에 데이터를 쓰고 싶다면 write(fd)를 사용하면 된다. 파일을 읽고 쓸 때마다 파일 포인터는 앞으로 전진한다. 예를 들어 read(fd, 4)로 4바이트를 읽으면, 파일에 있는 this를 읽고 난 후, 파일 포인터는 4의 위치로 이동하게 된다.

fd = open("test.txt")를 사용하여 **파일 기술자 fd를 받으면 모든 작업은 파일 기술자로 이루어진다.** 파일에서 읽어 오는 작업은 read(fd), 파일에 쓰는 작업은 write(fd)이다. 작업이 끝났다면 close(fd)를 사용하여 열었던 파일을 닫아 주어야 한다.

3 파일의 구성

텍스트 파일과 이진 파일

파일은 크게 **텍스트 파일** text file 과 **이진 파일** binary file 로 나뉜다. 텍스트 파일이란 데이터가 텍스트 형태(아스키 코드 값)로 저장된 것이 텍스트 파일이고, 데이터가 이진수 형태로 저장된 것이 이진 파일이다. 윈도우즈 메모장에서 열리는 파일을 제외하고, 거의 모든 파일이 이진 파일이다. 예를 들어 C코드는 텍스트 파일이지만, C코드를 컴파일하여 만든 실행 파일은 이진 파일이다.

mp3, jpg, mp4와 같은 많은 데이터 파일도 이진 파일이다. 텍스트 파일은 우리가 읽을 수 있지만, 이진 파일은 읽기가 어렵다. 그럼에도 이진 파일이 많이 사용되는 이유는 공간의 효율성 때문이다. '256'을 텍스트 파일로 저장할 경우, 2, 5, 6 각각의 아스키 코드 값이 저장되기 때문에 3바이트가 필요하다. 그러나 '256'을 이진 파일로 저장할 경우 '11111111'로 저장되기 때문에 1바이트면 된다.

이진 파일이 공간의 효율성을 가지고 있지만, 일반적으로는 텍스트 파일에 대하여 읽기/쓰기 작업을 주로 한다. 그 이유는 키보드에서 입력되는 것도 텍스트이며, 모니터에 출력되는 것도 텍스트이기 때문이다.

텍스트 파일의 저장 형태와 줄바꿈 문자

아래 그림과 같이 4줄로 된 test.txt 파일이 있다고 가정해 보자. 우리 눈으로 보기에는 4줄이지만, 파일에는 길게 한 줄로 저장되어 있다. 그리고 글자와 글자 사이에 한 줄의 끝을 알리는 줄 바꿈 문자(\n)가 저장되어 있다. 저장은 한 줄로 하고 있다가 화면에 표시할 때 줄 바꿈 문자(\n)를 해석하여 줄을 나눈 것이다.

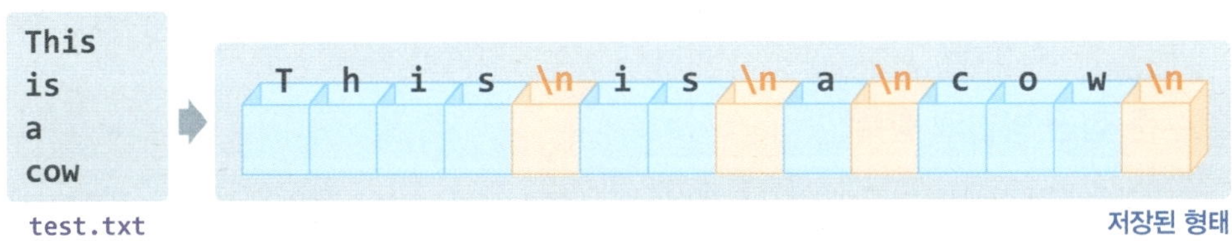

그림 13-6
텍스트 파일의 저장 형태

C언어에서 한 줄의 끝을 알리는 줄 바꿈 문자가 '\n'이지만, 저장될 때에는 운영체제마다 다르게 저장된다. 유닉스와 리눅스의 경우에는 C언어와 똑같이 줄의 끝을 알리는 문자는 '\n'이다. 매킨토시의 경우에는 '\n' 대신 CR(carriage return)문자인 '\r'을 사용한다. 윈도우의 경우에는 두 개의 문자를 연달아 사용하여 '\n\r'이다.

그림 13-7
운영체제별 줄 바꿈 문자

운영체제마다 끝을 알리는 문자는 다르지만, 파일을 읽어 올 때에는 한 줄의 끝을 알리는 문자를 '\n'으로 바꿔주기 때문에 걱정 없이 사용하면 된다.

여기서 잠깐

운영체제마다 끝을 알리는 문자가 다르기 때문에 다른 운영체제에서 작성된 텍스트 파일을 메모장에서 읽을 경우 문제가 발생한다. 유닉스에서 작성된 텍스트 파일을 윈도우 메모장에서 읽으면 줄 바꿈이 안 되고 모든 줄이 한 줄로 보인다. 반대의 경우 이상한 글자들이 섞여서 보인다. 그러나 C코드 파일을 읽을 때에는 줄의 끝을 '\n'으로 바꿔서 보내준다.

4 파일 열고 닫기

필수

저수준 접근 방법의 함수

파일에 접근하는 방법은 저수준과 고수준으로 나뉜다. 저수준 파일 접근의 경우 앞서 설명한 open(), read(), write(), close()의 함수를 사용한다. 저수준 파일 함수는 파일에서 바이트 단위로 읽고 쓰는 것 이외에 다른 기능을 거의 지원하지 않는다. 따라서 프로그래머가 모든 작업을 알아서 처리해야 하기 때문에 사용이 불편하다.

고수준 접근 방법의 함수

고수준 파일 함수에는 지금까지 사용했던 printf()나 scanf()와 같은 대부분의 입출력 관련 함수와 비슷한 매개 변수를 사용한다. 지금까지 사용했던 함수라 익숙하기 때문에 고수준 파일 함수를 주로 사용한다. 고수준 파일 함수는 기존의 함수이름 앞에 f만 추가된 형태로 되어 있다. 예를 들어 open() - fopen(), close() - fclose(), read() - fread(), write() - fwrite(), printf() - fprintf(), scanf() - fscanf()와 같이 **f로 시작하는 함수가 고수준 파일 관련 함수들이다.**

파일 열기 함수: fopen()

파일을 여는 것은 fopen() 함수로 한다. 정상적으로 파일이 열렸을 경우, 파일 지정자를 fp에게 준다. fp는 파일에 접근할 수 있는 열쇠이다. fp를 받으면, 파일을 읽고, 쓰고, 닫을 때에 모두 fp를 통해서 이루어진다.

```
FILE *fp;
fp = fopen("test.txt", "r");
```

그림 13-8
open()과 파일 기술자

fp는 FILE 구조체 포인터로 정의해서 사용한다. 구조체 FILE은 파일 포인터를 비롯한 다양한 정보가 담겨 있는 구조체이다. 만약 파일이 없거나 여는데 문제가 있는 경우에는 널(NULL)이 반환된다.

파일 열기 foepn()

```
FILE *fp;
fp = fopen("test.txt", "r");
```

(파일이름) (접근 모드)

fopen() 함수의 인자로는 '파일이름'과 '접근 모드'가 사용된다. 파일이름의 경우 작업하는 폴더(C코드가 만들어지는 폴더)에 해당 파일이 있어야 한다.

접근 모드란 파일을 어떻게 사용할지 결정하는 것이다. 기본적으로 읽기 전용은 'r', 쓰기 전용은 'w', 추가(append) 전용은 'a'이다.

그림 13-9
접근 모드의 특징

읽기(r)의 경우 **읽으려는 파일이 없으면 오류**가 발생한다. 쓰기(w)는 파일이 있으면 내용이 지워지고, 없으면 새로운 파일이 만들어진다. 추가(a)는 파일이 있는 경우 파일의 맨 끝에 데이터를 이어서 붙인다. 파일이 없는 경우에는 새로운 파일이 만들어진다.

표 13-6 접근 모드의 특징

모드	설명	파일이 있는 경우	파일이 없는 경우
"r"	읽기(read) 전용	정상	오류
"w"	쓰기(write) 전용	**내용물 삭제**	새 파일 만듦
"a"	추가(append) 전용	파일 끝에 이어 붙임	새 파일 만듦
"r+"	읽기 / 쓰기	정상	**오류**
"w+"	읽기 / 쓰기	**내용물 삭제**	새 파일 만듦
"a+"	읽기 / 추가	파일 끝에 이어 붙임	새 파일 만듦
t	텍스트 파일 - 단독 사용 불가	"rt" "wt" "at" "r+t" "w+t" "a+t"	
b	이진 파일 - 단독 사용 불가	"rb" "wb" "ab" "r+b" "w+b" "a+b"	

'r+'와 'w+'는 읽기와 쓰기가 가능한 모드이다. 'r+'의 경우 파일이 없으면 오류가 발생한다.

'w+'의 파일에 내용물이 있으면 삭제하고 파일이 없으면 새 파일을 만든다. 'a+'는 읽기와 추가가 가능한 모드이다.

> **중요**
>
> 기존 파일에 데이터가 있는 경우 'w'과 'w+'는 파일 안에 모든 내용을 지우기 때문에 조심해서 사용해야 한다.

t와 b는 텍스트 형태로 파일을 사용할 것인지, 이진 형태로 파일을 사용할 것인지를 나타낸다. 단독으로는 사용할 수 없고, 'rt', 'wb'와 같은 기존의 모드와 섞어서 사용한다. t나 b가 생략되어 있으면 기본 값은 텍스트 모드이다.

파일 닫기 함수: fclose()

파일을 다 사용하고 나면, 닫아주어야 한다. 파일을 닫는 fclose()의 형식은 다음과 같다.

파일 닫기 fclose()	fclose(fp);

[예제 13-4]는 파일을 열고 닫는 코드이다. 4번 줄에서 파일 기술자를 받기 위한 구조체 FILE의 포인터 *fp를 선언하고 NULL로 초기화한다.

6번 줄에서 'test.txt'를 읽기 전용(r)으로 연다. 해당 파일이 폴더에 있을 경우 파일 기술자가 fp로 반환되고, 없을 경우에는 NULL이 반환된다.

코드가 정상적으로 작동하기 위해서는 해당 코드가 실행되는 폴더에 'test.txt' 파일이 존재해야 한다. 메모장을 열어 아무 글자나 입력한 후 코드가 실행되는 폴더에 넣은 후 실행하기 바란다.

7번 줄에서 fp가 NULL이면 파일을 여는데 실패한 것이다. 8번 줄에서 '파일 open 실패'를 출력을 하고, 9번 줄 exit()에서 코드를 빠져나간다. 파일을 열지 못한 상태에서 12번 줄의 fclose(fp) 코드를 실행하게 되면, fclose(NULL)이 실행되어 윈도우즈에서는 '땡'하는 경고음이 울릴 것이다. 이러한 경고음을 듣지 않으려면 파일을 열 때, 7번에서 10번 줄을 꼭 사용하기 바란다. 파일이 존재하는 경우 12번 줄의 fclose()가 작동되어 파일을 닫고 프로그램은 종료된다.

[예제 13-4]
파일 열고 닫는 코드

1304_file_open.c

```
#include <stdio.h>

int main() {
    FILE *fp = NULL;

    fp = fopen("test.txt", "r");
    if (fp == NULL) {
        printf("파일 open 실패\n");
        exit();
    }
    else printf("파일 open 성공\n");
    fclose(fp);

    return 0;
}
```

실행 화면

```
파일 open 성공
```

13.3 텍스트 파일 입출력

1 문자 단위 입출력

파일 입출력 관련 함수

다음의 표는 파일 입출력과 관련된 함수를 정리한 것이다. 텍스트 파일의 경우, 텍스트 형태로 파일에 저장된다. 따라서 기존의 문자 관련 함수들 앞에 f가 붙은 함수들이 파일 관련 입출력 함수이다. 기존의 문자 관련 함수와 다른 점은 입출력이 모니터나 키보드에서 일어나는 것이 아니라 파일에서 발생한다. 따라서 open()을 사용하여 정상적으로 얻어진 파일 기술자 *fp를 사용하여 입출력한다.

표 13-7 파일 입출력 관련 함수

종류		함수 정의
문자	입력	`int fgetc(FILE *fp)`
	출력	`int fputc(int c, FILE *fp)`
문자열	입력	`char *fgets(char *buf, int n, FILE *fp)`
	출력	`char *fputs(const char *buf, FILE *fp)`
서식	입력	`int fscanf(FILE *fp, "" ...`
	출력	`int fprintf(FILE *fp, "" ...`
이진	입력	`size_t fread(char *buff, int size, int n, FILE *fp)`
	출력	`size_t fwrite(char *buff, int size, int n, FILE *fp)`

이진 파일의 경우 입출력으로 오고 가는 데이터가 문자가 아니다. 따라서 기존의 문자 관련 입출력 함수를 사용할 수 없다. 이진 데이터를 입출력하고 싶다면, fread()와 fwrite()를 사용한다. fread()와 fwrite()는 이진 파일뿐 아니라 문자 파일도 읽을 수 있는 범용적인 파일 입출력 함수이다.

중요

입출력의 끝과 파일의 끝은 EOF이다.

앞서 11장에 설명했던, **입출력의 끝을 알려주는 EOF가 파일의 끝도 알려준다.** EOF는 (End Of File)의 약자로 파일의 끝에 도달했을 때나, 입출력 도중 오류가 발생하면 EOF가 반환된다. EOF는 보통 -1로 정의되어 있다.

여기서 잠깐

컴퓨터는 키보드, 모니터, 파일의 입출력을 똑같이 처리한다. 입출력도 스트림이고 파일에 읽고 쓰는 것도 스트림이다. 더 정확하게 이야기하면 스트림의 끝이 EOF이다.

문자 단위 입출력하기

파일 함수의 특징에 대해서는 예제를 통하여 설명한다. [예제 13-5]는 fputc()를 사용하여 'test.txt' 파일에 한 글자씩 쓰는 코드이다. 5번 줄에서 문자열 배열 buf[]에 'This is a cow'로 초기화한다. 8번 줄에 서 'test.txt'를 쓰기 전용("w")으로 연다. 파일을 여는데 실패하는 경우(if(fp == NULL)), '파일 open 실패'를 출력하고 프로그램을 종료한다.

[예제 13-5]
문자 출력 코드

1305_fputc.c

```
01  #include <stdio.h>
02
03  int main() {
04     FILE *fp = NULL;
05     char buf[14] = "This is a cow";
06     int k;
07
08     fp = fopen("test.txt", "w");        // test.txt를 쓰기 전용으로 연다
09     if (fp == NULL) {
10        printf("파일 open 실패\n");
11        exit();
12     }
13     printf("test.txt에 한 글자씩 쓰기\n");
14     for (k = 0; k < 14; k++)
15        fputc(buf[k], fp);               // 문자열의 내용을 한 글자씩 파일에 쓴다
16
17     fclose(fp);
18     return 0;
19  }
```

실행 화면

```
test.txt에 한 글자씩 쓰기
```

test.txt 파일 내용

```
This is a cow
```

k를 사용하는 for 문을 사용하여 15번 줄에서 buf[k]의 글자를 fp가 가리키는 파일에 넣는다. 17번 줄에서 fclose()를 사용하여 파일을 닫는다. 출력 결과를 보면 buf[]의 모든 글자가 파일에 써진 것을 확인할 수 있다.

[예제 13-6]은 fgetc()를 사용하여 파일에 있는 글자를 하나씩 화면에 출력하는 코드이다.

7번줄에서 'test.txt' 파일을 읽기전용("r")으로 연다. 실수로 "w"나 "w+"를 사용하면 파일 안의 데이터가 모두 지워지니 조심해야 한다.

'test.txt'의 내용을 확인하고 싶다면, 메뉴에서 [파일] → [열기] → [파일]을 누른 후 화면에서 'test.txt'를 선택하면 파일의 내용을 확인할 수 있다.

[예제 13-6]
문자 입력 코드
1306_fgetc.c

```
01  #include <stdio.h>
02
03  int main() {
04     FILE *fp = NULL;
05     char c;
06
07     fp = fopen("test.txt", "r");            // test.txt를 읽기 전용으로 연다
08     if (fp == NULL) {
09        printf("파일 open 실패\n");
10        exit();
11     }
12     while ((c = fgetc(fp)) != EOF)          // 파일에서 한 글자씩 가져온다
13        putchar(c);
14
15     printf("\n");
16     fclose(fp);
17     return 0;
18  }
```

실행 화면

```
This is a cow
```

test.txt 파일 내용

```
This is a cow
```

12번 줄에서 fgetc() 함수를 사용하여 fp로부터 한 글자를 읽어 문자 c에 넣는다. 만약 c가 파일의 끝을 알리는 EOF이면 while 문은 종료된다. 13번 줄에서 putchar()를 사용하여 파일에서 가져온 문자 c를 화면에 출력한다. 출력 결과를 보면, 파일의 내용이 화면에 정상적으로 출력된 것을 확인할 수 있다.

지금까지 배운 함수를 사용하여 파일을 복사하는 코드를 만들어 보자. 실습을 위해 'test.txt' 파일에 "Test is over" 문장을 한 줄 추가하고 시작하자. [예제 13-7]은 'test.txt' 파일의 내용을 'test_b.txt' 파일로 복사하는 코드이다. 4번 줄에서 읽기용으로 사용할 파일 기술자

fpr과 쓰기용으로 사용할 파일 기술자 fpw를 선언한다. 7번과 8번 줄에서 'test.txt' 파일과 'test_b.txt' 파일을 연다. 9번 줄에서 두 개의 파일 중 한 개의 파일이라도 여는데 실패한 경우 프로그램을 종료한다.

[예제 13-7]
문자 복사 코드

1307_file_copy1.c

```
01 #include <stdio.h>
02
03 int main() {
04    FILE *fpr = NULL, *fpw = NULL;
05    char c;
06
07    fpr = fopen("test.txt", "r");      // test.txt를 읽기 전용으로 연다
08    fpw = fopen("test_b.txt", "w");    // test_b.txt를 쓰기 전용으로 연다
09    if (fpr == NULL || fpw == NULL) {
10       printf("파일 open 실패\n");
11       exit();
12    }
13    printf("파일 복사 시작\n");
14    while ((c = fgetc(fpr)) != EOF)    // EOF를 만날 때까지 한 글자씩 읽어온다
15       fputc(c, fpw);                  // fpw가 가리키는 파일에 문자 c를 쓴다
16
17    fclose(fpr);
18    fclose(fpw);
19    return 0;
20 }
```

실행 화면

```
파일 복사 시작
```

test.txt 파일 내용

```
This is a cow
Test is over
```

test_b.txt 파일 내용

```
This is a cow
Test is over
```

14번과 15번 줄에서 fgetc()와 fputc() 함수를 사용하여 한 글자씩 복사를 한다. 파일의 끝인 EOF를 만나면 while 문은 종료한다. 'test.txt'에는 두 줄에 걸쳐서 'This is a cow'와 'Test is over'라는 문자열이 있다. 'test_b.txt'를 메모장으로 열어서 보면 두 줄이 복사되어 있는 것을 확인할 수 있다.

2 문자열 단위 입출력

문자열 단위 입출력하기

문자열 단위로 파일에 읽을 때에는 fgets()를, 파일에 쓸 때에는 fputs() 함수를 사용한다. fgets()의 경우 char *fgets(char *buf, int size, FILE *fp)로 정의되어 있다. 읽어 올 데이터를 담을 문자 배열인 buf, buf에 담을 글자의 크기, 그리고 파일 포인터로 정의된다. 문자열의 끝에 언제나 널 문자(\0)를 자동으로 붙여준다.

fputs()는 char *fputs(const char *buf, FILE *fp)로 정의된다. 여기서 const char *buf인 이유는 값에 의한 호출에 의해 buf 값에 변화가 없다는 의미이다.

[예제 13-8]은 앞의 파일을 복사하는 예제를 fgets()와 fputs()로 바꾼 것이다. 5번 줄에서 복사에 사용할 버퍼 char buf[80]을 선언한다. 14번 줄에서 fgets()는 fpr이 가리키는 파일로부터 80바이트를 읽어서 버퍼에 넣는다.

[예제 13-8]
문자열 복사 코드
1308_file_copy2.c

```
01  #include <stdio.h>
02
03  int main() {
04     FILE *fpr = NULL, *fpw = NULL;
05     char buf[80];
06
07     fpr = fopen("test.txt", "r");        // test.txt를 읽기 전용으로 연다
08     fpw = fopen("test_b.txt", "w");      // test_b.txt를 쓰기 전용으로 연다
09     if (fpr == NULL || fpw == NULL) {
10        printf("파일 open 실패\n");
11        exit();
12     }
13     printf("파일 복사 시작\n");
14     fgets(buf, 80, fpr);
15     fputs(buf, fpw);
16
17     fclose(fpr);
18     fclose(fpw);
19     return 0;
20  }
```

실행 화면

```
파일 복사 시작
```

test.txt 파일 내용

```
This is a cow
Test is over
```

test_b.txt 파일 내용

```
This is a cow
```

fgets()는 줄 바꿈 문자(\n)를 만나거나 EOF를 만나면 종료된다. 또한 버퍼의 크기보다 한 개 작을 때까지만 문자열을 읽는다. 위의 코드에서는 79개의 문자열만 읽는다. 입력이 종료되면 지금까지 읽은 문자열 맨 마지막에 널 문자(NULL)를 자동으로 삽입한다. 만약 위의 코드에서 fgets(buf, 10, fpr);이라고 쓰면, 'This is a'까지 9글자와 10번째 NULL 문자가 버퍼에 저장된다.

> **중요**
>
> fgets()는 줄 바꿈 문자(\n)를 만나거나, EOF를 만나거나, 버퍼 크기보다 한 개 작은 문자열을 입력 받으면 종료된다. 맨 마지막에는 자동으로 NULL을 삽입해 준다.

15번 줄에서는 buf가 가지고 있는 문자열을 fpw가 가리키는 파일에 쓴다. 출력 결과를 보면 조금 이상할 것이다. 원본 파일의 2줄 중 1줄만 복사가 되었다. fgets()가 첫 번째 줄의 맨 끝에 있는 줄 바꿈 문자('\n')를 만나서 입력이 종료되었기 때문에 buf에는 첫 번째 줄만 들어 있게 되어 1줄만 복사된다.

전체를 복사하고 싶다면 14번과 15번 줄을 다음과 같이 변경하면 된다. while 문을 사용하여 fgets()가 NULL을 반환할 때까지 복사하면 된다.

```
14    while (fgets(buf, 80, fpr) != NULL)
15       fputs(buf, fpw);
```

파일 전체 복사 코드

프로그래머가 많이 하는 실수가 NULL 대신 EOF를 사용하는 것이다. fgets()가 더 이상 읽을 것이 없을 때 반환하는 값은 EOF가 아닌 NULL이다. 따라서 다음과 같은 코드는 무한 루프에 빠지니 조심하기 바란다.

```
14    while (fgets(buf, 80, fpr) != EOF)
15       fputs(buf, fpw);
```

NULL이 아닌 EOF는 무한루프에 빠짐

3 서식문자를 사용한 입출력

서식문자를 사용한 입출력하기

앞서 사용한 함수들은 문자만 파일에 쓰거나 읽을 수 있었다. 파일에 정수나 실수와 같은 숫자를 사용하고 싶다면 fprintf()와 fscanf()를 사용하면 된다. fprintf()와 fscanf()는 printf()와 scanf()와 마찬가지로 다양한 서식문자를 사용하여 입출력할 수 있는 장점이 있다. printf()와 scanf()와 비교하여 fprintf()와 fscanf()의 차이점은 매개 변수 맨 앞에 파일 기술자가 들어간다.

[예제 13-9]는 fprintf()를 사용하여 파일에 쓰는 코드이다. 12번 줄의 fprintf() 함수에서 첫 번째 매개 변수는 fp이다. fp가 가리키는 파일에 다음에 나오는 내용을 출력하겠다는 의미이다. 다음 매개 변수는 '%s %d'로 문자열과 숫자를 파일에 쓰겠다는 의미이다. 파일의 내용을 보면 gildong과 1000이 들어가 있다. 13번 줄에서 같은 형식으로 한 번 더 쓴다.

[예제 13-9]
서식문자를 사용한 파일 쓰기 코드
1309_fprintf.c

```
01  #include <stdio.h>
02
03  int main() {
04     FILE *fp = NULL;
05
06     fp = fopen("test.txt", "w");
07     if (fp == NULL) {
08        printf("파일 open 실패\n");
09        exit();
10     }
11     printf("파일 쓰기 시작\n");
12     fprintf(fp, "%s %d", "gildong", 1000);
13     fprintf(fp, "%s %d", "hyungwook", 2000);
14
15     fclose(fp);
16     return 0;
17  }
```

실행 화면

```
파일 쓰기 시작
```

test.txt 파일 내용

```
gildong 1000hyungwook 2000
```

출력 결과를 확인해보면, 'gildong 1000hyungwook 2000'이라 저장되어 있다. 1000과 hyungwook 사이에 빈칸이 없다. 이렇게 빈칸이 없어도 1000과 hyungwook을 구분할 수 있을까? 확인해 보기 위해 [예제 13-10]을 살펴보자.

13번 줄에서 fscanf()를 사용하여 fp가 가리키는 파일에서 문자열 한 개와 숫자 한 개를 읽고, 14번 줄에서 읽을 것을 화면에 출력한다. 15번 줄에서 다시 문자열 한 개와 숫자 한 개를 읽고 16번 줄에서 출력한다. 출력 결과를 보면 정상적으로 출력되는 것을 확인할 수 있다.

fprintf()와 fscanf()를 사용할 때 주의할 것은 fprintf()를 할 때 사용했던 서식문자와 똑같은 서식문자로 fscanf()를 사용해야 한다는 것이다. 만약 조금이라도 다르면 전혀 다른 결과를 얻을 수 있다. 위 코드의 예에서 %s만 사용하여 파일을 계속 읽으면 'gildong', '1000hyungwook', '2000'의 문자열 3개로 읽혀진다.

[예제 13-10]
문자열 복사 코드
1310_fscanf.c

```
01  #include <stdio.h>
02
03  int main() {
04     FILE *fp = NULL;
05     char buf[80];
06     int num;
07
08     fp = fopen("test.txt", "r");
09     if (fp == NULL) {
10        printf("파일 open 실패\n");
11        exit();
12     }
13     fscanf(fp, "%s %d", buf, &num);
14     printf("%s %d\n", buf, num);
15     fscanf(fp, "%s %d", buf, &num);
16     printf("%s %d\n", buf, num);
17
18     fclose(fp);
19     return 0;
20  }
```

실행 화면

```
gildong 1000
hyungwook 2000
```

test.txt 파일 내용

```
gildong 1000hyungwook 2000
```

fscanf()는 파일 끝에 도착해도 NULL이나 EOF를 반환하지 않는다. fscanf()는 while 문을 사용하여 여러 개의 데이터를 읽으려 할 경우 feof() 함수를 사용해야 한다. feof(fp)는 fp가 파일 끝에 도달했는지를 알려 주는 함수로 형식은 다음과 같다.

파일의 끝을 알려 주는 함수	int feof(FILE *fp)

feof(fp)는 파일의 끝이 아니면 거짓(0), 파일의 끝이면 참(1)을 반환한다. 주의할 것은 파일의 끝에 도달하면 1이 반환된다는 것이다. 다음과 같이 바꾸면 파일의 끝을 만나면 자동으로 프로그램이 종료된다.

```
while (feof(fp) == 0){
   fscanf(fp, "%s %d", buf, &num);
   printf("%s %d\n", buf, num);
}
```

feof(fp)는 파일 끝을 알려 준다

4 이진 파일 입출력

심화

fread()와 fwrite()

파일에 2진수로 저장하거나 읽어 오고 싶다면 파일을 열 때에 'b'를 붙여서 열어야 한다. 앞서 설명한 대로 텍스트 파일의 경우 문자 형태로 저장되지만, 이진 파일은 2진수 형태로 저장되기 때문에 크기는 작으나 읽기 어렵다. 또한, 기존의 fprintf(), fscanf(), fgets(), fputs()와 같은 문자 입출력 함수를 사용할 수 없다. 텍스트 형태의 입출력이나 이진 형태의 입출력에 사용하는 함수는 fread()와 fwrite()이다.

데이터 형마다 크기가 다르다. char는 1바이트이지만, int는 4바이트, double은 8바이트이다. 만약 구조체를 파일에 저장한다고 하면 구조체가 어떻게 구성되어지느냐에 따라 구조체의 크기가 변한다. 자료형의 크기에 맞추어 저장하고 읽어 들이기 위해, fread()와 fwrite()는 블록(block)을 사용한다. fread(buf, 블록의 크기, 반복 횟수, fp);의 형태를 취하는데, 블록의 크기는 한 번에 저장될 데이터의 크기를 가리킨다. 블록의 크기 다음 인자는 반복 횟수를 나타내는데 블록을 몇 번 저장할 것인지를 나타낸다. fwrite(buf, 블록의 크기, 반복 횟수, fp);도 fread()와 마찬가지로 블록 형태로 저장된다.

fread()와 fwrite()	fread(buf, 블록의 크기, 반복 횟수, fp); fwrite(buf, 블록의 크기, 반복 횟수, fp);

이진 파일 입출력하기

sizeof() 함수를 이용하면 블록의 크기를 쉽게 정할 수 있다. sizeof(int), sizedof(double)과 같이 sizeof() 함수를 사용하여 블록의 크기를 정한다. [예제 13-11]은 구조체 배열을 만들어 이진 파일로 저장하는 예제이다.

3번에서 7번 줄까지 구조체 hero를 typedef를 사용하여 선언하고, 11번에서 13번 줄에서 구조체 배열 buf[3]을 선언한 후, 초기화한다. 15번 줄에서 'test.bin' 파일을 'wb' 모드를 사용하여 이진 파일 쓰기 전용으로 연다. 확장자 'bin'은 binary의 약자로 이진 파일을 의미한다.

[예제 13-11]
이진 출력 코드

1311_binary1.c

```
01  #include <stdio.h>
02
03  typedef struct hero {                      // hero 구조체 정의
04      char name[10];                         // hero 구조체 멤버: 이름(문자열)
05      int age;                               // hero 구조체 멤버: 나이(정수)
06      float power;                           // hero 구조체 멤버: 힘(실수)
07  } hero;                                    // hero 구조체 정의 끝
08
09  int main() {
10      FILE *fp = NULL;
11      hero buf[3] = { {"gildong", 22, 8.2},
12                      {"hyungwook", 28, 9.3},
13                      {"changsik", 21, 7.6} };
14
15      fp = fopen("test.bin", "wb");        // test.bin을 이진 쓰기전용으로 연다
16      if (fp == NULL) {
17          printf("파일 open 실패\n");
18          exit();
19      }
20      printf("test.bin 쓰기 시작\n");
21      fwrite(buf, sizeof(hero), 3, fp);    // 구조체 hero 크기의 블록을 3개 쓴다
22
23      fclose(fp);
24      return 0;
25  }
```

실행 화면

```
test.bin 쓰기 시작
```

test.bin 파일 내용

```
73 75 70 65 72 60 61 6E   00 00 CC CC 20 00 00 00
33 33 03 41 61 71 75 61   60 61 6E 00 00 00 CC CC
26 00 00 00 CD CC 14 41   73 70 69 64 65 72 6D 61
6E 00 CC CC 1F 00 00 00   33 33 F4 40
```

21번 줄에서 구조체 배열 buf[3]에 들어 있는 값을 fp가 가리키는 파일인 'test.bin'에 이진 형태로 쓴다. 블록 한 개의 크기는 sizeof(hero)이며, 3개의 구조체가 있음으로 3이라 쓴다. 출력 결과를 확인하기 위해서는 메뉴에서 [파일] → [열기] → [파일]을 누른 후, 'test.bin'을 클릭하면 결과를 볼 수 있다. 앞서 이야기했지만, 파일 내용은 읽기 어려운 이진 형태로 구성되어 있다.

[예제 13-12]는 'test.bin'에 구조체의 데이터가 잘 쓰여 있는지 확인하기 위하여 구조체 값을 읽어 들인 후 출력하는 코드이다.

[예제 13-12]
이진 입력 코드
1312_binary2.c

```c
#include <stdio.h>

typedef struct hero {                            // hero 구조체 정의
   char name[10];                                // hero 구조체 멤버: 이름(문자열)
   int age;                                      // hero 구조체 멤버: 나이(정수)
   float power;                                  // hero 구조체 멤버: 힘(실수)
} hero;                                          // hero 구조체 정의 끝

int main() {
   FILE *fp = NULL;
   hero buf[3] = { {"", } };                // hero 구조체 배열 초기화
   int k;

   fp = fopen("test.bin", "rb");            // test.bin을 이진 쓰기 전용으로 연다
   if (fp == NULL) {
      printf("파일 open 실패\n");
      exit();
   }
   fread(buf, sizeof(hero), 3, fp);  // 구조체 hero 크기의 블록을 3개 읽는다
   for (k = 0; k < 3; k++)
      printf("%s %d %.1f\n", buf[k].name, buf[k].age, buf[k].power);

   fclose(fp);
   return 0;
}
```

실행 화면

```
gildong 22 8.2
hyungwook 28 9.3
changsik 21 7.6
```

11번 줄에서 hero 구조체 배열 buf[3]을 초기화하고 19번 줄에서 fread()를 사용하여 구조체 블록 3개를 읽어 들인다. 21번 줄에서 구조체 배열 값을 하나씩 출력해보면 write한 값이 다시 읽혀지는 것을 확인할 수 있다.

구조체를 파일에 쓰거나 읽을 때에는 구조체 멤버의 구성뿐 아니라 순서도 같아야 한다. 위의 예에서 hero 구조체는 name - age - power 순으로 구성되어 있는데, name - power - age 순으로 구조체를 만들어서 읽으면 안 된다.

13.4 파일 포인터

1 파일 포인터 이해하기

read와 write 작업이 공유하는 포인터

파일 포인터는 파일을 사용할 수 있는 권한뿐 아니라 현재 파일의 어느 위치에서 작업하고 있는지를 알려준다. 'test.txt'에 'This is a cow'가 들어 있고 fp = fopen("test.txt", "r")로 파일을 열었을 경우, 파일 포인터는 맨 앞의 'T'를 가리키고 있다.

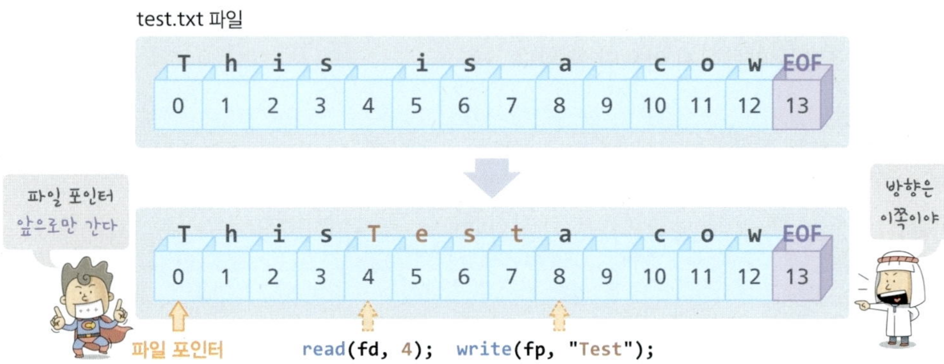

그림 13-10
파일 포인터는 앞으로만 이동

파일 포인터는 한 개만 존재한다. 따라서 **read와 write 작업이 파일 포인터를 공유한다.** 또한 파일 포인터는 어떤 작업을 하던 간에 앞으로 전진만 한다. 예를 들어 read(fp, 4)를 한 후에 write(fp, "Test")를 했다고 가정해 보자. read(fp, 4)를 하면 0번부터 3번까지의 문자열 'This'를 읽은 후 다음 위치인 4번 위치에 놓이게 된다. 파일 포인터는 마지막에 읽은 's'의 위치인 3이 아니라 4로 이동했다는 것에 주의하자. 파일 포인터는 작업이 끝나면 다음 작업을 위해서 다음 위치로 이동하여 기다린다.

> **중요**
>
> 파일 포인터는 한 개이기 때문에 read 작업과 write 작업이 공유하며, 작업을 할 때마다 앞으로 이동한다.

write(fp, "Test")를 하면 4번부터 글자가 써지기 시작하여 7번에 't'까지 쓴 후 8번 위치에 놓이게 된다. 그림에서 보듯이 read()를 하건 write()를 하건, 파일 포인터는 앞으로 전진한다.

파일 포인터 이동과 기준점

파일에서 여러 번 읽는다던가, 파일의 특정 위치에 데이터를 쓰기 위해서는 파일 포인터를 앞, 뒤로 이동시킬 필요가 있다. 파일 포인터를 이동시키는 함수가 fseek()이다. fseek(파일 포인터, 이동거리, 기준점)의 형식을 가진다.

fseek() 파일 포인터 이동	`fseek(FILE *fp, long offset, long mark);`

이동 거리(offset)는 얼마만큼 이동시킬 것인지를 나타낸다. 예를 들어 3이면 3바이트만큼 앞으로 이동하게 된다. 음수도 가능한데, -2이면 뒤로 2바이트만큼 이동하게 된다.

어느 지점을 기준으로 이동할 지를 결정하는 것이 기준점[mark]이다. 기준점은 맨 앞은 SEEK_SET, 현재 위치는 SEEK_CUR, 맨 끝은 SEEK_END이다.

표 13-8 기준점 종류

기준점	숫자	비고
SEEK_SET	0	파일의 맨 앞 기준
SEEK_CUR	1	현재(current) 파일 포인터 위치 기준
SEEK_END	2	파일의 맨 끝 기준 - EOF의 위치 기준

기준점을 그림으로 나타내면 다음과 같다. 현재 파일 포인터는 6번 위치에 있다고 가정한다. SEEK_SET은 언제나 0번 위치를 기준으로 하며, SEEK_CUR는 6번 위치를 기준으로 한다. SEEK_END는 13번 위치를 기준으로 한다. SEEK_END는 데이터의 끝인 12번 위치가 아니라 EOF가 있는 13번 위치를 기준으로 한다는 것에 주의하자.

그림 13-11
fseek의 기준점

만약 맨 앞을 기준으로 2바이트 앞으로 이동하고 싶다면 fseek(fp, 2, SEEK_SET)이라 쓰면 된다. 현재 파일 포인터의 위치를 기준으로 1바이트 앞으로 이동하고 싶다면, fseek(fp, 1, SEEK_CUR)이라 쓰면 된다. 맨 뒤를 기준으로 3바이트 뒤로 이동하고 싶다면 fseek(fp, -3, SEEK_END)이라 쓰면 된다.

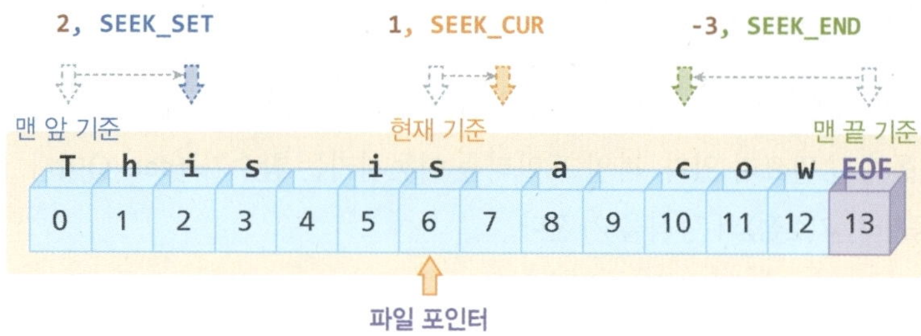

그림 13-12
파일 포인터의 이동

여러 가지 작업을 하다보면, 파일 포인터의 현재 위치를 알고 싶은 경우가 있다. 이때 사용하는 함수가 ftell()이다. ftell()은 파일 포인터의 위치를 long의 형태로 돌려준다.

파일 포인터 위치 ftell()	long ftell(FILE *fp);

2 파일 포인터 사용하기

파일 포인터의 특징

[예제 13-13]은 파일 포인터를 이동시키는 함수 fseek()을 사용하여 파일 포인터의 특징을 보여주는 코드이다. 7번 줄에서 'test.txt'를 "w+"모드로 열었다. 기존의 데이터가 있다면 모두 지워지고 읽기와 쓰기 작업을 할 수 있는 모드이다. 12번 줄에서 fputs()를 사용하여 '0123456789'를 파일에 썼다. fputs() 이후의 파일 데이터와 파일 포인터 위치는 다음과 같다.

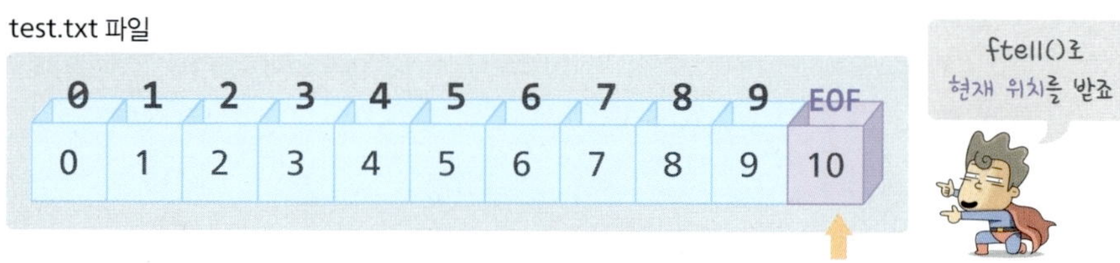

그림 13-13
fputs() 이후 파일 포인터 위치

13번 줄에서 ftell()을 사용하여 파일 포인터의 현재 위치를 pos로 받은 후 14번 줄에서 출력한다. 출력 결과를 보면, 10이 출력된다. 15번 줄에서 fseek(fp, 2, SEEK_SET)로 파일 포인터를 이동시킨 후 16번 줄에서 fgetc()를 사용하여 현재 파일 포인터가 가리키는 곳의 문자를 출력한다. 2가 출력된다. 여기까지는 이상한 점이 없다.

17번 줄에서 fseek(fp, 3, SEEK_CUR)로 파일 포인터를 이동한 후 18번 줄에서 현재 파일 포인터가 가리키는 곳의 문자를 출력한다. 5가 나올 줄 알았는데 6이 출력된다. 16번 줄에서 2

를 출력하기 위해 fgetc()를 사용했다. fgetc()가 끝나면 파일 포인터는 1바이트 앞으로 이동하여 3번 위치에 간다. 여기에 fseek(fp, 3, SEEK_CUR)을 했기 때문에 파일 포인터는 5가 아닌 6으로 이동하게 된다. read나 write 상관없이 작업을 하고나면 파일 포인터는 앞으로 이동한다는 것을 잊지 말기 바란다.

[예제 13-13]
파일 포인터 이동 코드

1313_fseek.c

```
01  #include <stdio.h>
02
03  int main() {
04     FILE *fp = NULL;
05     long pos;
06
07     fp = fopen("test.txt", "w+");        // test.bin을 이진 쓰기전용으로 연다
08     if (fp == NULL) {
09        printf("파일 open 실패\n");
10        exit();
11     }
12     fputs("0123456789", fp);
13     pos = ftell(fp);
14     printf("현재 파일포인터 %d\n", pos);
15     fseek(fp, 2, SEEK_SET);
16     printf("2, SEEK_SET 값은 %c\n", fgetc(fp));
17     fseek(fp, 3, SEEK_CUR);
18     printf("3, SEEK_CUR 값은 %c\n", fgetc(fp));
19     fseek(fp, -1, SEEK_END);
20     printf("-1, SEEK_END 값은 %c\n", fgetc(fp));
21
22     fclose(fp);
23     return 0;
24  }
```

실행 화면

```
현재 파일포인터 10
2, SEEK_SET 값은 2
3, SEEK_CUR 값은 6
-1, SEEK_END 값은 9
```

19번 줄에서 fseek(fp, -1, SEEK_END)로 파일 포인터를 이동시킨 후, 20번 줄에서 파일 포인터가 가리키는 곳의 문자를 출력한다. 9가 출력된다. SEEK_END의 기준점은 데이터의 끝인 9가 아니라 EOF가 있는 10이라 했다. 따라서 fseek(fp, -1, SEEK_END)는 9가 출력된다.

요약

- 모든 입출력 장치의 데이터 전송은 스트림 형태가 기본이다. 컴퓨터의 메모리는 전원이 꺼지면 가지고 있던 내용이 모두 사라지기 때문에 데이터를 저장하는 가장 간단한 방법이 파일을 사용한다. 파일은 크게 텍스트 파일과 이진 파일로 나뉜다. 파일에 접근하는 방법은 저수준과 고수준으로 나뉜다. f로 시작하는 함수가 고수준 파일 함수들이다. 키보드와 파일을 포함한 모든 입출력의 끝과 파일의 끝은 EOF이다.
- printf(" %-10.3f ", var)에서 -는 음수를 의미하는 것이 아니라 좌우 정렬과 같이 출력의 모양을 결정하는 것으로 플래그라 부른다. scanf()를 연달아 사용하는 경우, getchar()를 사용하여 버퍼에 있는 내용을 비워야 한다.
- 키보드나 모니터는 모든 프로그램들이 공동으로 사용하는 입출력 장치이기 때문에 모든 프로그램들이 키보드나 모니터를 제약 없이 사용할 수 있다. 그러나 파일을 사용하기 위해서는 해당 파일이 존재하는지, 존재한다면 파일에 접근할 권한이 있는지를 먼저 살펴봐야 한다.
- 파일에 대한 작업 순서를 요약하면 open() → read/write → close()이다. 파일을 사용하기 위한 준비 단계를 만들어 주는 함수가 open()이다. 파일에 있는 데이터를 참조하거나 변경시키려면 파일 기술자가 필요하다. 파일 기술자를 사용하여 읽기나 쓰기와 같은 작업을 한 후에는 파일 기술자를 반환해야 한다. 파일 기술자를 반환하는 작업이 close()이다.
- 파일 기술자에 있는 내용 중 가장 중요한 것이 파일 포인터이다. 파일 포인터는 현재 파일의 어떤 부분을 읽거나 쓰고 있는지를 기억한다. 파일 기술자 fd를 받으면 모든 작업은 파일 기술자(fd)로 이루어진다.
- fopen() 함수의 인자로는 '파일의 이름'과 '접근모드'가 사용된다. 읽기(r)의 경우 읽으려는 파일이 없으면 오류가 발생한다. 쓰기(w)는 파일이 있으면 내용이 지워지고, 없으면 새로운 파일이 만들어 진다. 추가(a)는 파일이 있는 경우 파일의 맨 끝에 데이터를 이어서 붙인다. 파일이 없는 경우에는 새로운 파일이 만들어 진다.
- 파일 포인터는 한 개만 존재한다. 따라서 read와 write 작업이 파일 포인터를 공유한다. 또한 파일 포인터는 어떤 작업을 하던 간에 앞으로 전진만 한다. 파일 포인터를 이동시키는 함수가 fseek()이다. 기준점으로 맨 앞은 SEEK_SET, 현재 위치는 SEEK_CUR, 맨 끝은 SEEK_END이다.

연습문제

85문제

[객관식]

01 다음 중 정수(int) 서식문자를 고르시오.

❶ %d ❷ %f
❸ %s ❹ %c

02 다음 중 실수(float) 서식문자를 고르시오.

❶ %d ❷ %f
❸ %s ❹ %c

03 다음 중 문자(char) 서식문자를 고르시오.

❶ %d ❷ %f
❸ %s ❹ %c

04 다음 중 문자열(char *) 서식문자를 고르시오.

❶ %d ❷ %p
❸ %s ❹ %c

05 다음 중 포인터(주소) 서식문자를 고르시오.

❶ %d ❷ %p
❸ %s ❹ %c

06 다음 중 8진수 정수 서식문자를 고르시오.

❶ %u ❷ %lu
❸ %o ❹ %x

07 다음 중 16진수 정수(소문자) 서식문자를 고르시오.

❶ %u ❷ %ld
❸ %o ❹ %x

08 다음 중 unsigend 10진 정수 서식문자를 고르시오.

❶ %u ❷ %ld
❸ %lu ❹ %x

09 다음 중 부호 있는 long 서식문자를 고르시오.

❶ %u ❷ %ld
❸ %lu ❹ %x

10 다음 중 unsigend long 서식문자를 고르시오.

❶ %u ❷ %ld
❸ %lu ❹ %x

11 %f에 아무것도 지정하지 않는 경우 소수점 아래 몇 번째 자리까지 출력되는가?

❶ 4 ❷ 5
❸ 6 ❹ 7

12 다음 실수 지수 표기법(소문자) 서식문자를 고르시오.

❶ %e ❷ %ld
❸ %f ❹ %F

13 다음 printf()에 사용하는 플래그 중 좌측 정렬에 사용하는 것을 고르시오.

❶ - ❷ 0
❸ + ❹ #

14 다음 printf()에 사용하는 플래그 중 숫자 출력 시 +와 - 기호를 붙이는 것을 고르시오.

❶ - ❷ 0
❸ + ❹ #

15 다음 printf()에 사용하는 플래그 중 숫자 앞 빈칸을 0으로 채우는 것을 고르시오.

❶ - ❷ 0
❸ + ❹ #

16 다음 printf()에 사용하는 플래그 중 8진수 앞에 0을 붙이는 것을 고르시오.

❶ - ❷ 0
❸ + ❹ #

17 다음 printf()에 사용하는 플래그 중 16진수 앞에 0x를 붙이는 것을 고르시오.

① -
② 0
③ +
④ #

18 printf(" ", 123)를 이용하여 전체 10칸에 다음과 같이 출력되게 하려 한다. 큰따옴표 안에 들어갈 올바른 서식문자와 플래그는 무엇인가?

							1	2	3

① %10d
② %-10d
③ %010d
④ %+d

19 printf(" ", 123)를 이용하여 전체 10칸에 다음과 같이 출력되게 하려 한다. 큰따옴표 안에 들어갈 올바른 서식문자와 플래그는 무엇인가?

0	0	0	0	0	0	0	1	2	3

① %10d
② %-10d
③ %010d
④ %+d

20 printf(" ", 123)에서 전체 10칸에 다음과 같이 출력되게 하려 한다. 큰따옴표 안에 들어갈 올바른 서식문자와 플래그는 무엇인가?

1	2	3							

① %10d
② %-10d
③ %010d
④ %+d

21 printf(" ", 123)를 이용하여 전체 10칸에 다음과 같이 출력되게 하려 한다. 큰따옴표 안에 들어갈 올바른 서식문자와 플래그는 무엇인가?

+	1	2	3

① %10d
② %-10d
③ %010d
④ %+d

22 printf(" ", 0x12)를 이용하여 전체 10칸에 다음과 같이 출력되게 하려 한다. 큰따옴표 안에 들어갈 올바른 서식문자와 플래그는 무엇인가?

0	x	1	2

① %#xd
② %10.3f
③ %-10.3f
④ %f

23 printf(" ", 1.23456789)를 이용하여 전체 10칸에 다음과 같이 출력되게 하려 한다. 큰따옴표 안에 들어갈 올바른 서식문자와 플래그는 무엇인가?

1	.	2	3	4	5	6	8

❶ %#xd ❷ %10.3f
❸ %-10.3f ❹ %f

24 printf(" ", 1.23456789)를 이용하여 전체 10칸에 다음과 같이 출력되게 하려 한다. 큰따옴표 안에 들어갈 올바른 서식문자와 플래그는 무엇인가?

1	.	2	3	5

❶ %#xd ❷ %10.3f
❸ %-10.3f ❹ %f

25 printf(" ", 1.23456789)를 이용하여 전체 10칸에 다음과 같이 출력되게 하려 한다. 큰따옴표 안에 들어갈 올바른 서식문자와 플래그는 무엇인가?

					1	.	2	3	5

❶ %#xd ❷ %10.3f
❸ %-10.3f ❹ %f

26 다음 중 파일에 접근하기 위한 준비 단계를 가리키는 단어를 고르시오.

❶ open ❷ close
❸ read ❹ write

27 다음 중 파일을 다 사용하고 열쇠를 반환하는 단계를 가리키는 단어를 고르시오.

❶ open ❷ close
❸ read ❹ write

28 다음 중 파일에 접근할 수 있는 열쇠의 정확한 이름은 가리키는 단어를 고르시오.

❶ 폴더 ❷ 스트림
❸ 버퍼 ❹ 파일 기술자

29 파일을 처음 열었을 경우 파일 포인터의 위치는 몇 번인가?

❶ -1 ❷ 0
❸ 1 ❹ 2

30 다음 중 고수준 파일 함수가 아닌 것을 고르시오.

① fopen() ② fclose()
③ read() ④ fwrite()

31 다음 파일 접근 모드 중 읽기 전용 접근 모드를 고르시오.

① w ② a
③ r ④ b

32 다음 파일 접근 모드 중 쓰기 전용 접근 모드를 고르시오.

① w ② a
③ r ④ b

33 다음 파일 접근 모드 중 추가 전용 접근 모드를 고르시오.

① w ② a
③ r ④ b

34 다음 파일 접근 모드 중 이진 파일 접근 모드를 고르시오.

① w ② a
③ r ④ b

35 다음 파일 접근 모드 중 파일이 없는 경우 오류가 나는 모드를 고르시오.

① w ② a
③ r ④ b

36 다음 파일 접근 모드 중 파일이 있는 경우 내용물이 삭제되는 모드를 고르시오.

① w ② a
③ r ④ b

37 다음 파일 접근 모드 중 파일이 있는 경우 파일 끝에 이어 붙이는 접근 모드를 고르시오.

① w ② a
③ r ④ b

38 다음 파일 접근 모드 중 단독으로 쓸 수 없는 접근 모드를 고르시오.

① w ② a
③ r ④ b

39 fseek()에서 파일의 맨 앞 기준을 나타내는 단어를 고르시오.

❶ SEEK_STAR ❷ SEEK_CUR

❸ SEEK_SET ❹ SEEK_END

40 fseek()에서 현재 파일 포인터 기준을 나타내는 단어를 고르시오.

❶ SEEK_STAR ❷ SEEK_CUR

❸ SEEK_SET ❹ SEEK_END

41 fseek()에서 파일의 맨 끝 기준을 나타내는 단어를 고르시오.

❶ SEEK_STAR ❷ SEEK_CUR

❸ SEEK_SET ❹ SEEK_END

[주관식]

42 모든 입출력 장치의 데이터의 전송은 (   ) 형태가 기본이다.

43 정수(int) 서식문자는 (   )이다.

44 실수(float) 서식문자는 (   )이다.

45 문자(char) 서식문자는 (   )이다.

46 문자열(char *) 서식문자는 (   )이다.

47 포인터(주소) 서식문자는 (   )이다.

48 8진수 정수 서식문자는 (   )이다.

49 16진수 정수(소문자) 서식문자는 (   )이다.

50 unsigend 10진 정수 서식문자는 (   )이다.

51 부호 있는 long 서식문자는 (   )이다.

52 unsigend long 서식문자는 (   )이다.

53 %f에 아무것도 지정하지 않는 경우 소수점 아래 (   )번째 자리까지 출력된다.

54 실수 지수 표기법(소문자) 서식문자는 (   )이다.

55 printf()에 사용하는 플래그 중 좌측 정렬에 사용하는 것은 (   )이다.

56 printf()에 사용하는 플래그 중 숫자 출력 시 +와 - 기호를 붙이는 것은 (　　　　) 이다.

57 printf()에 사용하는 플래그 중 숫자 앞 빈칸을 0으로 채우는 것은 (　　　　)이다.

58 printf()에 사용하는 플래그 중 8진수 앞에 0을 붙이는 것은 (　　　　)이다.

59 printf()에 사용하는 플래그 중 16진수 앞에 0x를 붙이는 것은 (　　　　)이다.

60 printf(" ", 123)를 이용하여 전체 10칸에

							1	2	3

과 같이 출력되게 하려면 큰따옴표 안에 (　　　　)라 써야 한다.

61 printf(" ", 123)를 이용하여 전체 10칸에

0	0	0	0	0	0	0	1	2	3

과 같이 출력되게 하려면 큰따옴표 안에 (　　　　)라 써야 한다.

62 printf(" ", 123)를 이용하여 전체 10칸에

1	2	3							

과 같이 출력되게 하려면 큰따옴표 안에 (　　　　)라 써야 한다.

63 printf(" ", 123)를 이용하여 전체 10칸에

+	1	2	3

과 같이 출력되게 하려면 큰따옴표 안에 (　　　　)라 써야 한다.

64 printf(" ", 0x12)를 이용하여 전체 10칸에

0	x	1	2

과 같이 출력되게 하려면 큰따옴표 안에 (　　　　)라 써야 한다.

65 printf(" ", 1.23456789)를 이용하여 전체 10칸에

1	.	2	3	4	5	6	8

과 같이 출력되게 하려면 큰따옴표 안에 (　　　　)라 써야 한다.

66 printf(" ", 1.23456789)를 이용하여 전체 10칸에

					1	.	2	3	5

과 같이 출력되게 하려면 큰따옴표 안에 (　　　　)라 써야 한다.

67 파일에 접근하기 위해 열쇠를 얻는 단계가 (　　　　)이다.

68 파일을 다 사용하고 열쇠를 반환하는 단계가 (　　　　)이다.

69 파일에 접근할 수 있는 열쇠의 정확한 이름은 (　　　　)이다.

70 파일을 처음 열었을 경우 파일 포인터의 위치는 (　　　　)번이다.

71 모든 입출력의 끝은 (　　　　)이다.

72 파일 접근 모드 중 읽기 전용 접근 모드는 (　　　　)이다.

73 파일 접근 모드 중 쓰기 전용 접근 모드는 (　　　　)이다.

74 파일 접근 모드 중 추가 전용 접근 모드는 (　　　　)이다.

75 파일 접근 모드 중 이진 접근 모드는 (　　　　)이다.

76 파일 접근 모드 중 파일이 없는 경우 오류가 나는 모드는 (　　　　)이다.

77 파일 접근 모드 중 파일이 있는 경우 내용물이 삭제되는 모드는 (　　　　)이다.

78 파일 접근 모드 중 파일이 있는 경우 파일 끝에 이어 붙이는 접근 모드는 (　　　　) 이다.

79 파일 접근 모드 중 단독으로 쓸 수 없는 접근 모드는 (　　　　)이다.

80 fseek()에서 파일의 맨 앞 기준을 나타내는 단어는 (　　　　)이다.

81 fseek()에서 현재 파일 포인터 기준을 나타내는 단어는 (　　　　)이다.

82 fseek()에서 파일의 맨 끝 기준을 나타내는 단어는 (　　　　)이다.

[코드 문제]

83 다음 코드에서 A B C가 입력되는 경우 정상적으로 A B C가 출력되도록 수정하시오.

scanf()

```
#include <stdio.h>

int main() {
   char c1, c2, c3;

   printf("문자 입력: ");
   scanf("%c%c%c\n", &c1, &c2, &c3);

   printf("문자1:[%c]\n", c1);
   printf("문자2:[%c]\n", c2);
   printf("문자3:[%c]\n", c3);

   return 0;
}
```

84 다음 코드가 정상적으로 출력되도록 수정하시오.

scanf()

```
#include <stdio.h>

int main() {
   int num1;
   char c1;

   printf("숫자 입력: ");
   scanf("%d", &num1);
   printf("숫자:[%d]\n", num1);

   printf("문자 입력: ");
   scanf("%c", &c1);
   printf("문자:[%c]\n", c1);

   return 0;
}
```

파일 입출력

85 다음 코드는 test.txt 파일의 내용을 test_b.txt 파일로 복사하는 코드이다. 다음 14번 줄과 15번 줄의 빈칸을 fgetc와 fputc를 사용하여 완성하시오.

```
01 #include <stdio.h>
02
03 int main() {
04    FILE *fpr = NULL, *fpw = NULL;
05    char c;
06
07    fpr = fopen("test.txt", "r");
08    fpw = fopen("test_b.txt", "w");
09    if (fpr == NULL || fpw == NULL) {
10       printf("파일 open 실패\n");
11       exit();
12    }
13    printf("파일 복사 시작\n");
14    while (                    )
15                          ;
16
17    fclose(fpr);
18    fclose(fpw);
19    return 0;
20 }
```

CHAPTER

14

전처리와 다중 소스 파일

학습목차

14.1 전처리와 매크로

1 전처리 이해하기

컴파일 전 먼저 처리

코드에서 printf() 함수를 사용하는 경우, #include <stdio.h>를 코드의 상단에 넣어야 한다. printf()는 stdio.h 헤더파일에 있기 때문에 #include <stdio.h>는 stdio.h 헤더파일(라이브러리)을 사용하겠다는 의미이다. 여기서 #include는 전처리의 의미를 가진다.

전처리란 컴파일하기 전에 먼저 처리한다는 의미이다. 사실, 컴파일러는 printf()가 어디에 들었는지 관심 없다. 컴파일러가 관심 있는 것은 printf() 함수의 몸통[body]에 해당하는 코드이다. 컴파일을 하기 전에 stdio.h 헤더파일로 가서 printf()의 몸통 코드를 가지고 온 후 사용자의 코드에서 printf()가 쓰여 있는 부분을 몸통 코드로 바꿔준다. 그 후에 컴파일러는 제대로 된 전체 코드를 가지고 컴파일 작업에 들어간다.

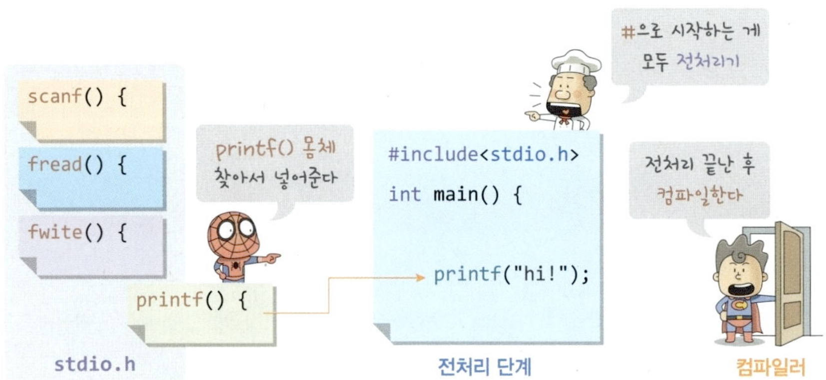

그림 14-1
전처리 후 컴파일한다

초보 프로그래머는 printf(), scanf(), fread(), fwrite()와 같은 함수의 몸체에 해당하는 코드를 만들 수 없다. 그래서 몸체에 해당하는 코드들은 stdio.h에 두고, 전처리 과정에서 필요한 함수만 가져다가 쓰도록 한다.

#include <stdio.h>를 사용하지 않는 방법

코드의 맨 위에 #include <stdio.h>를 사용하지 않는 방법이 있다. 자신의 컴퓨터에서 stdio.h 파일을 찾아서 메모장에서 연 후, printf() 함수 몸체를 복사하여 자신의 코드에 붙이는 것이다. 자신이 사용하는 모든 함수를 일일이 다 찾아다가 붙이면 된다. 이렇게 번거로운 일을 전처리 과정에서 알아서 해준다.

여기서 잠깐

printf()는 전처리 시에 함수만 정의한다. printf() 코드가 삽입되어 실행 파일 형태로 만들어 지는 것은 링크[link] 단계이다. 또한 실행 파일에서는 함수만 정의하고 실행 파일이 실행될 때 printf() 코드를 불러내는 방식이 DLL(Dynamic Link Loader)이다.

매크로로 보는 전처리의 장점

전처리의 특징을 이용하면 코드를 좀 더 편하게 만들 수 있다. 대표적인 예가 매크로이다. 아래와 같이 5개의 값을 입력 받아 평균을 내는 코드를 만든다고 가정해 보자. #define MAX 5를 정의하면 전처리 과정에서 코드 안의 모든 MAX를 5로 바꿔준다. 만약 10개의 값을 입력 받아 평균을 내는 코드로 변경하고 싶다면 #define MAX 10으로 바꿔 주면 된다.

[예제 14-1]
파일 포인터 이동 코드
1401_macro1.c

```
#include <stdio.h>

#define MAX 5                  // 매크로 값을 바꾸면 코드 내 관련 값이 동시에 변경됨

int main() {
   int k;
   double arr[MAX], sum = 0.0;

   printf("%d개 값을 입력하시오 :", MAX);
   for (k = 0; k < MAX; k++) {            // k는 0부터 MAX보다 작을 때까지
      scanf("%lf", &arr[k]);
      sum = sum + arr[k];
   }
   printf("평균 = %.1lf", sum / MAX);

   return 0;
}
```

전처리 코드의 특징

전처리에 해당하는 키워드는 모두 #으로 시작한다. #include <>나 #define과 같이 #으로 시작하는 키워드는 모두 전처리이다. 또한 전처리는 컴파일 전에 처리되기 때문에 컴파일 단계에서는 보이지 않는다. 이미 처리가 끝나고 컴파일러에게 전달되기 때문이다. 컴파일러가 읽는 문장이 아니기 때문에 **전처리의 끝에 세미콜론(;)을 쓰지 않는다.** #include <>나 #define의 문장의 끝에 세미콜론이 없다.

중요

#으로 시작하는 단어는 모두 전처리기이며 컴파일러에 들어가기 전에 모든 처리가 끝난다. 문장 끝에 세미콜론이 없다.

2 함수 매크로

매크로 선언 방법

대표적인 전처리 기능인 매크로에 대해 살펴보자. 매크로는 다음과 같은 형태로 선언된다. #define 옆에 '매크로_이름'과 '매크로_값'을 써주면 된다. 매크로는 전처리 과정에서 매크로_이름이 있는 곳을 찾아 매크로_값으로 바꿔 버린다. 전통적으로 매크로는 일반 변수와 구분하기 위해 대문자를 사용한다.

매크로 선언	#define 매크로_이름 매크로_값

다른 언어와 달리 C언어에서는 참과 거짓을 나타내는 불린 boolean 자료형이 없다. 대신 거짓은 0, 참은 1과 같이 0이 아닌 숫자로 정의하고 있다. 불린 자료형을 사용하고 싶다면 [예제 14-2]와 같이 매크로로 정의하면 된다. 매크로 대신 열거형 enum 을 사용해도 같은 결과를 얻을 수 있다.

[예제 14-2]
매크로를 이용한 소개팅 코드
1402_macro2.c

```c
#include <stdio.h>

#define TRUE 1
#define FALSE 0                         // enum { FALSE, TRUE };도 같은 의미

int main() {
   int love;

   printf("이거를 마신다? YES=1, NO=0: ");
   scanf("%d", &love);
   if (love == TRUE)                            // 불린 변수 사용 가능
       printf("둘이 사귄다\n");
   else
       printf("둘이 헤어진다\n");

   return 0;
}
```

실행 화면

```
잔을 비우시겠습니까? YES=1, NO=0: 1
둘이 사귄다
```

함수 매크로 선언 방법

함수도 매크로 형태로 정의할 수 있다. 매크로_이름에 함수이름과 매개 변수를 쓰고 매크로_값에 함수에 사용할 코드를 쓰면 된다. 만약 두 수를 곱하는 함수를 매크로로 만들고 싶다면 다음과 같이 선언하면 된다. 앞서 설명하였듯이 매크로는 MUL(a, b)가 쓰여 있는 곳을 찾아 a * b로 바꿔버린다.

```
#define MUL(a, b) a * b
```

MUL() 함수 매크로 선언

함수를 매크로로 정의할 때 함수이름과 괄호 사이에 공백문자가 들어가면 안 된다. 다시 말해 'MUL(a, b)'를 'MUL (a, b)'로 쓰면 안 된다. 함수의 본체 부분에는 공백문자를 사용할 수 있다.

함수를 매크로 형태로 정의하면 변수의 종류에 상관없이 사용할 수 있다. MUL(3, 5)나 MUL(2.7, 4.2)와 같이 정수나 실수를 모두 사용할 수 있다. [예제 14-3]은 함수를 매크로 형태로 정의한 것이다.

정수를 사용한 7번 줄의 MUL(5, 7)이나 실수를 사용한 8번 줄의 MUL(2.7, 4.2)의 결과를 보면 정상적으로 작동하는 것을 확인할 수 있다.

[예제 14-3]
함수 매크로를 이용한 코드
1403_macro3.c

```
01 #include <stdio.h>
02
03 #define MUL(a, b) a * b
04
05 int main() {
06
07     printf("5와 7 곱하기 결과 %d\n", MUL(5, 7));
08     printf("2.7과 4.2 곱하기 결과 %f\n", MUL(2.7, 4.2));
09     printf("2+3과 3+4 곱하기 결과 %d\n", MUL(2+3, 3+4));
10
11     return 0;
12 }
```

실행 화면

```
5와 7 곱하기 결과 35
2.7과 4.2 곱하기 결과 11.340000
2+3과 3+4 곱하기 결과 15
```

9번 줄의 MUL(2+3, 3+4)의 결과는 15로 틀린 답을 출력했다. 그 이유는 MUL(2+3, 3+4)가 변환되면, 2 + 3 * 3 + 4가 되고 연산자의 우선순위에 따라 3 * 3이 먼저 계산되기 때문이다. 이를 해결하기 위해서는 다음과 같이 괄호를 묶어주면 된다. 변수를 다음과 같이 괄호로 묶으면, (2 + 3) * (3 + 4)가 되어 의도한 대로 결과가 나올 것이다.

```
#define MUL(a, b) (a) * (b)
```

연산자의 우선순위 때문에 괄호 사용

3 여러 코드를 가진 매크로

여러 코드를 가진 매크로 선언 방법

코드가 여러 개인 함수를 매크로로 정의할 경우 중괄호 {}를 사용하면 된다. 앞서 버블 정렬과 선택 정렬에서 두 수를 바꾸는 코드가 있었다. 두 수를 바꾸는 SWAP() 함수를 매크로 형태로 만들면 매우 편리하다. 정수를 바꾸는 SWAP()은 다음과 같이 정의하면 된다. 중괄호 안쪽에 임시 변수 int t를 선언하고 t=a; a=b; b=t;로 구성된다.

```
#define SWAP(a, b) {int t; t=a; a=b; b=t;}
```

SWAP() 매크로 선언

버블 정렬에서 SWAP() 함수를 매크로 형태로 정의한 코드를 [예제 14-4]에 나타냈다. 11번 줄에서 두 수를 바꾸는 SWAP(pd[j-1], pd[j])는 3번 줄의 매크로로 변환되어 컴파일된다.

[예제 14-4]
함수 매크로를 이용한 버블 정렬 코드
1404_bubble3.c

```
01  #include <stdio.h>
02
03  #define SWAP(a, b) {int t; t=a; a=b; b=t;}   // 두 수 바꿔주는 매크로 SWAP
04
05  void bubble_sort(int *pd, int size) {         // 배열을 포인터 *pd로 받음
06     int j, k;
07
08     for (k = 0; k < size; k++) {               // for k - 카드 수만큼 반복
09        for (j = 1; j < size; j++) {            // for j - 두 수 비교
10           if (pd[j-1] > pd[j])
11           SWAP(pd[j-1], pd[j]);
12        }                                       // End for j
13     }                                          // End for k
```

```
}                                    // End bubble sort

int main() {
    int data[9] = {2, 7, 3, 5, 9, 8, 6, 1, 4}, k;

    bubble_sort(data, 9);
    for (k = 0; k < 9; k++)
        printf("%d ", data[k]);                // 배열 값 출력
    return 0;
}
```

실행 화면

```
1 2 3 4 5 6 7 8 9
```

매크로는 한 줄에 모든 내용이 나타나야 하지만, 여러 줄에 걸쳐서도 만들 수 있다. 매크로를 여러 줄에 걸쳐서 쓰고 싶다면 줄의 끝에 '\'을 붙이면 된다. 위의 SWAP()을 여러 줄에 걸쳐서 정의하면 다음과 같다.

```
#define SWAP(a, b) {      \
    int t;                \
    t = a;                \
    a = b;                \
    b = t; }
```

\를 사용하면 여러 줄에 걸쳐 매크로를 정의할 수 있음

4 매크로 선언 위치

매크로 선언 위치가 코드에 미치는 영향

지금까지 매크로는 코드의 맨 위에 선언했다. 매크로의 선언 위치는 코드에 어떤 영향을 미치는지 살펴보자. [예제 14-5]는 구조체 코드 중 출동 순서를 정하는 코드이다. 출동 순서를 정할 때 버블 정렬을 사용했는데, 버블 정렬에서 hero 구조체를 바꾸는 부분을 매크로로 구현한 것이다. 4번 줄의 SWAP() 매크로에서 임시 변수 t가 hero 구조체로 선언된 것에 주목하자.

4번 줄 #define SWAP(a, b) {hero t; t=a; a=b; b=t;}에서 hero 구조체를 사용했다. hero 구조체 정의가 6번 줄부터 시작하는 것이 이상하다고 느꼈다면 구조체를 제대로 이해한 것이다. 구조체는 사용하기 전에 정의되어야 한다고 했는데, SWAP() 매크로의 구조체 hero는 정의되기 전에 사용되었다.

[예제 14-5]
매크로를 사용한 출동 코드

1405_arrange2.c

```
01 #include <stdio.h>
02
03 #define MAX 4
04 #define SWAP(a, b) {hero t; t=a; a=b; b=t;}  // 두 구조체를 바꿔주는 매크로
05
06 typedef struct hero {              // typedef를 사용하여 hero 구조체 정의
07     char name[10];                 // hero 구조체 멤버: 이름(문자열)
08     int age;                       // hero 구조체 멤버: 나이(정수)
09     float power;                   // hero 구조체 멤버: 힘(실수)
10 } hero;                            // hero 구조체 별명 hero
11
12 int main() {
13     hero ho[MAX] = { {"gildong", 22, 8.2}, {"hyungwook", 28, 9.3},
                     {"changsik", 21, 7.6}, {"hosik", 29, 8.1} };
14     int j, k;
15
16     for (k = 0; k < MAX; k++) {          // for k - 구조체 배열 수만큼 반복
17         for (j = 1; j < MAX; j++) {      // for j - 두 수 비교
18             if (ho[j-1].age > ho[j].age)        // if 나이가 많으면
19                 SWAP(ho[j-1], ho[j]);           // 매크로: 두 수 바꾸기
20         }                                // End for j
21     }                                    // End for k
22     for (k = 0; k < MAX; k++)
23         printf("%d:%s %d %.1f\n", k, ho[k].name, ho[k].age,
                                                  ho[k].power);
24     return 0;
25 }
```

실행 화면

```
0:changsik 21 7.6
1:gildong 22 8.2
2:hyungwook 28 9.3
3:hosik 29 8.1
```

전처리기란 코드의 본문을 처리하기 전에 먼저 처리되는 코드를 가리킨다. `#define SWAP(a, b) {hero t; t=a; a=b; b=t;}`가 19번 줄의 `SWAP()`을 `{hero t; t=a; a=b; b=t;}`로 바꾸고 난 뒤에 본문의 코드가 처리된다. 따라서 `SWAP()` 매크로는 4번 줄에 나타나지만, 19번 줄에 도달해야 `SWAP()` 매크로가 사용된다. 이런 이유로 4번 줄의 `#define`은 hero 구조체 정의보다 먼저 나타나도 크게 문제되지 않는다.

전처리가 먼저 작동되는 것을 확인하고 싶다면 4번 줄에 #define SWAP(a, b) {hh t; t=a; a=b; b=t;}와 같이 일부러 오류를 만들어 보기 바란다. 4번 줄이 아닌 19번 줄에서 오류가 발생한다. 19번 줄이 SWAP() 코드로 전처리되고 컴파일러가 작동하기 때문에 4번 줄이 아닌 19번 줄에서 오류가 발생하는 것이다.

전통적으로 매크로는 코드의 맨 위에 쓰는 것이 일반적이지만, 컴파일되기 전에 먼저 처리되기 때문에 코드의 어느 위치에 나타나도 상관이 없다.

5 문자열 변환

심화

문자열 변환이 필요한 이유

함수를 매크로로 선언할 때, 함수 안의 매개 변수는 일반 변수로 인식된다. 예를 들어 **MUL** (a, b)에서 a와 b는 변수들이다. 따라서 매크로 함수에 문자열을 사용할 때에는 주의가 필요하다.

문자열 변환 방법 2가지

만약 #define SPRINT(s) printf("%s\n", s)와 같이 선언을 하고, SPRINT(I LOVE YOU)로 매크로를 사용하게 되면 오류가 발생한다. SPRINT(s)의 s가 I LOVE YOU로 바뀌면 컴파일러는 I 변수, LOVE 변수, YOU 변수라고 착각할 것이다. 이를 방지하기 위해서는 I LOVE YOU를 문자열 형태인 SPRINT("I LOVE YOU")로 써야 한다. 그러면 s가 "I LOVE YOU"로 바뀐 후 정상적으로 출력된다.

또 다른 방법으로 변수 s를 문자열로 취급하고 싶다면 #s라 쓰면 된다. 샾(#)은 문자열 변환 연산자로 s로 변경되는 값을 문자로 변경하라는 의미이다. [예제 14-6]은 매크로에서 문자열 변환의 차이를 나타내는 코드이다.

3번 줄에 SPRINT(s)는 일반적인 매크로 선언이다. 문자열 s를 받아서 출력한다. 4번 줄의 NPRINT(s)는 s앞에 #을 붙여서 s를 문자열로 변환하는 매크로이다. 8번 줄에서 SPRINT("I LOVE YOU")와 같이 큰따옴표를 붙여서 SPRINT()를 사용했다. 9번 줄에서 NPRINT(I LOVE YOU)에는 큰따옴표가 없지만 #s에 의해 I LOVE YOU가 문자열로 변환이 된다. 따라서 8번 줄의 출력과 9번 줄의 출력 결과가 같다.

[예제 14-6]
매크로에서 문자열 변환 코드
1406_macro4.c

```
#include <stdio.h>

#define SPRINT(s) printf("%s\n", s)
#define NPRINT(s) printf("%s\n", #s)

int main() {

   SPRINT("I LOVE YOU");
   NPRINT(I LOVE YOU);

   return 0;
}
```

실행 화면

```
I LOVE YOU
I LOVE YOU
```

변수 앞에 샾(#)을 연달아 붙이면, 뒤의 변수를 앞의 변수에 이어 붙인다. 예를 들어 a##b라 쓰면 a 변수 값과 b 변수 값을 이어서 하나의 변수 값으로 만들어 준다. [예제 14-7]은 샾을 연달아 사용하여 변수 값을 이어 붙이는 예제이다.

3번 줄에 CPRINT()를 #define CPRINT(a, b) printf("%d\n", a##b)라고 선언했다. 7번 줄에서 CPRINT(5, 7)을 부르면 5와 7이 붙어서 57이 출력된다. 자주 사용하는 코딩 방식은 아니지만, 기억해두면 써먹을 때가 있을 것이다.

[예제 14-7]
매크로에서 이어 붙이기 코드
1407_macro5.c

```
01  #include <stdio.h>
02
03  #define CPRINT(a, b) printf("%d\n", a##b);
04
05  int main() {
06
07     CPRINT(5, 7);
08
09     return 0;
10  }
```

실행 화면

```
57
```

6 내장 매크로

심화

내장 매크로란?

내장 매크로 predefined macros 란 컴퓨터 안에 내장되어 있는 정보를 알려주는 매크로이다. 예를 들어 코드가 컴파일된 날짜나 시간, 코드가 들어 있는 파일의 이름과 같이 컴퓨터가 알려주어야만 알 수 있는 정보들을 확인할 수 있는 매크로이다.

대표적인 내장 매크로는 다음 표와 같다. __DATE__는 현재 실행 중인 코드가 컴파일된 날짜를 알려준다. __TIME__은 현재 코드가 컴파일된 시간을 알려 준다. 컴파일된 날짜와 시간을 동시에 알고 싶다면 __TIMESTAMP__ 매크로를 사용하면 된다.

표 14-1 대표적인 내장 매크로

내장 매크로	의미	반환 값 형태
__DATE__	현재 코드가 컴파일된 날짜	문자열
__TIME__	현재 코드가 컴파일된 시간	문자열
__TIMESTAMP__	컴파일 날짜 및 시간	문자열
__FILE__	코드가 들어 있는 파일이름(경로 포함)	문자열
__LINE__	코드에서 실행된 라인 번호	정수

내장 매크로 사용하기

코드가 들어 있는 파일이름을 알고 싶다면 __FILE__을 사용하고, 코드가 실행된 라인 번호를 알고 싶다면 __LINE__을 사용하면 된다. __LINE__은 정수 값을 반환하고, 나머지는 문자열을 반환한다. [예제 14-8]은 위에 설명한 내장 매크로 값을 출력하는 코드이다.

[예제 14-8]
내장 매크로 코드
1408_macro6.c

```
#include <stdio.h>

int main() {

    printf("컴파일 날짜: %s\n", __DATE__);
    printf("컴파일 시간: %s\n", __TIME__);
    printf("컴파일 날짜 시간: %s\n", __TIMESTAMP__);
    printf("파일위치: %s\n", __FILE__);
    printf("라인번호: %d\n", __LINE__);

    return 0;
}
```

실행 화면

```
컴파일 날짜: Dec 15 2020
컴파일 시간: 17:18:39
컴파일 날짜 시간: Tue Dec 15 17:18:37 2020
파일위치: C:\Users\zoch\source\repos\Project1\macro5.c
라인번호: 9
```

여기서 잠깐 더 많은 내장 매크로에 대하여 확인하려면 마이크로소프트 Docs에서 'Predefined Macros'를 확인하기 바란다. (https://docs.microsoft.com/ko-kr/previous-versions/visualstudio/visual-studio-2008/b0084kay(v=vs.90)?redirectedfrom=MSDN)

조건부 컴파일 14.2

1 조건부 컴파일

심화

조건부 컴파일의 장점

여러 가지의 오류 중 가장 해결하기 쉬운 오류가 문법 오류이다. 문법 오류는 어느 라인에서 오류가 발생했는지, 어떤 종류의 오류인지 컴파일러가 알려준다. 문법 오류는 없는데 엉뚱한 값이 나타나거나 무한 루프를 반복하면 머리가 아파진다. 이럴 때에는 코드 중간 중간에 의심이 되는 값들을 출력해 본다. printf()를 사용하여 의심이 가는 변수 값들을 출력하는 방법이 많이 사용된다. 물론 비주얼 스튜디오의 trace나 유닉스의 gdb(GNU debugger)같이 변수의 중간값을 확인할 수 있는 도구들이 있지만, 새로운 도구를 학습하는 것은 번거로울 수 있다.

printf()를 사용하여 중간값들을 확인하는 것도 쉬운 일은 아니다. 의심이 가는 변수들을 printf()에 넣어서 컴파일했다가, 값을 확인한 후에는 printf()를 지우고 다시 컴파일해야 한다. 새로운 코드를 만들어서 컴파일하고, 해당 코드를 지우고 컴파일하는 대신에 조건부 매크로를 사용하면 편리해진다.

조건부 매크로 선언 방법

조건부 매크로 선언 방법은 다음과 같다. '#ifdef 조건'은 조건이 만족되면 코드 1과 코드 2가 실행된다. #endif는 조건부 매크로의 끝을 나타낸다. ifdef는 '만약 정의(if definition)가 있으면'의 약자이다.

조건부 매크로

```
#ifdef 조건
   코드 1;
   코드 2;
#endif
```

조건부 매크로 사용하기

어떻게 작동하는지 [예제14-9]를 보자. 8번에서 10번 줄까지 조건부 매크로이다. 만약 DEBUG가 정의되어 있다면 9번 줄에 printf() 코드가 실행된다. 3번 줄 #define DEBUG를 주석으로 처리했다. 실행 결과를 보면, 9번 줄의 printf()가 실행되지 않는다.

[예제 14-9]
조건부 매크로를 이용한 코드
1409_macro7.c

```
01 #include <stdio.h>
02
03 // #define DEBUG                          // 맨 앞 주석(//) 지우면 작동
04
05 int main() {
06    int test = 7;
07
08 #ifdef DEBUG                              // DEBUG 정의되면 printf()실행
09    printf("디버그 켜졌음: test 값은 %d\n", test);
10 #endif
11    printf("프로그램 작동\n");
12
13    return 0;
14 }
```

실행 화면

```
프로그램 작동
```

3번 줄 주석 제거 후 실행 화면

```
디버그 켜졌음: test 값은 7
프로그램 작동
```

test 값을 확인하고 싶다면, 3번 줄의 주석(//)을 제거하고 다시 컴파일시킨 후 실행해 보자. test 값인 7이 출력된다. 코드를 만드는 중간에 테스트를 위한 코드를 여러 개 만드는 경우 조건부 매크로를 사용하여 필요할 때마다 컴파일되는 코드로 바꿀 수 있다.

8번 줄의 `#ifdef`와 10번 줄의 `#endif`는 일부러 들여쓰기를 하지 않았다. 8번에서 10번 줄까지는 코드를 만들 때 오류가 있을 것 같은 값을 출력하는 임시 코드이다. 따라서 최종 코드에서는 삭제해야 한다. 삭제할 때 찾기 편하게 하기 위하여 일부러 들여쓰기는 하지 않았다.

반대로 매크로가 선언되지 않았을 때에만 매크로를 선언하는 방법도 있다. '`#ifndef` 조건'은 조건이 만족하지 않을 때에만 작동한다. 만약 `MAX`가 선언되지 않았을 경우에만 `MAX`를 선언하는 코드는 다음과 같다.

```
#ifndef MAX
#define MAX 100
#endif
```

#undef는 매크로 선언을 취소한다. 지금까지 사용했던 매크로 선언을 취소하고 새로운 매크로를 선언할 때 사용한다. 사용 방법은 다음과 같다.

```
#define MAX 100
#undef MAX
#define MAX 200
```

위의 코드는 MAX 100의 매크로를 취소하고, MAX를 200으로 다시 설정하는 코드이다.

2 다중 조건 매크로

심화

값에 따른 조건부 매크로

#ifdef는 DEBUG가 선언되었는지 안 되었는지 만으로 컴파일되는 코드를 결정한다. 만약 값을 사용하고 싶다면 다음과 같은 '#if (조건)'을 사용한다.

조건부 매크로	`#if (조건)`
	`    코드 1;`
	`    코드 2;`
	`#endif`

위와 같이 선언하는 경우, 조건에 따라 컴파일되어 실행되는 코드가 달라진다. 이러한 방식은 DEBUG가 2일 때 실행되는 코드나 DEBUG가 3일 때 실행하는 코드를 따로 만들어 사용할 수 있다.

[예제 14-10]은 값에 의해 컴파일되는 코드가 변경되는 코드이다. 8번에서 10번 줄까지는 DEBUG가 1일 때 실행되는 코드이며, 14번에서 16번 줄은 DEBUG가 2일 때 실행되는 코드이다. 3번 줄에서 DEBUG를 2로 선언했기 때문에 12번 줄과 15번 줄만 출력된다.

[예제 14-10]
조건부 매크로를 이용한 코드
1410_macro8.c

```
#include <stdio.h>

#define DEBUG 2

int main() {
   int test = 7, temp = 10;

#if (DEBUG == 1)
   printf("디버그 켜졌음: test 값은 %d\n", test);
#endif

   printf("프로그램 작동\n");

#if (DEBUG == 2)
   printf("디버그 켜졌음: temp 값은 %d\n", temp);
#endif

   return 0;
}
```

실행 화면

```
프로그램 작동
디버그 켜졌음: temp 값은 10
```

다중 조건 매크로 선언 방법

#if가 있다면 당연히 **#else**도 있다. 조건에 따라 서로 다르게 실행하는 조건부 매크로를 만들고 싶다면 다음과 같이 정의하면 된다.

다중 조건 매크로

```
#ifdef 조건
   코드 1;
#else
   코드 2;
#endif

#if (조건)
   코드 1;
#else
   코드 2;
#endif
```

#if - #else 혹은 #ifdef - #else 선언을 사용하면 좀 더 유용한 코드를 만들 수 있다. 유닉스에서 작동하는 코드와 윈도우에서 작동하는 코드가 다르다. 이를 하나의 코드에 만들고 싶다면 조건부 매크로를 사용하면 된다.

다중 조건 매크로 사용하기

다음 코드는 UFO를 날리는 코드이다. system() 함수가 운영체제마다 사용법이 달라 윈도우 버전과 유닉스 버전을 따로 설명했다. 조건부 매크로를 사용하면 두 가지 코드를 하나에 합칠 수 있다.

10번부터 14번 줄이 운영체제마다 다르게 실행해야 하는 코드이다. #ifdef UNIX를 사용하여 유닉스에서 실행될 경우 11번 줄이 실행되고, 아니면 13번 줄이 실행된다. 따라서 윈도우에서 실행할 경우 그대로 실행하면 되고, 유닉스에서 실행할 경우 4번 줄의 #define UNIX 앞의 주석을 제거하고 실행하면 된다.

[예제 14-11]
조건부 매크로 사용 UFO 코드
1411_UFO2.c

```
01  #include <stdio.h>
02  #include <stdlib.h>                          // system()이 있는 라이브러리
03
04  // #define UNIX
05
06  int main() {
07     int k, m;
08
09     for (k = 0; k < 70; k++) {
10  #ifdef UNIX
11        system("clear");                        // 유닉스일 때 실행되는 코드
12  #else
13        system("cls");                          // 윈도우일 때 실행되는 코드
14  #endif
15        for (m = 0; m < k; m++) printf(" ");            // 빈칸을 만든다
16        printf("<#=#>\n");                              // UFO 모양 출력
17     }
18     return 0;
19  }
```

조건을 여러 개 만들고 싶다면 '#elif (조건)'을 사용하면 된다. #elif는 else if를 줄인 말이다. #elif의 형식은 다음과 같다.

다중 조건 매크로	`#if (조건 1)`
	`   코드 1;`
	`#elif (조건 2)`
	`   코드 2;`
	`#else`
	`   코드 3;`
	`#endif`

다중 소스 파일 14.3

1 다중 소스 파일 이해하기

다중 소스 파일이란?

다중 소스 multiple source 파일이란 여러 개의 소스 파일을 사용하여 하나의 코드를 완성하는 것이다. 우리는 지금까지 하나의 소스 코드를 만들어서 컴파일했다. 그러나 여러 가지 이유로 여러 개의 소스 코드를 만들어 하나의 코드로 완성해야 하는 경우가 있다.

다중 소스 파일이 필요한 이유

예를 들어 커다란 코드를 2명이 나누어 작성하는 팀 프로젝트를 수행한다고 가정해 보자. 2명이 어떤 부분을 맡을지 결정한 후, 각자 코드를 짜고, 나중에 복사 - 붙여넣기를 하여 하나의 코드로 만든다. 나누어 작업해보면 알겠지만, 차라리 혼자 코드를 만드는 게 나을 수 있다.

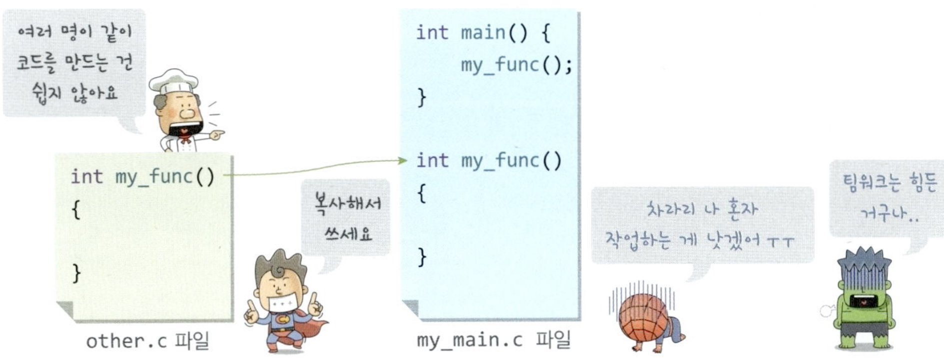

그림 14-2
공동 작업은 힘들다

2명이 따로 만든 코드는 아직 컴파일하지 않은 상태일 것이다. 코드를 혼자 만들어서 컴파일해도 오류는 수없이 발생한다. 그런데 2명이 따로 만든 코드를 하나로 합쳐서 컴파일하면 더 많은 오류가 나올 것이다. 이때 다른 사람이 만든 것을 합쳐서 컴파일하는 사람은 머리가 터질 것이다. 남이 만든 함수에서 오류가 발생하는 경우, 오류를 잡기 위해서 다른 사람이 만든 코드를 다 읽고 이해해야 한다. 내가 만든 코드의 오류를 잡기도 버거운데, 남이 만든 코드의 오류를 찾는 일은 결코 쉬운 일이 아니다.

다중 소스 파일이 필요한 또 다른 경우가 있다. 소스 코드를 만들 때마다 자주 사용되는 함수가 있거나, 여러 명이 나누어 작업할 때 공동으로 사용하는 함수가 있다고 가정해 보자. 자주 사용하는 함수인 my_func()을 매번 사용할 때마다 복사 - 붙여넣기를 하는 것은 번거롭다. 가장 좋은 방법은 my_func()과 같이 개인이 만들어 자주 사용하는 함수들을 'mylib.h'라는 헤더파일을 만들어 집어넣는 것이다. my_func()를 다시 사용할 필요가 있다면 코드에 #include "mylib.h"를 포함한 후, my_func()를 사용하면 된다.

2 실행 파일이 만들어지는 과정

이미 사용해본 다중 소스 파일

printf()나 scanf()와 같은 함수를 사용하기 위해서 #include <stdio.h>를 사용했다. C 컴파일러 제작자가 만든 printf()나 scanf()의 소스 코드를 복사하여 자신의 코드에 붙여 넣어 사용한 게 아니다. C 컴파일러 제작자는 프로그래머가 자주 사용하는 함수를 stdio.h라는 헤더파일에 넣어서 나누어 주었다. 우리는 헤더파일을 포함하여 printf()를 사용하면 컴파일러는 stdio.h 헤더파일에서 printf() 코드를 찾아 같이 컴파일해 준다.

printf()를 사용했다는 것은 다중 소스 파일을 사용한 것이다. 한 단계 더 나아가 자신만의 mylib.h 헤더파일을 만들어 사용하는 것이 다중 소스 파일을 이용한 분할 컴파일이다.

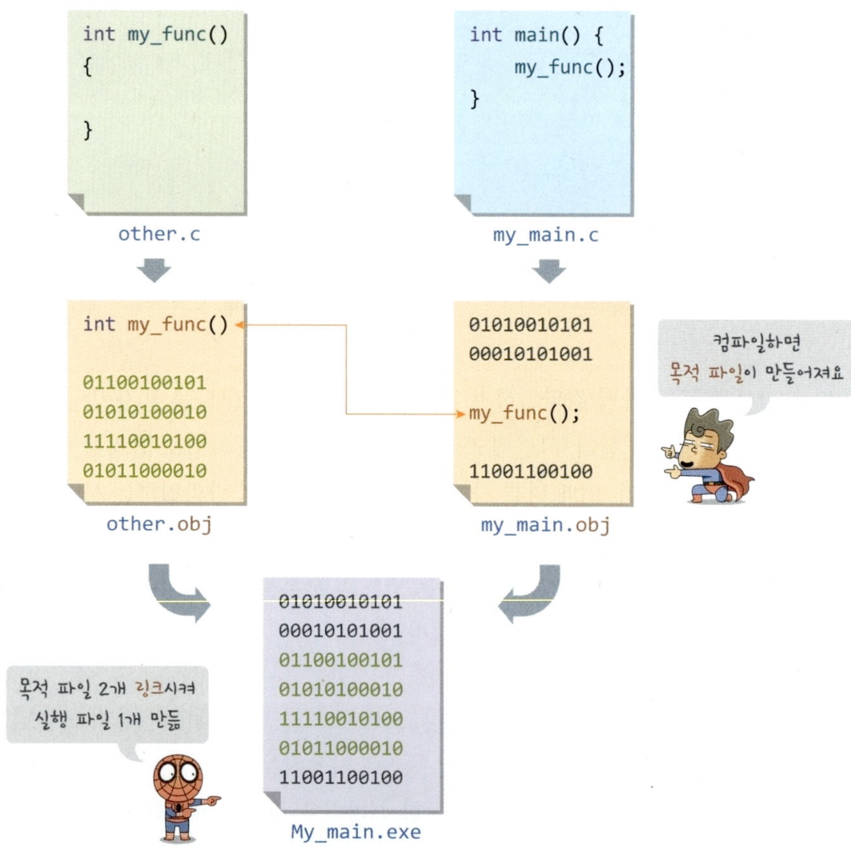

그림 14-3
컴파일의 단계

다중 소스 파일 - 목적 파일 - 실행 파일

다중 소스 파일이 어떻게 처리되는지를 이해하기 위해서 컴파일되는 단계를 살펴보자. 우리가 mycode.c를 컴파일하면 실행 파일인 mycode.exe가 바로 만들어지는 것이 아니다. 실행 파일이 만들어 지기 전에 **목적 파일** object file 인 'mycode.obj'가 만들어진다. 목적 파일이란 오류 검사를 거쳐 만든 실행 파일 직전의 파일이지만, 외부 함수가 비어 있는 상태이다.

앞의 2명이 서로 다른 코드를 만들어 하나의 실행 파일을 만드는 예를 다시 살펴보자. other.c에는 my_func()가 들어 있고 my_main.c에는 my_func()를 사용하는 main() 함수가 들어 있다고 가정해 보자.

각자 자신의 C코드를 컴파일하여 목적 코드를 만든다. 실행 파일 직전의 단계인 other.obj와 my_main.obj 목적 파일이 만들어진다. 목적 파일은 오류 검사가 이미 끝난 파일이며, my_main.obj에는 my_func() 함수의 실행 부분이 비어 있는 상태로 남아 있다.

other.c를 만든 사람은 소스 코드 대신 목적 파일 other.obj를 넘겨준다. my_main.c를 만든 사람은 other.obj와 my_main.obj를 같이 컴파일한다. 이 단계를 **링크** link **단계**라 부르는데, my_main.obj에 비어 있던 my_func() 함수의 실행 코드가 채워지면서 실행 파일인 my_main.exe가 만들어진다. 자신이 만든 코드는 알아서 오류를 수정하고, 오류가 없는 목적 파일을 합침으로써 공동 작업의 결과를 쉽게 얻을 수 있다.

3 다중 소스 파일 설계

오류 검사 시 필요한 요소

printf()나 scanf()와 같이 라이브러리 파일에 들어 있는 함수들도 링크 단계에서 실행 코드가 삽입된다. 그런데 왜 #include <>는 컴파일 전에 전처리를 하는 것일까? 그 이유는 함수에서 발생할 수 있는 오류를 처리를 위해서이다.

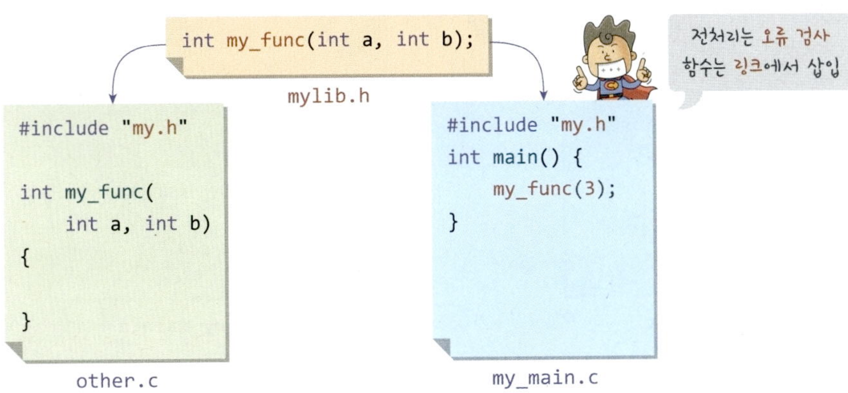

그림 14-4
전처리는 오류 검사를 하는 것

other.c에는 my_func(int a, int b)가 선언되어 있고, my_main.c에서는 my_func(3)이라 호출했다고 가정해 보자. 'my_main.c'를 컴파일할 때 매개 변수의 숫자와 자료형이 맞는지 확인해야 하는데, 링크는 컴파일 이후에 일어난다. 따라서 컴파일 전에 전처리 과정에서 my_func()의 선언부를 삽입하여 오류가 있는지를 검사해야 한다. 라이브러리에 들어 있는 함수일 경우, **함수의 선언부를 전처리하여 오류를 점검하고, 실제 실행 코드가 삽입되는 것은 링크 단계에서 이루어진다.**

링크 단계에서는 두 개의 파일을 연결시켜줄 뿐, 공동으로 사용하는 함수에 오류가 있는지를 확인할 수 없다. 목적 파일이 만들어지기 이전에 공동으로 사용하는 함수에 오류가 있는지를 확인해야 한다. 따라서 코드를 나누어 작업할 경우 공동으로 사용하는 함수는 mylib.h와 같은 헤더파일을 만들어 코드에 포함시켜야 한다. 그래야 함수의 매개 변수의 숫자와 자료형이 맞는지를 컴파일러가 확인할 수 있다.

다중 소스 파일 설계 방법

컴파일 과정을 이해했다면 다중 소스 파일을 만들 때 어떻게 해야 하는지가 분명해졌을 것이다. 가장 먼저 다중 소스에서 사용할 공동 함수이름과 매개 변수를 정의하고, 해당 함수가 어떻게 작업을 할지를 결정해야 한다. 만약 구조체를 사용한다면, 구조체에 들어갈 변수와 구조체 변수의 이름, 자료형을 정의한다. 이렇게 정의된 함수와 구조체를 헤더파일에 모아 놓은 후 각자 헤더파일을 포함시켜 작업해야 한다.

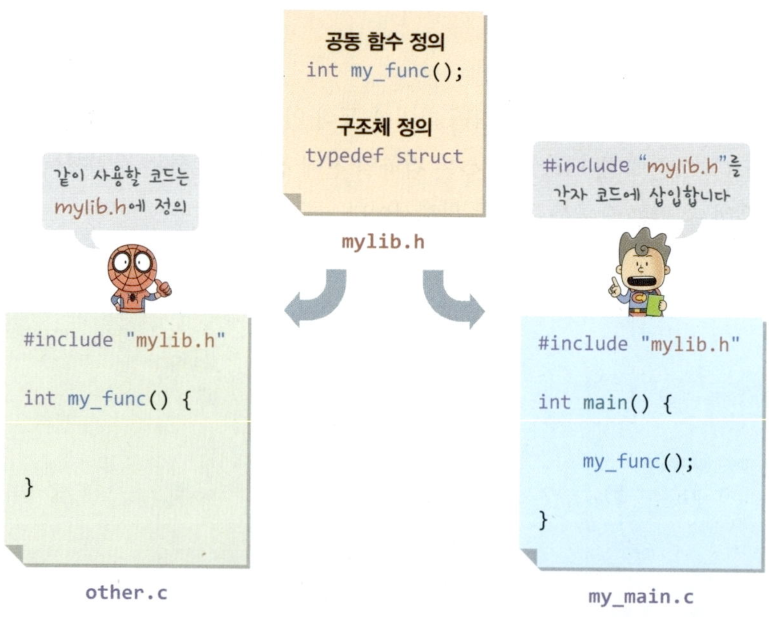

그림 14-5
헤더파일 공동으로 사용하기

중요

다중 소스 파일을 이용하여 분할 컴파일할 경우 공동 함수 정의와 구조체를 정의한 헤더파일을 만들고 이를 포함시켜 코드를 작성해야 한다.

정리를 하면 다중 소스 파일을 만드는 경우, 공동으로 사용하는 함수의 선언부와 구조체 선언부는 헤더파일에 모아 놓고, 이 헤더파일을 #include하여 컴파일해야 한다. 헤더파일에 함수 전체를 집어넣어도 되고, 헤더파일에는 선언부만 넣고 함수의 본체는 다른 파일에 넣어도 된다. 자주 사용하는 함수를 자신만의 헤더파일로 만들 때에도 마찬가지이다.

4 다중 소스 파일 만들기

헤더파일 만들기

다중 소스 파일을 만들고 실행시켜 보자. 다중 소스로 만들어 볼 코드는 11장에서 만든 문자 돌리기 코드이다. 문자열을 돌리는 round() 함수는 round.c에 구현하고 main() 함수는 main.c에 구현한다. round() 함수의 선언부가 들어 있는 헤더파일 이름은 round.h이다.

round.h 헤더파일에는 다음과 같이 round() 함수의 선언부가 들어있다. round() 함수는 매개 변수로 문자열 str과 문자열의 크기를 나타내는 정수 size를 받는다. 여기서 문자열 size는 널 문자를 제외한 총 문자의 개수로 정한다.

다중 소스 파일 헤더

round.h

```
int round(char *str, int size);        // size는 널 문자를 제외한 문자 총 개수
```

헤더파일에 선언한 함수 만들기

[예제 14-12]는 round.c의 코드로 round() 함수의 몸체 코드가 담겨있는 파일이다. 문자열을 돌리기 위하여 stdio.h와 화면을 지우는데 사용하는 함수가 들어 있는 stdlib.h를 포함시킨다. 3번 줄에 round() 함수의 정의 부분이 들어 있는 헤더인 'round.h'를 포함시킨다. **C 언어가 제공하는 기본 헤더파일은 꺾쇠괄호 <>를 사용하고, 사용자가 만든 헤더파일은 큰따옴표 " "를 사용해야 한다.**

[예제 14-12]
다중 소스 파일 round.c 코드
1412_round.c

```c
#include <stdio.h>
#include <stdlib.h>                          // system()이 있는 라이브러리
#include "round.h"                           // 사용자 헤더는 큰따옴표

int round(char *str, int size) {
   int k, m;

   for (k = 0; k < 30; k++) {
      system("cls");
      for (m = 0; m < size; m++)
         putchar(str[(m + k) % size]);
   }
   return 0;
}
```

중요

C 컴파일러가 제공하는 헤더파일은 꺾쇠괄호 <>를 사용하여 포함시키고, 사용자가 만든 헤더파일은 큰따옴표 ""를 사용한다.

main() 함수 만들기

이제 main() 함수만 만들면 된다. [예제 14-13]은 main.c의 본문 코드이다. 1번 줄에 round() 함수의 선언부가 들어 있는 'round.h'를 포함시켰다. 지금까지 한 번도 안 쓴 적이 없는 stdio.h는 없다. 본문에 printf()와 같은 함수가 없기 때문에 사용하지 않았다.

[예제 14-13]
다중 소스 파일 main.c 코드
1413_main.c

```c
01 #include "round.h"
02 
03 int main() {
04    round("LOVE AGAIN", 10);
05    round("GOOD BYE", 8);
06    return 0;
07 }
```

4번 줄에서 round("LOVE AGAIN", 10)을 사용하여 round() 함수를 호출하고, 5번 줄에서 round("GOOD BYE", 8)을 사용하여 round() 함수를 한 번 더 호출한다.

비주얼 스튜디오에서 다중 소스 파일 만들기

컴파일하여 제대로 작동하는지 확인해 보자. 비주얼 스튜디오에서 빈 프로젝트를 연다. 오른쪽의 [소스 파일] 메뉴에 마우스를 가져다 놓고 오른쪽 버튼을 누르면 [추가] 메뉴가 보인다. 여기서 [새 항목]을 선택한다.

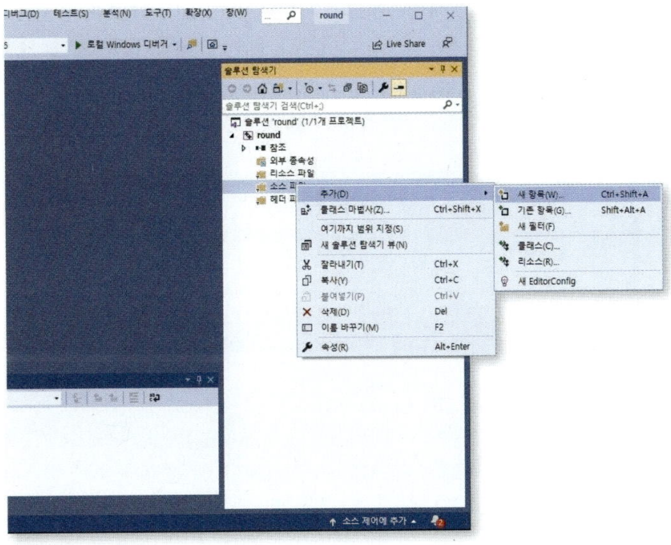

그림 14-6
[소스 파일] → [추가] → [새 항목]

[새 항목]을 선택하면 다음과 같은 화면이 나온다. C++ 파일을 선택하고 하단부의 이름 부분에 'main.c'라고 쓴다(*.cpp라고 쓰면 C++ 코드로 인식하여 컴파일하기 때문에 오류가 발생하니 주의하기 바란다). 코드를 입력하는 창이 나타나면 [예제 14-13]의 코드를 복사하여 붙여넣는다.

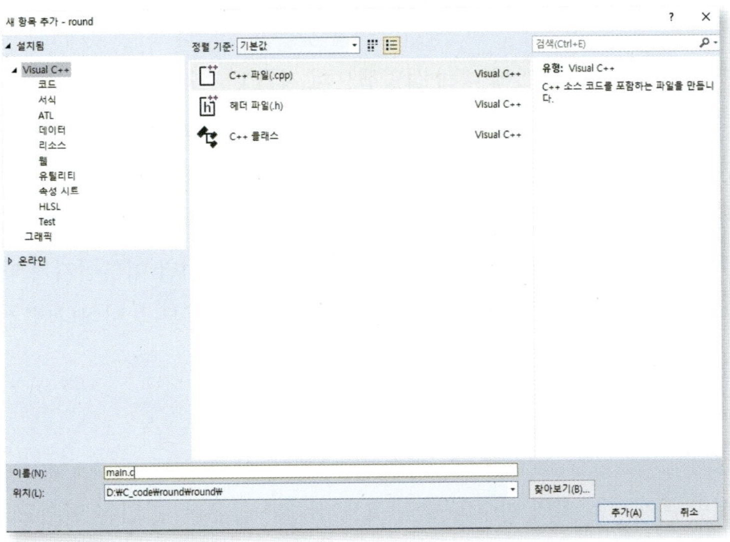

그림 14-7
확장자가 .c인 소스 파일 추가하기

round.c도 같은 방법으로 만든다. [소스 파일] → [추가] → [새 항목]을 눌러 위의 화면이 나타나면 이름에 round.c라고 쓴 후 추가 버튼을 누른다. 입력 화면이 나타나면 [예제 14-12]의 코드를 복사하여 붙여넣는다.

마지막으로 헤더파일을 작성한다. [소스 파일]이 아닌 [헤더 파일]에 마우스를 올려놓고 [추가] → [새 항목]을 선택한다. 위의 화면에서 [헤더 파일]을 선택하고, 하단의 이름을 round.h로 바꾼다. 추가 버튼을 눌러 입력창이 나타나면 round.h 헤더파일의 내용을 복사하여 붙이면 된다. 정상적으로 작업이 이루어졌으면 다음과 같은 화면 모양일 것이다.

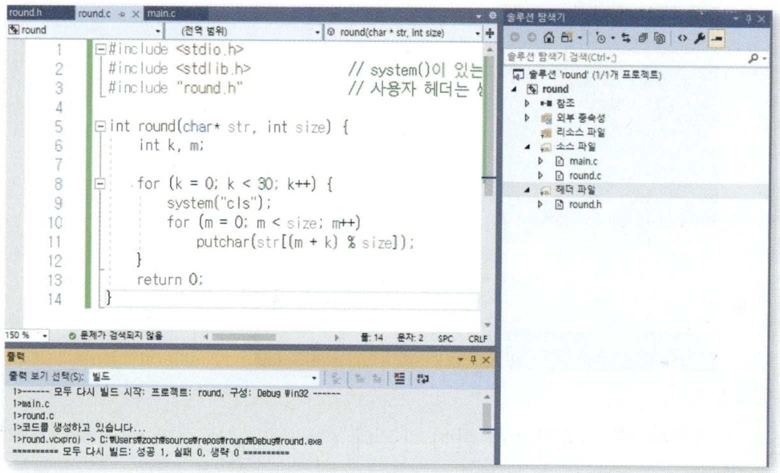

그림 14-8
다중 소스 파일을 모두 만든 결과 화면

5 정적 변수

심화

지역 변수

8장에서 변수의 생존 범위 scope 에 대해 설명했으며 지역 변수와 전역 변수로 나뉜다고 설명했다. 블록 안에 선언된 변수를 지역 변수라 부르며, 말 그대로 해당 지역에서만 사용하는 변수라는 뜻이다. 따라서 서로 다른 함수에 선언된 같은 이름의 변수는 이름만 같을 뿐 독립적인 존재이다. 함수 안에 선언된 변수를 지역 변수라 부르는 이유는 변수를 새로 만들고, 사용하고, 사라지는 모든 일들이 중괄호 {}로 묶인 블록 안에서만 이루어지기 때문이다. 다시 말하면, 지역 변수는 블록 내에서만 살아 있는 변수이며, 블록을 벗어나면 소멸된다. 지역 변수가 선언되면 쓰레기 값이 들어 있어 초기화를 해야 한다.

전역 변수

블록 안에서만 존재하는 지역 변수와 달리 코드 전체가 공유할 수 있는 변수도 있다. 이 변수는 모든 함수에서 사용할 수 있기 때문에 전역 변수라 부른다. 전역 변수는 모든 함수의 바깥쪽, 코드의 맨 상단에 선언된다. 우리가 매개 변수를 사용하는 이유는 전달되는 자료의 개수와 형태를 점검하여 잘못된 값이 전달되는 것을 막기 위해서이다. 또한, 함수가 다른 함수의 지역 변수를 마음대로 변경하지 못하게 막는다. 전역 변수는 이러한 노력을 무용지물로 만들 수 있으니 사용에 신중해야 한다.

변수의 생존 범위와 지역 변수 및 전역 변수의 특징은 8장 함수 중 2절 변수의 종류와 범위를 참고하기 바란다. 하이퍼 링크

static 변수

지역 변수와 전역 변수 이외에 static 변수가 있다. static 변수는 지역 변수 형태와 전역 변수 형태로 만들어질 수 있으며, 특징이 다르다. 우선 static 지역 변수부터 살펴본다.

그림 14-9
static 지역 변수

지역 변수는 선언된 곳에서부터 변수가 만들어지고 중괄호가 끝나면 변수가 사라지기 때문에 동적 변수라 부른다. static 지역 변수는 함수 안에서 선언되지만, 중괄호를 만나도 사라지지 않고 남아 있는 특징이 있다. 또한 처음 만들어질 때 자동으로 0으로 초기화된다.

[예제 14-14]는 static 변수의 특징을 보여주는 코드이다. 3번 줄 static_test() 함수를 정의하고, 4번 줄에서 order 변수를 static int로 선언한다. 따라서 정수형 정적 변수 order는 처음 static_test()가 호출될 때 만들어지고, 0으로 초기화된다. 그 이후 static_test() 함수가 종료되더라도 계속 살아있게 된다.

12번 줄에서 static_test(3)으로 함수를 호출한다. 이때 order 변수가 만들어지고, 0으로 초기화된다. 6번 줄에서 매개 변수로 받은 3을 order에 추가하고 7번 줄에서 order 값을 출력하면, 3이 출력된다.

13번 줄에서 다시 static_test(4)로 함수를 호출한다. 정적 변수 order는 함수가 종료되어도 사라지지 않음으로 3을 아직도 가지고 있다. 6번 줄에서 가지고 있던 3에 새로운 매개 변수 값 4가 더해지고, 7번 줄에서 출력을 하면 7이 출력된다.

[예제 14-14]
static 변수 테스트 코드

1414_static1.c

```
#include <stdio.h>

void static_test(int num) {                    // 매개 변수 num
    static int order;                           // order는 정적 변수

    order = order + num;
    printf("전역 변수 값 = %d\n", order);
}                                               // return이 없음으로 void

int main() {

    static_test(3);                             // static_test(3) 함수 호출
    static_test(4);                             // static_test(4) 함수 호출

    return 0;
}
```

실행 화면

```
전역 변수 값 = 3
전역 변수 값 = 7
```

예제에서 보았듯이 static을 지역 변수로 선언하면 전역 변수처럼 사용할 수 있는 특징이 있다. 전역 변수가 있기 때문에 static 지역 변수를 사용할 경우는 많지 않을 것이다. static 변수의 필요성은 외부 변수를 설명한 이후에 다시 설명한다.

6 외부 변수

심화

파일 외부에서도 사용할 수 있는 변수

지금까지 사용했던 모든 변수들은 파일 내에서만 존재할 수 있었다. 파일 외부에서도 변수를 공유할 하고 싶다면 extern을 사용하면 된다. extern은 파일 외부에서 사용할 수 있기 때문에 외부 변수라 부른다.

[예제 14-15]와 [예제 14-16]은 앞의 다중 소스 코드를 약간 변형하여 extern의 사용 방법을 보여준다.

[예제 14-15]
다중 소스 파일 main.c 코드

1415_extern1.c

```
01  #include "round.h"
02
03  int turn;
04
05  int main() {
06      turn = 50;
07      round("GOOD BYE", 8);
08      return 0;
09  }
```

[예제 14-16]
다중 소스 파일 round.c 코드

1416_extern2.c

```
01  #include <stdio.h>
02  #include <stdlib.h>                    // system()이 있는 라이브러리
03  #include "round.h"                     // 사용자 헤더는 큰따옴표
04
05  extern int turn;                       // main.c 변수 turn 사용
06
07  int round(char *str, int size) {
08      int k, m;
09
10      for (k = 0; k < turn; k++) {
11          system("cls");
12          for (m = 0; m < size; m++)
13              putchar(str[(m + k) % size]);
14      }
15      return 0;
16  }
```

main.c에서 전역 변수 turn을 선언하고 50을 넣었다. round.c의 5번 줄에 extern int turn이라 선언하면 main.c의 turn 변수를 round.c에서도 사용할 수 있다. 따라서 위의 코드는 50번을 반복하여 실행된다.

주의해야 할 것은 extern int turn은 새로운 변수를 만들지는 못하고, 이미 선언된 변수를 사용하겠다는 의미이다. 따라서 main.c의 3번 줄에 전역 변수 int turn이 선언되어 있지 않을 경우 오류가 발생한다.

파일 외부에서 사용하는 것을 막는 변수

반대의 경우도 생각해 볼 수 있다. main.c에 전역 변수 turn을 다른 코드에서는 사용하지 못하게 막을 수 있는 방법을 없을까? 필요에 의해 전역 변수를 만들었는데, 다른 파일에 의해 예상하지 못한 곳에서 값이 변경되면 안 된다. 이것을 막을 수 있는 방법이 static 전역 변수이다.

static 전역 변수로 선언하면, 해당 변수는 해당 파일에서만 접근할 수 있는 변수가 된다. 다른 파일에서 extern을 사용하여 static 전역 변수에 접근하려 하면 오류가 발생한다. 따라서 내 파일에서만 참조가 되고, 다른 파일에서는 볼 수 없는 변수를 만들고 싶다면 static 전역 변수로 만들면 된다.

중요

extern은 외부 변수로 다른 파일에 있는 전역 변수를 참조할 수 있다. static 전역 변수는 해당 파일에서만 볼 수 있고 다른 파일에서는 참조할 수 없는 변수를 만든다.

요약

- 전처리란 컴파일하기 전에 먼저 처리한다는 의미이다. 전처리는 모두 #으로 시작하고 끝에 세미콜론(;)을 쓰지 않는다. 대표적으로 #include와 #define이 있다.
- 매크로는 #define 매크로_이름 매크로_값으로 선언한다. 함수를 매크로로 선언할 수 있다. 함수를 매크로로 정의할 때 함수이름과 괄호() 사이에 공백문자가 들어가면 안 된다. 코드가 여러 개인 함수를 매크로로 정의할 경우 중괄호{}를 사용하면 된다.
- 매크로를 여러 줄에 걸쳐서 쓰고 싶다면 줄의 끝에 '\'를 붙이면 된다. 매크로에서 변수 s를 문자열로 취급하고 싶다면 #s라 쓰면 되고, 변수 앞에 샵(#)을 연달아 붙이면, 뒤의 변수를 앞의 변수에 이어 붙인다.
- 조건부 매크로의 선언 방법은 '#ifdef 조건'이다. 또한 #endif는 조건부 매크로의 끝을 나타낸다. 만약 값을 사용하고 싶다면 '#if (조건)'을 사용한다. #if - #else 혹은 #ifdef - #else 선언을 사용하면 좀 더 유용한 코드를 만들 수 있다. 조건을 여러 개 만들고 싶다면 '#elif (조건)'을 사용하면 된다. #elif는 else if를 줄인 말이다.
- mycode.c를 컴파일하면 실행 파일이 만들어지기 전에 목적 파일 파일인 'mycode.obj'가 만들어진다. 목적 파일이란 오류 검사를 거쳐 만든 실행 파일 직전의 파일이지만, 외부 함수가 비어 있는 상태이다. 함수의 선언부를 전처리하여 오류를 점검하고, 실제의 실행 코드가 삽입되는 것은 링크 단계에서 이루어진다.
- 다중 소스 파일이란 여러 개의 소스 파일을 사용하여 하나의 코드를 완성하는 것이다. C언어가 제공하는 기본 헤더파일은 꺾쇠괄호 <>를 사용하고, 사용자가 만든 헤더파일은 큰따옴표 ""를 사용해야 한다.
- 지역 변수는 선언된 곳에서부터 변수가 만들어지고 중괄호가 끝나면 변수가 사라지기 때문에 동적 변수라 부른다. static 지역 변수는 함수 안에서 선언되지만, 중괄호를 만나도 사라지지 않고 남아 있는 특징이 있다. 또한 처음 만들어질 때 자동으로 0으로 초기화된다.
- 파일 외부에서도 변수를 공유하고 싶다면 extern을 사용하면 된다. extern은 파일 외부에서 사용할 수 있기 때문에 외부 변수라 부른다. static 전역 변수로 선언하면, 해당 변수는 해당 파일에서만 접근할 수 있는 변수가 된다. 다른 파일에서 extern을 사용하여 static 전역 변수에 접근하려 하면 오류가 발생한다. 따라서 내 파일에서만 참조가 되고, 다른 파일에서는 볼 수 없는 변수를 만들고 싶다면 static 전역 변수로 만들면 된다.

연습문제

43문제

[객관식]

01 다음 중 전처리에 해당하는 키워드는 어떤 기호로 시작하는가?

❶ <　　❷ #
❸ ;　　❹ ?

02 다음 중 전처리에 키워드를 사용할 때 문장의 끝에 생략할 수 있는 기호는 무엇인가?

❶ <　　❷ #
❸ ;　　❹ ?

03 다음 중 매크로 전처리에 사용되는 키워드는 무엇인가?

❶ define　　❷ object
❸ include　　❹ link

04 다음 중 매크로를 여러 줄에 걸쳐서 작성할 때 사용하는 기호는 무엇인가?

❶ <　　❷ #
❸ ;　　❹ \

05 다음 중 함수 매크로에서 변수를 문자열로 취급하려 할 때 변수 앞에 붙이는 기호는 무엇인가?

❶ <　　❷ #
❸ ;　　❹ \

06 다음 중 조건이 없는 조건부 매크로를 시작하는 단어는 무엇인가?

❶ if　　❷ #ifdef
❸ #if　　❹ #defif

07 다음 중 조건부 매크로 끝에 사용하는 단어는 무엇인가?

❶ #else　　❷ #end
❸ #ifend　　❹ #endif

08 다음 중 목적 파일의 확장자는 무엇인가?

① .exe ② .obj

③ .dll ④ .bin

09 다음 중 조건이 있는 조건부 매크로를 시작하는 단어는 무엇인가?

① if ② #ifdef

③ #if ④ #defif

10 다음 중 다중 조건 조건부 매크로에서 2번째 조건에 사용하는 단어는 무엇인가?

① #elif ② #else

③ #elseif ④ #ifelse

11 다음 중 링크 단계에 사용되는 파일은 무엇인가?

① 소스 파일 ② 데이터 파일

③ 실행 파일 ④ 목적 파일

12 다음 중 컴파일 이후에 라이브러리가 비어 있는 채로 만들어진 파일은 무엇인가?

① 소스 파일 ② 데이터 파일

③ 실행 파일 ④ 목적 파일

13 다음 중 확장자가 .obj인 파일은 무엇인가?

① 소스 파일 ② 데이터 파일

③ 실행 파일 ④ 목적 파일

14 다음 중 C 컴파일러 제작자가 제공하는 라이브러리에 사용하는 기호는 무엇인가?

① <> ② {}

③ () ④ ""

15 다음 중 사용자가 만든 헤더파일에 사용하는 기호는 무엇인가?

① <> ② {}

③ () ④ ""

16 다음 중 블록 안에서만 살아있는 변수를 가리키는 단어는 무엇인가?

① 지역 변수 ② 전역 변수

③ 정적 변수 ④ 외부 변수

17 다음 중 블록 안에서 선언되었으나 블록이 끝나도 사라지지 않는 변수는 무엇인가?

❶ 지역 변수 ❷ 전역 변수
❸ 정적 변수 ❹ 외부 변수

18 다음 중 파일 외부에서도 공유할 수 있는 변수는 무엇인가?

❶ 지역 변수 ❷ 전역 변수
❸ 정적 변수 ❹ 외부 변수

19 다음 중 해당 파일에서만 볼 수 있고 외부 파일에서는 볼 수 없는 변수는 무엇인가?

❶ 지역 변수 ❷ 전역 변수
❸ 정적 변수 ❹ 외부 변수

[주관식]

20 전처리에 해당하는 키워드는 (   ) 기호로 시작한다.

21 전처리에 키워드를 사용할 때 문장의 끝에 생략할 수 있는 기호는 (   )이다.

22 매크로 전처리에 사용되는 키워드는 (   )이다.

23 매크로를 여러 줄에 걸쳐서 작성할 때 사용하는 기호는 (   )이다.

24 함수 매크로에서 변수를 문자열로 취급하려 할 때 변수 앞에 붙이는 기호는 (   )이다.

25 조건이 없는 조건부 매크로를 시작하는 단어는 (   )이다.

26 조건부 매크로를 끝내는 단어는 (   )이다.

27 조건이 있는 조건부 매크로를 시작하는 단어는 (   )이다.

28 목적 파일의 확장자는 (   )이다.

29 다중 조건 조건부 매크로에서 2번째 조건에 사용하는 단어는 (   )이다.

30 링크 단계에 사용되는 파일은 (   )이다.

31 컴파일 이후에 라이브러리가 비어 있는 채로 만들어진 파일은 (   )이다.

32 확장자가 `.obj`인 파일은 (   )이다.

33 컴파일러 제작자가 제공하는 라이브러리에 사용하는 기호는 (　　　　)이다.

34 사용자가 만든 헤더파일에 사용하는 기호는 (　　　　)이다.

35 블록 안에서만 살아있는 변수를 가리키는 단어는 (　　　　)이다.

36 블록 안에서 선언되었으나 블록이 끝나도 사라지지 않는 변수는 (　　　　)이다.

37 파일 외부에서도 공유할 수 있는 변수는 (　　　　)이다.

38 해당 파일에서만 볼 수 있고 외부 파일에서는 볼 수 없는 변수는 (　　　　)이다.

39 블록 안에서만 살아있는 변수를 가리키는 단어는 (　　　　)이다.

[코드 문제]

40 다음 코드 3번 줄에 들어가는 매크로를 정확히 적으시오. 9번 줄의 코드도 정상적으로 출력되어야 한다.

매크로

```
01  #include <stdio.h>
02
03  #define MUL(a, b) a * b
04
05  int main() {
06
07      printf("5와 7 곱하기 결과 %d\n", MUL(5, 7));
08      printf("2.7과 4.2 곱하기 결과 %f\n", MUL(2.7, 4.2));
09      printf("2+3과 3+4 곱하기 결과 %d\n", MUL(2+3, 3+4));
10
11      return 0;
12  }
```

41 버블 정렬 중에 사용할 수 있는 SWAP() 매크로를 정확히 적으시오. 단, 변수는 정수로 한정한다.

매크로

매크로

42 다음 코드에서 에러를 찾고 에러가 발생하는 줄 번호와 이유를 정확히 적으시오.

```
01 #include <stdio.h>
02 
03 #define MAX 4
04 #define SWAP(a, b) {ho t; t=a; a=b; b=t;}
05 
06 typedef struct hero {
07    char name[10];
08    int age;
09    float power;
10 } hero;
11 
12 int main() {
13    hero ho[MAX] = { {"gildong", 22, 8.2}, {"hyungwook", 28, 9.3},
                      {"changsik", 21, 7.6}, {"hosik", 29, 8.1} };
14    int j, k;
15 
16    for (k = 0; k < MAX; k++) {
17       for (j = 1; j < MAX; j++) {
18          if (ho[j-1].age > ho[j].age)
19             SWAP(ho[j-1], ho[j]);
20       }
21    }
22    for (k = 0; k < MAX; k++)
23       printf("%d:%s %d %.1f\n", k, ho[k].name, ho[k].age,
                                                    ho[k].power);
24    return 0;
25 }
```

43 다음 코드의 출력 값을 정확히 적으시오.

정적 변수

```
#include <stdio.h>

void static_test(int num) {
   static int order;

   order = order + num;
   printf("%d ", order);
}

int main() {

   static_test(3);
   static_test(4);

   return 0;
}
```

WONDER C

CHAPTER

15

이중&함수 포인터

학습목차

15.1 이중 포인터

1 이중 포인터란?

포인터를 가리키는 포인터

이중 포인터 double pointer 란 포인터를 가리키는 포인터이다. 앞서 저급 언어의 특징을 가지는 포인터가 발전하여 현재의 배열과 같은 형태가 되었다고 설명했다. 정확하게 이야기하면, 포인터가 발전하여 1차원 배열이 되었고 이중 포인터가 발전하여 2차원 배열이 되었다. 이중 포인터와 2차원 배열의 관계는 조금 뒤에서 다루고 우선 이중 포인터의 특징에 대해 살펴본다.

하이퍼 링크 이중 포인터의 개념은 상당히 어렵다. 따라서 9장 배열 중 5절 2차원 배열과 10장 포인터를 완전히 이해한 후 읽기 바란다.

이중 포인터의 특징

앞서 포인터를 설명하면서 포인터는 반려견이라 표현했다. 반려견은 일반 변수가 있는 위치(주소)의 끈을 물고 있는 자료형이다. 주인이 가져와(*)라고 명령을 하면 끈이 있는 곳의 주소로 가서 내용물을 가져온다. **이중 포인터는 포인터(반려견)만 상대하는 포인터이다.**

포인터가 물고 있는 끈의 끝에는 데이터가 있다. 예를 들어 `int*` 포인터의 주소를 따라가면 그 끝에는 `int` 데이터가 있다. 이중 포인터도 끈을 물고 있는데 그 끝에는 항상 반려견(포인터)이 있다. **이중 포인터는 일반적인 자료형은 절대 상대하지 않는다.** 반려견의 반려견이라 할 수 있다.

이중 포인터 선언 방법

주소가 담겨 있는 포인터형 변수를 가리키고 있는 자료형이 이중 포인터이다. 따라서 이중 포인터도 주소를 담고 있다. 이중 포인터는 포인터 연산자(*) 2개를 사용하여 선언한다.

이중 포인터 선언 방법

```
int **dp;
```

포인터와 이중 포인터의 차이

포인터와 이중 포인터가 어떤 차이가 있는지 코드를 통해 살펴보자. 이중 포인터를 선언하고 사용하는 코드를 [예제 15-1]에 나타냈다. 4번 줄에서 정수형 변수 num과 정수형 포인터 *p를 선언한다. 5번 줄에서 정수형 이중 포인터 **dp를 선언한다.

7번 줄 p = &num에 의해 포인터 p에게 num의 주소를 넘겨준다. 이때부터 포인터 p는 num의 주소를 가지게 된다. 앞서 이야기했지만, num이 포인터 p에게 주소를 넘겨준다는 것은 num의 공간을 둘이 같이 사용하겠다는 의미이다. 따라서 *p에 새로운 값을 넣으면 num에 저장된다.

[예제 15-1]
이중 포인터 출력 코드

1501_dpoint1.c

```c
01  #include <stdio.h>
02
03  int main() {
04      int num = 7, *p;
05      int **dp;                          // 이중 포인터 dp 선언
06
07      p = &num;                          // 포인터 p에게 num 주소 대입
08      dp = &p;                           // 이중 포인터 dp에게 p 주소 대입
09      printf("%p %p\n", p, *dp);         // p와 *dp 주소 출력
10      printf("%d %d\n", *p, **dp);       // *p와 **dp 값 출력
11
12      **dp = 9;
13      printf("%d %d\n", *p, **dp);       // *p와 **dp 값 출력
14      return 0;
15  }
```

실행 화면

```
0073F9EC 0073F9EC
7 7
9 9
```

8번 줄에서 주소 변환 연산자(&)를 사용하여 p의 주소를 이중 포인터 dp에게 넘겨준다. 7번 줄에 의해 num과 *p가 같은 공간을 사용하고 있었다. p의 주소를 dp에게 넘겨줌에 따라 **dp도 num의 공간을 같이 쓸 수 있는 권리가 생긴다. 이러한 상태를 그림으로 그려보면 다음과 같다.

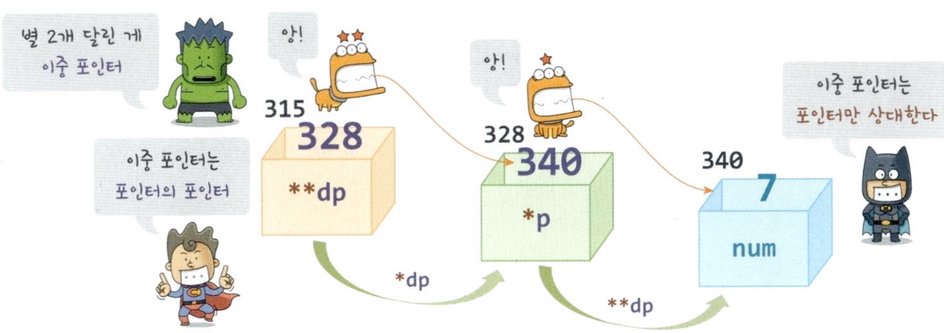

그림 15-1
이중 포인터

그림과 같이 num에 7이 들어 있고, 포인터 p는 num의 시작 주소인 340번지를 가지고 있다. 여기에 이중 포인터 dp는 포인터 p의 주소인 328번지를 가지고 있다. 이중 포인터의 경우, 두 번을 거치면 num에 있는 값을 마음대로 쓸 수 있는 권리가 생긴다.

9번 줄에서 포인터 p의 주소와 이중 포인터 *dp의 주소를 출력해보면 같은 주소가 나온다. 이중 포인터를 선언하고 포인터 연산자를 한 개만 붙이면, 바로 다음 주소를 가리킨다는 것을 알 수 있다.

10번 줄에서 *p가 가리키는 곳의 값과 **dp가 가리키는 곳의 값을 출력해보면 똑같이 7이 출력된다. 따라서 *p와 **dp가 가리키고 있는 곳이 같다는 것을 확인할 수 있다.

12번 줄에서 **dp에 9를 넣었다. 이것은 num, p, dp가 서로 연결되어 있기 때문에 num = 9와 같은 의미이며, *p = 9와 같은 의미이다. 따라서 13번 줄에서 *p가 가리키는 곳의 값과 **dp가 가리키는 곳의 값을 출력해보면 똑같이 9가 출력된다.

예제를 통해 이중 포인터가 포인터의 포인터라는 것을 확인할 수 있다. 따라서 이중 포인터에 대입하는 값은 포인터의 주소여야만 한다. 만약 num의 주소를 이중 포인터에 대입하면 오류가 발생한다.

```
dp = &num;                    이중 포인터에 일반 자료형의 주소를 넣으면 안 됨
```

dp = &num 코드가 실행되면 아래 그림과 같은 모양이 된다. 이중 포인터 dp가 num의 주소인 340번지를 가지게 된다. 이중 포인터가 가지고 있는 끈을 따라가면 그 끝에는 포인터가 있기 때문에 그 안에 있는 값은 주소이다. 따라서 *dp는 num이 가지고 있는 값인 7이 주소라고 착각하게 된다. **dp는 7번지에 값을 집어넣거나 7번지에 있는 값을 읽어오라는 명령이 되어 오류가 발생한다.

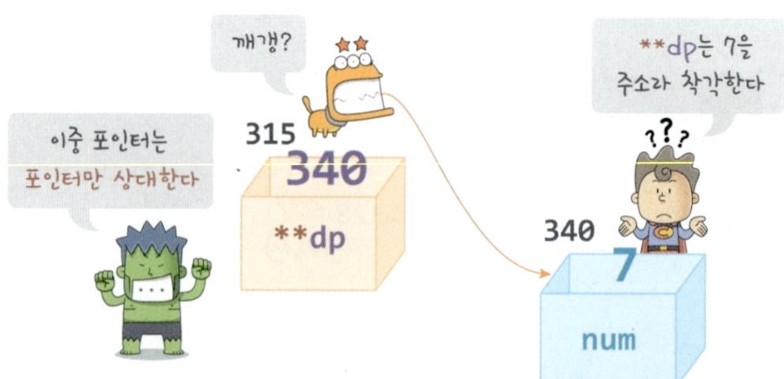

그림 15-2
이중 포인터는 포인터만 상대한다

결론적으로 이중 포인터에는 일반적인 변수의 주소를 대입하면 안 된다. 이중 포인터에 대입되는 값은 무조건 포인터의 주소 값이어야 한다.

2 2차원 배열과 이중 포인터

이중 포인터가 필요한 이유

앞의 예제처럼 num을 *p가 가리키고, *p를 이중 포인터 **dp가 다시 가리키는 코드는 거의 사용하지 않는다. 단지 이중 포인터의 특성을 설명하기 위하여 만든 예제일 뿐이다. 이중 포인터가 꼭 필요한 곳이 2차원 배열이다. 2차원 배열은 이중 포인터의 구조를 가지기 때문에 2차원 배열을 포인터에 대입하고 싶다면, 이중 포인터를 사용해야 한다.

```
char *str[3] = { "ring","my","bell" };
```

문자 2차원 배열 = 문자열 배열

문자열 배열인 2차원 배열을 위와 같이 선언하면 메모리 구조는 아래 그림과 같다. 전체 문자열 중 ring의 시작 주소를 가리키고 있는 포인터는 str[0]이다. my의 시작 주소는 str[1]이 가리키고 있고, bell의 시작 주소는 str[2]가 가리키고 있다.

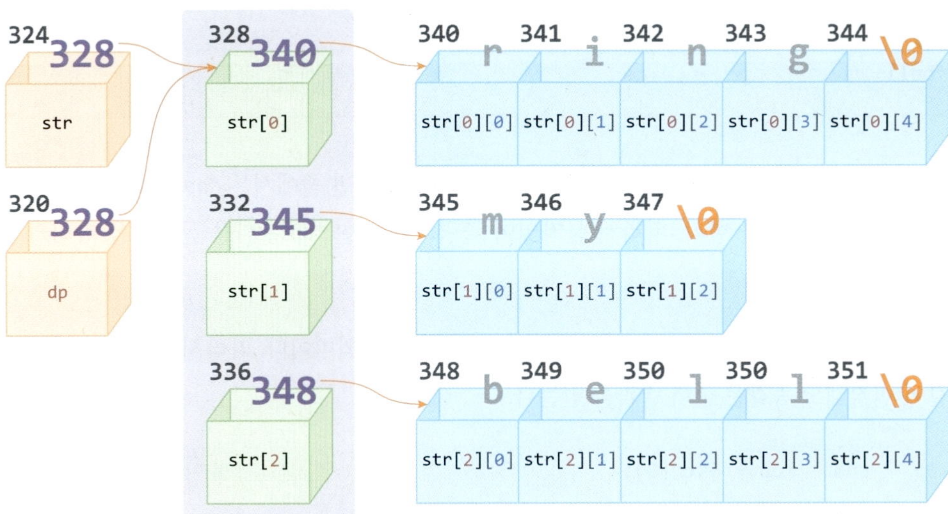

그림 15-3
2차원 배열 선언 시 메모리 구조

포인터 str[0], str[1], str[2]도 배열이기 때문에 메모리에 연속하여 존재한다. 포인터 배열인 str[0], str[1], str[2]의 시작 주소는 str이 가리키고 있다. 따라서 *str[3]에서 str은 이중 포인터이다.

> **여기서 잠깐**
> 문자는 1바이트이지만 포인터는 정수임으로 문자보다 몇 배 크다. 그림을 간결하게 하기 위하여 포인터는 조금 큰 박스로 표현했다.

2차원 배열과 이중 포인터 사용하기

2차원 배열을 선언하고 이중 포인터로 출력하는 코드를 [예제 15-2]에 나타냈다. 4번 줄 char *str[3]={ "ring","my","bell" }은 문자열 배열 *str[3]을 선언하고 초기화한다. 5번 줄에서 이중 포인터 **dp를 선언하고 str을 대입한다. 이때부터 이중 포인터 dp는 str의 문자열에 접근할 수 있게 된다.

[예제 15-2]
이중 포인터를 이용한 출력 코드

1502_dpoint2.c

```
01  #include <stdio.h>
02
03  int main() {
04      char *str[3] = { "ring","my","bell" };
05      char **dp = str;                          // 이중 포인터 선언 후 str 대입
06
07      while (*dp)                               // 배열의 끝이면 NULL(=0) 반환
08          printf("%s\n", *dp++);                // 문자열 출력 후 포인터 1 증가
09      return 0;
10  }
```

실행 화면

```
ring
my
bell
```

7번 줄은 *dp가 0이 될 때까지 8번 줄을 반복하게 된다. 8번 줄에서는 *dp의 문자열을 출력하고, *dp = dp + 1을 한다. 따라서 문자열이 출력되고 나면 *dp는 다음 문자열을 가리키게 된다.

5번 줄의 char **dp = str은 char **dp = &str[0]과 같은 의미이다. 따라서 5번 줄을 다음과 같이 변경해도 똑같은 출력 결과를 얻는다.

```
05  char **dp = &str[0];
```

문자열 배열 시작 주소를 이중 포인터에 전달

만약 문자열 'bell'만 출력하고 싶다면 5번 줄을 다음과 같이 변경하면 된다. **dp에 bell의 시작 주소인 &str[2]를 대입하면 된다.

```
05  char **dp = &str[2];
```

문자열 bell의 시작 주소를 이중 포인터에 전달

문자열 배열을 선언하고 사용하는 경우, 이중 포인터를 사용하면 문자열들에게 쉽게 접근할 수 있다.

3 함수와 이중 포인터

문자열 배열을 매개 변수로 전달하기

이중 포인터를 이해했다면 함수에 문자열 배열을 매개 변수로 전달할 때 이중 포인터를 사용하면 된다. 앞의 [예제 15-2]를 사용자 정의 함수를 사용하여 출력하는 형태로 바꾼 것이 [예제 15-3]이다.

12번 줄에서 매개 변수 str로 넘긴 값을 3번 줄 함수 print_string()에서는 이중 포인터인 **dp로 받았다. 나머지 코드는 앞의 [예제 15-2]와 동일하다.

[예제 15-3]
이중 포인터를 매개 변수로 사용한 코드
1503_dpoint3.c

```
01  #include <stdio.h>
02
03  void print_string(char **dp) {
04
05      while (*dp)                             // 배열의 끝이면 NULL(=0) 반환
06          printf("%s\n", *dp++);              // 문자열 출력 후 포인터 1 증가
07  }
08
09  int main() {
10      char *str[3] = { "ring","my","bell" };
11
12      print_string(str);
13      return 0;
14  }
```

실행 화면

```
ring
my
bell
```

3번 줄의 이중 포인터인 **dp는 다음과 같이 선언해도 같은 결과를 얻는다.

```
03  void print_string(char *dp[])
```

포인터 문자열 생성하기

매개 변수로 이중 포인터를 사용하여 코드를 향상시킬 수 있는 방법이 있다. [예제 15-4]는 문자 배열을 선언한 후, 함수에서 새로운 문자열을 만드는 코드이다. 10번 줄에서 char str[100]을 선언하고 12번 줄에서 함수 str_make()에게 문자 배열을 전달한다. str은 포인터이기 때문에 4번 줄에서 char *p로 받았다.

참조에 의한 호출의 경우, 함수에서 원래의 값을 변경할 수 있다. 그러나 11장 문자열 처리에서도 이야기했지만, 문자 배열 p가 가리키고 있는 str은 주소와 크기를 변경할 수 없는 문자 배열로 선언되었다. 따라서 *p = "ring my bell"이라 쓰면 안 된다. 문자열 복사 함수인 strcpy()를 사용하여 p에 "ring my bell"을 복사한다. strcpy()를 쓰기 위해서는 2번 줄 #include <string.h>를 추가하는 것을 잊지 말자. 12번 줄에서 출력을 하면 "ring my bell"이 정상적으로 출력되는 것을 확인할 수 있다.

[예제 15-4]
문자열 생성 코드
1504_make1.c

```
01 #include <stdio.h>
02 #include <string.h>                        // strcpy()가 들어 있는 라이브러리
03
04 void str_make(char *p) {
05
06    strcpy(p, "ring my bell");
07 }
08
09 int main() {
10    char str[100];
11
12    str_make(str);
13    printf("%s\n", str);
14    return 0;
15 }
```

실행 화면

```
ring my bell
```

[예제 15-4]의 코드는 큰 문제가 없지만, 만들어지는 문자의 크기를 알 수가 없어 str[100]으로 선언했다. 이중 포인터를 이용하면, 글자 크기에 딱 맞는 문자열 배열을 만들 수 있다.

이중 포인터로 문자열 생성하기

포인터도 어려운데 이중 포인터를 이용한 코드를 만드는 게 익숙하지 않을 것이다. 그래서 이중 포인터를 이용한 문자 생성 코드를 설명하기 전에 [예제 15-5]를 먼저 살펴본다. 가장 주의 깊게 살펴볼 것은 3번 줄의 typedef char * string이다. 문자열은 char *라는 것을 알겠지만, 포인터(*) 연산자가 붙어 있어서 어렵게 느껴진다. 그래서 typedef를 사용하여 char *를 string이라 정의했다. 따라서 int, float, char와 같이 string도 자료구조형 중 하나라고 생각하면 된다.

[예제 15-5]
이중 포인터를 이용한 문자열 생성 코드

1505_make2.c

```
01  #include <stdio.h>
02
03  typedef char * string;
04
05  void str_make(string *p) {         // string 자료형 word의 주소 받음: 포인터
06
07      *p = "ring my bell";
08  }
09
10  int main() {
11      string words = NULL;
12
13      str_make(&words);              // string 자료형 word의 주소 전달
14      printf("%s\n", words);
15      return 0;
16  }
```

실행 화면

```
ring my bell
```

11번 줄에서 문자열 변수 words를 정의하고 NULL로 초기화했다. [예제 15-4]에서는 문자열의 크기를 알 수 없어 str[100]으로 선언했지만, [예제 15-5]에서는 words를 포인터로 선언했다는 것이 다르다. 이중 포인터를 사용하면 str[100]과 같이 필요가 있을지 없을지 모르는 공간을 잡을 필요가 없다.

13번 줄에서 함수 str_make()에게 words를 전달한다. 값에 의한 호출은 words의 값을 변경할 수 없다. words에 들어 있는 값은 현재 NULL이기 때문에 NULL을 복사해봐야 할 수 있는 일이 아무것도 없다. 따라서 주소 변환 연산자(&)를 사용하여 참조에 의한 호출을 사용했다.

5번 줄의 함수 str_make()에서 주소를 받기 위해 str_make(string *p)로 선언했다. 호출하는 쪽에서 &words로 주소를 보냈기 때문에 받는 쪽에서는 포인터 *p로 받아야 한다. 7번 줄에서 *p가 가리키는 곳에 문자열 "ring my bell"을 넣는다. 14번 줄에서 출력을 하면 'ring my bell'이 정상적으로 출력되는 것을 확인할 수 있다. [예제 15-4]에서는 배열로 선언했기 때문에 strcpy() 함수를 사용하여 "ring my bell"을 복사했다. 그러나 이중 포인터의 경우, "ring my bell"의 주소를 가지기 때문에 *p = "ring my bell"이라 써도 된다.

[예제 15-5] 코드는 [예제 15-4] 코드와 크게 다르지 않다. 차이점이라면 배열이 아닌 포인터를 사용했기 때문에 strcpy()와 같은 함수 없이도 'ring my bell'을 대입할 수 있다.

그렇다면 [예제 15-5] 코드에서 3번 줄 typedef char * string을 지워보자. 코드에서 string으로 되어 있는 부분을 char *로 바꿔주면 된다. 바뀐 코드는 다음과 같으며, 3번 줄의 string과 11번 줄의 string이 char *로 변경되었다.

```
01  #include <stdio.h>
02
03  void str_make(char **p) {          // 포인터의 주소 받음 - 이중 포인터
04
05     *p = "ring my bell";
06  }
07
08  int main() {
09     char *words = NULL;
10
11     str_make(&words);                // 포인터 words의 주소 전달 - 이중 포인터
12     printf("%s\n", words);
13     return 0;
14  }
```

바뀐 코드를 다시 살펴보자. 9번 줄에서 char *로 words를 선언하고 NULL로 초기화한다. 11번 줄 &words는 문자열 포인터의 주소를 넘겨준다. words는 문자 포인터이고 현재 NULL이 담겨 있다. 주소 변환 연산자를 사용하지 않으면 NULL이 전송되는데 NULL 값은 의미가 없다. 따라서 주소 변환 연산자를 사용하여 words의 주소를 넘겨준다.

3번 줄에서는 이중 포인터인 **p로 받아야 한다. 문자 포인터인 words를 넘겨주었을 경우에는 같은 형태인 char *p로 받으면 된다. 그러나 &words로 넘겼기 때문에 전달되는 값은 포인터의 포인터인 이중 포인터이다.

5번 줄에서 포인터가 가리키는 곳, 다시 말해 words에 "ring my bell"이 들어가고 정상적으로 출력된다. typedef char * string으로 만든 [예제 15-5]와 번갈아 보면서 이중 포인터를 이해하기 바란다.

4 main() 함수 매개 변수

심화

int main(void)

지금까지 main() 함수를 int main()으로만 써 왔지만, 정확한 문법으로는 int main(void)라 써야 한다. main()도 함수이기 때문에 일반적인 함수와 같이 매개 변수가 존재한다. 매개 변수를 사용하지 않는다는 뜻에서 int main(void)라고 써야 하지만, 특별한 경우가 아니라면 main() 함수가 매개 변수를 사용하지 않기 때문에 생략했다.

```
int main(void) {
```

옵션을 전달 받는 main()

일반적인 함수는 main()에서 호출할 때 매개 변수를 넘겨주지만, main()은 누가 호출하고, 누구로부터 매개 변수를 받는지 설명하지 않았다. 여러분이 my_prog.c를 정상적으로 컴파일 하면, 화면 하단에 다음과 같이 나타난다.

화면에 나타난 내용은 다음과 같다. 내가 만든 코드는 my_prog.c이고 컴파일 결과 실행 파일인 Project1.exe가 만들어진다. Project1.exe를 폴더에서 찾아서 실행하면 결과를 확인할 수 있다.

```
1>------ 모두 다시 빌드 시작: 프로젝트: Project1, 구성: Debug Win32 ------
1>my_prog.c
1>Project1.vcxproj -> C:\Users\zoch\source\repos\Project1\Debug\Project1.exe
========== 모두 다시 빌드: 성공 1, 실패 0, 생략 0 ==========
```

명령 프롬프트 창에서도 실행할 수 있다. 검색창에서 cmd라 입력하면 다음과 같은 화면이 나타난다. 화면에서 cd C:\Users\zoch\source\repos\Project1\Debug\라 입력하면, Project1.exe가 있는 폴더로 이동할 수 있다. 해당 디렉토리로 이동하여 Project1을 입력한 후, 엔터를 치면 해당 프로그램이 실행되고 결과를 확인할 수 있다. 명령 프롬프트 창에서 Project1을 실행시켜 보자. 비주얼 스튜디오에서 실행시킨 것과 똑같은 결과를 얻는다.

그림 15-4
명령 프롬프트 창에서의 실행 화면

명령 프롬프트 창에서 Project1을 실행시킬 때 옵션(option)을 주고 옵션 결과에 따라 다르게 실행시킬 수 있다. 예를 들어 Project1 love(Enter) 혹은 Project1 love again(Enter)를 치는 경우 love, 혹은 love again이 옵션이 된다.

```
Project1( Enter )                 옵션 없이 실행
Prpject1 love( Enter )            옵션 love
Prpject1 love again( Enter )      옵션 love again
```

프로그램을 실행할 때 만들어지는 옵션은 프로그램 실행 후에 키보드에서 입력을 받는 것과는 다르다. 프로그램 실행 후에 scanf()와 같은 함수를 사용하여 키보드로부터 입력을 받는다. 그러나 옵션의 경우, 프로그램 실행과 동시에 입력되는 값이다. 따라서 따로 전달해주지 않으면 어떤 옵션을 사용했는지 알 수 없다. 이와 같이 프로그램 실행 시 만들어지는 옵션은 main() 함수의 매개 변수로 전달된다.

main() 함수에 들어오는 매개 변수에는 프로그램의 이름을 포함하여 전체 문자열의 개수를 담고 있는 int argc와 문자열 배열인 char *argv[]가 전달된다.

main() 함수 매개 변수	int main(int argc, char *argv[])

Project1만 실행했을 경우와 Project1 love를 실행했을 경우의 argc와 *argv[] 값의 변화는 다음 표와 같다. main() 함수에 전달되는 값은 공백문자( )를 기준으로 잘라서 문자열 배열의 형태로 전달되며, argc는 문자열이 몇 개 있는지를 나타낸다. 따라서 Project1 love again으로 실행하면 argc는 3이 되고 *argv[]에는 { "Project", "love", "again" }이 매개 변수로 전달된다.

실행	Project1	Project1 love
argc 값	1	2
*argv[] 값	{ "Project1" }	{ "Project1", "love" }

main() 함수에서 옵션을 전달받아 출력하는 함수를 [예제 15-6]에 나타냈다. main() 함수의 매개 변수로 int argc와 char *argv[]가 전달되면, 6번 줄에서 k는 0부터 시작하여 argc보다 작을 때까지 반복하면서 argv[k] 문자열을 출력한다.

[예제 15-6]
main() 매개 변수 출력 코드
1506_main.c

```
01  #include <stdio.h>
02
03  int main(int argc, char *argv[]) {
04     int k;
05
06     for (k = 0; k < argc; k++)
07        printf("%s\n", argv[k]);
08     return 0;
09  }
```

실행 화면

```
C:\Users\zoch\source\repos\Project1\Debug>Project1 love again   ← 입력
Project1
love
again
```

실행 화면을 보면, Project1 love again을 입력했을 때 Project1, love, again이 출력되는 것을 확인할 수 있다.

명령 프롬프트 창이 익숙하지 않다면, 비주얼 스튜디오에서 옵션을 직접 처리할 수 있는 방법도 있다. [프로젝트] → [속성] 탭을 클릭하면 다음과 같은 화면이 나온다. 여기서 [디버깅] 부분의 명령 인수에 love again을 써넣으면 같은 결과를 얻는다.

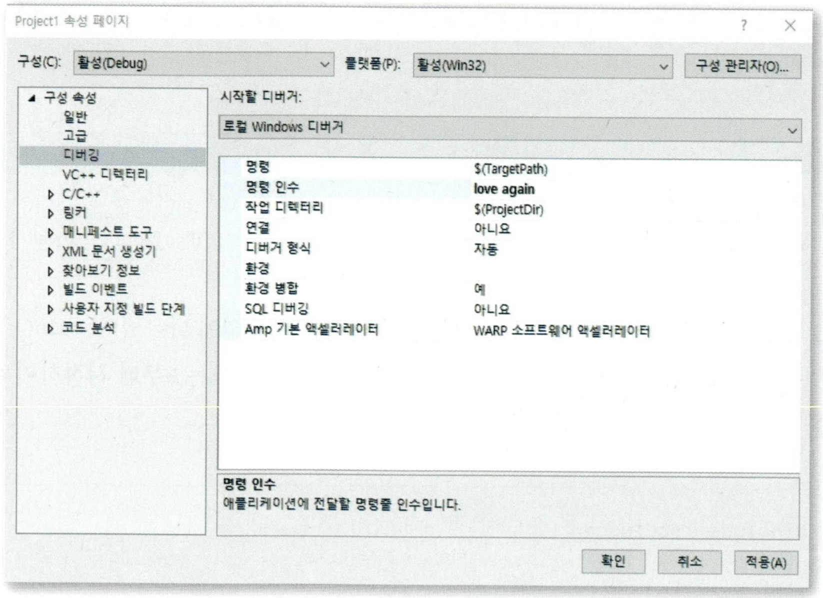

그림 15-5
비주얼 스튜디오에서 옵션 처리 방법

앞서 설명하였듯이 `*argv[]`는 이중 포인터이다. 따라서 `char **argv`와 같이 선언해도 된다. 다음 코드는 [예제 15-6]을 이중 포인터의 형태로 변형한 것이다.

```
#include <stdio.h>

int main(int argc, char **argv) {

   while (*argv)
      printf("%s\n", *argv++);
   return 0;
}
```

옵션과 환경 변수를 전달 받는 main()

`main()`에는 옵션 이외에 전달되는 문자열이 또 있다. 3번째 전달되는 문자열은 '환경 변수'이다. 환경 변수란 프로그램이 실행되고 있는 컴퓨터 환경에 대한 다양한 값들이다. 로그인 아이디, 컴퓨터 이름, 사용하고 있는 운영체제와 같은 정보들이 환경 변수이다. 환경 변수는 문자열만 전달받는다. [예제 15-7]은 환경 변수를 전달받아 출력하는 코드이다. 출력 결과를 보면 많은 양의 환경 변수가 출력되어 일부분은 생략했다.

[예제 15-7]
main() 환경 변수 출력 코드
1507_main.c

```c
#include <stdio.h>

int main(int argc, char *argv[], char *env[]) {

    while (*env)
        printf("%s\n", *env++);
    return 0;
}
```

실행 화면

```
ALLUSERSPROFILE=C:\ProgramData
APPDATA=C:\Users\zoch\AppData\Roaming
CommonProgramFiles=C:\Program Files (x86)\Common Files
CommonProgramFiles(x86)=C:\Program Files (x86)\Common Files
CommonProgramW6432=C:\Program Files\Common Files
COMPUTERNAME=HS_ZOCH
ComSpec=C:\Windows\system32\cmd.exe
DriverData=C:\Windows\System32\Drivers\DriverData
FPS_BROWSER_APP_PROFILE_STRING=Internet Explorer
FPS_BROWSER_USER_PROFILE_STRING=Default
FP_NO_HOST_CHECK=NO
HOMEDRIVE=C:
HOMEPATH=\Users\zoch
LOCALAPPDATA=C:\Users\zoch\AppData\Local
LOGONSERVER=\\HS_ZOCH
MSBuildLoadMicrosoftTargetsReadOnly=true
NUMBER_OF_PROCESSORS=8
OneDrive=C:\Users\zoch\OneDrive
OS=Windows_NT
(이하 생략)
```

main()에서 매개 변수로 받는 int argc, char *argv[], char *env[]는 윈도우즈나 유닉스에서 모두 사용할 수 있다. 다만 환경 변수로 들어오는 문자열의 순서나 내용은 운영체제나 사용자 환경에 따라 조금씩 달라진다.

5 void 포인터

심화

자료형이 없는 포인터

포인터는 기존 자료형과는 다른 형태의 자료형이라 설명했다. 따라서 포인터는 포인터의 문법에 따라야 한다. 포인터 중에 아주 이상한 포인터가 하나 있는데 그것이 void 포인터이다. void 포인터란 자료형에 상관없이 주소를 가지는 포인터를 의미한다. void는 포인터에만 해당하는 자료형이며 일반 변수는 선언할 수 없다.

```
void vp;                    오류: void는 포인터만 만들 수 있고 일반 변수는 만들 수 없음
```

void란 원래 없다는 뜻이다. 그래서 void 포인터는 없는 포인터란 뜻이 된다. 더 정확하게 이야기하면, 자료형이 없는 포인터이다. 원래 포인터는 int*, char*, float*와 같이 어떤 자료의 주소를 가지고 있는지를 표시한다. 그런데 void 포인터는 int*, char*, float*와는 다르게 가지고 있는 주소의 자료형이 없는 포인터이다. 그래서 어떤 자료형의 주소든지 간에 다 가질 수 있는 포인터이다.

우리가 int*, char*, float*와 같은 포인터를 만든 이유는 자료의 크기를 정하기 위해서였다. 그러나 void는 주소만 가질 뿐 자료의 크기를 가지지 못한다. 따라서 void 포인터는 덧셈과 뺄셈과 같은 포인터 연산을 할 수 없다. 다시 말하면 배열의 시작 주소를 가질 수는 있지만, 배열 안에서 이동할 수는 없다.

그림 15-6
void 포인터

void 포인터 사용하기

[예제 15-8]은 void 포인터를 선언하고 사용하는 예제이다. 6번 줄에서 void 포인터를 선언하고, 8번 줄에서 void 포인터에 정수 num의 주소를 넘겨준다.

[예제 15-8]
void 포인터 출력 코드
1508_dpoint1.c

```
01  #include <stdio.h>
02
03  int main() {
04      int num = 7;
05      char ch = 'A';
06      void *vp;                          // void 포인터 vp 선언
07
08      vp = &num;                         // void 포인터 vp에게 num 주소 대입
09      printf("%d\n", *(int *)vp);        // *(int *)vp 값 출력
10      vp = &ch;                          // void 포인터 vp에게 ch 주소 대입
11      printf("%c\n", *(char *)vp);       // *(char *)vp 값 출력
12
13      return 0;
14  }
```

실행 화면

```
7
A
```

9번 줄에서 void 포인터 vp가 가진 값을 출력해 보자. 기존 포인터라면 참조 연산자(*)를 사용하여 *vp가 가지고 있는 주소로 가서 값을 참조할 수 있다. 그러나 void 포인터는 시작 주소만 가지고 있을 뿐, 크기 정보를 가지고 있지 않다. 따라서 *vp가 가지고 있는 주소가 어떤 자료형인지를 알려주어야 한다. *와 vp 사이에 형변환 연산자 (int *)를 사용하여 vp가 가지고 있는 주소를 정수형 포인터라 명시해준다. 그래서 *(int *)vp가 된다.

10번 줄에서 문자형 변수 ch의 주소를 void 포인터 vp에 대입하고 11번 줄에서 가지고 있는 값을 출력한다. void 포인터 vp가 가지고 있는 주소의 크기는 (char *)이기 때문에 *(char *)vp로 출력한다.

void 포인터는 가리키는 자료형의 시작 주소만 가지고 있을 뿐, 크기 정보는 없다. 따라서 배열처럼 사용할 수 없다. 포인터 p에 배열 주소를 대입하는 경우 p = p + 1과 같은 연산을 할 수 있었다. 그러나 void 포인터의 경우, 크기 정보가 없기 때문에 p = p + 1을 할 수 없다. 주소를 몇 칸만큼 이동시켜야 하는지 알 수 없기 때문이다. 결론적으로 void 포인터는 다양한 포인터의 주소를 가질 수는 있으나, 포인터 연산을 하기에는 불편한 자료구조이다.

하이퍼 링크

이런 요상한 포인터를 왜 만들었는지 의문이 들 것이다. void 포인터는 일반적인 포인터 연산을 위해 만든 자료구조가 아니다. void 포인터의 필요성에 대해서는 16장 동적 메모리 할당에서 설명한다.

15.2 함수 포인터

1 함수 포인터 이해하기

함수 포인터란?

함수 포인터(function pointer)란 함수의 시작 위치를 가리키는 포인터이다. 일반적으로 포인터는 특정 자료형의 시작 주소를 가리키고 있다. 함수 포인터는 함수의 시작 주소를 가리키는 포인터이다. 함수 포인터는 지금까지 배운 어떤 내용보다도 까다로운 내용을 담고 있다. 현재 사용되는 비주얼 프로그래밍의 기초가 되는 내용을 담고 있으니 천천히 읽어보기 바란다.

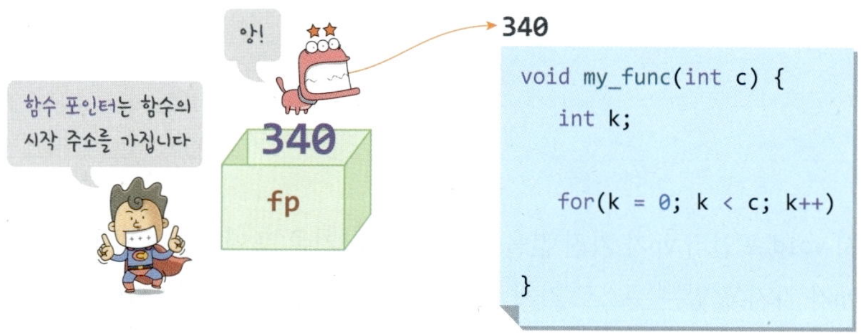

그림 15-7
함수 포인터

함수 포인터가 필요한 이유

C언어는 유닉스라는 운영체제를 만들기 위해 개발된 언어이다. 운영체제에는 절차에 따라 순서대로 처리되는 작업들이 대부분이다. 그러나 이벤트[event] 나 시그널[signal] 처리와 같은 작업들은 언제 발생할지 예측할 수 없어서 일반적인 코드로 만들기 힘들다. 시그널이 무엇인지와 어떻게 처리하는지에 대해서는 해야 할 이야기가 너무 많기 때문에 이 절의 맨 뒷부분에서 다시 다룬다.

현대 프로그램에서도 언제 발생할지 모르는 작업들을 처리할 때 이벤트 처리 기법을 도입했다. 예를 들어 윈도우의 맨 오른쪽 상단에 있는 버튼들을 보자. 보통 3개의 버튼이 있는데, 맨 왼쪽이 윈도우를 숨기는 `minimize` 버튼, 중간이 윈도의 크기를 변경하는 `re-size` 버튼, 맨 오른쪽이 윈도우를 종료시키는 `abort` 버튼이다.

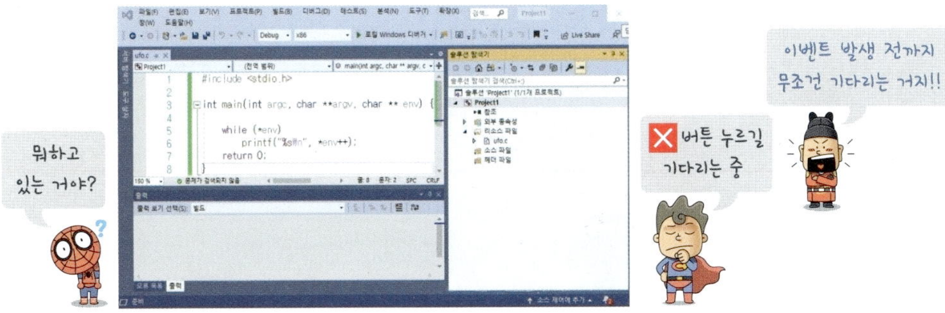

그림 15-8
이벤트 처리

각 버튼이 눌릴 때마다 윈도우는 변화가 일어나는데 이를 이벤트라 한다. 이벤트란 언제 발생할지 모르는 작업을 의미한다. 여러분들이 문서 편집기를 실행했다고 가정해 보자. 윈도우 숨기기, 윈도우 크기 변경, 종료와 같은 버튼을 언제 누를 것인지 예측할 수 없을 것이다. 그래서 이러한 작업을 이벤트라 부른다.

이벤트를 처리하는 코드를 만든다고 상상해 보자. 지금까지 배운 방법으로는 해당 코드를 만들 수 없다. 반복문과 `scanf()`와 같은 입력 함수를 사용하여 버튼이 눌리는지를 확인하는 방식은 사용할 수 없다. 그 이유는 버튼이 언제 눌릴지 알 수 없기 때문에, 버튼이 눌릴 때까지 다른 작업을 진행하지 못한다. 다른 작업을 진행하기 위해서는 버튼이 눌리기를 하염없이 기다려야만 한다.

이러한 문제를 해결하는 방법은 각 버튼에 해당하는 함수를 만들어 해당 버튼에 연결해 놓는 것이다. 다른 작업을 진행하는 도중에 사용자가 버튼을 누르면 하던 작업을 멈추고, 연결되어 있는 함수가 활성화되어 실행되게 한다. 이때 함수 포인터가 사용된다.

그림에서 각 버튼에 특정 작업을 할 수 있는 함수를 함수 포인터로 연결했다. 사용자가 윈도우를 숨기는 버튼을 누르면 `minimize()` 함수가 실행되고, 윈도우 크기 변경 버튼을 누르면 `re_size()` 함수가 실행된다. 윈도우 종료 버튼을 누르면 `abort()` 함수가 실행된다.

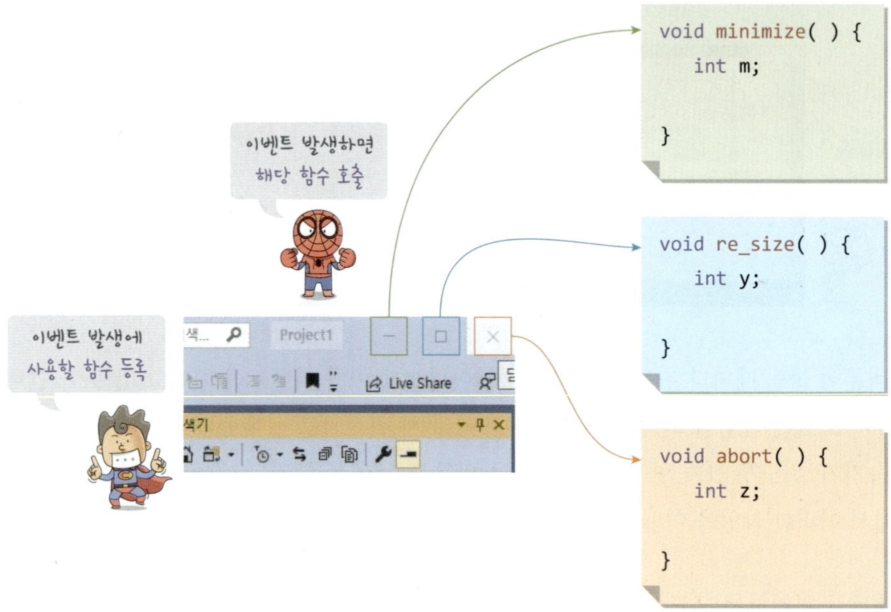

그림 15-9
이벤트와 함수 호출

버튼을 눌러 특정 신호가 발생하는 것을 이벤트가 발생했다고 한다. 이벤트에 의해 실행되는 함수를 이벤트 활성화 함수 event driven function 라 부른다. 이벤트 활성화 함수를 만들 때 사용되는 자료구조가 함수 포인터이다.

윈도우즈의 윈도우 숨기기 버튼, 윈도우 크기 변경 버튼, 윈도우 종료 버튼에는 이벤트가 발생했을 때 호출되는 기본 함수가 붙어있다. 이 함수를 다른 함수로 변경하면, 크기 변경 버튼을 사용 못 하도록 막는다던가, 종료 버튼을 누르면 작업한 내용을 자동으로 저장하도록 변경시킬 수 있다. 다시 말해, 기존에 붙어 있던 함수 대신 내가 만든 포인터 함수로 재지정하면 버튼의 작업을 마음대로 바꿀 수 있다.

여기서 잠깐 C++나 자바에서는 이벤트 처리에 있어 함수 포인터 대신에 `try()`와 `catch()` 함수로 처리한다. `try()`는 이벤트가 무엇인지를 정의하는 함수이고 `catch()`는 이벤트 발생 시 알려주는 함수이다.

우리는 6장에서 함수 포인터를 사용했었다. 6장에서 `srand()` 함수를 설명할 때, `srand()` 함수의 매개 변수로 `time()` 함수를 사용했었다. `srand( (unsigned)time(NULL) )`에서 `time()` 함수의 주소가 `srand()`에게 매개 변수로 전달된다. 그렇다면 `time()`은 어떻게 정의되어 있어야 주소를 전달할 수 있을지 생각해 보기 바란다. `time()` 함수는 함수형 포인터로 선언되어 있기 때문에 가능하다. 함수 포인터의 설명과 사용 방법에 대해 자세히 알아본다.

2 함수 포인터 사용하기

함수 포인터 선언 방법

함수 포인터는 기존의 함수 선언에 참조 연산자(*)를 붙임으로써 만들어진다. 다음 함수 포인터 정의에서 파란 글자는 원래의 함수의 모양을 나타내고 붉은 강조색으로 표시된 글자는 함수 포인터를 정의하기 위해 새로 추가된 부분이다.

함수 포인터 정의	`void (*fp)(int);`

void fp(int)가 함수의 원래 모양이다. 여기에 void *fp(int)와 같이 참조 연산자(*)만 붙이면 함수 포인터가 된다. 그런데 이 경우 괄호 연산자의 우선순위가 높기 때문에 괄호 안의 int가 먼저 해석되어 일반 함수로 인식한다. 따라서 포인터 함수이름인 fp가 포인터이면서 동시에 함수이름이라는 것을 인식시키기 위해 *fp를 괄호로 감싼다. (*fp)로 인하여 fp가 포인터의 성질을 갖게 되고, 그 다음 괄호 ()로 인해 함수라고 인식하게 된다. 따라서 괄호를 빼면 안 된다.

함수 포인터 사용하기

함수 포인터가 정의되고 나면, 정상적으로 만들어진 함수를 함수 포인터에 연결시켜 사용한다. [예제 15-9]는 함수 포인터를 연결하여 사용하는 코드이다. 3번부터 5번 줄 my_fp()는 함수 포인터에 연결할 함수의 원형이다.

[예제 15-9]
함수 포인터 정의 코드
1509_fpoint1.c

```
01 #include <stdio.h>
02
03 void my_fp(int a) {                    // 함수 원형 my_fp
04     printf("%d\n", a);
05 }
06
07 int main() {
08     void (*fp)(int);                     // 함수 포인터 fp 정의
09     fp = my_fp;                          // 함수 포인터 fp에 my_fp 함수 연결
10     fp(10);                              // my_fp(10)과 같음
11     return 0;
12 }
```

실행 화면

```
10
```

8번 줄에서 void (*fp)(int)로 함수 포인터 fp를 선언하고, 9번 줄에서 my_fp를 fp에 연결시킨다. my_fp 앞에 주소 변환 연산자(&)를 붙이지 않아도 my_fp() 함수의 시작 주소가 fp로 전달된다. 컴파일러는 my_fp가 함수라는 것을 알기 때문에 컴파일러가 자동으로 함수의 주소를 전달해준다. 9번 줄로 인하여 함수 포인터 fp는 my_fp를 접근할 수 있게 된다.

10번 줄에서 fp(10)을 하면 my_fp(10)을 한 것과 같은 결과를 얻는다. fp의 괄호 안의 10이 my_fp(int a)의 매개 변수 a에게 전달된다. 정확한 문법에 의하면, (*fp)(10)이라고 써야 한다. 함수 포인터 fp가 가리키는 곳에 10을 전달하라는 의미이다. 그러나 fp가 함수 포인터라는 것을 알고 있기 때문에 대부분의 컴파일러가 fp(10)을 허용한다. 출력 결과를 보면 10이 출력되는 것을 알 수 있다.

함수 포인터가 연결 가능한 함수

함수 포인터는 자신이 선언한 함수 형태와 똑같은 함수의 주소만을 가질 수 있다. 예를 들어 함수 포인터는 void (*fp)(int)라고 정의하고, 다음과 같이 4개의 함수가 선언되어 있다고 가정해 보자. 4개의 함수 중 함수 포인터에 연결할 수 있는 함수는 fp_ex4()뿐이다. fp_ex1()의 경우는 반환 자료형이 다르다. *fp()는 void로 반환값이 없는 반면에 fp_ex1()은 반환값이 int이다.

코드	함수 포인터는 같은 형태의 함수만 연결 가능
void (*fp)(int);	
int fp_ex1(int a);	연결 불가: 반환형이 다름
void fp_ex2(char a);	연결 불가: 매개 변수 자료형이 다름
void fp_ex3(int a, int b);	연결 불가: 매개 변수 개수가 다름
void fp_ex4(int a);	연결 가능

fp_ex2()의 경우, 매개 변수의 자료형이 다르다. *fp()는 int인 반면에 fp_ex2()의 매개 변수는 char이다. fp_ex3()은 매개 변수의 개수가 달라서 연결할 수 없다. 예에서 보는 바와 같이 반환 자료형, 매개 변수의 개수 및 자료형이 완벽하게 일치하는 경우에만 함수 포인터에 연결이 가능하다.

3 함수 포인터 배열

함수 포인터 배열의 선언과 초기화

함수 포인터는 내용과 사용 방법이 까다롭다. 이에 비하여, 기존의 함수를 다른 길로 접근하는 것 이외에 특별함이 없다. 앞서 설명했지만, 함수 포인터는 기존의 순차적인 프로그래밍 방법에서 다루기 힘든 이벤트 처리를 위해 만들어졌다. 따라서 함수 포인터를 기존의 프로그래밍 방식으로만 사용하는 것은 큰 이득이 없다.

유닉스에서는 시그널과 같은 이벤트 처리에 아직도 함수 포인터를 사용한다. 그러나 윈도우즈의 경우, 적당한 예제를 찾기 어려웠다. 그래서 이벤트 처리가 어떻게 되는가를 시뮬레이션 하는 예제 코드를 만들어 보려 한다.

보통 이벤트들은 관련 있는 것끼리 모아서 처리한다. 이벤트를 모아서 처리하기 위해서는 함수 포인터 배열이 사용된다. 함수 포인터 배열이란 관련 있는 함수를 하나로 묶어 놓은 것이다. 함수 포인터 배열의 선언은 다음과 같다. 기존의 함수 포인터 옆에 대괄호 []를 쓰고 배열의 개수를 적으면 함수 포인터 배열이 된다.

함수 포인터 배열 정의	`void (*fp[3])(int);`

함수 포인터 배열을 초기화하는 방법은 중괄호 {} 안에 함수이름을 나열하면 된다. 함수 포인터 배열 (*fp[3])()을 선언하고, 함수 minimize(), re_size(), abort()를 초기화하는 코드는 다음과 같다. (*fp[0])()에는 minimize() 함수의 주소 값이 들어가고, (*fp[1])()에는 re_size() 함수의 주소 값이 들어가며, (*fp[2])()는 abort() 함수의 주소 값이 들어간다.

```
void (*fp[3])() = { minimize, re_size, abort };
```

이벤트 시뮬레이션 하기

[예제 15-10]은 사용자가 버튼 번호를 입력하면 해당 함수가 호출되는 코드이다. 사용자가 버튼 번호를 입력한다는 것은 해당 버튼을 누른 것이라 가정하고 코드를 읽어보기 바란다. 3번부터 13번 줄까지는 버튼이 눌렸을 때 활성화되는 함수들이 선언되어 있다. minimize() 함수는 윈도우즈를 작게 만드는 버튼이 눌렸을 때 활성화되는 함수이고, re_size() 함수는 크기를 변경하는 버튼이 눌렸을 때 활성화되는 함수이고, abort()는 종료 버튼이 눌렸을 때 활성화되는 함수이다. 각 함수 안에는 printf()가 어떤 작업을 했는지 출력한다.

[예제 15-10]

이벤트 시뮬레이션 코드

1510_event1.c

```c
01 #include <stdio.h>
02 
03 void minimize() {
04     printf("윈도우즈를 작게 만들었음\n");
05 }
06 
07 void re_size() {
08     printf("윈도우즈를 크기 변경했음\n");
09 }
10 
11 void abort() {
12     printf("프로그램 종료했음\n");
13 }
14 
15 void my_re_size() {                     // 이벤트를 다시 지정하기 위해 만든 함수
16     printf("크기 변경을 할 수 없음\n");
17 }
18 
19 int main() {
20     void (*button[3])() = { minimize, re_size, abort };
21     int event;
22 
23     printf("이벤트 입력(작게 만듦=0, 크기 변경=1, 프로그램 종료=2: ");
24     scanf("%d", &event);
25     button[event]();                         // 이벤트에 의해 해당 버튼 활성화
26 
27     button[1] = my_re_size;                  // 1번 버튼 함수 다시 지정
28     printf("이벤트 입력(작게 만듦=0, 크기 변경=1, 프로그램 종료=2: ");
29     scanf("%d", &event);
30     button[event]();
31     return 0;
32 }
```

실행 화면

```
이벤트 입력(작게 만듦=0, 크기 변경=1, 프로그램 종료=2: 1
윈도우즈를 크기 변경했음
이벤트 입력(작게 만듦=0, 크기 변경=1, 프로그램 종료=2: 1
크기 변경을 할 수 없음
```

20번 줄에서 button[3]의 함수 포인터 배열을 선언하고, button[0]에는 minimize() 함수 주소로 button[1]에는 re_size() 함수 주소로 button[2]에는 abort() 함수 주소로 초기화

했다. 함수 포인터의 초기화는 일반적인 배열의 초기화와 똑같다.

24번 줄에서 사용자로부터 이벤트 번호를 입력 받으면, 25번 줄에서 해당 이벤트에 해당하는 함수를 호출한다. 호출하는 방법은 간단하게 button[event]()라고 쓰면 된다. 출력 결과를 보면 알겠지만, 사용자로부터 1이라는 이벤트 번호를 입력 받으면, button[1]()에 연결된 re_size() 함수가 호출된다.

minimize(), re_size(), abort()와 같은 함수들은 운영체제가 기본으로 등록해 놓은 함수들이다. 만약 버튼이 눌릴 때 기본적인 작동 이외에 나만의 방법을 만들고 싶다면, 자신이 만든 함수로 다시 지정하면 된다. 15번에서 17번 줄은 re_size()를 변경하려고 만든 my_re_size() 함수이다. 사용자가 re_size() 버튼을 사용하지 못하도록 막고 싶다면 my_re_size() 함수를 만들어서 재지정해 준다.

27번 줄이 기존의 함수를 새로 만든 함수로 다시 지정하는 코드이다. button[1]에는 re_size()의 주소가 지정되어 있었지만, button[1] = my_re_size에 의해 새로운 함수로 바뀌게 된다. 28번에서 29번 줄까지 사용자로부터 이벤트 번호를 입력 받아 1번 버튼을 다시 누르면 '크기 변경을 할 수 없음'이라는 메시지가 뜬다. 새로운 함수로 다시 지정된 것을 확인할 수 있다.

운영체제에서 이벤트를 처리하는 방법은 [예제 15-10]과 유사하다. 함수를 만들어 이벤트 배열에 등록해 놓으면, 해당 이벤트가 발생할 때마다 등록한 함수가 호출되어 작업을 하는 방식이다. 이때 함수 포인터가 사용된다. 또한, 기본으로 등록되어 있는 함수 대신 자신만의 함수를 사용하고 싶다면, 함수를 다시 지정하면 된다. 따라서 사용자는 버튼이 눌렸는지 안 눌렸는지에 대하여 신경 쓰지 않고 자신의 작업을 계속 이어갈 수 있다.

4 유닉스에서 시그널 처리 심화

함수 포인터를 이용한 시그널 처리

유닉스의 경우 함수 포인터를 이용하여 시그널을 처리하고 있으며, 사용자가 자신이 원하는 시그널 함수로 변경할 수 있다. 유닉스에는 다양한 종류의 시그널이 존재한다. 시그널은 시그널 구조체 배열에 등록되어 있는데 1번부터 40번까지 정의되어 있다. 1번부터 40번 시그널 구조체 배열에는 기본 함수가 포인터로 연결되어 있다. 다시 말해 1번 시그널이 발생했을 경우 활성화되는 함수가 1번 시그널의 함수 포인터 형태로 저장되어 있다.

시그널에 사용하는 함수를 시그널 핸들러 signal handler 라 부른다. 프로그램이 작동하는 도중에 1번 시그널이 발생하면 운영체제가 1번 시그널 핸들러를 활성화시켜 작업을 하고, 다시 프로그램으로 돌아오게 된다.

유닉스에서 시그널 함수 지정하기

[예제 15-11]은 시그널을 자신이 만든 함수로 다시 지정하는 코드이다. 이 코드는 유닉스에서만 작동한다. 유닉스 기계가 준비되지 않은 경우 https://www.onlinegdb.com/에 다음 코드를 복사한 후 붙여넣어서 실행하면 결과를 확인할 수 있다.

여러 개의 시그널 중 `SIGINT`라는 시그널이 있다. `SIGINT`는 프로세스를 강제 종료하는 시그널로 시그널 번호 2번이다. `SIGINT`는 무한 루프를 돌고 있거나 너무 오랫동안 작동하여 프로세스를 중단시킬 경우 사용된다. 키보드에서 Ctrl 키와 c를 누르면 현재 작동하고 있는 프로세스에게 `SIGINT` 시그널이 발생하고 해당 프로세스는 강제 종료된다. 윈도우즈의 종료 버튼과 유사하지만 다르다. 윈도우즈는 종료 시 종료할지 말지를 물어보지만, `SIGINT`는 무작정 프로세스를 종료시킨다.

Ctrl+c를 눌러도 종료되지 않고 메시지를 띄울 수 있는 방법이 있다. 그 코드가 [예제 15-11]이다. 6번에서 8번 줄까지 정의되어 있는 `handler()` 함수가 기존의 핸들러를 대신하여 새롭게 만든 함수이다. 내용을 보면, 발생한 시그널 번호를 매개 변수 `signo`로 받아 출력하고, "`Don't Touch Me`"라 출력한다. `SIGINT`를 받으면 해당 프로세스는 죽어야 하는데 죽지 않고 건들지 말라고 출력한다.

[예제 15-11]
유닉스에서 시그널 처리 코드
1511_signal.c
UNIX only

```
01 #include <unistd.h>
02 #include <signal.h>
03 #include <stdlib.h>
04 #include <stdio.h>
05
06 void handler(int signo) {
07    printf("\nSigno=%d; Don't Touch Me\n", signo);
08 }
09
10 int main() {
11
12    signal(SIGINT, handler);
13    printf("Waiting ctrl+c\n");
14    pause();
```

```
15      printf("Wait again ctrl+c\n");
16      pause();
17
18      return 0;
19  }
```

실행 화면

```
Waiting ctrl+c
^C
Signo=2; Don't Touch Me
Wait again ctrl+c
^C
```

12번 줄에서 새로 만든 handler()를 SIGINT에 다시 지정한다. 새로운 함수를 재지정하는 일을 담당하는 함수가 signal()이다. signal(SIGINT, handler)는 SIGINT에 handler()를 연결해주는 함수이다.

시그널 처리에 함수 포인터를 사용한다고 했는데, 코드 어디에도 함수 포인터의 선언이 없어서 이상할 것이다. signal(SIGINT, handler)에서 매개 변수 handler는 6번 줄의 함수이름이다. 함수이름을 매개 변수로 주는 경우, 받는 쪽에서는 함수 포인터로 선언해야 한다. 따라서 함수는 signal(int a, void (*fp)(int));로 선언되어 있으며, 2번째 매개 변수의 선언이 포인터 함수로 되어 있다.

13번 줄에서 출력을 하고나면, 14번 줄에서 pause()라는 잠시 멈춤을 해주는 함수가 실행된다. 따라서 14번 줄에서 코드가 잠시 중단된다. 출력 화면을 보면, 사용자가 ^C(Ctrl+c)를 누르면 원래는 프로세스가 강제 종료되어야 하지만, 함수를 재지정했기 때문에 “Signo=2; Don't Touch Me”가 출력된다. 재지정한 함수가 제대로 작동하는 것을 확인할 수 있다.

시그널에 함수를 지정하면 1번만 작동하고, 원래의 함수로 돌아간다. 그래서 두 번째 SIGINT가 발생하면 프로그램은 강제 종료된다.

시그널 처리에 대해 좀 더 깊이 알고 싶다면 유닉스 시스템 프로그래밍 관련 서적을 참고하기 바란다.

15.3 순환 호출

1 함수와 스택

FILO 스택과 FIFO 큐

지금까지는 함수를 어떻게 만들고 어떻게 사용하는지에 대하여 설명했다. 좀 더 깊게 들어가 운영체제가 어떻게 함수를 관리하는지에 대하여 살펴보자. 운영체제는 **스택** stack 이라는 자료구조를 사용하여 함수를 관리한다. 함수를 관리하는 방법을 설명하기 전에 스택이 무엇인지 살펴보자.

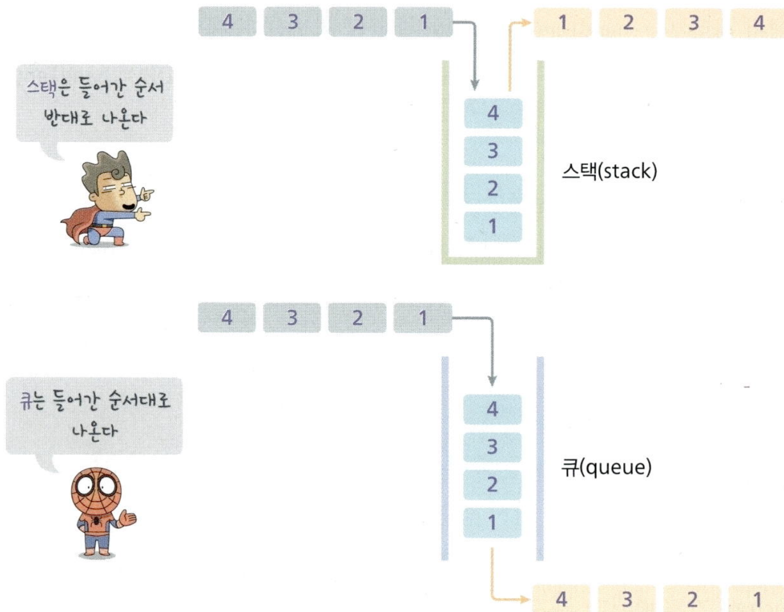

그림 15-10
스택과 큐

스택이란 밑이 막혀 있는 통모양이며, 뚫려 있는 구멍으로 자료를 집어넣고, 자료는 빼는 것도 같은 구멍에서 이루어진다. 바꿔 말하면 밑이 막혀 있고, 하나의 구멍을 가진 자료구조형으로 한쪽에서만 입출력이 이루어진다. 그림과 같이 스택에 1, 2, 3, 4를 차례로 집어넣으면, 바닥부터 차례로 쌓인다. 쌓여 있는 숫자를 위에서부터 하나씩 빼면, 4, 3, 2, 1의 순서대로 나온다. 스택에 어떤 값을 집어넣으면 순서가 뒤바뀌어서 나오는 특징이 있다. 그래서 스택은 First In, Last Out 자료구조이다.

스택과 대비되는 자료구조형으로 **큐** queue 가 있다 큐는 구멍이 뚫린 통, 다시 말해 파이프처럼 생긴 구조이다. 한쪽 구멍으로 자료를 넣고, 반대쪽 구멍으로 자료가 나오는 구조를 가지고 있다. 큐에 1, 2, 3, 4를 차례로 집어넣으면, 순서대로 쌓인다. 쌓인 숫자를 밑으로 하나씩 빼내면 들어간 순서대로 1, 2, 3, 4가 그대로 나온다. 그래서 큐는 First In, First Out 자료구조이다.

함수와 스택 관계

함수와 스택의 관계를 살펴보자. [예제 15-12]는 함수에서 계속 다른 함수를 호출하는 코드이다. 18번 줄에서 함수 one()을 호출한다. 호출하는 순간 9번 줄로 가서 함수 one()이 시작되면 10번 줄에서 다시 함수 two(a)를 호출한다. 3번 줄에 있는 함수 two()가 실행되면, 4번 줄에서 a에 1을 더하고, 5번 줄에서 a 값인 2를 출력한다.

6번 줄에서 함수 two()가 끝나면 방금 전에 호출했던 10번 줄로 돌아와서 반환 값 2에 1을 더하여 a는 3이 된다. 11번 줄에서 a 값을 다시 출력하고, 12번 줄에서 함수 one()이 끝나면 함수 one()을 호출했던 원래 자리인 18번 줄로 돌아온다. 19번 줄에서 출력을 하면 a 값은 3이 출력된다.

[예제 15-12]
여러 함수 호출 코드

1512_stack1.c

```
01  #include <stdio.h>
02
03  int two(int a) {
04      a = a + 1;
05      printf("two: a=%d\n", a);
06      return a;
07  }
08
09  int one(int a) {
10      a = two(a) + 1;
11      printf("one: a=%d\n", a);
12      return a;
13  }
14
15  int main() {
16      int a = 1;
17
18      a = one(a);
19      printf("main: a=%d\n", a);
20      return 0;
21  }
```

실행 화면

```
two: a=2
one: a=3
main: a=3
```

함수를 호출했다가 해당 함수가 끝나면 원래의 자리로 돌아와야 한다. 돌아와야 할 자리를 기억하기 위하여 스택을 사용한다. 함수를 호출하면 해당 위치를 스택에 집어넣고 새로운 함수로 이동한다. 함수가 끝나고 스택에 있는 값을 빼내면 돌아갈 자리를 알 수 있게 된다.

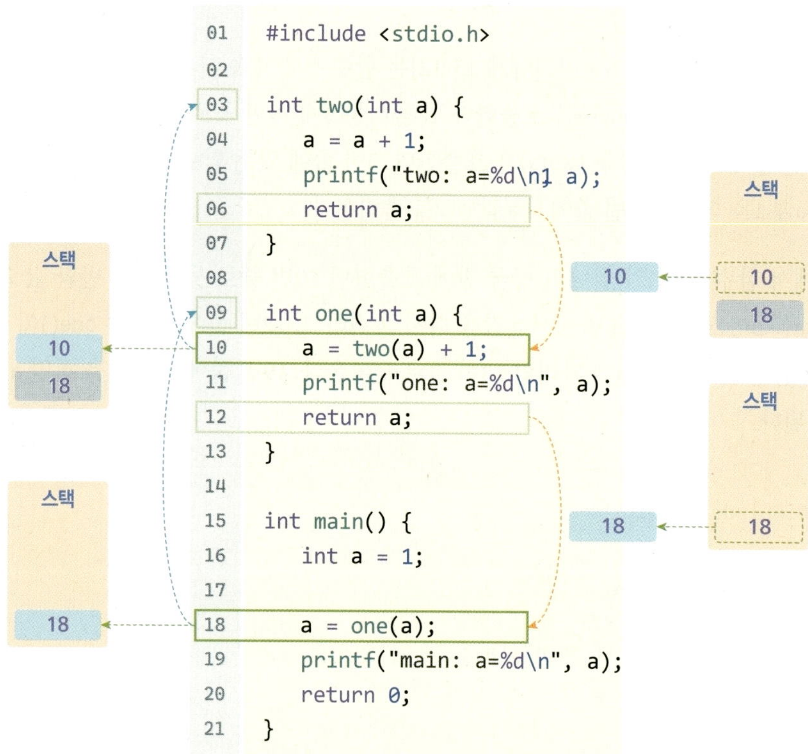

그림 15-11
함수와 스택

이해를 돕기 위해 코드와 스택을 함께 그림으로 표현했다. main()의 18번 줄에서 함수 one()을 호출하면 돌아올 자리인 18을 스택에 넣고, 9번 줄의 one()으로 이동한다. 10번 줄에서 two()를 호출하면 돌아올 위치인 10을 스택에 넣고 3번 줄의 two()로 이동한다. 6번 줄에서 함수 two()가 끝나면, 스택에 있는 값을 꺼낸다. 스택에서 꺼낸 값은 10이기 때문에 10번 줄로 돌아간다.

12번 줄에서 함수 one()이 끝나면, 다시 스택에 있는 값을 꺼낸다. 18이 나왔기 때문에 18번 줄로 돌아가서 나머지 코드를 실행시킨다. 이와 같이 스택을 사용하면 원래의 자리로 간단하게 돌아갈 수 있다.

스택에는 돌아갈 위치 정보만 있는 것은 아니다. main()의 변수 a, one()의 변수 a, two()의 변수 a는 이름은 같지만 서로 다른 변수이다. 또한, 함수 안에만 존재하는 지역 변수(local variable)이기 때문에 함수가 실행되면 생겼다가 함수가 사라지면 변수의 값도 사라진다. 스택에는 돌아올 위치 번호뿐 아니라 지역 변수의 값도 함께 저장된다. 그래야 제자리로 돌아 왔을 때 값을 계산할 수 있고, 함수가 끝나면 지역 변수도 같이 없앨 수 있다.

2 순환 호출

순환 호출이란?

순환 호출 recursive call 이란 함수가 자기 자신을 여러 번 호출하는 것이다. 일부 문제의 경우, 순환 호출로 코드를 단순하게 만들 수 있다. 예를 들어 입력 받은 값이 5인 경우 2부터 5까지 곱하는 코드를 만든다고 가정해 보자. 이를 수학에서는 팩토리얼 factorial 이라 부르고 5!로 표기 한다. 9!은 2부터 9까지 곱하라는 의미이다.

순환 호출로 팩토리얼 계산하기

for 문을 사용하여 팩토리얼 코드를 만들 수 있지만, 순환 호출로도 가능하다. 13번 줄에서 fatc(5)를 호출하면 3번 줄의 fact(5)가 실행된다. n이 1이 아님으로 7번 줄 n * fact(4)에서 다시 한 번 fact(4)를 호출한다. n이 1이 아님으로 7번 줄 n * fact(3)이 실행되어 다시 한 번 fact(3)이 호출된다.

n이 1이 아님으로 7번 줄 n * fact(2)이 실행되어 다시 한 번 fact(2)가 호출된다. n이 1이 아님으로 7번 줄 n * fact(1)이 실행되어 다시 한 번 fact(1)이 호출된다. n이 1이기 때문에 1이 반환되면서 직전의 호출 위치로 돌아간다.

스택을 사용하면 코드를 이해하기 좀 쉬워질 것이다. 다음 그림을 보면 밑에서부터 차례로 fact() 함수가 호출되는데 왼쪽이 스택에 쌓이는 값이다. 처음 n = 5일 때 5 * fact(4)가 스택에 쌓인다. 그 다음에 n = 4일 때, 4 * fact(3)이 스택에 쌓이고, n = 3일 때, 3 * fact(2)가 스택에 쌓이고, n = 2일 때, 2 * fact(1)이 스택에 쌓인다. 마지막에 fact(1)에서 return 1이 되면 스택에서 쌓인 반대 순서로 실행되어 내려온다.

[예제 15-13]
여러 함수 호출 코드

1513_stack2.c

```
#include <stdio.h>

int fact(int n) {

   printf("%d\n", n);
   if (n == 1) return 1;
   else return n * fact(n-1);
}

int main() {
   int result;

   result = fact(5);
   printf("result = %d\n", result);
   return 0;
}
```

실행 화면

```
5
4
3
2
1
result = 120
```

오른쪽이 내려오는 과정이다. fact(1)이 반환하는 값 1은 2 * 1이 되고, fact(2)가 반환하는 값 2는 3 * 2가 되고, fact(3)이 반환하는 값 6은 4 * 6이 되고, fact(4)가 반환하는 값 24는 5 * 24가 되고, 마지막으로 120이 main()으로 반환된다.

순환 호출을 사용하는 경우, 스택과 같은 부가적인 공간을 사용해야 하기 때문에 메모리를 많이 사용하며, 속도도 느리다. 그래서 순환 호출은 잘 사용하지 않는다.

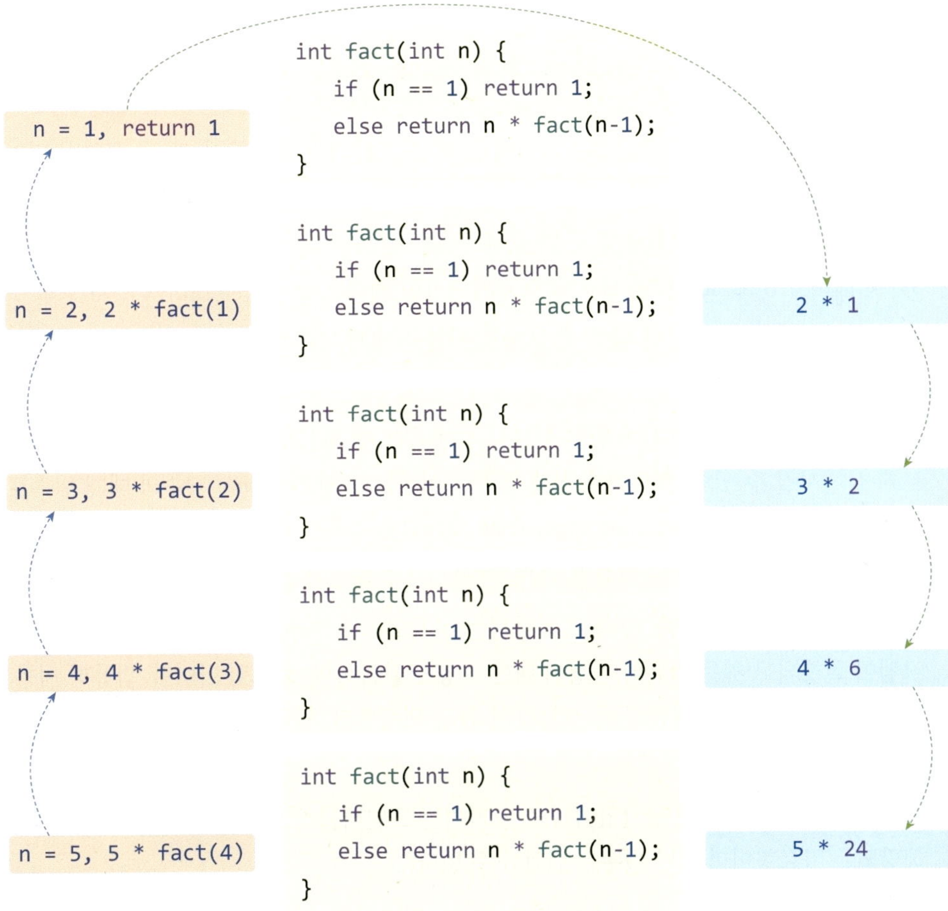

그림 15-12
fact() 작동 순서

요약

- 이중 포인터란 포인터를 가리키는 포인터로, 이중 포인터가 발전하여 2차원 배열이 되었다. 이중 포인터도 주소를 담고 있으며, 이중 포인터는 포인터만 상대하는 포인터이기 때문에 일반 자료형의 주소를 넣으면 안 된다.
- 2차원 배열은 이중 포인터의 구조를 가진다. 2차원 배열을 포인터에 대입하고 싶다면, 이중 포인터를 사용해야 한다. 함수에 문자열 배열을 매개 변수로 전달할 때 이중 포인터를 사용하면 된다.
- 명령 프롬프트 창에서 자신이 만든 코드를 실행시킬 때 옵션을 주고 옵션 결과에 따라 다르게 실행시킬 수 있다. 프로그램 실행 시 만들어지는 옵션은 `main()` 함수의 매개 변수로 전달되며, 인자는 `int main(int argc, char *argv[])` 형태이고, 전체의 문자열 개수를 담고 있는 `int argc`와 문자열 배열인 `char *argv[]`가 전달된다.
- `main()` 전달 매개 변수 중 3번째로 전달되는 문자열 `char *env[]`는 '환경 변수'이며 프로그램이 실행되고 있는 컴퓨터 환경에 대한 다양한 값들이다. 로그인 아이디, 컴퓨터 이름, 사용하고 있는 운영체제와 같은 정보들이 환경 변수이다. 환경 변수는 문자열만 전달받는다.
- `void` 포인터란 자료형에 상관없이 주소를 가지는 포인터를 의미한다. `void`는 포인터에만 해당되는 자료형이며 일반 변수는 선언할 수 없다.
- 함수 포인터란 함수의 시작 위치를 가리키는 포인터이다. 이벤트나 시그널의 처리와 같은 작업들은 언제 발생하는지 예측할 수 없다. 다른 작업을 진행하는 도중에 사용자가 버튼을 누르면 연결되어 있는 함수가 활성화되어 실행이 되는데, 이때 함수 포인터가 사용된다.
- 함수 포인터는 `void (*fp)(int)`와 같이 기존의 함수 선언에 참조 연산자(*)를 붙임으로써 만들어진다. 포인터 함수이름인 `fp`가 포인터이면서 동시에 함수 이름이라는 것을 인식시키기 위해 `*fp`를 괄호 ()로 감싼다. `(*fp)`로 인하여 `fp`가 포인터의 성질을 갖게 되고, 그 다음 괄호 ()로 인해 함수라고 인식하게 된다. 함수 포인터는 자신이 선언한 함수 형태와 똑같이 반환 자료형, 매개 변수의 개수 및 자료형이 완벽하게 일치하는 경우에만 함수 포인터에 연결이 가능하다.
- 스택이란 밑이 막혀 있는 통모양이며, 뚫려 있는 구멍으로 자료를 집어넣고, 자료는 빼는 것도 같은 구멍에서 이루어진다. 함수 호출 시 스택을 사용한다.

연습문제

37문제

[객관식]

01 다음 중 포인터의 주소만 담을 수 있는 자료형은 무엇인가?

❶ 문자열　　❷ 포인터
❸ 정수형　　❹ 이중 포인터

02 다음 중 *dp[]와 같은 것은 무엇인가?

❶ ***dp　　❷ **dp
❸ *dp　　❹ dp[]

03 다음 중 main() 함수로 전달되는 첫 번째 매개 변수를 정확하게 쓴 것을 찾으시오.

❶ void　　❷ char *argv[]
❸ int argc　　❹ char *env[]

04 다음 중 main() 함수로 전달되는 두 번째 매개 변수를 정확하게 쓴 것을 찾으시오.

❶ void　　❷ char *argv[]
❸ int argc　　❹ char *env[]

05 다음 중 main() 함수로 전달되는 세 번째 매개 변수를 정확하게 쓴 것을 찾으시오.

❶ void　　❷ char *argv[]
❸ int argc　　❹ char *env[]

06 다음 중 main() 함수로 전달되는 매개 변수 중 프로그램 이름을 포함한 전체 문자열의 개수를 담고 있는 것은 무엇인가?

❶ void　　❷ char *argv[]
❸ int argc　　❹ char *env[]

07 다음 중 main() 함수로 전달되는 매개 변수 중 프로그램 이름을 포함한 전체 문자열을 담고 있는 것은 무엇인가?

❶ void　　❷ char *argv[]
❸ int argc　　❹ char *env[]

08 다음 중 main() 함수로 전달되는 매개 변수 중 환경 변수와 관련된 문자열을 담고 있는 것은 무엇인가?

❶ void
❷ char *argv[]
❸ int argc
❹ char *env[]

09 다음 중 자료형에 상관없이 주소를 가지는 포인터를 무엇이라 부르는가?

❶ void 포인터
❷ 포인터
❸ 함수 포인터
❹ 이중 포인터

10 다음 중 덧셈이나 뺄셈과 같은 포인터 연산을 할 수 없는 자료형은 무엇인가?

❶ void 포인터
❷ 포인터
❸ 함수 포인터
❹ 이중 포인터

11 다음 중 함수의 주소를 가지고 있는 포인터는 무엇인가?

❶ void 포인터
❷ 포인터
❸ 함수 포인터
❹ 이중 포인터

12 다음 중 이벤트 처리에 사용할 수 있는 포인터는 무엇인가?

❶ void 포인터
❷ 포인터
❸ 함수 포인터
❹ 이중 포인터

13 다음 중 함수 포인터 선언이 정확하게 이루어진 것은 무엇인가?

❶ void (*fp)(int)
❷ void *fp(int)
❸ void fp(int)
❹ void (fp)(int)

14 다음 중 함수 포인터 void (*fp)(int)와 연결할 수 있는 함수는 무엇인가?

❶ int fp_ex1(int a)
❷ void fp_ex2(char a
❸ void fp_ex3(int a, int b)
❹ void fp_ex4(int a)

15 다음 중 먼저 들어간 데이터가 나중에 나오는 자료구조를 가리키는 단어는 무엇인가?

❶ 스택
❷ 큐
❸ 함수
❹ 리스트

16 다음 중 먼저 들어간 데이터가 먼저 나오는 자료구조를 가리키는 단어는 무엇인가?

❶ 스택 ❷ 큐

❸ 함수 ❹ 리스트

17 다음 중 함수 호출에서 돌아올 곳을 저장하는 자료구조를 가리키는 단어는 무엇인가?

❶ 스택 ❷ 큐

❸ 함수 ❹ 리스트

[주관식]

18 포인터의 주소만 담을 수 있는 자료형은 (   )이다.

19 *dp[]와 같은 것은 (   )이다.

20 main() 함수로 전달되는 첫 번째 매개 변수는 (   )이다.

21 main() 함수로 전달되는 두 번째 매개 변수는 (   )이다.

22 main() 함수로 전달되는 세 번째 매개 변수는 (   )이다.

23 main() 함수로 전달되는 매개 변수 중 프로그램 이름을 포함한 전체 문자열의 개수를 담고 있는 것은 (   )이다.

24 main() 함수로 전달되는 매개 변수 중 프로그램 이름을 포함한 전체 문자열을 담고 있는 것은 (   )이다.

25 main() 함수로 전달되는 매개 변수 중 환경 변수와 관련된 문자열을 담고 있는 것은 (   )이다.

26 자료형에 상관없이 주소를 가지는 포인터를 (   )라 부른다.

27 덧셈이나 뺄셈과 같은 포인터 연산을 할 수 없는 자료형은 (   )이다.

28 함수의 주소를 가지고 있는 포인터는 (   )이다.

29 이벤트 처리에 사용할 수 있는 포인터는 (   )이다.

30 먼저 들어간 데이터가 나중에 나오는 자료구조를 (   )이라 부른다.

31 먼저 들어간 데이터가 먼저 나오는 자료구조를 (   )라 부른다.

32 함수 호출에서 돌아올 곳을 저장하는 자료구조는 (   )이다.

[코드 문제]

이중 포인터

33 다음 코드는 이중 포인터를 사용하고 출력하는 코드이다. 빈칸에 들어갈 코드를 정확하게 쓰시오.

```
#include <stdio.h>

int main() {
    int num = 7, *p;
    int **dp;

    p = &num;
                        ;
    printf("%p %p\n", p, *dp);
    printf("%d %d\n", *p,            );

    return 0;
}
```

이중 포인터

34 다음 코드는 이중 포인터를 사용하여 문자열을 출력하는 코드이다. 빈칸에 들어갈 코드를 정확하게 쓰시오.

```
#include <stdio.h>

int main() {
    char *str[3] = { "ring","my","bell" };
    char **dp =            ;

    while (*dp)
        printf("%s\n",            );
    return 0;
}
```

35 다음 코드는 이중 포인터를 사용하여 함수에 전달하고 문자열을 출력하는 코드이다. 빈칸에 들어갈 코드를 정확하게 쓰시오.

이중 포인터

```
#include <stdio.h>

void str_make(char            ) {

   *p = "ring my bell";
}

int main() {
   char *words = NULL;

   str_make(            );
   printf("%s\n", words);
   return 0;
}
```

36 다음 코드는 main() 매개 변수를 출력하는 코드이다. 빈칸에 들어갈 코드를 정확하게 쓰시오.

main() 매개 변수

```
#include <stdio.h>

int main(                      ) {
   int k;

   for (k = 0; k < argc; k++)
      printf("%s\n",          );
   return 0;
}
```

37 다음과 같이 출력되는 코드를 순환 호출을 사용하여 만드시오.

순환 호출

```
5 * 4 * 3 * 2 * 1 = 120
```

WONDER C

CHAPTER 16

동적 메모리 할당

학습목차

16.1 동적으로 메모리 할당 받기

1 동적 메모리 할당의 필요성

효율적인 메모리 사용 방식

초기 컴퓨터의 메인 메모리는 매우 작았다. 그래서 변수 하나를 만들더라도 신중해야만 했다. 현대에 와서 메모리 가격이 내려가고 컴퓨터에 큰 메모리가 장착됨에 따라 변수를 만드는 것이 쉬워졌다. 그러나 같은 문제를 해결한다 할지라도 메모리를 많이 사용하는 코드가 메모리를 적게 사용하는 코드보다 느리게 돌아간다.

여기까지 도착했다면 C코드에 어느 정도 전문가가 되었다는 의미이다. 전문가들이 코드를 짜고 나면 최적화를 한다. 최적화란 단순히 불필요한 코드를 빼내고 읽기 좋은 코드를 만드는 것만이 아니다. 불필요한 작업을 줄이고 최대한 메모리를 적게 사용하는 코드로 만드는 것이 최적화이다. 코드의 최적화는 임베디드 시스템에 들어가는 코드를 개발할 때 더욱 중요하다. 임베디드 시스템은 일반적인 컴퓨터와 달리 CPU의 성능도 낮고 메모리의 크기도 작다. 따라서 일반적인 방법으로 코딩을 할 경우, 매우 느리게 작동할 가능성이 높다.

지금까지 많은 양의 데이터를 사용해야 하는 경우 배열을 사용했다. 배열은 한 번 선언되면 크기와 시작 주소를 변경할 수 없다. 만약 사람의 이름을 저장하는 코드를 만든다고 가정해 보자. 코드를 만들 당시에는 저장할 이름의 개수를 알 수가 없다.

그림 16-1
정적 메모리 할당과 동적 메모리 할당

이름을 저장할 배열을 선언할 때 대충 12개를 만들어 놓았다고 가정해 보자. 배열 12개가 메모리를 차지하고 있지만, 실제로 3명만 입력되어 9개가 비어 있어도 어쩔 수 없다. 더 큰 문제는 선언된 배열의 크기보다 더 많은 13번째 이름부터는 저장할 수 없다. 그렇다고 해서 배열 1000개를 선언하면 많은 메모리 공간이 낭비될 것이다.

배열을 선언할 때 크기가 정해지며, 그 크기를 바꿀 수 없다. 그래서 배열은 정적 메모리 할당 static memory allocation 방식이라 부른다. 메모리를 필요한 만큼 제공 받고 필요가 없을 때 메모리를 반환하는 방법을 동적 메모리 할당 dynamic memory allocation 방식이라 부른다.

동적 메모리 할당의 장점

동적 메모리 할당 방식에서는 데이터가 입력될 때마다 저장될 메모리 공간을 만들어 쓴다. 필요할 때마다 만들어 쓰기 때문에 동적 할당 방식을 사용하면 사람 이름이 3개이건 3000개이건 상관없이 저장할 수 있다.

12장에서 설명한 연결 리스트를 동적 메모리 할당 방식을 사용하면 자료의 유지보수도 간단하게 처리할 수 있다.

배열에 저장되어 있던 사람의 이름을 삭제하는 경우, 배열에서는 삭제된 데이터가 있던 자리가 빈 공간으로 남게 된다. 그러나 동적 메모리 할당에서는 필요 없는 메모리를 없앨 수 있다. 따라서 낭비되는 공간이 줄어들게 된다.

그림 16-2
연결 리스트의 장점

이름순으로 저장되어 있는 데이터에 새로운 이름이 들어오는 경우, 배열에서는 순서에 맞도록 데이터를 이동시켜야 한다. 위 그림의 예에서 changsik의 이름을 순서대로 저장하기 위해서는 저장되어 있는 모든 데이터가 오른쪽으로 한 칸씩 이동해야 한다. 데이터가 많을 경우 이러한 작업은 매우 불편하다.

동적 메모리 할당에서는 새로운 데이터를 만든 후 연결만 시키면 된다. 새로운 자료 changsik은 연결 리스트의 맨 앞에 삽입하는 것으로 순서대로 정렬된다. 삭제도 마찬가지로 할당된 메모리 공간을 지워 버리면 된다. 데이터의 삽입이나 삭제의 경우, 동적 메모리 할당에서는 데이터의 이동 없이 순서대로 이름을 관리할 수 있다.

동적 메모리 할당은 많은 이점을 가진 구조이다. 이 장에서는 동적 메모리 할당을 사용하기 위한 함수들과 사용 방법에 대해 설명한다.

2 동적 메모리 할당 함수

동적 메모리 할당 시 고려할 점

동적 메모리 할당에서 고려해야 할 것은 할당 받은 메모리 공간을 어떤 용도로 사용할 것인가이다. 우리는 지금까지 문자, 정수, 실수, 배열, 구조체와 같이 여러 가지 용도의 변수를 만들어 사용했었다. 예를 들어 변수 a를 int a라 선언하면 a의 메모리 공간에는 정수가 들어간다. float a라 선언하면 a에는 실수가 들어간다. **메모리를 할당받을 때에도 정수로 사용할 메모리 공간인지 실수로 사용할 메모리 공간인지를 알려줘야 한다.** 더불어 한 개의 데이터만 저장할지 아니면 배열과 같이 여러 개의 데이터를 저장할지 결정해야 한다.

두 번째로는 할당받은 메모리 공간에 어떻게 접근할 것인가를 고민해야 한다. 일반적인 변수 선언의 경우, 변수이름으로 메모리에 접근했다. 예를 들어 int a라 선언하고 a에 숫자 100을 넣고 싶으면 a = 100이라 쓰면 된다. 변수명 a와 같이 새로 할당받을 공간을 접근할 수 있는 방법이 필요하다. 보통의 경우, **동적으로 만들어지는 메모리 공간을 접근할 때에는 포인터를 사용한다.**

동적 메모리 할당 함수: malloc()

동적 메모리 할당의 핵심이 되는 함수는 malloc()이다. malloc는 메모리 할당(memory allocation)의 약자이다. malloc()을 비롯하여 모든 동적 메모리 할당 함수들은 stdlib.h 헤더에 들어 있다. 따라서 동적 메모리 할당 관련 함수를 사용하기 위해서는 #include <stdlib.h>를 포함해야 한다.

malloc()으로 메모리를 할당받으려면 할당받는 메모리 공간을 접근할 수 있는 포인터가 필요하다. 또한 할당받은 메모리를 어떤 용도로 사용할지에 대해서도 알려줘야 한다. 따라서 malloc()은 다음과 같은 형태로 선언된다.

동적 메모리 할당 malloc()

```
#include <stdlib.h>
int *dmp;
dmp = (int *)malloc(sizeof(int));
```

정수 포인터 *dmp를 먼저 선언하고 난 후, malloc() 함수를 사용한다. malloc() 함수 안에는 얼마만큼 메모리를 할당받을 것인지를 명시해준다. 위의 예에서는 sizeof(int)를 사용하여 정수 크기의 메모리를 할당받는다. 이렇게 할당받은 메모리는 포인터 dmp에게 연결시켜줘야 한다. 그래서 malloc() 앞에 정수형 포인터의 주소를 전달해주라는 의미로 (int *)가 사용된다.

이렇게 메모리가 할당되고 포인터 dmp에 연결을 하고 난 이후에는 일반적인 포인터 사용 방법과 동일하다. dmp에 정수 100을 넣고 출력하는 코드는 다음과 같다.

```
*dmp = 100;
printf("%d\n", *dmp);
```

동적 메모리 할당 이후에는 일반적인 포인터 사용 방법과 같다.

동적 메모리 할당에서 배열 선언 방법

만약 배열을 선언하고자 하는 경우, malloc()을 사용할 때 할당되는 메모리의 크기만 늘려주면 된다. 다음은 정수형 배열 3개를 동적으로 할당받는 코드이다.

동적 메모리 할당에서 배열 선언	`dmp = (int *)malloc(sizeof(int) * 3);`

위와 같이 동적으로 메모리를 할당받으면 아래 그림과 같은 모양이 된다. 정수이기 때문에 한 개당 4바이트의 크기를 가지는 배열 형태의 메모리가 할당되고, 메모리의 시작 주소는 *dmp가 가지게 된다.

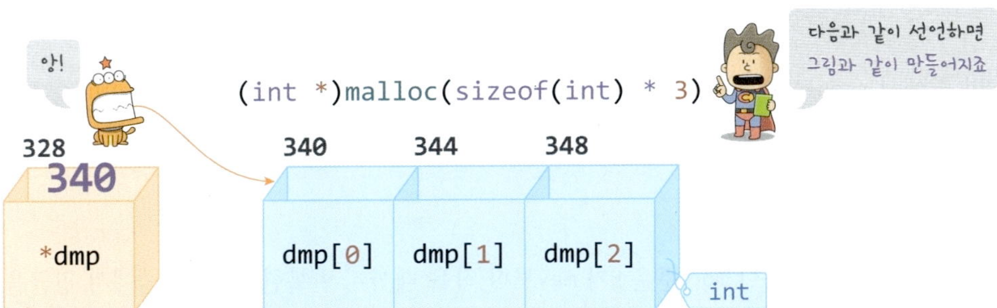

그림 16-3
melloc()과 메모리 상태

배열 형태로 메모리를 할당받은 경우, 사용법도 일반적인 포인터 형태와 동일하다. 배열의 인덱스를 사용하여 할당받은 메모리에 접근할 수 있다. 다음은 각 저장 공간에 숫자 100, 200, 300을 대입하는 코드이다.

```
dmp[0] = 100;
dmp[1] = 200;
dmp[3] = 300;
```

배열의 인덱스를 사용한 접근 방식 이외에도 *(dmp + 1)과 같이 주소 연산자를 사용할 수도 있다. 다음은 위의 저장된 내용을 출력하는 코드이다.

```
printf("%d\n", *dmp);
printf("%d\n", *(dmp + 1));
printf("%d\n", *(dmp + 2));
```

동적 메모리 반납 함수: free()

동적으로 할당 받은 메모리를 사용하다가 메모리를 반납하려는 경우 free() 함수를 사용하면 된다. 다음과 같이 동적으로 메모리를 할당받은 포인터를 free() 함수에 넣으면 메모리가 자동으로 반납된다.

동적 메모리 반납 free()	free(dmp);

동적 메모리 할당하기

[예제 16-1] 코드를 통하여 동적 메모리 할당의 작동 방식을 살펴본다. 예제는 사용자로부터 값을 입력 받아 평균을 출력하는 코드이다. 유사한 코드를 9장 배열에서 만든 적이 있다. 그때에는 사용자가 입력하는 숫자의 개수를 배열의 크기로 한정했다. 배열의 크기를 3으로 정했다면, 입력하는 숫자는 3개였다. 평균을 내는 프로그램의 경우 사용자가 숫자 3개의 평균을 원할 수도 있고 숫자 10개의 평균을 원할 수도 있다. 그러나 배열의 특성상 입력되는 숫자의 개수를 한정할 수밖에 없었다.

9번 줄에서 scanf()를 사용하여 입력할 숫자의 개수를 max 변수에 받아온다. 10번 줄에서 입력하는 숫자의 개수만큼 동적으로 메모리를 할당받아 double 포인터 *dmp에게 주소를 넘겨준다.

13번 줄에서 k를 사용한 for 문은 k가 max보다 작을 때까지 반복한다. 14번 줄에서 평균을 낼 값을 &dmp[k]에 저장한다. 15번 줄에서 dmp[k]의 값을 sum에 합친다. 이러한 과정을 통하여 사용자가 평균을 내려는 값들이 sum에 합쳐진다.

동적으로 할당받은 메모리를 더 이상 사용할 필요가 없기 때문에 17번 줄에서 free(dmp)를 사용하여 메모리를 반환한다. 18번 줄에서 평균값인 sum / max 값을 출력한다.

[예제 16-1]
동적 메모리 할당 코드 1
1601_dynamic1.c

```
#include <stdio.h>
#include <stdlib.h>                          // 동적 메모리 함수가 들어 있는 헤더

int main() {
   int max, k;
   double *dmp, sum = 0.0;

   printf("입력하는 숫자는 몇 개? ");
   scanf("%d", &max);
   dmp = (double *)malloc(sizeof(double) * max);     // 동적 메모리 할당

   printf("%d개 값을 입력하시오 :", max);
   for (k = 0; k < max; k++) {               // k는 0부터 max보다 작을 때까지
      scanf("%lf", &dmp[k]);
      sum = sum + dmp[k];
   }
   free(dmp);                                // 동적 할당 메모리 반환
   printf("평균 = %.1lf", sum / max);

   return 0;
}
```

실행 화면

```
입력하는 숫자는 몇 개? 3
3개 값을 입력하시오 :22 56 24
평균 = 34.0
```

동적 메모리 할당은 배열을 사용하는 방법보다 조금 더 복잡하지만, 사용자의 요구에 맞게 메모리의 크기를 변경할 수 있어서 보다 좋은 코드가 만들어진다.

중요

동적 메모리 할당을 사용하는 방법은 (자료형 *)malloc(size)이며 포인터로 받는다. 다 쓴 메모리는 free()를 사용하여 반납한다.

malloc() 함수는 정수 크기의 메모리를 할당받을 경우, (int *)malloc(sizeof(int))와 같이 쓴다. float는 (float *)malloc(sizeof(float))와 같이 쓰며, char는 (char *)malloc(sizeof(char))와 같이 쓴다. 함수로 전달된 자료형의 크기만큼 메모리 공간을 확보한 후 포인터의 형태로 돌려준다.

그렇다면 malloc() 함수의 반환값은 어떻게 정의되어 있을까? 앞에서 배운 void 포인터로 void *malloc(size_t s)와 같이 정의되어 있다. 다시 말해 void 포인터는 자료형이 정해지지 않은 포인터를 사용해야 할 때를 위해 만들어진 자료형이다. 따라서 malloc()은 자료형이 정해지지 않은 포인터의 형태로 반환을 하며 malloc() 앞에 형변환 연산자를 붙여서 사용한다.

3 calloc()과 realloc()

초기화된 동적 메모리 할당 함수: calloc()

배열을 만들 때 값을 초기화할 수 있었다. 동적 메모리 할당에서도 초기화가 된 메모리를 할당받을 수 있다. 초기화된 동적 메모리 할당 함수가 calloc()이다.

초기화된 동적 메모리 할당 calloc()	`dmp = (int *)calloc(size, sizeof(int));`

malloc()과 calloc()의 차이점

calloc()은 malloc()과 거의 유사하지만, 메모리 전체 개수를 먼저 기술하고, 메모리 한 개의 크기를 다음에 기술한다. 다음 그림은 malloc()과 calloc()의 차이점을 보여준다.

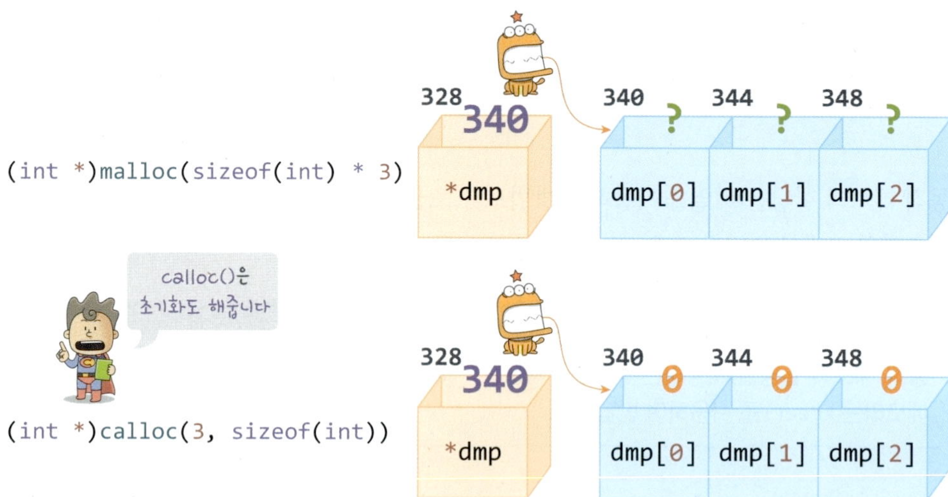

그림 16-4
malloc()과 calloc()의 차이

동적 메모리 크기 변경 함수: realloc()

동적 메모리 할당의 중요한 함수로 realloc()이 있다. realloc()은 할당받은 메모리의 크기를 변경시켜준다. realloc(dmp, sizeof(int) * size)라 선언하면, dmp의 크기를 sizeof (int) * size만큼으로 크기를 변경해준다. realloc()은 동적 메모리의 크기를 변화시킬 뿐이기 때문에 기존 자료형은 그대로 유지된다. 따라서 realloc()앞에 (int *)와 같은 자료형을 나타내는 코드는 필요하지 않다.

메모리 크기 변경 realloc()	`dmp = realloc(dmp, sizeof(int) * size);`

만약 dmp에 데이터가 들어 있을 경우, 크기를 크게 하여도 기존 데이터는 변경되지 않는다. 크기를 작게 할 경우에는 기존 데이터는 삭제된다. 아래의 그림은 realloc(dmp, sizeof(int) * 5)를 사용한 이후의 변화를 나타낸다. 기존 데이터를 유지한 채로 새로운 정수형 저장 공간 2개가 늘어난다.

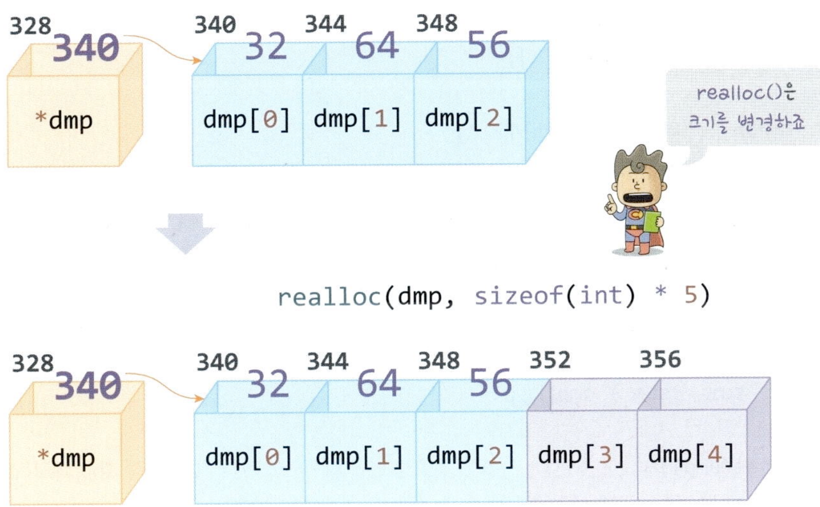

그림 16-5
realloc()의 특징

calloc()과 realloc() 사용하기

지금까지 배운 calloc()과 realloc()을 사용하여 평균을 출력하는 코드를 바꿔보자. [예제 16-2]는 앞의 평균 출력 코드를 발전시킨 것이다. 새로운 코드는 처음 몇 개의 값을 입력할지를 결정하여 데이터가 입력된 후 바로 평균을 출력하는 것이 아니라, 추가로 입력되는 값이 있는지를 물어본다. 추가로 입력하는 값이 있을 경우, 추가 입력을 받아 전체의 평균을 출력한다.

코드의 구성은 앞의 코드와 유사하다. 10번 줄에서 malloc() 대신 calloc()을 사용한다. (double *)calloc(max, sizeof(double))과 같이 할당받는 크기를 나타내는 max의 위치에 주의하기 바란다.

[예제 16-2]

동적 메모리 할당 코드 2

1602_dynamic2.c

```
#include <stdio.h>
#include <stdlib.h>                                      // 동적 메모리 함수가 들어 있는 헤더

int main() {
   int max, add, k;
   double *dmp, sum = 0.0;

   printf("입력하는 숫자는 몇 개? ");
   scanf("%d", &max);
   dmp = (double *)calloc(max, sizeof(double));// calloc()으로 동적 할당

   printf("%d개 값을 입력하시오 :", max);
   for (k = 0; k < max; k++) {               // k는 0부터 max보다 작을 때까지
      scanf("%lf", &dmp[k]);
      sum = sum + dmp[k];
   }
   printf("추가 숫자는 몇 개? ");
   scanf("%d", &add);
   dmp = realloc(dmp, sizeof(double) * (max + add)); // 메모리 크기 변경

   printf("추가되는 %d개 값을 입력하시오 :", add);
   for (k = max; k < (max + add); k++) {// max부터 max+add보다 작을 때까지
      scanf("%lf", &dmp[k]);
      sum = sum + dmp[k];
   }
   free(dmp);                                   // 동적 할당 메모리 반환
   printf("평균 = %.1lf", sum / (max + add));

   return 0;
}
```

실행 화면

```
입력하는 숫자는 몇 개? 3
3개 값을 입력하시오 :11 22 33
추가 숫자는 몇 개? 2
추가되는 2개 값을 입력하시오 :44 55
평균 = 33.0
```

12번에서 16번 줄은 값을 입력 받고 sum에 입력 받은 값을 계속 더해가는 코드이다. 18번 줄에서 추가로 입력하려는 숫자의 총 개수를 add로 입력 받는다. 19번 줄에서 realloc()을 사용하여 (max + add)만큼 메모리의 크기를 늘린다. 22번에서 25번 줄까지 추가되는 숫자를 입력 받는다. 주의해야 할 것은 dmp[0]부터 dmp[max - 1]까지는 이미 데이터가 들어가 있다. 추가로 입력 받는 데이터는 dmp[max]부터 dmp[(max + add) - 1]까지이다. 22번 줄 for 문의 시작 값과 끝나는 값에 주의하기 바란다.

26번 줄에서 할당받은 메모리를 반환하고, 27번 줄에서 평균을 출력한다. 출력 결과를 보면 추가적으로 메모리가 늘어나고 정상적으로 출력되는 것을 확인할 수 있다.

16.2 연결 리스트

1 연결 리스트에 대하여

배열보다 자료 관리가 편한 자료구조

12장 구조체를 설명하면서 자기 자신을 가리키는 구조체를 설명했다. 자기 자신을 가리키는 구조체를 사용한 자료구조가 연결 리스트이다. 연결 리스트는 배열보다 자료를 관리하기 편한 자료구조이다. 핸드폰의 전화번호부를 구현할 때 배열로 만들 경우 배열의 크기를 선언해야 하는데, 전화번호부의 크기를 100명으로 할지 1000명으로 할지 고민스럽다. 너무 많이 잡으면 낭비되는 공간이 생기고, 너무 적게 잡으면 전화번호 입력에 제한이 생긴다. 또 다른 문제는 사용자가 입력한 순서대로 전화번호부에 채워진다면, 이름을 가나다순으로 배열하기 위해서 추가 작업이 필요하다. 더 나아가 사용자가 전화번호부 내용을 지웠을 경우, 다른 내용으로 채워질 때까지 빈자리로 남게 된다.

연결 리스트는 전화번호부 구조체를 포인터로 연결하는 방식으로 배열의 문제점이 해결된다. 새로운 전화번호가 생성되면, 가나다순에 맞게 포인터로 연결하면 된다. 전화번호가 지워지는 경우 해당 구조체를 삭제하고 연결을 새로 만들면 된다. 구조체를 이용한 연결 리스트는 데이터의 삽입, 삭제, 관리가 용이하기 때문에 전화번호부 이외에 많은 부분에서 사용된다.

연결 리스트의 구조

앞에서 동적 메모리 할당을 설명하지 않아 연결 리스트의 구조만 설명했다. 동적 메모리 할당을 이용한 연결 리스트에 대하여 자세히 설명한다. 연결 리스트에서 하나의 구조체는 노드(node)라 부른다. 노드는 데이터를 담은 데이터 영역과 다른 노드를 가리키는 링크(link) 영역으로 나뉜다. 연결 리스트의 구조는 다음과 같다.

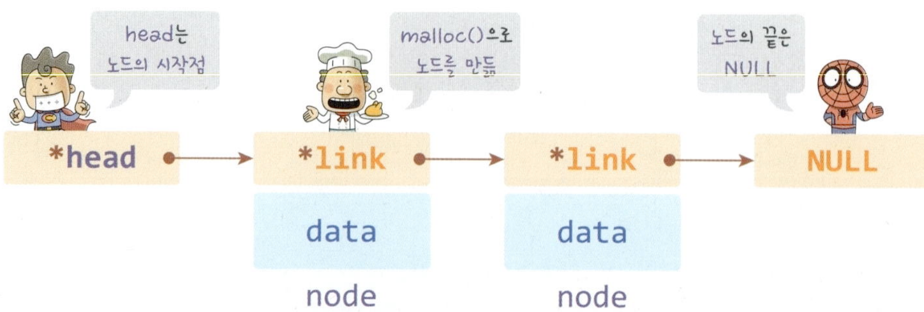

그림 16-6
연결 리스트 구조

보통의 경우 연결 리스트의 시작을 *head가 가지고 있다. *head는 연결 리스트의 처음 노드를 가리키는 포인터이다. 헤드 없이 맨 앞의 노드만으로 운영을 할 수도 있지만, 맨 앞의 노드가 삭제되는 경우 연결 리스트를 잃어버릴 수 있기 때문에 *head를 사용하는 것이 좋다. 연결 리스트의 맨 끝은 항상 NULL이다. NULL이 있어야 연결 리스트의 끝을 알 수 있다.

연결 리스트 노드의 사용 방법

노드는 자신을 가리킬 수 있는 구조체로 만든다. 다음은 노드 정의의 예이다. typedef를 사용하여 struct node를 정의한다. node 구조체에는 데이터 영역과 링크 영역으로 나뉜다. 예에서는 문자열 name과 정수 age가 데이터이다. 마지막으로 node 구조체를 가리키는 포인터 *link가 정의된다.

연결 리스트 노드 정의

```
typedef struct node { // typedef로 node 구조체 정의
char name[10];        // node의 data 1
int age;              // node의 data 2
struct node *link;    // 자기 자신을 가리키는 *link 정의
} node;
```

*link를 정의할 때, struct node *link라 써야 한다. struct를 빼고 node *link라 쓰면 오류가 발생한다. 그 이유는 node 구조체가 모두 정의되기 이전에 *link를 만드는 것이기 때문에 struct node를 가리키는 포인터라는 의미에서 struct node *link라 쓴다. 또한, 자신을 가리키는 구조체 선언에서 typedef를 빼면 오류가 발생한다.

node 구조체를 정의했으면 다음과 같은 방법으로 구조체를 만든다. 우선 구조체 포인터 *p1을 정의하고, malloc()을 사용하여 노드를 생성한 후 동적으로 할당받은 메모리 주소를 p1에게 넘겨주면 된다.

```
node *p1;
p1 = (node *)malloc(sizeof(node));
```

노드 안에 있는 데이터는 구조체에 값을 대입하는 방법을 그대로 사용하면 된다. 구조체에서 설명했다시피, 포인터를 이용하여 구조체 멤버에 접근할 때에는 점(.)이 아닌 화살표(->) 연산자를 사용하는 것이 편리하다.

```
strcpy(p1->name, "gildong");
p1->age = 22;
p1->link = NULL;
```

strcpy() 함수를 이용하여 p1->name에 'gildong'을 넣고, p1->age에는 22를 넣는다. p1->link에 NULL을 넣는 것을 잊지 말기 바란다.

2 연결 리스트의 구현

연결 리스트 만들고 출력하기

연결 리스트를 만들고 출력하는 코드를 [예제 16-3]에 나타냈다. 5번부터 9번 줄까지는 자기 자신을 가리키는 구조체 node를 정의한다. 12번 줄에서는 연결 리스트의 맨 앞을 나타내는 node 구조체 포인터 *head를 선언하고 NULL을 대입한다. *np는 새로운 node를 만들 때 사용할 node 구조체이며, *tp는 연결 리스트를 따라가며 출력할 때 사용할 node 구조체이다.

14번에서 17번 줄까지 새로운 node를 만들고 데이터를 채우는 부분이다. np = (node *) malloc(sizeof(node))는 동적 메모리 할당 함수 malloc()을 사용하여 노드를 새로 만든다. strcpy(np->name, "gildong")을 이용하여 문자열 np->name에 'gildong'을 복사하고, np->age는 22를 대입한다. np->link는 NULL로 만든다.

18번 줄에서 head에게 np의 주소를 넘겨준다. 18번 줄 이후부터 연결 리스트의 맨 앞은 head가 가리키게 된다.

[예제 16-3]
연결 리스트 코드
1603_dynamic3.c

```
01  #include <stdio.h>
02  #include <stdlib.h>
03  #include <string.h>
04
05  typedef struct node {                       // typedef로 node 구조체 정의
06      char name[10];                            // node의 data 1
07      int age;                                  // node의 data 2
08      struct node *link;                        // 자기 자신을 가리키는 *link 정의
09   } node;
10
11  int main() {
12     node *head = NULL, *np, *tp;
13
14     np = (node *)malloc(sizeof(node));
15     strcpy(np->name, "gildong");
16     np->age = 22;
17     np->link = NULL;
18     head = np;                               // head는 연결 리스트의 맨 앞을 가리킴
```

```
19
20      np = (node *)malloc(sizeof(node));
21      strcpy(np->name, "hyungwook");
22      np->age = 28;
23      np->link = NULL;
24      head->link = np;                    // 새로운 노드를 연결 리스트 맨 뒤에 연결
25
26      tp = head;
27      while (tp != NULL) {
28          printf("[%s:%d] -> ", tp->name, tp->age);
29          tp = tp->link;                  // tp를 연결 리스트 다음 노드로 이동
30      }
31      printf("NULL\n");
32      return 0;
33  }
```

실행 화면

```
[gildong:22] -> [hyungwook:28] -> NULL
```

20번 줄에서 23번 줄까지는 두 번째 node를 만들어 값을 대입하는 코드이다. 20번 줄에서 새로운 노드를 생성하고, 21번 줄에서 'hyungwook'을 name에 넣고, 22번 줄에서 age에 28을 넣고, 23번 줄에서 node->link를 NULL로 초기화한다.

24번 줄에서 head->link를 np와 연결시킨다. head->link는 처음에 만든 gildong node의 link이다. 따라서 그림과 같은 모양이 된다.

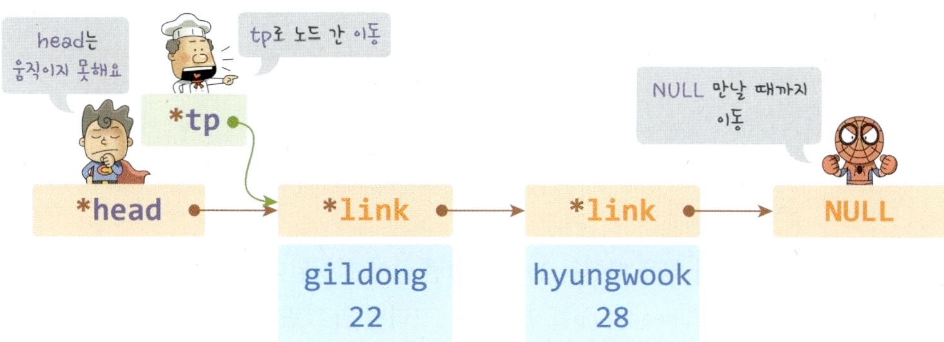

그림 16-7
노드 연결 후 모양

26번에서 30번 줄은 연결 리스트를 따라가며 데이터를 출력하는 코드이다. head는 연결 리스트의 맨 앞을 가리키고 있어야 하기 때문에 움직일 수가 없다. 따라서 node 포인터 tp를 움직이면서 출력을 하는데 사용한다.

26번 줄에서 tp에게 head가 가리키는 위치를 넘겨준다. 27번 줄에서 tp가 NULL을 만날 때까지 28번과 29번 줄을 반복한다. 28번 줄에서 데이터를 출력하고, 29번 줄에서 tp = tp->link로 tp를 link를 따라 하나 옆으로 이동시킨다.

3 연결 리스트의 삽입

입력값을 연결 리스트에 삽입하고 출력하기

앞서 node 구조체를 만들고 연결한 후 출력하는 코드를 만들었다. 이제는 사용자로부터 값을 입력 받아 연결 리스트를 만들고 출력하는 코드를 만들어 보자. [예제 16-4]는 [예제 16-3]을 변형하여 사용자로부터 입력을 받아 연결 리스트를 만드는 코드이다.

15번 줄의 for 문을 사용하여 16번에서 24번 줄까지를 반복한다. 3개의 데이터를 받아 연결할 것이다. 16번 줄에서 새로운 노드를 만들고, 18번 줄에서 scanf()를 사용하여 이름과 나이를 입력 받는다. 19번 줄에서 np->link에 NULL을 대입한다.

21번부터 24번 줄은 새로 만들어진 노드를 head에 연결하는 코드이다. 21번 줄에서 만약 head가 아무 것도 가리키고 있지 않을 때에(if (head == NULL))는 바로 연결(head = np)하면 된다.

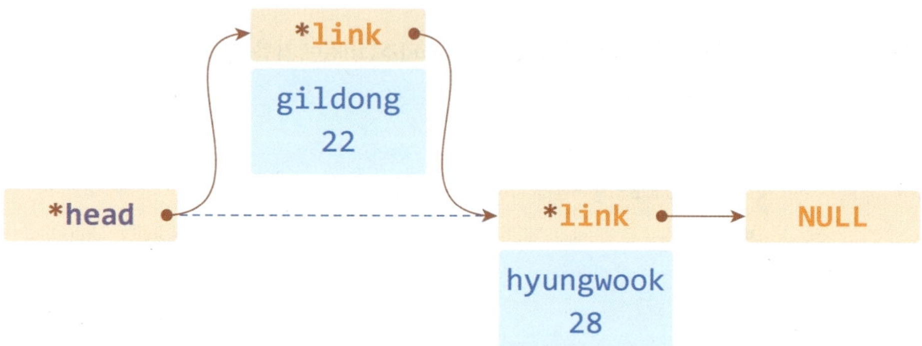

그림 16-8
hyungwook 노드 연결

헤드에 node가 연결되어 있을 때에는 23번과 24번 줄이 실행된다. np->link는 head가 가리키고 있는 곳을 연결하고, head는 np를 연결한다. 그러면 위 그림과 같은 형태가 된다.

26번부터 31번 줄까지는 연결 리스트를 출력하는 코드이다. 출력 결과를 보면 입력 받은 데이터의 역순으로 연결 리스트가 만들어진다.

[예제 16-4]
역순 연결 리스트 삽입 코드

1604_dynamic4.c

```
#include <stdio.h>
#include <stdlib.h>
#include <string.h>

typedef struct node {                    // typedef로 node 구조체 정의
    char name[10];                       // node의 data 1
    int age;                             // node의 data 2
    struct node *link;                   // 자기 자신을 가리키는 *link 정의
 } node;

int main() {
   node *head = NULL, *np, *tp;
   int k;

   for (k = 0; k < 3; k++) {
      np = (node *)malloc(sizeof(node));
      printf("이름 나이 입력: ");
      scanf("%s %d", &np->name, &np->age);
      np->link = NULL;

      if (head == NULL)                              // head가 처음 연결이면
         head = np;
      else { np->link = head;                        // head에 노드가 있으면
             head = np; }
   }                                           // End of for
   tp = head;
   while (tp != NULL) {
      printf("[%s:%d] -> ", tp->name, tp->age);
      tp = tp->link;                       // tp를 연결 리스트 다음 노드로 이동
   }
   printf("NULL\n");
   return 0;
}
```

실행 화면

```
이름 나이 입력: gildong 22
이름 나이 입력: hyungwook 28
이름 나이 입력: hosik 29
[hosik:29] -> [hyungwook:28] -> [gildong:22] -> NULL
```

입력 받은 순서대로 출력하기

입력 받은 순서대로 연결 리스트를 만들려면 더 많은 작업이 필요하다. [예제 16-5]는 입력 받는 순서대로 연결리스트를 만드는 코드이다. 순방향 연결 리스트를 만드는 핵심은 맨 마지막 노드를 가리키고 있는 tp이다.

[예제 16-5]
순방향 연결 리스트 삽입 코드

1605_dynamic5.c

```
#include <stdio.h>
#include <stdlib.h>
#include <string.h>

typedef struct node {                   // typedef로 node 구조체 정의 해야 함
    char name[10];                      // node의 data 1
    int age;                            // node의 data 2
    struct node *link;                  // 자기 자신을 가리키는 *link 정의
 } node;

int main() {
   node *head = NULL, *np, *tp;
   int k;

   for (k = 0; k < 3; k++) {
      np = (node *)malloc(sizeof(node));
      printf("이름 나이 입력: ");
      scanf("%s %d", &np->name, &np->age);
      np->link = NULL;
      if (head == NULL) {
         head = np;
         tp = head; }
      else { tp->link = np;                       // head에 노드가 있으면
            tp = tp->link; }
   }                                         // End of for
   tp = head;
   while (tp != NULL) {
      printf("[%s:%d] -> ", tp->name, tp->age);
      tp = tp->link;
   }
   printf("NULL\n");
   return 0;
}
```

실행 화면

```
이름 나이 입력: gildong 22
이름 나이 입력: hyungwook 28
이름 나이 입력: hosik 29
[gildong:22] -> [hyungwook:28] -> [hosik:29] -> NULL
```

20번에서 22번 줄까지 head가 NULL인 상태에서 새로운 값이 들어오면 head와 tp는 새로운 노드(gildong)를 가리키고 있다.

2번째 값 hyungwook이 들어오는 경우에는 23에서 24번 줄이 실행된다. tp->link가 가리키는 곳, 다시 말해 gildong 노드가 가리키는 곳에 hyungwook 노드를 연결한다. 그 후 tp = tp->link에 의해 tp는 한 칸 옆으로 이동하여 아래 그림과 같이 hyungwook 노드를 가리키게 된다.

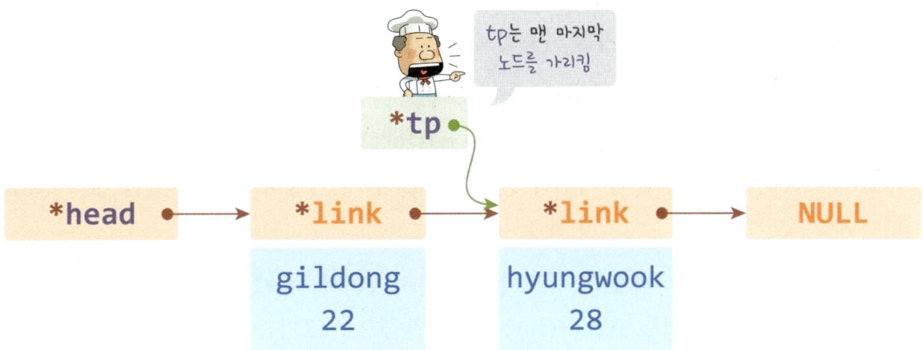

그림 16-9
hyungwook 노드 삽입 후 tp의 위치

그림과 같이 tp를 계속 이동시켜 가면서 삽입을 하면 순방향으로 노드를 삽입할 수 있게 된다.

요약

- 배열을 선언할 때 크기가 정해지며, 그 크기를 바꿀 수 없다. 그래서 배열은 정적 메모리 할당 방식이라 부른다. 메모리를 필요한 만큼 제공 받고 필요가 없을 때 메모리를 반환하는 방법을 동적 메모리 할당 방식이라 부른다.
- 동적 메모리 할당의 핵심이 되는 함수는 malloc()이다. 모든 동적 메모리 할당 함수들은 stdlib.h 헤더에 들어 있다. 메모리를 사용하다가 메모리를 반납하려는 경우 free() 함수를 사용하면 된다.
- 동적 메모리 할당 함수는 (int *)malloc(sizeof(int))로 선언하며, 동적으로 만들어지는 메모리 공간을 접근할 때에는 포인터를 사용한다. 배열을 동적 메모리 할당으로 만들 때에는 (int *)malloc(sizeof(int) * 3)과 같이 할당되는 메모리의 크기만 늘려주면 된다.
- 메모리가 할당되고 포인터에 연결을 하고 난 이후에는 일반적인 포인터 사용 방법과 동일하다. 배열의 인덱스를 사용하여 할당받은 메모리에 접근할 수 있으며 포인터의 덧셈이나 뺄셈과 같은 주소 연산자를 사용할 수도 있다.
- 동적 메모리 할당에서도 초기화가 된 메모리를 할당받을 수 있다. 초기화된 동적 메모리 할당 함수가 calloc()이다. calloc()은 malloc()과 거의 유사하지만, (int *)calloc(size, sizeof(int))와 같이 메모리 전체 개수를 먼저 기술하고, 메모리 한 개의 크기를 다음에 기술한다.
- realloc()은 할당받은 메모리의 크기를 변경시켜준다. realloc(dmp, sizeof(int) * size)라 선언하면, 크기를 sizeof(int) * size만큼으로 크기를 변경해준다. realloc()은 동적 메모리의 크기를 변화시킬 뿐이기 때문에 기존의 자료형은 그대로 유지된다. 따라서 realloc() 앞에 (int *)와 자료형을 나타내는 코드는 필요하지 않다.
- 연결 리스트에서 하나의 구조체는 노드(node)라 부른다. 노드는 데이터를 담은 데이터 영역과 다른 노드를 가리키는 링크(link) 영역으로 나뉜다. 보통의 경우 연결 리스트의 시작을 *head가 가지고 있다. *head는 연결 리스트의 처음 노드를 가리키는 포인터이다. 헤드 없이 맨 앞의 노드만으로 운영을 할 수도 있지만, 맨 앞의 노드가 삭제되는 경우 연결 리스트를 잃어버릴 수 있기 때문에 *head를 사용하는 것이 좋다. 연결 리스트의 맨 끝은 항상 NULL이다. NULL이 있어야 연결 리스트의 끝을 알 수 있다.

연습문제

32문제

[객관식]

01 다음 동적 메모리 할당 함수 중 초기화되지 않은 상태로 메모리를 할당받는 함수는 무엇인가?

① malloc() ② realloc()
③ calloc() ④ free()

02 다음 중 동적 메모리 할당 함수를 사용하기 위해서 어떤 헤더를 포함해야 하는가?

① string.h ② stdio.h
③ time.h ④ stdlib.h

03 다음 동적 메모리 할당 함수 중 초기화된 상태로 메모리를 할당받는 함수는 무엇인가?

① malloc() ② realloc()
③ calloc() ④ free()

04 다음 동적 메모리 할당 함수 중 할당된 메모리를 반환할 때 사용하는 함수는 무엇인가?

① malloc() ② realloc()
③ calloc() ④ free()

05 다음 동적 메모리 할당 함수 중 할당된 메모리의 크기를 변경할 때 사용하는 함수는 무엇인가?

① malloc() ② realloc()
③ calloc() ④ free()

06 다음 중 정수 한 개를 동적 메모리 할당으로 받으려 할 때 옳게 선언한 코드는 무엇인가?

① (int)malloc(sizeof(int)) ② (int *)malloc(sizeof(int))
③ malloc(sizeof(int)) ④ (int *)malloc(sizeof int)

07 다음 중 문자 한 개를 동적 메모리 할당으로 받으려 할 때 옳게 선언한 코드는 무엇인가?

① (char *)malloc(sizeof(int)) ② (int *)malloc(sizeof(char))
③ (char *)malloc(sizeof(char)) ④ (char)malloc(sizeof(char))

08 다음 중 실수 한 개를 동적 메모리 할당으로 받으려 할 때 옳게 선언한 코드는 무엇인가?

① (float *)malloc(sizeof(float)) ② (float *)malloc(sizeof(char))
③ (int *)malloc(sizeof(char)) ④ (float)malloc(sizeof(char))

09 다음 중 정수 3개 배열을 동적 메모리 할당으로 받으려 할 때 옳게 선언한 코드는 무엇인가?

① (int * 3)malloc(sizeof(int)) ② (int * 3)malloc(sizeof(int) * 3)
③ (int)malloc(sizeof(int) * 3) ④ (int *)malloc(sizeof(int) * 3)

10 다음 중 calloc()을 사용하여 정수 3개 배열을 동적 메모리 할당으로 받으려 할 때 옳게 선언한 코드는 무엇인가?

① (int * 3)calloc(sizeof(int)) ② (int * 3)calloc(3, sizeof(int))
③ (int *)calloc(3, sizeof(int) * 3) ④ (int *)calloc(3, sizeof(int))

11 다음 중 동적으로 할당 받은 메모리 dmp의 크기를 5로 늘리려 한다. realloc()을 옳게 선언한 코드는 무엇인가?

① dmp = realloc(dmp, sizeof(int) * 3)
② dmp = realloc(dmp, sizeof(int) * 5)
③ dmp = realloc(5, sizeof(int))
④ dmp = realloc(5, sizeof(int) * 3)

12 다음 중 malloc() 함수의 반환(return) 값은 무엇으로 선언되어 있는가?

① void ② 포인터
③ void 포인터 ④ 이중 포인터

13 다음 중 calloc() 함수의 반환(return) 값은 무엇으로 선언되어 있는가?

① void ② 포인터
③ void 포인터 ④ 이중 포인터

14 다음 중 연결 리스트의 구조체에서 맨 앞을 가리키고 있는 것은 무엇인가?

① *head ② NULL

③ node의 데이터 영역 ④ struct

15 다음 중 연결 리스트의 구조체에서 맨 끝을 나타내는 것은 무엇인가?

① *head ② NULL

③ node의 데이터 영역 ④ struct

[객관식]

16 동적 메모리 할당 함수 중 초기화되지 않은 상태로 메모리를 할당받는 함수는 ( )이다.

17 동적 메모리 할당 함수를 사용하기 위해 포함해야 하는 헤더는 ( )이다.

18 동적 메모리 할당 함수 중 초기화된 상태로 메모리를 할당받는 함수는 ( ) 이다.

19 동적 메모리 할당 함수 중 할당된 메모리를 반환할 때 사용하는 함수는 ( ) 이다.

20 동적 메모리 할당 함수 중 할당된 메모리의 크기를 변경할 때 사용하는 함수는 ( )이다.

21 malloc()을 사용하여 정수 한 개를 동적 메모리 할당으로 받으려 할 때에는 ( ) 와 같이 선언해야 한다.

22 malloc()을 사용하여 문자 한 개를 동적 메모리 할당으로 받으려 할 때에는 ( ) 와 같이 선언해야 한다.

23 malloc()을 사용하여 실수 한 개를 동적 메모리 할당으로 받으려 할 때에는 ( ) 와 같이 선언해야 한다.

24 malloc()을 사용하여 정수 3개 배열을 동적 메모리 할당으로 받으려 할 때 ( ) 과 같이 선언해야 한다.

25 calloc()을 사용하여 정수 3개 배열을 동적 메모리 할당으로 받으려 할 때에는 ( ) 와 같이 선언해야 한다.

26 동적으로 할당 받은 메모리 dmp의 크기를 5로 늘리기 위해 realloc()을 사용하는 경우 dmp = (   )와 같이 선언해야 한다.

27 연결 리스트의 구조체에서 맨 앞을 가리키고 있는 것은 (   )이다.

28 malloc() 함수의 반환(return) 값은 (   )로 선언되어 있다.

29 calloc() 함수의 반환(return) 값은 (   )로 선언되어 있다.

[코드 문제]

동적 메모리 할당

30 다음은 malloc()을 사용한 코드이다. 빈칸에 들어갈 코드를 정확하게 쓰시오.

```
#include <stdio.h>
#include <stdlib.h>

int main() {
    int max, k;
    double *dmp, sum = 0.0;

    printf("입력하는 숫자는 몇 개? ");
    scanf("%d", &max);
    dmp =                    ;

    printf("%d개 값을 입력하시오 :", max);
    for (k = 0; k < max; k++) {
        scanf("%lf",          );
        sum = sum + dmp[k];
    }
    free(dmp);
    printf("평균 = %.1lf", sum / max);

    return 0;
}
```

31 다음은 calloc()과 realloc()을 사용한 코드이다. 빈칸에 들어갈 코드를 정확하게 쓰시오.

동적 메모리 할당

```
#include <stdio.h>
#include <stdlib.h>

int main() {
   int max, add, k;
   double *dmp, sum = 0.0;

   printf("입력하는 숫자는 몇 개? ");
   scanf("%d", &max);
   dmp =                           ;

   printf("%d개 값을 입력하시오 :", max);
   for (k = 0; k < max; k++) {
      scanf("%lf", &dmp[k]);
      sum = sum + dmp[k];
   }
   printf("추가 숫자는 몇 개? ");
   scanf("%d", &add);
   dmp =                           ;

   printf("추가되는 %d개 값을 입력하시오 :", add);
   for (k = max; k < (max + add); k++) {
      scanf("%lf", &dmp[k]);
      sum = sum + dmp[k];
   }
   free(dmp);
   printf("평균 = %.1lf", sum / (max + add));

   return 0;
}
```

연결 리스트

32 다음은 연결 리스트 코드이다. 빈칸에 들어갈 코드를 정확하게 쓰시오.

```
#include <stdio.h>
#include <stdlib.h>
#include <string.h>

typedef struct node {
    char name[10];
    int age;
    struct node *link;
} node;

int main() {
   node *head = NULL, *np, *tp;

   np = (node *)malloc(sizeof(node));
   strcpy(np->name, "gildong");
   np->age = 22;
   np->link = NULL;
   head = np;

   np = (node *)malloc(sizeof(node));
   strcpy(np->name, "hyungwook");
   np->age = 28;
   np->link = NULL;
   __________;

   tp = head;
   while (tp != NULL) {
       printf("[%s:%d] -> ", tp->name, tp->age);
       __________;
   }
   printf("NULL\n");
   return 0;
}
```

찾아보기

WONDER C